四庫存目標注

貳

顧廷龍題

杜澤遜　撰
程遠芬　編索引

上海古籍出版社

四庫存目標注卷十二

滕州　杜澤遜　撰

史部一

正史類

訂正史記真本凡例一卷　舊本題宋洪遵撰　一〇八三

編修程晉芳家藏本(總目)。○《提要》云：「是編載曹溶《學海類編》中。」○清道光十一年六安晁氏木活字印《學海類編》本，北圖、上圖等藏。民國九年商務印書館影印晁氏木活字《學海類編》本。《存目叢書》又據商務本影印。○清道光咸豐間宜黄黄秩模刊印《遜敏堂叢書》本，作《訂正史記真本》一卷。北圖、北大、上圖等藏。

一〇八四
史記瑣瑣二卷　明郝敬撰

山東巡撫採進本(總目)。○《山東巡撫第二次呈進書目》：「《史記瑣瑣》一本。」○《提要》云：「黄虞稷《千頃堂書目》載敬《山草堂集》，不詳卷數，亦未見全本。此其集中外篇之第十八種也。」○中國科學院圖書館藏明萬曆崇禎間郝洪範刻《山草堂集》外編本，作《批點史記瑣瑣》二卷，題「京山郝敬輯録，男洪範校刻」。半葉九行，行十八字，白口，四周單邊。有崇禎元年戊辰仲與父題辭。鈐「楝亭曹氏藏書」、「長白敷槎氏堇齋昌齡圖書印」印記。《存目叢書》據以影印。按：仲與即郝敬字，此本刻於崇禎時。北圖、清華等亦藏是刻。又按：郝敬又撰《批點前漢書瑣瑣》四卷、《批點後漢書瑣瑣》六卷、《批點三國志瑣瑣》四卷、《批點晉書瑣瑣》六卷、《批點南史瑣瑣》四卷、《批點北史瑣瑣》四卷、《批點舊唐書瑣瑣》四卷，均在《山草堂集》外編中，館臣未見《山草堂集》全本，故《總目》均未載。

一〇八五
史詮五卷　明程一枝撰

内府藏本(總目)。○《武英殿第二次書目》：「《史詮》四本。」○《江蘇省第一次書目》：「《史詮》五本。」○《江蘇採輯遺書目録》：「《史詮》五卷，明新安程一枝著。」○《浙江省第十次呈送書目》：「《史詮》五卷，明程一枝著，四本。」○《浙江採集遺書總録》：「《史詮》五卷，刊本，明休寧程一枝撰。」○《提要》云：「專繹《史記》字句，校考諸本，頗有發明。」按：未見傳本，《史記志疑》嘗引用之。

一〇八六　班馬異同評三十五卷　宋倪思撰　劉辰翁評

浙江汪汝瑮家藏本(總目)。○《浙江省第四次汪汝瑮家呈送書目》:「《班馬異同》三十五卷,宋倪思著,五本。」○《浙江採集遺書總録》:「《班馬異同》二十五卷,刊本,宋寶謨閣學士歸安倪思撰。」○《江蘇省第一次書目》:「《班馬異同》四本。」○《江蘇採輯遺書目録》:「《班馬異同》三十七卷,宋寶文閣學士歸安倪思著,刊本。」○《江西巡撫海第四次呈送書目》:「《班馬異同》一套四本。」○《武英殿第一次書目》:「《班馬異同》四本。」○江西省博物館藏明嘉靖十六年李元陽福建刻本,作《班馬異同》三十五卷,題「宋倪思撰,元劉會孟評,明李元陽校」。半葉九行,行十九字,白口,左右雙邊。版心記刻工:陳友、余員、周道員、田江、余本立、張田、江達、詹弟、陳珪、周四、王浩、葉文輝、陸八、游文、葉冄生、官福郎、江茂、王仲元、余成廣、余海、罗福勝、朱順生、華福、刘俊、石伯勝、葉寿、黄文、元生、江長深、江仁、刘福成、王景英、余農、陳友孫、吴元生、江盛、葉遠、葉采、黄福英、石勝、吴長春、施元友、吴天育、陳天禄、余廣、許闊、罗六、罗福、金、活。正文末有「嘉靖十六年歲次丁酉山人高瀫覆校」一行。後有《序刻班馬異同後》,乃嘉靖十六年丁酉仲冬福建按察司僉事奉勅整飭建寧兵備弋陽汪佃撰。據此序知爲李元陽據汪佃手録本屬前侍御高世魁、隱士高瀫精校付梓。《存目叢書》據以影印。北圖、北大、津圖、臺灣「中央圖書館」等均藏是刻。上圖本清周星詒手跋。○明天啟四年聞啟祥序刻《合刻宋劉須溪點較書九種》本,題「宋倪思編,劉辰翁評」。半葉九行,行二十字,白口,單白魚尾,四周單邊。前有韓敬《班馬異同序》,末署「西吴後學韓敬題」。《九種》前有甲子年聞啟祥刻書序。啟祥錢塘人，舉萬曆四十年鄉試。則此甲子爲天啟四年。韓敬亦天啟間人，天啟四年刻韓敬評點《李文饒文集》有是年韓敬序。考當時刻書，請韓敬序者頗有之。科學院圖書館、福建省圖書館藏。按：《中國古籍善本書目》於叢書部著録此《九種》合刻本，又於史部紀傳類著録《班馬異同》明刻本，科學院圖書館、南圖、人民大學等多家收藏，行款版式同。經羅琳學長相校，知係同版。○明萬曆凌稚隆刻本，作《史漢異同補評》三十五卷，題「宋倪思編，元劉會孟評，明後學凌稚隆訂補」。半葉九行，行十九字，白口，左右雙邊。書眉刻劉辰翁評、凌稚隆補評，以墨圍識別。版心下有刻工：自、安、英、仕、付、佑等。前有萬曆十七年己丑孟冬閩龍溪友人顏正色序云：「玆《史漢異同補評》行，會不佞行役過吴興，式以棟之廬，得請而卒業焉，以棟且屬之序。」當即刻於是年。又唐守禮序。清華大學、南京圖書館、重慶圖書館均藏此刻。臺灣「中央圖書館」《善本書志初稿》著録一帙，缺卷三十四卷三十五。

史漢方駕三十五卷　明許相卿編　一〇八七

兩江總督採進本(總目)。○《兩江第一次書目》：「《史漢方駕》，明許相卿著，六本。」○《浙江第十一次呈送書目》：「《史漢方駕》三十五卷，明許相卿著，六本。」○《浙江採集遺書總録》：「《史漢方駕》三十五卷，刊本，明給事中海寧許相卿撰。」○北京師大藏明萬曆十三年徐禾刻本，題「浙澥許相卿台仲甫撰輯，徐禾仲年甫校録」。半葉九行，行二十字，白口，左右雙邊。前有許聞造引云：「萬曆乙酉歲爰副剞劂。」末有永樂二十年壬寅楊士奇識語。《存目叢書》據以影印。南圖、科學院圖書館、津圖、臺灣「中央圖書館」均藏是刻。

一〇八八

五代史志疑四卷　國朝楊陸榮撰

江蘇巡撫採進本(總目)。○《江蘇省第一次書目》:「《五代史志疑》一本。」○《江蘇採輯遺書目録》:「《五代史志疑》四卷,清青浦楊陸榮著,刊本。」○《浙江省第四次鮑士恭呈送書目》:「《五代史志疑》四卷,國朝楊陸榮著,一本。」○《浙江採集遺書總録》:「《五代史志疑》四卷,刊本。」○南京圖書館藏清康熙五十九年刻本,題「青浦楊陸榮采南氏閲」。半葉九行,行十九字,白口,四周雙邊。前有康熙五十九年庚子梁穆序,五十九年自序。《存目叢書》據以影印。北圖藏《楊潭西先生遺著》本亦即是刻。

一〇八九

宋史偶識三卷　明項夢原撰

浙江巡撫採進本(總目)。○《浙江省第六次呈送書目》:「《讀宋偶識》二卷,明項夢原輯,一本。」○《浙江採集遺書總録》:「《讀宋史偶識》二卷,刊本,明嘉善項夢原撰。」○《兩江第一次書目》:「《讀宋史偶識》,明楊夢原著,四本。」按:楊字當作項。○上海圖書館藏明天啟六年自刻本三卷,題「外史氏項夢原希憲父」。半葉九行,行二十字,白口,左右雙邊。前有天啟六年丙寅自序云:「刻以質諸當世之留意於史者。」《存目叢書》據以影印。按:原書及進呈目書名上均有「讀」字,《總目》無,當補。

四庫存目標注卷十三

滕州　杜澤遜　撰

史部二

編年類

考定竹書十三卷　國朝孫之騄撰

浙江巡撫採進本(總目)。○《浙江省第六次呈送書目》:「《考定竹書》十三卷,國朝孫之騄注,四本。」○《浙江採集遺書總録》:「《考定竹書》十三卷,刊本,國朝仁和孫之騄輯。」○《安徽省呈送書目》:「《考訂竹書紀年》四本。」○湖北省圖書館藏清雍正刻本,題「河渚孫之騄晴川」,無序跋。半葉十行,行二十字,黑口,左右雙邊。末有「門人胡履泰校」一行。寫刻甚精。鈐「桐風高緡卧疏録之書」、「公弼」、「拙翁所藏」、「嶺南李氏藏書」、「行可」、「如廿」等印記。《存目叢書》據以影印。清華大學亦藏是刻。浙圖、上海辭書出版社藏清刻《晴川八識》本當是同版。

五代春秋二卷　宋尹洙撰　一〇九一

兩江總督採進本(總目)。〇《兩江第一次書目》:「《五代春秋》,宋尹洙著,抄本,一本。」〇《提要》云:「已載入所作《河南集》中,此蓋其別行之本。以初原自爲一書,故仍存其目焉。」〇清乾隆鈔《文淵閣四庫全書》本《河南集》卷二十六至二十七即《五代春秋》二卷。〇南京圖書館藏清初鈔本,清邵晉涵、趙懷玉校並跋,清丁丙跋(中國古籍善本書目)。此本即丁丙《善本書室藏書志》著録葉石君鈔本。丁丙謂末有葉林宗志云:「丁亥冬十一月初九日黄昏假於馮已翁,即夕揮毫,漏三下録完。」丁亥爲順治四年。又趙懷玉識云:「乾隆丙午閏月從知不足齋假閲,復爲校正數字,懷玉。」丙午爲乾隆五十一年。封面有張芑堂(燕昌)題「葉林宗鈔本」五字。又邵晉涵跋云:「鮑君以文以葉石君鈔本見示,因取盧紹弓手校本對勘,參以舊時所見本,爲校正四十一字。」全跋詳丁丙《藏書志》。按:葉奕,字林宗。葉萬,字石君,奕從弟。依丁丙《藏書志》此爲順治四年十一月初九日葉奕手鈔本。丁丙稱之爲「葉石君手鈔本」,邵晉涵跋亦稱爲「葉石君鈔本」,疑皆誤石君爲名,林宗爲字,以二人之字誤爲一人之名字。〇遼寧博物館藏清鈔本。原定爲清初葉奕鈔本,蓋從葉奕鈔本傳鈔者,卷末葉奕志語亦照録之。〇清乾隆五十七年秀水陳氏刻《紫藤書屋叢刻》本,清華大學、吉林大學、福建師大藏。〇清嘉慶四年桐川顧修刻《讀畫齋叢書》丁集本,北圖分館、上圖、南圖等多藏。《鄭堂讀書記》有此本提要。〇清陸心源《皕宋樓藏書志》著録清黄丕烈校抄本,有黄氏手跋：「甲戌十一月二十九日偶從坊間借得傳是樓黑格鈔本，校一過。抄本每葉二十二行，每行二十字，計十二番。稍有異字，較此新刻殊勝。老蕘。」陸氏書已於清末售歸日本岩崎氏，庋於靜嘉堂文庫。檢《靜嘉堂文庫漢籍分類目録》著録有《讀畫齋叢書》本《五代春秋》二卷，未云黄校，疑即黄跋所稱「新刻」之本。○清道光十一年六安晁氏木活字印《學海類編》本，北圖、上圖、南圖等藏。○民國九年商務印書館影印晁氏木活字《學海類編》本。○光緒八年山陰宋氏刻本，《懺花盦叢書》之一，北大、上圖等藏。○上海圖書館藏清毛文光鈔本，附毛文光輯《五代紀略》一卷。○浙江圖書館藏清鈔本，王修詒莊樓故物。○湖南社科院藏清鈔本。○清管庭芬輯鈔《一瓻筆存》本，天津圖書館藏。○民國二十八年商務印書館據《讀畫齋叢書》本排印本，《叢書集成初編》之一。

一〇九二 少微通鑑節要五十卷　宋江贄編

内府藏本(總目)。○《武英殿第二次書目》：「《少微通鑑》二十本。」○《提要》云：「此本爲明正德中所刊，前有武宗御製序。」○山東博物館藏元至治元年趙氏鍾秀家塾刻本，作《少微家塾點校附音通鑑節要》五十六卷《外紀》四卷，半葉十三行，行二十二字，小字雙行同，細黑口，左右雙邊。○上海圖書館藏元刻本，書名卷數同前本，殘存卷五至九、卷十五至五十六，又《外紀》四卷。半葉十四行，行二十一字，細黑口，四周單邊。○北京圖書館藏元刻本，書名同前，殘存卷十一至十八共一册。半葉十八行，行三十一或三十二字，黑口，四周雙邊。○原北平圖書館藏元福建刻明印本，書名同前，殘存卷三十三至四十四共一册，半葉十四行，行二十一字。現存臺北「故宫」。此與上圖元刊本行款同，疑是一刻。〇原北平圖書館藏元末明初福建刻本，書名同前，殘存卷十四至三十共一册。半葉十八行，行三十一或三十二字。現存臺北「故宫」。此與北京圖書館元刊殘本行款同，疑是一刻。以上兩元本殘帙據《中央圖書館善本書目》著録。〇哈佛燕京圖書館藏明宣德三年劉文壽刻本，作《少微家塾點校附音通鑑節要》五十卷，宋江贄撰，《新編纂註資治通鑑外紀增義》五卷，宋劉恕撰，《讀通鑑法》一卷《資治通鑑總要通論》一卷《釋例》一卷。半葉十四行，行二十一字，黑口，四周雙邊。釋例後有著雍涒灘中夏甲戌京兆劉剡識語，謂從姪文壽固請梓行云。（詳沈津撰該館《書志》）〇明弘治二年司禮監刻本，作《少微通鑑節要》五十六卷《外紀》四卷。半葉九行，行十五字，注文雙行同，大黑口，四周雙邊。甘肅省圖書館、鎮江市博物館藏。〇明刻本，作《少微家塾點校附音資治通鑑節要》五十卷，宋江贄撰，史炤音釋；《增註附音資治通鑑外紀增義》五卷，宋劉恕撰，明王逢訂正，劉剡纂輯。半葉十二行，行二十四字，白口，四周雙邊。上圖藏。〇北京大學藏明正德九年司禮監刻本，作《少微通鑑節要》五十卷《少微通鑑外紀》四卷《資治通鑑節要續編》三十卷，卷端均不題撰人。《外紀》前有正德九年十一月十三日《御製重刊少微資治通鑑節要序》云：「前日《纂要》之修，亦備采擇，第歲久字畫間有模糊，因命司禮監重刻之。又以宋元節要續編附於其後，……通爲一書。」半葉九行，行十五字，黑口，四周雙邊。白棉紙初印，開版闊大，寫刻頗工。鈐有「開田張氏聞三藏書」、「晉明氏」等印。《存目叢書》用中央民族大學本影印，無《續編》。〇明嘉靖三十二年詹長卿就正齋刻本，作《新刊古本少微先生資治通鑑節要》五十卷《外紀節要》五卷首一卷，題「慎獨生刻，劉弘毅校正，就正齋詹長卿重刊」。半葉十四行，行二十六字，白口，四周單邊或雙邊。卷末有「皇明嘉靖癸丑仲夏就正齋刊」牌記。北大藏。王重民《善本提要》著録。〇明嘉靖十六年至二十四年劉弘毅慎獨齋刻本，作《少微先生資治通鑑節要》二十卷《外紀節要》五卷首一卷《四明先生續資治通鑑節要》二十卷，《續》明張光啟撰。半葉十三行，行二十六字，小字雙行，行二十七字，細黑口，四周雙邊。上海師大藏。〇哈佛燕京圖書館藏明隆慶三年余氏敬賢書堂刻本，作《新刊翰林攷正綱目批點音釋少微節要通鑑大全》二十卷《外紀》二卷。半葉十二行，行二十六字，白口，四周雙邊。前有隆慶三年余氏敬賢堂序。卷二十末有「隆慶己巳季冬敬賢書堂重梓」牌記。（詳沈津撰該館《書志》）〇人民大學藏明萬曆間書林克勤齋余近泉刻本，作《克勤齋新刊古本少微先生資治通鑑節要》五十卷《外紀節要》五卷首一卷《克勤齋新刊四明先生續資治通鑑節要》三十卷，其中《續》卷二十七至三十缺。題「劉弘毅原本，余近泉重刊」。半葉十三行，行二十六字，白口，四周雙邊。〇浙江圖書館藏明萬曆九年黃氏興正書堂刻本，作《新刊高明大字少微先生資治通鑑節要》二十卷《外紀》五卷首一卷《續資治通鑑節要》二十卷，半葉十二行，行二十六字，白口，四周雙邊。〇明陳氏積善書堂刻本，作《新刊高明大字資治通鑑節要》二十卷《外紀》五卷首一卷。附《四明先生續資治通鑑節要》二十卷，明書林張氏新賢堂刻本。半葉十三行，行二十五字，白口，四周雙邊。中國科學院新疆分院、中共中央黨校藏。〇明萬曆十六年張氏新賢堂刻本，作《新刊翰林考正綱目批點音釋少微節要通鑑大全》二十卷《外紀》二卷，明唐順之删定，張謙釐正。半葉十二行，行二十六字，白口，四周單邊。南開大學、中山大學、東北師大、青海省圖藏。○明萬曆三十七年書林張喬軒刻本，作《新刊翰林考正綱目批點音釋少微節要通鑑大全》二十卷《外紀》二卷，唐順之刪定；《續編》二十卷，明黄汝良刪定，楊道賓註釋。半葉十二行，行二十六字，白口，四周單邊。上圖、天一閣文管所藏。○明嘉靖三十八年吉澄刻本，作《新刊憲臺考正少微通鑑全編》二十卷《外紀》二卷《新刊憲臺考正宋元通鑑全編》二十一卷。半葉十二行，行二十四字，白口，四周單邊。北大本題「巡按福建監察御史開州吉澄校正」，前編末有牌記：「巡按福建監察御史樊獻科重訂。」有嘉靖三十八年樊獻科序（參王重民《善本提要》）。按：樊獻科繼吉澄之後爲福建監察御史，嘗重修吉澄所刻《春秋四傳》，加牌記云：「巡按福建監察御史開州吉澄校刊，縉雲樊獻科重訂」。此本牌記雖不及吉澄，而獻科但云「重訂」，知亦吉澄刻樊獻科重修刷印者。樊序既在嘉靖三十八年，則吉澄刊版當在嘉靖三十八年以前。華東師大、南圖、浙圖亦藏是刻。○中共中央黨校藏明刻本，書名卷數同前，吉澄校正，無《宋元通鑑》，有首一卷。半葉十二行，行二十五字，白口，四周雙邊。○明萬曆徐元太等刻本，書名卷數同吉澄本，有《總論》一卷。半葉十行，行二十二字，白口，四周雙邊。題「巡撫四川都察院右副都御史宛陵徐元太、巡按四川監察御史天雄赫瀛、豫章陳瑫同校」。北京師大藏。原北平圖書館藏本現存臺北「故宮」。又北圖、上圖、遼圖、安徽圖亦藏是刻，則無《宋元通鑑》。○明萬曆三年書林宗文堂鄭望雲刻本，作《新刊憲臺考正少微通鑑全編》二十卷《外紀》二卷《宋元通鑑全編》二十一卷。半葉十二行，行二十五字，白口，四周雙邊。厦門大學藏。○明閩建邑書林楊璧卿刻本，作《重刻翰林校正少微通鑑大全》二十卷首二卷，唐順之删定。半葉十一行，行二十七字，白口，四周雙邊。上圖、遼圖、安徽圖藏。○臺灣「故宫博物院」藏明内府朱絲欄朱墨寫本，作《少微通鑑節要》五十六卷十八册。○臺灣「中央圖書館」藏朝鮮京中刻本，作《少微通鑑節要》五十卷，半葉十行，行十七字，白口，四周單邊。前有嘉熙元年江鎔序。書末有雙行牌記：「庚申孟春京中開刊」。○臺灣「故宫」藏朝鮮嶺營刻本，作《少微家塾點校附音通鑑節要》五十卷，明王逢輯義，劉剡增校。

一〇九三　續宋編年資治通鑑十八卷　舊本題宋李燾經進

浙江鮑士恭家藏本（總目）。○《浙江省第四次鮑士恭呈送書目》：「《續宋編年資治通鑑》十八卷，宋李燾著，四本。」○《浙江採集遺書總録》：「《續宋編年資治通鑑》十八卷，知不足齋寫本。」○北京圖書館藏元建安陳氏餘慶堂刻本。書名葉題「宋史全文資治通鑑」，中鐫「李燾經進本」，上鐫「餘慶書堂」。首乾道四年李燾上表，表後有牌記：「建安陳氏餘慶堂刊」。次《續宋編年資治通鑑目録》，題「朝散郎尚書禮部員外郎兼國史院編修官李燾經進」。《目録》末有「武夷主奉劉深源校定」一行。鈐「鐵琴銅劍樓」、「京師圖書館收藏之印」。《鐵琴銅劍樓藏書目録》卷九著録者當即此帙。《存目叢書》據以影印。此本卷二僅存第一葉至第五葉，第六葉以下缺，用北圖另一餘慶堂本補足。另一本係明修本，卷九影元鈔配。皕宋樓亦藏餘慶堂本，歸日本靜嘉堂。○南京圖書館藏元朱氏與畊堂刻本，半葉十三行，行二十二字，細黑口，四周雙邊。《善本書室藏書志》卷七著録云：「《目録》後有「武夷主奉劉深源校定」一行，更有《宋朝世系之圖》、《中興世系之圖》一葉，又「建安朱氏與畊堂刊」木記。北圖藏是刻明修本，卷十五卷十六配另一元刻本，卷十七卷十八配鈔本，清孔繼涵跋。○北京圖書館藏元雲衢張氏刻本。半葉十五行，行二十四字，黑口，四周雙邊。與宋劉時舉《續資治通鑑》合刊，李書稱前集，宋書稱後集。《藏園群書經眼録》著録是刻殘帙，存卷一至十三，前有進表，目録後有雙行牌子：「雲衢張氏鼎新梨行」。鈐「晉府書畫之印」、「敬德堂圖書印」、「子子孫孫永寶用」等印，劉啟瑞藏書。青島博物館亦有殘本。○日本影寫元雲衢張氏刻本，前有宋朝世序圖一葉，次進書表，目録後有「雲衢張氏鼎新梨行」牌子。封面大字雙行題「宋朝長編資治通鑑」，中間題「李燾經進本」，上横題「集義書堂」(詳《藏園群書經眼録》)。○山東省圖書館藏清鈔本四册，首《續宋編年資治通鑑目録》，題「朝散郎尚書禮部員外郎兼國史院編修官李燾經進」，《目録》末有「武夷主奉劉深源校定」一行。次正文，首題「續資治通鑑卷之一」，次題李燾經進同前。半葉十三行，行二十二字，黑格，黑口，左右雙邊。眉上記綱目。卷内有朱筆校。卷十八尾題後有「乾隆辛卯九月二十三日歙西鮑氏知不足齋收藏」朱筆隸書題識一行。首册書衣有「乾隆三十八年十一月浙江巡撫三寶送到鮑士恭家藏續宋編年資治通鑑壹部計書肆本」長方朱記。首葉係空白格紙，鈐「翰林院印」滿漢文大官印。卷内又鈐「嬾菴居士」朱文方印、「趙」「彪」連珠印。書末又鈐「季滄葦藏書印」長方朱文印，似書賈作僞。書内不避清諱，蓋清初所鈔。字體不一，知出於衆手。此即鮑士恭進呈四庫館原本。首葉左邊鈐「荆川太史紙」小長印，可作造紙史實物看。○天津圖書館藏清鈔本。○臺灣「中央圖書館」藏清鈔本，半葉十行，行二十一字。有「胡爾滎印」、「胡氏豫波家藏圖書」、「豫波」、「莚圃收藏」等印（詳該館《善本書志》）。按：是書諸家著録多作《續宋編年資治通鑑》，係據目録首行所題。又作《續資治通鑑》，則據正文首行所題。

增節音注資治通鑑一百二十卷　宋陸唐老編　　一〇九四

內府藏本（總目）。○《江蘇省第一次書目》：「《增節音注資治通鑑》五十本。」○《江蘇採輯遺書目録》：「《增節資治通鑑》一百二十卷，宋會稽陸唐老著，刊本。」○宋寧宗時蔡氏家塾刻本，作《陸狀元集百家注資治通鑑詳節》一百二十卷，題「會稽陸唐老集註」，姓氏後有「蔡氏家塾校正」六字木記。半葉十三行，行二十二字。避宋諱至廓字止，蓋寧宗時刊本。鈐「芳椒堂」、「香修」、「張氏秋月字香修一字幼憐」、「元照私印」、「嚴氏修能」等印記。張氏秋月者，嚴元照之愛妾。此陸心源皕宋樓藏書，《儀顧堂續跋》內有跋。現藏日本東京靜嘉堂文庫。○南宋末麻沙刻本，作《增修陸狀元集百家註資治通鑑詳節》一百二十卷，題「會稽陸唐老集注，建安蔡文子校正」。卷十六以前半葉十二行，行十九字。卷十七以後半葉十三行，行二十二字。《周世宗紀》語及宋太祖皆提行。宋諱有避有不避。此亦皕宋樓藏書，詳《儀顧堂續跋》。現藏日本靜嘉堂文庫。○原北平圖書館藏元刻本，書名卷數同前本，題「會稽陸唐老集註，建安蔡文子校正」。半葉十四行二十三字，或半葉十三行二十二字。前有乙卯（元憲宗五年）元好問序，又《集諸家通鑑節要序》。殘存卷一至十、卷三十一至四十、卷六十一至七十、卷八十一至一百、卷一百十一至一百二十，共六十卷六册。第一册末有簽條：「一部十二本，永樂二年七月二十五日蘇叔敬買到。」又藏同刻殘本存卷一至三十一、卷六十七至八十，共四十五卷三册。又藏同刻殘本存卷二十三至三十、卷四十七至七十一、卷七十九至八十六，共四十一卷五册。合以上三殘本可得一百四卷（詳王重民《善本提要》）。此北平書現存臺北「故宫」。按：此元刊本行款、書名、題署均與皕宋樓宋末麻沙本同，當是一刻。○南京圖書館藏元刻本，書名卷數同前，殘存卷七十二至九十二共二十一卷。半葉十四行，行二十三字，細黑口，左右雙邊。清丁丙跋。○上海圖書館藏元刻遞修本，書名卷數同前，有鈔配。半葉十三或十四行，行二十二或二十三字，白口，左右雙邊。○北京大學藏元刻遞修本，書名卷數同前，殘存卷一至四十一、卷四十九至七十八、卷九十三至一百二十，共九十九卷，有缺葉。半葉十四行，行二十三字，小字雙行，行二十七字，細黑口，左右雙邊。北圖亦藏是刻，殘存卷三十一至四十、卷九十一至一百，共二十卷。○明末毛晉汲古閣刻本，作《陸狀元增節音註精議資治通鑑》一百二十卷《目録》三卷首一卷。《目録》題「宋會稽陸唐老集註，明海虞毛晉訂正」。半葉八行，行十七字，白口，左右雙邊。版心下刻「汲古閣」。《存目叢書》據北京大學藏本影印。上圖、遼圖、臺灣「中央圖書館」等亦藏是刻。

通鑑綱目測海三卷　元何中撰　一〇九五

江西巡撫採進本（總目）。○《江西巡撫海第一次呈送書目》：「《通鑑綱目測海》一本。」○日本靜嘉堂文庫藏清刻《何太虛先生集》本（靜嘉堂目）。○日本京都大學人文所藏康熙五十八年重刻《知非堂集》三種之一（見該所《漢籍目録》）。疑同版。

通鑑綱目釋地糾繆六卷補注六卷　國朝張庚撰　一〇九六

浙江巡撫採進本(總目)。○《浙江省第一次書目》：「《通鑑綱目釋地補注》六卷《糾繆》六卷，國朝張庚著，二本。」○《浙江採集遺書總録》：「《通鑑釋地補注》六卷《糾繆》六卷，刊本，國朝秀水張庚撰。」○中國人民大學藏清乾隆十八年强恕齋刻本，半葉十行，行二十一字，黑口，四周單邊。封面刻「强恕齋藏板」。卷内鈐「周氏藉書園印」，濟南周永年家故物也。湖北圖書館此本鈐有「桐風高繙斟疏録之書」、「柚堂」、「栘庵所藏金石文字」、「紅櫚書屋」、「栘盦珍□」、「北平劉氏」等印記，《存目叢書》據以影印。杭州大學亦藏此刻。○清光緒十六年新會劉氏藏修書屋刻《藏修堂叢書》第二集本，北圖、北大、清華等藏。○民國二十年南海黄氏據舊版彙印《芋園叢書》本，北大、清華、北師大等藏。

帝王紀年纂要一卷　元察罕撰　明黄諫補　一〇九七

户部尚書王際華家藏本(總目)。○北京圖書館藏明刻本，作《歷代帝王紀年纂要》一卷，元察罕撰，明佚名訂正，半葉八行，行十四字，黑口，四周雙邊。○明嘉靖二十九年至三十年吴郡袁氏嘉趣堂刻《金聲玉振集》本，半葉十行，行二十字，白口，左右雙邊。《存目叢書》據首都圖書館藏本影印。○清嘉慶十四年虞山張海鵬刻本，《借月山房彙鈔》第十四集之一，書名《重訂帝王紀年纂要》，浙圖、科學院圖書館藏。民國九年上海博古齋影印張海鵬刻《借月山房彙鈔》本。

明本紀一卷　不著撰人名氏　一〇九八

左都御史張若溎家藏本(總目)。○天一閣文管所藏明嘉靖三十二年刻《國朝謨烈輯遺》本，作《皇明本紀》一卷。半葉十行,行二十字。原北平圖書館亦藏是刻,現存臺北「故宮」。○北京大學藏明鈔本,作《皇明本紀》不分卷,半葉十行,行二十二字,白口,四周雙邊。鈐「河北王光鉽鳳山藏書印」、「生於戊戌」等印記。《存目叢書》據以影印。○上海圖書館藏明鈔《國朝典故》本。○陝西省圖書館藏明鈔《國朝典故》本。○北京圖書館藏明鈔清李文田校《國朝典故》本,作《皇朝本紀》一卷,半葉九行,藍格,白口,四周單邊。○北京圖書館藏明鈔《國朝典故》本,作《皇明本紀》一卷,半葉十行,行二十字,藍格,白口,四周雙邊。○上海圖書館藏明鈔清沈纘文吳曉鉦校《國朝典故》本,作《皇明本紀》一卷。○原北平圖書館藏明鈔《國朝典故》本,作《皇明本紀》一卷。半葉九行,行二十二字。現存臺北「故宮」。○臺灣「中央圖書館」藏明鈔《國朝典故》本,作《皇明本紀》一卷。半葉十行,行二十五字,藍格,白口,四周單邊。○明鄧士龍重輯刻《國朝典故》本,作《皇明本紀》一卷。半葉十行,行二十字,白口,四周單邊。北大、南圖、臺灣「中央圖書館」藏。按:鄧士龍,南昌人,萬曆二十三年進士。據士龍自序,此其讀禮家居時付梓者。刊工吳祥、萬德又見萬曆間江西刻《戰國策》,吳天祥、萬德又見明江西刻《性理大全書》,知係萬曆間江西刻本。○民國三十六年國立中央圖書館影印明藍格鈔本,作《皇明本紀》一卷,《玄覽堂叢書續集》之一。按:此據沈德壽抱經樓舊藏明鈔本影印,有「吳興抱經樓藏」等印記。○明萬曆四十五年陽羨陳于廷刻《紀録彙編》本,北圖、北大、上圖藏。民國二十七年商務印書館影印陳于廷刻《紀録彙編》本。民國二十六年商務印書館據《紀録彙編》本影印,收入《叢書集成初編》。均作《皇朝本記》一卷。○民國二十四年燕京大學排印《紀録彙編選刊》本。○南京圖書館藏明鈔本，作《皇朝本紀》一卷。

一〇九九 世史正綱三十二卷 明邱濬撰

副都御史黄登賢家藏本（總目）。○《都察院副都御史黄交出書目》：「《世史正綱》，明邱濬著，十本。」○《浙江省第八次呈送書目》：「《世史正綱》三十二卷，明邱濬著，十本。」○《浙江採集遺書目録》：「《世史正綱》三十二卷，刊本。」○臺灣「中央圖書館」藏明弘治元年刻本，半葉十行，行十八字，黑口，雙魚尾，四周雙邊。前有成化十七年丘濬序，凡例。後有弘治元年八月既望賜進士出身朝列大夫國子祭酒兼經筵講官前太子諭德同修國史門人京口費闇序云：「遂請其稿刻之梓，藏之載道所，付典籍掌焉。」○明弘治三年刻本，行款版式同前本，天一閣文管所、湖南師大藏。駱兆平先生函稱「天一閣藏弘治刻本卷末有弘治元年費闇序和弘治三年羅璟序，故定爲三年刻本」。澤遜按：此與前本疑是同版。○復旦大學藏明嘉靖四十二年孫應鰲刻本，半葉十行，行十八字，黑口，雙魚尾，四周雙邊。前有嘉靖四十二年癸亥正月如皋孫應鰲序云：「是書凡三十二卷，鍥成藏於秦之學臺，與明正學者共之。」又自序，凡例。後有費闇序。《存目叢書》據以影印。南圖藏此刻有清丁丙跋。上圖、津圖、臺灣「中央圖書館」等亦藏是刻。○民國二十五年文昌郭氏家塾鉛印本，北師大藏。

一一〇〇 通鑑綱目前編三卷 明許誥撰

江蘇巡撫採進本（總目）。○《江蘇省第一次書目》：「《通鑑綱目前編》二本。」○《江蘇採輯遺書目録》：「《通鑑綱目前編》二卷，明許誥著，刊本。」○天一閣文管所藏明嘉靖五年刻本，半葉八行，行十七字，白口，四周單邊。前有嘉靖四年冬何瑭序，三年許誥序，五年許讚序。末有嘉靖四年郭維藩後序。許讚序云：「携來錢塘，捐俸鋟梓。」知爲嘉靖五年許讚錢塘刻本。鈐「范氏天一閣藏書」朱文方印。《存目叢書》據以影印。

經世策一卷　明魏校撰　　**一一〇一**

安徽巡撫採進本（總目）。○北京大學藏明嘉靖王道行刻《莊渠先生遺書》本，正文首題「莊渠先生遺書經世策卷之八」，次行題「兵備副使太原王道行梓，門人歸有光校」。半葉十行，行二十一字，白口，左右雙邊。《存目叢書》據以影印。

人代紀要三十卷　明顧應祥撰　　**一一〇二**

兩淮馬裕家藏本（總目）。○《兩淮商人馬裕家呈送書目》：「《人代紀要》三十卷，明顧應祥，十一本。」○北京大學藏明嘉靖三十七年黄宸刻本，題「明吴興顧應祥編集，大埔黄宸校刊，江陰湯明善、庠生倪佩同校」。半葉十行，行二十一字，白口，四周單邊。前有嘉靖三十七年自序，三十七年湯明善《刻人代紀要序》。湯序云：「維時大埔及泉黄侯涖政長興，……遂捐金授梓，以傳不朽，而謂明善典司教事也，乃屬之校訂，以董其事。」知爲大埔黄宸知長興時捐刻。卷内有批校。鈐「羽文」、「鳳章之印」、「廔嘉館印」、「木犀軒藏書」等印記。《存目叢書》據以影印。北圖、上圖、南圖等亦藏是刻。○顧應祥又撰《人代紀要考證》十卷，亦嘉靖黄宸所刊，故宫、上圖有藏。考《浙江省第六次呈送書目》：「《人代紀要考證》十卷，明顧應祥輯，二本。」《浙江採集遺書總録》：「《人代紀要考證》十卷，刊本，明吴興顧應祥輯。」知當時有浙江進呈刊本二册。其書與《人代紀要》相輔，而《總目》未載，是不當遺而遺之，蓋一時疏忽也。

嘉隆兩朝聞見紀十二卷　明沈越撰　　一一〇三

浙江巡撫採進本（總目）。○《浙江省第七次呈送書目》：「《嘉隆兩朝聞見紀》十二卷，明沈越著，六本。」○《浙江採集遺書總録》：「《嘉隆兩朝見聞紀》十二卷，刊本，明監察御史沈越撰。」○北京大學藏明萬曆二十七年沈朝陽等刻本，書名葉題「皇明嘉隆聞見大紀」，正文卷端題「皇明嘉隆兩朝聞見紀」，次題「賜進士出身奉詔進階朝列大夫致仕前山東道監察御史侍經筵官江東臣沈越記録，伯子臣朝陽編次，季子秋陽、乾陽參校」。半葉十二行，行二十七字，白口，四周雙邊。前有朱之蕃《刻兩朝聞見録題辭》，萬曆二十七年己亥沈朝陽叙。後有萬曆二十七年沈秋陽、沈乾陽二跋。鈐有「埽塵齋積書記」、「禮培私印」、「高凌霨澤畬甫收藏印」、「高凌霨印」、「章武高氏」、「家在弌西莊」、「无竟先生獨志堂物」等印記。《存目叢書》據以影印。北圖、上圖、南圖等亦藏是刻。

明大政記二十五卷　明雷禮撰　　一一〇四

内府藏本（總目）。○《武英殿第二次書目》：「《明大政記》十本。」○《江蘇採輯遺書目録》：「《大政記》四十卷，明豐城雷禮著，刊本。」○澳門何東圖書館藏明鈔本三十六卷十八册。正文首題「皇明大政記卷之一」，次題「臣豐城雷禮謹輯」。半葉十一行，行二十四字，白口，藍格，四周單邊。鈐

「胡江之印」、「筠圃藏書」、「秋水園圖書」、「清河」、「三十五峯園主人所藏」、「韓邨古雅堂書籍之章」、「吳興劉氏嘉業堂藏書記」、「張叔平」等印記（參《何東圖書館館藏中國古籍展覽目録》）。○明萬曆三十年金陵周時泰博古堂刻本二十五卷，封面刻「萬曆壬寅歲博古堂刊行」。正文卷首題「皇明大政紀」，次題「臣豐城雷禮謹輯，餘姚朱錦謹校，金谿閔師孔謹訂，秣陵周時泰謹閲」。卷二十一至二十四爲范守己《皇明肅皇外史》，題「臣洧川范守己謹輯，金陵閔師孔謹校，秣陵博古堂謹鐫」，實爲《皇明肅皇外史》節本。卷二十五爲譚希思《皇明大政纂要》卷六十一至卷六十三，内容相同，文字稍有出入，題「臣茶陵譚希思謹輯，金谿閔師孔謹校，金陵博古堂謹刊」。半葉十一行，行二十二字，白口，四周單邊。前有萬曆三十年壬寅郭正域序云：「有周生時泰者，取朱職方、閔茂才所校豐城雷公禮所述洪武迄正德之大政紀與洧川范公守己所續紀嘉隆者梓之。」《存目叢書》用吉林大學藏本影印。其卷二十五原係鈔配，末有殘缺，全用北大藏本抽换。首都圖書館、南京大學、美國國會圖書館均藏此刻。

明六朝索隱十六卷　舊本題明雷禮撰　何應元校　一一〇五

兩江總督採進本（總目）。○《兩江第一次書目》：「《六朝索隱》，舊題明雷禮著，十六本。」

通鑑綱目前編二十五卷　明南軒撰　一一〇六

編修邵晉涵家藏本（總目）。○明萬曆二十四年展卷堂刻本，作《訂正通鑑綱目前編》二十五卷，半葉九行，行二十字，白口，四周雙邊。復旦大學、西北大學、吉林社科院藏。○明萬曆二十八年朱燮元等刻《資治通鑑綱目全書》本，作《訂正通鑑綱目前編》二十五卷。半葉七行，行十八字，白口，左右雙邊，有刻工。河南省圖、重慶圖、無錫市圖等藏。○明萬曆金陵唐翀宇刻《重刻資治通鑑綱目全書》本，作《訂正通鑑綱目前編》二十五卷。半葉十行，行二十字，白口，四周單邊。山東省圖、復旦大學藏。○明刻本，作《資治通鑑綱目前編》二十五卷，福建福安縣圖書館藏。○明崇禎三年陳仁錫刻本，與《資治通鑑綱目》、《續資治通鑑綱目》合刻，作《資治通鑑綱目前編》二十五卷。半葉七行，行十八字，白口，四周單邊。卷端題「史官陳仁錫評閱」。《存目叢書》據湖北圖書館藏本影印，該本鈐有「湘鄉劉氏伯子晉生珍藏金石書畫印」朱文長方印。北大、上圖等亦藏是刻。

龍飛紀略八卷　明吴樸撰　　一一〇七

兩江總督採進本(總目)。○《兩江總督高第三次進到書目》：「《龍飛紀略》八本。」○北京圖書館藏明嘉靖二十三年吴天禄等刻本，半葉十一行，行二十一至二十三字，白口，四周雙邊。前有嘉靖二十三年林希元序云：「諸生吴天禄、義民陳顯、林濱輩共捐資刻之。」後有嘉靖二十一年吴朴跋。鈐有「愛日館收藏印」、「景則」、「閔一檣印」、「曉霞藏本」等印記。《存目叢書》據以影印。上圖、臺灣中研院史語所亦藏是刻。○明嘉靖三十一年金陵王氏刻本十四卷，半葉十一行，行二十一字，白口，四周單邊，北大、南圖、社科院歷史所藏。上圖本存卷一至八，有清槐卿氏題識。按：著者「吴朴」，《總目》作「吴樸」，當依原書作「朴」。

一一〇八　宋元資治通鑑一百五十七卷　明薛應旂撰

内府藏本(總目)。○《武英殿第一次書目》：「《宋元資治通鑑》五十本。」○山東省圖書館藏明嘉靖四十五年自刻本，正文卷端題「宋元通鑑卷第一」，次題「明賜進士前中憲大夫浙江按察司提學副使兩京吏禮郎中武進薛應旂編集，明賜進士太中大夫陝西布政司參政前湖廣副使整飭蘇松常鎮兵備陽曲王道行、明賜進士中憲大夫陝西按察司副使前知常州府事蘄水朱袗校正」。半葉十行，行二十字，白口，四周單邊。前有嘉靖四十五年自序。版心下記寫工刻工：江陰繆淵寫、無錫張本刻、何礼刊、邵埴、何序、何鑰、何昇、吴祥、何化、何堅、何貞、余庭、張楝、吴川、余廷、又軒、何又、何亨、王誥、王告、俞廷、陳堅、俞庭、何倫、何成德、章相、袁宸、何成、章言、章慶、章時、刘啟元、金南、文憲、夏文憲、王龍、夏文祥、何一德等。《存目叢書》據以影印。其書原缺卷三十一、卷三十二、卷六十七至七十、卷五十六第十二葉，用北大藏本配齊。北大藏本鈐有「巴陵方氏藏書印」、「方功惠藏書之印」等印記。湖北省圖亦藏是刻，明汪昂批點。臺灣「中央圖書館」藏本佚去自序，定爲明王道行等刻本。○明天啟六年陳仁錫刻本，正文首題「宋元通鑑卷第一」，次題「明賜進士前中憲大夫浙江按察司提學副使兩京吏禮郎中武進薛應旂編集，長洲陳仁錫評閱」。半葉十行，行二十字，白口，四周單邊。前有天啟六年陳仁錫序，嘉靖四十五年薛應旂序。寫工刻工：古吴金麟書、陳天禎。人民大學、復旦、山東圖等藏。○日本萬延元年玉岩堂刻本，中央民大、遼圖等藏。○日本元治元年玉岩堂刻本，北圖分館、遼圖藏。

甲子會紀五卷　明薛應旂撰　　一一〇九

江蘇巡撫採進本（總目）。○《江蘇省第一次書目》：「《甲子會紀》二本。」○《江蘇採輯遺書目録》：「《甲子會紀》五卷，明提學副使武進薛應旂著，刊本。」○《浙江省第四次汪啟淑家呈送書目》：「《甲子會紀》五卷，明薛應旂著，四本。」○《浙江採集遺書總録》：「《甲子會紀》五卷，刊本。」○《山東巡撫呈送第一次書目》：「《甲子會紀》四本。」○天津圖書館藏明嘉靖三十七年玄津草堂刻本，半葉九行，行十八字，白口，四周單邊。末有「嘉靖戊午秋刻于玄津草堂」一行。版心記刻工：俞汝霆、何昇、俞汝廷、張邦、李。卷内鈐「劉履芬」、「仁叟」等印記。《存目叢書》據以影印。北大、上圖、吉大、保定圖、上海辭書出版社亦藏是刻。○臺灣「中央圖書館」藏明天啟崇禎間陳仁錫刻本，題「明賜進士前中憲大夫浙江按察司提學副使兩京吏禮郎中武進薛應旂編集，史官長洲陳仁錫評閲」。半葉八行，行十八字，白口，四周單邊。前有嘉靖三十八年七月南京太常寺少卿江西提督學較僉事上元石城許穀序。鈐有「五福五代堂寶」、「八徵耄念之寶」、「太上皇帝之寶」、「乾隆御覽之寶」、「天禄琳琅」、「天禄繼鑑」、「玄冰室珍藏記」、「剛伐邑齋藏書」、「湘潭袁氏滄州藏書」等印記（詳該館《善本書志初稿》）。按：此天禄琳琅故物，原與《資治通鑑》等合函，即《天禄琳琅書目後編》卷十四著録者。前有天啟五年乙丑中秋日陳仁錫序，《目録》前有崇禎二年己巳陳仁錫序。是刻流傳頗多。

憲章録四十七卷　明薛應旂撰　　一一一〇

内府藏本（總目）。○《武英殿第一次書目》：「《憲章録》十本。」○《江蘇省第一次書目》：「《憲章録》八本。」○《江蘇採輯遺書目録》：「《憲章録》四十七卷，明按察司副使武進薛應旂著，刊本。」○《浙江省第四次吴玉墀家呈送書目》：「《憲章録》四十六卷，明薛應旂輯，八本。」○《浙江採集遺書總録》：「《憲章録》四十六卷，刊本，明薛應旂撰。」○陝西省圖書館藏明萬曆二年平湖陸光宅刻本，四十六卷。卷三十九分上下，實四十七卷。題「賜進士中憲大夫陝西按察司副使奉詔致仕前提督浙江學校臣薛應旂編述」。半葉十行，行二十字，白口，四周單邊。版心下記刻工：張本、陳宣、何序、何方、李焕、何仁、郭言、陸貞、何芳、陸珎、何鯨、何之源、之源、何貞、庭、大、其、世、金、章、吴、元、英、立、子、丁、時、成、德、信、袁、文、令、夫、邵、汸等。前有萬曆元年自序，後有萬曆二年門人平湖陸光宅《刻憲章録跋》云：「遂不分其已未即工，盡攜以歸，謀諸同志，博集梓人，日夜校刻，四閱月而工告成。」《存目叢書》據以影印。北大、南圖等多藏是刻。周晶先生藏一部，嘗出以示余。○明萬曆刻本，四十七卷，行款版式及題署同前本，版心刻工：唐廷瑞、劉朱、余世、石、孔、吕、良、希、林、蔣、元、禮、仰、剛、秦、立、英、徐、何、陳、峻、王、邦、岡、言、坤、郁、文、成、戴、賢、付、郭、信、余、美、李、梁、本、庭、湯、鳳等。前有萬曆元年自序，萬曆二年陸光宅《刻憲章録跋》。臺灣「中央圖書館」《善本書志初稿》著録此本，定爲萬曆二年平湖陸光宅刊本。按：兩本刻工不同，又此本卷三十九分上下二卷。王重民謂四十六卷本「字畫較纖細，顯與四十七卷本非同一板刻」(詳《善本提要》)。考四十六卷本刻工張本、何序、何貞均見嘉靖四十五年刻薛應旂《宋元通鑑》，又見萬曆二年刻《膚齋三子口義》，何之源、何鯨、何序均見萬曆四年刻《大學衍義》，皆嘉靖後期至萬曆前期江南地區刻工。則四十六卷本當是陸光宅原刻，四十七卷本係後來據陸本重刻者。〇明刻本，四十六卷，半葉十四行，行二十四字，白口，四周單邊。北大、吉林大學藏。

考信編七卷　明杜思撰　**一一一一**

江蘇周厚堉家藏本（總目）。〇《江蘇省第一次書目》：「《考信編》四本。」〇《江蘇採輯遺書目録》：「《考信編》七卷，明四明杜思著，刊本。」〇故宫博物院藏明萬曆七年刻本，半葉十行，行二十字，白口，四周單邊。前有萬曆七年己卯蔡文範序云：「刻既成，公命不肖序諸首簡。」後有萬曆七年盧致跋。《存目叢書》據以影印。

昭代典則二十八卷　明黄光昇撰　**一一一二**

江蘇周厚堉家藏本（總目）。〇《江蘇省第一次書目》：「《昭代典則》十四本。」〇《浙江採集遺書總録》：「《昭代典則》二十卷，刊本，明尚書晉江黄光昇撰。」〇《浙江省第四次汪啟淑家呈送書目》：「《昭代典則》二十卷，明黄光昇著，十六本。」〇天津圖書館藏明萬曆二十八年金陵周曰校萬卷樓刻本二十八卷，題「賜進士太子少保刑部尚書晉江黄光昇編輯，吳郡陸翀之校閲，金陵周曰校刊行」。半葉十一行，行二十二字，白口，四周單邊。封面刻「皇明十二朝正史」，右刻「萬曆庚子歲」，左刻「萬卷樓刊行」。前有萬曆二十八年庚子祝世禄序。《存目叢書》據以影印。北圖、北大、上圖等亦藏是刻。

成憲録十一卷　不著撰人名氏　**一一一三**

浙江范懋柱家天一閣藏本（總目）。〇《浙江省第五次范懋柱家呈送書目》：「《成憲録》十一卷，不著撰人姓名,二本。」〇《浙江採集遺書總録》:「《成憲録》十一卷,寫本,撰人無考。」〇天一閣文管所藏明藍格鈔本,殘存卷一卷二兩册,蟲蛀。

祕閣元龜政要十六卷　不著撰人名氏　一一一四

浙江孫仰曾家藏本(總目)。〇《浙江省第四次孫仰曾家呈送書目》:「《秘閣元龜政要》十六卷十六本。」〇《浙江採集遺書總録》:「《秘閣元龜政要》十六册,小山堂寫本,撰人無考。」〇《兩淮鹽政李續呈送書目》:「《明祕閣元龜政要》十六卷十六本。」〇北京圖書館藏明鈔本,十六卷十六册,半葉十行,行二十字,藍格,白口,四周單邊。首葉鈐「翰林院印」滿漢文大官印。又鈐「曾在李鹿山處」朱文長方印。末有雍正玖年勿藥跋:「右《秘閣元龜政要》,不詳作者姓氏,閱其書知爲閩之漳州人,嘉靖時嘗從征安南者。按吳朴《龍飛紀畧自序》云:『先大夫范常劉辰勤採滁和遺事,太祖大見欣納。臣於征伐禮樂采而輯之,久藏巾笥。以議處安南爲與議者,聞於當道,流遁致遠。提學副使田行文取覽,直名爲國朝綱目』云云。其中論斷語亦多徵用之。則是書疑即朴所作。朴字華甫,漳州詔安人。所謂副使田,即吾鄉先達田公汝成叔采也。書凡十六册,每册首頁有『曾在李鹿山處』圖記。李公諱馥,亦閩人,嘗撫吾浙,以事罷去,不數年間,所藏遂散亡流失,良可慨矣。又檢諸簿落中,惟《絳雲樓書目》有之,册數與此合,而不註明卷數。按:明太祖以壬辰起兵,是書始於丙申。太祖在位三十一年,是書終於二十八年。首尾俱有遺脱,内失甲辰至丁未四年事,又失丁巳至己未三年事。而行欵點畫之舛誤者不可悉舉。是本既爲虞山錢氏舊鈔,宜其精善完好,而紕繆若此，信乎藏書之難也。予方苦足疾，兀坐無聊，因取高皇文集并實録諸書參校，庶幾十得其五云。雍正玖年冬至前二日勿藥記。」按：此仁和趙一清筆，一清字誠夫，一字勿藥，號東潛，趙昱之子。著有《勿藥文稿》一卷、《東潛文稿》二卷。此跋《東潛文稿》乾隆刻本不載，因迻録如右。《浙江總録》所謂「小山堂寫本」即此帙也。《提要》云「首尾皆不完具」，又云「大致與太祖實録相出入」，皆陰用趙一清跋語。《存目叢書》已予影印。○河北大學藏清鈔本十六卷。

明通紀述遺十二卷　題卜世昌　屠衡校訂　　　一一一五

浙江汪啟淑家藏本（總目）。○《浙江省第四次汪啟淑家呈送書目》：「《皇明通紀述遺》十二卷，明卜世昌、屠衡同著，六本。」○《浙江採集遺書總録》：「《皇明通紀述遺》十二卷，刊本，明秀水卜世昌撰。」○《提要》云：「舊本一卷二卷四卷五卷八卷九卷十卷十二卷皆題繡水卜世昌校訂，三卷六卷七卷十一卷皆題繡水屠衡校訂。前有馮夢禎序，惟稱世昌。又有卜萬祺、屠隆二序，則兼稱衡。蓋二人合作，仿《新唐書》各署姓名例也。」○湖北圖書館藏明萬曆刻本，題署與《提要》所述同。半葉十行，行二十一字，白口，四周單邊。版心記刻工：吕刊、□玄。無序跋。《存目叢書》據以影印。湖北省圖此本與《皇明資治通紀》、《皇明續紀》合刊。北大、故宫、中山大學等藏有單本。臺灣「中央圖書館」藏是刻單本有萬曆三十三年乙巳孟冬望日馮夢禎序，三十三年屠隆序，三十三年卜萬祺序。王重民《善本提要》謂美國國會圖書館此刻本封面刻有卜世昌識語八行，内云：「間與同志屠生輩參質疑信，積久成帙，付之剞劂。」蓋即萬曆三十三年繡水卜世昌付梓者。澤遜按：馮夢禎序明言卜世昌「間與其友屠生衡暨從弟輩，揚扢今古，因取稗官叢説，倫鳩編次……爲卷一十有二，名曰《通紀述遺》」。《提要》謂馮夢禎序「惟稱世昌」，非其實也。

一一一六　世穆兩朝編年史六卷　明支大綸撰

内府藏本(總目)。○明萬曆二十四年刻本，作《世穆兩朝編年信史》六卷，包括《皇明永陵編年信史》四卷、《皇明昭陵編年信史》二卷。半葉九行，行十八字，白口，四周單邊。有萬曆二十四年丙申自序，項德楨序(黄永年先生曰：《提要》誤作項維楨)。北大、南大、南圖藏。南圖本丁丙《善本書室藏書志》著録，有「小李山房圖籍」印。陝西師大本僅前四卷。○北京師大藏鈔本，僅《皇明永陵編年信史》四卷四册。○《總目》别集類《支子餘集》五十二卷提要云：「凡《藝餘》十四卷、《政餘》八卷、《屯餘》八卷、《耕餘》八卷、《斆餘》二卷、《述餘》六卷，又《永陵編年史》四卷、《昭陵編年史》二卷，即所爲《世穆兩朝編年史》也。」知當時又收入《支子餘集》中。《支子餘集》四庫據浙江汪汝瑮進呈刊本存目，今僅見《藝餘》、《政餘》萬曆刻本存世，未見足本。蓋《支子餘集》所收亦即萬曆二十四年刊版，非别一刻本也。

一一一七　明大政纂要六十卷　明譚希思撰

浙江巡撫採進本(總目)。○《浙江省第六次呈送書目》：「《皇明大政纂要》六十卷，明譚希思著，二十四本。」○《浙江採集遺書總録》：「《皇明大政纂要》二十四册，寫本，明茶陵譚希思撰。」○《提要》云：「卷首載萬曆己未修撰韓敬序，有云侍御方壺劉公持斧畿輔，捐俸刻之。是此書向曾刊刻。今鈔本卷首仍存巡按直隸監察御史印，則當爲未刊以前藏本。其中多塗乙增損之處，似即希思之原稿也。」○北京圖書館藏明鈔本六十三卷，殘存卷一至四、卷十三至十五、卷十九至三十、卷三十四至四十三、卷五十八至六十三，凡三十五卷十一册。半葉十一行，行二十四字，白口，四周雙邊。○上海圖書館藏明鈔本，殘存卷四、卷五、卷八至十、卷十三至二十，凡十三卷。○臺灣「中央圖書館」藏明黄格鈔本六十三卷，半葉十一行，行二十四字，白口，單魚尾，四周雙邊。鈐有「欽訓堂書畫記」、「交通部贈」等印記。原訂二十册，現改訂爲四十册（詳該館《善本書志初稿》）。按：以上三本均作《皇明大政纂要》六十三卷，與《千頃堂書目》合。○山西圖書館藏清光緒二十一年湖南思賢書局刻本，作《明大政纂要》六十三卷。末有光緒二十一年族人譚鍾麟跋，謂光緒十七年奉詔入都，馮光遹舉鈔本相贈，卷首有「莆田劉氏珍藏」印記。今刻本不可見，因屬王益吾祭酒、張雨珊太守於湘中栞，既成乃備述其緣起云云。知據舊鈔本付刊。前有牌記「板存湖南思賢書局」。《存目叢書》據以影印。上圖、北師大等亦藏是刻。○按：明萬曆三十年刻雷禮《皇明大政記》第二十五卷題譚希思輯，即本書卷六十一至六十三文。

大政記三十六卷　明朱國楨撰　　一一一八

兩江總督採進本（總目）。○《兩江第一次書目》：「《明大政記》八本。」○明崇禎刻《皇明史概》本，作《皇明大政記》三十六卷。題「少師建極殿大學士臣朱國楨謹輯」。半葉十行，行二十一字，白口，左右雙邊。臺灣「中央圖書館」藏本《皇明史概》封面刻「明史概」、「潯溪朱府藏版」。《存目叢書》用科學院圖書館藏本影印。北圖、上圖等多藏是刻。

一一一九

兩朝憲章録二十卷　明吴瑞登撰

浙江朱彛尊家曝書亭藏本(總目)。○《浙江省第五次曝書亭呈送書目》:「《兩朝憲章録》二十卷,明光州訓導吴瑞登著,八本。」○《浙江採集遺書總録》:「《兩朝憲章録》二十卷,刊本,明光州訓導吴瑞登撰。」○《江蘇省第一次書目》:「《兩朝憲章録》四本。」○《江蘇採輯遺書目録》:「《兩朝憲章録》二十卷,明光州訓導吴瑞登著,刊本。」○清華大學藏明萬曆二十二年光州儒學刻本,題「汝寧府光州儒學訓導臣吴瑞登編述」。半葉十行,行二十二字,白口,四周雙邊。每葉版心下方記校勘人里籍姓名,如「輝縣張一體校」、「光州耿仕勘」、「光州丘程雲勘」、「光州鄭學産勘」、「光州汪汝霖勘」、「汝寧蘇時雨校」等。「勘」字當即「勘」字之俗體。有萬曆二十二年甲午巡按河南監察御史李時華序,二十一年癸巳巡按河南監察御史陳登雲序,汝寧府光州儒學訓導吴瑞登自叙。《存目叢書》據以影印。北圖、北大、上圖等亦藏是刻。○北京圖書館藏明刻本,殘存卷一至十一凡八册。半葉十行,行二十二字,白口,四周單邊。

一一二〇

國史紀聞十二卷　明張銓撰

江蘇周厚堉家藏本(總目)。○《江蘇省第一次書目》:「《國史紀聞》十二本。」○《江蘇採輯遺書目録》:「《國史紀聞》十二卷,明御史沁水張銓著。」○《浙江省第六次呈送書目》:「《國史紀聞》十二卷,明張銓輯,八本。」○《浙江採集遺書總録》:「《國史紀聞》十二卷,刊本,明贈兵部尚書沁水張銓撰，門人徐揚光校刊。」按：光乃先之訛。○揚州圖書館藏明天啟刻本，題「巡按江西監察御史沁水臣張銓輯，男錦衣衛指揮同知臣張道濬訂，門人巡按山西監察御史江寧臣徐揚先較」。半葉九行，行十九字，白口，四周單邊。前有天啟四年徐揚先序，萬曆四十八年自序。《存目叢書》據以影印。北圖、上圖等多藏是刻。○按：《提要》云「書成於萬曆庚戌，至天啟甲子始刊行之，徐揭先爲之序。」庚戌乃庚申之誤，庚申爲萬曆四十八年，是年自序云「手録成帙，藏之篋笥，以備遺忘」可證。又徐揭先爲徐揚先之誤，當據原書訂正。

綱鑑正史約三十六卷　明顧錫疇撰　一一二一

内府藏本（總目）。○《武英殿第二次書目》：「《正史約》二十本。」○明崇禎刻本，題「史官吴郡顧錫疇編纂，友杜士言、弟顧錫眉、男顧鏊同參訂」。半葉十行，行二十字，白口，左右雙邊。前有自序，崇禎三年郭必昌序。《存目叢書》據清華藏本影印。北師大、遼圖、臺灣「中央圖書館」等亦藏是刻。○福建省圖藏清乾隆二年刻本，清陳弘謀增訂，清王芑孫手校並跋。○清道光十七年培遠堂刻《培遠堂全集》本，清陳弘謀增訂。○清同治八年浙江書局刻陳弘謀增訂本，北師大藏。

歷代二十一傳殘本十二卷　明程元初撰　一一二三

浙江巡撫採進本（總目）。按：書名「歷代」殿本《總目》作「歷年」，據進呈目及原書知作「年」是。○《浙江省第六次呈送書目》：「《季周傳》、《嬴秦傳》一卷，明程元初輯，四本。」○《浙江採集遺書總録》：「《季周傳》十二卷，刊本，明新安程元初輯。」○《江蘇省第一次書目》：「《歷年季周傳》四本。」○《江蘇採輯遺書目録》：「《歷年季周傳》十二卷，明新安程元初著，刊本。」○《提要》云：「此本惟存《季周傳》十一卷《嬴秦傳》一卷。」○無錫圖書館藏明萬曆刻本十二卷，卷一至十一題「歷年季周傳」，卷十二題「歷年嬴秦傳全卷十二」，次行均題「新安程元初全之甫彙輯，江超鵬羽健甫編次」。半葉十行，行二十字，白口，單邊。卷十版心或題「西爽堂藏板」。前有萬曆三十二年陳邦瞻序，三十一年自序。按：吴琯仲虚西爽堂嘗於萬曆間校刻《晉書》，當即其人。

春秋編年舉要無卷數　明楊時偉撰　一一二三

兩江總督採進本（總目）。○《兩江第一次書目》：「《春秋舉要》，明楊時偉著，抄本，一本。」

皇王史訂四卷　國朝李學孔撰　一一二四

陝西巡撫採進本（總目）。○《陝西省呈送書目》：「《皇王史訂》。」○西安市文管會藏清順治思補堂刻本，題「古洽李學孔瞻黄甫著，南蘭胡宗虞鹿游甫、古燕桑開運雨嵐甫訂」。半葉八行，行二十字，白口，四周單邊。封面刻「思補堂藏板」。前有順治十七年庚子桑開運序，十八年辛丑胡宗虞序，十五年戊戌張體誠序，黄雲師序，十一年甲午李學孔小引。後有乾隆三十年順德梁善長跋。卷内玄、曆等字不避諱，當是順治刻乾隆印本。《存目叢書》據以影印。

此木軒紀年略五卷　國朝焦袁熹撰　一一二五

江蘇巡撫採進本（總目）。○《江蘇省第二次書目》：「《此木軒紀年略》一本。」○《江蘇採輯遺書目録》：「《此木軒紀年略》五卷，清金山舉人焦袁熹著，抄本。」

一一二六

讀史綱要一卷　國朝王植撰

直隸總督採進本(總目)。○《直隸省呈送書目》:「《讀史綱要》一本。」○按:科學院圖書館藏清乾隆王氏崇雅堂刻王植《四書參註》卷前有《本堂書目》,載有是書,知當時有王氏崇雅堂刻本。

四庫存目標注卷十四

滕州　杜澤遜　撰

史部三

紀事本末類

一一二七　**鴻猷録十六卷　明高岱撰**

通行本(總目)。○《江蘇省第一次書目》：「《鴻猷録》四本。」○《江蘇採輯遺書目録》：「《鴻猷録》十六卷，明刑部主事京山高岱著。」○南京圖書館藏明嘉靖四十四年高思誠刻本，題「京山高岱編輯，縉雲鄭文茂、門人劉侃校正」。半葉九行，行二十二字，白口，四周單邊。前有嘉靖三十六年丁巳自序，序後有「嘉靖乙丑年四月吉旦男思誠梓行」一行。鈐有「秀水朱氏潛采堂圖書」、「錢唐丁氏正修堂藏書」、「八千卷樓」、「四庫坿存」等印記。《存目叢書》據以影印。北大、清華、首都圖書館、遼圖亦藏此刻。○明萬曆七年顧氏奇字齋刻本,作《皇明鴻猷録》。半葉九行,行二十二字,細黑口,四周單邊。有刻工。上圖、南圖、社科院民族所、山西祁縣圖書館藏。○清華大學藏明萬曆八年無錫刻本,作《皇明鴻猷録》。正文卷端題署同高思誠本。半葉十行,行二十字,白口,四周單邊。版心下記刻工:曹祐、曹祜、方仕、何序、何玆、王成、何道、何經、何成、何淮、胡玉、何貞、陳春、戴孝等。前有萬曆元年曾省吾序,四年羅瑶序,自序。末有劉紹恤後序,萬曆八年林應訓《刻鴻猷録跋》。鈐「盧弼」印。北圖、北大、松江縣博物館、臺灣「中央圖書館」、美國國會圖書館亦有藏。

按:此本載萬曆元年曾省吾序云:「頃余入蜀,而巴陵羅國華與高子同年至厚,遂謀梓于藩司。」又萬曆四年羅瑶序云:「余謀梓于蜀,曾司馬三甫序而傳焉。」由是知有萬曆元年羅瑶、曾省吾蜀中刻本。此本據林應訓跋稱「尋行錫山令張子守朴董其役,不再月而刻成」,是又翻刻於無錫者。

○明萬曆四十五年陽羡陳于廷刻《紀録彙編》本,作《鴻猷録》十六卷,北圖、北大、上圖等藏。民國二十六年商務印書館據以影印,收入《叢書集成初編》。民國二十七年商務印書館影印陳氏刻《紀録彙編》本。○明萬曆四十七年李徵儀、王同鼎刻本,作《皇明鴻猷録》十六卷。半葉九行,行二十字,白口,左右雙邊。北大、無錫市圖書館、西安市文管會藏。○甘肅省圖書館藏明鈔本,作《皇明鴻猷録》十六卷。

一一二八　永陵傳信録六卷　明戴笠撰

江蘇巡撫採進本(總目)。○《江蘇省第一次書目》:「《永陵傳信録》一本。」○《江蘇採輯遺書目録》：「《永陵傳信録》二卷，明吴江戴笠著，刊本。」

一一二九 **高廟紀事本末無卷數　舊本不著名氏**

浙江汪啟淑家藏本(總目)。○《浙江省第四次汪啟淑家呈送書目》：「《高廟紀事本末》不分卷，舊本不著姓名，八本。」○《浙江採集遺書總録》：「《高廟紀事本末》八册，開萬樓寫本，不著撰人。」

一一三〇 **三藩紀事本末四卷　國朝楊陸榮撰**

浙江巡撫採進本(總目)。○《浙江續購書》：「《三藩記事本末》二本。」○《浙江採集遺書總録》閏集：「《三藩紀事本末》四卷，刊本，國朝青浦楊陸榮編。」○人民大學藏清康熙五十六年刻本，半葉九行，行二十字，白口，左右雙邊。封面刻「康熙丁酉春鐫」。《存目叢書》用北大藏此刻本影印，前有康熙五十六年自序。復旦、南大等亦藏是刻。○清嘉慶十三年虞山張海鵬刻本，《借月山房彙鈔》之一，科學院圖書館、浙圖藏。又印入《式古居彙鈔》，上圖藏。又印入《澤古齋重鈔》第五集，北圖分館、南圖等藏。民國九年上海博古齋影印張海鵬刻《借月山房彙鈔》本。○清道光二十一年金山錢氏刻本，《指海》第十三集之一，北圖分館、上圖等藏。民國二十四年上海大東書局影印錢氏刻《指海》本。○清同治三年粤東三元堂刻本，河南圖、上圖藏。○清光緒十四年上海書叢公所排印《歷朝紀事本末》本。○清光緒二十一年上海積山書局石印本，上圖藏。○清光緒二十五年上海慎記書莊石印《歷朝紀事本末》本。○清宣統二年上海文盛書局石印《歷朝紀事本末》本。○民國上虞祝彦和家藏舊鈔本二册，川圖藏。○舊鈔本六册，北大藏。○鈔本，上圖有三部。○朝鮮鈔本四卷二册，半葉十行，行二十字，白口，四周單邊。臺灣「中央圖書館」藏。○民國二十八年商務印書館據《借月山房彙鈔》本排印，收入《叢書集成初編》。○一九八五年中華書局排印吳翊如點校本。

四庫存目標注卷十五

滕州　杜澤遜　撰

史部四

別史類

歷代帝王纂要譜括一卷　不著撰人名氏　一一三一

永樂大典本（總目）。○《提要》云：「宋人舊帙。」

蜀漢本末三卷　元趙居信撰　一一三二

浙江范懋柱家天一閣藏本（總目）。○《浙江省第五次范懋柱家呈送書目》：「《蜀漢本末》三卷，元趙居信著，一本。」○《浙江採集遺書總録》：「《蜀漢本末》三卷，天一閣寫本，元梁國公許州趙居信撰。」○北京圖書館藏元至正十一年建寧路建安書院刻本，半葉十行，行十九字，黑口，左右雙邊。

末有至正十一年黄君復刻書識語：「歲己丑，先生之嗣子總管趙公來守建郡，出是書以示學者，可謂善繼志矣。君復伏讀敬嘆，因請壽諸梓，以廣其傳，使後之覽者知正統之有在，其於世道豈小補哉。旹至正辛卯二月建寧路建安書院山長晚學黄君復載拜謹書。」後有「建安詹璟刊」小字一行，當是刻工。卷内鈐「李夢弼氏圖書」、「元本」、「平陽汪氏」、「汪士鐘讀書」、「三十五峯園主人」、「埶芸書舍」、「開卷一樂」、「恬裕齋鏡之氏珍藏」、「菰里瞿鏞」、「虞山瞿紹基藏書之記」、「鐵琴銅劍樓」、「瞿秉沂印」、「良士眼福」等印記。《存目叢書》據以影印。〇原北平圖書館藏明藍格鈔本，半葉十行，行二十五至二十八字不等。末有至正十一年黄君復跋，又「建安詹景刊」一行。知從元本出。首葉鈐「翰林院印」滿漢文大官印。書衣有「乾隆三十八年十一月浙江巡撫三寶送到范懋柱家藏蜀漢本末壹部計書壹本」長方木記。知係天一閣進呈四庫原本。又鈐「犀盦藏本」印。王重民《善本提要補編》著録。今存臺北「故宫」。〇北京圖書館藏清鈔本三卷一册，半葉十行，行二十字，無格。〇《藏園群書經眼録》著録「黑格寫本，九行十七字」。

十八史略二卷　元曾先之撰　一一三三

浙江巡撫採進本（總目）。〇《浙江省第五次鄭大節呈送書目》：「《十八史略》二卷，元曾先之輯，三本。」〇《浙江採集遺書總録》：「《十八史略》三册，刊本，元前進士廬陵曾先之輯。」〇元刻本，作《古今歷代十八史略》二卷《綱目》一卷，半葉十八行，行三十二或三十三字，黑口，四周雙邊。北圖藏一帙，缺正文卷下。《鐵琴銅劍樓藏書目録》著録足本，錢曾舊藏，即《讀書敏求記》著録者。《藏園群書經眼録》亦載一部，云有大德丁酉豫章周天驥序。澤遜按：臺灣「中央圖書館」藏明初建刊本載有周天驥此序，云「京兆劉氏於是刻梓以傳」。京兆劉氏業書於閩，元時劉氏日新堂又稱「京兆日新堂」（見《唐詩鼓吹》元日新堂刻本），明時劉氏翠巖精舍又稱「京兆劉氏翠巖精舍」（見《五倫書》景泰甲戌翠巖精舍刻本），世代刻書，影響甚大。編者曾先之爲宋末元初人，此本蓋即書成後京兆劉氏刻於閩肆者。○西安市文管會藏元至正二年四明郡庠刻本，作《歷代十八史略》十卷。半葉八行，行十七字，白口，左右雙邊。版心記刻工：仲裕、君用、士良、継元、叔泰、袁雲卿、徐、茅、可、任、行、仁、旻、克、齐、屠、王、温、瑞、元、舟、章、太、弘等。前有至正二年壬午天台朱文剛於四明郡學明德堂序云：「郡守王侯俾刻之郡庠。」又至正二年王元恭序謂憲使張公出示《十八史略》，曰盍大書鋟梓以廣其傳，用是釐爲十卷，刻之郡庠。卷内鈐「二泉精舍藏書之記」、「□海樓藏書印」等印記。《存目叢書》據以影印。原北平圖書館亦藏是刻，朱、王兩序外又有至正二年張士弘序，云「重加考訂，大字楷書，命四明郡庠倩工鋟梓」。《南雍志經籍考》載《歷代十八史略》十卷，云「至正間浙東憲使范陽張士和（弘）重加校刊」，當即是刻明代板送南雍也。○元勤德堂刻本，正文二卷，《綱目》一卷。莫伯驥《五十萬卷樓藏書目録初編》卷五著録：「卷端葉頭題云：『勤德書堂刊增修宋季古今通要十八史略。通略之書行世久矣，惜其太簡，讀者憾焉。是編詳略得宜，誠便後學，□梓與世共之。』目録首題『新增校正十八史略綱目』。本文首題『古今歷代十八史略，前進士曾先之編』。半葉十四行，行二十六字。」莫氏書日寇侵占廣東時被毀，此本恐已不存。日本澁江全善、森立之《經籍訪古志》卷三著録此刻,昌平學藏。又二部,求古樓、足利學藏。○北京大學藏元刻本,作《新增音義釋文古今歷代十八史略》二卷,半葉十八行,行三十三字,黑口,四周雙邊,間有左右雙邊,雙魚尾。《經籍訪古志》著録日本寶素堂藏元槧明修本,云:「首有大德丁酉豫章周天驥題詞,卷端《綱目》首題云『新增音義釋文古今歷代十八史略』、『廬陵前進士曾先之編,廣中宋應祥音釋』。」周彦文教授《十八史略版本考述》云:「日本國立國會圖書館藏有元刊明修《新增音義釋文古今歷代十八史略》二卷《綱目》一卷二册。」疑係同版。○長春市圖書館藏明初刻本二卷《綱目》一卷。目録題「新增校正十八史略綱目」,正文卷端題「古今歷代十八史略」。半葉十八行,行三十四字,細黑口,四周雙邊。鈔配過半。○明刻本,作《古今歷代十八史略》二卷,半葉十行,行十八字,黑口,四周雙邊。北圖、河北大學、吉林社科院藏。○原北平圖書館藏明刻本,作《立齋先生標題解註釋文十八史略》七卷,殘存卷二卷三卷六卷七共四卷。半葉十二行,行二十四字,黑口。題「後學臨川陳殷音釋」,卷七又題「鄱陽松塢王逢點校」。王重民《善本提要》著録。今存臺北「故宫」。○臺灣「中央圖書館」藏明初福建刻本二卷。正文卷端題「校正新刊標題釋文十八史略卷之上」,次題「前進士廬陵曾先之子野編次,廣平宋祥應祥釋文,後學鄱陽王逢伯原點校」。半葉十六行,行二十六字,黑口,四周雙邊。有眉欄。(參該館《善本書志初稿》)○明萬曆八年張鹵刻本,作《滸東山房批校廬陵曾氏十八史略》八卷。半葉九行,行十八字,白口,左右雙邊。北大、北師大、河南圖書館藏。○明萬曆十二年趙慎修刻本,書名卷數及行款版式同前本,有萬曆十二年甲申趙慎修序。北圖、南圖、河南圖書館等藏。〇朝鮮古銅活字本，《經籍訪古志》著録日本足利學藏，云「永樂庚子冬朝鮮國王命造銅字活板，又命新鑄造大樣銅字印行此書。詳見宣德九年韓臣等跋。卷首有宣賜之記印」。〇北京大學藏日本慶安元年（清順治五年）翻刻明正統本，作《立齋先生標題解註音釋十八史略》七卷，明陳殷音釋。〇遼寧省圖書館藏日本萬治二年（清順治十六年）三木親信刻本，書名卷數同前本，殘存卷二至七。〇日本翻刻明正統本，書名卷數同前，上圖、大連圖藏。〇日本靜嘉堂文庫藏古活字翻刻明正統辛酉書林余氏刊本，書名卷數同前，三册。周彦文教授云書首題名：「前進士廬陵曾先之編次，後學臨川陳殷音釋，番易松塢王逢點校，建陽縣丞南康何景春捐俸刊。」《經籍訪古志》著録日本求古樓藏翻明正統辛酉本云：「此本分爲七卷，題云『立齋先生標題解註音釋十八史略』、『正統辛酉孟夏書林余氏新刊』，即翻雕明板者。今活板及通行諸本蓋原此本。」

按：明正統辛酉（六年）書林余氏刻本未見著録，藉日本翻版可知其面目。〇日本天保九年（清道光十八年）皇都三書堂刻本，廣東中山圖書館藏。〇日本元治元年（清同治三年）刻本，北圖分館、南圖藏。〇日本明治九年（清光緒二年）出雲寺刻本，中央民大藏。〇日本明治十九年京都五車樓校印本，桂林圖書館藏。以上四本書名卷數同前，日本岩垣彦明校訂，岩垣松苗增補。〇日本明治四年（清同治十年）鹿兒島縣刻本，作《讀本十八史略》七卷，明陳殷音釋，日本平田宗城補訂。中央民大藏。〇日本明治九年（清光緒二年）鹿兒島縣刻本，書名卷數同前，日本平田宗城補訂，日本增田貢增評。湖北圖藏。〇日本明治十年刻本，作《萬國史標十八史略標註》七卷，日本近藤宗元標註。津圖藏。○日本明治十一年刻本，作《十八史略校本》七卷附録一卷，日本雨森謙標註。南圖藏。○日本明治十三年浪華書肆明善堂刻本，作《箋註十八史略校本》七卷，日本近藤元粹註釋。川大藏。○日本明治十六年青木嵩山堂刻本，作《校訂標註十八史略讀本》七卷，日本今井匡之校。津圖藏。○日本明治十八年藤井孫兵衛刻本，作《明治新刻備考標記十八史略》七卷，日本奥野精一標記。遼圖藏。○日本明治二十年大阪書房刻本，作《標註十八史略》七卷，日本關德標註。大連圖藏，存卷一卷二。○日本明治二十三年玉成堂、宋榮堂刻本，作《鼇頭十八史略校本》七卷，日本高階英吉纂註。遼圖藏，存卷一卷三至卷七。○日本明治二十八年大阪圖書館鉛印本，作《十八史讀本》七卷，日本飯尾千尋略解。川圖藏。○日本明治三十一年水野氏刻本，作《標註十八史略讀本》七卷，日本井上揆標註。遼圖藏。○日本明治三十三年青木嵩山堂印本，作《校訂標註十八史略讀本》七卷，日本今井匡之標註，日本三島毅等校閲。天津師大、華東師大藏。○日本山中書局刻本，作《校訂標註十八史略讀本》七卷，日本岡千仞閲，今井匡之校訂。安徽圖藏。○明正統四年己未刻本。《蕘圃藏書題識》卷二：「《十九史略詳解》十卷，明刊本。是書舊名《十八史略》，元曾先之撰，見明《内閣藏書目》。陳殷音釋，洪武壬子刻。此則并首二卷爲一，而以梁敬孟《元史略》合之，爲《十九史略》，刻于正統己未者。音釋則十八卷之舊也。舊本甚罕，故目録家均未之及。此爲季氏藏本，後歸汪氏訒菴，均有藏印，可寶也。」此本未見。周彦文教授謂日本内閣文庫藏明嘉靖十二年癸巳至善書堂刻《十九史略大全》十卷内有正統四年己未朱素序云：「書林劉公剡，取梁孟敬先生所編《元史》重加節略校正，附於其末，用備一朝事蹟，名之曰《十九史》，刊行廣播，甚盛心也。」(周彦文《十八史略版本考述》，《淡江大學中文學報》一九九五年第三期)澤遜按：劉剡爲宣德正統間人，王重民《善本提要》載原北平圖書館藏朝鮮銅活字翻明宣德七年刊《增修附註資治通鑑節要續編》三十卷内有宣德龍集壬子(七年)孟秋吉日後學劉剡後記。又有宣德四年建陽知縣張光啟序，稱劉剡爲「書林君子劉剡」。知即朱素所稱「書林劉公剡」。正統四年上去宣德七年僅七載，知《十九史略》爲建陽書林劉剡就《十八史略》增以梁寅《元史》並加節略而成，正統四年付梓，爲《十九史略》之始。○北圖藏明成化十一年劉氏日新書堂刻本，作《標題詳註十九史音義明解》十卷，半葉十一行，行二十字，黑口，四周雙邊。○天一閣文管所藏明弘治六年王氏廣德書堂刻本，作《標題事義明解十九史略大全》十卷，殘存卷二至四、卷八至十共六卷。半葉十三行，行二十六字，黑口，四周雙邊。○天一閣文管所藏明嘉靖二十二年懷德書堂刻本，書名卷數同前本，殘存卷二至五、卷九至十共六卷。○天一閣文管所藏明建陽刻本，書名同前，殘存卷一。○北圖藏明嘉靖刻本，作《標題事義明解十九史略大全》十卷首一卷，明陳殷音釋、王逢標題、李紀增校。半葉十二行，行二十五字，黑口，四周雙邊。○江西圖書館藏明刻本，作《標題詳註史略補遺大成》十卷首一卷，明李紀補遺，殘存卷首、卷一至卷八。半葉十二行，行二十六字，白口間有黑口，四周單邊。○臺灣「中央圖書館」藏朝鮮舊刊本，作《古今歷代標題註釋十九史略通考》八卷，題「前進士廬陵曾先之編次，松塢門人鄱陽竹窩余進宗海通考」。半葉十行，行十八字，白口，四周雙邊。周彦文教授轉述韓國朴現圭《臺灣公藏韓國古書聯合書目》謂此本「所用的字體爲癸酉字，即朝鮮宣祖六年至二十五年之間所刊的活字本，相當於明代神宗萬曆元年至二十年之間」。澤遜按：《經籍訪古志》著録日本求古樓藏《十九史略》云：「萬曆十年受國王命校刊。事具卷末金睟跋。」疑即同版，臺灣「中央圖書館」藏本佚去金睟跋。《靜嘉堂文庫漢籍分類目録》亦著録《十九史略通考》八卷，明余進撰，朝鮮刊本。似亦萬曆十年銅活字本。○遼寧圖書館藏日本明治四年（清同治十年）活字本，作《古今歷代標題註釋十九史略通考》八卷，明余進通考，殘存卷二至八。○按：曾先之字子野，見臺灣「中央圖書館」藏明初刻本及江西省圖藏明刻《標題詳注史略補遺大成》。《四庫提要》云「字從野」，疑誤。

讀史備忘八卷　明范理撰　一一三四

浙江范懋柱家天一閣藏本（總目）。○《浙江省第五次范懋柱家呈送書目》：「《讀史備忘》八卷，明范理著，四本。」○《浙江採集遺書總録》：「《讀史備忘》八卷，刊本，明臨安府知府天台范理撰。」○《編修勵第一次至六次交出書目》：「《讀史備忘》六本。」○北京圖書館藏明嘉靖十二年鍾錫刻本兩部，半葉九行，行二十三字，黑口，四周雙邊。中共中央黨校亦藏一帙。天一閣文管會有殘本，存卷五至卷八。○山東圖書館藏清雍正九年范氏繼志堂刻本，半葉十行，行二十四字，白口，四周雙邊。版心刻「繼志堂」。玄、胤均缺筆，弘字不避諱。《存目叢書》據以影印。南圖、川圖、津圖亦藏是刻。

天潢玉牒一卷　不著撰人名氏　一一三五

户部尚書王際華家藏本（總目）。○天一閣文管所藏明嘉靖三十二年刻《國朝謨烈輯遺》本，半葉十行，行二十字，白口，四周單邊。原北平圖書館亦藏此刻，現存臺北「故宮」。○南京圖書館藏明嘉靖十八年秦汴繡石書堂鈔本，明秦汴校並跋，清錢遵、趙宗建題款。○明嘉靖二十九年至三十年吴郡袁氏嘉趣堂刻《金聲玉振集》本。《存目叢書》據首都圖書館藏本影印。○上海圖書館藏明鈔《國朝典故》本。○陝西圖書館藏明鈔《國朝典故》本。○北京圖書館藏明藍格鈔《國朝典故》本，半葉十行，行二十字，白口，四周雙邊。○臺灣「中央圖書館」藏明藍格鈔本，半葉十二行，行二十四字，白口，四周單邊。○明萬曆間鄧士龍江西刻《國朝典故》本，半葉十行，行二十字，白口，四周單邊。北大、南圖、臺灣「中央圖書館」藏。○明萬曆四十五年陽羨陳于廷刻《紀録彙編》本，北圖、北大等藏。民國二十七年商務印書館影印陳氏刻《紀録彙編》本。民國二十六年商務印書館據《紀録彙編》本影印，收入《叢書集成初編》。○清光緒九年山陰宋澤元懺華盦刻《勝朝遺事》初編本。○臺灣中研院史語所藏《祕册叢説》鈔本。

宋史質一百卷　明王洙撰　**一一三六**

衍聖公孔昭焕家藏本(總目)。○《衍聖公交出書目》：「《宋史質》，明王洙著，十二本。」○北京圖書館藏明嘉靖刻本，半葉十一行，行二十一字，白口，四周單邊。前有嘉靖二十九年秦鳴夏序，末有自序。正文卷端僅有「天王正紀」等篇題，無大題。序、目均題「史質」，知書名原作《史質》。末附《舊宋史目録》一卷。《存目叢書》據以影印。南圖藏此刻，清丁丙跋。臺灣「中央圖書館」亦藏是刻。○河南省圖書館藏明鈔本，殘存卷一至九、卷十七至三十二、卷四十至八十二、卷八十四至八十七，共七十二卷。

宋史新編二百卷　明柯維騏撰　一一三七

浙江孫仰曾家藏本(總目)。○《浙江省第四次孫仰曾家呈送書目》：「《宋史新編》二百卷，明柯維騏編，四十二本。」○《浙江採集遺書總録》：「《宋史新編》二百卷，刊本，明主事莆田柯維騏撰。」○《江蘇省第一次書目》：「《宋史新編》四十二本。」○《江蘇採輯遺書目録》：「《宋史新編》二百卷，明户部主事莆田柯維騏編。」○《安徽省呈送書目》：「《宋史新編》四十八本。」○臺灣「中央圖書館」藏明嘉靖間原刊本，行款版式同前本，題「明南京户部主事莆田柯維騏著」，前有黄佐序，後有康大和跋。版心下記刻工：江右付高、江右貢良、江右貢江良、江右曾良、江右姜正、江右郭相、江右鄒興、江右郭京、馮段、馮明、傅鋭、陳良、季楝、錢頂、黄相、曾劉、張文、張進、未豪、未三、鄒正、吕交汝、李禄、鎮江許良、正江余迎、正江余高、鎮江余光、正江余六、吉安劉、吉曾朝、吉劉義、吉劉欽、吉劉祥、吉彭鋭、江右姜俸、洪李、熊洪張、郭張、傅共、馮姜、馮鄒、陸岳、文進、河間張、陸守仁、陸鑰、京口余光、京口許良、京口余高、京口余迎等。劉承幹舊藏(詳該館《善本書志初稿》)。按：此蓋初刻本，罕見。○中國科學院圖書館藏明嘉靖刻本，題「明南京户部主事莆田柯維騏編」。半葉十行，行二十一字，白口，四周單邊。偶有漫漶。版心刻工可辨者有：王良、董奇、張四、蔣羽、六旺、葉寿、張五、余堅、張兴、熊四、曾、汀、化、宏、夫、王等。前有嘉靖三十四年黄佐序，後有嘉靖三十六年康大和跋。《存目叢書》據以影印。北圖、南圖、浙圖等多藏是刻。○明萬曆四十三年杜晴江翻刻本，題「明南京户部主事莆田柯維騏著」，行款版式同前本。版心記刻工：余林、文諒、仕章、吴三、吴弟、尚德、江志、廷升、大壬、乃安、汝、陸、蔣、茂、倫、上、子、允、陳、松、伯、郭、鳳、本、世、其、宗、八、周、升、才、文、許、興、公、之、志、明、黄等。徐憶農女士函告：蘇州市圖書館藏是刻有嘉靖四十三年序云「屬左轄杜晴江氏翻刻之」。檢臺灣「中央圖書館」《善本書志初稿》著録是刻爲「嘉靖間原刊本」，經函請盧錦堂先生覆核，知字體有異，此係覆刻。南圖、上圖、天一閣、科圖、福建圖亦藏是刻。○日本天保六年翻刻明嘉靖本。北大、人大、川大藏。

徵吾録二卷　明鄭曉撰　　一一三八

浙江汪啟淑家藏本（總目）。○《浙江省第四次汪啟淑家呈送書目》：「《徵吾録》二卷，明鄭曉著，二本。」○《浙江採集遺書總録》：「《徵吾録》二卷，刊本，明鄭曉撰。」○清華大學藏明鄭履淳刻本，正文首題「鄭端簡公徵吾録上卷」，次題「臣海鹽鄭曉」。半葉十行，行十九字，白口，左右雙邊。前有嘉靖四十五年七月鄭履淳序，殘存前半葉。目録末有「海鹽夏儒刊」小字一行，當是刻工。卷尾有「子履準校正」一行。鈐有「豐華堂書庫寶藏印」。《存目叢書》據以影印。陝西師大藏此刻又有明隆慶元年雷禮序，其《善本書目》著録爲「明隆慶鄭氏原刻本」。陝西省圖、四川省圖、福建省圖、臺灣「中央圖書館」亦有是刻。○明鄭心材刻本，作《鄭端簡公徵吾録》二卷。半葉十行，行十九字，白口，左右雙邊。有刻工。北大、安徽博物館、中共中央黨校藏。按：心材爲鄭曉之孫，萬曆二十七年嘗刻鄭曉《吾學編》六十九卷，則此亦萬曆間刊。○上海圖書館藏明嘉靖萬曆間項篤壽萬卷堂刻《鄭端簡公全集》本，作《徵吾録》二卷。按：項篤壽爲鄭曉甥，此《全集》乃據舊版彙印者。○臺灣中研院史語所藏鈔明嘉靖本四册。

一一三九　史略詳註補遺大成十卷　明李紀撰

内府藏本（總目）。○《武英殿第一次書目》：「《史略詳註》四本。」○江西省圖書館藏明刻本，卷一題「標題詳註史略補遺大成」，次題「元進士廬陵曾先之子野編次，後學金川李紀大正詳註補遺」。卷二以下首題「標題事義增補詳註史略大成」。半葉十二行，行二十六字，白口或黑口，單邊。存首一卷、正文卷一至八。《存目叢書》據以影印。按：此《十九史略》增註本，參前《十八史略》條。○《提要》云：「明初臨川梁孟寅益以元事，名《十九史略》。」按：《十九史略》係明正統四年劉剡取梁寅《元史略》加以節略校正，附於《十八史略》之後而成。梁寅，字孟敬，江西臨江府新喻人。此誤梁寅姓名爲梁孟寅，又誤其里籍爲臨川，更以劉剡增補《十八史略》爲《十九史略》之事誤屬梁寅。皆當訂正。劉剡事見《十八史略》條。

一一四〇　荒史六卷　明陳士元撰

兩淮鹽政採進本（總目）。○《兩淮鹽政李呈送書目》：「《荒史》六卷，明陳士元，二本。」○北京師大藏明萬曆自刻《歸雲外集》本，編爲《外集》卷四十四至四十九，題「應城陳士元輯」。半葉九行，行二十字，白口，四周雙邊。前有萬曆二年趙賢《刻荒史序》，嘉靖乙丑張弦序，嘉靖壬子陳士元序，蓋《歸雲外集》即據萬曆二年刊版收入。《存目叢書》據以影印。北圖、北大亦有是刻。

藏書六十八卷　明李贄撰　　一一四一

兩江總督採進本（總目）。○《兩江第一次書目》：「《藏書》，明李贄著，十一本。」○明萬曆二十七年焦竑金陵刻本，正文首題「藏書世紀卷一」。半葉九行，行二十字，白口，四周單邊。前有萬曆二十七年焦竑序云：「書三種：一《藏書》，一《焚書》，一《説書》。《焚書》、《説書》刻於亭州，今爲《藏書》刻於金陵，凡六十八卷。」又萬曆二十七年劉東星序，梅國楨序，萬曆二十七年祝世禄序，耿定力序，方時化書後。首都圖書館、南圖、清華、人民大學等藏。南京師大本有清方濬師跋。○明刻稽古齋重修本，行款版式同前，首都圖書館、中央民大藏。○明刻重修本，行款版式同前，南圖、浙圖等藏。○明汪修能刻本，半葉十一行，行二十六字，白口，四周單邊。上圖、津圖、山東省圖藏。○北京大學藏明刻本，正文首題「藏書世紀卷一」，次題「温陵李載贄輯著，虎林沈汝楫、金嘉謨重訂，沈繼震校閱」。半葉十行，行二十二字，白口，四周單邊。前有焦竑、劉東星、梅國楨、祝世禄、耿定力諸序。鈐「麐嘉館印」印記，李盛鐸故物也。《存目叢書》據以影印。清華、津圖、南圖等亦藏是刻。○明天啟元年刻本，題「温陵李贄輯著，古吴陳仁錫明卿評正。」半葉十行，行二十二字，白口，四周單邊。有天啟元年陳仁錫序。北大、上圖、津圖等藏。○上海圖書館藏清鈔本。○一九五九年中華書局校點排印本。○一九七四年中華書局排印大字斷句本。

續藏書二十七卷　明李贄撰　　一一四二

浙江總督採進本（總目）。按：「浙江」當依殿本《總目》作「兩江」。○《兩江第一次書目》：「《續藏書》,明李贄著,二十本。」〇明萬曆三十九年王若屏刻本,半葉九行,行二十字,白口,四周單邊。有焦竑、李維楨兩序。北圖、北大、上圖等藏。〇明刻稽古齋重修本,行款版式同前,華東師大藏。〇明汪修能刻本,正文首題「續藏書卷一」,次題「温陵李贄輯著,廣陵汪修能校刻」。半葉十一行,行二十六字,白口,四周單邊。有焦竑序,李維楨序。《存目叢書》用北大藏本影印。津圖、中山大學等亦藏是刻。〇明刻本,題「温陵李載贄輯著,虎林柴應槐、錢萬國重訂,梁杰校閲」。半葉十行,行二十二字,白口,四周單邊。人民大學、津圖、上圖等藏。〇明天啟三年刻本,題「温陵李贄輯著,古吴陳仁錫明卿評正」。半葉十行,行二十二字,白口,四周單邊。北圖、浙圖、川圖等藏。〇上海圖書館藏清鈔本。〇一九五九年中華書局上海編輯所校點排印本。〇一九七四年中華書局排印大字斷句本。

函史上編八十一卷下編二十一卷　明鄧元錫撰　一一四三

江西巡撫採進本(總目)。〇《江西巡撫海第三次呈送書目》:「《函史》六十本。」〇《江蘇省第一次書目》:「《函史》下編十六本。」〇《江蘇採輯遺書目録》:「《函史》下編二十一卷,明南城舉人鄧元錫著。」〇《兩江第一次書目》:「《函史》,明鄧元錫著,十六本。」〇《雲南省呈送書目》:「《函史》八十本。」〇臺灣「中央圖書館」藏明萬曆初年原刻本,正文首題「函史上編卷之一」,次題「盱郡鄧元錫纂」。半葉十行,行二十一字,白口,左右雙邊。上編八十二卷,前有萬曆元年自序。下編二十一卷,前有隆慶五年自序。上編末有「秣陵王其玉校」六字。下編序末有「金陵徐智督刊」六字。是梓於南京者。南圖、上圖、浙圖等多有是本。〇明崇禎七年鄧應瑞刻本,半葉十行,行二十一字,白口，四周單邊。上圖、津圖、中央民大等藏。又順治重修本，故宫、上圖、湖北圖等藏。周晶先生嘗出示所藏明崇禎七年刻順治重修本。正文卷一首缺，卷二題「明盱郡鄧元錫纂。」正文刻有句讀。前有江西巡撫張朝璘序，江西直指許世昌重刻序云：「尤幸諸紳士偕曾孫應琚緝補成帙，俾先生之書復傳百也。」又順治十五年孟春欽差江西等處提刑按察司分巡湖東兵備道僉事羅森重刻序云：「其書刊布海内久，兵燹以往頗放缺。余率諸紳衿同曾孫應琚補刻。既緝成，應琚手其編來，丐余言爲序。」又熊人霖重刻序，順治十四年丁酉楊日升序，涂國鼎序，鄧澄序，黄端伯序，過周謀序，萬曆初元鄧元錫序。又「較讀函史十則」。又「較刻函史考證」，署「過周屏、過周謀、涂大吕仝拜識」。又「附刻先生當年尺牘有關於函史者二十一則」。鈐有「北海姜氏家藏」印。○陝西師大藏明活字本，上編八十一卷下編二十二卷。正文首題「函史上編卷之一」，下題「盱郡鄧元錫纂著」，次行題「盱郡後學曾懋爵校」。半葉十行，行二十一字，白口，四周單邊。版心下記排印月份日期及排印工人名氏，如「五月叁日李」、「陸月初四胡正」、「伍月拾叁李」等。排印工人又有：蕭成（又作肖成）、李思、汝、覺、仁、祥、心、恩等。序文同前原刻本。《存目叢書》據以影印。○明念初堂活字印本，存下編二十一卷。半葉十行，行二十一字，白口，四周雙邊。北圖藏。○清康熙二十年刻本三十六册，復旦藏。○清乾隆間盱眙鄧氏毓賢堂刻本六十册，江西省圖藏。

明書四十五卷　明鄧元錫撰　　一一四四

浙江鮑士恭家藏本（總目）。○《浙江省第四次鮑士恭呈送書目》：「《皇明書》四十五卷，明鄧元錫著,十二本。」○《浙江採集遺書總録》:「《皇明書》四十五卷,刊本,明鄧元錫撰。」○南開大學藏明萬曆三十四年刻本,作《皇明書》四十五卷,題「新城草野臣鄧元錫録」。半葉十行,行二十字,白口,左右雙邊。有萬曆三十四年丙午鄒德甫序云:「參知錢公購得且命梓,適覲聖壽行,以屬參知黄公,黄公方以參知董湖西巡事,各蠲俸爲倡,於是吉郡守吴公暨九邑諸長令咸輸俸佐剞劂。既訖工,屬予序。」《存目叢書》據以影印。北大、南圖、南大亦藏是刻。

綵綫貫明珠秋檠録一卷　不著撰人名氏　**一一四五**

浙江巡撫採進本(總目)。○明萬曆胡文焕文會堂刻本,作《新刻綵綫貫明珠秋檠録》一卷,明董穀撰,收入《格致叢書》,東北師大藏。又收入《百家名書》,科學院圖書館藏。民國二十六年《文瀾學報·浙江省文獻展覽會專號》載海寧縣圖書館藏明胡文焕《格致叢書》本,明海寧董穀撰,末有王國維手跋三則:「此吾鄉碧里先生書也,碧里爲從吾道人子,以文名,嘉靖《海寧縣志》九卷,即蔡大令延碧里所撰也。壬子癸丑間得此本於日本京都冷攤,越七年己未正月記之。國維。」「碧里先生所著書,有《澉水續志》九卷,余於上虞羅氏見寫本;《碧里雜存》二卷,見《鹽邑志林》。其餘存者唯此書而已。」「朱子宇蒼主吾邑圖書館事,方蒐羅鄉邦文獻,因寄此本,俾邑人世守之。辛酉三月九日國維又記。」

明帝后紀略一卷　明鄭汝璧撰　**一一四六**

内府藏本(總目)。○臺灣「中央圖書館」藏明萬曆七年漳州知府曹銑刻藍印本,正文首題「皇明帝后紀略，禮部儀制郎中臣鄭汝璧恭紀」。半葉九行，行二十字，白口，四周雙邊。卷首有《皇明帝系》表，次《皇明帝曆》。正文後有《藩封附》一卷。末有萬曆七年己卯夏四月朔漳州府推官丁此呂刻書跋云：「漳守曹君銑授刻而告成事於先生（澤遜按：謂鄭汝璧），爰命下吏呂識之末簡。」跋後有「漳州府知府曹銑校刻」等列銜。扉葉有羅振常手書題記，並鈐印。卷内鈐「南陵徐乃昌校勘經籍記」、「徐乃昌讀」、「積餘祕笈識者寶之」、「積學齋徐乃昌藏書」、「希逸」等印記。「希逸」爲近人張珩印鑑。蓋是册由徐而羅，由羅而張，張珩祕本經鄭西諦收歸中央圖書館，授受之跡大抵如是。○北京故宫藏明萬曆四十七年重刻本，書名同前本，附《藩封》一卷。半葉九行，行二十字，白口，四周雙邊。紙墨瑩潔，完好無缺。末有「萬曆歲次己未孟春吉日重刊」一行。《存目叢書》據以影印。臺北「故宫」亦藏是刻。日本内閣文庫藏萬曆刻本疑亦此刻。○臺北「故宫」藏明朱絲欄鈔本，共五部，書名同前。○臺北「故宫」藏明烏絲欄鈔本，書名同前。○民國二十五年上海蟫隱廬謄寫版印本，《邈園叢書》之一。按：此羅振常印本即據萬曆七年藍印本寫印。○民國三十年鄭振鐸輯《玄覽堂叢書》影印萬曆刻本，驗其藏印，即據張珩藏萬曆七年漳州刻本影印。

邃古記八卷　明朱謀㙔撰　**一一四七**

浙江鮑士恭家藏本（總目）。○《浙江省第四次鮑士恭呈送書目》：「《邃古記》八卷，明朱謀㙔著，二本。」○《浙江採集遺書總録》：「《邃古記》八卷，刊本，明朱謀㙔輯。」○北京大學藏明萬曆刻本，題「南昌朱謀㙔鬱儀甫撰」。半葉十行，行二十二字，白口，左右雙邊。前有萬曆三十六年自序，三十六年董應芳序。版心寫工刻工：姜良刻、邹傑、邹邦傑刻、周易寫。《存目叢書》據以影印。臺灣「中央圖書館」藏此刻又有萬曆三十六年謝兆申序。北圖、科學院圖、蘇州市圖亦有是刻。○原北平圖書館藏舊鈔本八卷一册，鈐「休寧汪季青家藏書籍」、「抱經樓」等印。現存臺北「故宮」。

季漢書五十六卷　明謝陛撰　一一四八

内府藏本(總目)。○《武英殿第一次書目》：「《季漢書》八本。」○《直隸省呈送書目》：「《季漢書》八本。」○《江蘇省第一次書目》：「《季漢書》十二本。」○《江蘇採輯遺書目録》：「《季漢書》五十七卷，明歙縣布衣謝陛著，刊本。」○《編修勵第一次至六次交出書目》：「《季漢書》十六本。」○北京大學藏明萬曆刻本，題「歙縣謝應陛撰，長興臧懋循訂」。半葉十行，行二十二字，白口，四周單邊。有葉向高序，王圖序，萬曆三十一年癸卯孟秋陳邦瞻序，祝世禄序，萬曆三十年自序。版心刻工：朱、春、吾、西、还、小、寰、臣、立、子、念、宇、忠、文、張、郁。卷内鈐「邵氏藏書」、「邵仁滋印」、「令培」等印記。《存目叢書》據以影印。書分六十卷，前有《正論》一卷《答問》一卷。北圖、上圖等亦有是刻。○明末鍾人傑刻本六十卷《正論》一卷《答問》一卷，題「歙謝應陛撰，錢塘鍾人傑教」。半葉九行，行二十字，白口，四周單邊。前有鍾人傑、葉向高、王圖、李維楨各序及自序。北圖、津圖、上圖等藏。○臺灣「中央圖書館」藏朝鮮舊刻本，題「歙謝應陛撰，錢塘鍾人傑教」。半葉九行，行二十字，白口，四周雙邊。分卷及各序同前本，即重刻鍾人傑本。

晉史删四十卷　明茅國縉撰　**一一四九**

浙江巡撫採進本(總目)。○《浙江省第十二次呈送書目》：「《晉史删》四十卷，明茅國縉輯，六本。」○《浙江採集遺書總録》：「《晉史删》四十卷，刊本，明歸安茅國縉撰。」○北京師大藏明刻本，題「唐文皇御撰，明吴興茅國縉薦卿甫删」。半葉十行，行二十字，白口，左右雙邊。無序跋。鈐「成都李氏收藏故籍」、「無是樓藏書」印記，李一氓故物。《存目叢書》據以影印。人民大學、復旦大學、山東大學等亦有此刻。

南宋書六十卷　明錢士升撰　**一一五〇**

浙江鮑士恭家藏本(總目)。○《浙江省第四次鮑士恭呈送書目》：「《南宋書增削通本》六十卷，明錢士升輯，十本。」按：「通」當作「定」。○《浙江採集遺書總録》：「《南宋書增削定本》六十卷，知不足齋寫本，明大學士嘉善錢士升輯，太學生許重熙爲贊。」○清乾隆知不足齋進呈四庫館舊鈔本。民國二十六年《文瀾學報·浙江省文獻展覽會專號》載王氏詒莊樓藏《南宋書增削定本》六十八卷，舊鈔本，題「明大學士塞菴錢士升增削，太學生固叟許重熙贊」。首有「翰林院印」，書衣有「乾隆三十八年十一月浙江巡撫三寶送到鮑士恭家藏南宋書壹部計書拾本」四行木記，每卷有「知不足齋鮑以文藏書」印。錢塘朱文藻硃筆手校。首有朱氏手跋：「(上缺)鮑渌飲知不足齋所藏。目録釐爲六十八卷，而卷中十二與十三併，三十五與三十六併，六十四與六十五併，目與書不符，實可省爲六十五卷也。錢氏此書蓋取《宋史》原文，删去原文繁衍，更採他書補所未備，得百分之四五焉。細審刪處，有未盡善者。文有脈絡，削其脈絡，則後事突見無根，一也；文有口吻，削其虛字，則文氣傷殘，索然無味，二也；文有對偶，偏舉則文體不整，三也。至其削傳，非盡無可存，補傳亦不皆合例。史筆文筆，知非長才。且原史間有訛字，引用仍而不改。惟人與類比，事以時屬，叙次井井，并無此見彼復之病，爲可取耳。乾隆己丑借鈔一過，復取《宋史》細校諸未善者，據史略加增潤，遇有訛誤可議，標出上方，俱用朱筆。凡校兩月而畢。仲冬望前二日自吴門歸，輒書所見於卷末歸之。又淥飲嘗云此書自吴中購得，有二本，其一爲人先得，此本缺序一首，并卷中缺三頁，何時再見善本補足爲快也。文藻記。」按：朱文藻此跋作於乾隆三十四年己丑十一月十三日，越四年而此書進呈四庫館。檢《中國古籍善本書目》著録「《南宋書》六十卷，明錢士升撰，清鈔本，清朱文藻校並跋」，上海圖書館藏。當即知不足齋進呈鈔本也。○清鈔本，作《南宋書增削定本》六十八卷，題署同前本，鈐「青浦王昶字曰德甫」、「一字述菴別號蘭泉」、「二萬卷，書可貴。一千通，金石備。購且藏，劇勞勩。願後人，勤講肄。旉文章，明義理。習典故，兼游藝。時整齊，勿廢墜。如不材，敢賣借，是非人，犬豕類。屏出族，加鞭箠。述菴傳誡」、「松年」、「泰峰」等印。民國元年傅增湘見於揚州，載入《藏園群書經眼録》、《藏園訂補郘亭知見傳本書目》。今不知流落何所。○清嘉慶二年席氏掃葉山房刻本六十八卷，正文首行上題「高宗本紀第一」，下題「南宋書卷第一」，次行題「明錢士升增削，許重熙贊，掃葉山房校刊」。半葉十二行，行二十五字，白口，左右雙邊。版心有「掃葉山房」四字。前有嘉慶二年丁巳席世臣序云：「世無刊本，從述菴王司寇家借得鈔本而梓行之。」知即據王昶藏清鈔本付刊。《存目叢書》用首都圖書館藏本影印。上圖、南圖等多藏是刻。〇上海精一閣書局刻本六十八卷，北師大藏。〇日本弘化三年（清道光二十六年）忍藩進脩館刻本六十八卷十六册，日本京都大學人文所藏。臺灣「中央圖書館」有日本進脩館刻本，題「明錢士升增削，許重熙贊」，半葉十二行，行二十五字，白口，四周單邊。書名葉刊「進脩館藏板」。卷末題「臣芳川逸校點，臣井伊直、臣藤井縠次訂」。前有嘉慶二年席世臣序。知即重刻掃葉山房本。上圖有日本翻刻席氏掃葉山房本，疑亦同版。

晉書别本一百三十卷　明蔣之翹撰　　　一一五一

浙江巡撫採進本（總目）。〇《浙江省第十二次呈送書目》：「《删補晉書》一百三十卷，明蔣之翹輯，二十本。」〇《浙江採集遺書總録》：「《删補晉書》一百三十卷，刊本，明嘉興蔣之翹輯。」〇中國科學院圖書館藏明崇禎十二年蔣氏家塾刻本，作《删補晉書》一百三十卷。正文首行題「帝紀第一，晉書一，三徑藏書」，次行題「竟陵鍾惺原評，檇李蔣之翹删定，雲間陳繼儒參校」。半葉九行，行十七字，白口，左右雙邊。有崇禎十二年蔣之翹序云：「刻而存之家塾。」《存目叢書》據以影印。北大、上圖等亦藏是刻。

閲史約書五卷　明王光魯撰　　　一一五二

副都御史黄登賢家藏本（總目）。〇《都察院副都御史黄交出書目》：「《閲史約書》，明王光魯撰，三本。」〇《江蘇省第一次書目》：「《閲史約書》三本。」〇《兩淮鹽政李呈送書目》：「《閲史約書》

五卷，明王光魯，六本。」〇復旦大學藏明崇禎刻清順治增修本，包括：《歷代地圖》一卷、《歷代地理直音》二卷、《歷代事變圖譜》一卷、《古語訓略》一卷、《元史備忘録》一卷，附《碧漸堂詩草》一卷。正文首題「閱史約書卷之一」，次題「淮南王光魯漢恭纂著，甥熊維熊偉男較，吴郡沈載古乘參訂」。半葉九行，行二十字，白口，四周單邊。有崇禎七年甲戌王光魯序，熊維熊序。鈐「養初子」、「吴丙湘校勘經籍印」、「式古訓齋藏書」、「淑躬堂藏書」等印記。《存目叢書》據以影印。北大、上圖等亦有是刻。〇日本寬政五年（清乾隆五十八年）京都書林北村四郎兵衛刻本，松本氏愚山書屋藏板，二卷一册。包括：歷史地理圖一卷、譜系一卷。大連圖書館、日本静嘉堂、日本京都大學人文所藏。〇日本天保十年（清道光十九年）江户須原屋伊八等刻本，内容同前本，北大、遼圖藏。

讀史圖纂一卷　明俞焕章撰　管一駿删正　一一五三

編修查瑩家藏本（總目）。

唐紀無卷數　明孫瑴撰　一一五四

編修勵守謙家藏本（總目）。〇《編修勵第一次至六次交出書目》：「《唐紀》十本。」〇上海圖書館藏明鈔本，題「華容孫瑴撰」，半葉九行，行二十四字。前有崇禎十四年辛巳仲秋華容孫瑴士先甫自叙，次《凡例》，次《目録》，次《考證群書》即參考書目，次《全部目録》即詳細目録，次正文。原書無卷次。《中國古籍善本書目》著録爲五十五卷附表四卷，其中卷四十八至五十五缺。蓋係據《目録》統計，實則《目録》與正文多不相符，故《四庫總目》稱爲「無卷數」。首鈐「翰林院印」滿漢文大官印，又鈐「北平黄氏萬卷樓圖書」、「秦伯敦父」、「臣恩復」、「石研齋秦氏印」、「信天廬」、「杭州葉氏藏書」、「合衆圖書館藏書印」等印記。即勵守謙進呈原本。《存目叢書》據以影印。

一一五五　書系十六卷　明唐大章撰

浙江巡撫採進本（總目）。〇《浙江省第十一次呈送書目》：「《書系》十六卷，明唐大章輯，十二本。」〇《浙江採集遺書總録》：「《書系》十六卷，刊本，明漳州唐大章輯。」〇遼寧圖書館藏明隆武三年刻本，存卷一至十三。半葉九行，行十七字，白口，四周單邊。前有隆武三年陳濂引言，唐大章序。鈐有「周櫟園秘笈印」、「宛平王氏家藏」、「慕齋鑒定」、「曾在王鹿鳴處」等印記。《存目叢書》據以影印。

一一五六　稽古編五十五卷　明郭之奇撰

江蘇巡撫採進本（總目）。〇《江蘇省第二次書目》：「《稽古編》二本。」〇《江蘇採輯遺書目録》：「《稽古編》五十五卷，明武英殿大學士郭之奇著，刊本。」〇北京大學藏清初刻本，卷一題「光禄大夫少保兼太子太保武英殿大學士禮兵二部尚書臣郭之奇撰述」。半葉十行，行二十四字，白口，四周雙邊。書名葉右題「揭陽郭菽子編輯」、「男天禔校字」，左下題「交山遺史」。前有自序，末署「時著雍閹茂之歲律中黄鍾賜進士第光禄大夫行在少保兼太子太保武英殿大學士禮兵二部尚書臣郭之奇謹序」，知刻於南明永曆十二年，即清順治十五年。卷内鈐「大學堂藏書樓之章」朱文大方印。

《存目叢書》據以影印。

識大録無卷數　明劉振撰　**一一五七**

浙江汪啟淑家藏本（總目）。○《浙江省第四次汪啟淑家呈送書目》：「《識大録》不分卷，明劉振著，五十二本。」○《浙江採集遺書總録》：「《識大録》不分卷五十二册，開萬樓寫本，明宣城劉振撰。」○北京圖書館藏清鈔本五十二册，題「古宣逸史臣劉振伏述」。半葉九行，行二十字，黑格，白口，四周雙邊。帝典二十四卷，列傳不分卷。《存目叢書》據以影印。鈐有「詩龕書畫印」、「詩裏求人，龕中取友，我褰如何，王孟韋柳」等印記，法式善故物也。

從龍譜無卷數　原本題錫山莘公李澤長編集　**一一五八**

兩江總督採進本（總目）。○《兩江第一次書目》：「《歷朝從龍譜》，錫山李澤長編，十本。」○《提要》云：「驗其細字密行，朱墨甲乙，尚是當年手鈔之稿。」

明書一百七十一卷　國朝傅維鱗撰　**一一五九**

浙江孫仰曾家藏本（總目）。○《浙江省第四次孫仰曾家呈送書目》：「《明書》一百七十一卷，國朝傅維鱗著，四十八本。」○《浙江採集遺書總録》：「《明書》一百七十二卷，刊本，國朝尚書靈壽傅維鱗撰。」○清華大學藏清康熙三十四年本誠堂刻本，正文首題「明書第一卷」，次題「史官傅維鱗纂」。半葉十行，行二十二字，白口，四周雙邊。前有康熙三十四年八月福建汀州知府次男燮詷序云：「康熙甲戌詷出西曹，出守臨汀，是年仲夏乃付之梓人，至乙亥初秋告成。」知係傅燮詷知汀州時刊於官署者。《存目叢書》據以影印。中國歷史博物館、上圖、上海辭書出版社均藏是刻。○上海圖書館藏清鈔本，殘存卷四至卷一百六十四、卷一百六十八至一百七十一共一百六十五卷。王禮培跋。○清光緒五年定州王氏謙德堂刻《畿輔叢書》本。○民國二十五年商務印書館據《畿輔叢書》本排印，收入《叢書集成初編》。

廿二史紀事提要八卷　國朝吴綬撰　一一六〇

江西巡撫採進本（總目）。○清華大學藏清乾隆十一年吴培元校刻本，題「無錫吴綬韓章纂，孫培源蒙泉校刊，孫壻陸錦澹庵、曾孫承烈兼山仝訂」。半葉十行，行二十四字，白口，四周單邊。前有乾隆十一年王步青序云：「爰爲序而梓之。」又乾隆十一年汪思迴叙。《存目叢書》據以影印。上圖、山東師大等亦藏是刻。○清嘉慶元年刻本，南圖藏。○清道光二十三年刻本，湖北圖書館藏。

春秋紀傳五十一卷　國朝李鳳雛撰　一一六一

浙江巡撫採進本（總目）。○《浙江省第四次吴玉墀家呈送書目》：「《春秋紀傳》五十一卷，國朝李鳳雛著，十六本。」○《浙江採集遺書總録》：「《春秋紀傳》五十一卷，刊本，國朝知縣東陽李鳳雛撰。」○《江蘇省第一次書目》：「《春秋紀傳》八本。」○《江蘇採輯遺書目録》：「《春秋紀傳》。八本。缺。」○《兩淮商人馬裕家呈送書目》：「《春秋紀傳》五十一卷，國朝李鳳雛，十二本。」○《山東巡撫第二次呈進書目》：「《春秋紀傳》十本。」○中央民族大學藏清康熙四十五年刻本，半葉九行，行二十一字，白口，四周雙邊。前有康熙四十三年王掞序，四十三年李振裕序，四十四年自序。封面刻「康熙丙戌年鐫」。卷内鈐「蕭焦椿印」、「紹庭」等印記。《存目叢書》據以影印。○中國人民大學藏清康熙六十一年刻本，行款版式同前，封面刻「康熙六十一年新鐫」、「懷德堂梓」。科學院圖書館、津圖、遼大亦藏是刻。○清光緒二十一年刻本，上圖、南圖藏。

讀史津逮四卷　國朝潘永圜撰　一一六二

江蘇巡撫採進本（總目）。○《江蘇省第二次書目》：「《讀史津逮》四本。」○《江蘇採輯遺書目録》：「《讀史津逮》四卷，清華陽潘永圜著，刊本。」○北京師大藏清康熙刻本，題「華陽潘永圜大生氏編次，瀨水史儒維維四氏同參，姪天柱一琴氏訂定」。前有康熙八年李長祥序，六年顧宸序，八年蔣平階序，五年自序，凡例。《存目叢書》據以影印。上圖亦有是刻。

季漢五志十二卷　國朝王復禮撰　一一六三

江西巡撫採進本（總目）。○《江西巡撫六次續採書目》：「《季漢五志》八本。」○《都察院副都御史黄交出書目》：「《季漢五志》，本朝王復禮撰，六本。」○人民大學藏清康熙四十一年刻本，題「錢塘王復禮艸堂譔述」。半葉十行，行二十字，白口，左右雙邊。前有康熙三十三年甲戌方象瑛序，三十五年凌紹雯序，四十一年自序。封面刻「杭城尊行齋藏板」。卷内鈐「徐氏舊家□□」、「住雪山房」、「徐萬鵬印」、「將南」、「仲裕」等印記。《存目叢書》據以影印。北大、上圖等亦藏是刻。

半窻史略四十二卷　國朝龍體剛撰　一一六四

江西巡撫採進本（總目）。○《江西巡撫六次續採書目》：「《半窗史略》十六本。」○湖南圖書館藏清雍正龍圖鳳等刻本，卷一題「祖叔科實囦莽參訂，叔如鏡宗遠氏參校，學士黄仲宣先生鑒定，永新龍體剛鐵芝氏纂輯，即墨江成華厓評閲，弟圖鳳紫殿氏校梓」。以後各卷參訂校閲者各異，校梓者計有：弟體正、長男鳴鏜、長孫定濤、次孫定瀾、弟體廓、曾衍緒。半葉九行，行二十四字，白口，左右雙邊。有雍正四年黄鴻中序，元年江成華序。《存目叢書》據以影印。北大、南圖、復旦等亦藏是刻。

晉記六十八卷　國朝郭倫撰　一一六五

浙江巡撫採進本（總目）。○《浙江省第二次書目》：「《晉記》六十四卷，國朝郭倫著，二十四本。」○《浙江採集遺書總録》：「《晉記》六十四卷，寫本，國朝舉人蕭山郭倫撰。」○復旦大學藏清乾隆五十一年有斐堂刻本六十八卷，題「蕭山郭倫撰」。半葉十行，行二十字，白口，左右雙邊。有乾隆二十一年十月浙江學政雷鋐序，二十年六月朱坤序，十九年自序。總目後有「受業壻山陰朱際昌慕韓、同胞弟丙丹崖校刊」識語。封面刻「乾隆甲午進呈，丙午校刊」、「有斐堂藏版」。甲午爲乾隆三十九年，丙午爲乾隆五十一年。《存目叢書》據以影印。○清光緒二十二年山陰王氏刻本，上圖、南大藏。

遼大臣年表一卷金大臣年表一卷　不著撰人名氏　一一六六

浙江汪啟淑家藏本（總目）。○《浙江省第四次汪啟淑家呈送書目》：「《遼金大臣年表》二卷，缺名著，一本。」○《浙江採集遺書總録》：「《遼金大臣年表》二卷，寫本，未詳撰人。」○北京圖書館藏清鈔本一册，包括《遼大臣年表》，前冠《遼諸帝統系圖》；《金將相大臣年表》，前冠《金諸帝統系圖》、《衍慶宫功臣》。首葉鈐「翰林院印」滿漢文大官印，並有四庫館印記：「總辦處閲定，擬存目」、「臣昀臣錫熊恭閲」。知即進呈原本。又鈐「虞山翁同龢印」、「常熟翁同龢藏本」、「曾在趙元方家」等印記。《存目叢書》據以影印。

四庫存目標注卷十六

滕州　杜澤遜　撰

史部五

雜史類一

左逸一卷短長一卷　　**一一六七**

兩江總督採進本（總目）。○《兩江第一次書目》：「《左逸短長合刻》一本。」○天一閣文管所藏明刻本，半葉八行，行十八字，白口，四周單邊。○上海圖書館藏明刻本，作《短長》二卷，半葉八行，行十八字，白口，單邊，有刻工。清毛棟批。○臺灣「中央圖書館」藏明刻本，正文首行題「刻弇州山人左逸短長卷上」，次行題「左逸」，三行題「吳郡王世貞元美著」。卷下次行題「短長」。半葉八行，行十八字，白口，四周單邊。二書前各有小引。（詳該館《善本書志初編》）○遼寧圖書館藏明崇禎五年蔣世枋刻本,附《史義拾遺》後。題「延陵蔣謹手次,子世枋重訂」。半葉八行,行二十字,白口,四周單邊。二種各有小引。《存目叢書》據以影印。北師大、杭大、福建師大等亦藏是刻。

戰國策談棷十卷　明張文燿撰　一一六八

兩江總督採進本(總目)。○《兩淮鹽政李呈送書目》:「《國策談棷》十卷,明張文燿,十四本。」○《都察院副都御史黄交出書目》:「《國策談棷》,張文燿,十二本。」○天津圖書館藏明萬曆刻本,題「縉雲鮑彪校注,東陽吴師道重校,武林張文燿校輯」。半葉九行,行十八字,白口,左右雙邊。前有王世貞序,序後有「仁和後學柴應楠敬書」一行。又萬曆五年丁丑田藝蘅序,序後有「虎林後學張文熲書」一行。王序有刻工:陶英刻。正文前有《附録》一卷,係集評。《存目叢書》據以影印。北圖有是刻三部,其一部卷一卷二清嘉慶二年張兆炎鈔配並跋。泰州圖書館藏是刻有清人丁晏批。○廣東中山圖書館藏萬曆十七年書林詹易齋刻本。○日本寬保元年(清乾隆六年)刻本。上圖、遼圖、臺北「故宫」、日本靜嘉堂藏。

七雄策纂八卷　明穆文熙編　一一六九

安徽巡撫採進本(總目)。○《安徽省呈送書目》:「《七雄策纂》四本。」○明萬曆十四年刻本,半葉十行,行二十字,白口,四周雙邊。中山大學、廣東社科院、上圖藏。○南京圖書館藏明萬曆十六年陳禹謨重刻本,題「吏部考工司勳外東明穆文熙纂輯,河南道監察御史劉懷恕重校,福建道監察御史陳禹謨重梓」。半葉九行，行二十字，白口，四周單邊。前有萬曆十六年劉懷恕《重刻七雄策纂序》，十四年自序，十六年陳禹謨《重刻七雄策纂序》。刻工：彭元、蕭椿、付机、刘荣、彭几、鍾惠、付燮、付亮。《存目叢書》據以影印。北圖、浙圖等亦藏是刻。

戰國策去毒二卷　國朝陸隴其編 一一七〇

江蘇周厚堉家藏本（總目）。○《江蘇省第一次書目》：「《戰國策去毒》二本。」○《江蘇採輯遺書目録》：「《戰國策去毒》二卷，清監察御史當湖陸隴其著。」○上海圖書館藏清康熙三十三年三魚堂刻本。首曾鞏序。次《三魚堂國策去毒目録》，題「當湖陸稼書先生評點，受業李光堯巢來、倪淑則詒孫、席永恂漢翼、趙鳳翔魚裳較訂」。正文前有《編年》一卷。正文題「當湖陸隴其稼書評定，受業席前席漢廷、趙慎徽旂公、後學張維昫和叔、汪昌廷台三較訂。」半葉九行，行二十字，白口，左右雙邊，無直格。目録後有康熙三十一年壬申自序。封面刻「康熙甲戌新鐫」、「三魚堂藏板」。《存目叢書》據以影印。○清同治九年六安求我齋刻本，北師大、杭大、上圖等藏。○清光緒十六年宗培等刻《陸子全書》本，清華、上圖等藏。

藝祖受禪録一卷　舊本題宋趙普、曹彬同撰 一一七一

永樂大典本（總目）。

龍飛記一卷　舊本題宋趙普撰 一一七二

永樂大典本（總目）。

景命萬年録一卷　不著撰人名氏　一一七三

永樂大典本(總目)。

青溪寇軌一卷　宋方勺撰　一一七四

編修程晉芳家藏本(總目)。○《提要》云:「原載勺《泊宅編》中,曹溶摘入《學海類編》,因改題此名。」○明嘉靖二十三年雲間陸楫儼山書院刻《古今説海》本,半葉八行,行十六字,白口,左右雙邊。北圖、上圖等藏。○清道光元年苕溪邵氏酉山堂刻《古今説海》本,行款同前本。○宣統元年上海集成圖書公司排印《古今説海》本。○民國四年上海進步書局石印《古今説海》本。○明刻《續百川學海》本,北圖、遼圖、浙圖等藏。○明刻清順治三年宛委山堂印《説郛》本。○清道光十一年六安晁氏木活字印《學海類編》本。民國九年商務印書館影印晁氏木活字《學海類編》本。○清同治九年永唐胡氏退補齋刻本,《金華叢書》之一。○金華圖書館藏清張作楠輯鈔《翠微山房叢書》本。○按:是書嘉靖中已有單本,《提要》謂曹溶從《泊宅編》摘出,收入《學海類編》,改題此名。未得其實也。

清溪弄兵録二卷　宋王彌大編　一一七五

浙江范懋柱家天一閣藏本(總目)。○《浙江採集遺書總録》:「《清溪弄兵録》一册,天一閣寫本,宋王彌大輯。」○《提要》云:「分前後二篇。其前篇從方勺《泊宅編》録出,其後篇從《續會要》第二百五十三卷出師門中録出。」○清乾隆綿州李氏萬卷樓刻嘉慶十四年李鼎元重校印《函海》本。○清道光五年李朝夔補刻乾隆版《函海》本。○清光緒七年至八年廣漢鍾登甲樂道齋刻《函海》本。

○上海圖書館藏清鈔本。以上各本均一卷。○北京圖書館藏清鈔《逸野堂藏本史類九種》本，作《青溪弄兵録》一卷《出師録》一卷。半葉十一行，行二十一字。○北京大學藏清鈔本，題「宋王彌大撰」，有嘉泰改元王彌大跋。李盛鐸舊藏。

避戎夜話一卷　宋石茂良撰　一一七六

兩浙總督採進本（總目）。按：「兩浙」殿本《總目》作「兩江」，是。○《提要》云：「此本爲明末李蘅刊入《璅探》内者。」按「璅」當作「璅」，殿本《提要》不誤。○明嘉靖十八年至二十年顧氏大石山房刻《顧氏明朝四十家小説》本，作二卷，半葉十行，行十八字，白口，左右雙邊。北圖、上圖、福建省圖、厦門大學藏。○宣統上海國學扶輪社排印《顧氏明朝四十家小説》本。○民國三年古今圖書局石印《顧氏明朝四十家小説》本。○明刻《歷代小史》本，作《避戎嘉話》一卷，半葉十一行，行二十六字，白口，四周雙邊。北圖、北大、上圖等藏。民國二十九年商務印書館影印明刻《歷代小史》本。○明崇禎三年淮南李蘅輯刻《璅探》本，半葉九行，行二十字，白口，四周單邊。北圖藏。○明刻清順治三年宛委山堂印《説郛》本，作《避戎嘉話》。○民國四年上海文明書局石印《廣四十家小説》本。○民國四年上海文明書局石印《説庫》本。○民國三十六年上海神州國光社排印《中國内亂外禍歷史叢書》第九輯本。以上三本均二卷。

孤臣泣血録一卷　舊本題宋太學丁特起撰　一一七七

編修汪如藻家藏本（總目）。○《國子監學正汪交出書目》：「《靖康孤臣泣血録》一本。」○《提要》

云：「此本爲明吴思所刊，前有思序，而附載汪旦復評語。」〇故宫博物院藏明萬曆三十四年長洲張豫誠刻本，作《靖康孤臣泣血録》二卷，題「太學生丁特起」。半葉八行，行十六字，白口，四周雙邊。前卷版心上方刻「靖康元年」，後卷版心刻「靖康二年」。寫刻精緻。前有萬曆三十四年丙午王在公序云：「長洲張豫誠出其先人藏本付梓，梓成，余撮其大旨。」《存目叢書》據以影印。臺灣「中央圖書館」藏是刻二部。其一徐乃昌舊藏。其一海源閣舊藏。海源閣本鈐「歸來草堂」、「葉樹廉印」、「石君」、「孫從添印」、「慶增氏」、「胡量」、「元謹」、「眉峯」、「錦帶吴句」、「楊以增印」、「臣紹和印」、「彦合珍玩」、「彦合珍存」、「宋存書室」、「東郡楊氏鑑藏金石書畫印」、「莚圃收藏」等印記。黄丕烈據青芝山堂藏鈔本硃筆手校並跋。黄跋已見《楹書隅録續編》、《蕘圃藏書題識》，但均有訛脱，重録如次：「此明刻本《靖康孤臣泣血録》，因是葉石君、孫慶增兩家藏本，故收之。歲辛酉得郡中青芝山堂所儲鈔本，遂手校一過于此刻上，覺勝此遠甚。命工重裝，藏諸篋衍。今日坐雨無聊，偶檢及此，爰題數語于後。壬戌立冬後二日甲寅黄丕烈識。」又民國二十年辛未止適齋主人跋，頗可見海源閣書流散狀况，亦録之：「自東郡楊氏藏書散佚後，其發見於濟南市者以敬古齋所得爲多，該肆主王某善價而沽。據余所見聞，已不下四五十種矣。庚午冬得此，亦該肆經售者。計頁論值，窮措大竟悍然爲之，可見一時好尚固足以顛倒人如此。辛未夏五止適齋主人識。」末鈐「止適齋藏書」印。又北圖、南圖亦藏是刻，南圖本《善本書室藏書志》著録。〇北京圖書館藏明刻本一卷，半葉九行，行二十字，白口，四周單邊。清鮑廷博批校。傅增湘舊藏。又北大、武漢市圖書館亦藏是刻。○中國社科院歷史所藏明鈔本一卷。○山東博物館藏清乾隆四十九年王宗炎鈔本一卷。○南京圖書館藏清息耕堂鈔本一卷，清張翔、江標跋。○臺灣「中央圖書館」藏鈔本一卷二册，半葉九行，行二十字。有某氏過録黄丕烈跋，此跋爲鈔本而作。○清光緒三十二年國學保存會排印本二卷，《國粹叢書》之一。○臺灣中研院史語所藏鈔本一卷二册。

一一七八　靖康蒙塵録一卷　不著撰人名氏

浙江范懋柱家天一閣藏本（總目）。○《浙江省第五次范懋柱家呈送書目》：「《靖康蒙塵録》一卷，缺名著，一本。」○《浙江採集遺書總録》：「《靖康蒙塵録》一卷，天一閣寫本，不著撰人名氏。」○蘇州市圖書館藏清鈔本，半葉十行，行二十字。附有《建炎復辟録》一葉半，與《提要》合。卷尾有「吴翌鳳枚庵氏珍藏」朱文方印。《存目叢書》據以影印。○蘇州圖書館藏《南燼紀聞》清初徐釚家鈔本一卷，書名下注「一名《靖康蒙塵録》」。持與前本相校，内容相同。末有李清識語。與《南遷録》鈔本合一册。鈐「獨山莫氏藏書」印。

一一七九　靖康紀聞拾遺一卷　不著撰人名氏

浙江巡撫採進本（總目）。○《浙江省第七次呈送書目》：「《靖康紀聞拾遺》，宋丁特起輯，一本。」○《浙江採集遺書總録》：「《靖康紀聞》一册又《紀聞拾遺》一卷，寫本，宋太學生武陵丁特起撰。」○北京圖書館藏明鈔本，半葉九行，行二十字，藍格，白口，四周單邊。《存目叢書》據以影印。○臺北「中央圖書館」藏明穴硯齋鈔雜史二十一種本。○北京圖書館藏清鈔本，半葉十行，行二十字，無格。○北京師大藏清鈔本。○南京圖書館藏清錢塘吴氏四古堂鈔本，版心有「四古堂」三字，清吴允嘉手校。丁氏八千卷樓舊藏。○原北平圖書館藏舊鈔本，與《靖康紀聞録》、《北狩見聞録》合一册，半葉十二行，行二十四字。鈐「檇里曹氏藏書印」、「曹溶」、「延古堂李氏珍藏」等印。此書末有「嘉靖癸丑仲春雁里子□借茶夢閣本倩鈕君美録於里居之東舂」一行。詳見王重民《善本提要補編》。此本現存臺北「故宫」。○清嘉慶十年虞山張海鵬刻《學津討原》本。○清道光十一年六安晁氏木活字印《學海類編》本。民國九年商務印書館影印晁氏木活字《學海類編》本。○民國二十八年商務印書館據《學海類編》本排印，收入《叢書集成初編》。○按：各本均附《靖康紀聞》後。《靖康紀聞》一卷，題宋武陵孤臣丁特起編集。丁丙《善本書室藏書志》著録清錢塘吴氏四古堂鈔本《靖康紀聞》一卷附《拾遺》一卷，云：「《紀聞》所載全與《泣血録》相同，大約輾轉鈔傳，或更名爲《靖康蒙塵録》，名雖三而實則一也。」《靖康紀聞》當時有浙江汪汝瑮家呈本，而《四庫總目》不載，蓋以其與《孤臣泣血録》爲同書異名也。

北狩行録一卷　舊本題宋蔡絛撰　一一八〇

浙江吴玉墀家藏本（總目）。○《浙江省第四次吴玉墀家呈送書目》：「《北狩見聞録》、《北狩録》一本。」○《浙江採集遺書總録》：「《北狩行録》一卷，寫本，舊本題宋蔡絛撰。」○《山東巡撫呈送第一次書目》：「《北狩行録》四本。」○蘇州圖書館藏清初徐釚家鈔本，題「蔡絛譔」，半葉十行，行二十字。與《北狩見聞録》合訂，《見聞録》有「朱氏錫鬯」、「獨山莫氏藏書」印，此種有「竹垞藏本」印。

《存目叢書》據以影印。○北京圖書館藏清乾隆三十九年盧文弨家鈔本，盧文弨校。半葉十一行，行二十一字。與《北狩見聞録》等合一册。○上海圖書館藏清醉經樓鈔本。○上海圖書館藏清鈔本，清翁同龢録彭元瑞跋。○上海圖書館藏清鈔本，清徐康、錢實璵跋。○上海圖書館藏清初鈔本，與《南燼紀聞》、《北狩見聞録》、《竊憤録》合鈔。○臺灣「中央圖書館」藏舊鈔本，與《北狩見聞録》合一册，半葉十行，行二十字。鈐「曾經東山柳蓉邨過眼印」、「休寧汪季青家藏書籍」、「古香樓」等印記（詳該館《善本書志初稿》）。○清道光十一年六安晁氏木活字印《學海類編》本。民國九年商務印書館影印晁氏木活字《學海類編》本。○清光緒二十二年李氏木犀軒從舊鈔本傳録本，李盛鐸校。北京大學藏。

靖炎兩朝見聞録二卷　舊本題曰陳東撰　一一八一

兩淮鹽政採進本（總目）。○《兩淮鹽政李續呈送書目》：「《靖炎兩朝見聞録》二卷，舊題宋陳東，一本。」○北京圖書館藏清鈔本二卷一册，半葉十行十九字，無格。○清光緒巴陵方功惠廣東刻宣統元年印《碧琳琅館叢書》本，題「宋太學生陳東著」。《存目叢書》據北大藏本影印。○民國二十四年南海黄氏據舊版彙印《芋園叢書》本。

建炎時政記三卷　宋李綱撰　一一八二

浙江范懋柱家天一閣藏本（總目）。○《浙江省第五次范懋柱家呈送書目》：「《建炎時政記》三卷，宋李綱著，一本。」○《浙江採集遺書總録》：「《建炎時政記》三卷，天一閣寫本，宋尚書李綱撰。」○

《提要》云:「即其《奏議》附録中之一種。《永樂大典》亦别載之,則自明以前已析出單行矣。」○明正德十一年刻《宋丞相李忠定公奏議》附録本,北圖、南圖等藏。○清乾隆鈔《文淵閣四庫全書》别集類《梁谿集》卷一百七十八至一百八十爲《建炎時政記》三卷。○原北平圖書館藏怡顔堂烏絲欄鈔本,半葉十行,行二十二字,白口,左右雙邊。版心下方印有「怡顔堂鈔書」字樣。清黄丕烈朱墨二色手校,所據者鮑氏知不足齋鈔本。有嘉慶二十年乙亥正月十日黄丕烈跋,又是年夏日王芑孫識語。黄跋已見《楹書隅録續編》、《蕘圃藏書題識》,均脱「余曰未也」四字。又見王重民《善本提要補編》,無脱誤。卷内鈐「蕘翁手校」、「惕甫經眼」、「王鐵夫閲過」、「惕甫借觀」、「楊氏海原閣藏」、「臣紹和印」、「楊彦合讀書記」、「宋存書室」等印記。現存臺北「故宫」。○明崇禎元年大觀堂刻《宋三大臣彙志·宋丞相李忠定公别集》本,一卷。科學院圖書館、清華大學藏。○清光緒十年刻《李忠定公别集》本,收入《邵武徐氏叢書》。○清光緒刻《吉林探源書舫叢書》本,遼圖、吉林市圖藏。○清鈔本,與《建炎進退志》合一册,傅增湘藏(見《藏園訂補郘亭知見傳本書目》)。

建炎通問録一卷　宋傅雱撰　一一八三

浙江范懋柱家天一閣藏本(總目)。○《提要》云:「書終以館伴李侗之語,其文未畢。《北盟會編》一百十卷所載,闕處亦同。蓋後人從徐氏書中録出也。」

建炎維揚遺録一卷　不著撰人名氏　一一八四

浙江范懋柱家天一閣藏本(總目)。○《浙江省第五次范懋柱家呈送書目》:「《建炎維揚遺録》一卷，缺名著，一本。」〇《浙江採集遺書總録》：「《建炎維揚録》一卷，天一閣寫本，不著撰人。」〇臺灣「中央圖書館」藏明穴硯齋鈔雜史二十一種本。〇清嘉慶十年虞山張海鵬輯刻《學津討原》本。〇民國二十八年商務印書館據《學津討原》本排印，收入《叢書集成初編》。

維揚巡幸記一卷　不著撰人名氏　一一八五

浙江巡撫採進本（總目）。〇《提要》云：「《北盟會編》一百二十三卷所載與此本全同，亦後人録出別行者也。」

己酉航海記一卷　宋李正民撰　一一八六

浙江巡撫採進本（總目）。〇《提要》云：「《北盟會編》一百三十四卷、王明清《揮麈三録》第一卷，皆全載其文。」

燕雲録一卷　宋趙子砥撰　一一八七

浙江巡撫採進本（總目）。

建炎復辟記一卷　不著撰人名氏　一一八八

江蘇巡撫採進本（總目）。〇《江蘇省第一次書目》：「《建炎復辟記》一本。」〇《江蘇採輯遺書目録》：「《建炎復辟記》一册，宋蘄王延安韓世忠著，刊本。」〇《浙江省第四次吴玉墀家呈送書目》：「《建炎復辟記》一卷一本。」〇《浙江採集遺書總録》：「《建炎復辟記》一卷，寫本，不著撰人。」〇北京圖書館藏明姚舜咨手鈔本，半葉十行，行二十字，藍格，白口，四周單邊。版心有「茶夢齋鈔」四字。不題撰人。鈐有「姚舜咨圖書」、「歙鮑氏知不足齋藏書」、「唐百川收藏印」等印記。有傅增湘題款:「建炎復辟記,明姚舜咨晚年手寫本,甲戌秋復學傅增湘題。」又傅增湘跋,與《藏園群書題記》不同,迻録如次:「詹亭得此本於廠肆,爲吾蜀唐百家所藏,祇存姚舜咨一印,而末葉佚去,無署款可證,頗以爲疑。余取而觀之,以舊藏舜咨手書《續玄怪録》並列几案,合參之,則筆趣古拙,如出一手,皆七十以後所寫也。其爲真蹟,殆無可疑。況兩本皆有茶夢軒鈔楷書格紙,更有可憑耶。偶取照曠閣刊本校勘,其異字多有可取,余已録之《藏園群書題記》中,此不更贅。其篇中文字涉宋帝皆空格,是又出於宋本之確證,知其從出之源爲古也。詹亭其祕惜寶藏之,勿輕以示恒人耳。乙亥正月下浣藏園老人傅增湘識。」鈐「增湘」、「藏園」、「雙鑑樓」印記。《存目叢書》據以影印。按:是書版心「茶夢齋鈔」四字傅跋「齋」誤「軒」。○臺灣「中央圖書館」藏明穴硯齋鈔雜史二十一種本,鄧邦述舊藏。○上海圖書館藏清鈔本。○常州圖書館藏清鈔本。○北京圖書館藏清乾隆三十九年盧文弨家鈔本,半葉十一行,行二十一字。盧文弨校。此與《北狩見聞録》等合一册。○蘇州市圖書館藏清鈔本,清鮑廷博校。○北京圖書館藏清鈔本,半葉十二行,行二十一字,無格。清吴翌鳳校並跋。○北京圖書館藏清張德榮鈔本,半葉十一行,行二十一字。與《南渡録大略》共一册。清韓應陛跋。○南京圖書館藏清鈔本,傅增湘校補並跋。○北京圖書館藏清鈔本,半葉十行,行二十一字,無格。與《南渡録大略》共一册。○臺灣「中央圖書館」藏舊鈔本一册,半葉十二行,行二十字。鈐「曾在王鹿鳴處」朱文長方印。○臺灣中研院史語所藏舊鈔本一册。○清嘉慶十年虞山張海鵬刻《學津討原》本。○光緒二十二年錢塘丁氏嘉惠堂刻本，《武林掌故叢編》二十二集之一。○民國二十八年商務印書館據《學津討原》本排印，收入《叢書集成初編》。

紹興甲寅通和録一卷　宋王繪撰 一一八九

浙江范懋柱家天一閣藏本（總目）。○《兩淮鹽政李續呈送書目》：「《通和録》等五種，宋王繪，一本。」

順昌戰勝録一卷　宋楊汝翼撰 一一九〇

浙江鮑士恭家藏本（總目）。○《浙江採集遺書總録》：「《順昌戰勝録》一卷，寫本，宋楊汝翼撰。」

淮西從軍記一卷　不著撰人名氏 一一九一

編修程晉芳家藏本（總目）。

回鑾事實一卷　宋万俟卨撰 一一九二

編修程晉芳家藏本（總目）。

采石戰勝録一卷　宋員興宗撰 一一九三

編修程晉芳家藏本（總目）。○《提要》云：「《永樂大典》亦載之，題曰《采石大戰始末》，而冠以《九華集》字，蓋其集中之一篇，後人析出，别立此名也。」○清乾隆鈔《文淵閣四庫全書》别集類《九華集》卷二十五爲《紹興采石大戰始末》一卷。○北圖藏清乾隆四十年孔繼涵家鈔本，與《西陲筆略》共一册，書名同前本。半葉十行，行廿一字。○上海圖書館藏清鈔《雜史五種》本。○北京圖書館藏清鈔《雜史四種》本，半葉九行，行二十字，無格。四種共一册，清周星詒跋。○按：宋蹇駒《采石瓜洲斃亮記》一卷附録一卷，當時鮑士恭嘗進呈鈔本，《總目》未載。據嚴紹璗《日本藏宋人文集善本鈎沉》，鮑士恭進呈四庫館原本已流落日本，藏大倉文化財團。鮑廷博朱筆點校，書衣有進書木記，首葉鈐「翰林院印」，又鈐「教經堂錢氏」、「犀盦」等印記。知係錢桂森從翰林院攜出者。

南渡録二卷竊憤録一卷　舊本或題無名氏，或並題爲辛棄疾撰　一一九四

編修汪如藻家藏本(總目)。○《國子監學正汪交出書目》：「《南渡録》十二本。」○《浙江省第四次汪啟淑家呈送書目》：「《南渡録》一卷又《竊憤録》一卷，舊題辛棄疾著，二本。」○《浙江採集遺書總録》：「《南渡録》一册，寫本，不署名，或亦作辛棄疾撰。」又：「《竊憤録》一册，寫本，宋安撫使辛棄疾撰。」○《兩江第一次書目》：「《竊憤録》，舊題宋辛棄疾著，抄本，一本。」○臺灣「中央圖書館」藏明穴硯齋鈔雜史二十一種本，《南燼紀聞》一卷《竊憤録》一卷《竊憤續録》一卷，均題辛棄疾撰。○臺灣「中央圖書館」藏舊鈔本，《南燼紀聞録》一卷《南渡録大略》一卷《竊憤録》一卷。半葉八行，行二十字。版心上方均題「南燼紀聞録」。鈐「毛晉私印」、「汲古閣藏書記」、「季振宜印」、「滄葦」、「謙牧堂書畫記」、「禮邸珍玩」、「梧門」等印記。○福建省圖書館藏清鈔本，作《南渡録》四卷附《阿計替傳》一卷，鄧實跋。其《南渡録》四卷包括：《南燼紀聞録》二卷、《竊憤録》一卷、《竊憤續録》一卷。○南京圖書館藏清愛日軒抄本，清丁丙跋。此本作《南燼紀聞録》二卷、《竊慣録》一卷、《竊憤續録》一卷。丁丙《善本書室藏書志》著録《南渡録》四卷鈔本，内容同，似即一本。○上海圖書館藏清鈔本，作《南燼紀聞録》二卷、《竊憤録》一卷、《竊憤續録》一卷、《阿計替傳》一卷。按：以上三本相近，其中兩本總名《南渡録》。○美國國會圖書館藏鈔本，作《南燼紀聞》四卷，包括：卷一卷二《南渡録》、卷三《竊憤録》、卷四《竊憤續録》（王重民《善本提要》）。○《鄭堂讀書記》著録《南燼紀事》四卷舊鈔本，謂一作《南燼紀聞》，「卷一卷二爲《紀聞録》，即《南渡録》，鈔録者改之。卷三爲《竊憤録》，卷四爲《竊憤續録》，亦鈔録者分之」。前有《大略》。後有《阿計替傳》，雖名傳，而實似是書之序。○蘇州圖書館藏清初徐釚家鈔本，《南燼紀聞》一卷，又《竊憤録》一卷《竊憤續録》一卷。○上海圖書館藏清鈔本，作《南燼紀聞》一卷。○中山大學藏清曾氏面城樓鈔本，作《南燼紀聞》一卷，半葉十行，行二十二字，紅方格，白口，四周雙邊。有清曾釗硃批並手跋。○中國科學院圖書館藏清鈔本，作《南燼紀聞》一卷，近人鄧之誠跋。○北京圖書館藏鈔本，作《南燼紀聞》一卷附《記阿計替本末》一卷。半葉十行，行二十五字。○臺灣「中央圖書館」藏舊鈔本，作《南燼紀聞》一卷，半葉八行，行十七字。鈐「某會里朱氏潛采堂藏書」、「朱彝尊錫鬯父」、「謙牧堂藏書記」、「王氏二十八宿硯齋祕笈之印」、「常熟翁同龢藏本」等印記。有翁同龢手跋：「此僞書也，卷末李清一跋詳辨之。余收得舊鈔四種，曰《北狩見聞》，曰《南遷》，曰《南燼紀聞》，曰《竊憤》，皆竹垞藏書也。惟《北狩》一種差可援據，其他皆僞託不足信。瓶生記。」○臺灣「中央圖書館」藏舊鈔本，作《南燼紀聞録》一卷，首有《南渡録大略》二葉。半葉九行，行二十字。鈐「萬卷樓圖書記」、「德清許氏家藏」、「禮培私印」、「埽塵齋積書記」、「菦圃收藏」、「吴興翰墨圖記」等印記。○臺灣「中央圖書館」藏舊鈔本，作

《南燼紀聞録》一卷,前有《南渡録大略》二葉。半葉八行,行十七字,白口,四周雙邊。鈐「從古堂藏書」印、「方」「綱」連珠印。○臺灣「中央圖書館」藏舊鈔本,作《南燼紀聞録》一卷,半葉八行,行二十字。有阜昌丁巳十一月初三日冀之黄氏序云:「余亦有感而作此書,曰《南燼紀聞》。」○臺灣「中央圖書館」藏清嘉慶二十年駱光畝手鈔本,作《南燼紀聞》一卷附《北狩見聞録》一卷,半葉八行,行十七字。鈐「洗桐齋藏書」、「李璋煜印」、「方赤」、「月汀過眼」、「誦芬室藏書記」等印記。有嘉慶二十年開甫(駱光畝)跋。又一跋云:「道光年辛巳中秋前六日於集賢堂書坊得之,觀其跋語,知是讀書者之藏書也。顧氏《彙刻書目》載是書曾刊於《學海類編》史部,紀爲宋人所作,而缺其名。瓶花齋以爲宋淮海周煇撰。俟參考焉。小陽春十三日志于文無廙館之南窓。」下鈐「月汀讀過」白文方印,知係李璋煜手筆。工楷雋逸,與宋刊《註東坡先生詩》道光丁酉手跋同調。又近人鄧邦述手跋五則。○臺灣「中央圖書館」藏清嘉興金氏梅花草堂鈔本,作《南燼紀聞》一卷,前有《南渡録大略》二葉。半葉八行,行二十字,白口,四周雙邊。版心下有「梅花草堂」四字。○吴江縣圖書館藏清鈔本,作《南燼紀聞》一卷《竊憤續録》一卷。○北京圖書館藏清同治十二年劉履芬鈔本,書名分卷同前本,半葉十行,行二十一字,細黑口,左右雙邊。清劉履芬跋,王國維跋。○山東圖書館藏清寶芸齋鈔本,書名分卷同前本。近人王獻唐批校並録清徐乾學批校。○上海圖書館藏清樹駿堂鈔本,作《南燼紀聞》一卷《竊憤録》一卷《竊憤續録》一卷《阿計替傳》一卷。○上海圖書館藏清初鈔本,作《南燼紀聞》一卷《竊憤録》一卷《續竊憤録》一卷,與《北狩見聞録》、《北狩行録》合鈔。○北京師大藏清鈔本，作《南爐紀聞》一卷《南渡録大略》一卷《竊憤録》一卷《竊憤續録》一卷《阿計替傳》一卷。○臺灣「中央圖書館」藏清順德李氏鈔本，書名分卷同前本。半葉十行，行二十字，白口，四周單邊。版心上題「學海類編」，知從《學海類編》録出。李文田據乾隆四十七年嘉興曹氏鈔本校並跋。○上海圖書館藏鈔本，作《南爐紀聞録》一卷《南渡録大略》一卷《竊憤録》一卷《竊憤續録》一卷《阿計替傳》一卷。○上海圖書館藏另一清鈔本，書名分卷同前本。○蘇州市圖書館藏清鈔本，作《南爐紀聞録》一卷《南渡録大略》一卷《竊憤録》一卷《竊憤續録》一卷。○臺灣「中央圖書館」藏書鈔本，作《南爐紀聞録》一卷《竊憤録》一卷《竊憤續録》一卷《南渡録大略》一卷《阿計替傳》一卷，與《北狩見聞録》合鈔。半葉十行，行二十字。鈐「積學齋徐乃昌藏書」、「真獃子徐紹」等印記。○復旦大學藏清鈔本，作《南爐紀聞録》一卷《續録》一卷。○上海圖書館藏清鈔本，作《南渡録》一卷《竊憤録》一卷《竊憤續録》一卷，清龔文照校並跋，近人丁祖蔭跋。按：此本書名分卷同存目。○復旦大學藏清胡可大鈔《徽欽遺書》本，包括：《南渡録》一卷《竊憤録》一卷《竊憤續録》一卷《南渡大略》一卷《北狩見聞録》一卷《阿計替傳》一卷。○臺灣「中央圖書館」藏舊鈔本一卷，首行題「南渡録」，下題「南爐紀聞録」，次行題「宋辛棄疾著」。半葉八行，行二十字。末題「康熙二十三年九月上澣錢枋爾載氏收藏並校」。鈐有「錢二十枋字爾載」、「天游居士」等印記。○湖南社科院藏清鈔本，作《竊憤録》二卷《竊憤續録》一卷《南渡録大略》一卷。清許焞批校。○河南圖書館藏清鈔本，作《竊憤録》一卷《竊憤續録》一卷《南渡録大略》一卷。○臺灣「中央圖書館」藏藍格舊鈔本，作《竊憤續録》一卷《南渡録大略》一卷。半葉十一行，行二十四字，四周單邊。鈐有「亞東沈氏抱經樓鑒賞圖書印」、「授經樓藏書印」、「五萬卷藏書樓」、「鄞蝸寄廬孫氏藏書」等印記。○南京圖書館藏清鈔本，作《竊憤録》一卷《續竊憤録》一卷《阿計替傳》一卷。○南京圖書館藏另一清鈔本，書名分卷同前本。○臺灣「中央圖書館」藏舊鈔本，書名分卷同前。半葉九行，行十六字，四周雙邊。鈐「傳經堂鑒藏」印。（參該館《善本書志初稿》）○中山大學藏清鈔本，作《竊憤録》一卷《竊憤續録》一卷二册，半葉九行，行二十字，無格。鈐「吴翌鳳枚庵氏珍藏」、「古香樓」等印記。○北京圖書館藏清鈔本，書名分卷同前本，半葉十四行，行二十二字，白口，四周單邊，無直格。清吴志忠校並跋。吴跋見《藏園群書題記》卷三。○上海圖書館藏清鈔本，書名分卷同前本。清翁同龢跋。○南開大學藏清袁氏卧雪廬鈔本，書名分卷同前本。近人秦更年校。○福建省圖藏清道光二十八年叙堂鈔本一册，作《南渡録》四卷，又名《宋徽欽二帝赴燕京北行紀略》。鈐「烏石山房」印記。有清叙堂氏、鄭官應、顧恩裕等跋。○福建省圖書館藏清光緒元年烏石山房鈔本一册，書名分卷同前本。○福建省圖書館藏漢陽周氏澹志堂鈔本一册，書名卷數同前本。○福建省圖書館藏舊鈔本一册，書名卷數同前。鈐有「鄭杰之印」、「鄭氏注韓居珍藏記」、「大通樓藏書印」等印記。○北京圖書館藏清道光八年朱葵之鈔本，作《南燼紀聞録》三卷一册，半葉十一行，行三十餘字，小字雙行不等。朱葵之校並跋。○傅增湘藏清四古堂鈔本，《南燼紀聞》一卷《阿計替本末》一卷。半葉十行，行二十字，版心有「四古堂」三字。鈐有「傅王露印」、「州來氏藏書記」、「吴允嘉」、「石倉老人」、「石倉手校」、「四香」等印。○傳增湘藏舊鈔本，《南燼紀聞録》一卷《續竊憤録》一卷，共二册。半葉八行，行二十字。鈐「芝農珍藏」、「心太平軒主人之記」等印。○傳增湘藏舊鈔本，《南燼紀聞》一卷《竊憤録》一卷《竊憤續録》一卷《阿計替傳》一卷《南渡録大略》一卷。半葉十二行，行二十五字。有賸翁跋：「右五書曾見於《學海類編》及《淡生堂餘苑》、《藝圃搜奇》諸刻，今其書皆不可得。偶從秀水沈氏借得舊鈔本録藏之，筆畫疑有舛譌，無由校正。復於江山劉太守履芬所見一本，少《竊憤録》兩卷，借歸對校，乃知沈氏本即《南燼紀聞》分作三卷，以第二卷爲《竊憤録》，第三卷爲《竊憤續録》。劉氏本則連爲一卷，統名《南燼紀聞》。所載事蹟大略皆符，惟字句互有詳略，亦各有得失，未知孰是。因用藍筆將劉本録於上，姑兩存之，以俟博雅者。至是書頗近穢雜，無足取者，稗官野乘，聊備一種云爾。同治十一年壬申嘉平月賸翁借校畢並記。」卷内鈐「小雅」、「賸翁」、「潘氏井養齋所藏」、「賸盦手校」、「小雅偶得之」等印。澤遜按：以上傳增湘藏三本均見《藏園群書題記》卷三《跋靖康野史彙編四種》。○杭州大學藏硯雲氏校鈔本，作《南渡録》四卷一册。○美國國會圖書館藏明鈔本《永樂大典》卷一九七四二第一至七葉爲《竊憤録》，第七至十五葉爲《竊憤續録》（參王重民《善本提要》）。○清道光十一年六安晁氏木活字印《學海類編》本，《南燼紀聞録》一卷《竊憤録》一卷《竊憤續録》一卷《阿計替傳》一卷《南渡録大略》一卷，均題宋辛棄疾撰。民國九年商務印書館影印晁氏木活字《學海類編》本。○民國二十八年商務印書館據《學海類編》本排印，僅《南渡録大略》，收入《叢書集成初編》。其餘近由中華書局排印，收入新印《叢書集成初編》。○光緒三年國學保存會排印本,作《南渡録》四卷,包括《南爐紀聞録》二卷《竊憤録》一卷《竊憤續録》一卷,收入《國粹叢書》第三集。○光緒六年刻本,作《南渡録》四卷。杭州大學藏。○民國上海進步書局石印《筆記小説大觀》本,第六輯有《南爐紀聞》一卷,第七輯有《竊憤録》一卷《竊憤續録》一卷附《阿計替傳》一卷。○民國元年上海廣智書局石印本,作《南渡録》四卷,北師大藏。○民國二十六年排印《國難叢書》第一輯本,作《南渡録》一卷。○民國三十六年神州國光社排印《中國内亂外禍歷史叢書》第九輯本,作《南渡録》四卷,包括:《南爐紀聞録》二卷《竊憤録》一卷《竊憤續録》一卷。

禦侮録二卷　不著撰人名氏　一一九五

浙江鄭大節家藏本(總目)。○《浙江省第五次鄭大節呈送書目》:「《中興禦侮録》二卷,缺名著,一本。」○《浙江採集遺書總録》:「《中興禦侮録》二卷,二老閣寫本,不著撰人名氏。」○蔣寅《金陵生小言》卷五云日本大倉文化財團藏《中興禦侮録》四庫進呈本,鈐「翰林院印」。○南京圖書館藏清鈔本,八千卷樓舊藏,丁丙《善本書室藏書志》著録,云有「汪魚亭藏閲書」印記。○北京大學藏清鈔本,半葉九行,行二十字。鈐「會稽姒兼山藏」、「漢晉齋印」、「二槎藏本」印記。《存目叢書》據以影印。○北京圖書館藏清鈔本,半葉十行,行二十二字,無格。○常州圖書館藏清鈔本。○臺灣「中央圖書館」藏明穴硯齋鈔雜史二十一種本,鄧邦述舊藏。○清咸豐四年南海伍崇曜刻本,《粤雅堂叢書》二編十三集之一。北圖有單本,傅增湘校並跋。○民國二十八年商務印書館據《粤雅堂叢書》本排印,收入《叢書集成初編》。○民國上海進步書局石印《筆記小説大觀》本。

重明節館伴語録一卷　宋倪思撰 一一九六

永樂大典本（總目）。○《提要》云：「此書據《永樂大典》標題，乃思《承明集》之一篇。」

正隆事迹記一卷　宋張棣撰 一一九七

兩淮鹽政採進本（總目）。○《兩淮鹽政李續呈送書目》：「《正隆事蹟》等五卷，宋張棣，一本。」○上海圖書館藏清鈔《雜史五種》本，題「歸正官張棣撰」。半葉九行，行二十字，無格。鈐有「雲間陸耳山珍藏書籍」、「緑雲樓」等印，陸錫熊藏書也。《存目叢書》據以影印。

金圖經一卷　不著撰人 一一九八

兩淮鹽政採進本（總目）。○《提要》云：「一名《金國志》。」○《山東巡撫呈送第一次書目》：「《金國志》一本。」

煬王江上録一卷　不著撰人名氏 一一九九

兩淮鹽政採進本（總目）。○上海圖書館藏清鈔《雜史五種》本，不題撰人。半葉九行，行二十字，無格。陸錫熊藏書。《存目叢書》據以影印。

使金録一卷　宋程卓撰 一二〇〇

編修汪如藻家藏本（總目）。○《國子監學正汪交出書目》：「《使金録》一本。」○《兩淮鹽政李續呈送書目》：「《使金録》一卷，宋程卓，一本。」○原北平圖書館藏明叢書堂鈔本一冊，半葉十行，行二十字，紅格。鈐「季振宜印」、「謙牧堂藏書記」、「禮邸珍玩」等印。現存臺北「故宮」。○常州圖書館藏清乾隆五十七年釋在觀鈔本,清朱上林跋。○上海圖書館藏清李鶴儔鈔本,清吴翌鳳跋。○清光緒巴陵方功惠廣東刻宣統元年印《碧琳琅館叢書》本,題「宋程卓撰」。末刻二跋,其一末署「庚戌夏五録置少城茅齋中因題簡末」。另一跋云:「《使金録》一卷,枚菴先生原本,……因今僧在觀鈔録存之,時乾隆壬子九月重九燈下根石披覽,偶綴數字於後。」根石爲錢塘朱上林字,壬子爲乾隆五十七年。然則朱上林跋本從吴翌鳳跋本出,此方氏刻本又從朱上林跋本出。《存目叢書》據北大藏方氏刻本影印。○民國二十四年南海黄氏據舊版彙印《芋園叢書》本,北大、廣東中山圖等藏。

襄陽守城録一卷　宋趙萬年撰　一二〇一

兩淮馬裕家藏本(總目)。○《兩淮鹽政李續呈送書目》:「《襄陽守城録》一卷,宋趙萬年,一本。」○《浙江省第四次鮑士恭呈送書目》:「《襄陽守城録》,宋趙萬年編。一本。」○《浙江採集遺書總録》:「《襄陽守城録》一册,知不足齋寫本,宋趙萬年撰。」○《國子監學正汪交出書目》:「《襄陽守城録》一本。」○臺灣「中央圖書館」藏明穴硯齋鈔雜史二十一種本。○天津圖書館藏清鈔本,題「門生忠訓郎鄂州都統司同副將特差兼京西路招撫使司準備差遣趙萬年編」。半葉十四行,行二十二字,白口,左右雙邊。鈔寫頗工。《存目叢書》據以影印。○常州圖書館藏鈔本。○南京圖書館藏清葉名澧寶芸齋鈔本。○清道光十六年金山錢氏刻本,《指海》第二集之一。民國二十四年上海大東書局影印錢氏刻《指海》本。○清咸豐四年南海伍崇曜刻本,《粤雅堂叢書》二編十三集之一。○民國上海進步書局石印《筆記小説大觀》本。○上海圖書館藏民國間紅格鈔本。

一二〇二 **誅吴録一卷　宋張革之撰**

永樂大典本（總目）。

一二〇三 **丁卯實編一卷　宋毛方平撰**

永樂大典本（總目）。

一二〇四 **平叛録一卷　宋郭士寧撰**

永樂大典本（總目）。

一二〇五 **辛巳泣蘄録一卷　宋趙與衮撰**

浙江吴玉墀家藏本（總目）。○《浙江省第四次吴玉墀家呈送書目》：「《辛巳泣蘄録》一卷，宋趙與衮著，一本。」○《浙江採集遺書總録》：「《辛巳泣蘄録》一卷，汲古閣寫本，宋蘄州司理趙與衮撰。」○北京圖書館藏明鈔本，題「從政郎蘄州司理權通判兼淮西制置司僉廳行司公事趙與衮編，迪功郎蘄州黄梅縣主簿權録事參軍兼僉廳陶時叙校勘」。半葉八行，行二十字，白口，四周單邊。鈐有「汲古閣」、「毛晉私印」、「字子晉」、「鐵琴銅劍樓」等印記。《存目叢書》據以影印。○臺灣「中央圖書館」藏明穴硯齋鈔雜史二十一種本。○南京圖書館藏清初錢氏述古堂鈔本，丁丙《善本書室藏書志》著録，稱汪魚亭藏書。○廣東中山圖書館藏清初鈔本。○上海圖書館藏清彭氏知聖道齋鈔本。○北京圖書館藏清鈔本，半葉十四行，行二十九字至三十一字，黑口，左右雙邊。○北京圖書館藏清鈔本，半葉八行，行十六字，無格。○北京圖書館藏清鈔《逸野堂藏本史類九種》本，半葉十一行，行二十字，無格。○臺灣「中央圖書館」藏宣統二年吴興沈氏萬卷樓影寫章紫伯藏鈔本，半葉十四行，行三十字，版心下記「吴興沈氏萬卷樓鈔本」。扉葉題「影寫鈔本，辛巳泣蘄録，韻齋學書」，又題「宣統二年仲夏影寫章紫伯藏本」。卷内鈐「沈韻齋藏書記」、「莚圃收藏」等印記。（參該館《善本書志初稿》）○清道光十六年金山錢氏刻本，《指海》第十一集之一。民國二十四年上海大東書局影印《指海》本。○民國二十八年商務印書館據《指海》本排印，收入《叢書集成初編》。○光緒巴陵方功惠廣東刻宣統元年印《碧琳琅館叢書》本。○民國二十四年南海黄氏據舊版彙印《芋園叢書》本。○光緒三十二年國學保存會排印本，《國粹叢書》三集之一。

使北日録一卷　宋鄒伸之撰　一二〇六

浙江巡撫採進本(總目)。○《浙江續購書》：「《使韃日録》一本。」○《浙江採集遺書總録》：「《使韃日録》一册，飛鴻堂寫本，宋鄒伸之編。」吴慰祖曰：《四庫存目》改作《使北日録》。

廣王衛王本末一卷　宋陳仲微撰　一二〇七

浙江汪啟淑家藏本(總目)。○《浙江省第四次汪啟淑家呈送書目》：「《廣王衛王本末》一卷，宋陳仲微著，一本。」○《浙江採集遺書總録》：「《廣王衛王本末》一卷，寫本，宋兵部侍郎陳仲微撰。」○《提要》云：「其書載入《宋季三朝政要》中，後人鈔出别行，而卷末跋語猶《政要》原文，則其失於刊削也。」

三朝野史一卷　不著撰人名氏　一二〇八

兩淮鹽政採進本(總目)。○《兩淮鹽政李續呈送書目》：「《宋三朝野史》一卷一本。」○北京圖書館藏明鈕氏世學樓鈔《説郛》本。○上海圖書館藏明弘農楊氏鈔《説郛》本。○北京圖書館藏明澹南書舍鈔《説郛》本。○北京圖書館藏明鈔《説郛》本，藍格，四周雙邊。○北京圖書館藏明鈔《説郛》本，藍格，左右雙邊。○浙江圖書館藏明鈔《説郛》本。○浙江瑞安玉海樓藏明鈔《説郛》本。○臺灣「中央圖書館」藏舊鈔《説郛》本。○民國十六年商務印書館排印張宗祥校定《説郛》本。按：以上均《説郛》百卷本，此書在卷二十七。昌彼得《説郛考》曰：「此本凡録十四條，今傳之《古今説海》、《廣百川學海》、重編《説郛》卷四九、《學海類編》、《遜敏堂叢書》諸本所收，皆十九條。」又曰：「考諸本之首十三條，悉出此本，末六條乃自《浩然齋視聽鈔》等書訛入。」○明嘉靖二十三年雲間陸氏儼山書院刻《古今説海》本，北圖、上圖等藏。○清道光元年苕溪邵氏酉山堂刻《古今説海》本。○宣統元年上海集成圖書公司排印《古今説海》本。○民國四年上海進步書局石印《古今説海》本。○明刻《廣百川學海》本，北圖、北大等藏。○明刻清順治三年宛委山堂印《説郛》本。○清道光十一年六安晁氏木活字印《學海類編》本。民國九年商務印書館影印《學海類編》本。○清道光咸豐間宜黄黄秩模校刊《遜敏堂叢書》本。○北京圖書館藏清鈔本一册，半葉九行，行二十一字，無格。○民國元年國學扶輪社排印《古今説部叢書》二集本。○民國四年上海文明書局石印《説庫》本。

按：昌彼得曰：「《廣百川》及重編《説郛》兩本題元吴萊撰，不詳所據。」

平巢事蹟考一卷　舊本題曰宋人撰　一二〇九

浙江巡撫採進本(總目)。○《提要》云：「不著名氏。曹溶收入《學海類編》。近時平湖陸烜又刊入《奇晉齋叢書》，後有烜跋，稱爲元人鈔本。今考其書，即明茅元儀之《平巢事蹟考》，但删去元儀原序耳。」按：是書版本見下文茅元儀《平巢事蹟考》條。

碧溪叢書八卷　不著編輯者名氏　一二一〇

浙江汪汝瑮家藏本(總目)。○《浙江省第四次汪汝瑮家呈送書目》：「《碧溪叢書》八卷，缺名編，八本。」○北京圖書館藏清鈔本，半葉十二行，行二十一字，無格。版心下有「碧溪叢書」四字。子目：《吴武安公功績記》一卷；《僞豫傳》一卷，宋楊堯弼撰；《紹興正論》一卷，題宋湘山樵夫撰；《北狩行録》一卷，宋蔡絛撰；《順昌戰勝破賊録》一卷，宋楊汝翼撰；《皇太后回鑾事實》一卷，宋万俟卨撰；《松漠紀聞》一卷，宋洪皓撰；《金國文具録》一卷，宋洪皓撰。卷首鈐「翰林院印」滿漢文大官印。書衣有「乾隆三十八年十一月浙江巡撫三寶送到汪汝瑮家藏碧溪叢書壹部計書八本」長方木記。知係汪汝瑮進呈原本。《存目叢書》據以影印。《提要》云：「皆删節之本。」按：《提要》「湘山樵夫」誤「湘水樵夫」，「破賊」二字删去。

焚椒録一卷　遼王鼎撰　一二一一

内府藏本(總目)。○明萬曆三十四年繡水沈氏尚白齋刻《尚白齋鐫陳眉公訂正祕笈》本，題「大遼觀書殿學士臣王鼎謹述，明秀水殷仲春、海鹽姚士粦校」。半葉八行，行十八字，白口，四周單邊。前有大安五年自序。末有西園歸老、吴寬、姚士粦三跋。又《國語解》半葉，末署「秀水殷仲春方叔識」。《存目叢書》用山西祁縣圖書館藏本影印。○明刻《續百川學海》本，北圖、復旦等藏。○明毛晉汲古閣刻《津逮祕書》本，題「大遼觀書殿學士王鼎謹述」。版心下刻「汲古閣」。有自序，西園歸老、吴寬、姚士粦、毛晉四跋。臺灣「中央圖書館」藏是刻單本，自序後有同治八年己巳李文田手跋十二行，内云：「以《遼史》考之，無一不合。然所撰詩詞，不載一字。核其語意，淫豔異常。若遼氏臣子以此明謗，適以實其惡耳，恐非情理。序文云王鼎得之乳嫗之女蒙哥，此與《趙飛燕傳》伶元得之其妾樊通德者相類。殆明人好爲無稽之言以傚此耳。此與《雜事祕辛》皆有姚士粦跋，手筆亦復相類，或皆士粦所爲。」（詳《中央圖書館善本題跋真跡》）○民國十一年上海博古齋影印汲古閣刻《津逮祕書》本。○民國十一年上海文明書局石印《寶顔堂祕笈》本。○南京圖書館藏清鈔本。○臺灣「中央圖書館」藏鈔本，半葉八行，行十六字。有硃筆詳校，正文末鈐「江都秦恩復校」朱文方印。卷内又有「江東包氏天禄閣藏書」、「休寧李氏允泉子子孫孫永寶用享」等印記。（詳該館《善本書志初稿》）○明刻清順治三年宛委山堂印《説郛》本。○清宣統元年蓼梅仙館刻《無一是齋叢鈔》本，北師大、南大等藏。○清宣統國學扶輪社排印《香豔叢書》本。○《持静齋書目》著録：明鈔本，錢謙益手跋，有「樸學齋」、「葉樹廉」、「石君」、「虞山錢曾遵王藏書」等印。

南遷録一卷　舊題金通直郎祕書省著作郎騎都尉張師顔撰　一二一二

浙江范懋柱家天一閣藏本（總目）。○《浙江省第五次范懋柱家呈送書目》：「《南遷録》一卷，舊題金張師顔著，一本。」○《浙江省第四次吴玉墀家呈送書目》：「《南遷録》，元張師顔著，一本。」○《浙江採集遺書總録》：「《南遷録》一册，汲古閣寫本，舊題金著作郎張師顔撰。」○《兩江第一次書目》：「《南遷録》，舊題金張師顔著，鈔本，一本。」○《安徽省呈送書目》：「《南遷録》一本。」○北京圖書館藏明純白齋鈔本，半葉十行，行二十二字，白口，四周雙邊。○上海圖書館藏明蒼雪菴鈔本。○山東博物館藏明鈔本，半葉十行，行二十四字，無格。題「通直郎祕書省著作郎騎都尉賜緋張師顔録」。有王士禛眉批一條。又王士禛手跋，已殘破。又戇叟跋，謂王跋已見《漁洋文略》。卷内鈐「池北書庫」、「文學侍從」、「裒古田舍」、「小三昧」、「琅邪」等印，皆王士禛印鑒。《存目叢書》據以影印。○北京圖書館藏明崇禎七年陸嘉穎家鈔本，陸嘉穎跋。半葉九行，行十八字。○臺灣「中央圖書館」藏明鈔本，半葉九行，行十八字。内封面題「金國南遷録」、「金耿庵校」、「咸豐八年六月一日由士禮居轉入讀有用書齋」。外封面隸書題「金孝章手校金國南遷録明抄本」，下鈐「吴湖颿」印。又民國二十六年丁丑蔣祖詒手跋：「明鈔本金國南遷録，金耿庵先生手校者，得之雲間韓氏讀有用書齋。吴縣吴氏雙林巷老屋即先生故居，因檢贈湖帆道長，以儷其所藏詩稿焉。丁丑元宵祖詒記。」下鈐「穀孫祕笈」印。卷末有吴湖帆手跋：「明鈔金國南遷録爲吾鄉金耿菴先生舊藏書，有先生手校十餘處。昔藏華亭韓氏，去年韓氏書散，遂爲密韻廔主所得。廔主以吾家老屋爲先生故居，曩先祖所收耿菴先生書畫數事，今皆藏余處，因舉相贈，以符先志也。丁丑殘冬，兵事正亟，讀此録知古今似一轍也，曷勝慨嘆。漫志書後，擲筆惘然。吴湖帆。」下鈐「醜簃長年」印。卷内又鈐「古婁韓氏應陛載陽父子珍藏善本書籍印記」、「應陛手記印」、「韓繩大印」、「价藩」、「松江讀有用書齋金山守山閣兩後人韓德均錢潤文夫婦之印」、「甲子丙寅韓德均錢潤文夫婦兩度携書避難記」、

「德均所藏」、「祖詒審定」、「密均樓」、「吴湖颿印」、「吴氏寶庫」、「吴湖颿珍藏印」、「梅景書屋」、「吴氏圖書記」、「東莊」、「百耐眼福」、「莚圃收藏」等印記。按：金俊明字孝章，號耿庵。此其校本。○蘇州圖書館藏明穴硯齋鈔雜史二十一種本。○臺灣中研院史語所藏藍格鈔本。○臺灣「中央圖書館」藏清初徐釚家鈔本，與《南燼紀聞》合鈔，鈐「獨山莫氏藏書」印。○臺灣「中央圖書館」藏舊鈔本，半葉八行，行十七字。鈐「朱彝尊錫鬯父」、「某會里朱氏潛采堂藏書」、「謙牧堂藏書記」、「謙牧堂書畫記」、「常熟翁同龢藏本」等印記。卷末有翁同龢轉録彭元瑞《知聖道齋讀書跋尾》跋謙牧堂藏鈔本二則。又翁同龢跋：「按車若水《脚氣集》、王應麟《困學紀聞》皆引《南遷録》中孫大鼎疏，深著秦檜之奸，謂金人自言之如此。然則此書亦宋人所採矣。光緒廿有三年八月初六日翁同龢録，時園居支幄，蔽日極黑。」○上海圖書館藏清初鈔本，作《金人南遷録》，清屈振鏞跋。○上海圖書館藏清初鈔本，作《金人南遷録》，曹元忠、潘景鄭校，程銘敬跋。○北京圖書館藏清初毛氏汲古閣鈔本，半葉十四行，行二十二字，白口，四周單邊。周叔弢校並跋，又録黄丕烈題識。○臺灣「中央圖書館」藏清袁氏貞節堂鈔本，作《金國南遷總略》一卷。半葉十行，行二十二字，黑口，四周雙邊。版心下刻「貞節堂袁氏鈔」。鈐「袁廷檮印」、「壽階」、「貞節堂圖書印」、「莚圃收藏」等印記。○北京圖書館藏清寶閒齋鈔本，半葉十行，行二十字，無格。○北京圖書館藏清鈔本，作《金國南遷録》，半葉九行，行十九字，無格。清黄丕烈校並跋。按：黄跋見《蕘圃藏書題識再續録》。○臺灣中研院史語所藏清嘉慶十八年陳仲遵影鈔本，清蔣香生（鳳藻）手跋，近人鄧邦述手跋。○上海圖書館藏清鈔本，清勞權校並跋，清勞格校。書名作《金人南遷録》。○臺灣「中央圖書館」藏舊鈔本，半葉十一行，行二十二字。鈐「古香樓」、「休寧汪季青家藏書籍」、「曾經東山柳蓉邨過眼印」等印記。（參該館《善本書志初稿》、《善本題跋真跡》）○吴江縣圖書館藏清鈔本，清顧我德校並跋，某氏録吴翌鳳跋。陳鱣舊藏。同治乙丑魏錫曾以拜經樓鈔本校。《藏園群書經眼録》著録。○臺灣中研院史語所藏舊鈔本，近人石農手書題記。○臺灣中研院史語所藏舊鈔本。○北京圖書館藏清鈔本，曾剛甫家鈔本，曾剛甫校並跋。○清道光十一年六安晁氏木活字印《學海類編》本。北圖有單本，傅增湘校並跋，又録黄丕烈跋。民國九年商務印書館影印晁氏木活字《學海類編》本。○民國二十八年商務印書館據《學海類編》本排印，收入《叢書集成初編》。○浙圖藏近人張宗祥鈔本。○北京大學藏舊鈔本，半葉九行，行十八字。陳鱣舊藏。同治乙丑魏錫曾以拜經樓鈔本校。劉履芬跋。作《金人南遷録》，半葉十一行，行二十字，白口，左右雙邊。佚名校。○北京圖書館藏清宣統二年

南宋補遺無卷數　舊本題古吴謝朱勝復廬撰　一二一三

兩淮鹽政採進本（總目）。○《兩淮鹽政李呈送書目》：「《南宋補遺》二卷，宋謝朱勝，二本。」

皇元聖武親征録一卷　不著撰人名氏　一二一四

兩淮鹽政採進本（總目）。○《兩淮鹽政李續呈送書目》：「《元聖武親征録》一卷一本。」○《浙江省第四次汪啟淑家呈送書目》：「《皇元聖武親征記》一卷一本。」○《浙江採集遺書總録》：「《皇元聖武親征記》一卷，寫本，不著撰人。」○北京圖書館藏明鈕氏世學樓鈔《説郛》本，作《聖武親征録》

一卷。○上海圖書館藏明鈔《説郛》本，作《聖武親征録》一卷。○北京圖書館藏明鈔《説郛》本。藍格，四周雙邊。○北京圖書館藏明鈔《説郛》本。藍格，左右雙邊。○浙江圖書館藏明鈔《説郛》本。○浙江瑞安縣玉海樓藏明鈔《説郛》本。○臺灣「中央圖書館」藏舊鈔《説郛》本。○民國十六年商務印書館排印張宗祥校定本。昌彼得先生《説郛考》引王國維《聖武親征録校注》自序云：「《説郛》本尤勝，實爲今日最古最備之本。」○南京圖書館藏清鈔本，半葉十二行，行二十字，黑口，左右雙邊。鈐有「汪魚亭藏閲書」、「壹是堂讀書記」、「錢唐丁氏正修堂藏書」、「辛卯劫後所得」、「四庫坿存」等印記。《善本書室藏書志》著録。《存目叢書》據以影印。○北京圖書館藏清鈔本，半葉十一行，行二十字，白口，左右雙邊。○北圖又藏清徐松鈔本，徐松校。○北圖又藏清鈔本，半葉七行，行十八字，四周雙邊。清鄭杰校正。○浙江圖書館藏清鈔本，與《故宫遺録》合鈔。○臺灣「中央圖書館」藏清乾隆間嘉定錢氏潛研堂鈔本，半葉九行，行十六字。扉頁題「元聖武親征録，潛研堂錢氏鈔本」。卷中有錢大昕硃筆批校。鈐「潛研堂藏」、「静補齋」印記。○湖南圖書館藏清何秋濤校正稿本。○湖南圖書館藏清同治鈔何秋濤校正本。○南京圖書館藏清顧讀書室鈔何秋濤校正本，作《校正元親征録》一卷，清方恮校。○臺灣「中央圖書館」藏鈔何秋濤校正本，作《校正元親征録》一卷。半葉九行，行二十二字。有道光乙酉何秋濤序。書眉偶有章鈺案語。（參該館《善本書志初稿》）○清光緒二十年袁昶小漚巢刻何秋濤校正本，作《校正元親征録》一卷，收入《漸西村舍彙刊》。北圖有單本，王國維校並跋。○民國二十八年商務印書館據《漸西村舍彙刊》本排印，收入《叢書集成初編》。○清光緒中順德龍氏刻《知服齋叢書》第三集本，作《元親征録》一卷，何秋濤校正，李文田、沈曾植校注。○民國十五年清華學校排印《蒙古史料校注》本，作《聖武親征録校注》一卷，王國維校注。○民國十六年海寧王氏印《海寧王忠慤公遺書》本。○民國二十九年商務印書館長沙石印《海寧王靜安先生遺書》本。

平猺記一卷　元虞集撰　一二一五

浙江吴玉墀家藏本（總目）。○《浙江省第四次吴玉墀家呈送書目》：「《平傜記》一卷，元虞集著，一本。」○《浙江採集遺書總録》：「《平傜記》一卷，寫本，元學士虞集撰。」○北京大學圖書館藏清鈔本，題「元前史官虞集」。半葉九行，行二十一字，無格。卷内鈐「德化李氏凡將閣珍藏」、「木齋審定善本」、「李氏玉陔」、「明墀之印」、「木犀軒藏書」、「李滂」、「少微」等印記。《存目叢書》據以影印。

大狩龍飛録二卷　明世宗肅皇帝御撰　一二一六

左都御史張若溎家藏本（總目）。○遼寧圖書館藏明嘉靖十八年朱厚煜刻本，作《御著大狩龍飛録》二卷。半葉九行，行二十字，白口，四周雙邊。版心雙白魚尾，中間前卷刻「經」，後卷刻「緯」，分別以圓圈圍之。卷末有「嘉靖十八年九月□日趙王臣厚煜恭刊」一行，是趙藩刻本。《存目叢書》據以影印。○明嘉靖司禮監刻本，棉紙，一巨册，天一閣舊藏（黄裳《前塵夢影新録》）。○臺灣「中央圖書館」藏明藍格鈔《國朝典故》本，半葉十二行，行二十四字，白口，四周單邊。張氏適園舊藏。○臺灣「中央圖書館」又藏明藍格鈔《國朝典故》本，半葉十行，行二十五字，白口，四周單邊。○上海圖書館藏明鈔《國朝典故》本。○陝西圖書館藏明鈔《國朝典故》本。○北京圖書館藏明藍格鈔《國朝典故》本，半葉九行，行十八至二十餘字，白口，四周單邊。○北圖又藏明鈔《國朝典故》本，半葉十行，行二十五字，白口，四周雙邊。

洪武聖政記二卷　明宋濂撰 **一二一七**

户部尚書王際華家藏本（總目）。○《總裁王交出書目》：「《金聲玉振》十本。」按：内有此書。○上海圖書館藏明嘉靖十二年刻《明良集六種》本，一卷。半葉十行，行二十一字，白口，四周雙邊。○明嘉靖吴郡袁氏嘉趣堂刻《金聲玉振集》本，一卷。○上海圖書館藏明鈔《國朝典故》本，一卷。○陝西圖書館藏明鈔《國朝典故》本，一卷。○北京圖書館藏明鈔《國朝典故》本，一卷。半葉九行，行十八至二十餘字，藍格，白口，四周單邊。○上海圖書館藏明鈔《國朝典故》本，一卷。清沈纘文、吴曉鉦校。○臺灣「中央圖書館」藏明鈔《國朝典故》本，一卷。半葉十二行，行二十四字，藍格，白口，四周單邊。張氏適園舊藏。○臺灣「中央圖書館」又藏明鈔《國朝典故》本，一卷。半葉十行，行二十五字，白口，四周單邊。（參該館《善本書志初稿》）○明萬曆間鄧士龍江西刻《國朝典故》本，一卷。半葉十行，行二十字，白口，四周單邊。南圖、北大、臺灣「中央圖書館」藏。○清嘉慶十三年虞山張海鵬刻本，收入《借月山房彙鈔》第五集，浙圖、科學院圖書館藏。又收入《指海》第十四集，北圖、上圖等藏。又收入《澤古齋重鈔》第四集，北圖、科學院圖書館藏。民國九年上海博古齋影印《借月山房彙鈔》本。民國二十四年上海大東書局影印《指海》本。均一卷。○清同治八年永康胡氏退補齋刻本，二卷，收入《金華叢書》史部。○清光緒九年山陰宋澤元刻《勝朝遺事》初編本，不分卷。○臺灣中研院史語所藏《祕册叢記》鈔本，作《聖政記》一卷。按：另有十二卷本，參下文《别本洪武聖政記》條。

庚申外史二卷　明權衡撰　一二一八

編修汪如藻家藏本（總目）。○《國子監學正汪交出書目》：「《庚申外史》一本。」○《兩江第一次書目》：「《庚申外史》，書不載名，抄本，一本。」○《兩淮鹽政李續呈送書目》：「《庚申外史》二卷，明權衡，一本。」○《浙江省第九次呈送書目》：「《庚申外史》二卷一本。」○《浙江採集遺書總録》：「《庚申外史》二卷，天一閣寫本，明吉安權衡撰。」○《提要》云：「陳繼儒嘗刻入《祕笈》，佚脱訛舛，殆不可讀。此乃别行鈔本，猶當日原帙也。」○蘇州圖書館藏明鈔本，題「葛溪權衡以制編輯」。半葉十行，行二十字。鈐有「莫棠嶺外所收」朱文方印。眉上有莫棠批語，極工整。《存目叢書》據以影印。○上海圖書館藏明祁氏淡生堂鈔《淡生堂餘苑》本。○臺灣「中央圖書館」藏明穴硯齋鈔雜史二十一種本，鄧邦述舊藏。○臺灣「中央圖書館」又藏明烏絲欄寫本，半葉十行，行二十二字，白口，四周雙邊。鈐有「古婁韓氏應陛載陽父子珍藏善本書籍印記」、「應陛」、「甲子丙寅韓德均錢潤文夫婦兩度攜書避難記」、「蔣祖詒讀書記」、「百耐眼福」、「菦圃收藏」、「戴氏從父」、「尚友齋圖書印」、「神超氏」、「慈授父」、「翼威氏」、「五隖山房」等印記。封面有識語「咸豐八年春周秋山持來」。（見該館《善本書志初稿》）按：咸豐識語當出韓應陛。○明萬曆四十三年沈德先等刻《亦政堂廣祕笈》本，作《寶顔堂訂正庚申外史》，科學院圖書館、復旦、山西祁縣等藏。北圖有單本，清鮑廷博校並跋，清周星詒校注並跋，清蔣鳳藻跋。○南京圖書館藏清雍正六年魚元傅鈔本，魚元傅跋，清曹炎校。○清道光十一年六安晁氏木活字印《學海類編》本。民國九年商務印書館影印晁氏木活字《學海類編》本。○清嘉慶十年張海鵬刻《學津討原》本。○民國二十五年商務印書館據《學津討原》本排印，收入《叢書集成初編》。○清道光二十七年番禺潘仕成刻本，收入《海山仙館叢書》。○民國四年南昌刻《明人小史八種》本，收入《豫章叢書》，有胡思敬校記。○民國二十六年北平文殿閣書莊據《學津討原》本排印，收入《國學文庫》第四十八編。上圖、日本京都大學人文所藏。

國初禮賢録一卷　舊本題明劉基撰　　**一二一九**

浙江范懋柱家天一閣藏本（總目）。○《浙江省第五次范懋柱家呈送書目》：「《國初禮賢録》一卷，舊題明劉基著，四本。」○《浙江採集遺書總録》：「《國初禮賢録》一册，寫本，明劉基撰。」○明嘉靖三十二年刻《國朝謨烈輯遺》本，作《禮賢録》一卷。半葉十行，行二十字，白口，四周單邊。上海圖書館藏。○明嘉靖吴郡袁氏嘉趣堂刻《金聲玉振集》本。《存目叢書》據以影印。○明萬曆四十五年陽羨陳于廷刻《紀録彙編》本。民國二十七年商務印書館影印陳氏刻《紀録彙編》本。○甘肅省圖書館藏明鈔本，首題「國初禮賢録上」，末題「國初禮賢録終」，實止一卷。不題撰人。半葉十行，行二十二字，藍格，白口，單魚尾，四周單邊。首葉鈐「翰林院印」滿漢文大官印，書衣有「乾隆三十八年十一月浙江巡撫三寶送到范懋柱家藏禮賢録壹部計書壹本」長方木記。即天一閣進呈四庫原本。首葉又鈐「浚儀」朱文圓印，末鈐「趙弌不窮」白文方印。西元二千又一年九月十八日見於甘肅省圖書館。○南京圖書館藏明鈔本，作《國初禮賢録》二卷，八千卷樓舊藏，《善本書室藏書志》著録。○上海圖書館藏明鈔《國朝典故》本，二卷。○陝西圖書館藏明鈔《國朝典故》本，二卷。○北京圖書館藏明鈔《國朝典故》本，二卷。半葉九行，行十八至二十餘字，藍格，白口，四周單邊。○上海圖書館藏明鈔《國朝典故》本，二卷。清沈鑽文、吴曉鉦校。○北京圖書館藏明鈔《國朝典故》本，一卷。半葉十行，行二十字，藍格，白口，四周雙邊。○臺灣「中央圖書館」藏明鈔《國朝典故》本，二卷。半葉十二行，行二十四字，藍格，白口，四周單邊。張氏適園舊藏。○臺灣「中央圖書館」又藏明鈔《國朝典故》本，二卷。半葉十行，行二十五字，藍格，白口，四周單邊。○明萬曆間鄧士龍江西刻《國朝典故》本，一卷。半葉十行，行二十字，白口，四周單邊。北大、南圖、臺灣「中央圖書館」藏。○南京圖書館藏明鈔《藝海彙函》本，作《禮賢録》一卷。○清光緒九年山陰宋澤元刻《勝朝遺事》初編本。

平蜀記一卷　不著撰人名氏　一一二〇

户部尚書王際華家藏本(總目)。○《總裁王交出書目》：「《金聲玉振》十本。」按：内有此書。○《浙江省第五次范懋柱家呈送書目》：「《平蜀記》一卷，缺名著，一本。」○《浙江採集遺書總録》：「《平蜀記》一册，寫本，不著撰人。」○明嘉靖吴郡袁氏嘉趣堂刻《金聲玉振集》本。○明萬曆四十五年陽羨陳于廷刻《紀録彙編》本。民國二十七年商務印書館影印陳氏刻《紀録彙編》本。○南京圖書館藏明鈔《藝海彙函》本。○上海圖書館藏明鈕氏世學樓鈔本。○北京圖書館藏明鈔《國朝典故》本，半葉九行，行十八字，藍格，白口，四周單邊。《存目叢書》據以影印。○上海圖書館藏明鈔《國朝典故》本，清沈纘文、吴曉鉦校。○陝西圖書館藏明鈔《國朝典故》本。○上海圖書館藏明鈔《國朝典故》本。○臺灣「中央圖書館」藏明鈔《國朝典故》本，半葉十二行，行二十四字，藍格，白口，四周單邊。張氏適園舊藏。○臺灣「中央圖書館」藏明鈔《國朝典故》本，半葉十行，行二十五字，白口，四周單邊。○中國社科院歷史所藏清鈔《明初遺事七種》本。○清嘉慶十三年虞山張海鵬刻本，收入《借月山房彙鈔》第五集，浙圖、科學院圖書館藏。又收入《澤古齋重鈔》第四集，北圖、科學院圖書館藏。○民國九年上海博古齋影印張氏刻《借月山房彙鈔》本。○民國二十六年商務印書館據《澤古齋重鈔》本排印，收入《叢書集成初編》。○臺灣「中央圖書館」藏《明代紀事七種》鈔本，半葉九行，行十九字。鈐「怡蘭堂書畫印」、「唐百川」等印。

北平録一卷　不著撰人名氏　　　　一二二一

户部尚書王際華家藏本（總目）。○《總裁王交出書目》：「《金聲玉振》十本。」按：內有此書。○明嘉靖吴郡袁氏嘉趣堂刻《金聲玉振集》本。○明萬曆四十五年陽羨陳于廷刻《紀録彙編》本。民國二十七年商務印書館影印陳氏刻《紀録彙編》本。○明萬曆刻《今獻彙言》本。民國二十六年商務印書館影印萬曆刻《今獻彙言》本。民國二十六年商務印書館據《今獻彙言》本影印，收入《叢書集成初編》。○陝西圖書館藏明鈔《國朝典故》本，半葉十行，行二十四至二十五字不等。《存目叢書》據以影印。○上海圖書館藏明鈔《國朝典故》本，清沈纘文、吴曉鉦校。○北京圖書館藏明鈔《國朝典故》本，半葉九行，行十八字或二十餘字，藍格，白口，四周單邊。○臺灣「中央圖書館」藏明鈔《國朝典故》本，半葉十二行，行二十四字，白口，藍格，四周單邊。○上圖又藏明鈔《國朝典故》本，張氏適園舊藏。○臺灣「中央圖書館」又藏明鈔《國朝典故》本，半葉十行，行二十五字，藍格，白口，四周單邊。○明萬曆間鄧士龍江西刻《國朝典故》本，半葉十行，行二十字，白口，四周單邊。北大、南圖、臺灣「中央圖書館」藏。○明鈔《藝海彙函》本，南圖藏。○臺灣「中央圖書館」藏《明代紀事七種》鈔本，半葉九行，行十九字。鈐「怡蘭堂書畫印」、「唐百川」等印。（參該館《善本書志初稿》）○臺灣中研院史語所藏《祕册叢説》鈔本。○清光緒九年山陰宋澤元刻《勝朝遺事》本。

別本北平録一卷　不著撰人名氏　　一二二二

浙江范懋柱家天一閣藏本（總目）。○《浙江省第五次范懋柱家呈送書目》：「《北平録》一卷，缺名著，一本。」○《浙江採集遺書總録》：「《北平録》一册，寫本，不著撰人。」○《提要》云：「核檢其文，亦從《實録》鈔出也。」

雲南機務鈔黄一卷　明張紞編　　一二二三

户部尚書王際華家藏本（總目）。○《總裁王交出書目》：「《金聲玉振》十本。」按：内有此書。○臺灣中研院史語所藏明洪武間刻本一册（見該所《善本書目》）。○明嘉靖吴郡袁氏嘉趣堂刻《金聲玉振集》本。半葉十行，行十八字，白口，左右雙邊。前有洪武丁卯冬十二月張紞序。《存目叢書》

據首都圖書館藏本影印。○明萬曆四十五年陽羡陳于廷刻《紀録彙編》本。民國二十七年商務印書館影印陳氏刻《紀録彙編》本。民國二十六年商務印書館據《紀録彙編》本影印，收入《叢書集成初編》。○臺灣「中央圖書館」藏明藍格鈔《國朝典故》本，半葉十二行，行二十四字，白口，四周單邊。○清道光二十六年宏道書院刻《惜陰軒叢書》本。○光緒二十二年長沙刻《惜陰軒叢書》本。

明高皇后傳一卷　不著撰人名氏 一二二四

浙江范懋柱家天一閣藏本（總目）。○《浙江省第五次范懋柱家呈送書目》：「《高皇后傳》一卷，缺名著，一本。」○《浙江採集遺書總録》：「《高皇后傳》一册，刊本，明仁孝皇后撰。」○《提要》云：「前有永樂四年明成祖與徐皇后二序，俱謂永樂九年類輯《古今列女傳》，以高皇后聖訓與古后妃爲一卷，而諸侯大夫、士庶人妻各爲卷。徐后請以《高皇后傳》别刻之，徧賜内外。然則此即《古今列女傳》之文而别出之者。其文則永樂初詞臣所撰也。」○按：《古今列女傳》三卷，《四庫全書》傳記類收録，其《提要》謂永樂元年九月朔旦御製序，知此作「九年」乃「元年」之訛。殿本《提要》亦訛作「九年」。《古今列女傳》三卷，明永樂元年内府刻本，北圖、上圖、南圖等有藏。

漢唐祕史二卷　明寧王權撰 一二二五

兩淮鹽政採進本（總目）。○《兩淮鹽政李呈送書目》：「《漢唐祕史》二卷，明朱權，六本。」○《浙江省第五次范懋柱家呈送書目》：「《漢唐祕史》六卷，明寧王權著，六本。」○《浙江採集遺書總録》：「《漢唐祕史》六卷，寫本，明寧王權輯。」○中國人民大學藏明建文寧藩刻本二卷六册，半葉十三行，行二十二字，黑口，雙魚尾，四周雙邊。版心刻「漢唐史鑑」。前有辛巳三月自序，「辛巳」上爲墨丁，當即「建文」二字，辛巳爲建文四年。又壬午十二月弟安王楹序。《凡例》云：「書内事實皆以劉三吾諸儒御前講過卷内事實，重新編修成書。」正文卷端題「皇明寧王■奉勅編」，墨丁當是「權」字。卷内鈐「師山後學鄭旻」、「古歙遺民」、「書帶草堂」等印。《存目叢書》據以影印。北大、杭州圖書館、安徽博物館、臺灣「中央圖書館」亦藏是刻。

奉天靖難記四卷　不著撰人名氏　一一二六

浙江汪啟淑家藏本(總目)。○《浙江省第四次汪啟淑家呈送書目》：「《奉天靖難記》四卷，缺名著，一本。」○《浙江採集遺書總録》：「《奉天靖難記》四卷，寫本，不著撰人。」○上海圖書館藏明鈔《國朝典故》本。○陝西圖書館藏明鈔《國朝典故》本。○北京圖書館藏明鈔《國朝典故》本，半葉九行，行十八字或二十餘字，藍格，白口，四周單邊。○北圖又藏明鈔《國朝典故》本，殘存卷一至三，半葉十行，行二十字，藍格，白口，四周雙邊。○上圖又藏明鈔《國朝典故》本，存卷一至二。○臺灣「中央圖書館」藏明鈔《國朝典故》本，半葉十二行，行二十四字，藍格，白口，四周單邊。張氏適園藏書。○臺灣「中央圖書館」又藏明鈔《國朝典故》本，半葉十行，行二十五字，藍格，白口，四周單邊。○北京大學藏明鈔本，半葉十行，行二十一字，黑格，白口，四周雙邊。每卷注「國朝典故幾」，從十一至十四，知係明鈔《國朝典故》零種。《存目叢書》據以影印。○明萬曆鄧士龍江西刻《國朝典故》本，半葉十行，行二十字，白口，四周單邊。北大、南圖、臺灣「中央圖書館」藏。○北京圖書館藏明三吾官舍藍格鈔本，半葉十行，行二十字，白口，四周單邊。○臺灣中研院史語所藏舊鈔本。

別本洪武聖政記十二卷　不著撰人名氏　一二二七

浙江汪啟淑家藏本（總目）。○《浙江省第四次汪啟淑家呈送書目》：「《洪武聖政記》十二卷，明宋濂等著，十本。」○《浙江採集遺書總録》：「《洪武聖政記》十二卷，開萬樓寫本，不著撰人。」○《江蘇省第一次書目》：「《洪武聖政記》十二本。」○《江蘇採輯遺書目録》：「《洪武聖政記》十二卷，明户部尚書夏原基等輯。」○《兩江第二次書目》：「《聖政記》，明宋濂輯，抄本，十二本。」○《山東巡撫呈送第一次書目》：「《聖政記》十本。」○南京圖書館藏明鈔本，卷六下至卷十二配鈔本。○上海圖書館藏明鈔本，正文首題「聖政記」，不題撰人。半葉十行，行二十至二十二字不等，遇明帝提行。鈐有「楊元吉」、「禮邸珍玩」、「鴛湖姚氏頌南珍藏」等印記。《存目叢書》據以影印。○上圖又藏明鈔本，存卷一卷二卷四卷七。○臺灣「中央圖書館」藏明鈔本，作《洪武聖政記》十二卷十二册，不題撰人。半葉十行，行二十五至三十字，藍格，白口，四周單邊。鈐「四明盧氏抱經樓藏書印」、「吴興劉氏嘉業堂藏書印」等印記（參該館《善本書志初稿》）。○臺灣中研院史語所藏明鈔本，殘存卷二至十二。○傅增湘藏明藍格寫本十卷十册，首册有殘，不題撰人（見《藏園訂補郘亭知見傳本書目》）。

國初事蹟一卷　明劉辰撰　一二二八

浙江范懋柱家天一閣藏本（總目）。○《浙江省第五次范懋柱家呈送書目》：「《國初事蹟》一卷，明劉辰著，二本。」○《浙江採集遺書總録》：「《國初事蹟》一卷，刊本，明禮部侍郎金華劉辰撰。」○明嘉靖吴郡袁氏嘉趣堂刻《金聲玉振集》本。○上海圖書館藏明鈔《國朝典故》本。○陝西圖書館藏明鈔《國朝典故》本。○北京圖書館藏明鈔《國朝典故》本，半葉九行，行十八或二十餘字，藍格，白口，四周單邊。○北圖又藏明鈔《國朝典故》本，半葉十行，行二十字，藍格，白口，四周雙邊。○上圖又藏明鈔《國朝典故》本，清沈纘文、吴曉鉦校。○臺灣「中央圖書館」藏明鈔《國朝典故》本，半葉十二行，行二十四字，藍格，白口，四周單邊。適園舊藏。○臺灣「中央圖書館」又藏明鈔《國朝典故》本，半葉十行，行二十五字，藍格，白口，四周單邊。○明萬曆間鄧士龍江西刻《國朝典故》本，半葉十行，行二十字，白口，四周單邊。北大、南圖、臺灣「中央圖書館」藏。○科學院圖書館藏明鈔《説集》本。○南京圖書館藏明刻本，半葉十行，行二十至二十一字不等，大黑口，四周雙邊。○南圖又藏明刻重修本，半葉十行，行二十字，下黑口，四周雙邊。○天一閣文管所藏明嘉靖間藍格鈔本一册，尾題「國初外史」。○北京圖書館藏明秦氏繡石書堂鈔本，半葉十行，行二十二字，白口，四周單邊。版心上有「繡石書堂」四字。《存目叢書》據以影印。○南京大學藏明鈔本。○清嘉慶十三年虞山張海鵬刻本，收入《借月山房彙鈔》第五集，浙圖、科學院圖書館藏。又收入《澤古齋重鈔》第四集，北圖分館、科學院圖書館藏。民國九年上海博古齋影印《借月山房彙鈔》本。○清同治八年永康胡氏刻民國補刻《金華叢書》本。

北征録一卷後北征録一卷　明金幼孜撰　一一二九

户部尚書王際華家藏本（總目）。○《總裁王交出書目》：「《金聲玉振》十本。」按：内有此二種。

○湖南圖書館藏明成化二十三年刻嘉靖重修本，作《金文靖公北征録》二卷。半葉十行，行二十字，大黑口，四周雙邊。○北京圖書館藏明弘治十七年劉氏安正堂刻本，作《新刊金文靖公前北征録》一卷《後北征録》一卷，與《楊文敏公後北征記》合刻一册。半葉十二行，行二十六字，黑口，四周雙邊。鈐「潘氏桐西書屋之印」等印記。吴縣潘介繁跋。○北圖又藏明刻本，作《金文靖公前北征録》一卷《後北征録》一卷，與楊榮《北征記》合刻一册。半葉十行，行二十字，細黑口，四周單邊。○上海圖書館藏明嘉靖十二年刻《明良集六種》本，書名分卷同前本。半葉十行，行二十一字，白口，四周雙邊。○明嘉靖二十三年雲間陸楫儼山書院刻《古今説海》本，作《北征録》一卷《北征後録》一卷。○清道光元年苕溪邵氏酉山堂刻《古今説海》本。○宣統元年上海集成圖書公司排印《古今説海》本。○民國四年上海進步書局石印《古今説海》本。○臺灣「中央圖書館」藏鈔本，正文首行上題「北征録」，下題「説選二」，又小字題「小録一」，知係從《古今説海》録出者。○明嘉靖吴郡袁氏嘉趣堂刻《金聲玉振集》本，作《前北征録》一卷《後北征録》一卷。○上海圖書館藏明鈔《國朝典故》本，作《金文靖公北征前録》一卷《後北征録》一卷。○陝西圖書館藏明鈔《國朝典故》本。○北京圖書館藏明鈔《國朝典故》本，作《金文靖公北征録》一卷《後北征録》一卷。半葉九行，行十八字或二十餘字，藍格，白口，四周單邊。○北圖又藏明鈔《國朝典故》本，作《金文靖公前北征録》一卷《後北征録》一卷。半葉十行，行二十字，藍格，白口，四周雙邊。○臺灣「中央圖書館」藏明鈔《國朝典故》本，半葉十二行，行二十四字，藍格，白口，四周單邊。○臺灣「中央圖書館」又藏明鈔《國朝典故》

本，半葉十行，行二十五字，藍格，白口，四周單邊。○明萬曆間鄧士龍江西刻《國朝典故》本，作《北征前録》一卷《後録》一卷。半葉十行，行二十字，白口，四周單邊。北大、南圖、臺灣「中央圖書館」藏。○明鈔《藝海彙函》本作《北征録》一卷，南京圖書館藏。○明刻《歷代小史》本，作《北征録》一卷。民國二十九年商務印書館影印明刻《歷代小史》本。○明萬曆四十五年陽羨陳于廷刻《紀録彙編》本。民國二十七年商務印書館影印明陳于廷刻《紀録彙編》本。作《前北征録》一卷《後北征録》一卷。○明刻《廣百川學海》本，作《北征録》一卷《北征後録》一卷。○北京圖書館藏明萬曆四十六年金鐣刻本，作《北征録》三卷。半葉十行，行二十字，白口，四周雙邊。○明刻清順治三年宛委山堂印《説郛續》本，作《北征録》、《北征後録》，在弓十。○北京圖書館藏清鈔本，作《初從北征録》一卷《詩》一卷《二從北征録》一卷《三從北征録》一卷。半葉十行，行二十四字，無格。○遼寧圖書館藏清鈔本，作《北征録》一卷《後録》一卷。○清光緒九年宋澤元刻《勝朝遺事》初編本。○民國東方學會排印《六經堪叢書》本，作《金文靖公前北征録》一卷《後北征録》一卷。○臺灣中研院史語所藏《祕册叢説》鈔本。○民國四年南昌刻《明人小史八種》本，有胡思敬校記，收入《豫章叢書》。○日本大正八年(中華民國八年)排印《滿蒙叢書》第二卷本，遼圖、中央民大、北師大藏。

後北征記一卷　明楊榮撰　　一二三〇

户部尚書王際華家藏本(總目)。○《總裁王交出書目》：「《金聲玉振》十本。」按：内有此書。○北京圖書館藏明弘治十七年劉氏安正堂刻本，作《新刊楊文敏公後北征記》一卷，半葉十二行，行二十六字，黑口，四周雙邊。正文後尾題前有雙行牌記：「弘治甲子季冬劉氏安正堂刊」。此與《新刊金文靖公前北征録》、《後北征録》合刻一册，鈐「潘氏桐西書屋之印」印記。有吴縣潘介繁跋。○北京圖書館藏明刻本，作《北征記》一卷，半葉十行，行二十字，細黑口，四周單邊。此與《金文靖公前北征録》一卷《後北征録》一卷合刻一册。○上海圖書館藏明嘉靖十二年刻《明良集六種》本，作《北征記》一卷，半葉十行，行二十一字，白口，四周雙邊。○明嘉靖二十三陸楫儼山書院刻《古今説海》本，作《北征記》一卷。○清道光元年苕溪邵氏酉山堂刻《古今説海》本。○宣統元年上海集成圖書公司排印《古今説海》本。○民國四年上海進步書局石印《古今説海》本。○明嘉靖吴郡袁氏嘉趣堂刻《金聲玉振集》本，作《後北征記》一卷。按：四庫據王際華呈本存目，即此刻也，故書名一致。○上海圖書館藏明鈔《國朝典故》本，作《北征記》一卷。○陝西圖書館藏明鈔《國朝典故》本。○北京圖書館藏明鈔《國朝典故》本，作《北征録》一卷。半葉九行，行十八字或二十餘字，藍格，白口，四周單邊。○北圖又藏明鈔《國朝典故》本，作《北征録》一卷。半葉十行，行二十字，藍格，白口，四周雙邊。○臺灣「中央圖書館」藏明鈔《國朝典故》本，作《北征記》一卷。半葉十二行，行二十四字，藍格，白口，四周單邊。○臺灣「中央圖書館」又藏明鈔《國朝典故》本，書名同，半葉十行，行二十五字，藍格，白口，四周單邊。○明萬曆間鄧士龍江西刻《國朝典故》本，書名同前。半葉十行，行二十字，白口，四周單邊。北大、南圖、臺灣「中央圖書館」藏。○明刻《歷代小史》本，作《北征記》一卷。民國二十九年商務印書館影印明刻《歷代小史》本。○明萬曆四十五年陽羡陳于廷刻

《紀録彙編》本。民國二十七年商務印書館影印陳氏刻《紀録彙編》本。○明刻《廣百川學海》本。○明刻清順治三年宛委山堂印《説郛續》本。○遼寧圖書館藏清鈔本，作《北征記》一卷，與《北征録》一卷《後録》一卷合鈔。○清光緒九年宋澤元刻《勝朝遺事》本。○民國東方學會排印《六經堪叢書》本。○日本大正八年排印《滿蒙叢書》本，遼圖、中央民大、北師大藏。○臺灣中研院史語所藏《祕册叢説》鈔本。

小史摘鈔二卷　不著撰人名氏　**一二三一**

副都御史黄登賢家藏本(總目)。○《都察院副都御史黄交出書目》：「《小史摘編》，明朱東光，六本。」未知即此書否。○《兩淮鹽政李續呈送書目》：「《明小史摘鈔》二卷一本。」○《武英殿第一次書目》：「《小史摘編》六本。」○鎮江博物館藏清鈔本，作《皇明小史摘抄》二卷。半葉九行，行十九字，無格。首葉鈐《翰林院印》滿漢文大官印，即進呈四庫原本。末附《建文遺事》八條，與《提要》合。書中不避清諱，遇明帝亦不提行。卷末鈐「雲中君」印。《存目叢書》據以影印。

三朝聖諭録三卷　明楊士奇撰　**一二三二**

左都御史張若溎家藏本(總目)。○《江西巡撫海續購書目》：「《聖諭》、《奏對》、《代言》三種三本。」○上海圖書館藏明嘉靖十二年刻《明良集六種》本，題「臣士奇輯録」，半葉十行，行二十一字，白口，左右雙邊。前有正統七年壬戌十二月乙卯自序。○大連圖書館藏明嘉靖十八年龍大有輯刻《交泰録三種》本，半葉十行，行二十字，白口，四周雙邊或左右雙邊。○明嘉靖二十八年黄如桂刻

《東里別集》本，與《東里詩集》、《文集》、《續集》合刻，即《全集》本。半葉十一行，行二十字，白口，四周單邊。北圖、上圖藏。○《四庫全書總目》別集類《東里全集》九十七卷《別集》四卷，《提要》云：「其《別集》四種，一即《代言録》，一爲《聖諭録》，一爲《奏對録》，一爲士奇傳誌諸文綴於末爲附録。」○天津圖書館藏明刻本，半葉十行二十一字，白口，四周雙邊。○南京圖書館藏明鈔《藝海彙函》本。○南京大學藏明鈔本。○上海圖書館藏明鈔《國朝典故》本。○陝西圖書館藏明鈔《國朝典故》本。○北京圖書館藏明鈔《國朝典故》本，半葉九行，行十八字或二十餘字，藍格，白口，四周單邊。○臺灣「中央圖書館」藏明鈔《國朝典故》本，半葉十二行，行二十四字，藍格，白口，四周單邊。○臺灣「中央圖書館」又藏明鈔《國朝典故》本，半葉十行，行二十五字，藍格，白口，四周單邊。○明萬曆間鄧士龍江西刻《國朝典故》本，半葉十行，行二十字，白口，四周單邊。北大、南圖、臺灣「中央圖書館」藏。○北京師大藏清鈔本。○上海圖書館藏清鈔《約齋選録》本。○光緒九年山陰宋澤元刻《勝朝遺事》本。

天順日録一卷　明李賢撰　　一二三三

浙江汪啟淑家藏本（總目）。○《浙江省第四次汪啟淑家呈送書目》：「《天順日録》一卷，明李賢著，一本。」○《浙江採集遺書總録》：「《天順日録》一册，刊本，明大學士定遠李賢撰。」○北京圖書館藏明成化十年李璋刻《古穰文集》三十卷本，半葉十一行，行二十二字，黑口，四周雙邊。○清乾隆四庫館鈔《四庫全書》別集類《古穰集》三十卷本。按：集本分三卷，在卷二十五至二十七。○

上海圖書館藏明嘉靖十二年刻《明良集六種》本,半葉十行,行二十一字,白口,四周雙邊。無序跋。卷端不題撰人。○南京圖書館藏明鈔《藝海彙函》本。○上海圖書館藏明鈔《國朝典故》本。○陝西圖書館藏明鈔《國朝典故》本,半葉九行,行十八字或二十餘字,藍格,白口,四周單邊。○北圖又藏明鈔《國朝典故》本,分六卷,半葉十行,行二十字,藍格,白口,四周雙邊。○臺灣「中央圖書館」藏明鈔《國朝典故》本,半葉十二行,行二十四字,白口,四周單邊。○臺灣「中央圖書館」又藏明鈔《國朝典故》本,作《李文遠公天順日録》一卷,半葉十行,行二十五字,白口,四周單邊。○明萬曆間鄧士龍江西刻《國朝典故》本,半葉十行,行二十字,白口,四周單邊。○明萬曆四十五年陽羨陳于廷刻《紀録彙編》本。民國二十七年商務印書館影印陳氏刻《紀録彙編》本。民國二十六年商務印書館據《紀録彙編》本影印,收入《叢書集成初編》。○明刻清順治三年宛委山堂印《説郛續》本。○清據《説郛》、《説郛續》刊版重印《五朝小説》本,上圖、南圖、南大、山東大學藏。○民國十五年上海掃葉山房石印《五朝小説大觀》本。○清光緒九年山陰宋澤元刻《勝朝遺事》本。○明湯詔撰《天順日録辯誣》一卷,北圖藏明鈔本。可參考。

否泰録一卷　明劉定之撰　一二三四

浙江范懋柱家天一閣藏本(總目)。○《浙江省第五次范懋柱家呈送書目》:「《否泰録》一卷,明劉定之著,一本。」○《浙江採集遺書總録》:「《否泰録》一卷,寫本,明侍郎永新劉定之撰。」○原北平圖書館藏明藍格鈔本《呆齋藏稿》六卷,第一卷爲《否泰録》。現存臺北「故宫」。○陝西圖書館藏明鈔《國朝典故》本，半葉十行，行二十一至二十二字，四周雙邊。《存目叢書》據以影印。○上海圖書館藏明鈔《國朝典故》本。○北京圖書館藏明鈔《國朝典故》本，半葉九行，行十八字或二十餘字，藍格，白口，四周單邊。○臺灣「中央圖書館」藏明鈔《國朝典故》本，半葉十二行，行二十四字，藍格，白口，四周單邊。○臺灣「中央圖書館」又藏明鈔《國朝典故》本，半葉十行，行二十五字，藍格，白口，四周單邊。○明萬曆間鄧士龍江西刻《國朝典故》本，半葉十行，行二十字，白口，四周單邊。○明嘉靖十八年至二十年顧氏大石山房刻《顧氏明朝四十家小説》本，半葉十行，行十八字，白口，左右雙邊。北圖、上圖、福建省圖、廈門大學藏。○清宣統上海國學扶輪社排印《顧氏明朝四十家小説》本。○民國三年古今圖書局石印《顧氏明朝四十家小説》本。○民國四年上海文明書局石印《廣四十家小説》本。○上海辭書出版社藏明刻《新刊皇明小説今獻彙言》本。○南京圖書館藏明鈔《藝海彙函》本。○明刻《歷代小史》本。民國二十九年商務印書館影印明刻《歷代小史》本。○明萬曆四十五年陽羨陳于廷刻《紀録彙編》本。民國二十七年商務印書館影印陳氏刻《紀録彙編》本。民國二十六年商務印書館據《紀録彙編》本影印，收入《叢書集成初編》。○明刻清順治三年宛委山堂印《説郛續》本。○清光緒九年山陰宋澤元刻《勝朝遺事》本。○民國四年上海文明書局石印《説庫》本。○民國八年南昌刻《明人小史八種》本，收入《豫章叢書》。

朝鮮紀事一卷　明倪謙撰　**一二三五**

浙江巡撫採進本（總目）。○《浙江省第九次呈送書目》：「《朝鮮紀事》，明倪謙著，一本。」○《浙江採集遺書總録》：「《朝鮮紀事》一册，寫本，明禮部侍郎江東倪謙撰。」〇陝西圖書館藏明鈔《國朝典故》本，題「江東倪謙」，半葉十行，行二十一至二十二字，四周雙邊。《存目叢書》據以影印。〇上海圖書館藏明鈔《國朝典故》本。〇北京圖書館藏明鈔《國朝典故》本，半葉九行，行十八字或二十餘字，藍格，白口，四周單邊。〇臺灣中央圖書館藏明鈔《國朝典故》本，半葉十行，行二十五字，藍格，白口，四周單邊。〇明萬曆間鄧士龍江西刻《國朝典故》本，半葉十行，行二十字，白口，四周單邊。北大、南圖藏。〇明萬曆四十五年陽羨陳于廷刻《紀録彙編》本。民國二十七年商務印書館影印陳氏刻《紀録彙編》本。民國二十六年商務印書館據《紀録彙編》本影印，收入《叢書集成初編》。〇明刻清順治三年宛委山堂印《説郛續》本。〇清據《説郛》、《説郛續》刊版重編印《五朝小説》本，上圖、南圖、南大、山東大學藏。〇民國十五年上海掃葉山房石印《五朝小説大觀》本。〇北京圖書館藏清翁同龢鈔本一册，半葉十行，行十八字至二十字不等，藍格，白口，四周單邊。首行題「朝鮮紀事」，次行題「江東倪謙」，正文低一格寫。版心下刻「學有用齋」。卷内鈐「常熟翁同龢藏本」朱文長方印。行間及欄外有翁同龢朱筆校。〇臺灣中研院史語所藏《祕册叢説》鈔本。〇清宣統二年上虞羅氏刻《玉簡齋叢書》本。

南征録一卷　明張瑄撰　一二三六

浙江范懋柱家天一閣藏本(總目)。〇《浙江省第五次范懋柱家呈送書目》：「《南征録》一卷，明張瑄著，一本。」〇《浙江採集遺書總録》：「《南征録》一卷，寫本，明布政使江浦張瑄撰。」〇原北平圖書館藏明藍格鈔本，半葉十行，行二十字。首葉鈐「翰林院印」滿漢文大官印。封面有「乾隆三十八年十一月浙江巡撫三寶送到范懋柱家藏南征録壹部計書壹本」長方木記，即天一閣進呈原本。卷内又鈐「教經堂錢氏章」、「犀盦藏本」等印記，知係錢桂森從翰林院攜出者。有天順八年自序。王重民《善本提要補編》著録。現存臺北「故宫博物院」。○南京圖書館藏明鈔《藝海彙函》本，半葉十行，行二十字，白口，四周雙邊。有張瑄引。鈐有「曾在吴珏如處」、「心香書屋」二印。《存目叢書》據以影印。

出使録一卷（一名使北録）　明李實撰　　一二三七

浙江范懋柱家天一閣藏本（總目）。○《浙江省第五次范懋柱家呈送書目》：「《出使録》一卷，一名《使北録》，明李實著，四本。」○《浙江採集遺書總録》：「《出使録》一卷，寫本，明給事中李實撰。一作《使北録》。」○北京大學藏明嘉靖元年刻本，正文首題「虚菴李公奉使録」，半葉九行，行十九字，黑口，四周雙邊。前有成化二十三年丁未江朝宗序。後有嘉靖元年壬午鄉晚生鄒遵序云：「詩集則已壽諸平陽府之梓。」卷尾題「虚菴集終」。有附録一卷。卷内鈐「磨嘉館印」、「木犀軒藏書」、「李盛鐸印」、「木齋」、「李滂」、「少微」等印。天一閣佚書。《存目叢書》據以影印。○上海圖書館藏明鈔《國朝典故》本，作《李侍郎使北録》一卷。下同。○陝西圖書館藏明鈔《國朝典故》本。○北京圖書館藏明鈔《國朝典故》本，半葉九行，行十八字或二十餘字，藍格，白口，四周單邊。○臺灣「中央圖書館」藏明鈔《國朝典故》本，半葉十二行，行二十四字，藍格，白口，四周單邊。○臺灣「中央圖書館」又藏明鈔《國朝典故》本,半葉十行,行二十五字,藍格,白口,四周單邊。○明萬曆間鄧士龍江西刻《國朝典故》本,半葉十行,行二十字,白口,四周單邊。北大、南圖、臺灣「中央圖書館」藏。○明萬曆四十五年陽羨陳于廷刻《紀録彙編》本,作《北使録》一卷。民國二十七年商務印書館影印陳氏刻《紀録彙編》本。民國二十六年商務印書館據《紀録彙編》本影印,收入《叢書集成初編》。○浙江圖書館藏明鈔本,作《李侍郎使北録》。○北京大學藏明鈔本,作《李侍郎北使録》,清吴騫跋。○臺灣「中央圖書館」藏明鈔本,正文首題「出使録」。半葉十行,行二十二字,黑格,白口,四周單邊。封面題「出使録」。咸豐八年春秋山來。」秋山,即周秋山。韓應陛藏明黑格鈔《庚申外史》封面題「咸豐八年春周秋山持來」,其行款亦同,當是同時所鈔。封面識語疑皆韓應陛手筆。鈐「古婁韓氏應陛載陽父子珍藏善本書籍印記」、「甲子丙寅韓德均錢潤文夫婦兩度攜書避難記」、「蔣祖詒讀書記」、「百耐眼福」、「莚圃收藏」等印記。○明刻清順治三年宛委山堂印《説郛續》本,作《北使録》。○中山大學藏清鈔本,作《北使録》。半葉十行,行二十字,無格。清曾鏞録吴騫題記:「此錢遵王藏書,乾隆辛丑秋日吴騫記。」蓋從錢曾舊藏明鈔本出,明鈔本當即現藏北大者。此本鈐「復齋校讀古籍印記」,即曾鏞印鑒。○清光緒九年山陰宋澤元刻《勝朝遺事》本,作《北使録》。

東征紀行録一卷　明張瓚撰　一一三八

左都御史張若湝家藏本(總目)。○陜西圖書館藏明鈔《國朝典故》本,半葉十行,行二十至二十三字,四周雙邊。《存目叢書》據以影印。○上海圖書館藏明鈔《國朝典故》本。○北京圖書館藏明鈔

《國朝典故》本，半葉九行，行十八字或二十餘字，藍格，白口，四周單邊。○北圖又藏明鈔《國朝典故》本，半葉十行，行二十字，藍格，白口，四周雙邊。○北圖又藏明鈔《國朝典故》本，半葉九行，行二十二字，藍格，白口，四周雙邊。○臺灣「中央圖書館」藏明鈔《國朝典故》本，半葉十行，行二十五字，藍格，白口，四周單邊。○明萬曆間鄧士龍江西刻《國朝典故》本，半葉十行，行二十字，白口，四周單邊。北大、南圖藏。○明萬曆刻《今獻彙言》本，北圖、上圖等藏。民國二十六年商務印書館影印萬曆刻《今獻彙言》本。民國二十六年商務印書館又據此本影印，收入《叢書集成初編》。○北京圖書館藏清鈔顧炎武編《皇明修文備史》本，半葉十三行，行二十四字，藍格，白口，左右雙邊。

馬端肅三記三卷　明馬文升撰　　**一二三九**

户部尚書王際華家藏本（總目）。○《總裁王交出書目》：「《金聲玉振》十本。」按：內有此書。○《浙江省第五次范懋柱家呈送書目》：「《馬端肅公三記》三卷，明馬文升著，一本。」○《浙江採集遺書總録》：「《馬端肅公三記》三卷，刊本，明尚書鈞陽馬文升撰。」○《提要》云：「三記本在文升所著集中，此其析出別行之本也。」○明嘉靖吳郡袁氏嘉趣堂刻《金聲玉振集》本。○上海圖書館藏明鈔《國朝典故》本。○陝西圖書館藏明鈔《國朝典故》本。○北京圖書館藏明鈔《國朝典故》本，半葉九行，行十八字或二十餘字，藍格，白口，四周單邊。○臺灣「中央圖書館」藏明鈔《國朝典故》本，半葉十行，行二十五字，藍格，白口，四周單邊。○明萬曆間鄧士龍江西刻《國朝典故》本，半葉十行，行二十字，白口，四周單邊。北大、南圖藏。○明刻《歷代小史》本，僅《西征石城記》一卷、《興復哈密記》一卷。民國二十九年商務印書館影印明刻《歷代小史》本。○明萬曆刻《今獻彙言》本。民國二十六年商務印書館影印萬曆刻《今獻彙言》本。○明萬曆四十五年陽羨陳于廷刻《紀録彙編》本。民國二十七年商務印書館影印陳氏刻《紀録彙編》本。○日本内閣文庫藏明刻《名臣寧攘要編》本。○明刻清順治三年宛委山堂印《説郛續》本，僅《撫安東夷記》、《哈密國王記》(即《興復哈密記》)二種，在弓十一。○清道光十一年六安晁氏木活字印《學海類編》本，僅《興復哈密國王記》一卷。民國九年商務印書館影印晁氏木活字《學海類編》本。○民國四年上海文明書局石印《廣四十家小説》本，僅《西征石城記》一卷、《興復哈密國王記》一卷。○民國二十二年北平圖書館排印《清初史料四種》本，僅《撫安東夷記》一卷。

復辟録一卷　明楊暄撰　　**一二四〇**

浙江吴玉墀家藏本(總目)。○《浙江省第四次呈玉墀家呈送書目》：「《復辟録》一卷，明楊瑄編，一本。」○《浙江採集遺書總録》：「《復辟録》一卷，寫本，明豐城楊瑄撰。」○明嘉靖二十三年雲間陸楫儼山書院刻《古今説海》本，北圖、上圖等藏。○清道光苕溪邵氏酉山堂刻《古今説海》本。○宣統元年上海集成圖書公司排印《古今説海》本。○民國四年上海進步書局石印《古今説海》本。○明刻《歷代小史》本。民國二十九年商務印書館影印明刻《歷代小史》本。○明萬曆四十五年陽羨陳于廷刻《紀録彙編》本。民國二十七年商務印書館影印陳于廷刻《紀録彙編》本。○明刻《廣百川學海》本，北圖、北大等藏。○蘇州圖書館藏明鈔本。○明刻清順治三年宛委山堂印《説郛續》

本。○清嘉慶十年虞山張海鵬刻《學津討原》第六集本。○民國八年南昌刻《明人小史八種》本，收入《豫章叢書》。

平蠻録一卷　明王軾撰　一二四一

左都御史張若溎家藏本（總目）。○上海圖書館藏明鈔《國朝典故》本。○陝西圖書館藏明鈔《國朝典故》本，《存目叢書》據以影印。○北京圖書館藏明鈔《國朝典故》本，半葉九行，行十八字或二十餘字，藍格，白口，四周單邊。○北圖又藏明鈔《國朝典故》本，半葉十行，行二十字，藍格，白口，四周雙邊。○北圖又藏明鈔《國朝典故》本，半葉九行，行二十二字，藍格，白口，四周雙邊。○臺灣「中央圖書館」藏明鈔《國朝典故》本，半葉十行，行二十五字，藍格，白口，四周單邊。○明萬曆間鄧士龍江西刻《國朝典故》本，半葉十行，行二十字，白口，四周單邊。○明萬曆四十五年陽羨陳于廷刻《紀録彙編》本。民國二十七年商務印書館影印陳于廷刻《紀録彙編》本。民國二十八年商務印書館據《紀録彙編》本影印，收入《叢書集成初編》。

北征事蹟一卷　明袁彬撰　一二四二

浙江范懋柱家天一閣藏本（總目）。○《浙江省第五次范懋柱家呈送書目》：「《北征事蹟》一卷，明袁彬著，一本。」○《浙江採集遺書總録》：「《北征事蹟》一册，寫本，明錦衣指揮同知新昌袁彬撰。」○明嘉靖吴郡袁氏嘉趣堂刻《金聲玉振集》本，《存目叢書》據首都圖書館藏本影印。○明萬曆四十五年陽羨陳于廷刻《紀録彙編》本。民國二十七年商務印書館影印陳于廷刻《紀録彙編》本。民國二十六年商務印書館據是本影印，收入《叢書集成初編》。○臺灣「中央圖書館」藏明鈔本，半葉十行，行二十二字，黑格，白口，四周單邊。此與明李實《出使録》合一册，松江韓氏讀有用書齋、吴興蔣氏密韻樓、吴興張氏適園遞藏。參前文《出使録》條。○明刻清順治三年宛委山堂印《説郛續》本。○清嘉慶十三年虞山張海鵬刻本，收入《借月山房彙鈔》第五集，浙圖、科學院圖書館藏。又收入《澤古齋重鈔》第四集，北圖分館、南圖、科學院圖書館藏。民國九年上海博古齋影印張氏刻《借月山房彙鈔》本。○民國八年南昌刻《明人小史八種》本，收入《豫章叢書》。

正統臨戎録一卷　不著撰人名氏　**一二四三**

浙江范懋柱家天一閣藏本(總目)。○《浙江省第五次范懋柱家呈送書目》：「《正統臨戎録》一卷，明楊銘著，一本。」○《浙江採集遺書總録》：「《正統臨戎録》一册，寫本，明指揮使楊銘撰。」○陝西圖書館藏明鈔《國朝典故》本，不題撰人，半葉十行，行二十二至二十三字，四周雙邊。《存目叢書》據以影印。○上海圖書館藏明鈔《國朝典故》本。○北京圖書館藏明鈔《國朝典故》本，半葉九行，行十八字或二十餘字，藍格，白口，四周單邊。○臺灣「中央圖書館」藏明鈔《國朝典故》本，半葉十二行，行二十四字，藍格，白口，四周單邊。○臺灣「中央圖書館」藏明鈔《國朝典故》本，半葉十行，行二十五字，藍格，白口，四周單邊。○明萬曆間鄧士龍江西刻《國朝典故》本，半葉十行，行二十字，白口，左右雙邊。北大、南圖、臺灣「中央圖書館」藏。○明萬曆四十五年陽羨陳于廷刻《紀録彙編》本，不題撰人。民國二十七年商務印書館影印陳于廷刻《紀録彙編》本。民國二十六年商務印書館據此本影印，收入《叢書集成初編》。○民國二十四年燕京大學圖書館排印《紀録彙編選刊》本。

燕對録一卷　明李東陽撰　**一二四四**

浙江巡撫採進本（總目）。○上海圖書館藏明嘉靖十二年刻《明良集六種》本，半葉十行，行二十一字，白口，四周雙邊。前有序。次正文與序相連，無大題。○明嘉靖十八年龍大有輯刻《交泰録三種》本。半葉十行，行二十字，白口，四周雙邊或左右雙邊。○上海圖書館藏明鈔《國朝典故》本。○陝西圖書館藏明鈔《國朝典故》本。○北京圖書館藏明鈔《國朝典故》本，半葉九行，行十八字或二十餘字，藍格，白口，四周單邊。○臺灣「中央圖書館」藏明鈔《國朝典故》本，半葉十二行，行二十四字，藍格，白口，四周單邊。○臺灣「中央圖書館」又藏明鈔《國朝典故》本，半葉十行，行二十五字，藍格，白口，四周單邊。○明萬曆間鄧士龍江西刻《國朝典故》本，半葉十行，行二十字，白口，四周雙邊。

平吴録一卷　不著撰人名氏　**一二四五**

户部尚書王際華家藏本（總目）。○《總裁王交出書目》：「《金聲玉振》十本。」按：内有此書。○陝西圖書館藏明鈔《國朝典故》本，作《皇朝平吴録》三卷，《存目叢書》據以影印。○上海圖書館藏明鈔《國朝典故》本，作《皇朝平吴録》三卷。○北京圖書館藏明鈔《國朝典故》本，作《皇朝平吴録》二卷，半葉九行，行十八字或二十餘字，藍格，白口，四周單邊。○臺灣「中央圖書館」藏明鈔《國朝典故》本,作《皇朝平吴録》三卷,半葉十行,行二十五字,藍格,白口,四周單邊。○臺灣「中央圖書館」藏明鈔《國朝典故》本,作《平吴録》一卷,半葉十二行,行二十四字,藍格,白口,四周單邊。○明萬曆間鄧士龍江西刻《國朝典故》本,作《平吴録》一卷,半葉十行,行二十字,白口,四周單邊。○明鈔《藝海彙函》本,作《皇朝平吴録》三卷,南圖藏。○明嘉靖吴郡袁氏嘉趣堂刻《金聲玉振集》本,作《皇明平吴録》一卷。○明鈔《説集》本,作《皇明平吴録》一卷。○天一閣文管所藏明刻本,作《皇朝平吴録》三卷,半葉九行,行十八字,白口,左右雙邊。○明萬曆刻《今獻彙言》本,作《平吴録》一卷。民國二十六年商務印書館影印明萬曆刻《今獻彙言》本。民國二十六年商務印書館又影印收入《叢書集成初編》。○明萬曆四十五年陽羨陳于廷刻《紀録彙編》本。民國二十七年商務印書館影印陳刻《紀録彙編》本。○中國社科院歷史所藏清鈔《明初遺事七種》本,作《皇朝平吴録》三卷。○臺灣「中央圖書館」藏《明代紀事七種》鈔本,作《皇朝平吴録》三卷。半葉九行,行十九字。鈐有「怡蘭堂書畫印」、「唐百川」等印記。(參該館《善本書志初稿》)○清嘉慶十三年虞山張海鵬刻本,作《平吴録》一卷,收入《借月山房彙鈔》第五集,浙圖、科學院圖書館藏。又收入《澤古齋重鈔》第四集,北圖分館、南圖等藏。民國九年上海博古齋影印張氏刻《借月山房彙鈔》本。○臺灣「中央圖書館」藏舊鈔本,作《平吴録》一卷,半葉九行,行十九字。鈐「藝風堂藏書」、「雲輪閣」、「荃孫」印。

史餘一卷　不著撰人名氏　**一二四六**

兩淮鹽政採進本(總目)。○《兩淮鹽政李續呈送書目》:「《史餘》等三種,明人,一本。」

一二四七 **明政要二十卷　明婁性撰**

浙江汪啟淑家藏本(總目)。○《浙江省第四次汪啟淑家呈送書目》：「《皇明政要》二十卷,明婁性著,四本。」○《浙江採集遺書總録》：「《皇明政要》二十卷,刊本,明成都府訓導婁諒撰。」○《江蘇省第一次書目》：「《皇明政要》四本。」○《江蘇採輯遺書目録》：「《明政要》二十卷,明成都府學訓導金華婁諒著。」○南京圖書館藏明正德二年慎獨齋刻本,作《皇明政要》二十卷,半葉八行,行十八字,下黑口,四周雙邊。前有《綱目》即目録,題「臣儲巏謹校」。後序末有牌記「皇明正德丁卯慎獨齋刊」。後有弘治十六年婁性上表,弘治辛亥婁性自序。卷内鈐「同郊」、「陳樹滋印」、「友古堂圖書記」等印記。《存目叢書》據以影印。○明嘉靖五年戴金刻本,作《皇明政要》,半葉九行,行二十二字,黑口,四周雙邊。北圖、南圖、北師大藏。○原北平圖書館藏明金臺岳世瞻文會書舍刻本,作《新刊皇明政要》。半葉十二行,行二十字。《綱目》題「臣婁性謹編,臣儲巏謹校」。每卷下題「金臺後學岳氏世瞻考訂梓行」。《進書表》後有牌記：「金臺後學岳氏世瞻文會書舍考訂鋟梓。」王重民《善本提要》著録。今存臺北「故宫博物院」。○北京大學藏明鈔本,題「南京兵部郎中臣婁性謹編,南京吏部郎中臣儲巏謹校」,黑格白棉紙。鈐「悦蒲」印。李盛鐸舊藏,《木犀軒藏書目録》著録。

一二四八 **蘇州府纂修識略六卷　明楊循吉撰**

浙江汪汝瑮家藏本(總目)。○北京圖書館藏明萬曆三十七年徐景鳳刻《合刻楊南峯先生全集》本,正文首題「蘇州府纂修識略卷第一」,次題「吴郡楊循吉纂,後學徐景鳳校」,半葉九行,行十八字,白口，四周單邊。鈐有「靜暘居」、「秦氏子雙圖籍」、「黄岡劉氏校書堂藏書印」等印記。《存目叢書》據以影印。山東博物館有是刻單本。○《日本國大木干一所藏中國法學古籍書目》著録「《蘇州府纂修識略》四卷，明楊循吉編，正德元年（序）刊，二册」。此本現藏日本東京大學東洋文化研究所。

安楚録十卷　明秦金撰　**一二四九**

浙江汪啟淑家藏本（總目）。○《浙江省第四次汪啟淑家呈送書目》：「《安楚録》十卷，明秦金輯，四本。」○《浙江採集遺書總録》：「《安楚録》十卷，刊本，明湖廣巡撫秦金撰，孫柱輯。」○華東師大藏明萬曆刻本，半葉十二行，行二十字，白口，左右雙邊。前有萬曆四年丙子春仲從姪孫秦梁《重刻安楚録序》，魯鐸序，許讚撰傳。後有王濟、王廷陳、胡俸後序。卷内鈐「明善堂覽書畫印記」、「安樂堂藏書記」、「愚齋圖書館藏」等印記。《存目叢書》據以影印。上海圖書館有是刻殘本。

東征忠義録無卷數　明劉昭撰　**一二五〇**

江西巡撫採進本（總目）。

治世餘聞二卷　不著撰人名氏　**一二五一**

浙江范懋柱家天一閣藏本（總目）。○《提要》云：「分上下二卷」，「題曰《治世餘聞録》」。○《浙江省第五次范懋柱家呈送書目》：「《治世餘聞録》二卷，明陳洪謨著，一本。」○《浙江採集遺書總録》：「《治世餘聞》二卷，寫本，明陳洪謨撰。」○明萬曆四十五年陽羨陳于廷刻《紀録彙編》本，作《治世餘聞録》，分上下兩篇，篇各分四，故爲八卷。民國二十七年商務印書館影印陳于廷刻《紀録彙編》本，《存目叢書》更據影印本影印。民國二十六年商務印書館《叢書集成初編》本亦據是刻影印。

繼世紀聞五卷　不著撰人名氏　一二五二

浙江范懋柱家天一閣藏本（總目）。○《浙江省第五次范懋柱家呈送書目》：「《繼世紀聞》五卷，明陳洪謨著，一本。」○《浙江採集遺書總録》：「《繼世紀聞》五卷，寫本，明陳洪謨撰。」○南京圖書館藏明刻本，六卷，半葉十行，行十八字，白口，左右雙邊。○明萬曆四十五年陽羨陳于廷刻《紀録彙編》本，六卷，半葉十行，行二十字，白口，四周單邊。北圖、上圖等藏。民國二十七年商務印書館影印陳于廷刻《紀録彙編》本。民國二十六年商務印書館《叢書集成初編》亦據是刻影印。○明刻《歷代小史》本，一卷。民國二十九年商務印書館影印明刻《歷代小史》本。

壬午功臣爵賞録一卷壬午功臣别録一卷　明都穆撰　一二五三

左都御史張若溎家藏本（總目）。○陜西圖書館藏明鈔《國朝典故》本，作《壬午功臣爵賞録》、《壬午功賞别録》，兩書共一卷，末有正德壬申都穆識語。《存目叢書》據以影印。○上海圖書館藏明鈔《國朝典故》本，書名同前。○北京圖書館藏明鈔《國朝典故》本，書名同前。半葉九行，行十八字或二十餘字，藍格，白口，四周單邊。○北圖又藏明鈔《國朝典故》本，書名同前。半葉十行，行二十字，藍格，白口，四周雙邊。○臺灣「中央圖書館」藏明鈔《國朝典故》本，書名同前。半葉十行，行二十五字，藍格，白口，四周單邊。○明萬曆間鄧士龍江西刻《國朝典故》本，書名同前。半葉十行，行二十字，白口，四周單邊。北大、南圖、臺灣「中央圖書館」藏。○原北平圖書館藏明藍格鈔本，書名同前。半葉九行，行二十二字。鈐「亞東沈氏抱經樓鑒賞圖書印」、「浙東沈德壽家藏之印」、「授經樓藏書印」等印記。王重民《善本提要補編》著録，謂「當是《國朝典故》零本」。此本現存臺北「故宫」。○南京圖書館藏民國鈔本。○按：書名「功臣别録」之「臣」各本作「賞」，《總目》作「臣」恐誤。

平番始末一卷　明許進撰　一二五四

浙江范懋柱家天一閣藏本(總目)。○《浙江省第五次范懋柱家呈送書目》：「《平番始末》一卷，明許進輯，一本。」○《浙江採集遺書總録》：「《平番始末》二卷，寫本，明太常卿靈寶許誥撰。」○《兩淮鹽政李續呈送書目》：「《平番始末》一卷，明許誥，一本。」○蘇州圖書館藏明嘉靖繼美堂刻本，一卷，半葉十行，行二十一字，白口，左右雙邊。版心下刻「繼美堂」。無序跋。末署「弘治十六年歲在癸亥八月望日東崕道人靈寶許進書」。上圖亦藏是刻，《中國古籍善本書目徵求意見稿》著録爲「明嘉靖九年繼美堂刻本」，蓋以彼本另有嘉靖九年許誥進書奏章之故。《存目叢書》用蘇州圖書館藏本影印。○明嘉靖吴郡袁氏嘉趣堂刻《金聲玉振集》本，一卷，半葉十行，行十八字，白口，左右雙邊。前有嘉靖九年太常寺卿管國子監祭酒事許誥奏章。○陝西圖書館藏明鈔《國朝典故》本，二卷。下同。○上海圖書館藏明鈔《國朝典故》本。○北京圖書館藏明鈔《國朝典故》本，半葉九行，行十八字或二十餘字，藍格，白口，四周單邊。○臺灣「中央圖書館」藏明鈔《國朝典故》本，半葉十行，行二十五字，藍格，白口，四周單邊。○明萬曆間鄧士龍江西刻《國朝典故》本，半葉十行，行二十字，白口，四周單邊。北大、南圖藏。○明萬曆四十五年陽羨陳于廷刻《紀録彙編》本，二卷。民國二十七年商務印書館影印陳于廷刻《紀録彙編》本。○按：是書許進撰，其子許誥嘉靖九年奏進。《浙江總録》及《兩淮續呈目》均誤爲許誥撰，當予糾正。

南城召對録一卷　明李時撰　一二五五

浙江范懋柱家天一閣藏本（總目）。○《浙江省第五次范懋柱家呈送書目》：「《南城召對録》一卷，明李時撰，一本。」○《浙江採集遺書總録》：「《南城召對録》一册，寫本，明大學士李時撰。」○美國哈佛大學哈佛燕京圖書館藏明黑格鈔本，作《南城召對》一卷，半葉十行，行二十三字。首葉鈐「翰林院印」滿漢文大官印，書衣有「乾隆三十八年十一月浙江巡撫三寶送到范懋柱家藏南城召對壹部計書壹本」長方木記，是天一閣進呈四庫原本。卷内又鈐「宗室盛昱藏圖書印」印記（參沈津《書城挹翠録》）。○北京大學藏民國間燕京大學圖書館鈔本，版心有「燕京大學圖書館鈔」八字，末有民國二十一年十一月十四日校記二行，當即鈔於是年。此從天一閣呈本録出。《存目叢書》據以影印。

南巡日録一卷北還録一卷　明陸深撰　一二五六

兩江總督採進本（總目）。○北京師大藏明嘉靖二十四年刻《儼山外集》本，作《聖駕南巡日録》一卷《大駕北還録》一卷，列爲《外集》卷五卷六。半葉十行，行二十字，白口，左右雙邊。鈐「筠圃書畫」印。《存目叢書》據以影印。北圖、上圖等亦藏是刻。○明萬曆四十五年陽羨陳于廷刻《紀録彙編》

本,書名同前本。民國二十七年商務印書館影印陳氏刻《紀録彙編》本。○明刻清順治三年宛委山堂印《説郛續》本,書名同存目。○清據《説郛》、《説郛續》刊版重編印《五朝小説》本。僅《南巡日録》一卷。○民國十五年上海掃葉山房石印《五朝小説大觀》本,僅《南巡日録》一卷。

一二五七 **革除編年無卷數　不著撰人名氏**

浙江范懋柱家天一閣藏本(總目)。○《浙江省第五次范懋柱家呈送書目》:「《革除編年》不分卷,缺名著,一本。」○《浙江採集遺書總録》:「《革除編年》一册,寫本,不著撰人。」○蔣寅《金陵生小言》卷五云日本東京大倉文化財團藏有《革除編年》四庫進呈本,鈐「翰林院印」。○遼寧圖書館藏明鈔本,半葉十行,行二十一至二十三字不等,白口,四周單邊。首行原題「革除遺事編年」,「遺事」二字圈去。後又附《革除遺事》。凡一百四十九葉。《存目叢書》據以影印。

一二五八 **姜氏祕史一卷　明姜清撰**

浙江汪啟淑家藏本(總目)。○《浙江省第四次汪啟淑家呈送書目》:「《姜氏祕史》一卷,明姜清著,一本。」○《浙江採集遺書總録》:「《姜氏祕史》一册,寫本,明尚寶少卿弋陽姜清撰。」○《江蘇採輯遺書目録》:「《姜氏祕史》,不箸撰人。」○上海圖書館藏明鈔本。按:此本據上圖人士稱已發還私人。○原北平圖書館藏舊鈔本,半葉十行,行二十字,無格。卷端首行題「姜氏祕史」,不題撰人。鈐有「谿南尤氏所藏」、「雪霞氏」二印。按:《善本書室藏書志》著録康熙尤氏鈔藏《紺珠集》十三卷,云「有康熙甲午春仲鹽官尤貞起記」,又鈐「尤貞起印」、「雪霞氏」、「溪南尤氏所藏」諸印。則此《姜氏祕史》亦康熙間海寧尤貞起所藏。又鈐「楊以增印」、「退思廬」、「楊氏海原閣藏」、「四經四史之齋」、「宋存書室」、「紹和筠岩」、「東郡楊二」、「聊城楊氏所藏」等印記。有康熙周耒跋：「外祖父云是書爲姜清所輯，清江寧人。或云姜寶。康熙庚辰冬十一月十九日雪夜閲一過。吴江周耒象益書於六峰閣中。」又楊紹和迻録《午風堂叢談》一則云：「《姜氏祕史》所載建文帝時事實，較有可據。余於京師購得鈔本二册，不分卷帙，爲谿南李氏所藏（澤遜按：原印爲谿南尤氏所藏）。姜氏不著其名，卷末有吴江周耒跋云『是書姜清所輯，清江寧人。或云姜寶』，恐非。而朱竹垞跋《祕史》則以清爲弋陽人，字源甫，正德辛未進士，官尚寶少卿。」次楊紹和跋：「右無錫鄒曉屏先生《午風堂叢談》一則，是書即先生藏本也，因録之簡末以資考云。壬戌嘉平東郡楊紹和識。」下鈐「楊紹和審定」、「儲端華重」二印。又楊保彝跋：「右《姜氏祕史》二册，先端勤公獲之無錫鄒氏，先大夫跋内已詳言之。抄手頗舊，惜少刻本可校。今夏偶于書友處獲見一册，假校一過，方知此本之妙。書無舊刊，惟舊鈔可寶，此類是也。光緒乙酉冬至日保彝記。」此跋前鈐「文筆鳴鳳」朱文長印，後鈐「保彝私印」白文方印、「枕經胙史」朱文方印。此本現存臺北「故宫博物院」。楊紹和《楹書隅録》及《續編》未著録。王重民《善本提要補編》有提要，但失之簡略，且不無疏誤。因再爲著録。○北京圖書館藏清初鈔本，半葉十行，行二十字，無格。不題撰人。末有周耒跋，與海源閣本同，蓋此本即從前本録出者。鈐「休寧汪季青家藏書籍」、「古香樓」、「黄裳藏本」、「容家書庫」、「來燕榭珍藏記」、「黄裳百嘉」等印。末有黄裳手記：「壬辰五月廿四海上收。黄裳小燕識。」《存目叢書》據以影印。○臺灣「中央圖書館」藏舊鈔本,半葉十行,行二十字。書凡四册。不題撰人。末有萬曆乙未信天緣生跋。鈐「馬翼贊印」、「惠定宇手定本」、「惠棟之印」、「字曰定宇」、「杏花春雨樓」、「芷圃收藏」等印記(詳該館《善本書志初稿》)。按:此係丁日昌故物,《持静齋書目》、《持静齋藏書紀要》著録。○北京圖書館藏清鈔本,半葉十行,行二十字,無格。傅增湘跋。○臺灣「中央圖書館」又藏舊鈔殘本一册,僅及四之一,半葉十行,行二十字。鈐「韓氏藏書」、「吴興劉氏嘉業堂藏書記」等印(詳該館《善本書志初稿》)。○民國四年南昌刻《明人小史八種》本,分五卷,又附胡思敬校勘記一卷,收入《豫章叢書》。

明良集十二卷　明霍韜編　一二五九

浙江范懋柱家天一閣藏本(總目)。○《浙江省第五次曝書亭呈送書目》:「《明良集》七卷,明霍韜輯,七本。」○《浙江採集遺書總録》:「《明良集》七卷,刊本。集凡五種:宋濂《聖政記》一卷,金幼孜《北征録》一卷,楊士奇《聖諭録》三卷,李賢《天順日録》一卷,李東陽《燕對録》一卷。明禮部尚書南海霍韜彙編。」○上海圖書館藏明嘉靖十二年刻本,半葉十行,行二十一字,白口,四周雙邊。末有明嘉靖十二年霍韜題後。子目:《洪武聖政記》一卷、《金文靖公前北征録》一卷《後北征録》一卷、《北征記》一卷、《三朝聖諭録》三卷、《天順日録》一卷、《燕對録》一卷,共六種九卷。《存目叢書》據以影印。按:《提要》所列與此本同,實止九卷,而總計爲十二卷,蓋偶疏也。

革朝志十卷　明許相卿撰　一二六〇

兩淮鹽政採進本(總目)。○《兩淮鹽政李續呈送書目》:「《革朝志》十卷,明許相卿,二本。」○南京圖書館藏明刻本,題「浙澥許相卿撰」。半葉九行,行十九字,白口,左右雙邊。卷十劉有年傳以下缺。前有自序,無年月。考序中有云「壬午内難逮茲百四十年」,則自序在嘉靖二十一年。版心記刻工:俞文忠刊。卷内鈐「丁氏八千卷樓藏書記」印。《存目叢書》據以影印。北圖、上圖、天一閣文管所亦藏是刻。《北京圖書館古籍善本書目》著録爲萬曆刻本。

維禎録一卷附録一卷　明陳沂撰　一二六一

浙江范懋柱家天一閣藏本(總目)。○北圖分館藏鈔本,題「翰林侍講臣陳沂」,半葉十行,行字不等,無格。後有附録。卷内鈐有「張壽鏞印」。《存目叢書》據以影印。

平漢録一卷　明童承敘撰　一二六二

户部尚書王際華家藏本(總目)。○《總裁王交出書目》:「《金聲玉振》十本。」按:内有此書。○明嘉靖吴郡袁氏嘉趣堂刻《金聲玉振集》本,半葉十行,行十八字,白口,左右雙邊。《存目叢書》據首都圖書館藏本影印。○明萬曆四十五年陽羨陳于廷刻《紀録彙編》本。民國二十七年商務印書館影印陳于廷刻《紀録彙編》本。民國二十六年商務印書館《叢書集成初編》亦據此刻影印。○清嘉慶十三年虞山張海鵬刻本,收入《借月山房彙鈔》第五集,科圖、浙圖藏。又收入《澤古齋重鈔》第四集,北圖分館、南圖等藏。民國九年上海博古齋影印張海鵬刻《借月山房彙鈔》本。○清光緒九年山陰宋澤元刻《勝朝遺事》初編本。

茂邊紀事一卷　明朱紈撰　　一二六三

户部尚書王際華家藏本(總目)。○《總裁王交出書目》：「《金聲玉振》十本。」按：内有此書。○明嘉靖吴郡袁氏嘉趣堂刻《金聲玉振集》本，題「長洲朱紈」，半葉十行，行十八字，白口，左右雙邊。前有序。《存目叢書》據首都圖書館藏本影印。○臺灣「中央圖書館」藏明鈔《獨謡齋日鈔》本。○《四庫全書》本《文章辨體彙選》卷六百三十六有朱紈《茂邊紀事》文一篇，前有小序。○北圖分館藏民國二十九年鈔本。

革除遺事節本六卷　明黄佐撰　　一二六四

浙江范懋柱家天一閣藏本(總目)。○《浙江省第五次范懋柱家呈送書目》：「《革除遺事》六卷，明黄佐輯，一本。」○《浙江採集遺書總録》：「《革除遺事》六卷，寫本，明黄佐輯。」○《安徽省呈送書目》：「《革除遺事》一本。」○明嘉靖吴郡袁氏嘉趣堂刻《金聲玉振集》本，作《革除遺事》六卷，末有「皇明嘉靖辛亥歲孟秋七月望日嘉趣堂較過。李宗信雕」二行，知是本刊於嘉靖三十年。《存目叢書》據首都圖書館藏本影印。○上海圖書館藏明鈔《國朝典故》本，作《革除遺事》六卷。○陝西圖書館藏明鈔《國朝典故》本，書名卷數同。○北京圖書館藏明鈔《國朝典故》本，書名卷數同，半葉九行，行十八字或二十餘字，藍格，白口，四周單邊。○北圖又藏明鈔《國朝典故》本，書名卷數同，半葉十行，行二十字，藍格，白口，四周雙邊。○臺灣「中央圖書館」藏明鈔《國朝典故》本，書名卷數同，半葉十行，行二十五字，藍格，白口，四周單邊。〇明萬曆間鄧士龍江西刻《國朝典故》本，作《革除遺事録》六卷，半葉十行，行二十字，白口，四周單邊。〇北京圖書館藏明鈔本，作《革除遺事》六卷，半葉十一行，行二十二字，藍格，白口，四周單邊。〇北圖又藏明鈔本，書名卷數同，半葉十一行，行二十一字，白口，四周雙邊。〇上海圖書館藏明鈔本，書名卷數同。〇南京圖書館藏明鈔本，書名卷數同。〇臺灣「中央圖書館」藏明刻本，作《革除遺事》六卷，半葉十行，行二十字，白口，左右雙邊。前有正德十五年庚辰仲冬嶺南後學泰泉黄佐才伯父自序。書中多留墨丁，蓋最初印本。鈐「葉氏菉竹堂藏書」、「王以成印」、「揆萬」等印（參該館《善本書志初稿》）。〇臺灣「中央圖書館」又藏明藍格鈔本，書名卷數同，半葉十行，行二十一字，四周雙邊，無直格。鈐「敬」「修」連珠印。〇中山大學藏清鈔本，作《革除遺事節本》六卷，半葉九行，行二十一字，無格。鈐「曾釗之印」、「面城樓藏書印」及順德温氏印（參中大《善本書目》）。〇清嘉慶十三年虞山張海鵬刻本，作《革除遺事節本》六卷，收入《借月山房彙鈔》第五集，浙圖、科學院圖書館藏。又收入《澤古齋重鈔》第四集，北圖分館、科學院圖書館等藏。民國九年上海博古齋影印張海鵬刻《借月山房彙鈔》本。〇清道光十一年南海伍氏粵雅堂文字歡娛室刻《嶺南遺書》第一集本，書名分卷同前本。〇明刻清順治三年宛委山堂印《説郛續》本，作《革除遺事》，在弓七。

楚紀六十卷　明廖道南撰　　**一二六五**

浙江范懋柱家天一閣藏本（總目）。〇《浙江省第五次范懋柱家呈送書目》：「《楚紀》六十卷，明廖道南著,三十二本。」○《浙江採集遺書總録》:「《楚紀》六十卷,刊本,明廖道南撰。」○《安徽省呈送書目》:「《楚紀》二十本。」○明萬曆三年刻本,半葉十行,行二十字,白口,左右雙邊。有刻工。北大、上圖、南圖、天一閣、湖南省圖藏。○明萬曆二十四年刻本,半葉十行,行二十字,白口,四周雙邊。北圖、中央民大、浙圖、湖南圖、保定圖、重慶圖藏。按:北圖藏本《北京圖書館古籍善本書目》著録爲「明嘉靖二十五年何城何桂刻本」,《存目叢書》據以影印。該本題「皇明賜進士經筵日講同修國史奉直大夫前翰林院侍講學士臣廖道南謹撰」。前有嘉靖二十五年應檟序云:「鄂守何侯城及蒲令李子桂咸捐帑以鋟之梓。」又廖道南自序。鈐有「楚黄岡王醑榑藏書記」朱文大方印。童正倫先生云:浙圖本嘉靖序前另有重刻序二,其一謂武昌孫守爲付剞劂,末署萬曆丙申。北圖本係同版,唯佚二序,故誤爲嘉靖二十五年原刊,當予訂正。

哈密事蹟一卷附趙全讞牘一卷　不著撰人名氏　　**一二六六**

浙江范懋柱家天一閣藏本(總目)。○《浙江省第五次范懋柱家呈送書目》:「《土魯番哈密事蹟》一卷附《趙全讞牘》一卷,缺名著,一本。」○《浙江採集遺書總録》:「《土魯番哈密始末》一卷,寫本,不著撰人。」○《提要》云:「是編不題書名,亦不著撰人名氏。」○臺灣「中央圖書館」藏清光緒間順德李氏讀五千卷書室傳録明鈔本,半葉十行,行二十字,藍格,白口,單魚尾,四周單邊。前有四庫提要一則。正文首行低四格題「土魯番侵掠哈密」。正文末有「出皇明紀略」五字。《趙全讞牘》與前文空一行接寫。有硃批:「以上係《哈密事蹟》,與下本原不相連。」又眉批:「刑部以下係《趙全讞牘》，原本另一頁，此抄手致誤。」皆李文田筆。末有李文田手跋：「右《土魯番侵掠哈密事蹟》一卷，舊係明抄本，每半葉十一行，每行二十字，後附《趙全讞牘》。在翰林院清祕堂據原本鈔出。原本即乾隆中館臣據以序録者也。光緒丁亥臘月除夕前三日五千卷室主人記。」卷端鈐「讀五千卷書室」朱文方印。丙子臘月二十觀。

四庫存目標注卷十七

滕州　杜澤遜　撰

史部六

雜史類二

一二六七　今言四卷　明鄭曉撰

兩江總督採進本(總目)。○《兩江第二次書目》:「《今言》,明鄭曉輯,四本。」○《山東巡撫第二次呈進書目》:「《古言》《今言》六本。」○《總裁曹交出書目》:「《今言》四本。」○臺灣「中央圖書館」藏明嘉靖四十五年項篤壽刻本,題「海鹽鄭曉」,半葉八行,行十六字,白口,左右雙邊。前有嘉靖四十五年丙寅自序云:「項生子長進士録而觀之,曰周官師典常,漢史述故事,盍與《古言》並梓之。予不能止也。」序末尾題下記「加禾曹金刊」。鈐「會稽包氏宜仲家藏」、「允堂之印」、「尚友主人」、

「承翰長壽」、「嘉業堂」等印。又一部鈐「柯逢時印」。又一部鈐「謝在杭藏書印」、「吴航謝氏治江家藏」、「林允瞻家藏」印記。又一部鈐「劉明陽」、「靜宜王寶明」、「劉程字蓊雲」、「劉準」等印。(參該館《善本書志初稿》、《善本序跋集録》)山東省圖書館藏是刻,鈐「繼涵」、「葒谷」、「紅櫚書屋」等印,《存目叢書》據以影印。北圖、浙圖等多藏此刻。○北京大學藏明萬曆四十二年彭宗孟刻本,題「海鹽鄭曉述,外孫彭宗孟重校」。半葉八行,行十七字,白口,左右雙邊。正文首葉版心記刻工:「金陵下大有刻。」前有自序,又萬曆四十二年甲寅上元日彭宗孟小引云:「茲守官長安,偶携《今言》一編,借閲者踵至,不能徧應,遂授之梓人,爰記歲月。」南圖、浙圖、中山圖、科學院圖書館、臺灣「中央圖書館」均藏此刻。

雲中紀變一卷　明孫允中撰　一二六八

浙江范懋柱家天一閣藏本(總目)。○《浙江省第五次范懋柱家呈送書目》:「《雲中紀變》一卷,明孫允中編,一本。」○《浙江採集遺書總録》:「《雲中紀變》二册,寫本,明僉事東野孫允中撰。」○陝西圖書館藏明鈔《國朝典故》本,半葉十行,行二十二字,四周雙邊。《存目叢書》據以影印。○上海圖書館藏明鈔《國朝典故》本。○北京圖書館藏明鈔《國朝典故》本,半葉九行,行十八字或二十餘字,藍格,白口,四周單邊。○臺灣「中央圖書館」藏明鈔《國朝典故》本,半葉十行,行二十五字,藍格,白口,四周單邊。○明萬曆間鄧士龍江西刻《國朝典故》本,半葉十行,行二十字,白口,四周單邊。○上海圖書館藏明刻《名臣寧攘要編》本,半葉九行,行十九字,白口,四周單邊。

一二六九 **遼記一卷　明田汝成撰**

浙江汪啟淑家藏本（總目）。○《浙江省第四次汪啟淑家呈送書目》：「《遼記》一卷，明田汝成著。」○《浙江採集遺書總録》：「《遼紀》一册，寫本，明錢塘田汝成撰。」○杭州市圖書館藏清鈔本，作《遼紀》一卷，題「錢塘田汝成叔禾編纂，無錫俞憲汝成校正」。半葉十二行，行二十字，無格。首葉鈐「翰林院印」滿漢文大官印，知猶當時進呈四庫原本。卷内遇明帝及國朝字提行，弘、弦字不避諱，蓋清初從明本録出者。《存目叢書》據以影印。○臺灣「中央圖書館」藏明穴硯齋鈔雜史二十一種本，半葉十四行，行二十二字，白口，四周單邊。近人鄧邦述舊藏。○日本靜嘉堂文庫藏鈔本一册。○民國二十二至二十三年遼海書社排印《遼海叢書》本。

一二七〇 **龍憑紀略一卷　明田汝成撰**

浙江范懋柱家天一閣藏本（總目）。○《浙江省第五次范懋柱家呈送書目》：「《龍憑紀略》一卷，明田汝成著，一本。」○《浙江採集遺書總録》：「《龍憑紀略》一卷，刊本，明田汝成撰。」○《提要》云：「已見於《炎徼紀聞》中，此其摘出别行之本。」○明刻《名臣寧攘要編》本，半葉九行，行十九字，白口，四周單邊。北圖、上圖藏。○臺灣中研院史語所藏藕香簃鈔本。

一二七一 **行邊紀聞一卷　明田汝成撰**

浙江汪啟淑家藏本（總目）。○《浙江省第四次汪啟淑家呈送書目》：「《行邊紀聞》一卷，明田汝成撰，一本。」○《浙江採集遺書總録》：「《行邊紀聞》一册，刊本，明廣西參議錢塘田汝成撰。」

○《提要》云:「前有嘉靖丁巳顧名儒序。以書中所載考之,即汝成《炎徼紀聞》也。但闕後論數條,又彼分四卷,此爲一卷耳。名儒序稱私寶前帙十載,乃出而梓之。蓋所得乃其初稿。後汝成編次成帙,改易書名,名儒未及見之,故與《炎徼紀聞》至今兩行於世也。」○原北平圖書館藏明嘉靖三十六年顧名儒刻本,題「武林田汝成著,雲間顧名儒校」。半葉十行,行二十字。有嘉靖三十六年顧名儒序。王重民《善本提要補編》著録。現存臺北「故宫博物院」。民國二十六年商務印書館影印北平圖書館嘉靖三十六年刻本,收入《國立北平圖書館善本叢書》第一集,有謝國楨跋。

洗海近事二卷　明俞大猷撰　一二七二

浙江巡撫採進本(總目)。○《浙江省第十二次呈送書目》:「《洗海近事》,明俞大猷輯,二本。」○《浙江採集遺書總録》閏集:「《洗海近事》二卷,刊本,明總兵俞大猷撰。」○明隆慶三年原刻本,與《正氣堂集》合印,原南京江蘇省立國學圖書館藏,又日本東京内閣文庫藏。民國二十三年國學圖書館盋山精舍據該館藏是刻影印,凡《正氣堂集》十六卷又二卷《續集》七卷《餘集》四卷《洗海近事》二卷。有館長柳詒徵跋,云「道光本於北虜等字輒爲墨圍,自不逮明本,明本傳世絶希」。又云「盋山書樓藏明刻本無收藏家印記,蓋得之武昌范氏」。又云「爰假嘉業樓道光本與明本對勘,補其訛脱,付之手民」。按:《中國古籍善本書目》著録明刻《正氣堂集》,獨缺《洗海近事》,且無南京圖書館藏本,恐國學圖書館本已燬於倭難。○清道光二十三年味古書屋刻本二册,上圖、東北師大藏。

按：此亦與《正氣堂集》合刻。柳詒徵云「即道光本亦不易得」，又引同治《福建通志》云「道光辛丑龍溪孫雲鴻屬其友閩縣林藩詳加考正，序而刻之」。○福建圖書館藏清鈔本，半葉十行，行二十字，無格。鈐「大通樓藏書印」、「龔少文收藏書畫印」等印記。《存目叢書》據以影印。

一二七三　奉天刑賞録一卷　自題懶生袁子

户部尚書王際華家藏本（總目）。○《總裁王交出書目》：「《金聲玉振》十本。」按：内有此書。○明嘉靖吴郡袁氏嘉趣堂刻《金聲玉振集》本，有嘉靖二十七年戊申懶生袁子序。末有「嘉趣堂雕」刻記，又「李宗信庚戌仲春初六日」二行，知即刊於嘉靖二十七年。《存目叢書》據首都圖書館藏本影印。《提要》云：「以《千頃堂書目》考之，蓋袁褧所撰也。」

一二七四　廣右戰功録一卷　明唐順之撰

户部尚書王際華家藏本（總目）。○《總裁王交出書目》：「《金聲玉振》十本。」按：内有此書。○明嘉靖吴郡袁氏嘉趣堂刻《金聲玉振集》本，作《廣右戰功》一卷。按《提要》云：「已載《荆川集》中，此爲袁褧摘出，録入《金聲玉振集》者也。」○《四庫全書》本《荆川集》卷八、《明文海》卷三百七十九均有《叙廣右戰功》，又《廣西通志》卷一百十有《廣右戰功序》，均即此書。○清嘉慶十三年虞山張海鵬刻本，收入《借月山房彙鈔》第五集，浙圖、科學院圖書館藏。又收入《澤古齋重鈔》第四集，北圖分館、科學院圖書館等藏。民國九年上海博古齋影印張氏刻《借月山房彙鈔》本。○民國二十八年商務印書館據《借月山房彙鈔》本排印，收入《叢書集成初編》。

建文事迹備遺録一卷　不著撰人名氏　一二七五

左都御史張若溎家藏本(總目)。○臺灣「中央圖書館」藏明鈔《國朝典故》本,作《建文皇帝事蹟備遺録》一卷,半葉十行,行二十五字,藍格,白口,四周單邊。○臺灣「中央圖書館」又藏明鈔《國朝典故》本,作《建文事蹟》一卷,半葉十二行,行二十四字,藍格,白口,四周單邊。○陝西圖書館藏明鈔《國朝典故》本,作《建文遺蹟》一卷,半葉十行,行二十一字,四周單邊。《存目叢書》據以影印。○上海圖書館藏明鈔《國朝典故》本,作《建文遺蹟》一卷。○北京圖書館藏明鈔《國朝典故》本,作《建文事蹟》一卷,半葉九行,行十八字或二十餘字,藍格,白口,四周單邊。○北圖又藏明鈔《國朝典故》本,作《建文皇帝事蹟備遺録》一卷,半葉十行,行二十字,藍格,白口,四周雙邊。○明萬曆間鄧士龍江西刻《國朝典故》本,作《建文皇帝遺蹟》一卷,半葉十行,行二十字,白口,四周單邊。北大、南圖、臺灣「中央圖書館」藏。○上海圖書館藏明嘉靖三十二年刻《國朝謨烈輯遺》本,作《建文遺蹟》一卷,半葉十行,行二十字,白口,四周單邊。○臺灣「中央圖書館」藏明鈔本,正文首行題「建文遺蹟」,半葉九行,行二十字,藍格,四周單邊。前有《建文皇帝事蹟備遺録序》,署「皇明嘉靖辛卯(十年)陽月既望後學大嶽山人書於水竹村居」。卷内鈐「吳興抱經樓藏」、「五萬卷藏書樓」、「沈氏家藏」、「授經樓藏書印」、「鄞蝸寄廬孫氏藏書」等印記(參該館《善本書志初稿》)。

平濠記一卷　明錢德洪撰　一二七六

編修程晉芳家藏本(總目)。○北京大學藏清初鈔本,題「錢德洪緒山輯」,半葉九行,行二十一字，白口，四周雙邊，無直格。鈐「雪苑宋氏蘭揮藏書記」朱文長方印、「双竹軒」朱文楕圓印，皆商邱宋筠印鑒。宋筠康熙四十八年進士，此本蓋即康熙間寫本。《存目叢書》據以影印。〇北京圖書館藏清鈔本，半葉九行，行二十一字，白口，四周雙邊。〇清道光十一年六安晁氏木活字印《學海類編》本。民國九年商務印書館影印晁氏木活字《學海類編》本。〇民國二十八年商務印書館據《學海類編》本排印，收入《叢書集成初編》。

南泰紀略一卷　明尹耕撰 一二七七

浙江范懋柱家天一閣藏本（總目）。〇《浙江省第五次范懋柱家呈送書目》：「《南泰紀略》、《藤峽紀略》，明尹耕輯，一本。」〇《浙江採集遺書總録》：「《南泰紀略》一册、《藤峽紀略》一册，刊本，明蔚州尹耕撰。」〇北圖藏明刻《名臣寧攘要編》本，作《南太紀略》一卷《藤峽紀略》一卷。

處苗近事一卷　明李愷編 一二七八

浙江范懋柱家天一閣藏本（總目）。〇《浙江省第五次范懋柱家呈送書目》：「《處苗近事》一卷，明李愷輯，一本。」〇《浙江採集遺書總録》：「《處苗近事》一册，刊本，明副使李愷録。」

革除遺事十六卷　明符驗撰 一二七九

浙江范懋柱家天一閣藏本（總目）。〇《浙江省第五次范懋柱家呈送書目》：「《革除遺事》十六卷，明符驗著，五本。」〇《浙江採集遺書總録》：「《革除遺事》十六卷，寫本，明黄岩符驗輯。」

安南奏議一卷　不著撰人名氏　一二八〇

左都御史張若湝家藏本(總目)。○陝西圖書館藏明鈔《國朝典故》本,半葉十行,行二十三至二十五字,四周雙邊。《存目叢書》據以影印。○上海圖書館藏明鈔《國朝典故》本。○北京圖書館藏明鈔《國朝典故》本,半葉九行,行十八字或二十餘字,藍格,白口,四周單邊。○北圖又藏明鈔《國朝典故》本,半葉九行,行二十二字,藍格,白口,四周雙邊。○臺灣「中央圖書館」藏明鈔《國朝典故》本,半葉十行,行二十五字,藍格,白口,四周單邊。○明萬曆間鄧士龍江西刻《國朝典故》本,半葉十行,行二十字,白口,四周單邊。北大、南圖藏。○北京圖書館藏清鈔顧炎武編《皇明修文備史》本,半葉十三行,行二十四字,藍格,白口,左右雙邊。

議處安南事宜一卷　不著撰人名氏　一二八一

左都御史張若湝家藏本(總目)。○上海圖書館藏明鈔《國朝典故》本。○陝西圖書館藏明鈔《國朝典故》本,半葉九行,行十八字或二十餘字,藍格,白口,四周單邊。○北京圖書館藏明鈔《國朝典故》本,半葉十行,行二十字,藍格,白口,四周雙邊。○北圖又藏明鈔《國朝典故》本,半葉九行,行二十二字,藍格,白口,四周雙邊。○臺灣「中央圖書館」《善本書志初稿》著録明鈔《國朝典故》本,稱「明黄福撰」,半葉十行,行二十五字,藍格,白口,四周單邊。○明萬曆間鄧士龍江西刻《國朝典故》本,半葉十行,行二十字,白口,四周單邊。北大、南圖藏。○南京圖書館藏明鈔本，半葉十行，行二十二字，白口，四周雙邊。正文首葉首行下題「國朝典故九十三」，知係《國朝典故》之一種。鈐「古潭州袁卧雪廬收藏」、「八千卷樓藏閲書」、「嘉惠堂藏閲書」等印記。有柳詒徵跋，係爲影印本作。《存目叢書》據此明鈔本影印。是本民國二十六年江蘇省立國學圖書館陶風樓嘗予影印，末有柳詒徵跋云「實録所載不迨此帙之詳盡」，又云「卷中誤字綦多，碻知其譌者易之，餘仍之」。○北京圖書館藏清鈔顧炎武編《皇明修文備史》本，半葉十三行，行二十四字，藍格，白口，四周單邊。

一二八二　伏戎紀事一卷　明高拱撰

浙江鮑士恭家藏本（總目）。○上海圖書館藏明萬曆元年刻《邊略》本。○明萬曆四十二年馬之駿等刻《高文襄公集》本，河南圖書館藏。○明萬曆刻《寶顔堂續祕笈》本，作《大學士高中玄公伏戎紀事》一卷。○明萬曆四十五年陽羡陳于廷刻《紀録彙編》本。民國二十七年商務印書館影印陳于廷刻《紀録彙編》本。○明萬曆四十五年刻《閒情小品》本，北大、清華、復旦等藏。○明刻《名臣寧攘要編》本，半葉九行，行十九字，白口，四周單邊。北圖、上圖藏。○清康熙二十五至二十八年籠春堂刻《邊略》本，與《政府書答》等合印。中央民大、首都圖書館藏。○清宣統二年上虞羅振玉刻《玉簡齋叢書・邊略》本。○民國十一年上海文明書局石印《寶顔堂祕笈》本。○民國二十三年排印《邊略》本，上圖、北師大藏。○日本大正八年排印《滿蒙叢書》二集本。北師大、中央民大、遼圖藏。

靖夷紀事一卷　明高拱撰　**一二八三**

河南巡撫採進本（總目）。○《河南省呈送書目》：「《邊略》□卷，明高拱著，二本。」○上海圖書館藏明萬曆元年刻《邊略》本。○明萬曆四十五年陽羨陳于廷刻《紀録彙編》本。民國二十七年商務印書館影印陳于廷刻《紀録彙編》本。民國二十五年商務印書館《叢書集成初編》本亦據是刻影印。○清康熙二十五至二十八年籠春堂刻《邊略》本，作《靖彝紀事》一卷，半葉九行，行十八字，白口，四周雙邊。《存目叢書》據中央民大藏本影印。首都圖書館亦藏是刻。○清宣統二年上虞羅振玉刻《玉簡齋叢書・邊略》本，作《靖南紀事》一卷。○民國二十三年排印《邊略》本，上圖、北師大藏。○民國二十七年貴陽文通書局排印《黔南叢書》第五集本。

綏廣紀事一卷　明高拱撰　**一二八四**

河南巡撫採進本（總目）。○《河南省呈送書目》：「《邊略》□卷，明高拱著，二本。」○上海圖書館藏明萬曆元年刻《邊略》本。○河南圖書館藏明萬曆四十二年馬之駿等刻《高文襄公集》本。○明萬曆四十五年陽羨陳于廷刻《紀録彙編》本。民國二十七年商務印書館影印陳于廷刻《紀録彙編》本。民國二十五年商務印書館《叢書集成初編》本亦據此本影印。○中央民大藏清康熙二十五至二十八年籠春堂刻《邊略》本，與《政府書答》等合印。半葉九行，行十八字，白口，四周雙邊。○清宣統二年上虞羅振玉刻《玉簡齋叢書・邊略》本。○民國二十三年排印《邊略》本，上圖、北師大藏。

防邊紀事一卷　明高拱撰　一二八五

河南巡撫採進本（總目）。○《河南省呈送書目》：「《邊略》□卷，明高拱著，二本。」○上海圖書館藏明萬曆元年刻《邊略》本。○河南圖書館藏明萬曆四十二年馬之駿等刻《高文襄公集》本。○明萬曆四十五年陽羨陳于廷刻《紀録彙編》本。民國二十七年商務印書館影印陳于廷刻《紀録彙編》本。○清康熙二十五至二十八年籠春堂刻《邊略》本，與《政府書答》等合印，半葉九行，行十八字，白口，四周雙邊。中央民大藏。○清宣統二年上虞羅振玉刻《玉簡齋叢書·邊略》本。○民國二十三年排印《邊略》本，上圖、北師大藏。

平倭録無卷數　不著撰人名氏　一二八六

江蘇周厚堉家藏本（總目）。○《江蘇省第一次書目》：「《平倭録》一本。」○《江蘇採輯遺書目録》：「《平倭録》不分卷附《山海漫談》合一册，缺名著。」○《提要》云：「萬曆中吏科給事中翁憲祥、巡撫陝西監察御史吉人重刊。憲祥作前序，人作後序。」

世廟識餘録二十六卷　明徐學謨撰　一二八七

浙江巡撫採進本（總目）。○《浙江省第四次汪啟淑家呈送書目》：「《世廟識餘録》二十六卷，明徐學謨輯，六本。」○《浙江採集遺書總録》：「《世廟識餘録》二十六卷，刊本，明尚書徐學謨輯。」○《江蘇省第一次書目》：「《世廟識餘》六本。」○《江蘇採輯遺書目録》：「《世廟識餘録》二十六卷，明吏部尚書嘉定徐學謨著。」○《兩江第一次書目》：「《世廟識餘録》，明徐學謨輯，十二本。」○北京圖書館藏明徐兆稷活字印本,題「資政大夫太子少保禮部尚書臣徐學謨謹輯」,半葉十行,行二十一字,白口,四周單邊,無魚尾。前有自序云:「癸未歸田,始彙而成集。」知成書於萬曆十一年。又有牌記云:「是書成凡十餘年,以貧不任梓,僅假活板印得百部,聊備家藏,不敢以行世也。活板亦頗費手,不可爲繼,觀者諒之。徐兆稷白。」則是本排印在萬曆二十幾年。卷内鈐「王士禛印」、「漁洋山人」、「文學侍從之印」、「讀易樓藏書記」、「讀易樓」、「筠圃」、「紅藥山房□□」等印記。《存目叢書》據以影印。○明萬曆三十六年徐元嘏刻本,題「資政大夫太子少保禮部尚書臣徐學謨謹輯」,半葉十行,行二十一字,白口,左右雙邊。版心下記字數。各卷末或刻「孫男元嘏謹校梓」一行。前有自序,又萬曆三十六年徐元嘏跋云:「元嘏乃手覆校讎,黽勉卒工,藏之於家。」北大、上圖、南圖、臺灣「中央圖書館」藏。○明萬曆四十二年崑山周本正重刻本,行款版式同前本,有萬曆四十二年周本正跋。北大、南圖、首都圖書館藏。原北平圖書館藏是刻,現存臺北「故宫」,王重民《善本提要補編》著録。○中國科學院圖書館藏清初鈔本。

西南紀事六卷　明郭應聘撰　一二八八

江蘇巡撫採進本(總目)。○《江蘇省第一次書目》:「《西南紀事》二本。」○《江蘇採輯遺書目録》:「《西南紀事》六卷,明兵部右侍郎華溪郭應聘著,刊本。」○北京圖書館藏明刻本,題「莆田郭應聘輯,秀水項鼎鉉訂」,半葉九行,行十九字,白口,四周單邊。鈐有「春雨草堂」、「吴陵陸魯言藏書之印」、「鈍園」、「孫潛審定」、「然藜書屋珍藏」、「陸氏珍玩」、「魯言」等印記。《存目叢書》據以影印。○北京圖書館藏清鈔顧炎武編《皇明修文備史》本，二卷，半葉十三行，行二十四字，藍格，白口，四周單邊。

交黎撫勦事略五卷　明方民悦撰　**一二八九**

浙江汪啟淑家藏本（總目）。○《浙江省第四次汪啟淑家呈送書目》：「《交黎事略》五卷，明方民悦輯，四本。」○《浙江採集遺書總録》：「《交黎事略》五卷，刊本，明按察副使麻城方民悦撰。」○民國三十年上海影印《玄覽堂叢書》本，所據爲嘉業堂藏明嘉靖刻本，作《交黎剿平事略》四卷，明歐陽必進撰，明方民悦輯。有「劉承幹字貞一號翰怡」、「吴興劉氏嘉業堂藏書印」二印記。《存目叢書》又據影印本影印。

召對録一卷　明申時行撰　**一二九〇**

内府藏本（總目）。○南京圖書館藏明萬曆刻本，半葉九行，行十八字，白口，四周單邊。前有自序。卷内鈐「馮氏辨齋藏書」、「慈谿畊餘樓」、「申璋之印」等印記。前有近人申璋題記：「先文定公遺書在清代爲禁書，至不易得。顧君廷龍，舊姻也，於春間在北平書肆見先公《召對録》一卷，毛邊紙，惜後闕二頁，馳書告餘，以法幣十二圓得之，旋贈於懷弟珍藏。不幾時，潘君承弼又得是卷，紙張不同，完好無闕。潘君爲世交，知書乃余家先代寶物，承以見贈，因書之簡端，籍志欣幸。時丙子夏六月大暑節，十二世孫璋敬識。」末鈐「申璋之印」白文小方印。《存目叢書》據以影印。北圖、上圖亦藏是刻。又社科院歷史所、故宫藏明萬曆刻本，附《外制草》後，未知是否一刻。○明刻《亦政堂鐫陳眉公普祕笈》本，北圖、復旦、科學院圖書館等藏。○民國十一年上海文明書局石印《寶顏堂祕笈》本。○民國二十五年商務印書館據明刻《祕笈》本排印，收入《叢書集成初編》。

平夷功次録一卷　明焦希程編　**一二九一**

浙江汪啟淑家藏本（總目）。○《浙江省第四次汪啟淑家呈送書目》：「《平夷録》一卷，明焦希程著。」○《浙江採集遺書總録》：「《欽定平夷功次》一册，寫本，明按察使僉事焦希程録。」

嘉靖倭亂備鈔二卷　不著撰人名氏　**一二九二**

兩淮鹽政採進本（總目）。○《兩淮鹽政李續呈送書目》：「《明嘉靖倭亂備鈔》二卷二本。」○鎮江博物館藏清鈔本，作《嘉靖倭亂備抄》不分卷。半葉九行，行二十字，無格。首葉鈐「翰林院印」滿漢文大官印，是進呈四庫原本。《存目叢書》據以影印。

瀛艖談苑十二卷　舊本題釣瀛子撰　**一二九三**

左都御史張若溎家藏本（總目）。○《總裁張交出書目》：「《瀛艖談苑》四本。」○《浙江省第五次范懋柱家呈送書目》：「《瀛艖談苑》十二卷，明釣瀛子著，四本。」○《浙江採集遺書總録》：「《瀛艖談苑》十二卷，天一閣寫本，題釣瀛子撰。」

平黔三記一卷　不著撰人名氏　**一二九四**

浙江范懋柱家天一閣藏本（總目）。○《浙江省第五次范懋柱家呈送書目》：「《平黔三記》一卷，明趙汝謙著，一本。」○《浙江採集遺書總録》：「《平黔三記》一册，刊本，題點蒼山人撰。」○上海圖書館藏明刻《名臣寧攘要編》本，題「大理趙汝濂著，秀水項鼎鉉訂」，半葉九行，行十九字，白口，四周單邊。版心下記字數。寫刻頗精。《存目叢書》據以影印。按：《千頃堂書目》著録「趙汝謙《平黔三記》一卷，自號點蒼山人」。《明史·藝文志》因之，《提要》又因之。「謙」、「濂」形近之訛也，當以「濂」爲是。

使琉球録二卷　明郭世霖撰 一二九五

浙江巡撫採進本（總目）。○《浙江省第六次呈送書目》：「《琉球録》二本。」○《浙江採集遺書總録》：「《琉球録》二卷，刊本，明吏科給事中永豐郭士霖編。」○中央民族大學藏鈔本，作《重編使琉球録》二卷，題「吏科左給事中吉郡永豐郭汝霖編，行人司行人杞邑李際春同編」。半葉十行，行二十字，無格。前有嘉靖四十年辛酉郭汝霖序，嘉靖十三年甲午陳侃序。後有嘉靖十三年甲午高澄後序。卷内鈐「惜抱軒珍藏」白文長印，是姚鼐藏書。書中遇明帝提行，不避清帝諱，蓋猶明鈔本。《存目叢書》據以影印。○《提要》謂「郭汝霖」爲「郭世霖」之訛。按：《明史》卷三百二十三《外國四·琉球》有郭汝霖、李際春使琉球事，《千頃堂書目》著録「郭汝霖《石泉山房集》十二卷，字時望，永豐人」，皆其人無疑，知作「郭汝霖」不誤。《明清進士題名碑録》嘉靖三十二年癸丑科三甲有郭汝霖，注云「又名郭世霖」，似可信。

平播始末二卷　明郭子章撰 一二九六

江西巡撫採進本（總目）。○《江西巡撫海第三次呈送書目》：「《平播始末》二本。」

平播全書十五卷　明李化龍撰 一二九七

副都御史黄登賢家藏本（總目）。○《都察院副都御史黄交出書目》：「《平播全書》，明李化龍著，十五本。」〇中山大學藏明萬曆刻本，半葉九行，行二十字，白口，四周雙邊。前有萬曆二十八年庚子張悌序。刻工：李明、王春、李義、李信、仕達、李世亁、李中、刘永、李金孝、李王春、李勤、李至、李智、刘自、李志、李朝、汪啟、宗富、羅尚會、李和、羅上會、周文李、汪禹、宋人、金孝、中成、李芳、汪信、𨾏上會、李方、李亁、刘承、汪貴信、李义、王文、倫泰、万定等。卷内鈐「順德温君靳所藏金石書畫之印」、「温澍樑印」、「幼珊」等印記。《存目叢書》據以影印。北圖、北大亦有是刻。〇清光緒五年定州王氏謙德堂刻《畿輔叢書》本。〇民國二十六年商務印書館據《畿輔叢書》本排印，收入《叢書集成初編》。

建文朝野彙編二十卷　明屠叔方撰　一一二九八

兩淮馬裕家藏本(總目)。〇《兩淮商人馬裕家呈送書目》：「《建文朝野彙編》二十卷，明屠叔方，十本。」〇《浙江省第四次汪啟淑家呈送書目》：「《建文朝野彙編》二十卷，明屠叔方著，六本。」〇《浙江採集遺書總録》：「《建文朝野彙編》二十卷，刊本，明山東副使秀水屠叔方輯。」〇《武英殿第二次書目》：「《建文朝野彙編》五本。」〇《江蘇省第一次書目》：「《朝野彙編》十本。」〇《江蘇採輯遺書目録》：「《朝野彙編》二十卷，明監察御史秀水屠叔方著，刊本。」〇南京圖書館藏明萬曆刻本，題「原任廣東道監察御史秀水屠叔方纂」。半葉九行，行十八字，白口，左右雙邊。前有萬曆二十六年自序，陳繼儒序，後有海鹽姚士粦跋。各卷尾有寫工：「嘉善曹承宗寫。」卷内鈐「潘世恩印」印記。《存目叢書》據以影印。北圖、上圖、浙圖等多有是刻。〇明刻本，半葉九行，行十八字，白口，左右雙邊。科學院圖書館、大連圖書館藏。○明刻本，半葉九行，行十八字，白口，四周單邊。首都圖書館、北師大藏。

一二九九

明祖四大法十二卷　明陳棟如撰

内府藏本(總目)。○北京大學藏明萬曆四十二年刻本，作《皇祖四大法》十二卷，題「江東臣何棟如謹輯，荆溪臣潘孔璧、三阿臣陳克仕同校」。半葉十行，行二十二字，白口，左右雙邊。前有羅朝國序，萬曆四十二年甲寅顧起元序，史孟麟序，萬曆四十三年乙卯熊尚文序，潘孔璧序。後有萬曆四十二年王納諫跋。王跋云：「右《皇祖四大法》十二卷，臣何棟如輯，既刻成，以示臣王納諫。」《存目叢書》據以影印。北師大、浙圖、廣東中山圖，臺灣「中央圖書館」亦有是刻。按：《總目》改「皇祖」爲「明祖」，又誤「何棟如」爲「陳棟如」。

一三〇〇

肅皇外史四十六卷　明范守己撰

内府藏本(總目)。○上海圖書館藏明范氏天一閣藍格鈔本。○北京大學藏明鈔本，卷四以後題「洧川范守己輯」，半葉九行，行二十二字。版心刻「醒亭」二字。有萬曆十年自序。卷内鈐「吕氏典籍，傳家讀書，子孫共守，不許損失借賣，違者塋祠除名。萬曆七年坤記」印鑒，是吕坤藏書(詳王重民《善本提要》)。○北大又藏明鈔本，薛吟伯跋。○上海圖書館藏明鈔本，明丁長孺批點，清吴光跋。○南京圖書館藏明鈔本，卷一至三、卷七至十三、卷二十二至四十六配清鈔本，鈐「山陰祁氏藏書之章」、「淡生堂經籍記」、「子孫世珍」、「臣爍敬識」、「憲章」、「昭代」等印記。丁丙

《善本書室藏書志》著録，「爍」誤爲「璞」。○北師大藏清看雲憶弟居鈔本。○原北平圖書館藏舊鈔本，存卷一至卷三十九，半葉七行，行二十四字。鈐「吴平齋讀書記」、「鐵琴銅劍樓」、「古里瞿氏」等印記。王重民《善本提要》著録。現存臺北「故宫博物院」。○清津寄廬鈔本，半葉十一行，行十九字，白口，左右雙邊。版心下有「津寄廬鈔書」五字。鈐有「雙鑑樓珍藏印」印記。一九八七年全國圖書館文獻縮印複製中心據以影印，吴豐培前言云「凡儀字均缺末筆，自是宣統時所鈔」，又云「抄寫也多錯誤，顯然的均改正」。《存目叢書》復據此影印本影印。○北京圖書館藏明鈔本，明范守己撰，明王世貞訂訛。半葉九行，行十八字，藍格，白口，四周雙邊。○明萬曆三十年金陵周時泰博古堂刻明雷禮《皇明大政記》卷二十一至二十四題《皇明肅皇外史》，臣洧川范守已謹輯，金陵閔師孔謹校，秣陵博古堂謹鐫。《提要》云「當時南京書坊嘗刻其節本，附雷禮《大政記》以行」，即此本也。北京大學、吉林大學、南京大學等均有是刻。○按：各本均名《皇明肅皇外史》。

聖典二十四卷　明朱睦㮮撰　一三〇一

山東巡撫採進本（總目）。○《山東巡撫呈送第一次書目》：「《聖典》八本。」○杭州市圖書館藏明萬曆四十一年刻本，題「周府宗正管宗學事臣睦㮮編輯」，半葉九行，行二十字，白口，左右雙邊。卷一前數葉殘損。後有朱勤美後序，據此後序知刻於萬曆四十一年癸丑。卷二十四末記寫工：「楊國俊寫。」《存目叢書》據以影印。臺灣中研院史語所藏有是刻。

倭患考原二卷　明黄俣卿撰　一三〇二

兩淮鹽政採進本(總目)。〇《兩淮鹽政李續呈送書目》：「《倭患考略》二卷，明黄俣卿，一本。」〇北京圖書館藏清鈔本，作《倭患考原》一卷《恤援朝鮮倭患考》一卷，題「閩越人黄俣卿纂輯」。半葉九行，行二十字，無格。首葉鈐「翰林院印」滿漢文大官印。書衣有「乾隆三十八年七月兩淮鹽政李質穎送到黄俣卿倭患考原壹部計書壹本」長方木記，即兩淮進呈原本也。卷内玄字缺筆，曆字不避諱，殆猶康熙間寫本。《存目叢書》據以影印。

典故紀聞十八卷　明余繼登撰　一三〇三

浙江吴玉墀家藏本(總目)。〇《浙江省第四次吴玉墀家呈送書目》：「《典古紀聞》十八卷，明余繼登著，十本。」按「古」當作「故」。〇《兩江第一次書目》：「《明典故紀聞》，明余繼登輯，四本。」〇《浙江採集遺書總録》：「《國朝典故紀聞》十八卷，刊本，明編修交河余繼登撰。」〇浙江圖書館藏明萬曆刻本，題「交河余繼登緝，臨朐馮琦訂，新城王象乾校」。半葉九行，行十八字，白口，左右雙邊。前有馮琦序云：「中丞王公取以付梓人，刻未竟而世用卒。」版心記刻工：方學、林桂、徐有倫、趙文希、尚希圣、彭應舉、孝、李堯、金、李江、陳忠士、忠仕等。卷内鈐「墨澥廔珍藏書畫鈐記」印。《存目叢書》據以影印。故宫、南圖、人民大學、臺灣「中央圖書館」亦藏是刻。〇臺灣「中央圖書館」藏明萬曆刻本，行款版式同前本，刻工不同。刻工：王廷溥、王溥、周正、易兹、劉仕任、付汝亮、周用、黄士、鄧仕、彭仕、朱玉、朱經、徐世茂、徐茂、世茂、楊生、徐世朝、朱天祥、天祥、羅奇、羅先、王相、吴學、周文舜、劉奇、羅五、羅全等(參該館《善本書志初稿》)。北圖、上圖亦藏是刻。按:以上二本何爲初刻尚難遽定。〇明萬曆二十九年唐氏世德堂刻本,半葉九行,行十八字,白口,左右雙邊。北圖、上圖、南圖、武大、復旦藏。〇明萬曆周曰校刻本,半葉十一行,行二十二字,白口,四周單邊。北大、北師大、華東師大、浙圖、川圖藏。按:各本均名《皇明典故紀聞》。

使琉球録二卷　明蕭崇業、謝杰同撰　**一三〇四**

浙江汪啟淑家藏本(總目)。〇《浙江省第四次汪啟淑家呈送書目》:「《使琉球録》一卷,明蕭崇業、謝杰同著,二本。」〇《浙江採集遺書總録》:「《使琉球録》一卷,刊本,明給事中臨安蕭崇業撰。」〇臺灣「中央圖書館」藏明萬曆間原刻本,題「户科左給事中臨安蕭崇業編,行人司行人長樂謝杰同編」。半葉十行,行二十字,白口,四周雙邊。版心下記刻工:王武、王五、李升、王斌、卞、西、徐、世、義、弟、慈、天等。前有萬曆七年蕭崇業序。又卷首,載海圖、詔諭等。後附《皇華倡和詩》一卷。書凡六册。鈐「秀水朱氏潛采堂圖書」、「昭餘渠夢翔圖籍訪古印」等印記(參該館《善本書志初稿》)。

乙未私志一卷　明余寅撰　**一三〇五**

浙江范懋柱家天一閣藏本(總目)。〇《浙江省第五次范懋柱家呈送書目》:「《乙未私志》一卷,明余寅著,一本。」〇《浙江採集遺書總録》:「《乙未私志》一卷,刊本,明太常少卿鄞縣余寅撰。」

馭倭録九卷　明王士騏撰　**一三〇六**

浙江巡撫採進本(總目)。〇《浙江省第十二次呈送書目》:「《皇明馭倭録》九卷,明王士騏輯,五本。」○《浙江採集遺書總録》：「《皇明禦倭録》九卷，刊本，明兵部主事王士騏輯。」○清華大學圖書館藏明萬曆刻本，作《皇明馭倭録》九卷《附畧》一卷《寄語畧》一卷。題「兵部車駕清吏司主事王士騏纂」。半葉十行，行二十字，白口，左右雙邊。前有王錫爵序，自序。王序首葉版心記刻工：長洲章沅刊。卷内鈐「楝亭曹氏藏書」、「長白斈槎氏堇齋昌齡圖書印」、「李維極印」、「璩亭」等印記。《存目叢書》據以影印。北圖、華東師大、臺灣「中央圖書館」亦藏是刻。

一三〇七　建文書法儗五卷　明朱鷺撰

江蘇巡撫採進本（總目）。○《江蘇省第一次書目》：「《建文書法儗》二本。」○《江蘇採輯遺書目録》：「《建文書法儗》不分卷，明蘇州朱鷺著，刊本。」○《兩淮商人馬裕家呈送書目》：「《建文書法儗》五卷，明朱鷺，二本。」○《浙江省第六次呈送書目》：「《建文書法儗》五卷，明朱鷺輯，二本。」○《浙江採集遺書總録》：「《建文書法儗》一册，刊本，明諸生東吳朱鷺撰。」○明萬曆刻本，題「東吴荒史氏臣朱鷺（原名家楝）」，半葉七行，行十七字，白口，四周單邊。前有欽叔陽序，萬曆三十二年甲辰朱鷺引。全書分額一卷（即卷首）、前編一卷、正編二卷、附編二卷。臺灣「中央圖書館」、上圖、清華等藏。○中國科學院圖書館藏明萬曆刻天啟元年增修本，前多萬曆四十三年乙卯焦竑序。末增天啟元年三月朱鷺識語，内云：「鷺《書法儗》成於萬曆甲午，重訂於乙卯，而出亡一節近得此録始核，紛紛疑信可盡釋矣，因綴刻之。」可知焦序爲重訂時加。《存目叢書》據以影印。北大、南圖等亦藏是刻。○明刻本，半葉十行，行二十字，白口，四周單邊。吉林省圖、中科院圖書館藏。

一三〇八　繩武編三十四卷　明吳瑞登撰

浙江巡撫採進本（總目）。○《浙江省第十一次呈送書目》：「《皇明繩武編》三十四卷，明吳瑞登輯，十二本。」○《浙江採集遺書總録》：「《皇明繩武編》三十四卷，刊本，明訓導常州吳瑞登輯。」○北京大學藏明萬曆刻本，作《皇明繩武編擬續大學衍義》三十四卷，題「汝寧府光州儒學訓導臣吳瑞登謹裁譔」。半葉十行，行二十二字，白口，四周單邊。前有蕭良有序，萬曆二十一年癸巳張九一序，萬曆二十年壬辰自叙。自叙云：「凡四易稿，稍有次序，付之剞劂氏。」知付梓於萬曆二十年。版心下記刻工，均單字。卷末則詳記寫工刻工：「光州史：樊明文、董聘、陳希孟書。光州工：夏景星、夏世亨、夏繼虞、夏禹國、夏二復、夏世泰、夏三復、夏忠、夏世祥；□陽工：王金科、楊守禮刻。」計寫工三，刻工十一。明代刻本往往有卷末開列刻工姓名及里籍者，不無留名之意，非但爲付酬計也。《存目叢書》據以影印。開封圖書館、廬山圖書館亦藏是刻。

一三〇九　北樓日記二卷　不著撰人名氏

浙江巡撫採進本（總目）。

一三一〇　明寶訓四十卷　明陳治本、吕允昌、朱錦等所刊

江蘇巡撫採進本（總目）。○《江蘇採輯遺書目録》：「《明寶訓》四十卷，明大學士吕本校。」○故宫博物院藏明萬曆三十年秣陵周氏大有堂刻本，作《皇明寶訓》四十卷，計《大明太祖高皇帝寶訓》六卷、《大明太宗文皇帝寶訓》五卷、《大明仁宗昭皇帝寶訓》二卷、《大明宣宗章皇帝寶訓》五卷、《大明英宗睿皇帝寶訓》三卷、《大明憲宗純皇帝寶訓》三卷、《大明孝宗敬皇帝寶訓》三卷、《大明武宗毅皇帝寶訓》二卷、《大明世宗肅皇帝寶訓》九卷、《大明穆宗莊皇帝寶訓》二卷。正文首行題「大明太祖高皇帝寶訓卷之一」，次題「光禄大夫柱國少傅兼太子太傅禮部尚書武英殿大學士臣吕本謹校，南京禮部祠祭清吏司郎中臣陳本治、南京兵部職方清吏司主事臣朱錦、南京工部虞衡清吏司郎中臣吕胤昌謹閲」。半葉十一行，行二十二字，白口，四周單邊。《存目叢書》據以影印。臺灣「中央圖書館」本有封面，刻「新鐫官板皇明寶訓」、「萬曆壬寅春秣陵周氏大有堂繡梓」。故宫本佚去。上圖、重慶圖亦藏是刻。北大藏是刻明廣文堂重修本，清李文田跋。○北京圖書館藏明刻本，作《明朝寶訓》四十卷，半葉十一行，行二十二字，白口，四周單邊。

吴淞甲乙倭變志二卷　明張鼐撰　　　　一三一一

浙江巡撫採進本（總目）。○《浙江省第八次呈送書目》：「《甲乙倭變》二卷，明張鼐著，二本。」○《浙江採集遺書總録》：「《甲乙倭變》二卷，寫本，明侍郎華亭張鼐撰。」○民國二十五年上海通社排印《上海掌故叢書》第一集本，末有民國廿四年夏上海通社識語云：「去春自常熟縣立圖書館録得一副本，有曾楚卿跋，意其門人舊所鈔存者也。惜已佚其一葉計三百二十四字，其他亦間有闕脱。今春復得鼐所著《寶日堂集》讀之，見是書赫然在焉，特集中僅稱《倭變志》，而略去『吴淞甲乙』四字。因取以校前鈔之本，俾成全本。」正文卷端題：華亭張鼐撰，門人王應遴校。《存目叢書》據北大藏本影印。北圖、上圖等亦有此本。按：張鼐《寶日堂初集》三十二卷，明崇禎二年刻本，半葉九行，行十九字，白口，四周單邊。北圖、上圖、浙圖等藏。《倭變志》在卷二十四。

兩朝平攘録五卷　明諸葛元聲撰　一三一二

浙江巡撫採進本（總目）。○《浙江省第六次呈送書目》：「《兩朝平攘録》五卷，明諸葛元聲輯。」○《浙江採集遺書總録》：「《平攘録》五卷，刊本，明會稽諸葛元聲撰。」○中央民族大學藏明萬曆三十四年商濬繼錦堂刻本，題「會稽諸葛元聲輯，商濬校」。半葉九行，行二十字，白口，四周單邊。前有萬曆三十四年丙午商濬序，三十四年王泮序。《存目叢書》據以影印。原北平圖書館藏一帙，有光緒三十四年羅振玉題記，見王重民《善本提要補編》，其書現存臺北「故宫」。南圖、日本内閣文庫亦藏是刻。一九八零年書目文獻出版社嘗據北圖殘本配以民族大學本影印。

梃擊始末一卷　明陸夢龍撰　一三一三

浙閩總督採進本（總目）。○北京圖書館藏清鈔《明季野史彙編·酌中志餘》本，半葉九行，行二十四字，無格。未題撰人。《存目叢書》據以影印。《酌中志餘》中央民大有清鈔本，科圖有道光五年周心如鈔本，南圖有清傳氏長恩閣鈔本。未悉子目。

遜國君記鈔一卷臣事鈔六卷　舊本題曰鹽官淡泉翁編、句吴潛菴子訂　一三一四

兩淮鹽政採進本（總目）。○《兩淮鹽政李續呈送書目》：「《明遜國君臣事鈔》七卷二本。」○上海圖書館藏明鈔本，作《遜國君紀抄》二卷《臣事抄》六卷，題「鹽官淡泉翁編，勾吴潜菴子訂」。半葉十二行，行二十四字，白口，四周單邊。首葉鈐「翰林院印」滿漢文大官印，是進呈四庫原本。又鈐「秦

更年印」、「秦曼青」、「曾在秦嬰闇處」等印記。《存目叢書》據以影印。

虐政集一卷邪氛集一卷倒戈集一卷　不著撰人名氏　**一三一五**

兩淮鹽政採進本（總目）。○《兩淮鹽政李續呈送書目》：「《明虐政集》一卷《邪氛集》一卷二本。」○北京圖書館藏清鈔本，二册，半葉九行，行十八字，無格。首葉鈐「翰林院印」滿漢文大官印，書衣有「乾隆三十八年七月兩淮鹽政李質穎送到明虐政集壹部計書貳本」長方木記，是進呈四庫原本。書中玄字缺筆，蓋清初所鈔。《存目叢書》據以影印。

泰昌日録一卷　明楊惟休撰　**一三一六**

浙江汪啟淑家藏本（總目）。○《浙江省第四次汪啟淑家呈送書目》：「《泰昌日録》一卷，明楊維禮著，一本。」○《浙江採集遺書總録》：「《泰昌日録》一册，寫本，明太學生豐城楊惟休撰。」○清華大學藏明末刻本，分上下二卷，下卷末附《河清賦》一首。半葉八行，行十八字，白口，四周單邊。前有《日録題辭》，題「草莽臣楊惟休恭撰」。《存目叢書》據以影印。南圖亦藏是刻。○臺灣中研院史語所藏鈔本，存卷上一册，無撰人。

閹黨逆案一卷　明韓爌等奉敕定　**一三一七**

兩淮鹽政採進本（總目）。○明崇禎刻本，作《欽定逆案》一卷，半葉七行，行十九字，白口。清魚元傅鈔配並跋。原藏上圖，後發還私人。○北京圖書館藏清鈔《明季野史彙編·酌中志餘》本，首題「欽定逆案分款全録」。半葉九行，行二十四字，無格。無序跋。《存目叢書》據以影印。○清光緒崇文書局刻《正覺樓叢刻·酌中志餘》本,作《欽定逆案》一卷。○《酌中志餘》又有中央民大藏清鈔本,科學院圖書館藏清道光五年周心如鈔本,南圖藏清傅氏長恩閣鈔本,均未悉其子目。○檢兩淮進呈目,未見此書,唯《兩淮鹽政李續呈送書目》有「《酌中志餘》等十一種二本」,蓋館臣即據《酌中志餘》本存目。其「欽定」易作「閹黨」,係館臣例改。○上海圖書館藏清慈谿姜氏鈔姜宸英輯《東林史料叢鈔》本,《欽定逆案》一卷《欽定逆案分款全録》一卷。

遜國逸書七卷　明錢士升編　一三一八

内府藏本(總目)。○南京圖書館藏明崇禎刻本,半葉九行,行二十字,白口,四周單邊。《從亡隨筆》一卷,題「朝邑程濟著,魏塘錢士升訂」。《致身録》一卷,前有崇禎四年辛未錢士升序,正文卷端題「東吳史仲彬自叙,男晟謹藏,孫册釋附,魏塘錢士升較定」。《黄陳寃報録》一卷,前有崇禎十七年甲申錢士升叙。《拊膝録》一卷,題「玉海子劉琳著,魏塘錢士升訂」,版心題「遜國逸書卷之四」。前三種不標卷次。此四種共四卷,《拊膝録》爲第四種,列全書第四卷,故版心標「卷之四」,是全書四卷甚明。《總目》作七卷,蓋誤《拊膝録》一卷爲四卷所致。《中國古籍善本書目》亦沿其誤,作七卷。《存目叢書》據以影印。北大、東北師大、上圖均有殘本。

守麋紀略一卷　明高斗樞撰　一三一九

浙江巡撫採進本(總目)。○《浙江續購書》:「《守麋紀略》一本。」○《浙江採集遺書總録》:「《守麋紀略》一册,寫本,國朝鄞縣高斗樞撰。」○北京圖書館藏清鈔《明季稗乘四種》本,作《守麋紀略》

一卷，明高元若撰，半葉十二行，行二十四字或二十五字，無格。○浙江圖書館藏清鈔本，作《守鄖紀略》一卷，題「前巡撫陝西右副都御史高斗樞象先氏著」。半葉六行，行十六字，無格。首葉右下有「黄梅喻氏藏」小字一行。末有黄梅喻文鏊（石農）《題守鄖紀略》二首。書眉有近人硃校。《存目叢書》據以影印。○清光緒會稽趙之謙刻《仰視千七百二十九鶴齋叢書》本，又名《存漢録》。民國十八年紹興墨潤堂書苑影印趙氏刻《仰視千七百二十九鶴齋叢書》本。○清宣統三年商務印書館排印《痛史》本，作《守鄖紀略》。○民國六年商務印書館排印《痛史》本。○民國三十六年上海神州國光社排印《中國内亂外禍歷史叢書》本，作《守鄖紀略》。按：《太平御覽》卷百六十八引《十道志》云：「鄖鄉，古麇國也。」《千頃堂書目》作「高斗樞《守鄖紀略》一卷」。

建文史待無卷數　明陳繼儒撰　一三二〇

内府藏本（總目）。

事辭輯餘無卷數　明沈謏撰　一三二一

浙江巡撫採進本（總目）。○《浙江省第七次呈送書目》：「《事辭輯餘》，明沈謏輯，二本。」○《浙江採集遺書總録》：「《事辭輯餘》二册，寫本，明歸安沈謏撰。」

遜國正氣紀二卷　明曹參芳撰　一三二二

副都御史黄登賢家藏本（總目）。○《都察院副都御史黄交出書目》：「《遜國正氣集》，明曹參芳輯，二本。」○北京圖書館藏明末刻本，作《遜國正氣紀》八卷三册，題「逸史臣曹參芳輯次，同郡後學劉襄祚較閲」。半葉九行，行二十二字，白口，四周單邊。前有年表。後有男晟跋。《存目叢書》據以影印。遼寧省圖書館藏是刻殘存卷一至卷五，内封葉有光緒三十四年羅振玉墨筆題識八行。王清源女士云：記事至崇禎十七年五月，當爲南明時刻本。澤遜按：臺灣「中央圖書館」藏是刻，封面鐫「虬松齋藏板」。前有劉城序云：「歷未三百，遘茲甲申三月之變。」又云：「今江左初建，大讐未雪。」又劉光得序。又崇禎甲申中秋前一日浦上逸史曹參芳自序。又桐城後學周南序云：「劉子天章讀而好之，請壽以梓。」又劉襄祚評閲序略。末有曹晟跋。蓋即崇禎十七年秋劉襄祚刻本，是時崇禎帝已殉國，故該館定爲清初劉襄祚刻本。

嘉靖大政類編二卷　明茅元儀撰　一三二三

三通館本(總目)。○湖北省圖書館藏明萬曆三十七年刻本，分上下二卷，題「西吴茅元儀止生甫校」，半葉九行，行十九字，白口，左右雙邊。末有萬曆三十七年己酉六月望日黄鳳翔識語云：「茲編始事於癸巳秋，脱稿於丁酉春。」又云：「爰口占數語，付諸剞劂之役。」知係黄鳳翔撰。《總目》作茅元儀撰，蓋以卷端僅題茅元儀校，未題原撰人而致誤。《存目叢書》即據此本影印。南京圖書館亦藏是刻。

平巢事蹟考一卷　明茅元儀撰　一三二四

兩江總督採進本(總目)。○《兩淮鹽政李續呈送書目》：「《平巢事蹟考》一卷，明茅元儀，一本。」○北京圖書館藏清初鈔本，題「防風茅元儀止生輯評」。半葉十行，行二十二字，無格。前有茅元儀自序。鈐有「謙牧堂藏書記」、「謙牧堂書畫記」、「幼平珍祕」諸印。卷前有清光緒王基磐手跋一葉。《存目叢書》據以影印。○北京圖書館藏清乾隆三十四年陸烜刻《奇晉齋叢書》本，傅增湘據潘介繁、繆荃孫遞藏鈔本校。○上海圖書館藏清鈔本，清徐康跋。○北京圖書館藏清乾隆三十四年陸烜刻《奇晉齋叢書》本。○清道光十一年六安晁氏木活字印《學海類編》本。民國元年冰雪山房影印陸烜刻《奇晉齋叢書》本。民國九年商務印書館影印晁氏木活字《學海類編》寫本校，《藏園訂補郘亭知見傳本書目》著録。民國九年商務印書館影印晁氏木活字《學海類編》本。○北京圖書館藏鈔本，無序，後有光緒時李文田跋。任道斌《茅元儀著述知見録》著録。○民國二十六年商務印書館據《奇晉齋叢書》本排印，收入《叢書集成初編》。

定保録無卷數　明趙元祉撰 一三二五

浙江汪啟淑家藏本（總目）。○《浙江省第四次汪啟淑家呈送書目》：「《皇明定保録》不分卷，明趙元祉著，二本。」○《浙江採集遺書總録》：「《皇明定保録》二册，寫本，明無錫趙元祉撰。」

蜀國春秋十八卷　明荀廷詔撰 一三二六

浙江巡撫採進本（總目）。○《浙江省第六次呈送書目》：「《蜀國春秋》十八卷，明荀廷詔輯，四本。」○《浙江採集遺書總録》：「《蜀國春秋》十八卷，刊本，明成都荀廷詔輯。」

先撥志始二卷　明文秉撰 一三二七

浙江巡撫採進本（總目）。○《浙江省第四次鮑士恭呈送書目》：「《先撥志始》二卷，明文秉著，二本。」○《浙江採集遺書總録》：「《先撥志始》二卷，刊本，明長洲文秉撰。」○《江蘇省第一次書目》:「《先撥志》二本。」○《江蘇採輯遺書目録》:「《先撥志》二卷,明長洲文秉著,抄本。」○蘇州市圖書館藏清初鈔本,分上中下三卷,題「天若遺民著」。半葉九行,行十六字。前有甲申重陽自序,乙酉仲春方山石民叙。卷前又有乙未某氏手跋,鈐有「獨山莫氏藏書」朱文長方印。書中玄、弘、曆等字不避諱。《存目叢書》據以影印。○北京圖書館藏清雍正刻本二卷二册,半葉十一行,行二十一字,白口,左右雙邊。○四川省圖書館藏清乾隆十七年儉壹堂刻本,清趙烈文跋。○北京圖書館藏清刻本,半葉十一行,行二十一字,白口,左右雙邊。清徐恕校並跋。○清嘉慶十二年虞山張海鵬刻本,收入《借月山房彙鈔》第五集,浙圖、科學院圖書館藏。又收入《澤古齋重鈔》第四集,北圖、科學院圖書館等藏。又收入《式古居彙鈔》,上圖藏。《借月山房彙鈔》又有民國九年上海博古齋影印張氏刻本。○清道光十八年金山錢氏刻本,收入《指海》第十三集。民國二十四年上海大東書局影印金山錢氏刻《指海》本。○清同治二年夏燮刻本,半葉十行,行二十二字,白口,四周雙邊。清李文田校注並跋。北圖藏。○清光緒二十七年讀未見書齋校刻本,北師大藏。○舊寫本,盛昱舊藏,鈐徐梧生印。《藏園群書經眼録》著録。○民國二十六年商務印書館據《澤古齋重鈔》本排印,收入《叢書集成初編》。○民國三十六年神州國光社排印《中國内亂外禍歷史叢書》本。

守汴日志一卷　明李光壂撰　一三二八

大學士英廉家藏本(總目)。○清康熙四十一年序刻《説鈴》前集本,北圖、上圖等藏。○清道光五年聚秀堂刻《説鈴》前集本,上圖、南大等藏。○清康熙四十七年李爲淦刻本,上圖藏。○清道光七年李開鄴刻光緒二十四年孫叔謙補刻本。此係道光七年姪昆孫李開鄴據康熙四十七年李爲淦刻本重刻於滇南，光緒二十四年榮城孫叔謙訪得李之族裔居於杞者，書板藏於家，多殘缺，乃爲補刊重印。題「大梁李光壂熙亮甫编，男鑾節菴甫較訂，孫爲淦山濤甫重梓」。半葉九行，行二十字，白口，四周雙邊。前有康熙己巳周斯盛序，道光乙酉陳鴻重刻序，道光丙戌佟景文重刻序，道光丁亥李棠階重刻序。後有康熙三年梁熙跋，康熙乙酉又跋，康熙乙巳男鑾跋，康熙戊子孫爲淦跋，乾隆八年劉自潔跋，道光六年裔孫開鄴跋，道光二十二年開鄴又跋，光緒二十四年杜夢麟補栞跋，光緒二十四年孫叔謙補刊跋，又跋。《存目叢書》據清華大學藏此本影印。北圖、川圖有未經孫叔謙補刊本，蓋爲原印本。○清道光十九年品石山房木活字印《崇正叢書》本，首都圖書館、復旦大學等藏。○清道光二十四年吴江沈氏世楷堂刻《昭代叢書》壬集補編本。○北京圖書館分館藏清鈔本，鄭振鐸舊藏。

東林始末一卷　明蔣平階撰　　一三二九

編修程晉芳家藏本（總目）。○清道光十一年六安晁氏木活字印《學海類編》本。民國九年商務印書館影印晁氏木活字《學海類編》本。《存目叢書》又據影印本影印。

談往一卷　舊本題花村看行侍者偶録　　一三三〇

大學士英廉家藏本（總目）。○清鈔本，作《談往録》三卷，題花村看行侍者撰。中科院圖書館藏。○康熙五十一年序刻《説鈴》後集本，一卷。○道光五年聚秀堂刻《説鈴》本。○道光十九年品石山房木活字印《崇正叢書》本，二卷。○民國三年烏程張氏適園刻本，作《花村談往》二卷《補遺》一卷，收入《適園叢書》第十一集。○清鈔《碎珮叢鈴》本，山東圖書館藏。○《前塵夢影新録》著録舊鈔本，作《花村談往》，鈐「泉唐戴氏珍藏」等戴熙印多方，半葉十行，行二十四字，小册。○民國五年鉛印本，南圖藏。○《持靜齋書目》：「《花村談往》二册，舊鈔本，共二十篇，其七篇已爲《説鈴》所刻者，亦彼略而此詳。大概吴越間遺民所著述也。」又云：「存目即七篇略本。」

平叛記二卷　國朝毛霦撰　一三三一

浙江巡撫採進本(總目)。○《浙江續購書》：「《平叛記》三本。」○《浙江採集遺書總録》：「《平叛記》二卷，刊本，國朝萊州毛霦撰。」○北京師大藏清康熙五十五年毛貢等刻本，題「東萊毛霦荆石甫編，男賀九師、貢九來、贄師陸、賡歌起校字」。半葉九行，行二十字，白口，左右雙邊。前有康熙五十五年仲秋年家姪南州辜光旦序云：「長公九來來遊西江，校讐浹月，付之開雕。」又康熙五十年毛霦自序。《存目叢書》據以影印。北圖分館、北大、川圖等亦藏是刻。○上圖藏清鈔彭孫詒輯《甲申野史紀事彙鈔》本。○浙圖藏清鈔《甲申野史彙鈔》本。○北圖藏清鈔《甲申野史彙鈔》本，半葉八行，行十四字，黄格，白口，四周雙邊。○傅增湘藏清鈔本二册，《藏園訂補郘亭知見傳本書目》著録。○民國十七年東方學會排印《殷禮在斯堂叢書》本。○民國二十四年青島趙氏永厚堂鉛印本，北師大藏。

平寇志十二卷　舊本題管葛山人撰　一三三二

浙江巡撫採進本(總目)。○《浙江採集遺書總録》：「《平寇志》十二卷，刊本，不著撰人姓名。」○南京圖書館藏清初活字印本，題「管葛山人輯」。半葉十一行，行二十二字，黑口，左右雙邊。版框四角有縫，知是活版。或作刊本，未確。前有龍湫山人李確潛夫氏序。紀事至順治十八年，玄字缺末筆，故或定爲康熙間活字本。唯胤字或缺筆作乿，或不缺筆作𠑇，弘字則不避，疑雍正時印本。《存目叢書》據以影印。上圖、浙圖、北大亦有是本。原北平圖書館藏有一帙，王重民《善本提要補編》著録爲康熙間活字本，鈐「翰林院印」滿漢文大官印，是進呈四庫原本。又鈐「選學齋藏書印」、「風涇奎藻堂陶氏書籍記」、「風涇陶崇質家藏善本」等印記。現存臺北故宫博物院。○上海圖書館藏清鈔本。○上海圖書館藏清鈔《甲申野史紀事彙鈔》本。○北圖藏清周氏書鈔閣鈔《書鈔閣鈔書五種》本，半葉十三行，行二十五字，紅格，紅口，左右雙邊。○民國二十年北平圖書館據清初活字本排印本。○一九八四年上海古籍出版社排印陳協琹、劉益安校點本。以北平圖書館排印本爲底本，復據清初活字本校正數十處。○上海圖書館藏清初徐氏鈔本，作《流寇志》十四卷。○浙江圖書館藏清鈔本，作《流寇志》十四卷。○四川圖書館藏清海鹽黄振堃鈔小字巾箱本，作《流寇志》十六卷，九册。○按：管葛山人爲彭孫貽别號。《千頃堂書目》、《明史·藝文志》均著録「彭孫貽《流寇志》十四卷」。《流寇志》係原稿，至《平寇志》已多有改訂。金毓黻題記云：「《流寇志》中時時流露尊王攘夷之旨，實富於民族觀點。至《平寇志》則一變爲尊崇新清，攘夷精神不復存在。本書大名易『流寇』爲『平寇』亦以此故。」

明倭寇始末一卷　舊本題國朝谷應泰撰　**一三三三**

編修程晉芳家藏本（總目）。○《提要》云：「應泰有《明紀事本末》，已著録。此即《本末》中之一卷，書賈鈔出，以給收藏之家者也。」〇清道光十一年六安晁氏木活字印《學海類編》本。民國九年商務印書館影印晁氏木活字印《學海類編》本。〇民國二十五年商務印書館據《學海類編》本排印，收入《叢書集成初編》。

見聞隨筆二卷　國朝馮甦撰　**一三三四**

浙江巡撫採進本(總目)。〇《浙江續購書》：「《見聞隨筆》二本。」〇《浙江採集遺書總録》：「《見聞隨筆》二卷，刊本，國朝天台馮甦撰。」〇清嘉慶二十一年臨海宋氏刻本，《台州叢書》甲集之一。題「臨海馮甦再來著」。版心刻「臨海宋氏重梓」。前有嘉慶二十一年宋世犖《重刻見聞隨筆序》云：「取家藏鈔本與友人郭石齋叶寅鈔本、徐煦莽育刻本殘帙，付門人彭雲臣瑱、嚴一士諤互校一過而梓之。」又何絃度、毛奇齡原序。《存目叢書》據北大藏本影印。

安南使事記一卷　國朝李仙根撰　**一三三五**

兩淮鹽政採進本(總目)。〇《兩淮鹽政李續呈送書目》：「《安南使事紀要》四卷，國朝李仙根，一本。」〇北京圖書館藏清鈔本，作《安南使事紀要》四卷四册。半葉八行，行二十四字，無格。前有康熙八年周有德序。正文末署：「欽定安南正使内祕書院侍讀加正一品服色今陞國子監祭酒遂寧李仙根，副使職方清吏司主事加正一品服色黄陂楊兆傑舟中同記。康熙八年己酉秋月。」書衣有進書木記：「乾隆三十八年七月兩淮鹽政李質穎送到安南使事紀要壹部計書壹本。」序首葉鈐「翰林院印」滿漢文大官印。即兩淮進呈四庫原本。又鈐「吴興劉氏嘉業堂藏書記」、「張叔平」等印記。

粘有嘉業堂書籤。《存目叢書》據以影印。按：依書末署銜，知係李仙根、黃兆傑同撰。○上海圖書館藏清康熙八年刻本，作《安南使事紀要》四卷。○北京圖書館藏清康熙刻本，作《安南使事紀略》四卷二册，李仙根、楊兆傑撰。半葉八行，行二十四字，白口，四周單邊。○安徽博物館藏鈔本，民國王叔平跋。○按：《總目》所記書名、卷數、撰人均不詳確，當依北圖藏兩淮呈本更正。

交山平寇本末三卷附詩一卷詳文一卷書牘一卷　國朝夏駰撰　一三三六

浙江汪啟淑家藏本（總目）。○《浙江省第四次汪啟淑家呈送書目》：「《交山平寇本末》三卷附《詩》一卷《詳文》一卷《書牘》一卷，國朝夏駰著，二本。」○《浙江採集遺書總録》：「《交山平寇本末》三卷，刊本，國朝吴興諸生夏駰輯。」○復旦大學藏清康熙刻本，《詳文》、《書牘》、《本末》、《詩》先後葉碼相連，半葉十一行，行二十字，白口，四周雙邊。鈐「吴興劉氏嘉業堂藏書記」、「劉承幹字貞一號翰怡」等印記。《存目叢書》據以影印。社科院歷史所藏清初刻本，内容同前。北大、清華、浙圖藏清康熙十一年擁青閣刻本，僅《本末》三卷。上圖、復旦、浙圖藏康熙二十九年趙繼抃刻《萬青閣全集》本，内容全。以上四本未知異同。

平閩記十三卷　國朝楊捷撰　一三三七

直隸總督採進本（總目）。○《直隸省呈送書目》：「《平閩記》八本。」○《浙江省第四次汪啟淑家呈送書目》：「《平閩記》十三卷，國朝楊捷著，八本。」○《浙江採集遺書總録》：「《平閩記》十三卷，刊本，國朝少保三韓楊捷撰。」○中國科學院圖書館藏清康熙二十二年世澤堂自刻本，題「三韓楊捷元凱著，男懋緒令鴻、懋綸令掌纂」。半葉九行，行二十二字，白口，四周單邊。封面刻「康熙癸亥仲春吉旦」、「世澤堂藏板」。前有康熙二十三年馮溥序，二十二年王熙序，二十三年梁清標序，二十三年沈荃序。後有道光十年六月包世臣書後，康熙二十二年許纘曾後序，陸振芬跋，康熙二十三年楊瑄跋，宋志梁跋，康熙二十三年張玉書序，王廣心序，葉應榴序，康熙二十二年自序。蓋康熙二十二年刻道光十年印本。鈐有「古潭州袁卧雪廬收藏」印記。《存目叢書》據以影印。北大藏有同一刻本，包世臣跋係補鈔，唯斷版缺殘處全同，知亦道光十年印本。北圖、南圖等亦藏是刻。

師中紀績一卷　國朝王得一撰　一三三八

山西巡撫採進本（總目）。○康熙刻本。國圖。○一九六五年夏據國圖藏康熙刻本鈔本。福師大。○《臺灣文獻匯刊》據一九六五年鈔本影印本。

武宗外紀一卷　國朝毛奇齡撰　一三三九

浙江巡撫採進本（總目）。○清康熙書留草堂刻《西河合集》本，《存目叢書》據清華藏本影印。○清嘉慶南滙吴氏聽彝堂刻《藝海珠塵》絲集本。○光緒九年山陰宋澤元懺華盦刻《勝朝遺事》本。○宣統間國學扶輪社排印《香豔叢書》本。○民國三十六年上海神州國光社排印《中國内亂外禍歷史叢書》本，作《明武宗外紀》一卷。

後鑒録七卷　國朝毛奇齡撰　一三四〇

浙江巡撫採進本（總目）。○清康熙書留草堂刻《西河合集》本，《存目叢書》據清華藏本影印。○清道光二十二年南海吴氏芬陀羅館刻本，安徽圖書館藏。〇清光緒九年山陰宋澤元刻《勝朝遺事》本。

一三四一

封長白山記一卷　國朝方象瑛撰

大學士英廉家藏本（總目）。〇清康熙四十一年序刻《説鈴》前集本。〇清乾隆五十九年石門馬氏大酉山房刻《龍威祕書》第七集《吴氏説鈴攬勝》本。〇清道光五年聚秀堂刻《説鈴》本。〇清康熙三十九年刻《昭代叢書》乙集第二帙本，《存目叢書》據清華藏本影印。〇清道光十三年吴江沈氏世楷堂刻《昭代叢書》本。〇清道光十一年六安晁氏木活字印《學海類編》本。民國九年商務印書館影印晁氏木活字《學海類編》本。〇民國二十五年商務印書館據《學海類編》本排印，收入《叢書集成初編》。〇清光緒六年南清河王氏排印《小方壺齋叢鈔》本。〇光緒十七年上海著易堂排印《小方壺齋輿地叢鈔》本。

一三四二

辦苗紀略八卷　國朝俞益謨撰

浙江巡撫採進本（總目）。〇《浙江省第七次呈送書目》：「《辦苗紀略》八卷，國朝俞益謨輯，八本。」〇《浙江採集遺書總録》：「《辦苗紀略》八卷，刊本，國朝提督關中俞益謨輯。」〇按：書名「辦」殿本《總目》作「辦」，是。

一三四三

逐代陽秋二十八卷　國朝余美英撰

内府藏本（總目）。

二申野録八卷　國朝孫之騄撰　**一三四四**

浙江巡撫採進本（總目）。○《浙江省第五次曝書亭呈送書目》：「《二申野録》八卷，國朝孫之騄著。」○《浙江採集遺書總録》：「《二申野録》八卷，刊本，國朝孫之騄撰。」○天津圖書館藏清初刻本，題「仁和孫之騄輯」。半葉十行，行二十字，白口，左右雙邊。匠體字。無序跋。記事自洪武戊申至崇禎甲申。《存目叢書》據以影印。北圖、上圖等藏清刻《晴川八識》本疑即同版。○美國《普林斯頓大學葛思德東方圖書館中文舊籍書目》著録康熙六十年吟香館原刊本八卷四册。未知與前本異同。○《江西省圖書館館藏綫裝古籍書目》著録乾隆四十六年吟香館刻本四册。○同治六年吟香館刻本，北師大、人民大學、上圖等藏。○光緒二十七年吟香館刻本，河南省圖書館藏。

衡湘稽古五卷　國朝王萬澍撰　**一三四五**

兩江總督採進本（總目）。○《兩江第二次書目》：「《衡湘稽古》，常寧王萬澍著，一本。」○中國科學院圖書館藏清乾隆王國牧刻本，題「衡湘野人述」。半葉十行，行二十字，白口，左右雙邊，無直格。前有江昱序云：「常寧王君諱萬澍，字霍霖，既殁，其孤國牧刻其《衡湘稽古》成，述遺命乞序。」又段極生序，乾隆二十一年著者題辭。末有袁義璽跋。《存目叢書》據以影印。○清同治九年刻本，首都圖書館藏。○清光緒二十七年刻本，山東師大藏。

四庫存目標注卷十八

史部七

滕州　杜澤遜　撰

詔令奏議類

火警或問一卷　明世宗肅皇帝御製　一三四六

左都御史張若溎家藏本（總目）。○北京大學藏明藍格鈔《宸章集録》附本，半葉九行，行二十二字，白口，四周單邊。綿紙。《存目叢書》據以影印。○按：北大藏明藍格鈔《宸章集録》收嘉靖五年御賜費宏等詩及六、七年輔臣贊和詩，四庫已入總集類存目。次附《勑議或問》一卷，包括《御製正孔子祀典説》、《御製火警或問》、《御製明堂或問》，三者均入存目，皆據張若溎家藏本。檢《總裁張交出書目》無上述諸書，但有《國朝典故》十本。考明鈔本《國朝典故》，有《宸章集録》一卷《勑議或問》一卷。知《火警或問》、《明堂或問》、《正孔子祀典説》均在《勅議或問》内。《國朝典故》北圖、上圖、陝西圖、臺灣「中央圖書館」均有明鈔本。又明萬曆四十五年陳于廷刻《紀録彙編》本《勅議或問》亦包含前述三種。

代言録一卷　明楊士奇撰　一三四七

江西巡撫採進本（總目）。○《江西巡撫海續購書目》：「《聖諭》、《奏對》、《代言》三種三本。」○《提要》云：「是書乃其《東里别集》之一種。」○明嘉靖二十八年黄如桂刻《東里别集》本，與《東里詩集》、《文集》、《續集》合刻，即《全集》本。半葉十一行，行二十字，白口，四周單邊。北圖、上圖藏。○《四庫全書總目》别集類《東里全集》九十七卷《别集》四卷，《提要》云：「其《别集》四種，一即《代言録》。」

諭對録三十四卷　明張孚敬所奉世宗密諭及其奏草　一三四八

浙江汪啟淑家藏本（總目）。○《浙江省第四次汪啟淑家呈送書目》：「《諭對録》三十四卷《勅諭録》二卷《詩賦録》一卷，明張孚敬輯，十四本。」○《浙江採集遺書總録》：「《諭對録》三十四卷《勅諭録》一卷《詩賦録》一卷，刊本，明大學士張孚敬録。」○天津圖書館藏明萬曆三十七年寶綸樓刻本，《諭對録》三十四卷首一卷《勅諭録》二卷。題「少師兼太子太師吏部尚書華蓋殿大學士臣張孚敬謹録」。半葉九行，行十八字，白口，左右雙邊。版心上刻「勅建寶綸樓」。有刻工：王治刊、東嘉王治梓、東嘉王治鋟。前有較梓姓氏。末有「萬曆三十七年秋七月吉旦謹梓」一行。寫刻甚精。

《存目叢書》據以影印。北圖亦藏是刻。○明萬曆四十五年陽羨陳于廷刻《紀録彙編》本。民國二十七年商務印書館影印陳于廷刻《紀録彙編》本。民國二十八年商務印書館據《紀録彙編》本影印，收入《叢書集成初編》。均一卷。○清道光重刻本十一卷四册，丁丙舊藏（見《江蘇省立國學圖書館圖書總目》）。○光緒九年山陰宋澤元刻《勝朝遺事》本，一卷。

一三四九

明詔制八卷　明霍韜編

浙江范懋柱家天一閣藏本（總目）。○《浙江省第五次范懋柱家呈送書目》：「《皇朝詔制》八卷，明霍韜輯，八本。」○《浙江採集遺書總録》：「《皇明詔制》八卷，刊本，明南京禮部尚書霍韜編輯，侍郎吕柟校刊。」○北京圖書館藏明嘉靖十八年霍韜、吕柟刻本，作《皇明詔制》八卷，九册，包背裝，版心殘破，甚多缺字。半葉十行，行二十二字，白口，四周雙邊。無序跋。《存目叢書》據以影印。吉林大學藏是刻僅存卷八。

一三五〇

明詔令二十一卷　不著編輯者名氏

浙江汪啟淑家藏本（總目）。○《浙江省第四次汪啟淑家呈送書目》：「《皇明詔令》二十一卷十本。」○《浙江採集遺書總録》：「《皇明詔令》二十一卷，刊本，不著撰人。」○安徽省圖書館藏明嘉靖十八年傅鳳翱刻本，半葉十行，行二十字，白口，四周雙邊。末有黄臣跋云：「近奉命來兩浙，浙之傳監司曰鳳翱者出所刻《皇明詔書》示臣。」時嘉靖十八年。版心記寫工刻工：梅元紹寫、艾毛刊、熊佛照刊、葉仕荣刊、仕荣刊、余環刊、刘福成刊、王光宙寫、趙滇録刊、詹永信刊、應尚七刊、葉冄㒷刊、陳礼二刊、吴富刊、應尚六刊、應招刊、應汝臣刊、葉还寫、葉天錫、天錫刊、葉还寫、王廷生刊、陳友刊、毛肥刊、余清刊、江元貴刊、熊山刊、陳礼一刊、趙七九刊、趙滇六刊、胡翊寫、葉雄刊、范璞刊、余添寿刊、葉伯逊刊、蔡順刊、徐土寫、詹弟刊、余八十刊、蔡洪清刊、葉冄生刊、蔡福友刊、葉冄友刊、吴中信寫、黄㒷刊、永信刊、潘位刊、李存年刊、林清刊、葉金刊、詹蓬、單良禮寫、趙仲本寫、趙三八刊、黄標寫、王元滂寫、葉潤生寫、金十刊、李有年刊、葉定寫、梅元吉寫。《存目叢書》據以影印。臺灣「中央圖書館」亦藏此本。又有嘉靖二十七年增修本，收至嘉靖二十六年詔令，目録後刻「嘉靖二十七年正月浙江布政使司校補」一行。原北平圖書館、華東師大藏。又有遞增本，收詔令至嘉靖二十八年，美國國會圖書館藏(參王重民《善本提要》)。○臺灣「中央圖書館」藏清咸同間朝鮮内閣活字本，二十一卷十册。半葉十行，行二十字，白口，四周單邊，單黑魚尾。首册封面裏葉有手記六行：「光武二年(清光緒二十四年)八月日農商工部大臣李道宰内賜《皇明詔令》一件，命除謝恩，祕書院卿臣李道。」卷内鈐「欽文之寶」、「澤存書庫」印記。參該館《善本書志初稿》。

右詔令之屬

一三五一　絲綸捷要便覽一卷　不著編輯者名氏

兩淮馬裕家藏本(總目)。

一三五二　田表聖奏議一卷　宋田錫撰

浙江范懋柱家天一閣藏本(總目)。○《浙江省第五次范懋柱家呈送書目》：「《田表聖奏議集》一卷，宋田錫著，一本。」○《浙江採集遺書總録》：「《田表聖奏議》一册，寫本，宋工部尚書洪雅田錫撰。」○《提要》云：「此本乃明給事中安磐所搜輯。」又云：「世所傳《咸平集》今尚有傳本，凡是編所録者已具載集中。」○原北平圖書館藏明朱絲欄鈔本，作《田表聖先生奏議集》一卷。半葉九行，行十九字。前有嘉靖二十一年乙巳關中喬世寧序，嘉靖十一年壬辰嘉州安磐序，嘉靖二十三年甲辰浙江道監察御史嘉州程啟充序。卷内鈐「翰林院印」滿漢文大官印，知即進呈四庫原本。又鈐「夢曦主人藏佳書之印」印記。《藏園群書經眼録》、王重民《善本提要補編》著録。其本現存臺北「故宫博物院」。○田錫《咸平集》三十卷，有北圖藏明山陰祁氏淡生堂鈔本，《四庫全書》本，民國十二年李之鼎宜秋館據淡生堂鈔本刻本。

范文正公奏議二卷書牘一卷范忠宣公奏議二卷　明范惟一編　一三五三

浙江巡撫採進本（總目）。○《浙江續購書》：「《二范奏議》五本。」○《浙江採集遺書總録》：「《二范奏議》五册，刊本，明湖廣按察司僉事蘇州范惟一輯。」○明嘉靖四十年韓叔陽刻本，作《范文正公政府奏議》二卷《續集》二卷《書牘》一卷《范忠宣公奏議》三卷，半葉十一行，行二十字，白口，四周單邊。浙圖、重慶圖藏。此即《提要》引范能濬後序所稱「嘉靖中世孫惟一視學兩浙，復續編文正、忠宣奏議、書牘，命嚴州守韓叔陽梓行」者，亦即《存目》所據之本。○康熙四十六年丁亥二十世孫時崇捐貲命吴中祠堂主奉范能濬校刻《范文正公忠宣公全集》本，包括《范文正公政府奏議》二卷《尺牘》三卷《范忠宣公奏議》二卷。此據范惟一輯本重校定付梓者。人民大學、東北師大、大連圖書館藏。

一三五四　李忠定奏議六十九卷附録九卷　宋李綱撰

内府藏本（總目）。○《武英殿第一次書目》：「《李忠定公奏議》二十四本。」○明正德十一年胡文靜、蕭泮刻本，作《宋丞相李忠定公奏議》六十九卷《附録》九卷。卷端題「後學同郡畏菴朱欽彙校，文林郎邵武縣知縣泰和蕭泮繡梓，邵武縣儒學署教諭事嚴陵洪鼒校正」。半葉十行，行二十二字，細黑口，四周雙邊。卷六十九末題「邵武縣縣丞吴興陸讓同刊，鄉耆李軒同校」。前有觀文殿大學士醴泉觀使申國公陳俊卿序，淳熙十一年朱熹後序。後有明正德十一年丙子林俊跋，正德十一年丙子巡按福建監察御史山陰胡文靜跋。北圖、北大、南圖、津圖等藏。臺灣「中央圖書館」藏一帙，扉葉有近人莫棠跋：「四庫著録《梁溪集》一百八十卷附録六卷，世傳皆係抄本。此明代舊刊，正録奏議六十九卷，附録五種十六卷，當爲原編八十卷本之舊而後來略有增改者。《梁溪集》所增自專屬詩文，其奏疏未必能溢出此本之外。昔年在吴曾收左光斗評刊本，殊不佳。此刻頗希，吴下嘗一遇，價昂難得。丁未四月將之韶州，適南海孔氏書散出，遂購之。莫棠廣州倚裝記。」丁未爲光緒三十三年。附録九卷，其中《靖康傳信録》一卷、《建炎進退志》一卷、《建炎時政記》一卷，全書總目分别作三卷、四卷、三卷，故莫棠稱附録十六卷。是刻又有天啟重修本，上圖、浙圖等藏，朱熹序後有天啟二年福建監察御史鄭宗周祭李綱文。○清光緒二十九年湖南愛日堂刻本七十九卷二十册，川圖、上圖藏。

朱子奏議十五卷　明朱吾弼編　**一三五五**

兩江總督採進本（總目）。○《兩江第一次書目》：「《朱子奏議》，宋朱熹著，明朱吾弼輯，八本。」○明萬曆三十二年朱崇沐刻本，正文首題「重鋟文公先生奏議卷之一」，次題「宗後學監察御史高安朱吾弼編，邑後學禮部郎中汪國楠、邑後學禮部郎中江起鵬、浙後學欒城知縣嘉興譚昌言、浙後學婺源知縣平湖金汝諧、後學中書舍人歙邑吴養都、後學中書舍人歙邑吴養春同校，宗後學中書舍人休寧朱家用、十三世孫翰林院博士朱德洪同閲，十三世孫庠生朱崇沐訂梓」。半葉十一行，行十九字，白口，四周單邊。前有萬曆三十二年甲辰南京吏部右侍郎葉向高序云：「朱生崇沐既刻《朱子語類》，而余爲之序。……復裒《朱子奏議》刻之，而仍屬余序。」序後有「旌邑劉國彰刊」一行，蓋刻工也。北大、上圖、南圖、臺灣「中央圖書館」等藏。

奏對録一卷　明楊士奇撰　**一三五六**

浙江巡撫採進本（總目）。○《江西巡撫海續購書目》：「《聖諭》、《奏對》、《代言》三種三本。」○《提要》云：「已載入《東里別集》中，此其單行之本也。」○明嘉靖二十八年黄如桂刻《東里別集》本，與《東里詩集》、《文集》、《續集》合刻，即《全集》本。半葉十一行，行二十字，白口，四周單邊。北圖、上圖藏。○《四庫全書總目》別集類《東里全集》九十七卷《別集》四卷，其《別集》四卷之一爲《奏對録》。

葉文莊奏疏四十卷　明葉盛撰　**一三五七**

浙江巡撫採進本（總目）。○《浙江省第八次呈送書目》：「《葉文莊上谷奏草》、《西垣奏草》、《邊奏存稿》、《兩廣奏草》十六卷，明葉盛著，十本。」○山西大學藏明崇禎四年葉重華刻本，總名《葉文莊公奏疏》，子目：《西垣奏草》九卷、《邊奏存稿》七卷、《兩廣奏草》十六卷、《上谷奏草》八卷，共四十卷。題「吏部左侍郎謚文莊崑山葉盛存稿，孫衡州府同知夢淇較定，六世孫禮部主事重華彙梓」。半葉十行，行二十字，白口，四周單邊。前有崇禎四年鄭以偉序。《存目叢書》據以影印。北圖、上圖、社科院文學所、保定市圖藏。○《西垣奏草》九卷附録一卷，有明嘉靖九年葉夢淇刻本，科圖藏。又民國三十一年合衆圖書館鈔本，上圖藏。

兩廣奏草十六卷　明葉盛撰　**一三五八**

江西巡撫採進本（總目）。○明崇禎四年葉重華刻《葉文莊公奏疏》本。參前條。

王介菴奏稿六卷　明王恕撰　**一三五九**

兩淮鹽政採進本（總目）。○《兩淮鹽政李續呈送書目》：「《介菴奏稿》六卷，明王恕，六本。」○明嘉靖二十六年謝應徵刻本，作《王公奏稿》六卷，題「三原介菴王公奏議，後學華亭謝應徵校正」。半葉九行，行十八字，白口，左右雙邊。北圖、華東師大藏。

晉溪奏議十四卷　明王瓊撰　**一三六〇**

江蘇周厚堉家藏本（總目）。○《江蘇省第一次書目》：「《晉溪奏議》十四本。」○《江蘇採輯遺書目録》：「《晉溪奏議》十四卷，少保兵部尚書太原王峻著，刊本。」○甘肅省圖書館藏明嘉靖二十三年廖希顔、江濬刻本，作《晉溪本兵敷奏》十四卷。半葉十行，行二十字，白口，四周雙邊。前有嘉靖二十三年甲辰廖希顔序云：「余入太原，因訪嗣子都事内泉君，蒐緝餘牘，屬太原守江君濬爲梓完之。」末有某氏跋，殘存前二葉。《存目叢書》據以影印。北圖、重慶圖亦藏是刻。

密勿稿三卷　明毛紀撰 **一三六一**

兩江總督採進本（總目）。○北京圖書館藏明嘉靖十六年刻本，半葉十行，行十九字，白口，四周雙邊。前有嘉靖十六年丁酉劉棟《刻密勿稿序》，嘉靖九年庚寅毛紀序。後有嘉靖十六年丁酉仲選跋云：「因用梓之，與天下共。」卷内鈐「毛貢之印」、「九來」、「劉明陽王靜宜夫婦讀書之印」、「寶晴簃主王靜宜所得祕笈記」、「研理樓劉氏藏」、「研理樓劉氏倭劫餘藏」、「有書自富貴，無病即神仙」、「天津市人民圖書館珍藏圖書」、「天津圖書館注銷章」等印記。《存目叢書》據以影印。按：毛貢字九來，號蓉洲，清掖縣人，蓋毛紀後裔。

辭榮録一卷　明毛紀撰 **一三六二**

兩江總督採進本（總目）。○遼寧省圖書館藏明嘉靖十年刻本，半葉十行，行十九字，白口，四周雙邊。前有嘉靖十年陳沂序，末有嘉靖十年賨明跋。《存目叢書》據以影印。

毛襄懋奏議二十卷　明毛伯温撰 **一三六三**

江西巡撫採進本（總目）。○《江西巡撫海第三次呈送書目》：「《毛襄懋奏疏》八本。」○上海圖書館藏清乾隆三十七年毛氏世恩堂刻《毛襄懋公全集》本，作《毛襄懋先生奏議》二十卷。題：「賜進士前光禄大夫柱國太子太保太子賓客兵部尚書贈少保謚襄懋吉水毛伯温著，男朴、棟、楠，孫懋宗編次，元孫仲愈、礽孫綜占元重梓，賜進士奉政大夫江西提刑按察司僉事分巡湖西道浙江三衢宗晚生毛汝麒校刊。」半葉十行，行二十字，白口，四周雙邊。封面刻「乾隆壬辰年重鐫」、「世恩堂藏板」。卷内鈐「王培孫紀念物」朱文方印。《存目叢書》據以影印。清華大學、江西省圖亦藏是刻。《中國古籍善本書目》集部著録爲「清毛綜等刻本」，未確。當作「清乾隆三十七年毛仲愈、毛綜刻本」。世恩堂蓋毛氏世代相傳之堂號。

方改亭奏草無卷數　明方鳳撰　**一三六四**

江蘇巡撫採進本(總目)。○《江蘇省第一次書目》：「《方改亭奏議》一本。」○《江蘇採輯遺書目録》：「《方改亭集》一册，監察御史方鳳著，抄本。」○南京圖書館藏鈔本一册，正文首行題「改亭奏草」，次題「河南道監察御史臣方鳳謹題」。半葉九行，行二十一字，無格。前有王守仁題詞，王世貞序。後有嘉靖十四年乙未兄矯亭鵬跋，陳名夏跋。卷内鈐「八千卷樓藏書之記」、「四庫坿存」等印。書中弘、寧等字缺末筆，是清後期鈔本。《存目叢書》據以影印。

石峯奏疏四卷　明邵錫撰　**一三六五**

直隸總督採進本(總目)。○《直隸省呈送書目》：「《邵錫奏疏》四本。」

桂文襄奏議八卷　明桂萼撰　**一三六六**

江西巡撫採進本(總目)。○《江西巡撫海第二次呈送書目》：「《桂文襄奏議》四本。」○重慶市圖書館藏明嘉靖二十三年桂載刻本，作《文襄公奏議》八卷，題「南京應天府通判前奉直大夫男載校刻」。半葉十行，行二十一字，白口，四周雙邊。有嘉靖二十三年甲辰李易序。刻印頗精。鈐「項氏萬卷堂圖籍印」印記。《存目叢書》據以影印。○清康熙三十五年六世孫重刊本，作《文襄公奏議》八卷附《補遺》一卷，日本東京大學東洋文化研究所藏。按：《販書偶記續編》著録康熙三十三年重刊乾隆二十七年補刊本，當即同版。唯重刊年作康熙三十三年，未知孰是。又上海圖書館藏乾隆二十七年桂氏重刻本，有《補疑》一卷，亦當是同版。○江西圖書館藏白玉堂刊本四册。未知與前本異同。

漕河奏議四卷　明王以旂撰　　**一三六七**

浙江范懋柱家天一閣藏本（總目）。○《浙江省第五次范懋柱家呈送書目》：「《漕河奏議》四卷，明王以旂著，二本。」○《浙江採集遺書總録》：「《漕河奏議》四卷，刊本，明侍郎王以旂輯。」

諫垣奏草四卷　明毛憲撰　　**一三六八**

兩江總督採進本（總目）。○《兩江第二次書目》：「《古菴諫草》二本。」○清華大學藏明嘉靖十七年刻本，半葉十行，行二十字，白口，左右雙邊。書名卷數同存目。○《提要》云：「憲别有《古菴文集》，此其集外别行者也。」按：《古菴文集》十卷在别集類存目。○民國三十八年毗陵文獻徵存社排印《毛古菴先生全集》本，東北師大藏。

夢虹奏議二卷　明鄧顯麒撰　　**一三六九**

江西巡撫採進本（總目）。○北圖分館藏清道光二十七年刻本二卷，又首一卷、末一卷。題「奉新鄧顯麒文瑞甫著，男廉甫希夷、寬甫希惠、孫天錫右卿同輯，裔孫繡漢英重訂，楚攸後學余潮潮三甫評閲」。半葉九行，行二十字，白口，左右雙邊。前有乾隆十六年余潮序，乾隆十六年楊國瓚序，嘉靖三十三年李楨序，像，豐熙贊，傳，裔孫繡重刻凡例。後有嘉靖三十三年黄卷跋，嘉靖三十三年男廉甫、寬甫跋，余潮贈詩。封面刻「道光丁未年季春月重刊」、「新吴繡衣第藏板」。《存目叢書》據以影印。○上海圖書館藏清光緒二十三年新吴公廨刻本。

桂洲奏議二十一卷　明夏言撰　一三七〇

安徽巡撫採進本（總目）。○《安徽省呈送書目》：「《桂洲奏議》二十本。」○重慶圖書館藏明忠禮書院刻本，作《桂洲先生奏議》二十卷《外集》一卷。題：門人左鑑編輯，門人薛應旂校正，婿吴春重編。半葉十二行，行二十三字，白口，四周單邊。正文版心上刻「忠禮書院」，序跋版心刻「桂洲書院」。前有王暐序，各葉上半殘損，文義不連。卷尾有「不肖甥吴萊百拜刻」一行，又某氏後序，不完。正集第二卷佚去。《存目叢書》據以影印。○重慶圖書館藏明刻本，作《桂洲奏議》二十卷《外集》二卷《桂洲集》四卷，半葉十二行，行二十字，白口，左右雙邊。北大、南圖有殘本。原北平圖書館藏此本，王重民《善本提要補編》著録爲明嘉靖間刻本，現存臺北「故宫博物院」。○清華大學藏明嘉靖二十五年刻本，作《桂洲奏議》十二卷《續集》二卷，半葉十行，行二十字，白口，左右雙邊。有刻工。津圖有殘本。○清乾隆二十九年忠禮書院刻本，作《桂洲夏文愍公奏議》二十一卷《補遺》一卷，半葉十行，行二十一字，白口，四周雙邊。山西師大、上圖藏。○清道光忠禮書院補刻本，丁氏八千卷樓舊藏（見《江蘇省立國學圖書館圖書總目》）。○清光緒十七年江西書局重刻本十二册，上圖、江西省圖藏。

復套議二卷　明曾銑撰　**一三七一**

江蘇周厚堉家藏本（總目）。○《江蘇省第一次書目》：「《復套議》二本。」○《江蘇採輯遺書目録》：「《復套議》，不詳姓氏。」○上海圖書館藏明萬曆刻本，作《復套議》二卷，半葉九行，行十九字，白口，四周雙邊。無序跋。疑猶嘉靖間原刊本。鈐「翰林院印」滿漢文大官印，是進呈四庫原本。間有批改，「裔夷」改「强敵」，「腥膻」改「强梁」，「華夷」改「中外」，「虜」改「敵」，當是館臣所改。《存目叢書》據以影印。○原北平圖書館藏明萬曆十五年曾氏家刻本，作《曾襄愍公復套議》不分卷，二册。半葉十行，行二十一字。有萬曆十五年陳文燭序。王重民《善本提要補編》著録，謂「此本爲隆萬間對曾銑賜謚、建祠以後之重刻本。而陳文燭序剜補『孫汝元重刻』五字，汝元欲獨占重刻之功，適足證明此本爲重刻本之後印者」。按：此本現存臺北「故宫」。《中央圖書館善本書目》著録爲萬曆十五年曾氏家刊本。又臺灣中研院史語所藏明萬曆十五年刻《曾襄愍公奏議》不分卷二册，疑即此種。

奏對稿十二卷　明張孚敬撰　**一三七二**

江蘇巡撫採進本（總目）。○《江蘇省第一次書目》：「《奏對稿》六本。」○《江蘇採輯遺書目録》：「《奏對稿》十二卷，文淵閣大學士永嘉張璁著，刊本。」○明萬曆四十二年楊鶴刻本，作《東甌張文忠公奏對稿》十二卷,題「武陵楊鶴校」。半葉九行,行十八字,白口,四周單邊。有萬曆四十二年楊鶴序。華東師大、温州圖書館藏。北大有殘帙。美國國會圖書館藏一部,王重民《善本提要》著録。

一三七三

督撫經略疏八卷　明李遂撰

浙江巡撫採進本(總目)。○《浙江省第十二次呈送書目》:「《督撫經略疏》八卷,明李遂著,四本。」○《浙江採集遺書總録》:「《督撫經略疏》八卷,刊本,明尚書李遂撰,御史劉景韶編。」○山西大學藏明萬曆刻本,作《李襄敏公奏議》十三卷《遺思録》五卷。半葉九行,行十八字,白口,左右雙邊。有刻工:姜達、姜俸、鳳、賔。正文卷一卷二《祠部稿》,卷三《操江稿》,卷四至十一《督撫稿》,卷十二卷十三《本兵稿》。其《督撫稿》即《督撫經略疏》。全書前有隆慶三年九月既望徐南金序,茅坤《督撫經略序》,萬曆二年甲戌孟冬望日孫應鰲序,萬曆二年六月朔旦門生陳瑞序。陳序云:「不佞於門墻無能爲役,既鋟諸梓,復追叙疇昔之感端拜而謹書之。」蓋爲萬曆二年門生陳瑞刻本。《存目叢書》據以影印。○美國國會圖書館藏明萬曆間刻本,作《李襄敏公奏議》十四卷,前十三卷同前本,第十四卷爲附録《行狀》、《神道碑》、《墓誌銘》等。半葉九行,行二十字。序四篇同前本。王重民《善本提要》著録。湖南省圖書館藏明刻本,書名卷數同,殘存卷三至卷十四,疑係同刻。

一三七四

前川奏疏二卷　明曾忭撰

江西巡撫採進本(總目)。○《江西巡撫海第三次呈送書目》:「《前川奏疏》二本。」

本兵疏議二十四卷　明楊博撰　　**一三七五**

江西巡撫採進本(總目)。○《江蘇省第一次書目》:「《楊襄毅本兵疏議》十二本。」○《江蘇採輯遺書目録》:「《楊襄毅本兵疏議》二十四卷,兵部尚書蒲州楊博著,刊本。」○浙江圖書館藏明萬曆十四年師貞堂刻本,作《楊襄毅公本兵疏議》二十四卷。半葉十行,行二十二字,白口,四周雙邊。版心下刻「師貞堂」。前有萬曆十四年李汶序。卷内鈐「吴興藥盦」、「百福盦主人印」等印記。《存目叢書》據以影印。○臺灣中研院史語所藏明萬曆間刻《楊襄毅公奏疏》二十二卷,包括:《薊遼奏疏》一卷、《吏部奏疏》六卷、《甘肅奏疏》一卷、《宣大奏疏》二卷、《本兵奏疏》十二卷。

臺省疏稿八卷　明張瀚撰　　**一三七六**

江西巡撫採進本(總目)。○北京大學藏明萬曆元年吴道明刻本,半葉九行,行十八字,白口,四周單邊。前有陳王道序云:「廬州守吴君道明請於翁再三,吴君,翁守大名時所甄拔門下士也,爰命鋟而刻之。」又萬曆二年王宗沐序。後有萬曆元年冬十月楊松跋,萬曆元年冬十月吴道明跋,萬曆元年胡時化跋,萬曆元年萬振孫跋,萬曆元年黄道年跋,萬曆元年羅雲、王裔跋。吴道明跋云:「遂俾王生詳加訂校,刻既成,竊綴一言於末。」知係萬曆元年吴道明刻於廬州郡署者。鈐「大學堂藏書樓之章」印記。《存目叢書》據以影印。南圖亦藏是刻,即丁丙《善本書室藏書志》著録者。

平倭四疏三卷　明張煥撰　　**一三七七**

浙江鄭大節家藏本(總目)。○《浙江省第五次鄭大節呈送書目》:「《平倭四疏》三卷,明章煥著,二本。」○《浙江採集遺書總録》：「《平倭四疏》三卷，刊本，明僉都御史吴郡章焕撰。」○《提要》云：「此本乃嘉靖己未焕由河南巡撫拜督漕之命，將去汴時，周藩鎮國中尉睦㮮序而刻之者也。」

按：張焕當作章焕。

南宫奏牘二卷　明高拱撰　**一三七八**

安徽巡撫採進本（總目）。○《河南省呈送書目》：「《南宫奏牘》，明高拱著，一本。」○臺灣「中央圖書館」藏明嘉靖刻本，半葉九行，行十八字，白口，四周雙邊。前有嘉靖四十五年丙寅自序，署「中玄子」。又藏一部，鈐「劉承幹字貞一號翰怡」等印（參該館《善本書志初稿》）。浙圖亦藏是刻。○山東博物館藏明萬曆刻《高文襄公集》本。○河南圖書館藏明萬曆四十二年馬之駿等刻《高文襄公集》本。○清康熙新鄭高有聞籠春堂刻《高文襄公集》本，北圖、南圖、復旦等藏。

綸扉内稿一卷外稿一卷　明高拱撰　**一三七九**

安徽巡撫採進本（總目）。○臺灣「中央圖書館」藏明隆慶間原刻本，題「中玄高拱著」，凡《綸扉稿》一卷、《綸扉外稿》二卷，三册。半葉九行，行十八字，白口，四周雙邊。《外稿》有隆慶六年壬申自序。書中鈐「劉承幹字貞一號翰怡」、「吴興劉氏嘉業堂藏書印」等印記。又藏一部，僅《外稿》，鈐「韓勉公藏書印」印記（參該館《善本書志初稿》）。南京圖書館藏明刻本，與《春秋正旨》等合印，行款版式及卷數同，當係同版。○山東博物館藏明萬曆刻《高文襄公集》本，僅《綸扉稿》一卷。○河南圖書館藏明萬曆四十二年馬之駿等刻《高文襄公集》本，作《綸扉内稿》一卷、《綸扉外稿》一卷，與《總目》

合。〇清康熙二十七年新鄭高有聞籠春堂刻本，作《綸扉稿》二卷，《高文襄公集》之一。北圖、南圖、復旦等藏。

一三八〇　掌銓題稿十四卷　明高拱撰

安徽巡撫採進本（總目）。〇《河南省呈送書目》：「《掌銓題本》，明高拱著，一本。」〇臺灣「中央圖書館」藏明隆慶原刻本三十四卷十四册，半葉九行，行十八字，白口，四周雙邊。前有隆慶六年壬申自序。每册前有目録。第八册版心有刻工：仁、涇、涣、陸等。鈐「陽湖陶氏涉園所有書籍之記」、「莚圃收藏」等印記（參該館《善本書志初稿》）。中國社科院歷史所藏有是刻。東北師大本存二十三卷。〇山東博物館藏明萬曆刻《高文襄公集》本，作三十四卷。〇河南圖書館藏明萬曆四十二年馬之駿等刻《高文襄公集》本，作十四卷。〇清康熙二十六年新鄭高有聞籠春堂刻本，作三十四卷，《高文襄公集》之一。北圖、南圖、復旦等藏。

一三八一　獻忱集二卷　明高拱撰

安徽巡撫採進本（總目）。〇美國國會圖書館藏明嘉靖間刻本五卷二册，題「中玄高拱著」。半葉九行，行十八字。卷一《成均表奏》，卷二《南宮表奏》，卷三《宮端表奏》，卷四《南宮表奏》，卷五《綸扉表奏》。有嘉靖四十五年自序。（參王重民《善本提要》）〇山東博物館藏明萬曆刻《高文襄公集》本，作五卷。〇河南圖書館藏明萬曆四十二年馬之駿等刻《高文襄公集》本，作二卷。〇清康熙二十八年新鄭高有聞籠春堂刻本，作五卷，《高文襄公集》之一。北圖、南圖、復旦等藏。

奏疏輯略一卷　明董傳策撰　一三八二

兩江總督採進本（總目）。○原北平圖書館藏明萬曆三十年壬寅董傳文刻本，作《董宗伯奏疏輯略》一卷，半葉九行，行二十字，白口，四周雙邊。首葉版心記刻工：「沈及之寫刻。」卷尾有刻書識語：「龍飛萬曆歲在壬寅太史叔其昌訂，弟傳文梓。」又董傳文附識。《存目叢書》據北京圖書館藏膠卷影印。其原本當存臺北「故宫博物院」。

粵西疏稿三卷　明吴文華撰　一三八三

浙江巡撫採進本（總目）。○原北平圖書館藏明萬曆刻清乾隆印本三卷三册，半葉十行，行十九字。有萬曆六年王原相序。王重民《善本提要補編》、臺灣《中央圖書館善本書目》著録，書存臺北「故宫博物院」。北京圖書館有萬曆刻本，半葉十行，行十九字，白口，左右雙邊。當是一刻，惜僅存卷一。北大、科學院圖書館藏明萬曆耿定力刻清印本《濟美堂集》四卷附有《粵西疏稿》三卷《留都疏稿》一卷，行款同北圖本，書中弘、曆等字多被鏟不完，知亦乾隆印本，當與原北平圖書館本同版。○浙圖藏有吴文華《粵西奏議》五卷，明萬曆十五年桂林刻本。半葉九行，行二十字，白口，四周雙邊。

留都疏稿一卷　明吴文華撰　一三八四

浙江巡撫採進本（總目）。○明萬曆耿定力刻清乾隆印《濟美堂集》附本，半葉十行，行十九字，白口，左右雙邊。科學院圖書館、北大藏。

一三八五 存笥録一卷　明張檟撰

江西巡撫採進本（總目）。○《江西巡撫海第三次呈送書目》：「《存笥録》一本。」○《提要》云：「是編乃其曾孫道登所刻。」

一三八六 王文肅奏草二十三卷　明王錫爵撰

江蘇巡撫採進本（總目）。○《江蘇省第一次書目》：「《王文肅奏草》十二本。」○《江蘇採輯遺書目録》：「《王文肅奏草》二十三卷，文淵閣大學士太倉王錫爵著，刊本。」○明萬曆王時敏刻本，作《文肅王公奏草》二十三卷，題「光禄大夫少保兼太子太保吏部尚書建極殿大學士王錫爵著，翰林院編修男衡彙輯，尚寶司司丞孫男時敏校梓」。半葉九行，行十八字，白口，四周單邊。前有申時行序云：「公没而其孫時敏出櫝中疏草刻之，刻成以屬余叙。」考焦竑《獻徵録》卷十七《王先生錫爵行狀》，王錫爵卒於萬曆三十八年庚戌。又《申公時行神道碑》，申時行卒於萬曆四十四年。知是本刻於萬曆年間。傳本或有天啟二年何喬遠序，王重民《善本提要》云：「當爲印刷時所加入」，是也。《中國古籍善本書目》著録爲「天啟二年王時敏刻本」，恐誤。北大、南圖、浙圖等藏。此本又收入《王文肅公全集》，首都圖書館、浙圖藏。○明唐氏廣慶堂刻《王文肅公文集》五十五卷，其中卷三十一至卷五十三爲奏疏，即《奏草》二十三卷。半葉九行，行十八字，白口，四周單邊。此本卷端仍題孫男時敏校梓，封面刻「繡谷唐氏廣慶堂藏板」。王重民謂此係唐氏得舊刻殘版，或全卷改刻，或剜補書題，彙印而成（詳《善本提要》）。北圖、北大、首都師大等藏。

一三八七　小司馬奏草六卷　明項篤壽撰

兩江總督採進本（總目）。○《兩江第一次書目》：「《小司馬奏草》，明項篤壽著，六本。」○北京大學藏明刻本，正文首題「小司馬草卷之一」，下題「駕部稿」。卷二至卷六大題下題「職方稿」。版心上題「奏草」。半葉九行，行二十字，白口，四周單邊。前有錢藻序，自序。是書所收奏草至萬曆初止，當是萬曆刻本。卷内鈐「麐嘉館印」、「木犀軒藏書」等印。《存目叢書》據以影印。

一三八八　冲菴撫遼奏議二十卷督撫奏議八卷　明顧養謙撰

江蘇周厚堉家藏本（總目）。○《江蘇省第一次書目》：「《冲菴奏議》十二本。」○《江蘇採輯遺書目録》：「《冲菴奏議》二十卷，兵部尚書通州顧養謙著。」○上海圖書館藏明萬曆刻本，僅《冲菴顧先生撫遼奏議》二十卷，題「通州益卿顧養謙著」。半葉十行，行二十字，白口，左右雙邊。寫刻頗工。前有萬曆十五年三月王世貞序。版心刻工：戴仕刻、萬思刻、鄧志、鄧明、尚荣、程国祥、夏京、錢湯刻、尚还、繆懷、史方、陈元、史模。《存目叢書》據以影印。北圖亦有是刻，存卷四至卷十七。

一三八九　敬事草十九卷　明沈一貫撰

山西巡撫採進本（總目）。○《山西省呈送書目》：「《敬事草》十九卷。」○北京大學藏明刻本，題「柱國少傅兼太子太傅吏部尚書中極殿大學士臣沈一貫」。半葉九行，行十九字，白口，左右雙邊。卷十九後附《擬疏》五葉半。無序跋。寫刻頗工。鈐「四明盧氏抱經樓藏書印」、「燕京大學圖書館」等印記。《存目叢書》據以影印。北圖有是刻殘本，存卷一至卷五、卷七、卷九至卷十、卷十四至卷

十五、卷十七至卷十八，共十二卷十册。日本内閣文庫藏是刻，存卷一至十五、卷十八卷十九，共十七卷。

內閣奏題稿十卷　明趙志皐撰 **一三九〇**

浙江巡撫採進本（總目）。○《浙江省第六次呈送書目》：「《內閣奏稿》十卷，明趙志皐著，四本。」○《浙江採集遺書總録》：「《雲洞山房集》二卷《內閣奏稿》十卷，刊本，明大學士蘭溪趙志皐撰。」○南京圖書館藏清順治七年趙世溥刻本，作《內閣奏題稿》十卷首一卷，卷首題「孫世溥重梓」。半葉九行，行二十字，白口，四周單邊。前有萬曆二十八年庚子自序。目録後有順治七年庚寅趙世溥識語。卷內鈐「八千卷樓」、「嘉惠堂丁氏藏書之記」、「四庫坿存」等印。《存目叢書》據以影印。

王文端奏疏四卷　明王家屏撰 **一三九一**

兩江總督採進本（總目）。○《兩江第二次書目》：「《王文端奏疏》，明王家屏著，二本。」○明萬曆刻本，作《王文端公奏疏》四卷，題「山陰對南王家屏著，定襄門人傅新德校」。半葉十行，行二十字，白口，四周雙邊。前有沈珣序。科學院圖書館有初印本。此刻又與《王文端公詩集》二卷《尺牘》八卷合印，北圖、北大、上圖、津圖等藏。○燕京大學圖書館傳鈔本二册，北大藏。

奏議二卷　明李頤撰 **一三九二**

江西巡撫採進本（總目）。○清乾隆十一年刻本，作《李及泉奏議》二卷首一卷末一卷（見《販書偶記續編》）。○上海圖書館藏清咸豐六年九世孫李熙載等刻本，作《李及泉先生奏議》二卷首一卷末一卷。目録前題：「大邑侯陶安軒先生鑒定，同里萬石渠編次，九世孫熙載、九叙、姪和璧重梓。」半葉十行，行二十二字，白口，四周單邊。前有乾隆十一年五月段藻序云：「刻《奏議》既成，因爲叙其大端。」又咸豐六年夏萬石渠《重刻李大司馬奏議序》。後有咸豐六年陶慶淳跋，咸豐六年九世孫九叙跋。鈐有「宜秋館藏書」、「王培孫紀念物」等印記。《存目叢書》據以影印。

掖垣題稿三卷　明顧九思撰　**一三九三**

刑部員外郎顧棻家藏本(總目)。○北京圖書館藏明萬曆二十九年自刻本，題「吴郡顧九思著」。半葉九行，行十九字，白口，左右雙邊。前有徐顯卿序云：「其子孝廉有禎校付剞劂。」又萬曆二十九年顧九思序云：「茲以兒輩檢予舊笥，得《掖垣題稿》，固請梓刻，藏於家廟。」卷内鈐「金恩焘讀」、「金友芷長壽」、「百華邨農」等印記。《存目叢書》據以影印。○清同治六年序刻本，上圖、南圖等藏。○日本静嘉堂文庫藏寫本一卷。

諫垣疏稿四卷　明姚學閔撰　**一三九四**

兩江總督採進本(總目)。○《兩江第一次書目》：「《諫垣疏稿》，明姚宗閔著，四本。」按：宗當作學。

海防奏議四卷　明萬世德撰　**一三九五**

江蘇周厚堉家藏本(總目)。○《江蘇省第一次書目》：「《海防奏議》四本。」○《江蘇採輯遺書目録》：「《海防奏議》四卷，明都察院右僉都御史萬世德著。」

一三九六 **治河奏疏四卷　明李化龍撰**

直隸總督採進本(總目)。○《直隸省呈送書目》:「《治河奏疏》四本。」

一三九七 **黄門集三卷　明陳與郊撰**

浙江巡撫採進本(總目)。○《浙江省第六次呈送書目》:「《黄門集》三卷,明陳與郊著,二本。」○《浙江採集遺書總録》:「《隅園集》十八卷《黄門集》三卷《蘋川集》八卷,刊本,明太常卿海寧陳與郊撰。」○北京大學藏明萬曆刻本,半葉八行,行十九字,白口,左右雙邊。日本内閣文庫亦藏是刻,與《隅園集》十八卷《蘋川集》八卷合印。

一三九八 **奏疏遺稿無卷數　明吴達可撰**

江蘇巡撫採進本(總目)。○《江蘇省第一次書目》:「《奏疏遺稿》四本。」○《江蘇採輯遺書目録》:「《奏疏遺稿》一册,通政司荆溪吴達可撰,刊本。」

一三九九 **周中丞疏稿十六卷　明周孔教撰**

江西巡撫採進本(總目)。○《江西巡撫海第三次呈送書目》:「《周中丞疏稿》七本。」○北京圖書館藏明萬曆刻本,殘存《中州疏稿》五卷、《江南疏稿》卷一至卷四。吉林大學藏同版,殘存《西臺疏稿》二卷、《江南疏稿》卷五至卷九,附《救荒事宜》一卷。兩本相配,適成全帙,蓋原係一部,偶析爲二也。是本題「臨川周孔教明行父著,屬吏祁承㸁、陳以聞仝校」。半葉九行,行十九字,白口,四周單邊。寫刻甚精。前有萬曆三十八年庚戌趙南星序,萬曆三十七年顧憲成序,萬曆三十八年錢一本跋,馮時可序,萬曆三十七年伍袁萃序,萬曆三十七年高攀龍序,王穉登序。馮序後有「旌德李光遠鐫」小字一行。北圖本前有近人劉明陽跋,稱是本爲「淡生堂祁氏校刻」。鈐「劉明陽王静宜夫婦讀書之印」、「研理樓劉氏藏」、「王静宜印」、「劉明陽」諸印。吉林大學本鈐「五福五代堂寶」、「八徵耄念之寶」、「太上皇帝之寶」、「乾隆御覽之寶」、「天禄繼鑑」、「廬江何氏適戡」等印記。《存目叢書》即用二本配全影印。浙圖、重慶市圖亦有殘本。

一四〇〇　青瑣藎言二卷　明楊東明撰

江西巡撫採進本(總目)。〇上海圖書館藏明楊東明刻本,題「虞城楊東明啟昧甫著,弟東光葆光甫校正,弟東眼仲韶甫校刊」。半葉九行,行二十字,白口,四周單邊。前有喬胤序云:「公有道君子而不得久居諫職,今林居幾二十年,髮種種矣。」按:是書收奏疏至萬曆二十二年十二月二十六日止,下推二十年爲萬曆四十二年,則是本付梓約在萬曆四十二年。卷内鈐「孟晉齋主人」、「眉赤」二印。《存目叢書》據以影印。

一四〇一　掖垣諫草五卷　明張貞觀撰

兩江總督採進本(總目)。〇《兩江第一次書目》:「《掖垣諫草》,明張貞觀著,五本。」〇北京圖書館藏明萬曆刻本,殘存卷一至四。題「泗上張貞觀惟誠父著」。半葉十行,行二十一字,白口,四周雙邊。寫刻甚精。前有萬曆四十七年沛縣知縣練國事序,萬曆三十八年沛縣知縣李懋順序。有刻工:李雅刻。山東省圖書館藏同刻本,有卷五,後有萬曆三十八年仲冬高汝毅後序,萬曆三十九年辛亥立夏蔣體仁書後。蔣體仁引張貞觀之子曰：「不孝輩退而强付剞劂氏，詎意殺青未竟，先君子竟不睹是編之成耶。」則是本刻於萬曆三十九年。四十七年練國事序當是後加。《存目叢書》據北圖藏本影印，卷五用山東藏本配齊。

蘭臺奏疏無卷數　明馬從聘撰　**一四〇二**

直隸總督採進本（總目）。○《直隸省呈送書目》：「《蘭臺奏疏》二本。」○清光緒定州王氏謙德堂刻《畿輔叢書》本，作三卷。末有光緒十三年王灝跋，當即刊於是年。是本據原刻本付梓，凡收三十四篇。《存目》所據直隸呈本則僅前二卷二十六篇，未若《畿輔》本之完善。《存目叢書》據清華大學藏《畿輔叢書》本影印。○北圖分館藏舊鈔《靈壽傅氏馬氏雜著》本，僅七篇。末有《登壇必究序》，下注「此篇存《馬氏族譜》中」。七篇之中唯《擬崇實學務實政核實功疏》有篇題，餘均無。取《畿輔叢書》本相校，此本《摘陳漕政疏》末注「萬曆二十五年八月廿日」，《糾參盜臣疏》末注「萬曆廿五年七月十一日」，《乞復用人舊制疏》末注「萬曆二十六年三月十六日」，《撫安窮竈疏》末注「萬曆二十七年三月廿九日」，均《畿輔》本所無，而考史之所必資。由是可知舊鈔零簡未可輕棄也。○民國二十五年商務印書館據《畿輔叢書》本排印，收入《叢書集成初編》。

畿南奏議六卷　明王紀撰　**一四〇三**

山西巡撫採進本（總目）。○《山西省呈送書目》：「《畿南奏議》六卷。」

一四〇四 **楊全甫諫草四卷　明楊天民撰**

山西巡撫採進本(總目)。○《山西省呈送書目》：「《楊全甫諫草》四卷。」○北京圖書館藏明天啟元年刻本，半葉九行，行十六字，白口，四周雙邊。前有天啟元年十一月許作新題詞云：「鄉人憐之，爲梓其疏。」卷末有天啟三年諭祭文，當是增刻者。鈐有「劉明陽王靜宜夫婦讀書之印」、「劉明陽」、「研理樓劉氏藏」、「寶晴簃主王靜宜所得祕笈記」、「研理樓劉氏倭劫餘藏」、「有書自富貴，無病即神仙」等印。《存目叢書》據以影印。天津圖書館、美國國會圖書館均藏是刻。蘇州文管會有殘本。

一四〇五 **督蜀疏草十二卷　明朱燮元撰**

浙江巡撫採進本(總目)。○《浙江省第八次呈送書目》：「《朱襄毅公督蜀疏草》十二卷，明朱燮元著，六本。」○《浙江採集遺書總録》：「《朱襄毅公督黔疏草》十二卷《督蜀疏草》十二卷，曾孫人龍校刊本，明太師山陰朱燮元撰。」○中國科學院圖書館藏清康熙五十八年至五十九年朱人龍、朱源星刻本，作《少師朱襄毅公督蜀疏草》十二卷。半葉九行，行二十一字，白口，四周雙邊。末有康熙五十八年四月曾孫人龍刻書跋。又康熙五十九年七月玄孫源星刻書跋云：「開雕甫三卷而先君遽遭不禄。余小子其敢中廢之耶？於是悉依原刻部分重加讐校，越一年梓始竣。」知係人龍、源星父子兩代所刊。《存目叢書》據以影印。北京大學亦藏是刻。

一四〇六 **朱襄毅疏草十二卷　明朱燮元撰**

浙江巡撫採進本(總目)。○《浙江省第七次呈送書目》：「《朱襄毅公督黔疏草》十二卷，明朱燮元著，六本。」○《浙江採集遺書總録》：「《朱襄毅公督黔疏草》十二卷《督蜀疏草》十二卷，曾孫人龍校刊本，明太師山陰朱燮元撰。」○約清康熙刻本，作《朱襄毅公督黔疏草》十二卷（見《販書偶記續編》）。

朱少師奏疏八卷　明朱燮元撰　**一四〇七**

兩江總督採進本（總目）。○《兩江第一次書目》：「《朱少師奏疏鈔》，明朱燮元著，七本。」○中國科學院圖書館藏清雍正十一年朱源星刻本，作《朱少師奏疏鈔》八卷。半葉九行，行二十一字，白口，四周雙邊。目録後有雍正十一年十月五世孫源星刻書題識。鈐有「書有未曾經我讀，事無不可對人言」等印記。《存目叢書》據以影印。上圖、華東師大、南大亦藏是刻。

留垣奏議四卷　明黄起龍撰　**一四〇八**

福建巡撫採進本（總目）。○《福建省呈送第五次書目》：「《留垣奏議》四本。」○北大藏有黄起龍《南垣疏草》二卷，明萬曆刻本，存卷上。半葉九行，行十八字，白口，四周雙邊。

留垣疏草無卷數　明黄建中撰　**一四〇九**

兩江總督採進本（總目）。

湖湘五略十卷　明錢春撰　**一四一〇**

浙江巡撫採進本（總目）。○《浙江省第六次呈送書目》：「《湖湘五略》十卷，明錢春著，十本。」○《浙江採集遺書總録》：「《湖湘五略》十卷，刊本，明南京户部尚書武進錢春撰。」○遼寧圖書館藏明萬曆刻本，殘存《湖湘讞略》二卷、《湖湘詳略》二卷，《詳略》每卷後又有補一卷。題「吴蘭陵錢春」。半葉九行，行二十字，白口，四周單邊。《讞略》前有萬曆四十二年王一楨序。《詳略》前有萬曆四十二年張應槐序，萬曆四十二年張維樞序。《存目叢書》據以影印。

兵垣奏疏一卷　明劉懋撰 一四一一

陝西巡撫採進本（總目）。○《陝西省呈送書目》：「《劉兵垣奏疏》一卷，明劉懋著。」

吴侍御奏疏一卷　明吴玉撰 一四一二

山西巡撫採進本（總目）。○《山西省呈送書目》：「《吴侍御奏疏》。」○北京圖書館分館藏清道光十六年祁寯藻刻本，前有乾隆八年金門詔序。後有道光十六年祁寯藻跋云：「此稿向無栞本，寯藻於道光乙未居里，得之公族孫生員京家，篇帙斷爛，恐遂湮没，因借鈔付梓。」又云吴玉卒於崇禎十三年，五十五歲。又道光十六年張瀛暹跋。《存目叢書》據以影印。

按晉疏草無卷數　不著撰人名氏 一四一三

兩江總督採進本（總目）。○《兩江總督高第三次進到書目》：「《按晉疏草》四本。」○《提要》云：分四巨册，皆明崇禎五年六年奏疏，每篇首署巡按山西監察御史李，而不書其名。疑皆當時胥吏鈔録副本，未經重繕者。案《山西通志》，崇禎間巡按御史有李嵩者，棗强人，是此書即崇按晉時疏稿也。

治河奏疏二卷　明周堪賡撰 一四一四

侍講劉亨地家藏本（總目）。○湖南圖書館藏清乾隆二十三年周碩勳潮州官衙刻本，題「明大司農周堪賡佐應氏手著，玄孫碩勳重刊」。半葉九行，行十八字，白口，左右雙邊。版心刻「念兹堂藏板」。前有乾隆二十三年廣東分巡惠潮嘉兵備道梁國治序云：「公元孫碩勳守潮州，重輯付梓。」又乾隆二十四年廣東學政吴鴻序云：「潮州守容齋周君刊其高王父明大司農《治河奏議》二卷示余。」後有乾隆二十三年周碩勳跋云：「乾隆二十年乙亥，時守廉州，再從弟藩勳來省視，出《奏疏》抄本，碩受而藏之。比移潮陽，乃重加校正，併先中憲手授伯兄六十弊疏付之梓。」卷尾刻「上卷連序共板三十九片，下卷連跋共板三十六片」一行。白紙印本。《存目叢書》據以影印。北圖分館、北大亦藏是刻。○清光緒十八年潙水校經書院刻本，上圖、北師大藏。○北圖藏有周堪賡《河瀆奏疏》清初鈔本一册，未知内容異同。

真定奏疏一卷附刻一卷　明衛楨固撰　　**一四一五**

陝西巡撫採進本（總目）。○無錫市圖書館藏清康熙二十五年衛執蒲刻本，半葉十行，行二十字，白口，四周單邊。前有康熙十一年魏裔介序。正文末有康熙二十五年八月男執蒲跋云：「康熙己酉年蒲辛新欒，爰捃遺稿三十篇。……彼時編次付梓，苦無好手，歷久字多漫漶。兹重校刊存，雖使家集獲永其傳，亦庶幾備史乘採擇云。」後附一卷，爲衛執蒲奏疏，有萬曆二十五年嚴我斯序云：「余年友銀臺衛公禹濤重刻其尊公侍御公疏草成帙，而以己鼐列臺諫時所上諸章奏裒輯附後。」《存目叢書》據以影印。

龔端毅奏議八卷　國朝龔鼎孳撰　　**一四一六**

《江蘇省第一次書目》：「《龔端毅奏議》二本。」○《江蘇採輯遺書目録》：「《龔端毅奏疏》八卷，禮部尚書合肥龔鼎孳著，刊本。」○清康熙十二年至十五年澤存堂刻本，與《定山堂詩集》四十三卷《詩餘》四卷合刊，有附一卷(見《販書偶記》)。○清道光十四年其玄孫永孚刊，慶餘堂藏版，與《定山堂古文小品》二卷《續集》一卷《雜序》一卷《浠川政譜》一卷《露澥園稿》四卷合刊，有附一卷(見《販書偶記》)。○清光緒九年聽彝書屋刻本，中國科學院圖書館、北師大、山西大學等藏。○按：此書《總目》不載，今據《欽定四庫全書附存目録》增入。

一四一七　兼濟堂奏疏無卷數　國朝魏裔介撰

《直隸省呈送書目》：「《兼濟堂奏疏》四本。」○清康熙七年刻本，作《兼濟堂疏稿》二卷，與《兼濟堂詩選》十卷《文選》十四卷合刊。半葉九行，行十九字，白口，左右雙邊。廣東中山圖書館藏。○清乾隆四庫館鈔《四庫全書》別集類《兼濟堂文集》二十卷内有奏疏二卷。○清光緒五年定州王氏謙德堂刻《畿輔叢書》本，作《魏文毅公奏議》三卷。○按：此書《總目》不載，今據《欽定四庫全書附存目録》增入。

一四一八　文襄公奏疏十五卷附年譜一卷　國朝李之芳撰

山東巡撫採進本(總目)。○《山東巡撫呈送第一次書目》：「《李文襄集》十本。」○《兩江第一次書目》：「《李文襄公集》，武定李之芳著，十二本。」○中國科學院圖書館藏清康熙刻本，作《李文襄公奏議》二卷《奏疏》十卷首一卷《别録》六卷附《年譜》一卷。題「男鍾麟編次」，半葉十行，行二十二字，白口，四周雙邊。《奏議》前有康熙二十六年聖諭。《奏疏》至康熙二十二年止。《别録》至康熙二十一年止。《年譜》題「杭州受業程光裋編纂」，字體與《奏議》、《奏疏》、《别録》不同，前有康熙三十三年康夢賚序，四十一年程光裋跋。蓋《年譜》後刻，非一時授梓也。《存目叢書》據以影印。北圖、北大、上圖、湖南圖等藏。

郝恭定集五卷　國朝郝惟訥撰　**一四一九**

直隸總督採進本(總目)。○《直隸省呈送書目》：「《郝惟訥集》一本。」

清忠堂奏疏無卷數　國朝朱宏祚撰　**一四二〇**

江蘇周厚堉家藏本(總目)。○《江蘇省第一次書目》：「《清忠堂奏疏》三本。」○《江蘇採輯遺書目録》：「《清忠堂奏疏》三册，廣西巡撫朱宏祚著。」○山東師大藏清康熙刻本，作《清忠堂撫粤奏疏》十四卷，正文卷端題「清忠堂撫粤奏疏」，版心上題「清忠堂奏疏」。半葉八行，行二十字，白口，四周雙邊。初印極佳。前有龔應霖序，梁佩蘭序。又有《清忠堂署理總督奏疏》一卷，亦同時所刻者。《存目叢書》據以影印。按：朱氏名弘祚，《總目》改宏祚，避乾隆帝諱也。

西臺奏議一卷京兆奏議一卷附曲徙録一卷　國朝楊素藴撰　**一四二一**

陝西巡撫採進本(總目)。○《陝西省呈送書目》：「《西臺奏議》附《曲徙録》、《京兆奏議》三卷。」

大觀堂文集三卷　國朝余縉撰　**一四二二**

浙江巡撫採進本(總目)。○《浙江省第九次呈送書目》：「《大觀堂文集》三卷，國朝余縉著，一本。」○《浙江採集遺書總録》：「《大觀堂文集》三卷，刊本，國朝御史諸暨余縉撰。」○中國科學院圖書館藏清康熙三十八年刻《大觀堂文集》二十二卷，内有《奏疏》三卷，正文首行題「大觀堂文集卷一」，次行題「暨陽余縉浣公甫著」，三行題「奏疏上」。半葉九行，行二十字，白口，四周單邊。第三卷末刻「男毓浩、毓湘仝較録」一行。《存目叢書》據以影印。北圖、北大亦藏是刻。

疏稿一卷　國朝胡文學撰　一四二三

兩江總督採進本（總目）。○《兩江第二次書目》：「《疏稿》，鄞縣胡文學著，一本。」○北京圖書館藏清康熙二年自刻本，半葉八行，行二十字，白口，四周單邊。前有康熙二年董文驥序，康熙二年姜希轍序。《存目叢書》據以影印。北圖又藏清康熙刻《胡氏三書》本，清華、復旦又藏清康熙刻《胡道南先生全集》本，行款版式並同，當是一刻。

存菴奏疏無卷數　國朝徐越撰　一四二四

江蘇巡撫採進本（總目）。○《江蘇省第二次書目》：「《徐御史奏疏》二本。」○《江蘇採輯遺書目録》：「《徐御史奏疏》一册不分卷，御史山陽徐越著，刊本。」

楊黄門奏疏無卷數　國朝楊雍建撰　一四二五

浙江巡撫採進本（總目）。○《浙江省第六次呈送書目》：「《楊黄門奏疏》，國朝楊雍建著，二本。」○《浙江採集遺書總録》：「《楊黄門奏疏》二册《撫黔奏疏》八卷，刊本，國朝兵部左侍郎海寧楊雍建撰。」○南京圖書館藏清康熙刻本，半葉九行，行二十字，白口，四周單邊。前有康熙元年胡兆龍序云：「今年壬寅給諫方請假歸里，梓其前後疏草三十餘篇，布之通都，就正於有道。」又康熙二年仲春自序云：「余故不焚而梓之，以聽世之覽觀者。」似付梓於康熙元年。而是本收奏疏至康熙十八年。前半版心題「奏疏」，後半版心題「西臺奏議」，蓋陸續刊刻者。版心葉碼連貫，凡百六十七葉。《存目叢書》據以影印。北圖、浙圖、嘉興圖亦有是刻。○上海圖書館藏清道光二十五年楊氏述鄭齋刻本，作《西臺奏議》一卷《黄門奏疏》二卷，近人張元濟題識。南圖、日本京都大學人文所亦有是刻。

一四二六　撫黔奏疏八卷　國朝楊雍建撰

浙江巡撫採進本（總目）。○《浙江省第六次呈送書目》：「《撫黔奏議》八卷，國朝楊雍建著，八本。」○《浙江採集遺書總録》：「《楊黄門奏疏》二册《撫黔奏疏》八卷，刊本，國朝兵部左侍郎海寧楊雍建撰。」○中央民族大學藏清康熙刻本，半葉九行，行二十字，白口，四周單邊。無序跋。收奏疏至康熙二十三年十一月十二日，蓋刻於其後不久。初印清朗。《存目叢書》據以影印。上海圖書館、人民大學亦藏是刻。人民大學又藏清康熙刻道光二十五年楊文蓀補版印本。

一四二七　于山奏牘七卷附詩詞一卷　國朝于成龍撰

江蘇周厚堉家藏本（總目）。○《江蘇省第一次書目》：「《于山奏牘》四本。」○《江蘇採輯遺書目録》：「《于山奏牘》八卷，山東巡撫西河于成龍著。」○天津圖書館藏清康熙二十二年刻本，題「晉西河于成龍北溟父著」。半葉九行，行二十二字，白口，左右雙邊。前有康熙二十二年門下士李中素序，康熙二十二年鄭慶先序。卷一至七曰《于山奏牘》。第八卷作「于山詩詞合選卷之八」。末有康熙二十二年癸亥門下屬吏三外劉鼎跋云：「敬授之梓，播之寓内。」《存目叢書》據以影印。山東大學藏是刻末有今人黄裳手跋：「此康熙刻《于山奏牘》八卷，其第八卷爲詩及詩餘，頗罕傳本。北溟清初宦於粤西，民風土俗往往可於此中見之。黔桂舊志最罕，此種家集宦書皆可相輔而觀者，是可重也。連日北估南來，囊括諸肆所藏以去，大似蝗蝻過境。余偶過市，而佳本之爲攫去者不少。此種孑遺，價亦大昂，殊是一災也。丙申三月盡日，黄裳。」鈐「來燕榭珍藏圖籍」、「黄裳青囊文苑」、「南」、「陽」、「黄裳」等印記。北圖分館、北大、南圖亦藏是刻。〇北圖又藏于成龍《撫直奏稿》十册不分卷，康熙二十六年刻本。

一四二八 **平岳疏議一卷平海疏議一卷附平海咨文一卷師中小札一卷　國朝萬正色撰**

山西巡撫採進本（總目）。〇《山西省呈送書目》：「《平岳海疏議》四卷。」

一四二九 **督漕疏草二十二卷　國朝董訥撰**

山東巡撫採進本（總目）。〇《山東巡撫呈送第一次書目》：「《督漕疏草》二十二本。」〇南京圖書館藏清康熙刻本，題「總督淮揚等處地方提督漕運海防軍務兼理糧粡兵部右侍郎兼都察院右副都御史臣董訥」。半葉十行，行二十字，白口，左右雙邊。無序跋。鈐「八千卷樓藏書之記」、「嘉惠堂丁氏藏書之記」、「光緒辛卯嘉惠堂丁氏所得書」等印記。《存目叢書》據以影印。北圖亦藏是刻。科學院藏殘本，存卷一至三、卷七至九、卷十一共七卷。

一四三〇 **奏議稿無卷數　國朝江蘩撰**

江西巡撫採進本（總目）。〇廣東揭陽縣博物館藏清康熙三十四年刻本，作《奏疏》一卷。又《販書偶記續編》著録「《奏疏》一卷，清漢陽江蘩撰，康熙癸酉刊」，癸酉爲康熙三十二年，當是同刻。

撫豫宣化録四卷　國朝田文鏡撰　**一四三一**

内府藏本(總目)。○《武英殿第二次書目》：「《撫豫宣化録》三十六本。」○南京圖書館藏清雍正五年刻本，題「河南巡撫臣田文鏡敬梓」。半葉九行，行二十二字，白口，左右雙邊。前有雍正五年嵇曾筠序。後有朱藻跋，雍正五年彭維新跋，雍正五年楊夢琰跋，雍正五年祝兆鵬跋，雍正五年孫蘭芬跋，費金吾跋。《存目叢書》據以影印。科學院圖書館、人民大學、復旦、南大等亦藏是刻。○清道光十一年葉森點易山房刻巾箱本，有道光十一年七月點易主人葉森古查氏刻書緣起。科學院圖書館、北京師大、南圖等藏。○清光緒二十二年上海書局石印本，作《新輯撫豫宣化録》十卷，人民大學藏。○臺灣中央圖書館藏清映雪山房藍格鈔本，作《撫豫宣化録文移》二册，不分卷。半葉十二行，行二十字，白口，四周單邊。版心下記「映雪山房」四字。僅録文告。○臺灣「中央圖書館」又藏鈔本《撫豫宣化録》二卷二册，凡告示文移各一卷。○臺灣中研院史語所藏鈔本四卷十册。○遼寧圖書館藏清鈔本，作《宣化録》一卷《撫豫宣化録》一卷。○一九九五年河南中州古籍出版社排印張服民點校本。

河防疏略二十卷　國朝朱之錫撰　**一四三二**

兩淮馬裕家藏本(總目)。○天津圖書館藏清康熙刻本，題「義烏朱之錫梅麓甫著，濟南李之芳鄴園甫定，稽山後學徐沁埜公輯」。半葉九行，行二十一字，白口，四周單邊。版心下刻「寒香館」三字。

前有康熙七年孟秋舊屬闕里孔貞來引言云：「朱少保逝世之三載，徐子埜公持侍御鄴園李公所刻少保《疏略》十卷貽來。」又云：「今計奏議二十卷，共百篇。首十卷爲侍御李公刻於浙上，以差竣未及終事。後十卷來續刻於宛陵，刻成載貯河署，以公之天下後世。」考《碑傳集》卷七十六陸燿《治河名臣小傳・朱之錫傳》，之錫以康熙四年卒於官。則是書前十卷爲康熙七年李之芳刻於浙上，後十卷爲康熙七年孔貞來續刻於宛陵。又康熙七年七月施閏章序，康熙七年姜錫翰序，徐沁引。卷首又有《崇祀録》一卷、《墓志銘》一卷，《崇祀録》有康熙十年事，蓋刊成後增刻者。《存目叢書》據以影印。○按：《提要》謂朱之錫「康熙壬辰進士」，壬辰爲康熙五十一年，之錫已卒四十七年矣。考《明清進士題名碑録》，朱之錫爲順治三年丙戌科二甲八名進士，《碑傳集》同，當予訂正。

赤城論諫録十卷　明謝鐸、黄孔昭同編　一四三三

浙江巡撫採進本(總目)。○《浙江省第八次呈送書目》：「《赤城論諫録》十卷，明黄孔昭、謝鐸輯，二本。」○《浙江採集遺書總録》：「《赤城論諫録》十卷，刊本，明黄孔昭、謝鐸同輯。」○上海圖書館藏清王氏柔橋隱居鈔本，版心有「柔橋隱居」四字。前有成化十五年冬十一月朔謝鐸題後，云「録既成，乃從僉憲林君一中鋟梓於閩」，知是書成化十五年林一中付刊於閩。卷五末有識語：「光緒乙酉八月二十二日王棻校一過。」卷尾又有識語：「光緒丁亥七月十一日王棻校。刻本每板十行，每行二十二字。上册百一頁，序目八頁。下册百十六頁，題後二頁。王子常藏本。」柔橋隱居即王棻齋名，知此本爲光緒十一年至十三年間王棻家鈔本，所據底本蓋即明成化十五年林一中福建刻本。

《存目叢書》據以影印。

一四三四

大儒奏議六卷　明邵寶編

江蘇巡撫採進本（總目）。○《江蘇省第一次書目》：「《大儒大奏議》二本。」○《江蘇採輯遺書目録》：「《大儒大奏議》六卷，明邵寶著，刊本。」○清華大學藏明弘治十八年王德明刻本，作《大儒大奏議》六卷，半葉十行，行二十一字，白口，無魚尾，四周單邊。前有弘治十八年乙丑秋八月邵寶序，後有弘治十八年十月南昌府學教授王德明《書新刊大儒大奏議後》云：「書既成，德明乃同二學諭李君相、趙君遷本、學訓盛君杲、黄君奉、黄君昂輩請刻學宮以永其傳，而德明實董其事，工畢，謹識歲月於簡末。」則是本爲弘治十八年南昌府學刻本。邵序首葉版心有刻工：□咸新刊。《存目叢書》據以影印。○臺灣「故宫博物院」藏明刊黑口十行本六册，書名同前本。○浙江圖書館藏明嘉靖六年山東藩司郭韶刻本，作《大儒大奏議》六卷，半葉十行，行二十一字，白口，四周單邊。臺灣「故宫」藏明刊白口十行本，書名同，未知與清華弘治本及浙圖嘉靖本異同。○按：傳世各本及江蘇進呈目均作《大儒大奏議》，則《總目》書名脱一「大」字。

一四三五

右編四十卷　明唐順之編

直隸總督採進本（總目）。○《直隸省呈送書目》：「《右編》三十本。」○吉林省圖書館藏明萬曆三十三年南京國子監刻本，正文首題「荆川先生右編卷一」，次題「都察院僉都御史毗陵唐順之編纂，南京國子監祭酒豫章劉曰寧補遺，司業吴興朱國楨校定」。半葉十行，行二十字，白口，左右雙邊。

前有唐順之序，葉向高序，焦竑序，劉曰寧《刻右編叙》云：「即以列於學官可已。編凡四十卷二千六百一十葉，主校閱者丞武君紹祖、博士董君應舉、林君世都、六館先生姚君光胄、江君時中、莊君毓慶、陳君勳、沈君琉、李君諫、陳君禹謨、陳君繼芳、石君雷。董刻者簿張君本、陳君桂林，而別屬秣陵諸生沈朝陽蒐遺正譌。歲乙巳長至書始成。」又朱國楨序。版心刻工：刘中、吴廷、黄一龍、井立、楊桂、李朝、尚荣、彭高、許明、吴應明、孫良相、刘祥、陳鳴、段惠、王四、楊三、郭榜、王世貴、王貴、吴陽、張夆、宗瑞、潘相、宗衮、孫後、孫付、張雀鳴、黄龙、左祥、林桂、楊世龙、邹明、鄒明刻、陳應時、刘卞、鄧志、鄧忠、鄧宗、王貴、方啟賢、戴作、刘應洲、洪仁、熊朋、孫可權、沈儒、陳一貴、吴景、万志、熊鵬、徐堆、潘湘、潘檄、易兹、尚文、周堂、馬仁、黄一林、鄧奉、刘德、沈一科、雇運、張順、張洪、周蘭、陳孝、盛文、段志、余荣、董天右、天右、熊鵬刻、萬志、胡宗、何華、何禄、何六、祖祥、戴化、吴景先、景先、桂成、曹尚仁、唐龙、尚希圣、陳尚用、宗滚、茹龙、戴作、俞允、徐坵、徐丘、刘洲、何科、李光、李升、張承葉、張承業、焦二、徐棟、張承祖、湯淮、沈光祖、伊在進、吴寘、王世、王龍、毛翔、李明光、李光、湯甫、朱本、李遇春、蔣荣、徐東、李大、張華、方夫、戴惟孝。《存目叢書》據以影印。北大、上圖、山東省圖等多藏是刻。

明疏議輯略三十七卷　明張瀚編　一四三六

内府藏本(總目)。○東北師大藏明嘉靖三十年大名府刻本，作《皇明疏義輯略》三十七卷。半葉十行，行二十二字，白口，四周單邊。前有嘉靖三十年晁瑮序，序後有「直隸大名府知府張瀚纂輯」等列名，又列校刊名氏：「大名府同知唐交、通判金本陶、陳詩、王可立、知縣任環、李文麟、孫昭、劉濟民、汪芸、牛拱良、陸光祖、□紀、劉文玉校刊。」卷二十五至卷二十七鈔配。《存目叢書》據以影印。北大、南圖、中山圖等亦藏是刻。○山東大學藏明王汝訓、萬世德重刻本，書名同前本。目録題「吏部尚書前大明府知府仁和張瀚纂輯，大明府知府永嘉王叔杲、推官吴興顧爾行重校，元城縣知縣東郡王汝訓、雲中萬世德重刊」。半葉十行，行二十二字，白口，四周雙邊。前有嘉靖三十一年楊選序，三十年晁瑮序。白棉紙印，十二册。版心刻工：刘文孝刊、刘文登刊、孫士金、刘菊、刘芹、臣、明、安、万、本、宗、養、火、志、佃、川、李、福等。卷内鈐「趙氏模鬯閣收藏圖籍書畫印」、「孝陸」、「渠丘曹愚盦氏藏書」等印記。按：考《明史·張瀚傳》瀚萬曆元年代楊博爲吏部尚書。又考同治《元城縣志》，萬曆三年萬世德代王汝訓爲元城知縣。此本題張瀚爲「吏部尚書」，而元城知縣題王汝訓、萬世德二人，蓋萬曆三年刊本也。

嘉隆疏鈔二十卷　明張鹵編　　**一四三七**

内府藏本（總目）。○上海圖書館藏明萬曆刻本，作《皇明嘉隆疏鈔》二十二卷附《嘉隆新例附萬曆》六卷。半葉十一行，行二十字，白口，四周單邊。前有《凡例》、《總目》。卷内鈐「景葵祕笈印」等印記。《存目叢書》據以影印。按：此本不題張鹵名，與王重民《善本提要》著録原北平圖書館本（今存臺北「故宫」）、美國國會圖書館本均同。王重民引賈三近《皇明兩朝疏鈔》自序，謂此係賈三近手輯而被人攘刻於金陵者，當可信從。詳王氏《善本提要》。

一四三八　兩朝疏鈔十二卷　明顧爾行編

浙江范懋柱家天一閣藏本（總目）。○《浙江省第五次范懋柱家呈送書目》：「《皇明兩朝疏鈔》十二卷十二本。」○《浙江採集遺書總録》：「《皇明兩朝疏鈔》十二卷，刊本，不著撰人。」○故宫博物院藏明萬曆六年大名府刻本，作《皇明兩朝疏鈔》十二卷。《目録》題「大名府知府滕陽王嘉賓、同知新城王之輔、通判金華王三錫、青城于褕、推官吳興顧爾行、開州知州新添丘東昌、元城知縣雲中萬世德、上黨竇傑、大名知縣普川孫杰校刊」。半葉十行，行二十二字，白口，四周雙邊。前有萬曆六年戊寅工部尚書李幼滋序云：「是書也，將廟謨是以也，豈曰備故牒已乎？顧君佐郡有聲，其職此孰是往矣。」又萬曆六年河南提刑按察司副使奉勅整飭大名兵備膠東姜繼曾序云：「一日郡理顧君手一編示余，曰此世穆兩朝奏疏也，今將就梓矣。」雖云從顧氏出，但未明言爲顧氏所編，觀卷前目録題大名知府以下九人校刊，顧爾行即在其中，知當時並未以是書爲顧爾行編也。《提要》題顧爾行編，未妥。據王重民《善本提要》引賈三近《皇明兩朝疏鈔》自序，此賈三近手輯。當可信從。《存目叢書》據以影印。臺灣「中央圖書館」亦藏是刻。

一四三九　留臺奏議二十卷　明朱吾弼、李雲鵠、蕭如松、孫居相同編

浙江巡撫採進本（總目）。○《浙江省第十二次呈送書目》：「《留臺奏議》二十卷十二本。」○《浙江採集遺書總録》：「《留臺奏議》二十卷，刊本，明蕭如松、朱如弼、李雲鵠、孫居相同輯。」按：朱如弼當作朱吾弼。○蘇州市圖書館藏明萬曆三十三年刻本，作《皇明留臺奏議》二十卷，題「南京河南等道監察御史内江鶴侶蕭如松、高安密林朱吾弼、内鄉黄羽李雲鵠、沁水拱陽孫居相同輯，宣城廩生吴伯與編校，金谿庠生金文明督梓」。半葉九行，行二十字，白口，四周單邊。前有萬曆三十三年朱吾弼序，三十三年李雲鵠序，三十三年孫居相序。朱序云：「内江蕭公、内鄉李公、沁水孫公偕不佞輯而梓焉。」《存目叢書》據以影印。南圖、大連圖亦藏是刻。

一四四〇 右編補十卷　明姚文蔚編

直隸總督採進本（總目）。○《直隸省呈送書目》：「《右編補》六本。」○《江蘇省第一次書目》：「《右編補》八本。」○《江蘇採輯遺書目録》：「《右編補》一册。」○吉林省圖書館藏明萬曆三十九年劉伸等刻本，題「明南京太仆寺少卿錢唐姚文蔚編，門人歙令盱姥劉伸、宣城令涪陵鮑國忠、南陵令當塗徐調元、北助教當湖馬德澧校正，新都門人吴光胤、吴公治同校」。半葉十行，行二十字，白口，四周單邊。前有萬曆三十九年辛亥門人劉伸序云：「校閲而分任其梓者爲宣城令鮑國忠、舊南陵令徐調元、今國子助教馬德澧及不佞伸，皆先生所舉士也。若歙國子生吴公治、吴光胤，是嘗問業於先生，而同職分校之勞者，亦得附書。」序後有「新都黄應淳刻」小字一行。次鮑國忠序，次自序。自序後有「黄應台刻」小字一行。蓋梓於歙者。《存目叢書》據以影印。清華、津圖、上圖等亦有是刻。

一四四一 古奏議無卷數　明黄汝亨編

兩江總督採進本（總目）。○《兩江第一次書目》：「《古奏議》，明黄汝亨編，三本。」○北京大學藏明萬曆二十九年吴德聚刻本，題「江夏黄汝亨貞父甫評選」。半葉十行，行二十字，白口，左右雙邊。前有萬曆二十九年辛丑吴之鯨《刻古今奏議引言》。版心下方刻篇目。全書不分卷，計百九十六葉。鈐「黄填黄氏滄然閣珍藏書畫」白文長方印、「黄九」白文方印、「季子」朱文印等。《存目叢書》據以影印。別本又有萬曆二十九年自序，此本佚去。清華、南圖、臺灣「中央圖書館」等藏有此刻。

二李先生奏議二卷　明徐宗夔所編李夢陽、李三才二人奏議　**一四四二**

副都御史黄登賢家藏本（總目）。○《都察院副都御史黄交出書目》：「《二李奏議》二本。」

奏議稽詢四十四卷　國朝曹本榮編　**一四四三**

湖北巡撫採進本（總目）。○《湖北巡撫呈送第三次書目》：「《奏議稽詢》四十四本。」

右奏議之屬

四庫存目標注卷十九

滕州　杜澤遜　撰

史部八

傳記類一

孔子世家補十二卷　宋歐陽士秀撰　一四四四

永樂大典本（總目）。

孔氏實録一卷　不著撰人名氏　一四四五

永樂大典本（總目）。○曲阜文管會藏明鈔本，作《孔氏實録》十四卷，明孔元祚撰，存卷一、卷二、卷六至卷八，共五卷（見《中國古籍善本書目》）。按：此本殘存五卷五册，各卷首行題「孔氏實録卷之幾」，次題「五十一代孔元祚編次，宜興府儒學教授濠梁施澤之校定」。半葉九行，行十九字，黑格,黑口,雙魚尾,四周雙邊。孔府舊藏。考明楊士奇《文淵閣書目》卷四:「《孔子實録》一部五册,完全。」孫能傳《内閣藏書目録》卷六:「《孔氏續録》五册,元延祐間孔子五十一代孫孔元祚編。即先聖家乘。」焦竑《國史經籍志》卷二論語類:「《孔氏實録》十二卷,元施澤之。」當即此書,而傳寫之本不一,故著録偶有出入耳。孫能傳、焦竑均著録爲元人,考宜興府元置,明改宜興縣,此本題「宜興府儒學教授」,知係元人。又考《孔氏祖庭廣記》卷一,孔子五十一代孫元措金「章宗明昌二年四月補文林郎,襲封衍聖公」(《提要》誤爲金承安二年襲封,當據正),元祚既爲同輩,相去當不太遠。故元延祐之説當可信從。《中國古籍善本書目》著録爲明孔元祚撰,朝代不確。又焦竑以爲元施澤之撰,兹依原書題署,知亦未確。又考清孔繼汾《闕里文獻考》卷九十八:「五十一代孔元祚,深澤主簿,孔庭族長。」其輯《孔氏實録》蓋在任族長時。《永樂大典》所録當出此書,惟不著撰人,且非全帙,故四庫館臣難道其詳。書既罕傳,故藏家鮮有知者,黄蕘圃跋蒙古本《祖庭廣記》至疑《孔氏實録》與《祖庭廣記》爲一書,錢竹汀《元史藝文志》以孔元祚《孔氏續録》與施澤之《孔氏實録》並列,餘無論矣。

孔子論語年譜一卷　舊本題元程復心撰　一四四六

編修程晉芳家藏本(總目)。○北京大學藏清鈔本,題「元星源程復心子見編」。半葉十行,行二十字,無格。與《孟子年譜》合鈔。末有乾隆五十年九月海寧俞思謙手跋,乾隆五十四年九月二十四日海寧周廣業手跋,嘉慶二十二年仲秋梅里李遇孫手跋。三跋均收入張玉範整理《木犀軒藏書題記及書録》。卷内又有周廣業眉批一條，徐閒武籤批一條。鈐有「新坡卿校」、「祝淵印信」、「靚士」、「李氏玉陔」、「明墀之印」、「木犀軒藏書」、「李盛鐸印」、「木齋審定善本」、「李滂」、「少微」、「謙」、「秉淵」、「周廣業印」、「耕厓」、「李遇孫印」等印記。《存目叢書》據以影印。○清道光十一年六安晁氏木活字印《學海類編》本。民國九年商務印書館影印晁氏木活字《學海類編》本。○民國二十八年商務印書館據《學海類編》本排印，收入《叢書集成初編》。

孟子年譜一卷　舊本題元程復心撰　**一四四七**

編修程晉芳家藏本（總目）。○北京大學藏清鈔本，與《孔子論語年譜》合鈔，參前條。《存目叢書》據以影印。○清道光十一年六安晁氏木活字印《學海類編》本。民國九年商務印書館影印晁氏木活字《學海類編》本。○民國二十八年商務印書館據《學海類編》本排印，收入《叢書集成初編》。○一九七八年臺灣商務印書館排印《新編中國名人年譜集成》第二輯本。

闕里誌二十四卷　明陳鎬撰　孔允植重纂　**一四四八**

浙江汪啟淑家藏本（總目）。○《浙江省第四次汪啟淑家呈送書目》：「《闕里誌》二十四卷，明陳鎬撰，國朝孔允植重纂，十本。」○《浙江採集遺書總録》：「《闕里志》二十四卷，刊本，國朝衍聖公孔允植輯。」○明弘治十八年曲阜刻本，作《闕里誌》十三卷，明陳鎬撰。半葉十行，行二十一字，白口，四周單邊。前有弘治十八年九月朔日李東陽序云：「適聞提學副使陳君鎬有事於此，因舉以屬之，取所定凡例稍加潤飾。且以《孔氏實録》、《孔庭纂要》、《素王事紀》、《世家補》鈔本致之，以備採擇。陳君乃參閲孔氏所藏《祖庭廣記》,與凡遺碑斷刻,諸書所載,逾年而後成。」又云:「適僉事黄君繡歸自京師,因畀之,俾刻於闕里,置於所謂奎文閣者。」書末又有弘治十八年十月山東巡撫徐源跋云:「少傅公又以閣本《孔氏實録》、《纂要》、《事紀》諸書附源畀鎬。」又云:「出修廟餘帑,用鋟諸梓,以詔後來。」又正德元年孟夏山東等處提刑按察司副使奉勑提督學政江東陳鎬自跋云:「若《纂要》、《實録》、《事紀》、《世家補》諸書,多出元儒,本在中祕,世不多見。」由諸序跋可知,此誌弘治十七年至十八年陳鎬據《孔氏祖庭廣記》、《孔氏實録》、《孔庭纂要》、《素王事紀》、《孔子世家補》等修成。其付梓在弘治十八年,刊成蓋在次年即正德元年。南京圖書館、中國社科院文學所、安徽師大、臺灣「中央圖書館」、美國國會圖書館均藏是本。原北平圖書館藏一帙,現存臺北「故宫博物院」。或有正德嘉靖間增刻印本。此係陳鎬原書,後來各家闕里志均據此重修或增修。王重民《善本提要》、臺灣「中央圖書館」《善本書誌初稿》著録。○北京圖書館藏明嘉靖三十一年孔承業刻本,作《闕里誌》十五卷,明陳鎬撰,明孔弘幹續。半葉十行,行二十字,白口,四周單邊。○上海圖書館藏明嘉靖四十三年刻隆慶三年增修本,作《闕里誌》八卷首一卷,明陳鎬撰,明孔弘幹續。○明萬曆三十七年刻本,作《闕里誌》十二卷,明孔貞叢撰。半葉九行,行二十一字,白口,四周單邊。此據陳誌重修者,有弘治十八年李東陽序,萬曆三十七年黄克纘序,陳瑛序,朱頤塚後序。清華、北師大、社科院文學所、西安文館會、美國國會圖書館有藍印本。北圖、上圖等有墨印本。諸本有崇禎乃至順治間增刻印本。王重民《善本提要》著録。○北京師大藏明崇禎刻清雍正間增補印本,作《闕里誌》二十四卷，明陳鎬撰，明孔胤植重修。此即《存目》所據者。半葉十行，行十九字，白口，四周單邊。前有弘治十八年李東陽序，楊士聰序。後有六十五代孫孔胤植後序。士聰序爲孔胤植重修作，署「賜進士第」，考士聰崇禎四年進士，知重修在崇禎年間。此本世表記事至康熙七年，卷尾有雍正二年胡煦祭孔子事，知係雍正時增刻刷印者。《存目叢書》據以影印。上圖、華東師大、浙圖等亦藏是刻。

孔顏孟三氏誌六卷　明劉濬編　**一四四九**

兩江總督採進本（總目）。○《兩江第一次書目》：「《孔顏孟三氏誌》，明劉濬編，六本。」○北京圖書館藏明成化十八年張泰刻本，卷一題「賜戊戌進士山東兗州府鄒縣知縣肅寧張泰校正，鄉貢進士山東兗州府州學教諭永嘉劉濬編次，宣聖五十八代孫三氏學録闕里孔公璜輯録」。各卷輯録人不同。半葉九行，行二十字，大黑口，雙魚尾，四周單邊。前有成化十八年劉濬序，據此序知係張泰捐俸鋟梓。目録末有「邑庠生趙環謄寫」一行。卷内鈐「河東席尚謙記」楷字長木記。《存目叢書》據以影印。

孔孟事蹟圖譜四卷　明季本撰　**一四五〇**

浙江汪啟淑家藏本（總目）。○《浙江省第四次汪啟淑家呈送書目》：「《孔孟事蹟圖譜》四卷，明季本著，二本。」○《浙江採集遺書總録》：「《孔孟事蹟圖譜》四卷，刊本，明季本輯。」○《兩淮鹽政李續呈送書目》：「《孔孟事蹟圖譜》四卷，明季本，二本。」○中國人民大學藏明童漢臣刻本，題「會稽季本考辯，晉江王慎中訂正，錢塘童漢臣校刊」。半葉十行，行二十一字，白口，左右雙邊。前有嘉靖三十三年甲寅九月朔古閩晉江後學王慎中序。首葉鈐「翰林院印」滿漢文大官印，封面有「乾隆三十八年十一月浙江巡撫三寶送到汪啟淑家藏孔孟事蹟圖譜壹部計書貳本」長方木記。即四庫據以存目者。卷末刻有牌記：「此書初刻事實尚有舛訛，今更定之，當以此本爲正。」按：此本題晉江王慎中訂正，並有嘉靖三十三年王慎中序。考童漢臣嘉靖十四年進士，三十二年始任泉州知府，此本當即赴任次年即嘉靖三十三年刻於泉州官廨者。《存目叢書》據以影印。北圖亦藏是刻。○臺灣「中央圖書館」藏舊鈔本，題「會稽季本考辨，晉江王慎中訂正，錢塘童漢臣校刊」。半葉九行，行十七字，無格。前有嘉靖三十三年王慎中序。後有「此書初刻事實尚有舛訛，今更定之，當以此本爲正」二行。即從嘉靖童漢臣泉州刻本録出者。首葉鈐「翰林院印」滿漢文大官印，亦進呈四庫原本。四庫據以存目者乃浙江汪啟淑進呈童漢臣刊本，此本當即兩淮鹽政李質穎呈本。卷末有一九五三年孔德成先生題署。該館《善本書志初稿》著録。○南京圖書館藏鈔本（見謝巍《年譜考録》）。

素王記事無卷數　**一四五一**

浙江朱彝尊家曝書亭藏本（總目）。○《浙江省第五次曝書亭呈送書目》：「《素王記事》一册，明李郁著，一本。」○《浙江採集遺書總録》：「《素王記事》一册，刊本，明學正開州李郁輯。」○《提要》云：「舊本卷首題明浙江嚴州府通判太原傅汝楫校正，則非汝楫所撰。卷末楊奐《東遊記》之首又題河南開封府知府西蜀黃濬輯録，則似爲濬之所撰。然不列名於書首，而綴於書後，體例叢脞，殊不可曉。其書則摭拾《闕里志》爲之，亦茫然無緒。蓋當時書帕之本。」○按：臺灣「中央圖書館」藏元泰定二年崇文書塾刻元王廣謀《新刊標題孔子家語句解》六卷後附有《素王事紀》一卷，内容係魯司寇像、先聖紀年圖、先聖世系圖、歷代追崇事始等（見該館《善本書志初稿》）。明初楊士奇《文淵閣書目》卷四著録「《素王事紀》一部四册殘缺」。又明弘治十八年刻《闕里誌》李東陽序、徐源跋、陳鎬跋均稱創修《闕里誌》所據有《祖庭廣記》、《孔氏實録》、《孔庭纂要》、《素王事紀》、《孔子世家補》等，陳鎬謂諸書「多出元儒」。可知元代即有《素王事紀》一書行世，明代猶存，且爲弘治末陳鎬創修《闕里誌》所取資。館臣所見朱彝尊藏本題浙江嚴州府通判太原傅汝楫校正，不題撰人，當是傅汝楫據舊本刊於嚴州者，書名《素王記事》，與元本稍異，當非別撰。《提要》謂是書係「摭拾《闕里志》爲之」，恐非其實。

夷齊録五卷　明張玭撰　**一四五二**

浙江范懋柱家天一閣藏本（總目）。○《浙江省第五次范懋柱家呈送書目》：「《夷齊録》五卷，明張玭著，三本。」○《浙江採集遺書總録》：「《夷齊録》五卷，刊本，明都察院右僉都御史晉陽張玭輯。」○《兩淮鹽政李呈送書目》：「《夷齊録》五卷，明張玭，二本。」○上海博物館藏明嘉靖刻藍印本，殘存卷一。半葉八行，行十八字，白口，四周雙邊。鈐「四明朱氏敝帚齋藏」、「海内孤本」、「仰周所寶」等印記。《存目叢書》據以影印。按：此嘉靖二十四年刊，説見下文。○臺灣「中央圖書館」藏舊鈔本五卷一册，半葉九行，行二十一字，無格。前有張玭《夷齊録引》略謂嘉靖乙巳（二十四年）冬奉命守平州，夷齊墨台氏孤竹遺址在平城東二十里許，既爲之崇新廟貌，復蒐括記載，編集成帙，名曰《夷齊録》。方付諸梓人，廼有酒泉之行。迨己未(嘉靖三十八年)夏，復叨簡命來撫薊門，遂書此授前給舍在今紀守，爰刻諸簡端，以識後先歲時。又栗永禄後序云：「嘉靖庚申(三十九年)秋，大中丞永石公飭邊駐營平，越月矣，偶出《夷齊録》一帙示禄，曰茲守平時刻也。」據此二序，知是書編輯付梓在嘉靖二十四年冬，至三十八年夏又增刻自序，栗永禄後序則又後加刻。上海博物館殘帙蓋爲初印藍本，故雖存首卷却無張玭引言。此鈔本當即從嘉靖刻本出。後附「寫圖贊詩」，但圖佚而不存，與《提要》所言正合。張玭引首葉鈐「翰林院印」滿漢文大官印，蓋兩淮進呈之本也。臺灣「中央圖書館」《善本書志初稿》著録，淡江大學蔡琳堂先生嘗以書影相貽。

孔聖全書三十五卷　明蔡復賞編　**一四五三**

衍聖公孔昭煥家藏本(總目)。○《衍聖公交出書目》：「《孔聖全書》三十五本。」○山東省圖書館藏明萬曆十二年金陵書坊葉貴刻本，卷三以下題「後學蔡復賞編述」。半葉十行，行二十四字，白口，四周單邊。目録第六葉以前缺，卷三十一全缺。卷三十五末有牌記：「萬曆甲申孟夏吉旦金陵書坊葉貴繡梓」兩行。牌記後有長男都《刻孔聖全書跋》云：「以其稿而授之於書林葉氏。」《存目叢書》據以影印。戊寅五月初余再訪臺灣大學，見彼校圖書館藏是刻一帙，卷前有義例，爲山東藏本所缺，又目録完好。其卷三十一完好，恰可補山東藏本之不足。惟彼本缺卷三十二，又卷尾男都跋僅存首葉，又須賴山東本補足。山東師大亦藏是刻，僅存卷一至卷十六。

尊聖集四卷　明陳堯道編　**一四五四**

浙江范懋柱家天一閣藏本(總目)。○《浙江省第五次范懋柱家呈送書目》:「《尊聖集》四卷,明陳堯道輯,四本。」○《浙江採集遺書總録》:「《尊聖集》四卷,刊本,明大埔縣教諭曲江陳堯道輯。」○《兩淮商人馬裕家呈送書目》:「《尊聖集》四卷,明陳堯道,四本。」

仲志五卷　明劉天和撰　**一四五五**

兩淮馬裕家藏本(總目)。○《兩淮商人馬裕家呈送書目》:「《仲志》五卷四本。」○上海圖書館藏明崇禎十三年刻清康熙增修本,四卷,題「總督河道工部尚書宜興周鼎重訂,濟寧儒學訓導趙時雍編次,六十一代嗣孫仲于陛較梓」。半葉九行,行十九字,白口,四周雙邊。前有崇禎十年孟冬張有譽序,崇禎十年張獻廷序,崇禎五年王三德序,崇禎十三年庚辰李恪跋,崇禎元年陳伯友序,萬曆二十五年胡瓚序,嘉靖十二年癸巳劉天和序。據李恪跋,知爲崇禎十三年仲于陛刻本。卷内記事至順治末年,知係康熙初年增刻印本。《存目叢書》據以影印。美國國會圖書館亦藏是刻。

閔子世譜十二卷　明張雲漢撰　**一四五六**

安徽巡撫採進本(總目)。○《安徽省呈送書目》:「《閔子世譜》一本。」○復旦大學藏清順治十四年任柔節刻本,半葉九行,行二十字,白口,四周單邊。前有萬曆四十二年甲寅熊鍾弘序,順治十四年丁酉任柔節序。末有任柔節跋。卷内鈐「劉承幹字貞一號翰怡」、「吴興劉氏嘉業堂藏書印」、「觀錫」等印記。《存目叢書》據以影印。

夷齊考疑四卷　明胡其久撰　**一四五七**

浙江巡撫採進本(總目)。○《浙江省第六次呈送書目》:「《夷齊考疑》四卷,明胡其久著,一本。」○《浙江採集遺書總録》:「《夷齊考疑》四卷,刊本,明石門胡其久撰。」○《江蘇省第二次書目》:「《夷齊考疑》一本。」○《江蘇採輯遺書目録》:「《夷齊考疑》五卷,明石門胡其久著,刊本。」○《兩淮鹽政李呈送書目》:「《夷齊考疑》五卷,明胡其久,一本。」○臺灣「中央圖書館」藏舊鈔本五卷一册,首行題「夷齊考疑卷之一」,次題「明兩浙禦兒逸史胡其久著」。半葉九行,行十九字,無格。首葉鈐「翰林院印」滿漢文大官印,是進呈四庫原本。考江、浙進呈皆刻本,則此係兩淮呈本也。書中玄字或缺末筆,蓋清初寫本。乙亥殘臘觀。

夷齊志六卷　明白瑜撰　**一四五八**

浙江巡撫採進本(總目)。○《兩淮鹽政李呈送書目》:「《夷齊志》六卷,明白瑜,二本。」○故宫博物院藏明萬曆二十八年刻本,題「兵科給事中前庶吉士郡人白瑜纂修,知府事商丘曹代蕭總訂,同知朝邑王皡如、通判石樓李如寶、上思林瑞芝、婺源江一蔚、推官宅州王之屏、盧龍縣知縣鄞縣葉世英校閲,貢士韓師范、庠生崔斗寅采輯」。半葉九行,行二十字,白口,四周雙邊。前有顧雲程序,萬曆二十八年曹代蕭序。末有王皡如後序。刻工:趙子清、汪昇。《存目叢書》據以影印。王重民《善本提要》著録美國國會圖書館藏是刻,謂「卷五載項良梓等《謁夷齊廟詩》,考良梓任永平知府遠在曹代蕭後,則此本殆啟、禎間印行者」。按:故宫本無項良梓等詩,猶是未增修前印本。○鎮江博物館藏清鈔本。

道統圖贊一卷　不著撰人名氏　**一四五九**

浙江巡撫採進本（總目）。○《浙江省第六次呈送書目》：「《道統圖贊》不分卷，缺名著，二本。」○《浙江採集遺書總録》：「《道統圖》二册，刊本，不著撰人，明聖裔孔對寰、吕兆祥同注。」○《提要》云：「據卷首樊維城序，蓋衍聖公家所刻。」○上圖藏明崇禎二年刻《聖賢道統圖贊》二册，似即此書。

聖賢圖贊無卷數　**一四六〇**

兩江總督採進本（總目）。○《兩江第一次書目》：「《聖賢遺像圖》，明吴訥輯，二本。」○《提要》云：「此書摹仁和縣學石刻，而不著刊書人姓名。首冠以明宣德二年巡按浙江監察御史海虞吴訥序。」又云：「顏、曾二子後皆有高攀龍贊，知爲近時人刻也。」

闕里書八卷　明沈朝陽撰　陳之伸補　**一四六一**

兩淮馬裕家藏本（總目）。○《兩淮商人馬裕家呈送書目》：「《闕里書》八卷一本。」○臺灣「中央圖書館」藏明崇禎刻本八卷四册，半葉十行，行二十字，白口，左右雙邊。目録題「金陵沈朝陽宗明甫纂編，鹽城陳之伸申父甫增定」。前有武林年姻弟王道焜序，陳之伸序。卷一正殿先師孔子，卷二四配，卷三十哲，卷四卷五東廡，卷六卷七西廡，卷八啟聖祠、配享、從祀。黄紙，印本清晰。卷四末有殘損。卷内鈐「劉承幹字貞一號翰怡」、「吴興劉氏嘉業堂藏書印」等印記。乙亥殘臘觀。

聖門志六卷　明呂元善撰　**一四六二**

江蘇巡撫採進本(總目)。○《江蘇省第一次書目》:「《聖門志》八本。」○《浙江省第五次曝書亭呈送書目》:「《聖門志》六卷,明樊維城輯,五本。」○《浙江採集遺書總録》:「《聖門志》六卷,刊本,明樊維城輯。」○《提要》云:「元善書成未梓,其子兆祥重加校訂,海鹽令樊維城爲刻入《鹽邑志林》中。」○明天啟三年樊維城刻《鹽邑志林》本,六卷,題「黄岡樊維城彙編,海鹽呂元善纂輯,姚士粦、胡震亨訂閲,男呂兆祥參考」。半葉十行,行十九字,白口,左右雙邊。北圖、上圖、南圖等藏。○民國二十六年商務印書館影印樊維城刻《鹽邑志林》本,僅五卷,第六卷載東野氏、仲氏兩世系刪去,是商務所據底本爲改換後印之本(詳王重民《善本提要》「鹽邑志林」條)。○民國二十五年商務印書館據《鹽邑志林》本排印,收入《叢書集成初編》,亦僅前五卷。○江西省博物館藏明崇禎二年刻本,六卷附録一卷。正文卷一題「海鹽呂元善纂輯,上海杜士全、江寧顧起鳳參考,兄呂元美、侄呂濬編次,男呂兆祥、孫呂逢時訂閲」。半葉十行,行十九字,白口,左右雙邊。前有崇禎二年己巳衍聖公孔胤植序,萬曆四十一年癸丑趙焕序,萬曆四十一年癸丑顔胤祚序,天啟四年甲子顧起元序,天啟四年樊維城序,崇禎元年馮明玠序,姚思仁序,天啟五年乙丑賀萬祚序,項夢原序,天啟四年甲子胡震亨序,天啟七年丁卯呂濬序。據孔胤植序,是書凡三刻:天啟三年癸亥樊維城刻入《鹽邑志林》;天啟四年甲子秣陵顧起元重爲增科目「閣臣」一款,刻之南都;崇禎元年戊辰又刻之曲阜,即此本也。據孔序,賀、項兩序均爲樊刻本作,顧序爲南都本作,則曲阜此本係南都本之重刊。蓋付梓於崇禎元年，至崇禎二年蕆事，孔胤植爲序。此本記事至崇禎十三年，知刻成後又有增補添刻。王重民嘗見美國國會圖書館藏《鹽邑志林》本之改刻單行本，卷端署名經改刻與此本同，又有馮、樊、顧、賀、項、趙、吕七人序（詳王氏《善本提要》）。江西博物館此本則無改刻痕蹟。《存目叢書》據以影印。〇明天啓五年刻本六卷，半葉十行，行十九字，白口，左右雙邊。有刻工。清華、上圖、浙圖等藏。按：此本見《中國古籍善本書目》徵求意見稿，頗疑即孔胤植所稱天啓四年顧起元南都刻本，録此待考。

一四六三　三遷志五卷　明吕元善撰

安徽巡撫採進本（總目）。〇《安徽省呈送書目》：「《三遷志》四本。」〇南京圖書館藏明天啓七年刻本，題「海鹽吕兆祥、吕逢時重修，曲阜孔胤植、孔貞叢參考，裔孫孟弘譽、孟聞玉訂閲」。半葉十行，行十九字，白口，左右雙邊。前有天啓七年九月李日華序，山東學政海鹽賀萬祚序，天啓六年吕濬序，又舊序七篇。印本清朗，無增刻修版，是初印之本。鈐「嘉惠堂丁氏藏書」、「四庫坿存」、「光緒庚寅嘉惠堂所得」等印記。《善本書室藏書志》著録。《存目叢書》據以影印。王重民《善本提要》著録美國國會圖書館藏是刻三部。其一部與南圖本題名同，多崇禎元年施鳳來、孔胤植、虞廷陛、吴麟瑞四序。其一部爲清初重修本，又增清順治十一年高𣅜序，卷端題名改刻爲：「同里後學潘榛編次，周希孔參考，曲阜孔胤植、孔弘毅重訂，海鹽吕兆祥、吕逢時重修，裔孫孟弘譽、孟聞玉較閲」。其一部亦清初修版，卷端改刻爲：「潘榛編次，周希孔參考」。

一四六四　宗聖志十二卷　明吕兆祥撰

浙江汪啟淑家藏本（總目）。○《浙江省第四次汪啟淑家呈送書目》：「《宗聖志》十二卷，國朝孔久植輯，五本。」按：「久」字乃「允」字之訛，孔胤植避雍正帝胤禛之諱改孔允植。○《浙江採集遺書總録》：「《宗聖志》十二卷，刊本，國朝孔允植輯。」○山西省祁縣圖書館藏明崇禎刻清康熙增修本，題「海鹽吕兆祥重修，曲阜孔胤植、句容孔貞運參考，兄吕維祺、男吕逢時編次」。半葉十行，行十九字，白口，左右雙邊。前有崇禎二年己巳孔胤植序，丁賓序，崇禎二年項夢原序，崇禎元年戊辰樊維城序，崇禎二年吕化舜序，又萬曆舊序。記事至康熙二十三年，是崇禎二年刻康熙重修本。《存目叢書》據以影印。南圖、河南鎮平縣圖書館亦藏是刻。

一四六五　陋巷志八卷　明吕兆祥撰

兩淮馬裕家藏本（總目）。○《兩淮商人馬裕家呈送書目》：「《陋巷志》八卷四本。」○《浙江省第七次呈送書目》：「《陋巷志》八卷，明顔允祚輯，二本。」○《浙江採集遺書總録》：「《陋巷志》八卷，寫本，明萬曆間亞聖後裔博士顔允祚重修。」○明萬曆二十九年刻本，半葉九行，行二十字，白口，四周單邊。有萬曆二十九年辛丑巡按山東監察御史楊光訓序，二十九年吴達可序，二十九年于慎行序，嘉靖二十九年史鶚序，正德二年陳鎬序，正德三年李遜學跋。據楊光訓、于慎行序，知係顔胤祚修，楊光訓官御史，行部至山東時所刻。原北平圖書館藏初印本，王重民《善本提要》著録，現存臺北「故宫」。北圖、山東圖、浙圖等亦藏是刻。○臺灣「中央圖書館」藏明萬曆二十九年刻天啟間增修本，題「海鹽呂兆祥重修，裔孫顏光魯參考，顏紹統訂閱」。○南京圖書館藏明萬曆二十九年刻清順治增修本，題名同前，丁丙《善本書室藏書志》著録者即此。○山東省圖書館藏明萬曆二十九年刻清康熙初增修本，題名同天啟增修本，諸序亦同。按：此本卷三《世家志下》有六十七代孫光魯、六十八代孫紹統，均卒於崇禎十四年。卷七《藝文志下》載及天啟六年呂兆祥詩，皆天啟、崇禎間呂兆祥、顏光魯等增修。至《世家志》下及康熙五年事，則又明末至康熙初遞增者。是本萬曆原版有刻工：張文炳、徐妆、裴旦、劉君臣、紀明倫、吴文常、吴文長、郭士進、焦世德、孫夲詩、胡仁化、胡尚忠、胡逸民、樊仲升、樊好龍、仲聲、門守朋等。《存目叢書》據以影印。○臺灣「中央圖書館」藏明萬曆二十九年刻清乾隆間增修本，劉承幹嘉業堂故物，該館《善本書志初稿》著録。

東野志四卷　舊本題海鹽呂兆祥撰　裔孫東野武訂　一四六六

浙江巡撫採進本（總目）。○《浙江省第十二次呈送書目》：「《東野志》四卷二本。」○《浙江採集遺書總録》閏集：「《東野志》四卷，刊本，國朝海鹽呂兆祥撰。」○美國國會圖書館藏明刻清康熙增修本，題「海鹽呂兆祥纂修，安福顏欲章、宣城濮陽春參考，兄呂濬、男呂逄時編次，裔孫東野武訂閱」。半葉十行，行十九字。有崇禎元年樊維城序，方應祥序，崇禎元年呂化舜序，康熙元年黏本盛跋。王重民《善本提要》著録，云「據黏本盛跋及卷内增補史料，知原本刻於崇禎元年，而一補於康熙元年黏本盛，再補於康熙二十五年陳良謨。《存目》所據，即此本也。」○《中國古籍善本書目》著録清華、上圖藏「清康熙二十五年刻本」。按：清華此本實亦明刻清修本。題「安陽呂化舜原輯，聖裔孔衍治增輯，仙源顧龍標校正，七十一代東野武舊訂，七十三代東野沛然續訂，七十四代東野枝盛增鐫，七十五代東野興煇參訂」。半葉九行，行十九字，白口，四周單邊。前有崇禎元年戊辰吕化舜序，方應祥序，末有康熙元年黏本盛跋。記事至雍正八年。就《世系》觀之，首葉最古樸，顯係舊版。至六十五代東野子禮一節，言及「國朝洪武」則提行頂格，亦係明版無疑，而字體版式又與首葉不同，知係明末補版。又崇禎元年至明末事，亦顯係增刻。考卷内東野興煇雍正元年襲封五經博士，知雍正年間事爲東野興煇增刻。其父東野枝盛「增鐫」事則在康熙三十三年承襲五經博士至康熙末年之間。然則此亦崇禎元年刻本而經明末至雍正年間屢次增修者。吕化舜序明言其弟太學聖符（吕兆祥）輯爲四卷，捐橐精梓。此本卷端改刻吕化舜原輯，尤爲失實。又原書四卷，已改刻爲二卷。《存目叢書》據以影印。至上圖本面貌，蓋與王重民所見美國國會圖書館本接近，當亦明刻清修本。

孔子年譜綱目一卷　明夏洪基撰　一四六七

兩江總督採進本（總目）。○《兩江第一次書目》：「《孔子年譜綱目》，高郵夏元開輯，一本。」按：夏洪基字元開。○《兩淮商人馬裕家呈送書目》：「《孔子年譜綱目》一卷，國朝夏洪基，一本。」○北京大學藏明崇禎刻本，題「後學高郵夏洪基編輯」。半葉九行，行二十一字，白口，四周單邊。前有崇禎十七年甲申夏洪基弁言。正文末有「男夏楨較録」一行，尾題下有「白門于肖龍書、上官顯刻」二行，當刻於崇禎十七年。鈐「秦恩復印」、「秦伯敦父」二白文印。《存目叢書》據以影印。中央教科所、復旦亦藏是刻。○清康熙間高郵夏荔園刻本，北圖藏（參謝巍《年譜考録》，下同）。○清道光九年裔孫長清向日園重刻本，上圖、南圖藏。〇光緒刻本。〇清十八鶴草堂刻本。

孔子弟子傳略二卷　明夏洪基撰　**一四六八**

兩江總督採進本（總目）。〇《兩江第一次書目》：「《孔門弟子傳略》，高郵夏元開輯，一本。」〇北京大學藏明崇禎刻本，與《孔子年譜綱目》合刻，書名作《孔門弟子傳略》，半葉九行，行二十一字，白口，四周單邊。題「後學高郵夏洪基編輯」。有崇禎十七年三月自序。鈐「秦恩復印」、「秦伯敦父」二白文印。《存目叢書》據以影印。北大此本有裝訂壓字者，以北師大同版抽換。中央教科所、復旦亦藏是刻。〇清康熙高郵夏茘園刻本，北圖藏（參謝巍《年譜考録》，下同）。〇清道光九年裔孫長清向日園重刻本，上圖、南圖藏。〇清光緒刻本。〇按：各本及兩江進呈目均作《孔門弟子傳略》，《總目》作「孔子」當是筆誤。

聖門志考略二卷　不著撰人名氏　**一四六九**

兩江總督採進本（總目）。〇《兩江第一次書目》：「《聖門志考略》，清人，失名，抄本，一本。」〇浙江圖書館藏清康熙刻本，目録及正文題「海鹽沈德湄纂輯」。半葉九行，行二十四字，白口，四周單邊。前有康熙二十三年甲子張衡序，康熙二十二年癸亥彭孫遹序，康熙二十二年某氏序。後有康熙二十二年汪爾敬跋，康熙二十二年姚夔敘，康熙二十二年癸亥沈德湄《緣起》。彭序云：「三衢多士咸請壽之棗梨，以公海内。」末附《熙朝盛事》一卷，紀事至康熙二十四年。蓋康熙二十二年刊成後又增刻者。《存目叢書》據以影印。按：《提要》云「不著撰人名氏，惟書中自稱其名曰湄。」

《兩江第一次書目》亦云「清人，失名」，蓋兩江進呈鈔本偶佚撰人也。今見浙圖藏康熙刻本，則明題「海鹽沈德淯纂輯」，可補《提要》之闕。

闕里廣志二十卷　國朝宋際、〔宋〕慶長同撰　**一四七〇**

浙江汪啟淑家藏本(總目)。○《浙江省第四次汪啟淑家呈送書目》：「《闕里廣志》二十卷八本。」○《浙江採集遺書總録》：「《闕里廣志》二十卷，刊本，國朝典籍宋慶長輯。」○上海圖書館藏清康熙十三年刻本，半葉十行，行二十二字，白口，左右雙邊。前有康熙十二年禮部尚書龔鼎孳序，康熙十三年甲寅王光承序，康熙十二年沈荃序，康熙十二年劉芳躅序，又李東陽、孔胤植舊序。後有康熙十二年癸丑錢芳標跋。卷內玄字缺末筆，胤、弘字不避諱。記事至康熙初。猶是未經增修初印之本。《存目叢書》據以影印。中國社科院文學所、民族所、南京圖書館均有是刻。○同治九年孔氏廣東重刻本，北圖、上圖藏。

三遷志十二卷　國朝孟衍泰　王特選　仲蘊錦同撰　**一四七一**

江蘇巡撫採進本(總目)。○《江蘇省第一次書目》：「《三遷志》四本。」○山西省祁縣藏清康熙六十一年刻雍正增刻本，題「古滕王特選增纂，闕里孔傳商較訂，古卞仲蘊錦刪閱，裔孫孟尚桂鑒定，孟衍泰重較，孟衍岳、孟衍鐸編次，孟興銑、孟興錞補輯，孟尚嶷參考」。半葉十行，行十九字，白口，左右雙邊。前有康熙六十一年鄒縣知縣韓于斐序，後有康熙六十一年六十五代孫孟衍泰跋。此本卷五恩賚門末增刻雍正二年事，版心葉碼作「又廿八」。卷六宗系末增刻雍正二年事。卷七聞達門增刻雍正二年事一葉，版心葉碼作「又廿一」。均雍正二年增刻者。《存目叢書》據以影印。上圖、南圖亦藏是刻。

孟子生卒年月考一卷　國朝閻若璩撰 **一四七二**

江蘇巡撫採進本（總目）。○《江蘇採輯遺書目録》：「《四書釋地》一卷《四書釋地續》一卷附《孟子生卒年月考》，清太原閻若璩著。」○清乾隆五十三年南城吴氏刻《四書釋地》附本，北師大藏。○清鈔《四書釋地》附本，上圖藏。○清嘉慶八年桐陰書屋刻《校正四書釋地》附本，北師大藏。○清道光九年廣東學海堂刻《皇清經解》本，末有「刑部山西司郎中臨川李秉文刊」、「漢軍生員樊封校」二行。遼圖此本鈐有「大興劉氏校經堂藏書印」朱文長方印。《存目叢書》據以影印。

孔子年譜五卷　國朝楊方晃撰 **一四七三**

直隸總督採進本（總目）。○《直隸省呈送書目》：「《孔子年譜》五本。」○遼寧省圖書館藏清乾隆二年存存齋刻本，作《至聖先師孔子年譜》三卷首一卷。題「磁州楊方晃編釋，太史監官俞鴻馨尹思先生鑒定，磁學聖裔孔興耀介融氏、瀋陽馬恒世健菴氏訂正，同邑孫濂、寧陵孔毓彬、同邑張堜仝校，同邑邵日新敬書」。半葉九行，行二十二字，白口，四周單邊。版心下刻「存存齋」。封面刻「雍正乙卯年鐫，乾隆丁巳年竣」二行，又刻「存存齋藏板」五字。卷首有《闕里諸圖》，繪刻頗精，有乾隆二年七月十一日楊方晃小序，圖末有乾隆二年七月二十一日楊鋁識語，據此識語知此書爲俞鴻馨捐刻，圖係楊鋁依舊圖重繪。正文後有「邑曹克謙、張忠、曹克明、曹璋梓」列名，當是刻工姓名。卷内鈐「謝剛主」白文印。《存目叢書》據以影印。北圖、華東師大亦藏是刻。○首都圖書館藏藍格鈔本，作《至聖先師孔子年譜》三卷首末各一卷（謝巍《年譜考録》著録，稱爲「曲阜郭日新抄本」，疑以卷端題名有「同邑邵日新敬書」而誤定）。○臺灣「中央圖書館」藏鈔本，作《至聖先師孔子年譜》三卷附録一卷。卷端題署與存存齋本同。半葉九行，行二十一字，無格。末有乾隆二年邵日新跋云：「吾磁鶴巢先生以著述鳴世，而《孔子年譜》一編爲功更大。邑大夫太史俞公祖世傳科第，海内宗工，下車輒物色之，既而捐金鐫刻。先生以書繕屬新，受命瞿然，三越寒暑而告竣。」此即乾隆二年存存齋刻本跋，則此鈔本亦從存存齋刻本出。

至聖編年世紀二十四卷　國朝李灼、黄晟同編　一四七四

江蘇巡撫採進本（總目）。○《江蘇省第一次書目》：「《至聖編年世紀》十二本。」○《江蘇採輯遺書目録》：「《至聖編年世紀》二十四卷，清生員内廷行走嘉定李灼著。」○清華大學藏清乾隆十六年歙西黄氏亦政堂刻本，卷一題「婁東嘉定李灼松亭、新安古歙黄晟曉峰仝輯，男李肯堂德紹、李思堡守臣、男黄爲荚筠圃仝校」。半葉九行，行二十字，白口，左右雙邊。前有乾隆十三年孔昭焕序，乾隆十六年李灼序，乾隆十六年新安歙西黄晟於亦政堂序。封面刻「乾隆辛未年鐫」、「亦政堂藏板」。《存目叢書》據以影印。北圖、上圖、北師大、華東師大亦藏是刻。

洙泗源流無卷數　不著撰人名氏　一四七五

編修勵守謙家藏本（總目）。○《編修勵第一次至六次交出書目》：「《洙泗源流録》，無名氏，書不全，一本。」

右聖賢之屬

別本晏子春秋六卷　舊本題齊晏嬰撰　**一四七六**

内府藏本(總目)。〇《武英殿第二次書目》：「《晏子》四本。」〇《提要》云：「其書原本八卷，已著於録。此本爲烏程閔氏朱墨版。以外篇所載已見内篇者，悉移綴其文附於内篇各條之下。」〇明凌澄初刻朱墨套印本六卷，北圖、上圖、津圖等多藏。《提要》稱「閔氏朱墨版」未確。

王文正公遺事一卷　宋王素撰　**一四七七**

浙江巡撫採進本(總目)。〇北京圖書館藏宋刻《百川學海》本，作《文正王公遺事》一卷，半葉十二行，行二十字，小字雙行同，細黑口，左右雙邊。〇民國十六年武進陶湘影宋刻《百川學海》本。〇明弘治十四年華珵刻《百川學海》本，作《文正王公遺事》一卷，半葉十二行，行二十字，白口，左右雙邊。北圖、上圖等藏。民國十年上海博古齋影印弘治華珵刻《百川學海》本。〇明嘉靖十五年鄭氏宗文堂刻《百川學海》本，作《文正王公遺事》一卷，半葉十四行，行二十八字，白口，左右雙邊。北圖、北大藏。〇明鈔《百川學海》本，作《文正王公遺事》一卷，半葉九行，行二十字，黑口，四周雙邊。北圖藏。〇明刻《歷代小史》本，作《王文正遺事》一卷，半葉十一行，行二十六字，白口，四周雙邊。北圖藏。民國二十九年商務印書館影印明刻《歷代小史》本。〇民國二十三年周氏師古堂刻《韓王二公遺事》本，作《王文正公遺事》一卷，《周氏師古堂所編書》之一，上圖、山東大學藏。〇北京圖書館藏清譚宮橋鈔本一册,作《文正王公遺事》一卷。半葉十行,行二十字,無格。清吴翌鳳校並跋。

一四七八

韓魏公家傳二卷　不著撰人名氏

江蘇巡撫採進本(總目)。○北京圖書館藏明正德九年張士隆刻本,作《忠獻韓魏王家傳》十卷。首行題「忠獻韓魏王家傳卷第一」,次行題「賜進士監察御史安陽張士隆重刊」,餘卷同。半葉十一行,行十八字,白口,左右雙邊。此與《别録》、《遺事》合刊,臺灣「中央圖書館」亦藏一帙,有莫棠手跋:「《韓魏公家傳》、《别録》、《遺事》明刊本,避宋諱,蓋原於宋刊。得之既久,頃以《百川學海》本補寫十一行,並記,丁卯三月十日乙亥雨中。」並鈐「莫棠所藏」印記(詳該館《善本書志初稿》)。《存目叢書》據北圖藏本影印。此三種又附正德九年張士隆刻《安陽集》五十卷以行,北圖、上圖、山東省圖等多藏之。○北京圖書館藏明刻《安陽集》附本,作《忠獻韓魏王家傳》十卷,半葉十二行,行二十五字,黑口,四周雙邊。○明萬曆十五年郭朴刻《安陽集》附本,作《忠獻韓魏王家傳》十卷。半葉十行,行十八字,白口,左右雙邊。北大、上圖、吉大等藏。○北圖、上圖藏明萬曆三十六年康丕揚刻《宋兩名相集》本,書名作《忠獻韓魏王家傳》,十卷,半葉九行,行十九字,白口,四周單邊。○臺灣「中央圖書館」藏明萬曆四十二年徐縉芳刻本,作《忠獻韓魏王君臣相遇傳》十卷,内容與《家傳》同。與《别録》、《遺事》合刻。題「守祠裔孫諱宗祖令男諱原道堇録,奉勅提督軍政監察御史前翰林院庶吉士安成尹仁校正,晉江徐縉芳重校,豫章劉曰淑同校,江都朱紱來、何士傑校訂」。半葉九行,行十八字,白口,左右雙邊。前有萬曆四十二年甲寅王納諫序,後有萬曆四十二年甲寅孟春劉曰淑後序。鈐有「曾在王鹿鳴處」、「雪苑王瓊宴家藏書」等印記（詳該館《善本書志初稿》）。北圖、北大、浙圖等亦藏是刻。○明崇禎元年大觀堂刻鄭鄤輯《宋三大臣彙志》本，作《宋忠獻韓魏王君臣相遇傳》十卷，題「明翰林院庶吉士武進後學鄭鄤評點」。半葉九行，行十八字，白口，四周單邊。前有崇禎元年戊辰鄭鄤序，萬曆四十二年甲寅王納諫序。蓋即重刻萬曆四十二年徐縉芳本，故書名同，且載王納諫序。首葉版心寫工刻工：「古吴金麟書，陳天禎刊。」清華、中科院圖書館藏。臺灣「中央圖書館」有單本。○清康熙五十六年知安陽縣事崑山徐樹敏刻《安陽集》附本，作《忠獻韓魏王家傳》十卷。復旦、南開、湖北省圖等藏。又乾隆五年樂安蔣氏補刻本，日本京都大學人文所藏。○清乾隆晝錦堂刻《安陽集》附本，同前。北大、内蒙大、湖北圖等藏。○按：《江蘇省第一次書目》「《韓忠獻家傳》二本」。《江蘇採輯遺書目録》「《韓忠獻家傳》，明大學士安陽郭樸著。按此書共十三卷。」考萬曆十五年郭朴刻《安陽集》五十卷附《别録》三卷《遺事》一卷《忠獻韓魏王家傳》十卷，題「明少傅兼太子太傅吏部尚書武英殿大學士郭朴校」。《江蘇目録》誤爲「郭樸著」，當緣於此。唯即此綫索，可推知館臣所見實爲明萬曆十五年郭朴刻本，或傳鈔郭朴刻本。該本《家傳》明作十卷，《江蘇目録》云「十三卷」者，殆連《别録》三卷而言。傳世張世隆本、康丕揚本、徐敏樹本等亦均十卷。《四庫總目・安陽集》提要亦云舊附《家傳》十卷，别著録之史部。則館臣所見確爲十卷。其作二卷，當係誤「二本」爲「二卷」也。又此書之外，另有《君臣相遇録》十卷入於《存目》，恐是一書而兩見，附記於此。

韓魏公別録三卷　宋王巖叟撰　一四七九

浙江范懋柱家天一閣藏本(總目)。○《浙江省第五次范懋柱家呈送書目》：「《忠獻韓魏公別録》三卷，宋王岩叟著，一本。」○《浙江採集遺書總録》：「《忠獻韓魏王別録》三卷，刊本，宋涇陽觀察推官王岩叟撰。」○江蘇呈本，附《韓忠獻家傳》後。參見前條。○北京圖書館藏明正德九年張士隆刻本，作《忠獻韓魏王別録》三卷。首行題「忠獻韓魏王別録上」，次題「賜進士監察御史安陽張士隆重刊」。半葉十一行，行十八字，白口，左右雙邊。此與《家傳》、《遺事》合刊。《存目叢書》據以影印。臺灣「中央圖書館」亦藏是刻，有近人莫棠跋，見前條。此三種又附正德九年張士隆刻《安陽集》五十卷以行，北圖、上圖、山東省圖等藏。○北京圖書館藏明刻《安陽集》附本，半葉十二行，行二十五字，黑口，四周雙邊。○明萬曆十五年郭朴刻《安陽集》附本，北大、上圖、吉大等藏。○明萬曆三十六年康丕揚刻《宋兩名相集》本，半葉九行，行十九字，白口，四周單邊。北圖、上圖藏。○明萬曆四十二年徐縉芳刻本，與《忠獻韓魏王君臣相遇傳》十卷、《遺事》一卷合刊。半葉九行，行十八字，白口，左右雙邊。北圖、北大、浙圖、臺灣「中央圖書館」等藏。○明崇禎元年大觀堂刻鄭鄤輯《宋三大臣彙志》本，三卷並爲一卷，半葉九行，行十八字，白口，四周單邊。清華、中科院圖書館等藏。○天一閣文管所藏明烏絲欄鈔本，作《韓忠獻公別録》三卷一册。○南京圖書館藏明鈔《藝海彙函》本，作《韓忠獻公別録》三卷。半葉十行，行二十字，白口，四周雙邊。○清康熙五十六年安陽知縣崑山徐樹敏刻《安陽集》附本，復旦、南開、湖北省圖等藏。又乾隆五年樂安蔣氏補刻本，日本京都大學人文所藏。○清乾隆畫錦堂刻《安陽集》附本，北大、内蒙大、湖北省圖等藏。○北圖藏明鈕氏世學樓鈔《説郛》本。上海圖書館藏明叢書堂鈔《説郛》本。浙江圖書館藏明鈔《説郛》本。民國十六年商務印書館排印張宗祥校《説郛》本。均在卷三。昌彼得先生《説郛考》曰「僅節録二條」。

韓忠獻遺事一卷　宋强至撰　　一四八〇

内府藏本（總目）。○北京圖書館藏宋刻《百川學海》本，作《韓忠獻公遺事》一卷，半葉十二行，行二十字，細黑口，左右雙邊。南圖有是刻單本，清許心扆、丁丙跋。○民國十六年武進陶湘影宋刻《百川學海》本。○明弘治十四年華珵刻《百川學海》本，半葉十二行，行二十字，白口，左右雙邊。北圖、上圖等藏。民國十年上海博古齋影印華珵刻《百川學海》本。○明嘉靖十五年鄭氏宗文堂刻《百川學海》本，半葉十四行，行二十八字，白口，左右雙邊。北圖、北大藏。○北京圖書館藏明正德九年張士隆刻本，首行題「忠獻韓魏王遺事」，次行題「群牧判官朝奉郎尚書職方員外郎上騎都尉强至編次」，三行題「賜進士監察御史安陽張士隆重刊」。半葉十一行，行十八字，白口，左右雙邊。《存目叢書》據以影印。此與《忠獻韓魏王家傳》十卷《别録》三卷合刊。臺灣「中央圖書館」藏一帙，有近人莫棠跋，云「以《百川學海》本補寫十一行」。參上文《家傳》條。此三種又附正德九年張士隆刻《安陽集》五十卷以行，北圖、上圖、山東省圖等藏。○北京圖書館藏明刻《安陽集》附本，半葉十二行，行二十五字，黑口，四周雙邊。○明萬曆十五年郭朴刻《安陽集》附本，北大、上圖、吉大等藏。○明萬曆三十六年康丕揚刻《宋兩名相集》本，半葉九行，行十九字，白口，四周單邊。北圖、上圖藏。○明萬曆四十二年徐縉芳刻本，與《忠獻韓魏王君臣相遇傳》十卷《别録》三卷合刊。北圖、北大、浙圖、臺灣「中央圖書館」等藏。半葉九行，行十八字，白口，左右雙邊。○明崇禎元年大觀堂刻鄭鄤輯《宋三大臣彙志》本，半葉九行，行十八字，白口，四周單邊。清華、中科院圖書館藏。○清康熙五十六年知安陽縣事崑山徐樹敏刻《安陽集》附本，復旦、南開、湖北省圖等藏。又乾隆五年樂安蔣氏補刻本，日本京都大學人文所藏。○明刻《歷代小史》本，半葉十一行，行二十六字，白口，四周雙邊。北圖、北大、上圖等藏。民國二十九年商務印書館影印明刻《歷代小史》本。○清光緒錢塘丁氏嘉惠堂刻《武林往哲遺箸》後編本，有《補遺》一卷。○民國二十三年至德周氏師古堂刻《韓王二公遺事》本，《周氏師古堂所編書》之一。上圖、山東大學等藏。○民國二十八年商務印書館據《百川學海》本排印，收入《叢書集成初編》。○北京圖書館藏明鈕氏世學樓鈔《説郛》本，作《韓魏公遺事》，在卷六十四，下同。○上海圖書館藏明鈔《説郛》本。○北京圖書館藏明鈔《説郛》本，半葉十行，行二十二字，藍格，白口，四周雙邊。○北圖又藏明鈔《説郛》本，半葉十行，行二十一或二十二字，藍格，白口，左右雙邊。○北圖藏明滹南書舍鈔《説郛》本。○浙江瑞安玉海樓藏明鈔《説郛》本。○民國十六年商務印書館排印張宗祥校《説郛》本。昌彼得《説郛考》曰：「全卷凡四十四條，此本僅録十二條，其末條魏公斬定卒事，爲諸本所不載。左圭《百川學海》亦收此書，共四十五條，雖有斬定卒條，然『（魏公）馳入倉門，羣卒前訴』句，此本則作『馳入倉門，羣卒約十餘，皆持米前訴。公曰，米分如此，餘人皆退後』。文較《百川》本爲詳，亦足補傳本之略。」

豐清敏遺事一卷　宋李朴撰　　一四八一

浙江范懋柱家天一閣藏本（總目）。○《浙江省第五次范懋柱家呈送書目》：「《豐清敏公遺事》，宋李朴編，一本。」○《浙江採集遺書總録》：「《豐清敏公遺事》一卷附一卷一册，寫本，宋給事中贛州李朴撰，明裔孫河南參政豐慶輯附。」○北京圖書館藏明刻本，作《豐清敏公遺事》一卷《附録》一卷。半葉十行，行十八字，黑口，四周雙邊。《遺事》題「門人章貢李朴編次」。《附録》題「嗣孫慶編次，後學天台陳聰看詳」。按：豐慶明正統四年進士，天順中官至河南布政使。觀是本字體版式，是當時風格，蓋即豐慶所刊。《存目叢書》據以影印。○四川圖書館藏清徐氏煙嶼樓鈔本，清徐時棟題識。○清咸豐四年刻《小萬卷樓叢書》本，上圖、復旦、浙圖等藏。○清光緒四年金山錢氏重刻《小萬卷樓叢書》本。○民國二十八年商務印書館據《小萬卷樓叢書》本排印，收入《叢書集成初編》。○原北平圖書館藏舊鈔本，有《附録》一卷。半葉十一行，行十九字。有李朴自序，紹熙二年朱熹後序，景泰六年豐慶跋。王重民《善本提要》、傅增湘《藏園訂補郘亭知見傳本書目》著録。王重民謂「卷端有『四明盧氏抱經樓藏書印』，後有『竹汀居士曾觀』長方印，然並以爲僞作」。是本現存臺北「故宫」。○民國二十一年四明張氏約園刻《四明叢書》第一集本，有《附録》及張壽鏞校記。

种太尉傳一卷　宋趙起撰　　一四八二

浙江鄭大節家藏本（總目）。○《浙江省第五次鄭大節呈送書目》：「《种太尉傳》一卷，宋趙起著，一本。」○《浙江採集遺書總録》：「《种太尉傳》一卷，寫本，宋河汾散人趙起撰。」○北京圖書館藏明鈔本一册，題「河汾散人趙起得君撰」。半葉十四行，行二十一字，白口，四周單邊。無序跋。首葉上半殘缺。《存目叢書》據以影印。○臺灣「中央圖書館」藏明穴硯齋鈔《雜史二十一種》本，半葉十四行，行二十二字，白口，四周單邊。鄧邦述群碧樓故物。○北京圖書館藏清鈔《經進皇宋中興四將傳》附本，半葉九行，行十八字，無格。○南京圖書館藏清鈔《經進皇宋中興四將傳》附本。○上海圖書館藏清鈔本。○《愛日精廬藏書志》卷十三著録「舊鈔本，汲古閣藏書」，「卷首有毛子晉、毛斧季印記」。

三蘇年表二卷　宋孫汝聽撰　一四八三

永樂大典本(總目)。○《提要》云：「《永樂大典》所載惟存蘇洵一卷、蘇轍一卷。」○《永樂大典》卷二千三百九十九收《蘇潁濱年表》一卷，明鈔本現存日本。中華書局一九五九年至一九六零年影印《永樂大典》已經收入。○清末繆荃孫從《永樂大典》鈔出《蘇潁濱年表》一卷，收入《藝風鈔書》第十四册，北京圖書館藏。○清宣統元年繆荃孫據《永樂大典》本刻《蘇潁濱年表》一卷，收入《藕香零拾》。《存目叢書》據首都圖書館藏是刻影印。

東坡年譜一卷　宋王宗稷撰　一四八四

永樂大典本(總目)。○《提要》云：「今刻於東坡集首者即此本也。」○明成化四年程宗吉州刻《東坡集》卷首附刻本，作《東坡先生年譜》一卷。半葉十行，行二十字，黑口，四周雙邊。北圖、南圖、上圖、津圖、重慶圖藏。○明嘉靖十三年江西布政司刻《蘇文忠公全集》附刻本，半葉十行，行二十字，白口，四周雙邊。北圖、北大、上圖、川圖等藏。○明刻《蘇文忠公集》附刻本，半葉十行，行二十字，黑口，四周雙邊。北圖藏。○明刻《東坡全集》附刻本，半葉十一行，行二十五字，白口，四周單邊。北圖、北師大、揚州圖藏。○明刻《東坡全集》附刻本，半葉十行，行十九字，白口，四周單邊。人民大學、上圖、南圖、山東圖等藏。○明萬曆二十二年璩氏燕石齋刊《蘇長公外紀》本，在卷一上，首行題「蘇長公外紀一卷上」，次行題「明瑯琊王世貞編次」，三行題「豫章璩之璞校定」，四行上題「年譜」，下題「五羊王宗稷編」。半葉十行，行十八字，白口，左右雙邊。版心下刻「燕石齋刊」。上圖、南圖、臺灣「中央圖書館」等藏。○明萬曆二十八年焦竑刻《坡仙集》本，在卷十六，北圖、浙圖等藏。○明萬曆三十四年茅維刻《東坡先生全集》附刻本，半葉十行，行十九字，白口，左右雙邊。上圖、津圖、清華、山東圖等藏。○明刻明陳夢槐輯《東坡集選》附刻本，清華、北京師大、上圖、浙圖等藏。○明末文盛堂刻《東坡先生全集》附刻本，北大、上圖、津圖、山東圖等藏。○明末刻明陳仁錫評《東坡先生文集》附刻本，復旦、川圖、江西省圖、河南省圖等藏。○清康熙三十七年朱從延文蔚堂刻《蘇東坡詩集注》附刻本，半葉十一行，行十九字，白口，左右雙邊。北圖、上圖、南圖等藏。○清康熙三十八年宋犖刻《施註蘇詩》附刻本，半葉十行，行二十一字，黑口，四周單邊。北圖、上圖、南圖等多藏。○清康熙四十五年得樹軒刻《蘇文忠公海外集》附刻本，清華、上圖、天津師大藏。○清乾隆四十年稽古堂刻《蘇文忠公海外集》附刻本，福建師大、暨南大學藏。○清乾隆四庫館鈔《四庫全書·施注蘇詩》卷首，題作「東坡先生年譜」。○清乾隆四庫館鈔《四庫全書·東坡全集》附本，在卷首,題作「東坡先生年譜」。○清乾隆内府刻《古香齋袖珍十種·施注蘇詩》附本。○清道光十二年眉州三蘇祠刻《三蘇全集·東坡全集》附刻本。○清光緒三十四年至宣統元年端方寶華盦刻《東坡集》附刻本。○日本天保十二年文苑閣刻本,山西省圖藏。

一四八五　范文正年譜一卷補遺一卷附義莊規矩一卷　年譜宋樓鑰撰,補遺不知何人所作,義莊規矩范仲淹等撰

浙江巡撫採進本(總目)。○宋乾道三年邵武俞翊番陽郡齋刻宋元遞修《范文正公集》附刻本,凡《年譜》一卷、《年譜補遺》一卷。半葉十二行,行二十字,白口,單邊。偶有黑口,爲元代補刻。《藝風藏書記》卷六、《嘉業堂藏書志》卷四著録者即此帙,現藏臺北「中央圖書館」。○元天曆至正間褒賢世家家塾歲寒堂刻《范文正公集》附刻本,凡《年譜》一卷《年譜補遺》一卷、《義莊規矩》一卷,半葉十二行,行二十字,白口,左右雙邊。此係重刊鄱陽郡齋本。北圖、上圖等藏。又明修本,北圖等藏。○福建省圖書館藏明正德十二年葉士美、歐陽席刻本,作《范文正公年譜》一卷。半葉八行,行十八字,黑口,四周雙邊。鈐「晉安何氏珍存」、「張廷璲印」、「大通樓藏書印」、「龔少文收藏書畫印」等印記。○天一閣文管所藏明嘉靖二十二年文正書院刻本,作《范文正公年譜》一卷,一册。半葉十行,行十八字,白口,左右雙邊。○明嘉靖范惟元等刻《范文正公集》附刻本,凡《年譜》一卷《年譜補遺》一卷、《義莊規矩》一卷。《年譜》題「後學時兆文校正,後學黄姬水校正,後學李鳳翔校正,十五世孫啟乂同校,十六世孫惟元同校」。半葉十二行,行二十一字,白口,左右雙邊。版心有刻工：張仲、文祥、戈、明、儒、淮、炤、章、仁、渊、叶、葉、刘、意、良、林。《存目叢書》據北圖藏本影印。上圖、南圖、遼圖等亦藏是刻。商務印書館《四部叢刊》即據是本影印。○明萬曆三十七年康丕揚刻《范文正公集》附刻本，凡《年譜》一卷《年譜補遺》一卷。半葉九行，行十九字，白口，四周單邊。北圖、北大等藏。○明萬曆三十六年毛一鷺刻《合刻范文正公忠宣公全集》附刻本，半葉九行，行二十字，白口，四周單邊。南圖、湖北圖、安徽圖等藏。○清康熙四十六年范氏歲寒堂刻《范文正公忠宣公全集》附刻本，半葉十一行，行二十一字，白口，左右雙邊。清華、湖北圖、廣東中山圖等藏。○民國二十四年四明張氏約園刻《四明叢書》第三集本，作《范文正公年譜》一卷《補遺》一卷。

綦崇禮年譜一卷　宋綦焕撰　**一四八六**

永樂大典本（總目）。

吕忠穆公遺事一卷　不著撰人名氏　**一四八七**

永樂大典本（總目）。○北京圖書館藏清乾隆四十二年孔繼涵家鈔本，作《丞相吕穆公遺事》一卷，與《吕忠穆公年譜》等共一册。半葉十行，行二十字，無格。孔繼涵校並跋。《存目叢書》據以影印。

吕忠穆公年譜一卷　不著撰人名氏　**一四八八**

永樂大典本（總目）。○北京圖書館藏清乾隆四十二年孔繼涵家鈔本，與《勤王記》、《遺事》、《逢辰記》合一册。半葉十行，行二十字，無格。《存目叢書》據以影印。

涪陵紀善録一卷　宋馮忠恕撰　**一四八九**

浙江巡撫採進本(總目)。○《浙江省第六次呈送書目》：「《涪陵紀善録》，宋馮忠恕著，一本。」○《浙江採集遺書總録》：「《涪陵紀善録》一册，寫本，宋承議郎黔州節度判官臨安馮忠恕輯。」

尹和靖年譜一卷　不著撰人名氏　**一四九〇**

永樂大典本(總目)。○北京圖書館藏明嘉靖九年洪珠刻《和靖尹先生文集》本，在卷一，首行題「和靖尹先生文集卷之一」，次行題「年譜」，半葉十行，行十八字，白口，左右雙邊。鈐有「徐乃昌讀」、「南陵徐乃昌校勘經籍記」、「六合徐氏孫麒珍藏書畫印」印記。《存目叢書》據以影印。上圖有是刻，係四庫底本。北大、故宫、南開等亦藏此刻本。○明隆慶三年蔡國熙刻《和静先生文集》本，南圖、上圖、浙圖、雲大藏。○明刻《和静先生文集》本，在卷首，南圖、上圖、湖南圖藏。○明天啟四年王洽刻《和靖尹先生文集》本，上圖、津圖藏。○清乾隆四庫館鈔《四庫全書·和靖集》本，在卷八。○清刻《和靖尹先生文集》本，半葉九行，行二十二字，下黑口，四周雙邊。北圖、杭大藏。

周子年譜一卷　宋度正撰　**一四九一**

浙江鄭大節家藏本(總目)。○《浙江採集遺書總録》：「《周元公年譜》一册，寫本，明張元楨訂。」○北京圖書館藏宋刻《元公周先生濂溪集》附刻本，作《濂溪先生周元公年表》一卷，半葉八行，行十七字，白口，雙黑魚尾，左右雙邊。版心上記字數，下刻一「熊」字，似刻工。鈐「崑山徐氏家藏」、「乾學之印」、「健菴」、「宋犖」等印記。《存目叢書》據以影印。○南京圖書館藏明刻《濂溪周元公志》本

（謝巍《年譜考録》）。○明萬曆三十四年徐必達刻《合刻周張兩先生全書・周子全書》本。在卷五，題「山陽度正撰」。半葉十行，行二十字，白口，四周雙邊。北圖、南圖、川圖等藏。○明天啟三年黄克儉刻《宋濂溪周元公先生集》本，半葉八行，行二十字，白口，四周單邊。北圖、重慶圖藏。○清同治五年福州正誼書院刻《周濂溪先生全集》本。○清光緒六年洪氏公善堂刻《周濂溪先生全集》本，見《洪氏唐石經館叢書》。

一四九二　二梅公年譜二卷　梅詢年譜宋陳天麟撰，梅堯臣年譜元張師曾撰

兩淮鹽政採進本（總目）。○上海圖書館藏清初鈔本。《許昌梅公年譜》一卷，題「郡人陳天麟編次」，有淳熙丁酉三月陳天麟序。附《許昌梅公詩畧》一卷《附録》一卷。《宛陵先生年譜》一卷，題「郡後學張師曾述」，有至元二年八月劉性序，至元元年三月自序。附《宛陵先生文集拾遺》一卷《附録》一卷。全書前有嘉靖四十二年癸亥孟冬姚江周《刻二梅公年譜序》，萬曆二年秋唐汝迪序，萬曆二年甲戌八月二十世孫一科《重刻二先生年譜跋》。半葉小字十四行，行十七字，無格。卷内鈐「翰林院印」滿漢文大官印，書衣有「乾隆三十八年七月兩淮鹽政李質穎送到二梅公年譜壹部計書壹本」長方木記，即館臣據以存目之本。又鈐「曾在秦嬰闇處」、「秦更年印」、「秦曼青」、「嬰闇秦氏藏書」、「城南艸堂鑒藏圖書記」等印記。《存目叢書》據以影印。

一四九三　韓柳年譜八卷　韓文類譜七卷宋魏仲舉撰，柳子厚年譜一卷宋文安禮撰

編修汪如藻藏本（總目）。○《國子監學正汪交出書目》：「《韓柳年譜》二本。」○《兩淮商人馬裕家呈送書目》：「《韓柳年譜》七卷，宋文安禮、吕大防，二本。」○《浙江省第四次汪啟淑家呈送書目》：「《韓柳年譜》八卷，宋魏仲舉著韓譜七卷，文安禮著柳譜。」○《浙江採集遺書總録》：「《韓柳年譜》一册，刊本，宋魏仲舉輯《韓文類譜》七卷，宋文安禮輯《柳文年譜》一卷。」○《都察院副都御史黄交出書目》：「《韓柳年譜》二本。」○《提要》云：「近時祁門馬曰璐得宋槧柳集殘帙，其中年譜完好，乃與韓譜合刻爲一編，總題此名云。」○清雍正七年馬氏小玲瓏山館刻本，封面刻「宋本韓柳二先生年譜」、「小玲瓏山館重雕」。各卷末有「雍正己酉八月小玲瓏山館依宋本校刊」木記。卷末有「吴郡李士芳鐫」，當是刻工。半葉十行，行十八字，白口，左右雙邊。凡《韓文類譜》七卷（卷一宋吕大防《韓吏部文公集年譜》，卷二宋程俱《韓文公歷官記》，卷三至七宋洪興祖《韓子年譜》）、《柳先生年譜》一卷。北圖、人民大學、湖北省圖等藏。湖南圖亦藏是刻，有清莫友芝題識。○清咸豐五年南海伍崇曜刻本，作《韓柳年譜》，《粤雅堂叢書》之一。○清光緒元年隸釋齋重刻本，作《宋本韓柳二先生年譜》，山東大學、南京大學藏。○清光緒涇縣洪氏影刻馬氏小玲瓏山館本，作《韓柳年譜》，《洪氏公善堂叢書》之一。上圖藏。○金陵藤溪義學重刻本，作《韓柳年譜》（見謝巍《年譜考録》）。○南京圖書館藏宋慶元六年魏仲舉家塾刻《新刊五百家註音辯昌黎先生文集》四十卷《外集》十卷《序傳碑記》一卷《韓文類譜》十卷，半葉十行，行十八字，細黑口，左右雙邊。鈐有澹生堂經籍記、曠翁手識、山陰祁氏藏書之章、朱彝尊印、竹垞、惠棟之印、定宇等印記，丁氏八千卷樓藏書，《善本書室藏書志》著録，後歸江南圖書館，民國元年商務印書館據以影印。其《韓文類譜》十卷，較七卷本多宋王銍《韓愈傳》一卷、宋樊汝霖《韓文公年譜》一卷、宋方崧卿《韓文年表》一卷。《天禄琳琅書目》著録魏仲舉刻本韓集兩部，其一有《韓文類譜》七卷，與馬曰璐刻本同，蓋十卷本爲刊成後增刻者。○北京大學藏宋刻《增廣註釋音辯唐柳先生集》四十五卷《外集》二卷《年譜》一卷《附録》一卷，半葉十二行，行二十一字，黑口，四周雙邊。其《柳先生年譜》一卷，不題撰人，即文安禮所撰。○北京圖書館藏元刻《增廣註釋音辯唐柳先生集》四十三卷《別集》二卷《外集》二卷《年譜》一卷《附録》一卷，半葉十二行，行二十一字，細黑口，四周雙邊。其《年譜》亦文安禮撰。○《天禄琳琅書目》卷三著録宋魏仲舉刻《新刊五百家註音辨〔辯〕唐柳先生文集》存卷一至二十一，又《附録》二卷《外集》二卷《新編外集》一卷《龍城録》二卷。卷首有文安禮《柳先生年譜》一卷。此本行款版式字體與魏仲與刻《新刊五百家註音辯昌黎先生文集》同。乾隆修《四庫全書》即據是本入録，《年譜》仍冠卷首。惜天禄琳琅宋版已燬於嘉慶二年之火。

朱子年譜一卷　宋袁仲晦撰 一四九四

江西巡撫採進本（總目）。

君臣相遇録十卷　不著撰人名氏 一四九五

浙江汪啟淑家藏本（總目）。○《浙江省第四次汪啟淑家呈送書目》：「《君臣相遇録》十卷《別傳》一卷《遺事》一卷，二本。」○《浙江採集遺書總録》：「《君臣相遇録》十卷《別傳》一卷《遺事》一卷，刊本，明韓道原（公裔孫）輯。」○明萬曆四十二年徐縉芳刻本，作《忠獻韓魏王君臣相遇傳》十卷《別録》三卷《遺事》一卷。其《君臣相遇傳》題「守祠裔孫諱宗祖令男諱原道堇録」,與《浙江總録》合,知即其書。按:此與《忠獻韓魏王家傳》實係一書,參上文《韓魏公家傳》條。

鄱陽遺事録一卷　宋陳貽範撰　一四九六

浙江巡撫採進本(總目)。○元天曆至正間褒賢世家家塾歲寒堂刻《范文正公集》附刻本,半葉十二行,行二十字,白口,左右雙邊。北圖、上圖等藏。又明修本,北圖等藏。○明嘉靖范惟元等刻《范文正公集》附刻本,半葉十二行,行二十一字,白口,左右雙邊。北圖、南圖、上圖等藏。《四部叢刊》影印者即此本。《存目叢書》又據北圖藏本影印。○明萬曆三十六年毛一鷺刻《合刻范文正公忠宣公全集》附刻本,半葉九行,行二十字,白口,四周單邊。南圖、湖北圖、安徽圖等藏。○清康熙四十六年范氏歲寒堂刻《范文正公忠宣公全集》附刻本,半葉十一行,行二十一字,白口,左右雙邊。清華、湖北圖、廣東中山圖等藏。○清道光十年歲寒堂刻《范文正公忠宣公全集》附刻本(傅增湘《藏園訂補郘亭書目》)。

范文正遺蹟一卷　不著撰人名氏　一四九七

浙江巡撫採進本(總目)。○元天曆至正間褒賢世家家塾歲寒堂刻《范文正公集》附刻本,北圖、上圖等藏。○明嘉靖范惟元等刻《范文正公集》附刻本,《存目叢書》據北圖藏本影印。上圖、南圖、遼圖等亦有是刻。商務印書館《四部叢刊》本亦即影印是本。○明萬曆三十六年毛一鷺刻《合刻范文正公忠宣公全集》附刻本,南圖、湖北圖、安徽圖等藏。○清康熙四十六年范氏歲寒堂刻《范文正公忠宣公全集》附刻本，清華、湖北圖、廣東中山圖等藏。○清道光十年歲寒堂刻《范文正公忠宣公全集》附刻本。按：各本行款參前條。

言行拾遺事録四卷　不著撰人名氏　**一四九八**

編修程晉芳家藏本（總目）。○元天曆至正間褒賢世家家塾歲寒堂刻《范文正公集》附刻本，北圖、上圖等藏。○明嘉靖范惟元等刻《范文正公集》附刻本，版心有刻工：儒、曹、文祥、刘、信、林、吴。《存目叢書》據北圖藏本影印。上圖、南圖、遼圖等亦有是刻。商務印書館《四部叢刊》本亦即據此刻影印。○明萬曆三十六年毛一鷺刻《合刻范文正公忠宣公全集》附刻本，南圖、湖北圖、安徽圖等藏。○清康熙四十六年范氏歲寒堂刻《范文正公忠宣公全集》附刻本，清華、湖北圖、廣東中山圖等藏。○清道光十年歲寒堂刻《范文正公忠宣公全集》附刻本。按：以上各本行款參前《鄱陽遺事録》條。○南京圖書館藏明鈔《藝海彙函》本，作《范文正公言行拾遺》一卷。

道命録十卷　宋李心傳編　**一四九九**

内廷藏本（總目）。○《兩江第一次書目》：「《道命録》，宋李心傳著，一本。」○《浙江省第十一次呈送書目》：「《道命録》十卷，宋李心傳著，二本。」○《浙江採集遺書總録》：「《道命録》十卷，刊本，宋工部侍郎井研李心傳撰。」○《天禄琳琅書目》卷六元版子部有《道命録》一册一函，有嘉熙三年李心傳序，淳祐十一年朱申序，元至順四年程榮秀序。程序云「略加釐正，彙次爲十卷，重刻於龜山書院」。鈐「朱卧菴收藏記」、「姑蘇吴氏家藏」、「留耕堂印」等印記。四庫據以存目之「内廷藏本」當即此本，惜已燬於嘉慶二年之火。○北京圖書館藏明刻本，半葉十三行，行二十七字，白口，左右雙邊。前有嘉熙三年李心傳序，淳祐十一年朱申序，至順四年程榮秀序。版心刻工：黄文漢刊、黄旻刊、黄永旻刊、黄昇刊、黄昊、文迪、黄永高刊等。鈐「彭于璐印」白文方印、「晉瀾」朱文方印、「元本」橢圓印。《存目叢書》據以影印。按：是本刻工黄文漢見明成化間刻程敏政《程氏貽範集》、弘治二年刻《雪峰胡先生文集》，黄文漢、黄永昇、黄永旻見弘治五年程敏政刻《心經附注》，黄旻、黄昊見弘治刻《續博物志》，黄文漢、黄文迪、黄永旻、黄永高見成化刻程敏政《新安文獻志》，皆成化、弘治間徽州良工。王重民《善本提要補編》著録原北平圖書館藏明弘治刻本，行款同，未録刻工，有李心傳、朱申、程榮秀序，又明弘治九年汪祚跋。臺灣《中央圖書館善本書目》著録爲「明弘治九年新安衛千户于明刊本」。北圖明刻本當亦弘治九年新安衛千户于明刻本無疑，弘治九年汪祚跋蓋被書賈撤去以冒元本。○《藏園群書經眼録》：「《道命録》十卷，宋李心傳撰。影寫宋刊本，十三行二十七字。有嘉熙三年己亥心傳自序，淳祐十一年知江州軍新安朱申序，言刻梓于九江郡齋。鈐有『平江黄氏圖書』印、『伯寅藏書』二印。」按：此非影宋鈔本。考《道命録》原作五卷，淳祐十一年刻於九江郡齋，元至順四年龜山書院重刊本始由程榮秀重編爲十卷。程榮秀序云：「宋秀岩先生李公《道命録》五卷，刻梓在江州，燬於兵。榮秀嘗得而讀之，疑其爲初稿，尚欲删定而未成者。齋居之暇，僭因原本略加釐正，彙次爲十卷如左。」又云：「行省相君爰命有司重刻於龜山書院，而屬榮秀識其後。」言之甚明。傅增湘所見此寫本已佚去程榮秀跋，故但據朱申序定爲影鈔宋淳祐江州本。今觀此本行款與明弘治九年新安刻本同，當是影鈔弘治本。○清乾隆至道光間鮑氏刻《知不足齋叢書》第二十七集本，有李心傳、朱申序。○臺灣「中央圖書館」藏舊鈔本十卷四册，半葉十行，行二十字，有朱申、程榮秀序。○北京大學藏清侯官楊氏鈔《冠悔堂雜録》本，作一卷。○南京圖書館藏鈔本。○民國二十六年商務印書館據《知不足齋叢書》本排印，收入《叢書集成初編》。

一五〇〇 饒雙峯年譜一卷　不著撰人名氏

永樂大典本（總目）。

一五〇一 許魯齋考歲略一卷　元耶律有尚撰

永樂大典本（總目）。○明正德十三年高傑刻《魯齋全書》本，半葉十行，行二十字，黑口，四周雙邊。北圖、上圖、南圖藏。○明嘉靖四年蕭鳴鳳刻《魯齋遺書》本，半葉十行，行二十一字，白口，左右雙邊。北圖、上圖、南圖藏。○明嘉靖九年許泰和刻《魯齋先生集》本，半葉十行，行二十一字，白口，四周單邊。北圖藏。又嘉靖三十九年修版印本，北大、上圖藏。○清鈔《魯齋先生集》本，半葉十行，行二十一字，無格。清黃丕烈校，近人張元濟鈔補並跋。北圖藏。按：此涵芬樓舊藏，張元濟跋見《涉園序跋集録》，此本《涵芬樓燼餘書録》著録。張元濟稱「先生七世孫泰和令武功時刊本」，知此本從嘉靖九年蕭泰和刻本傳録，行款亦同。張元濟云初得是本時《附録》中有十七葉已撕去，前後各存一角，借得正德本，編次雖稍異，然所闕各文均在，鉤稽配合，泯然無縫，惟《考歲略》篇行款不合，且溢出近百字，因擠入所闕行内，前後仍相銜接云云。然則此本《考歲略》係張元濟據正德本補鈔者。○明萬曆二十四年怡愉、江學詩刻《魯齋遺書》本，在卷十三內，半葉十行，行二十二字，白口，四周雙邊。《存目叢書》據北圖藏本影印。上圖、山東圖等亦藏是刻。又雍正修版印本，南圖藏。○清初鈔《魯齋遺書》本，廣東中山圖藏。○清乾隆四庫館鈔《四庫全書·魯齋遺書》本。檢臺灣商務印書館影印文淵閣本，在卷十三內，題《考歲略》。

一五〇二　劉文靖公遺事一卷　元蘇天爵撰

浙江范懋柱家天一閣藏本（總目）。○《浙江省第五次范懋柱家呈送書目》：「《劉文靖公遺事》一卷，元蘇天爵著，四本。」○《浙江採集遺書總録》：「《劉文靖公遺事》一册，寫本，元應奉翰林文字趙郡蘇天爵撰。」○南京圖書館藏明鈔《藝海彙函》本，題「中奉大夫江浙等處行中書省參知政事趙郡蘇天爵編次」，半葉十行，行二十字，白口，四周雙邊。共五葉。《存目叢書》據以影印。

一五〇三　辜君政績書二卷　元陶凱撰

永樂大典本（總目）。

一五〇四　思賢録五卷續録一卷　元謝應芳撰

浙江范懋柱家天一閣藏本（總目）。○《浙江省第五次范懋柱家呈送書目》：「《思賢録》五卷《續録》一卷，元謝應芳著輯，一本。」○《浙江採集遺書總録》：「《思賢録》五卷，刊本，明謝應芳所輯。」○臺灣「中央圖書館」藏舊鈔本六卷六册，半葉十行，行二十五字。前五卷爲《思賢録》，題「毘陵後學謝應芳編」。第六卷爲續録。前有至正十二年楊維楨序，至正十九年鄭元祐序，嘉靖二十九年鄒守益序，順治十一年鄒自規序。後有嘉靖二十九年鄒駪《續刻思賢録跋》。（參該館《善本書志初稿》）○清華大學藏清道光二十九年詠梅軒刻本，題「毘陵後學謝應芳編，浙江平陽縣縣丞武進費元愷、知縣江陰繆步瀛、樂清縣知縣山東密雲路、歸安縣知縣雲南張銑、永嘉縣知縣清苑湯成烈、瑞安縣知縣無錫楊鑑、温州衛守備奉天韓穆、温州府經歷武進謝蘭生仝校刊」。第六卷題「毘陵由村十四世孫量集」。半葉十行，行二十三字，白口，左右雙邊。封面刻「詠梅軒藏板」五字。前有道光二十三年癸卯十八世孫謝蘭生序云：「前五卷爲明洪武間崑山王仲昭所刊，續録一卷爲道鄉裔鄒駪所刻。……謹照忠公裔鄒潤菴家藏本，復節去已刻《龜巢集》詩若干首，命昌霖、昌燕分卷鈔録，以俟剞劂。」又道光二十九年己酉張銑序，云即據謝蘭生鈔本付梓。卷尾有「甌郡梅姓師古堂鐫」一行。此本正編四卷，續録一卷。《存目叢書》據以影印。南圖亦藏是刻。○天津圖書館藏清光緒十一年活字印本，正編五卷，卷六至卷八爲續録。（見《天津市人民圖書館藏活字本書目》）

草廬年譜二卷附録二卷　明危素撰　一五〇五

編修汪如藻家藏本（總目）。○《國子監學正汪交出書目》：「《草廬年譜》四本。」○臺北「故宫博物院」藏明宣德十年吴炬刻《臨川吴文正公集》附刻本，作《臨川吴文正公年譜》一卷。半葉十五行，行二十八字，黑口，四周雙邊。○明成化二十年方中、陳輝刻《臨川吴文正公集》附刻本，作《臨川吴文正公年譜》一卷，半葉十行，行十九字，黑口，四周雙邊。《存目叢書》據北圖藏本影印。北師大、上圖、重慶圖亦藏是刻。○清活字印《臨川吴文正公集》附本，一卷，首都圖書館、中國社科院文學所藏。○清鈔《臨川吴文正公集》附本，一卷，中科院圖書館藏。○清乾隆四庫館鈔《四庫全書·吴文正集》附本，作《吴文正公年譜》一卷。○清乾隆二十一年崇仁縣訓導萬璜仁讓堂刻《草廬吴文正公集》附本，北圖分館、上圖、北師大藏。

褒賢集五卷　不題撰人名氏　一五〇六

浙江巡撫採進本（總目）。○《提要》云：「一卷爲傳碑銘祭文，二卷爲優崇典禮，三、四卷爲碑記，五卷爲諸賢贊頌論疏。」○元天曆至正間褒賢世家家塾歲寒堂刻《范文正公集》附刻本，凡《祭文》一卷《諸賢贊頌論疏》一卷《論頌》一卷《詩頌》一卷《朝廷優崇》一卷《褒賢祠記》二卷。半葉十二行，行二十字，白口，左右雙邊。北圖、上圖藏。又明代修版印本，北圖藏。○明嘉靖范惟元等刻《范文正公集》附刻本，凡《祭文》一卷《褒賢集》一卷《褒賢祠記》二卷《諸賢贊頌論疏》一卷《論頌》一卷《詩頌》一卷。半葉十二行，行二十一字，白口，左右雙邊。北圖是本有「蕭夢松印」、「静君」二印。《存目叢書》據以影印。上圖、南圖等亦有是刻。商務印書館《四部叢刊》亦即據是刻影印。

滁陽王廟歲祀册一卷　不著撰人名氏　一五〇七

左都御史張若溎家藏本（總目）。○陝西省圖書館藏明鈔《國朝典故》本，作《欽定滁陽王廟碑歲祀册》一卷《敕賜滁陽王廟碑》一卷，《存目叢書》據以影印。○上海圖書館藏明鈔《國朝典故》本，同前本。○北京圖書館藏明鈔《國朝典故》本，書名卷數同前本，半葉九行，行十八字或二十字，藍格，白口，四周單邊。○北圖又藏明鈔《國朝典故》本，作《欽定滁陽王廟碑歲祀册》一卷，半葉十行，行二十字，藍格，白口，四周雙邊。○臺灣「中央圖書館」藏明鈔《國朝典故》本，作《欽定滁陽王廟碑歲祀册》一卷，半葉十二行，行二十四字，藍格，白口，四周單邊。○明萬曆鄧士龍江西刻《國朝典故》本，作《欽定滁陽王廟碑歲祀册》一卷，半葉十行，行二十字，白口，四周單邊。北大、南圖、臺灣「中央圖書館」藏。

鐘鼎逸事一卷　明李文秀撰　**一五〇八**

浙江范懋柱家天一閣藏本（總目）。○《浙江省第五次范懋柱家呈送書目》：「《鍾鼎逸事》一卷，明李文秀著，一本。」○《浙江採集遺書總録》：「《鐘鼎逸事》一册，刊本，明李文秀撰。」

直道編八卷　明陳怡編　**一五〇九**

兩江總督採進本（總目）。○《兩江第二次書目》：「《直道編》，明陳祚著，二本。」○《編修勵第一次至六次交出書目》：「《直道編》，明陳怡輯，一本。」

翊運録二卷　明劉廌編　**一五一〇**

江蘇周厚堉家藏本（總目）。○《江蘇省第一次書目》：「《翊運録》二本。」○《江蘇採輯遺書目録》：「《翊運録》二卷，明青田劉廌著。」○原北平圖書館藏明永樂刻本，作《大明功臣誠意伯翊運録》一卷。半葉十一行，行二十四字。有永樂二年王景序。王重民《善本提要補編》著録。現存臺北「故宫博物院」。○明成化六年戴用、張僖刻《誠意伯劉先生文集》本，半葉十一行，行二十一字，黑口，四周雙邊。北圖、山東博物館、大連圖書館藏。○明刻《誠意伯劉先生文集》本，行款版式同前本,上圖藏。○明正德十四年林富刻《誠意伯劉先生文集》本,行款版式同前本。北大、復旦、福建省圖藏。○明嘉靖三十五年樊獻科、于德昌刻《太師誠意伯劉文成公集》本,半葉十行,行二十三字,白口,四周雙邊。北圖、上圖、南圖等藏。○明隆慶六年謝廷傑、陳烈刻《太師誠意伯劉文成公集》本,半葉十行,行二十三字,白口,四周雙邊。北圖、遼圖、津圖等藏。○清乾隆四庫館鈔《四庫全書·誠意伯文集》本。○南京圖書館藏明鈔《藝海彙函》本,三卷。○臺灣「中央圖書館」藏鈔本二卷一册,正文首行題「誠意伯劉先生文集翊運録卷之一」,次行題「處州府知府林富重鋟」。半葉十行,行二十一字。前有永樂二年王景序,正德十四年林富序,成化六年楊守陳序,嘉靖七年某氏序。鈐有「屠倬孟昭父印」、「屠孟昭」、「琴隖舊廬」等印(見該館《善本書志初稿》)。按:此從正德十四年林富刻嘉靖七年增修本《誠意伯劉先生文集》録出。屠倬字孟昭,號琴隖,錢塘人,清嘉慶十三年進士。此其故物,蓋即當時鈔本。○清順治三年宛委山堂印《説郛續》本,在弓七。

崔清獻全録十卷　明崔子璲編　一五一一

兵部侍郎紀昀家藏本(總目)。○《兩江第一次書目》:「《崔清獻言行録》,宋崔與之著,三本。」○《浙江省第四次鮑士恭呈送書目》:「《崔清獻公言行録内外集》共四卷,宋崔與之著,二本。」○《浙江採集遺書總録》:「《崔清獻公言行録内外集》共四卷,刊本,宋參知政事右丞相增城崔與之撰。」○《江蘇採輯遺書目録》:「《菊坡集》,大學士番禺崔與之著。按此集《言行録》二卷、宸翰奏劄詩文八卷。」○《提要》云:「與之所著有《菊坡文集》,佚於兵火。又有《嶺海便民牓》、《海上澄清録》二書，皆記其當時政事，後亦不傳。僅存其《言行録》三卷《奏劄詩文》五卷，子璲因裒爲一編，又以理宗御劄及諸家詩文爲《附録》二卷。」又云：「蔣曾榮（瑩）家别有寫本，分爲二集。内集二卷，前卷爲《言行録》，後卷爲《奏劄詩文》。外集三卷，上卷爲所賜詔札，中卷爲《宋史》本傳及《續通鑑綱目》諸書所記與之事，下卷爲題贈詩文。題其十世孫爌所重編，成於嘉靖庚申。」又云：「雖併十卷爲五卷，而序次略與子璲本合。」○北京大學藏明嘉靖十三年唐胄、邵煉刻本，作《宋丞相崔清獻公全録》十卷，半葉十行，行十九字，黑口，四周雙邊。前有嘉靖十三年唐胄序云：「今至贛，始出與教官吴誠、楊昱輩校之，而付邵憲副煉梓以廣傳。」卷内鈐「牧翁」朱文印。《存目叢書》據以影印。北圖、上圖、南圖等亦有是刻。○明嘉靖三十二年刻本，書名卷數同前，半葉十行，行十九字，黑口，四周單邊。上圖、浙圖、廣東中山圖等藏。○明嘉靖十五年崔爌刻萬曆增修本，作《宋丞相崔清獻公言行録内集》二卷《外集》三卷，半葉十行，行二十字，黑口，四周雙邊。北大、南圖、山東省圖藏。南圖本《善本書室藏書志》卷九著録。○清道光三十年南海伍崇曜粤雅堂刻本，作《崔清獻公集》五卷《言行録》三卷《附録》一卷，《言行録》宋李肖龍撰。《嶺南遺書》三集之一。北圖有單本，傅增湘校。

陸右丞蹈海録一卷　明丁元吉編　一五一二

浙江鮑士恭家藏本（總目）。○《浙江省第四次鮑士恭呈送書目》：「《陸右丞蹈海録》一卷，明丁元吉著，一本。」○《浙江採集遺書總録》：「《陸右丞蹈海録》一卷，刊本，明京口丁元吉輯。」○上海圖書館藏清康熙十二年王乃昭鈔本，題「後學京口丁元吉編次」。半葉十行，行二十三字，無格。末有「康熙癸丑二月晦日嬾髯老叟録於金閶北濠寓樓,旹年六十有六」二十六字,下鈐「王乃昭氏」、「嬾髯」二印。後又附《李江州遺墨》一卷,半葉十二行,行二十四字,無欄格,首行下鈐「王乃昭印」。末有潘承厚、潘承弼兩跋。承厚跋云:「右明遺民虞山王嬾髯先生廼昭手寫《宋陸右丞蹈海録》暨《元李江州遺墨卷》合訂本。《蹈海録》未見傳刻。《江州詩翰真迹》一卷向藏吾郡顧氏過雲樓,轉經鹽官徐氏、烏程蔣氏而歸於余。」又云:「戊寅歲除,揆初丈買得此帙,同時《江州墨迹》適歸寒齋,揆丈命爲校勘,校畢附誌,藉存翰墨因緣。」時民國二十八年己卯冬。承弼跋云:「此本爲璜川吴氏故物,經藏雲間韓氏讀有用書齋,揆丈蓋得之韓氏者。」時民國二十八年十二月六日。卷内鈐有「王乃昭氏」、「嬾髯」、「璜川吴氏收藏圖書」、「韓繩大印」、「甲子丙寅韓德均錢潤文夫婦兩度攜書避難記」、「松江讀有用書齋金山守山閣兩後人韓德均錢潤文夫婦之印」、「牆東小印」、「百耐眼福」、「卷盦六十六以後所收書」、「潘厚」、「博山」、「景鄭題記」等印記。《存目叢書》據以影印。○南京圖書館藏清康熙龔氏玉玲瓏閣鈔本,清龔翔麟、張載華、丁丙跋。《善本書室藏書志》卷九著録。○清光緒三十二年國學保存會排印本,收入《國粹叢書》三集。○民國四年丹徒陳氏刻本,收入《横山草堂叢書》第一集,北圖、上圖、中央民大藏。○

按:　清王士禛有是書跋,收入《蠶尾續文》卷十九、《居易録》卷二十六、《漁洋讀書記》。

張乖崖事文録四卷　明顔端、徐澣同編　一五一三

浙江范懋柱家天一閣藏本(總目)。○《浙江省第五次范懋柱家呈送書目》:「《張乖崖事録》四卷,明顔端、徐澣同輯,一本。」按:　澣當作瀚。浙本《總目》亦誤。殿本《總目》作瀚。○《浙江採集遺

書總録》：「《張乖崖事文録》四卷，天一閣藏刊本，明教諭應山顔端輯。」○北京圖書館藏明弘治三年邢表、劉忠刻本，題「成都縣儒學教諭應山顔端纂集，華陽縣儒學教諭臨安徐瀚校正」。半葉十行，行二十一字，黑口，四周雙邊。前有弘治三年邢表序，言劉忠、邢表捐俸鋟梓及成都、華陽二縣學教諭顔端、徐瀚編校事。末有弘治三年劉忠後序，亦言編刻事。據二序，知刊於成都。卷内鈐「大興朱氏竹君藏書印」、「劉氏喜海」、「燕庭」、「燕庭藏書」、「邢之襄印」等印記。《存目叢書》據以影印。○清康熙三十六年古燕張氏刻《五名臣遺集》本，半葉九行，行二十字，白口，左右雙邊。北大藏。上海圖書館藏是刻單本，清黄丕烈跋。○上海圖書館藏清鈔本。

李衛公通纂四卷　明王承裕撰　一五一四

直隸總督採進本（總目）。○《直隸省呈送書目》：「《李衛公通纂》一本。」○陝西師大藏明正德十六年弘道書院刻清道光十八年重修本，半葉十行，行二十字，白口，左右雙邊。版心刻「弘道書院」。前有正德十六年三原王承裕序。後有道光修版識語：「此集舊版存三十二張，缺二十八張，道光十八年閏四月孟熙李公補刻焉。聞山王稷識。」按：道光補版字體不同，又版心刻「宏道書院」，弘字改宏，避乾隆帝諱。臺灣中研院史語所《善本書目》著録「明正德十六年弘道書院刊本」一册，或係未修補以前印本。《存目叢書》據陝西師大藏本影印。

陽明先生浮海傳一卷　明陸相撰　一五一五

浙江巡撫採進本（總目）。

朱子實紀十二卷　明戴銑編　一五一六

江蘇巡撫採進本(總目)。○《江蘇省第一次書目》:「《朱子實紀》五本。」○《江蘇採輯遺書目録》:「《朱子實紀》十二卷,明婺源戴銑著,刊本。」○北京大學藏明正德八年鮑雄刻本,半葉十行,行二十字,白口,四周單邊。前有正德八年十一月李夢陽《刻朱子實紀序》云「刻於歙鮑雄氏」。又正德丙寅自序。後有汪愈後序。卷内鈐「松溪草堂」、「方功惠藏書印」、「巴陵方氏傳經堂藏書印」等印記。《存目叢書》據以影印。北圖、上圖、遼圖等亦藏是刻。○日本寬文年間刻本,北大藏。

韓祠録三卷　明葉性、談倫同編　一五一七

浙江巡撫採進本(總目)。○《浙江省第十二次呈送書目》:「《韓祠録》三卷二本。」○《浙江採集遺書總録》:「《韓祠録》三卷,刊本,明知府四川談倫輯。稿創於葉性,倫續成之。」

奕世增光録八卷　明王道行編　一五一八

浙江巡撫採進本(總目)。○《浙江省第五次范懋柱家呈送書目》:「《奕世增光録》八卷,明魏校著,四本。」○《浙江採集遺書總録》:「《奕世增光集》八卷,刊本,明祭酒崑山魏校輯。」

薛文清行實録五卷　明王鴻撰　一五一九

江蘇巡撫採進本(總目)。○《江蘇省第一次書目》:「《薛文清行實録》六本。」○《江蘇採輯遺書目録》:「《薛文清行實録》五卷附《從政名言》一册《年譜》一册,明河津王鴻著,刊本。」○天一閣文管所藏明刻本不分卷,存上册,半葉十一行,行二十字,白口,四周單邊。○明萬曆十六年吴達可刻崇禎重修本，作《薛文清公行實録》五卷，半葉十行，行十八字，白口，四周雙邊。前有正德六年喬宇序云：「是編者河津王生鴻。」目録後有列名：「欽差巡按山西等處監察御史宜興吴達可重刊，……萬曆十六年戊子中秋望日正學書院識。」各卷末有「安邑後學張弢重校」識語。卷五末《科貢傳芳圖》記事至崇禎壬午，係刊成後增刻。鈐「目畊堂易氏藏書印」朱文方印。余藏。《存目叢書》據以影印。清華、南圖等亦藏是刻。〇山西河津縣圖書館藏清康熙五十三年刻本，作《薛文清行實録》五卷。

商文毅公行實一卷　明商汝頤編 **一五二〇**

浙江范懋柱家天一閣藏本（總目）。〇《浙江省第五次范懋柱家呈送書目》：「《商文毅公遺行集》一卷，明商汝頤輯，一本。」〇《浙江採集遺書總録》：「《商文毅公遺行集》一册，寫本，明淳安商汝頤撰。」〇《提要》云：「凡王獻所作《行實》一篇，尹直所作《墓志銘》一篇，楊子器所作《神道碑》一篇。末有正德十年汝頤自跋。正德十六年刊版，王子言又爲之跋。」〇天一閣文管所藏明正德十六年刻《商文毅公遺行集》一册，首王獻所作《行實》一篇，次尹直所作《墓志銘》，次楊子器所作《神道碑》，末有正德十年商汝頤跋，十六年廣東右布政使王子言跋。與《提要》所述一一符合，知即其書無疑。唯書名作《商文毅公遺行集》，與進呈目合，知館臣所見亦即如是。其《總目》改作《商文毅公行實》，顯係以首篇之名誤作全書之名。吴慰祖校訂《四庫採進書目》於《范懋柱家進呈書目》改《遺行集》爲《行實》，亦沿《總目》之訛。天一閣正德本半葉十行，行十九字，大黑口，雙魚尾，四周雙邊。

《存目叢書》據以影印。

商文毅年譜四卷　明商振倫撰　一五二一

兩淮馬裕家藏本（總目）。〇北京圖書館藏明萬曆四十四年元始堂自刻本，作《明三元太傅商文毅公年譜》四卷，題「元孫振倫編，來孫之彝、之巖、之甸、之都校」。半葉八行，行二十二字，白口，四周單邊。版心刻「元始堂板」四字。前有萬曆四十六年戊午周洪謨序，後有萬曆四十四年丙辰玄孫商振倫書後。卷内鈐「京江盛氏珍藏」朱文長方印。《存目叢書》據以影印。按：此本卷端署名「玄孫」作「元孫」，是康熙時修版印本。〇天津圖書館藏明萬曆四十四年元始堂刻本，作《皇明三元太傅商文毅公年譜》四卷，行款同前本，清紀昀、鄭際唐題識。按：此本書名仍冠「皇明」，當是入清以前印本。紀昀、鄭際唐均四庫館臣，疑此係四庫採進原本。《中國古籍善本書目》徵求意見稿著録，定本不載。〇中國科學院圖書館藏明鈔本，作《皇明三元太傅商文毅公年譜》四卷，二册。〇北京師大藏清保傳堂刻本，作《皇明三元太傅商文毅公年譜》四卷，二册（見北師大《中文古籍善本書目》）。按：《販書偶記續編》著録，謂「無刻書年月，約乾隆間保傳堂刊木活字本」。經函請何宗慧女士覆核，北師大藏本實係木活字印本。〇光緒二十二年重刻本（見謝巍《年譜考録》）。

傳信辨誤録一卷　明陳虞岳撰　一五二二

浙江吳玉墀家藏本（總目）。〇《浙江省第四次吳玉墀家呈送書目》：「《傳信辨誤録》，明陳虞岳輯，一本。」〇《浙江採集遺書總録》：「《傳信辨誤録》一册，刊本，明諸生陳虞岳撰。」

夏忠靖遺事一卷　明夏崇文撰　**一五二三**

浙江范懋柱家天一閣藏本（總目）。○《浙江省第五次范懋柱家呈送書目》：「《夏忠靖公遺事》一卷，明夏崇文編，一本。」○《浙江採集遺書總録》：「《夏忠靖公遺事》一册，刊本，明太僕少卿夏崇文撰。」○北圖藏明弘治十三年袁經刻《夏忠靖公集》附本，半葉九行，行十七字，白口，四周雙邊。○上海圖書館藏明弘治十四年馬炳然刻本，作《夏忠靖公遺事》一卷。半葉九行，行十七字，黑口，四周雙邊。前有弘治十三年何喬新序，後有弘治十四年馬炳然跋。卷内鈐「四明林氏大酉山房藏書之印」、「林集虚印」、「心齋」等印記。《存目叢書》據以影印。天一閣文管所亦藏是刻。○清乾隆四庫館鈔《四庫全書·忠靖集》附本。

雲林遺事一卷　明顧元慶撰　**一五二四**

浙江巡撫採進本（總目）。○《浙江省第六次呈送書目》：「《巢探》十卷，明李蘅輯，二本。」○《浙江採集遺書總録》：「《璅探》十卷，刊本，明李蘅輯。」○《提要》云：「江寧李蘅嘗刻其本於所輯《璅探》中，題云顧元慶撰。」又云：「崇禎間常熟毛晉別有刻本，云從天竺僧寮見之，不著作者名氏，較此本所載稍繁。而此本後附贈詩及誌銘二首，則毛本無之。」○明嘉靖十八年至二十年顧元慶大石山房刻《顧氏明朝四十家小説》本，作《雲林遺事》一卷《附録》一卷。半葉十行，行十八字，白口，左右雙邊。北圖、上圖、福建圖、厦門大學藏。○明崇禎三年淮南李氏刻《璅探》本，半葉九行，行二十字，白口，四周單邊。北圖藏。○清嘉慶十三年虞山張海鵬刻本，收入《借月山房彙鈔》第六集本，科學院圖書館、浙圖藏。又收入《澤古齋重鈔》第六集，北圖分館、科學院圖書館、南圖、河南圖藏。民國九年上海博古齋影印張海鵬刻《借月山房彙鈔》本。○宣統間國學扶輪社排印《顧氏明朝四十家小説》本。○民國三年古今圖書局石印《顧氏明朝四十家小説》本。○明刻清順治三年宛委山堂印《説郛續》本，北圖、上圖等藏。○清據《説郛》、《説郛續》版重編印《五朝小説》本，上圖、南圖、南大、山東大學藏。○民國十五年上海掃葉山房石印《五朝小説大觀》本。○清康熙五十二年曹培廉刻《清閟閣全集》本，在《外紀》上卷。半葉十一行，行二十一字，白口，四周單邊。北圖藏。○清乾隆四庫館鈔《四庫全書・清閟閣全集》本。此據曹培廉本録入，參《提要》。

旌孝録一卷　不著撰人名氏　**一五二五**

浙江巡撫採進本（總目）。○《浙江省第十一次呈送書目》：「《旌孝録》，明朱存理著，一本。」○《浙江採集遺書總録》：「《旌孝録》一册，刊本。」

岳廟集四卷　舊本題明徐階編、張庭校、焦煜刊　**一五二六**

編修汪如藻家藏本（總目）。○《江蘇省第一次書目》：「《岳廟集》二本。」○《江蘇採輯遺書目録》：「《岳武穆王集》五卷，少保相州岳飛著。」○《浙江省第四次鮑士恭呈送書目》：「《武穆王集》五卷，宋岳飛著，二本。」○《浙江採集遺書總録》：「《武穆王集》五卷，刊本，宋少保湯陰岳飛撰。」○《提要》云：「原本凡傳一卷、制一卷、議序記一卷、辭樂府詩一卷，而附以《岳武穆遺文》一卷。今以《武穆遺文》析出，别入集部。故此本以四卷著録焉。」○南京圖書館藏明嘉靖十五年焦煜刻本，作《岳集》五卷，題「浙江按察僉事華亭徐階編，眉山張庭校，宛陵焦煜刊」。半葉九行，行十八字，白口，左右雙邊。前有嘉靖十五年丙申徐階序，十五年張庭序，後有嘉靖十五年焦煜跋。《存目叢書》據以影印。北圖、上圖、津圖等亦有是刻。○明萬曆二十年刻本，作《岳武穆集》六卷，存卷四至卷六，上圖藏。○明天啟刻本，作《岳武穆集》六卷，川圖、天一閣文管所藏。

吳疏山集十七卷　明吳悌撰　　**一五二七**

江南巡撫採進本（總目）。按：殿本《總目》「江南」作「江西」，是。○《江西巡撫海第一次呈送書目》：「《吳疎山集》六本。」○北京圖書館藏明萬曆二十三年吳仁度刻本，作《吳疏山先生遺集》五卷四册，半葉九行，行十八字，白口，四周雙邊。○清乾隆三十四年刻本，作《吳疏山先生遺集》八卷首一卷《天文圖》一卷《古文孝經》一卷首一卷，中科院圖書館藏。○湖南圖書館藏清咸豐二年頤園重刻本，作《吳疏山先生遺集》十二卷。卷一題「臨川後學李紱校閲，從裔孫尚志、梅仝編」。半葉九行，行二十字，下黑口，四周雙邊。前有萬曆二十三年舒化序，三十一年蔡悉序，二十三年張廷相序，二十三年萬廷言序。後有閩晚後學江日彩跋。江日彩跋云：「是編也，太僕君手示不佞，不佞用是羨牆見聖，付諸剞劂，僭爲跋以當執鞭。」又云：「太僕號繼疎，諱仁度，今天子之長城，而先生之丕承克紹者也。」即此可見此本淵源萬曆二十三年疏山仲嗣吳仁度刻本。封面刻「咸豐壬子重鐫」、「頤園藏板」。卷一卷二奏議，卷三序記，卷四誌銘，卷五書，卷六吳疏山先生表章古文尚書，卷七天文圖説，卷八言行録，卷九年譜，卷十行狀、墓表、墓誌銘、神道碑，卷十一祠記，卷十二記傳。

《存目叢書》據以影印。○清同治十年趙承恩繡谷麗澤書屋刻本,十二卷,北大、上圖藏。

一五二八　**胡梅林行實無卷數　明胡桂奇編**

兩淮鹽政採進本(總目)。○《兩淮鹽政李續呈送書目》:「《行實》一卷,明胡宗憲,一本。」○北京圖書館藏清鈔本,作《胡公行實》不分卷,二册。半葉八行,行十九字,無格。首葉鈐「翰林院印」滿漢文大官印,即進呈四庫原本也。書中遇明帝提行,不避清諱,或猶明代寫本。《存目叢書》據以影印。

一五二九　**忠烈編十卷　明孫堪、孫墀、孫陞同編**

浙江范懋柱家天一閣藏本(總目)。○《浙江省第五次范懋柱家呈送書目》:「《忠烈編》十卷,明孫堪、孫墀、孫陞同編,五本。」○《浙江採集遺書總録》:「《忠烈編》十卷,刊本,明都督孫堪及孫墀、孫陞同編。」○天一閣文管所藏明嘉靖三十年刻本,一卷,一册。半葉八行,行十六至二十字,黑口或白口,四周單邊。蟲蛀。

一五三〇　**鄭端簡年譜七卷　明鄭履淳撰**

浙江巡撫採進本(總目)。○《浙江省第十一次呈送書目》:「《鄭端簡公年譜》七卷,明鄭履淳輯,十本。」○《浙江採集遺書總録》:「《鄭端簡公年譜》一册,刊本,明海鹽鄭履淳撰。」○上海圖書館藏明嘉靖萬曆間項篤壽萬卷堂刻《鄭端簡公全集》本。正文首題「鄭端簡公年譜」,次題「不肖孤履洵謹梓」,别卷或題「不肖孤履洵校梓」。半葉十行,行二十字,白口,四周單邊。前有隆慶二年戊辰孤子履淳《述略》，據此知爲隆慶二年鄭履淳撰刻。後有隆慶三年項臯謨跋。卷一至七年譜，卷八郵典疏墓志行略，卷九祭文。又附一卷，爲鄭履淳詩文，多係哀悼之作。内容與《提要》一一符合，知館臣所見亦十卷本，唯前七卷爲年譜，故以七卷著録。《全集》爲舊版彙印，非項氏一人所刊。《存目叢書》據以影印。○明萬曆重刻本，作《重刻鄭端簡公年譜》十卷首一卷，題「不肖孤履洵謹梓，孫心材重校」。半葉十行，行十九字。前有隆慶二年鄭履淳《述略》，後有隆慶三年項臯謨後序。美國國會圖書館藏。王重民《善本提要》著録。又臺灣中研院史語所藏明萬曆刻本十卷，日本内閣文庫藏明萬曆三十五年重刻本十卷首一卷，蓋皆是同版。

董子故里志六卷　明李廷寶撰　　**一五三一**

兩江總督採進本（總目）。○《兩江第一次書目》：「《董子故里志》，明李廷寶輯，一本。」○天一閣文管所藏明嘉靖二十一年刻本，殘存卷五卷六。蟲蛀。

濂溪志九卷　明李楨撰　　**一五三二**

兩淮馬裕家藏本（總目）。○《兩淮商人馬裕家呈送書目》：「《濂溪志》九卷四本。」○福建省圖書館藏明萬曆刻本，半葉十行，行二十一字，白口，四周雙邊。前有萬曆二十一年十月十二日李楨《刻濂溪周先生志序》，郭惟賢序。是本各卷首行書名卷次或刻或未刻，版心卷次與卷端卷次亦不盡一致。據版心卷次，從卷二始，至卷九止，卷七又分上下二子卷，仍爲九卷。版心卷次亦有空而未刻者。蓋整齊舊版，修補重印者。卷内鈐「福建鼇峰書院藏書」木記。共四册。《存目叢書》據以影印。王重民《善本提要》著録原北平圖書館藏萬曆刻本九卷四册，當係同版。其本現存臺北「故宮博物院」。〇上海圖書館藏明刻本，行款版式與福建本同。二本相校，部分内容似爲同版，如卷三《年表》似即同版。但二本次第參差，多有不同。福建本前有李楨、郭惟賢二序及濂溪書院圖、周子像、古今記述題詠姓氏，上圖本均無。上圖本有目録第十三至十八葉，福建本無。上圖本卷二（即現存之第一卷）僅存第十六至十八葉，福建本全（福建本此卷版心標卷二，而卷端標卷一，今統依版心卷次）。二本卷三均爲《年表》。上圖本卷四《元公事狀》，福建本此卷版心刻卷八，卷端刻卷二。二本卷五均爲《諸儒議論》。卷六均爲《歷代褒崇》。卷七均爲《古今紀述》，分上下二卷。其上卷第四至五葉《道州建先生祠記》，上圖本「發端之功顧不大哉」下尚有一百二十二字，言建祠始末，福建本無。此文以下福建本缺葉，較上圖本少二十餘篇文字，而版心葉碼改刻爲「五至四十六」，知脱去四十一版。又《永州府學先生祠記》，上圖本僅存半葉，福建本完整無缺。上圖本卷八《古今題詠》，福建本爲卷四。二本卷九均《古今祭謁》。上圖本卷十爲《世系》，福建本無。除卷次參差外，其同諸卷文章多寡、次序先後，亦多有不同。較其大要，福建本雖有可補上圖本之缺者，但仍以上圖本爲更完備。上圖本有黄裳手跋：「此亦天一閣書，題《濂溪志》十卷，而失去卷一及卷二前十五番，序跋亦失去。余得之甬上估人許，前仍存目數番，蓋已成零葉矣。猶是明時舊裝，爰重付裝池藏之。查阮元《天一閣目》有《濂溪集》六卷，未云鈔刻，序跋皆宋時人，殆非一書。此或早日流出閣外者乎。書刊于萬曆中，而結體精勁，猶有嘉隆遺風。第四本前舊簽猶存，古樸可愛。雖是不完之書，亦大可丟翫也。昨日天極嬽暖，已如盛暑，猶奉母觀劇淀草，所演韓國夫人金山之役，衣厚甲爲曼妙之歌舞，歎爲觀止。夜深歸寓，而新裝諸書自吴下寄至，不便思睡，展閲至夜深，研朱漫記。甲午芒種前二日黄裳記。」鈐有「黄裳藏本」、「黄裳容氏珍藏圖籍」等印記。

濂溪志十三卷　明李嵊慈撰　**一五三三**

河南巡撫採進本（總目）。〇明天啟四年李嵊慈刻本，作《宋濂溪周元公先生集》十三卷，題「春陵拙吏龍城後學航慈李嵊慈元穎父纂修，清湘後學起潛蔣騰蛟國泰父同閲」。半葉十行，行二十一字，白口，四周雙邊。有萬曆二十一年李楨序，郭惟賢序，天啟四年李嵊慈序。李序云：「校讐鱗次之役，閲日月而始成。」是本卷端題爲周元公先生集，而版心題「濂溪志」。《四庫總目》以版心書名著録。北大、上圖、湖南圖、南圖、臺灣「中央圖書館」、日本東洋文庫均有藏。

東方類語十六卷　明朱維陛撰　**一五三四**

浙江巡撫採進本（總目）。〇《浙江省第六次呈送書目》：「《東方先生類語》十六卷，明朱惟（維）陛輯，一本。」〇《浙江採集遺書總録》：「《東方先生類語》十六卷，刊本，明海鹽朱維陛輯。」〇北京大學藏明萬曆刻本，作《東方先生類語》十六卷，題「明海鹽朱維陛輯次」。半葉九行，行十八字，白口，左右雙邊。前有李維楨序，萬曆四十二年正月元日自序。末有自跋云：「聊舉先生之宜遇不遇者，彙次鏤刻，微寓表章之意。」蓋即萬曆四十二年朱維陛刻本。寫刻頗精。卷内鈐「西河張氏」、「樵雲閣章」等印記。《存目叢書》據以影印。上圖、美國國會圖書館亦藏是刻。

一五三五　二程年譜二卷　明唐伯元撰　國朝黄中訂補

安徽巡撫採進本(總目)。○《安徽省呈送書目》:「《二程年譜》二本。」○明萬曆十三年姜召等刻唐伯元輯《二程先生類語》本,南大、杭大、河南新鄉圖書館藏。此唐伯元原輯本。○日本明曆三年(清順治十四年)據萬曆十三年刻本重刻《二程先生類語》本,日本京都大學人文所藏。此亦唐伯元原輯本。

一五三六　涑水司馬氏源流集略八卷　明司馬晰編

浙江巡撫採進本(總目)。○《浙江續購書》:「《涑水司馬氏源流集略》四本。」○《浙江採集遺書總録》:「《涑水司馬氏源流集》八卷,刊本,明司馬晰述。」○北京大學藏明萬曆十五年司馬祉刻三十五年司馬露增修本,題「温公十六世孫祉校梓,十七世孫晰編輯」。半葉九行,行二十字,白口,四周雙邊。前有萬曆十五年丁亥羅萬化《新刻涑水司馬氏源流集略序》,萬曆十五年司馬晰引。末有萬曆三十五年丁未十八世孫司馬露跋云:「因録參伯梁公所撰先考誌銘暨杜公、康公文移,續附先君所著寒家《源流集略》之後。」按:補刻之葉自卷八第三十八葉始,字體不同,且有「新增」二字。原版刻工:陳文刊、陳資、陳正、郑一、鄭五、遊河等。《存目叢書》據以影印。上圖、遼圖、山東圖等亦藏是刻。

一五三七　武侯全書二十卷　明王士騏撰

江西巡撫採進本(總目)。○《江西巡撫海第四次呈送書目》:「《武侯全書》一套六本。」○安徽省圖書館藏明崇禎十一年吳天挺刻本，作《諸葛忠武侯全書》二十卷。卷一題「明王士騏鳳雛編，薛寀諧孟評，吳審度仲法定，周之麟玉書較」。半葉九行，行十九字，白口，四周單邊。前有崇禎十一年戊寅孟春吳南灝序，序後有「姪吳天挺較刊」大字一行。又崇禎十年丁丑薛寀序。末有崇禎十年丁丑周之麟跋。《存目叢書》據以影印。北大、上圖、南圖亦藏此刻。

米襄陽外紀十二卷　明范明泰撰　**一五三八**

江蘇巡撫採進本（總目）。〇《江蘇省第一次書目》：「《米襄陽外紀》一本。」〇《江蘇採輯遺書目録》：「《米襄陽外紀》十二卷，明禾郡范明泰著，刊本。」〇杭州大學藏明崇禎刻本，題「禾郡范明泰編次，鹽城陳之伸參補」。半葉十行，行二十字，白口，左右雙邊。前有陳繼儒原叙。鈐有「劉承幹字貞一號翰怡」、「吳興劉氏嘉業堂藏書記」等印記。重慶圖、雲南大學亦藏是刻。按：此係明崇禎陳之伸輯刻《宋四家外紀》之一種，參見下文《宋四家外紀》條。

米芾志林十六卷　題明范明泰撰　**一五三九**

江西巡撫採進本（總目）。〇《浙江省第五次曝書亭呈送書目》：「《米襄陽志林》十三卷，明范明泰輯，二本。」〇《浙江採集遺書總録》：「《米襄陽志林》十三卷附《襄陽遺集》一卷《海嶽名言》一卷《寶章待訪録》一卷《研史》一卷，刊本，明嘉興范明泰輯。」〇《提要》云：「與《襄陽外紀》竝同，唯後附刻《襄陽遺集》一卷爲明泰所輯。……又《海岳名言》、《寶章待訪録》、《研史》各一卷，則皆芾之遺書。」〇明萬曆三十二年秀州范氏清宛堂刻本，作《米襄陽志林》十三卷《米襄陽遺集》一卷《海嶽名言》一卷《寶章待訪録》一卷《研史》一卷。半葉九行，行十八字，白口，左右雙邊。《志林》題「明禾郡范明泰長康編」。《遺集》題「宋米芾元章譔，明范明泰長康輯」。餘三種題「宋米芾元章譔，明范明泰長康訂」。前有萬曆三十二年范明泰序，陳繼儒序，萬曆三十二年王穉登序，張獻翼引，又目録題辭。題辭後有「秀州范氏清宛堂藏」篆文木記。北大、清華、上圖等藏。《嘉業堂藏書志》著録。○明萬曆三十二年范氏清宛堂刻范氏舞蛟軒重修本，題辭後牌記改爲「秀州范氏舞蛟軒雕」篆文二行。據王穉登序，「舞蛟軒」亦范明泰堂號。《存目叢書》據南圖藏本影印。北圖、廣東中山圖、天一閣文管所等亦藏是刻。

精忠類編八卷　明徐縉芳撰　**一五四〇**

左都御史張若溎家藏本（總目）。○《總裁張交出書目》：「《精忠類編》四本。」○《都察院副都御史黄交出書目》：「《精忠類編》四本。」○上海圖書館藏明萬曆四十二年刻本，作《宋忠武岳鄂王精忠類編》八卷。題：「明温陵後學徐縉芳奕開甫裒輯，會稽後學陳國紀伯調參閲，東萊後學宋兆祥伯興校政，博南後學馬熚如弢叔編次。」半葉十行，行二十字，白口，左右雙邊。前有自序，後有萬曆四十二年甲寅馬熚如跋。自序首葉版心下有刻工：「吉安劉云刊。」《存目叢書》據以影印。中山大學藏是刻，缺卷三。

薛文清年譜一卷　舊本題明楊鶴撰　**一五四一**

江蘇巡撫採進本（總目）。○《江蘇採輯遺書目録》：「《薛文清行實録》五卷附《從政名言》一册《年譜》一册，明河津王鴻著，刊本。」其《年譜》一册當即此書。○北京圖書館藏明萬曆張銓刻本，作《薛文清公年譜》一卷，題「武陵後學楊鶴編次，鄉後學沁水張銓校梓」。半葉十行，行二十字，白口，四周雙邊。末有萬曆三十五年丁未楊鶴跋，據此跋可知《年譜》出楊鶴、楊嗣昌父子二人之手。後附《薛文清公行實》一卷，有正德六年喬宇序，據喬序知《行實》爲河津王鴻輯。唯記事已晚至隆慶五年，知係增輯之本。《存目叢書》據以影印。○清康熙五十二年薛仍男等刻本，作《薛文清公年譜》一卷，半葉十行，行二十字，白口，四周雙邊。山西臨猗縣圖書館、河津縣圖書館藏。又雍正十二年薛敦儉等刻《文清公薛先生文集》二十四卷附有《薛文清公年譜》一卷，其《年譜》亦用康熙五十二年版刷印，人民大學藏有兩部。○清華大學藏清鈔本，作《薛文清公年譜》一卷。

一五四二　蘇米譚史一卷蘇米譚史廣六卷　明郭化撰

江蘇周厚堉家藏本（總目）。○《江蘇省第一次書目》：「《蘇老〔米〕譚史》一本。」○《江蘇採輯遺書目録》：「《蘇老〔米〕譚史》，清郭化著。」○《浙江省第六次呈送書目》：「《蘇米譚史廣》六卷，明郭化著，一本。」○《浙江採集遺書總録》：「《蘇米譚史廣》六卷，刊本，明宣州郭化撰。」○明閔于忱松筠館刻朱墨套印本《枕函小史五種》，前三種爲《蘇長公譚史》、《米襄陽譚史》、《東坡居士艾子雜説》，共二卷。其前二種當即《蘇米譚史》，唯未題撰人。遼圖、故宫、上圖藏。○明末胡正言十竹齋刻本，僅《蘇米譚史廣》六卷。北圖分館藏此本，正文題《蘇米譚史廣》，封面刻「蘇米譚史」、「十竹齋板」。卷一署「宣城肩吾郭化輯，有道徐日昌閲，海陽曰從胡正言校」。半葉八行，行二十字，白口，四周單邊。前有何偉然、汪襄賢、俞恩燁、王山、徐日昌、吴台引、沈壽崑、濮陽士彦、徐日覲、戚希瑗、徐暾、徐造、張一紳、丁益高、梅士旂十五人序。卷尾有芷翁手跋:「同治甲子七月偶得此書,明季人不究校梓,所刻字多謬誤,略爲改正,不能盡也。芷翁記。」卷内鈐「延古堂李氏珍藏」、「長水錢伯子名廷元字曰冠周」、「廷元印章」、「冠周」、「汪夢鸞」、「落拓書生」、「一肚皮不合時宜」、「紅碧山房」、「如南山之壽」等印記。《存目叢書》據以影印。南圖、美國國會圖書館亦藏是刻。○北圖分館藏清康熙二十七年重刻本,僅《蘇米譚史廣》六卷。

一五四三 海珠小志五卷 明李韡撰

兩淮馬裕家藏本(總目)。○《兩淮商人馬裕家呈送書目》:「《海珠小志》五卷,明李韡,二本。」○無錫市圖書館藏明萬曆二十三年刻遞修本,卷一題:「明十二世孫知府韡編次,庠生芄、于霖、軔同編,十三世孫庠生宜楨、宜權校刻,宜標、猶龍、燦星、從龍、弘猷、超猷、十四世孫庠生大騰、綦昌、後學門婿區慶雲同校。」前有萬曆二十三年歐大任序,後有萬曆二十三年李韡書後。書中有萬曆二十九年事,係刊成後增刻者。《存目叢書》據以影印。○廣東中山圖書館藏清康熙三十六年刻本,明李韡撰,清李文焰增補。即《提要》所述之本。有清曾釗手跋。臺灣中研院史語所《善本書目》著録「《海珠小志》五卷二册,明李韡等編,李文焰重輯,明萬曆二十四年刊本」。按:《四庫提要》稱「康熙丁丑其後人文焰重加校刻」,臺灣史語所本既是李文焰重輯,則恐是康熙刻本。○中山大學藏清鈔本六卷四册,亦李文焰重輯本。半葉十行,行二十字,紅格,白口,四周單邊。

襄陽外編無卷數　明顧道洪編　一五四四

浙江巡撫採進本（總目）。○《浙江省第九次呈送書目》：「《襄陽外編》，明顧道洪輯，一本。」○《浙江採集遺書總録》：「《襄陽外編》一册，刊本，明無錫顧道洪輯。」○明萬曆刻本一卷，與《孟浩然詩集》三卷《補遺》一卷合刻，半葉十行，行十八字，白口，四周單邊。北圖、上圖、重慶市圖藏。

程朱闕里志八卷　明趙滂編　一五四五

兩淮馬裕家藏本（總目）。○《兩淮商人馬裕家呈送書目》：「《程朱闕里志》八卷七本。」○《安徽省呈送書目》：「《程朱闕里志》六本。」○明萬曆刻本，日本静嘉堂文庫藏。中科院圖書館殘存卷一至三。安徽博物館亦有殘本。○復旦大學藏清雍正三年紫陽書院刻本八卷，又卷首一卷、彙增一卷。正文各卷題：「明古歙後學趙滂編集，同邑後學鮑應鰲纂次、洪世俊、汪元功、畢懋良、方道通、畢懋康參閱，鮑觀光，汪自霑、程鳴瑞、趙有成、趙濬、曹應鶴同校。」半葉九行，行二十字，白口，四周單邊。卷首、彙增之後有雍正六年春黄雲生《重刻程朱闕里志跋》，雍正三年蔣振先《重刻程朱三夫子闕里志書序》，雍正三年季冬朱鷺《重刻程朱闕里誌序》。細揣文意，雍正三年兩序作於付梓之初，雍正六年跋則作於刊成之時。卷内鈐「吴興劉氏嘉業堂藏書印」印記。《存目叢書》據以影印。上圖亦藏是刻。

考亭朱氏文獻全譜十二卷　明朱鍾文撰　一五四六

浙江巡撫採進本（總目）。○《浙江省第七次呈送書目》：「《考亭朱氏文獻全譜》，明朱鐘文輯，十本。」○《浙江採集遺書總録》：「《考亭朱氏文獻全譜》十册，刊本，明歙縣朱鍾文輯。」○日本東京大學東洋文化研究所藏明萬曆四十八年續修刻本，不分卷(見該所《漢籍分類目録》)。

温公年譜六卷　明馬巒撰　**一五四七**

江西巡撫採進本(總目)。○江西巡撫《六次續採》書目：「《温公年譜》二本。」○杭州大學藏明萬曆四十六年司馬露刻本，正文首題「温公年譜卷之一」，次題「涑水鄉後學馬巒編輯，温公十八世孫露校梓」。半葉九行，行二十字，白口，四周單邊。前有萬曆四十六年王遠宜序，嘉靖壬辰馬巒序。後有萬曆四十六年司馬露跋。卷內鈐「莫友芝圖書印」、「莫繩孫印」、「吴興劉氏嘉業堂藏書印」、「劉承幹字貞一號翰怡」、「張叔平」等印記。《存目叢書》據以影印。北大、山東大學亦藏是刻。

梅墟先生别録二卷　明李日華、鄭琬(琰)同撰　**一五四八**

兩淮鹽政採進本(總目)。○《兩淮鹽政李續呈送書目》：「《梅虚别録》一卷，明李日華，一本。」○明萬曆刻《夷門廣牘》本，卷上首行題「梅墟先生别録有序」，次行題「嘉禾九疑李日華君實甫識」。下卷首行題「梅墟先生别録卷之下」，次行題「閩友人鄭琰翰卿甫著」。半葉九行，行十八字，白口，四周單邊。民國二十九年商務印書館影印萬曆刻《夷門廣牘》本。《存目叢書》復據商務本影印。

蘇米志林三卷　明毛晉撰　**一五四九**

内府藏本(總目)。○《武英殿第二次書目》：「《蘇米志林》二本。」○《兩淮鹽政李呈送書目》：「《蘇米志林》三卷，明毛晉編，三本。」○北京大學藏明天啟五年毛晉緑君亭刻本，題「明東吴毛晉子晉輯」，半葉八行，行十八字，白口，四周單邊。版心刻「緑君亭」三字。前有天啟五年魏浣初序，末有毛晉跋。鈐有「萲盦曼士鑑藏」印記。是書包括《蘇子瞻》二卷、《米元章》一卷。《存目叢書》據以影印。北圖、山東省圖等多藏是刻。

一五五〇 顧端文年譜二卷 明顧與沐編 國朝顧涇、顧貞觀續

浙江巡撫採進本（總目）。〇《浙江省第十一次呈送書目》：「《顧端文公年譜》，明顧與沐輯，二本。」〇《浙江採集遺書總録》：「《顧端文公年譜》二册，刊本，明無錫顧與沐撰。」〇上海圖書館藏清康熙何碩卿刻本，作《顧端文公年譜》二卷《譜前》一卷《譜後》一卷，明顧與沐記略，清顧樞輯，顧貞觀訂補。〇清康熙刻《顧端文公遺書》附刻本，分卷及著者同前本。北圖分館、上圖、南圖、復旦等藏。未知與前本異同。〇清光緒三年涇里宗祠刻《顧端文公遺書》附刻本。作《顧端文公年譜》二卷。前有《譜前》一卷，收誥敕、行狀、祭文等。後有《譜後》一卷，記卒後事。正文題「男與沐記略，孫樞初編，曾孫貞觀訂補，元孫開陸較，五世孫鍾珣、鍾瑄、鍾英、鍾琦、鍾璁録」。《譜前》前有康熙甲戌胡獻徵序，《年譜》後有康熙乙亥秦松齡後序。《存目叢書》子部儒家類《顧端文公遺書》三十七卷《年譜》四卷，即據中科院圖書館藏是刻影印。

一五五一 張抱初年譜一卷 明馮奮庸撰

江西巡撫採進本（總目）。〇清雍正四年丙午刻本，作《理學張抱初年譜》一卷，與《印正稿》合刻。北圖分館、南圖藏（參謝巍《年譜考録》）。又單行本，《販書偶記續編》著録。

關帝紀定本四卷　明戴光啟、邵潛同編　**一五五二**

兩江總督採進本(總目)。○《兩江第一次書目》:「《關帝紀定本》,明戴光啟、邵潛同纂,四本。」○《提要》云:「刻於崇禎戊辰,姚希孟爲之序。」戊辰爲崇禎元年。

心齋類編二卷　明王元鼎編　**一五五三**

兩江總督採進本(總目)。○《兩江第一次書目》:「《心齋類編》,明王元鼎輯,一本。」○南京圖書館藏明萬曆刻崇禎重修本,作《新刻王心齋先生奏議類編》一卷《别傳類編》一卷,與《新鐫東厓王先生遺集》合刻,半葉九行,行十九字,白口,四周雙邊或單邊。丁氏八千卷樓舊藏。○南京圖書館藏鈔本,與《東厓遺集》合鈔。

邵康節外紀四卷　明陳繼儒編　**一五五四**

兩江總督採進本(總目)。○明萬曆刻《亦政堂鐫陳眉公家藏廣祕笈》本,作《邵康節先生外紀》四卷,題「雲間陳繼儒輯,檇李董其昌、顧雲鳳校」。半葉八行,行十八字,白口,四周單邊。《存目叢書》據山西省祁縣圖書館藏此本影印。中科院圖書館、津圖、復旦等亦有是刻。○民國十一年上海文明書局石印《寶顏堂祕笈·廣集》本。

遜志齋外紀二卷續集二卷　明姚履旋撰　國朝項亮臣續　**一五五五**

安徽巡撫採進本(總目)。○明萬曆四十年丁賓等刻《方正學先生遜志齋集》附刻本,僅姚履旋輯《外紀》二卷。半葉十行,行二十字,白口,四周單邊。南圖、浙圖、上圖等藏。○浙江圖書館藏明萬曆刻清康熙續刻本。《方正學先生遜志齋外紀》二卷，題「南京操江都御史嘉善丁賓、南京翰林院孔目仁和錢養庶、南京鴻臚寺卿歸安錢士完、南京禮部司務仁和羅大冠仝校，南京掌翰林院諭德餘姚孫如游訂正，後學上元姚履旋編輯」。半葉十行，行二十字，白口，四周單邊。前有萬曆四十年姚履旋《小引》。後有《助刻各衙門姓氏》，有丁賓、孫如游等。記事至萬曆四十六年。此二卷當即萬曆間丁賓等刻本。又《遜志齋外紀續集》二卷，前有康熙二十二年項亮臣序云：「先生文集之板，故明時貯於江寧墓祠，甲申間其裔孫時來者懼其散失，捆載來松，藏之家廟，歲久亦有殘闕，余照原本一爲鋟梓而補完之。」知康熙二十二年項亮臣曾修補《遜志齋集》明代舊版，此《外紀續集》記事至康熙二十四年，蓋修補《遜志齋集》及所附《外紀》後所續刊者。《存目叢書》據以影印。〇按：《提要》謂姚履旋《外紀》二卷「書成於崇禎中」。今觀其書萬曆間已有刊版，其《小引》作於萬曆四十年，其記事至萬曆四十六年，知其書成於萬曆間無疑。《提要》誤也。

周元公集十卷　明周沈珂編　　**一五五六**

編修朱筠家藏本（總目）。〇北京師大藏明萬曆刻本，作《宋濂溪周元公先生集》十卷，題「裔孫周沈珂同男之翰重輯」，或題「裔孫周沈珂同男之翰、之屏、之楨重輯」。半葉十行，行二十字，白口，四周單邊。按：此係明萬曆四十二年周與爵輯刻本，周沈珂父子挖改其版，據爲已有者。說見下條。

又按：集部別集類存目《周元公集》九卷，《提要》云「康熙中裔孫沈珂又校正重鐫」，知亦此本而重複著録者。

一五五七　周氏遺芳集五卷　明周沈珂及其子之翰編

編修朱筠家藏本(總目)。〇北京師大藏明萬曆刻本,作《宋濂溪周元公先生集》十卷《周元公世系遺芳集》五卷。後者卷次爲卷十一至卷十五,與集相承。各卷題「裔孫周沈珂同男之翰同輯」或「裔孫周沈珂同男之翰、之屏、之楨重輯」。半葉十行,行二十字,白口,四周單邊。《遺芳集》前有徐行可序,謂周君邦禄搜輯是集。周邦禄即濂溪十七代孫周與爵。又萬曆四十四年丙辰禮部祠祭清吏司主事周京序,亦稱周與爵「彙而輯之」「且付梓之」。後有十七代孫與爵同男希臯、希夔跋。卷内鈐「周鑑之印」。《存目叢書》影印其《世系遺芳集》五卷。按:周與爵輯《宋濂溪周元公先生集》十卷《世系遺芳集》五卷,明萬曆四十二年周與爵刻本,北圖、上圖、浙圖等有藏。余持北師大本影本與北圖周與爵本相校,知係同版。北圖本各卷題「吴郡守祠奉祠孫與爵編輯」或「吴郡十七世孫與爵重輯」,北師大本則挖改爲:「裔孫周沈珂同男之翰重輯」或「裔孫周沈珂同男之翰、之屏、之楨重輯」。又將卷末「萬曆甲寅春月吴郡十七代孫與爵同男希臯、希夔謹跋」之前六字「萬曆甲寅春月」剷去。清華大學亦藏周沈珂挖改本,劉薔女士函告:《宋濂溪周元公先生集》除卷三首葉次行題「裔孫周沈珂聲昭甫重輯」、再次行題「男周之翰協一氏訂」外,其他卷正文均題「裔孫周沈珂同男之翰重輯」。其版刻與《存目叢書》影印北師大本同。唯《遺芳集》卷十一後增《重輯先世遺芳集叙》,署「康熙辛未夏五月吴郡裔孫之翰謹識」,共一葉,版心葉碼爲「又一」,顯係增刻。辛未爲康熙三十年,則周沈珂、周之翰皆康熙間人無疑,《四庫總目》著録爲明人,均誤。又《四庫全書》收《周元公集》九卷，提要云「康熙初，其裔孫沈珂又校正重鐫」，知所據亦周沈珂挖版印本。「重鐫」云云，實亦爲周沈珂父子所紿。竊人舊板，剜改或重刻一兩葉，據爲己有，號爲新刻者，明萬曆以降，至於清初，其風甚盛，亦一時學術空疏之徵也。北圖本刷印在前，頗爲清朗。鈐有「明善堂珍藏書畫印記」、「泰和蕭敷政蒲邨氏珍藏書籍之章」、「江安傅沅叔藏書記」、「江安傅增湘字沅叔號藏園」、「傅增湘讀書」等印記。

靈衛廟志一卷　明夏賓撰　一五五八

兩淮馬裕家藏本（總目）。○《兩淮商人馬裕家呈送書目》：「《衛廟志》一卷，明夏賓，一本。」○浙江圖書館藏明萬曆三十五年刻本，半葉八行，行十七字，白口，左右雙邊。有萬曆三十五年丁未楊廷筠重修序，隆慶四年庚午海昌沈友儒《刻靈衛廟志引》。目録題「郡人夏賓纂修」。此則夏賓纂修，楊廷筠增輯者。鈐有「蟫華」、「墨澥廔珍藏書畫鈐記」、「心存萬古」等印記。《存目叢書》據以影印。

雝略二卷　明陳念先撰　一五五九

浙江巡撫採進本（總目）。○《浙江省第八次呈送書目》：「《雝略》二卷，明陳念先輯，二本。」○《浙江採集遺書總録》：「《雍略》二卷，刊本，明慈溪陳念先輯。」

宋四家外紀四十九卷　不著編輯者名氏　一五六〇

内府藏本（總目）。○《武英殿第一次書目》：「《宋詩四大家外紀》四本。」○《浙江省第四次鮑士恭呈送書目》：「《宋四大家外紀》，明王世貞、陳之伸、范明泰、徐渤〔燉〕四人編，四本。」○《浙江採集遺書總録》：「《宋四大家外紀》四册，刊本，明王世貞、陳之伸、范明泰、徐燉同撰。」○明崇禎陳之伸輯刻本，包括：《蔡福州外紀》十卷，明徐燉撰；《黄豫章外紀》十二卷，明陳之伸撰；《米襄陽外紀》十二卷，明范明泰撰；《蘇東坡外紀》十五卷，明王世貞撰。半葉十行，行二十字，白口，左右雙邊。吉林大學本殘存《蔡紀》、《黄紀》、《米紀》卷十卷十一。前有己巳仲夏武林年弟王道焜《叙宋四家外紀》，次《宋四家外紀總目》，目後列名：「繕寫：金日升、吕宲、周鼎、顧禮。較閲：陳佶、陳之遴、陳之暹。」《蔡紀》題「僊游徐燉編次，鹽城陳之伸訂補」，前有陳之伸小叙。《黄紀》題「鹽城陳之伸編次，茂苑金日升訂譌」，前有崇禎改元正月燈夕陳之伸小叙。杭州大學存《米襄陽外紀》全本，題「禾郡范明泰編次，鹽城陳之伸參補」，前有陳繼儒原叙，卷内鈐「劉承翰字貞一號翰怡」、「吴興劉氏嘉業堂藏書記」等印記。湖南圖書館有足本，四家俱全。原北平圖書館亦有足本，現存臺北「故宫博物院」。《存目叢書》僅得前三家影印。其第四家用東北師大藏明刻單本配補。東北師大藏本作《蘇長公外紀》十六卷，題「吴郡王世貞編」，半葉九行，行十八字，白口，左右雙邊，寫刻頗佳。前有王世貞序。版心有刻工：張吉甫刻。卷尾有手記：「壬申冬閲，南村老人記。」

羅江東外紀三卷　國朝閔元衢撰　**一五六一**

兩淮鹽政採進本(總目)。○《兩淮鹽政李呈送書目》：「《羅江東外紀》三卷，明閔元衢，一本。」○《浙江省第十二次呈送書目》：「《羅江東外紀》三卷，明閔元衢輯，三本。」○《浙江採集遺書總録》：「《羅江東外紀》三卷，刊本，明烏程閔元衢輯。」○湖北圖書館藏明崇禎刻本，題「明閔元衢康侯評次，陳無私一舟參訂」。半葉九行，行二十字，白口，四周單邊。前有崇禎二年己巳閔及申序，崇禎二年己巳閔元京序，自序，蓋即刻於崇禎二年。眉上鐫評。卷内鈐「盱台王氏十四間書樓藏書印」、「鄂渚徐氏經籍金石書畫記」、「玄守閣」等印記。《存目叢書》據以影印。北圖、上圖、上海師大亦藏是刻。

賀監紀略四卷　國朝聞性善暨其弟性道同編　**一五六二**

兩淮鹽政採進本（總目）。○《兩淮鹽政李續呈送書目》：「《賀監紀略》四卷，明聞性善，一本。」○吉林大學藏清鈔本，各卷前冠目録，題「四明後學聞性善與同考訂，聞性道天迺彙纂」。半葉八行，行二十一字，無格。首葉鈐「翰林院印」滿漢文大官印，即進呈四庫原本。又鈐「秀水王相」、「惜庵」、「王氏信芳閣藏書印」、「研易樓」、「沈知方印」、「粹芬閣藏」、「沈仲濤鑒藏金石書畫印」、「沈仲濤祕寶」等印。有辛巳中秋張壽鏞手跋。《存目叢書》據以影印。○北京師大藏清鈔本。

姑山事録八卷　國朝吴肅公、杜名齊同撰　**一五六三**

浙江巡撫採進本（總目）。○《浙江省第七次呈送書目》：「《姑山事録》八卷，明吴肅公等同輯，二本。」○《浙江採集遺書總録》：「《姑山事録》八卷，寫本，門人吴肅公、杜名齊編。」

謝皋羽年譜一卷　國朝徐沁撰　**一五六四**

兩淮鹽政採進本（總目）。○《兩淮鹽政李續呈送書目》：「《謝皋羽年譜》一卷《遊録注》三卷，明徐沁,一本。」○清康熙間徐氏家刻本,北圖藏(見謝巍《年譜考録》)。○清康熙三十六年新安張氏刻《昭代叢書》甲集第三帙本,《存目叢書》據清華藏本影印。○清道光十三年吴江沈氏世楷堂刻《昭代叢書》甲集第三帙本。○南京圖書館藏清鈔本,作《謝臯羽先生年譜》一卷《金華遊録》一卷《金華遊録注》二卷。丁氏八千卷樓舊藏,《善本書室藏書志》卷九著録,云有「汪魚亭藏閱書」印。蓋乾隆間寫本。○清光緒三十二年國學保存會排印本,作《謝臯羽先生年譜》一卷,《國粹叢書》第二集之一。○臺灣「中央圖書館」藏劉師培輯《歷代名人年譜大成》清稿本,作《謝臯羽先生年譜》一卷。半葉九行,行二十字,左右雙邊(參該館《善本書志初稿》)。

寧海將軍固山貝子保越平閩實績一卷　不著撰人名氏　**一五六五**

内府藏本(總目)。

保台實績録一卷　不著撰人名氏　**一五六六**

内府藏本(總目)。○北京圖書館藏清康熙刻本,作《巡憲楊公保台實績録》一卷一册,正文首葉第三行題「章安紳士公輯」。半葉八行,行十八字,白口,四周雙邊。前有姜希輸序,康熙十四年十一月顧豹文序,末有陳大嘗後序,何且純後序,陳一路後序。《存目叢書》據以影印。

楊公政績記一卷　國朝黄家遴撰　**一五六七**

編修程晉芳家藏本(總目)。○清道光十一年六安晁氏木活字印《學海類編》本,北圖、南圖、上圖等藏。○民國九年商務印書館影印晁氏木活字《學海類編》本。《存目叢書》據以影印。○民國二十六年商務印書館據《學海類編》本排印，收入《叢書集成初編》。〇北京圖書館藏清鈔《雜鈔二十種》本，半葉九行，行二十一字，黑格，白口，四周雙邊。

一五六八　楊文靖年譜二卷　國朝張夏編

浙江吴玉墀家藏本（總目）。〇《浙江省第四次呈玉墀家呈送書目》：「《楊文靖公年譜》二卷，明張夏著，一本。」〇《浙江採集遺書總録》：「《楊文靖公年譜》二卷，刊本，國朝無錫張夏輯。」〇清康熙十六年錫山楊用徵等刻本，作《宋楊文靖公龜山先生年譜》二卷。題：錫山後學張夏補編，裔孫用徵、惟植、慶徵、大鶴、枝蕃、聲修參較。半葉八行，行二十一字，白口，左右雙邊。前有康熙十六年龔廷歷序云：「先生裔孫之在錫者，相與謀授諸梓，附《文集》後。」又張夏自序。後有康熙三十一年十八世孫慶徵書後云：「會有張子補編之刻，因取其本而與諸兄共校之，而斯譜遂成。十五年來，索者雖多，應尚未遍。今當《全集》告竣，謹以綴於其末，合爲一書。」據此可知，此譜之刻在康熙十六年，而與《全集》合印，則在康熙三十一年。康熙三十一年刊成之《宋楊文靖公集》四十卷附《年譜》二卷，中科院圖書館、人民大學、北圖分館、上圖、川圖等有藏，封面刻「東林道南祠藏板」。《存目叢書》據科學院藏本影印其《年譜》二卷。

一五六九　忠武誌八卷　國朝張鵬翮撰

江西巡撫採進本（總目）。〇《江西六次續採書目》：「《忠武志》八本。」〇《浙江省第十二次呈送書目》：「《忠武誌》八卷，國朝張鵬翮輯，八本。」〇《浙江採集遺書總録》：「《忠武志》八卷，刊本，國朝遂寧張鵬翮撰。」○遼寧圖書館藏清康熙冰雪堂刻本,作《忠武誌》八卷,半葉九行,行十九字,黑口,左右雙邊。封面刻「冰雪堂藏板」五字。前有康熙四十四年仲秋張鵬翮自序,四十五年陽月劉廷璣跋。末有康熙五十一年南陽府知府羅景跋云:「余叨守南陽,爲武侯出處之地。凛遵張夫子之命,將武侯祠宇、書院暨各舊蹟俱一爲鼎新。另鐫《卧龍志》板,並所頒《忠武志》板,俱收貯於其中。」然則,康熙五十一年羅景跋係羅氏到南陽知府任以後所加,其版仍爲康熙四十四年至四十五年張鵬翮、劉廷璣等所刻。故正文題「遂寧張鵬翮輯,瀋陽劉廷璣、建安方允猷仝校」,未列羅景之名。諸家著録或作四十四年刊,或作四十五年刊,或作五十一年刊,但見序跋年月而云然,未究其詳也。是本寫刻頗工。《存目叢書》據遼寧圖書館藏本影印。人民大學、四川省圖、上圖、浙圖等亦藏是刻。其版至同治八年猶有印本。○清嘉慶十九年麻城周氏重刻本,作《忠武志》十卷,張鵬翮輯,周畹蘭增輯。北師大、南圖、上圖、復旦等藏。

周忠介公遺事無卷數　國朝彭定求撰 **一五七〇**

兩江總督採進本(總目)。○《兩江第一次書目》:「《周忠介公遺事》,書不載名,一本。」○北師大藏清光緒二十九年唐文治刻《周忠介公燼餘集》附本,作《忠介遺事》一卷,内容與《提要》合。《存目叢書》據以影印。

别本朱子年譜二卷附録一卷　國朝黄中撰 **一五七一**

安徽巡撫採進本(總目)。○《安徽省呈送書目》:「《朱子年譜》二本。」○清康熙十七年刻本,作

《朱子年譜別本》二卷《附録》二卷，北大藏。○清康熙二十九年黄氏自刊改定本，作《改定朱子年譜》一卷，北圖藏。（二本均據謝巍《年譜考録》）

王文成集傳本二卷　國朝毛奇齡撰　**一五七二**

浙江巡撫採進本（總目）。○清康熙書留草堂刻《西河合集》本。《存目叢書》據清華此本影印。○清同治三年長沙余氏刻本，作《明新建伯王文成公傳本》二卷，收入《明辨齋叢書》，北圖、北大、上圖等藏。

梅里志四卷　國朝吳存禮撰　**一五七三**

江蘇巡撫採進本（總目）。○《江蘇採輯遺書目録》：「《梅里志》四卷，清江蘇巡撫三韓吳存禮著。」○北圖分館藏清雍正二年蔡名烜刻本，題「江南巡撫泰伯後裔存禮編，吳郡守蔡永清校，里人杜詔訂」。半葉九行，行十九字，白口，四周雙邊。前有康熙六十一年七月吳存禮序，康熙六十一年杜詔序。封面刻「修敬堂藏板」。卷末有「里人蔡名烜校刊」一行。《存目叢書》據以影印。人民大學、上圖、遼大等藏有是刻。○清道光四年泰伯廟刻本，北大、南圖藏。

朱子年譜六卷　國朝朱世潤編　**一五七四**

副都御史黄登賢家藏本（總目）。○《都察院副都御史黄交出書目》：「《朱子年譜》三本。」○清乾隆二年徽州府知府楊雪服、婺源縣知縣郭錞刻本。卷一爲前録上卷，卷二爲前録下卷，卷三爲年譜，與明趙滂《程朱闕里志》卷四所載年譜相同，卷四爲黄幹撰行狀，卷五爲後録上卷，卷六爲後録下卷。另附江永《年譜附考》一卷（詳謝巍《年譜考録》）。按：南圖藏有此本。前録十五世孫朱烈輯，後録十七世孫朱欽紳輯，世潤僅合諸家爲一書耳。

陸象山年譜二卷　國朝李紱撰 **一五七五**

江西巡撫採進本（總目）。○湖北省圖書館藏清雍正十年嚴有俊刻本，作《象山先生年譜》三卷，題「門人袁燮、傅子雲初稿，後學李子願彙編，後學李紱增訂，後學劉林原刊，嚴有俊重刊」。半葉十二行，行二十三字，白口，左右雙邊。前有雍正十年壬子李紱序。是本寫刻工緻。卷尾鈐「蟫隱廬所得善本」長印。《存目叢書》據以影印。福建省圖、北圖分館亦藏是刻。○臺灣「中央圖書館」藏劉師培輯《歷代名人年譜大成》清稿本，作《陸象山先生年譜》一卷，清李紱編。半葉九行，行二十字，左右雙邊（詳該館《善本書志初稿》）。

考訂朱子世家一卷　國朝江永撰 **一五七六**

安徽巡撫採進本（總目）。○清咸豐三年刻《近思録集注》附刻本，東北師大藏。○清同治五年望三益齋刻本，題「婺源後學江永著」，版心刻「望三益齋」，前有牌記「同治五年六月續刊」。《存目叢書》據湖北省圖書館藏本影印。北圖分館亦有是刻。○清同治六年南京寶文書局刻本，川圖、山東師大藏。○清同治八年江蘇書局刻《近思録集注》附刻本，東北師大藏。○清同治八年上海文瑞樓石印《近思録集注》附本，東北師大藏。○清同治十年刻本，南圖藏。○清同治十三年安徽涇縣朱氏重刻本，川圖藏。○清光緒十四年廣雅書局刻《近思録集注》附刻本，東北師大藏。○清光緒十五年掃葉山房刻《近思録》附本，山西大學藏。〇民國二十一年上海掃葉山房石印《近思録集注》附本，東北師大藏。〇民國二十四年商務印書館排印《近思録集注》附本。

左忠毅年譜二卷　國朝左宰編　**一五七七**

江西巡撫採進本（總目）。〇遼寧圖書館藏清乾隆四年刻本，作《左忠毅公年譜》二卷，半葉十行，行二十字，白口，左右雙邊。末有乾隆四年曾孫左宰跋。卷内鈐「礪堂藏書」、「滿洲國立中央圖書館藏書印」等印記。《存目叢書》據以影印。〇清道光二十九年左氏祠堂刻本，上圖藏（見《年譜考録》、《皖人書録》）。〇清桐城光氏刻《龍眠叢書》本，清華、上圖藏。

胡忠烈遺事四卷　國朝史珥編　**一五七八**

江西巡撫採進本（總目）。〇《江西巡撫海第一次呈送書目》：「《胡忠烈遺事》二本。」〇清華大學藏清乾隆四十年藝潤書屋刻本，題「十一世從外孫史珥重編輯」，半葉十行，行二十二字，白口，左右雙邊。前有乾隆四十年秦承恩序，乾隆二十八年癸未史珥序。又《重刊胡忠烈遺事銜名》，列秦承恩等十人。封面刻「藝潤書屋藏板」六字。是本寫刻頗精。《存目叢書》據以影印。萍鄉市圖書館亦藏此刻。

朱子文公傳道經世言行録八卷　國朝舒敬亭撰　**一五七九**

浙江巡撫採進本（總目）。〇《浙江省第十一次呈送書目》：「《朱子言行録》八卷，國朝舒敬亭輯，四本。」〇《浙江採集遺書總録》：「《朱子言行録》八卷，刊本，國朝彭城舒敬亭輯。」〇北京師大藏清乾隆五年彊恕堂刻本，正文首行題「恭輯朱子文公傳道經世言行録卷之一」，次行題「古徐後學舒敬亭孝徵恭輯，男士津謄校字樣」。半葉九行，行二十字，白口，左右雙邊。前有乾隆五年庚申王峻序，乾隆四年已未舒敬亭序。封面刻「彊恕堂藏板」五字。《存目叢書》據以影印。

一五八〇　曹江孝女廟志十卷　國朝沈志禮撰

浙江汪啟淑家藏本（總目）。○《浙江省第四次汪啟淑家呈送書目》：「《曹江孝女廟志》十卷，國朝沈志禮輯，二本。」○《浙江採集遺書總録》：「《曹江孝女廟志》十卷，刊本，國朝按察使上虞沈志禮輯。」○上海圖書館藏清康熙二十七年慎德堂刻本，作《曹江孝女廟誌》十卷首一卷末一卷。題「通議大夫廣東按察使司按察使里人沈志禮範先氏修刻」。半葉九行，行十八字，白口，四周雙邊。前有康熙二十七年季春吳興祚序，二十六年十月沈志禮序。末有康熙十一年里人印會跋。封面刻「康熙丁卯年修」、「慎德堂藏板」三行。卷內鈐「曾藏葉氏遐菴」、「葉恭綽奉贈」、「合衆圖書館藏書印」等印記。《存目叢書》據以影印。

右名人之屬

四庫存目標注卷二十

滕州　杜澤遜　撰

史部九

傳記類二

漢末英雄記一卷　舊本題魏王粲撰　**一五八一**

江蘇巡撫採進本(總目)。○《提要》云:「此本乃王世貞雜鈔諸書成之,凡四十四人,大抵取於裴松之《三國志註》爲多。」○明刻《廣漢魏叢書》本,作《英雄記鈔》一卷,北圖分館、上圖、津圖等藏。○清嘉慶刻《廣漢魏叢書》本,北師大、上圖、復旦等藏。○清乾隆五十六年金谿王氏刻《增訂漢魏叢書》本,作《英雄記鈔》一卷。北圖分館、上圖等藏。○清光緒二年紅杏山房刻民國四年盧樹枏修補印《增訂漢魏叢書》本,北圖分館、上圖等藏。○清光緒六年三餘堂刻《增訂漢魏叢書》本。北圖分館、南圖、川大、甘肅省圖藏。○明刻清順治三年宛委山堂印《説郛》本，作《英雄記鈔》一卷。○清據《説郛》、《説郛續》版重編印《五朝小説》本，上圖、南圖、南大、山東大學藏。○清道光中黄奭輯刻本，作《英雄記》一卷，收入《漢學堂叢書》，又收入《黄氏逸書考》。○北京圖書館藏清鈔本，作《英雄記》一卷，半葉九行，行二十字，無格。

廣卓異記二十卷　宋樂史撰　一五八二

浙江鮑士恭家藏本（總目）。○《浙江省第四次鮑士恭呈送書目》：「《廣卓異記》二十卷，宋樂史著，一本。」○《浙江採集遺書總録》：「《廣卓異記》二十卷，刊本，宋都官宜黄樂史撰。」○《兩淮鹽政李續呈送書目》：「《廣卓異記》二十卷，宋樂史，二本。」○《山東巡撫呈送第一次書目》：「《廣卓異記》一本。」○北京圖書館藏清康熙刻本，半葉十行，行十九字，黑口，四周單邊。前有樂史自序。寫刻甚工。書中玄字缺末筆。鈐「清河」、「壺齋」等印記。《存目叢書》據以影印。○臺灣「中央圖書館」藏清初錢曾述古堂鈔本，二册，半葉十三行，行二十字，黑格，白口，左右雙邊。版心下印「述古堂」三字。前有樂史序。各册封面題「述古堂鈔本，虞山錢氏之舊藏，今歸楚國」。卷内鈐「虞山錢曾遵王藏書」、「季振宜印」、「滄葦」、「放情山水之間」、「吴燾子晃」、「畏齋藏書」、「劉之泗」、「公魯」、「劉之泗印」、「公魯校讀」、「穀孫祕笈」、「密均樓」、「蒼虬經眼」等印記。末有近人劉之泗手跋：「此樂史《廣卓異記》二十卷，虞山錢遵王藏書，《讀書敏求記》著録，《述古堂藏書目》注鈔字，即此本也。先大夫得之常熟翁相國家。黑格紙鈔本，半葉十三行，行二十字，左右雙欄，中縫無魚尾，有上下格，上横格下書廣卓異記卷幾，下横格上書葉數，下刻述古堂三字。惟每卷前後葉則多無書名卷數，僅見葉數。殆因卷首尾已有之耳。嘗以活字本校之，知此從宋本出。序前有放情山水之間白文方印，曩見宋書棚本《李群玉集》中亦有此印，疑是季氏藏印也。又季印振宜、滄葦朱文小方印二。目録前有吴焘子冕半白半朱文小長方印。卷一前有虞山錢曾遵王藏書朱文長方印。乙亥五月，上海涵芬樓欲假影印，乞拔可年丈紹介索之。余因花近樓主開八秩壽來祝，携之行笈。午節夜五鼓，逆旅客散，信筆識此，並倩内子録《敏求記》一則於後。時東方既白久矣。貴池劉之泗。」下鈐「劉之泗」、「公魯」二小印。次爲之泗夫人手録《讀書敏求記》一則，末署「乙亥五月六日清晨據章氏校證本録，蓉湖女史。」（參該館《善本書志初稿》、《善本題跋真跡》）按：是本玄字不避諱，蓋順治間寫本。○臺灣「中央圖書館」藏清鈔本，半葉十行，行二十字。首葉鈐「翰林院印」滿漢文大官印，書衣有「乾隆三十八年七月兩淮鹽政李質穎送到樂史廣卓異記壹部計書貳本」長方朱記，即兩淮進呈四庫原本。書中玄字缺筆（參該館《善本書志初稿》）。○臺灣「中央圖書館」藏清康熙間鈔本，半葉十一行，行二十二字。書中玄、鉉字缺末筆。鈐「開萬樓藏書印」、「樓儼之印」、「字敬思」等印記（參該館《善本書志初稿》）。○南京圖書館藏清鈔本，丁丙《善本書室藏書志》卷九著録，云有「古香樓」、「履研齋」、「休寧汪季青家藏書籍」、「柯庭流覽所及」諸印。按：諸印皆康熙間休寧汪文柏鈐記，蓋康熙間寫本。○南圖又藏一清鈔本。○清道光二十七年黄秩模僊屏書屋活字印本，傅增湘校並跋，北圖藏。此活字本收入《遜敏堂叢書》，上圖、南圖、浙圖等有藏。○臺灣「中央圖書館」藏舊鈔本，半葉十行，行二十二字。鈐「蘇州淵雅堂王氏藏書」、「陽湖陶氏涉園所有書籍之記」、「菦圃收藏」等印（參該館《善本書志初稿》）。按：此三印依次爲王芑孫、陶湘、張乃熊印鑒，經張氏售歸該館。傅增湘《藏園群書經眼録》著録舊鈔本，行款同，謂「陶蘭泉已購定者」，當即此本。傅氏云：「第十二卷末匡俗條末清初刊本有缺，此本獨完，其下尚有數條。此書道光丁未有聚珍板，是宜黄黄秩模所校，視清初刊本爲善，卷末亦多數條。」○北京圖書館藏清鈔本，半葉十一行，行二十二字，無格。又一清鈔本，行款同。○北京大學藏清鈔本，李盛鐸舊藏，《木犀軒藏書題記及書録》著録，云「此爲徐星伯家抄本」。○上海圖書館藏清鈔本。○大連圖書館藏清鈔本。○臺灣「中央圖書館」藏舊鈔本，半葉十一行，行二十二字。鈐「合肥李氏藏書」朱文扁方印（見該館《善本書志初稿》）。○民國上海進步書局石印《筆記小説大觀》本。

靖康小雅一卷　不著撰人名氏　**一五八三**

江蘇巡撫採進本（總目）。○《提要》云：「其文散見《北盟會編》中，此本次序似以徐夢莘所載鈔合之，非完書也。」

紹興正論一卷　舊本題湘山樵夫撰　**一五八四**

江蘇巡撫採進本（總目）。○《浙江採集遺書總録》：「《紹興正論》一卷，寫本，瀟湘野夫，不著名氏。」

桐陰舊話一卷　宋韓元吉撰　**一五八五**

編修程晉芳家藏本（總目）。○上海圖書館藏明吴氏叢書堂鈔《説郛》本，在卷二十。○北京圖書館藏明鈔《説郛》本，半葉十行，行二十二字，藍格，白口，四周雙邊。○北圖又藏明鈔《説郛》本，半葉十行，行二十一字或二十二字，藍格，白口，左右雙邊。○浙圖藏明鈔《説郛》本。○民國十六年商務印書館排印張宗祥據明鈔本重校定《説郛》本。在卷二十。昌彼得先生《説郛考》云：「此本節録十三條，今傳之《古今説海》、《續百川學海》、《重編説郛》卷四五、《學海類編》諸本所收此書，悉出於此。」○明刻清順治三年宛委山堂印《説郛》本，在卷四十五。○明嘉靖二十三年陸楫儼山書院雲山書院刻《古今説海》本，在説略部。北圖、上圖、南圖等藏。○清道光元年刻《古今説海》本。○清宣統元年上海集成圖書公司排印《古今説海》本。○民國四年上海進步書局石印《古今説海》本。○明刻《續百川學海》本，北圖、遼圖、浙圖等藏。○明刻《歷代小史》本，北圖、北大等藏。民國二十九年商務印書館影印明刻《歷代小史》本。○清道光十一年六安晁氏木活字印《學海類編》本。民國九年商務印書館影印晁氏木活字《學海類編》本。○南京圖書館藏《養素軒叢録》鈔本。○民國二十八年商務印書館據《古今説海》本排印，收入《叢書集成初編》。

南渡十將傳十卷　宋章穎撰　　一五八六

兩淮鹽政採進本（總目）。○《兩淮鹽政李續呈送書目》：「《南渡十將傳》十卷，宋章穎，二本。」○北京圖書館藏元刻本，正文首行題「重刊宋朝南渡十將傳卷之一」，次行題「史官章穎纂」。半葉十二行，行二十一字，黑口，左右雙邊。有耳題。相其字體版式，是元代福建刻本。前有清黄丕烈補鈔《進表》，有黄氏識語云「從毛抄本補録」。卷尾又有黄丕烈手跋三則。均已收入《蕘圃藏書題識》及《蕘圃藏書題識再續録》中。卷内鈐有「檇李曹氏藏書印」、「曹溶之印」、「元本」、「汪士鐘讀書」、「鐵琴銅劍樓」等印記。《存目叢書》據以影印。○原北平圖書館藏明鈔本，作《重刊宋朝南渡十將傳》，存卷四卷五共一册。半葉十二行，行二十一字。王重民《善本提要補編》著録。按：此本現存臺北「故宫」。其書名冠「重刊」二字，行款同元刻本，當從元本出。○清光緒巴陵方氏廣東刻《碧琳琅館叢書》本，作《宋朝南渡十將傳》。○民國二十四年南海黄氏據舊版彙印《芋園叢書》本，作《宋南渡十將傳》。

稗傳一卷　元徐顯撰　**一五八七**

浙江巡撫採進本（總目）。○北京圖書館藏明刻本，正文首行題「稗史集傳」，版心題「稗傳」。半葉十行，行十八字，白口，左右雙邊。前有至正十年自序。卷内鈐「毛晉」、「稽瑞樓」、「蟫華」、「鐵琴銅劍樓」等印記。《存目叢書》據以影印。

萬柳溪邊舊話一卷　元尤玘撰　**一五八八**

浙江鮑士恭家藏本（總目）。○《浙江省第四次鮑士恭呈送書目》：「《萬柳溪邊舊話》一卷，宋尤玘著，一本。」○《浙江採集遺書總録》：「《萬柳溪邊舊話》一卷，寫本，元尚書無錫尤玘撰。」○《兩淮鹽政李續呈送書目》：「《萬柳溪邊舊話》一卷，宋尤玘，一本。」○蘇州圖書館藏清鈔本，題「宋知非子尤玘君玉撰」。半葉九行，行二十一字。末有曾孫男實跋，嘉靖壬子七世孫晉跋。卷内鈐「班侯」、「張燕昌印」、「知不足齋主人所貽」、「聞川計氏曦伯所藏」、「獨山莫氏藏書」等印記。有未棠手跋：「此知不足齋鈔本以貽張燕昌者，乙未九月在吴下收，越日又得鮑氏《叢書》所刊本，當與此同出一源，特栞本多朱文藻校語耳。」下鈐「獨山莫棠」朱文長印。《存目叢書》據以影印。〇清乾隆至道光間鮑氏刻《知不足齋叢書》本，在第十集，係據朱朗齋（文藻）校本付梓。〇清道光十一年六安晁氏木活字印《學海類編》本，北圖、上圖、科學院圖書館等藏。民國九年商務印書館影印晁氏木活字《學海類編》本。〇清光緒二十二年刻本，《常州先哲遺書》之一。〇北京圖書館藏清鈔本，半葉八行，行十七字，無格。〇北圖又藏清鈔本，半葉九行，行二十字，緑格，緑口，四周單邊。此與《河汾諸老詩集》合一册。〇民國二十四年排印《錫山尤氏叢刊甲集》本，北圖、上圖等藏。〇民國二十八年商務印書館據《知不足齋叢書》本排印，收入《叢書集成初編》。

旌義編二卷　元鄭濤撰　一五八九

浙江巡撫採進本（總目）。〇《浙江省第四次孫仰曾家呈送書目》：「《旌義編》二卷，元鄭濤輯，二本。」〇《浙江採集遺書總録》：「《旌義編》二卷，刊本，元浦江鄭濤輯。」〇原北平圖書館藏明洪武十一年浦江鄭氏家刻三十年增補本，作《浦江鄭氏旌義編》三卷，一册。半葉十二行，行二十三字。有洪武十一年宋濂序，洪武三十年張紞序，洪武三十年王鈍序。王重民《善本提要補編》著録。是册現存臺北「故宫」。〇美國國會圖書館藏明刻本，作《浦江鄭氏旌義編》二卷，明鄭濤輯，鄭楷重輯，卷末題「大明宣德戊申第九世奉議大夫蜀府左長史致仕楷重纂」。半葉九行，行二十字。有洪武十一年宋濂序。王重民《善本提要》著録。〇哈佛燕京圖書館藏明萬曆三十一年鄭元善刻本，作

《浦江鄭氏旌義編》二卷，半葉九行，行二十字，白口，四周單邊。卷下末刻「萬曆三十一年歲次癸卯孟冬十四世孫元善重刊」一行（詳沈津撰該館《書志》）。○天一閣文管所藏明書種堂刻本，作《浦江鄭氏旌義編》二卷，明鄭濤輯，鄭楷重輯。半葉九行，行二十字，白口，四周單邊。此與前本書名、卷數、撰人、行款並同。○清同治九年永康胡氏退補齋刻本，《金華叢書》之一，作《旌義編》二卷，末有同治九年胡鳳丹刻書跋。《存目叢書》據以影印。○《提要》云：「宋濂序稱三卷，其書實止二卷。蓋序文傳寫之誤也。」按：是書鄭濤輯本原作三卷，宋濂爲序。至宣德間鄭楷重纂始合爲二卷，仍冠宋濂原序。館臣所見爲二卷重纂本，故疑宋序稱三卷者爲傳寫之誤。實不誤也。

忠傳四卷　不著撰人名氏　一五九〇

永樂大典本（總目）。○清光緒三十二年寶研齋影印《永樂大典》本，北圖分館藏。○民國五年商務印書館影印《永樂大典》本，《涵芬樓祕笈》第一集之一。孫毓修跋云：「今所存《大典》一冊，文臣自子產至歸暘止，而無武臣，當非完書。」《存目叢書》又據以影印。○一九五九年至一九六〇年中華書局影印《永樂大典》本。○按：此書編入《永樂大典》卷四百八十五至四百八十六，一東韻忠字下。明嘉靖隆慶間內府鈔本原件一冊，現藏臺灣"中央圖書館"，該館《善本書志初稿》著録，云「封面內粘有清乾隆年間纂修官發寫簽條」、「黄絹面，包背裝」，鈐有「周暹」白文方印。

草莽私乘一卷　舊本題明陶宗儀編　一五九一

浙江鮑士恭家藏本（總目）。○《浙江省第四次鮑士恭呈送書目》：「《草莽私乘》一卷，元陶宗儀著，四本。」○《浙江採集遺書總録》：「《草莽私乘》一卷，寫本，元陶宗儀輯。」○《國子監學正汪交出書目》：「《草莽私乘》一本。」○上海圖書館藏清初鈔本，半葉八行，行二十一字，無格。前有目録，目録缺首五條。目録末有題記三則，一則爲庚申中夏日，一則無年月，一則爲萬曆庚申春日，不署姓名。内有「（如一）嘗語其子弟，吾藏書經牧齋繙閲，竟卷帙上隱隱有光氣。余甚愧其意」云云，知是錢謙益識語。又云「借江上李如一鈔本繕寫」，知係錢謙益借李鶚翀得月樓鈔本過録，因爲題記，時在萬曆四十八年庚申。唯此本題記與正文字體出於一手，又無牧翁鈐記，知係又從牧齋本過録者。書中玄、曆字不避諱，蓋清初寫本。《存目叢書》據以影印。○上圖又藏清趙氏舊山樓鈔本，版心有「舊山樓鈔書」五字。鈐有「趙氏家藏」、「海虞沈氏師米齋藏書」、「沈裒一」等印記。書經清趙烈文手校。○上圖又藏清鈔本。○復旦大學藏清鈔本。○常州市圖書館藏清鈔本。○南京圖書館藏清鈔本一册，八千卷樓舊藏，丁丙《善本書室藏書志》卷九著録。○北京圖書館藏清鈔本，半葉十行，行十八字，無格。清周星詒校。○北圖又藏清鈔本，半葉十行，行二十一字，無格。清周星詒校。○北圖又藏清鈔本，半葉九行，行十八字，黑格，白口，左右雙邊。○《皕宋樓藏書志》卷二十七著録「明鈔本，汲古閣舊藏」，並録道光甲申閏七月朔日黄丕烈跋二則、詩一首。《儀顧堂題跋》卷四亦著録此本，稱「舊鈔本」，謂「道光中歸百宋一廛，黄蕘圃孝廉有跋」，鈐有「曹溶之印」、「秋岳」、「檇李曹氏」、「曹溶私印」、「檇李曹氏攷（收）藏圖書記」等印記。又稱「此册即李如一抄本，後歸曹倦圃」。澤遜按：是書萬曆中江上李如一家有鈔本，萬曆四十八年庚申錢謙益從李氏借鈔一本，並作跋三則。入清以來各家鈔本大都輾轉來自錢謙益本，故諸本往往有錢氏跋文。陸氏此本黄丕烈跋有云：「即其第二跋中所言江上李如一之性情意氣，亦頗可敬可愛。」又云：「且一經名人繙閲，則書更珍重。」此即黄丕烈稱引錢謙益第二跋中語，知此本亦有錢謙益跋，亦出錢本之後無疑，絶非李如一原本。蓋錢謙益三跋均未署名，黄跋亦未點出，陸心源未察其詳，故誤爲李如一鈔本。陸氏書售歸日本三菱財團，藏於静嘉堂，此本當在其中。○清嘉慶間楊復吉輯鈔《藝芳閣藝海奇鈔》本，北京師大藏。○傅增湘藏清乾隆王宗炎寫本，末有「乾隆五十年十月朔日南陔居士録於紅鵝池館」一行，鈐有蕭山王氏十萬卷樓藏印(見《藏園群書經眼録》卷四)。○舊寫本，吴江陳鍾英校，有跋(見《藏園群書經眼録》卷四)。按：傅增湘《藏園訂補郘亭知見傳本書目》著録「清道光十年吴江陳鍾英寫本」，當即此本。○北京圖書館藏清光緒十五年趙元益刻本，半葉八行，行二十一字，白口，左右雙邊。傅增湘據蕭山王氏紅鵝池館寫本校並跋。趙元益刻本北師大亦有藏。○清光緒三十二年國學保存會排印本，《國粹叢書》第三集之一。○民國二十一年崑山趙氏對樹書屋刻本，《對樹書屋叢刻》之一，北大、上圖、復旦等藏。

宋遺民録一卷　不著撰人名氏　**一五九二**

内府藏本(總目)。○《提要》云：「洪武中鈔本，毛晉刻之，附於《忠義集》之後。」○上海師大藏明末毛晉汲古閣刻《汲古閣合訂唐宋元詩五集》本，附《忠義集》後，半葉八行，行十九字，白口，左右雙邊。卷尾刊有「洪武四年春二月九日題於會試之對讀所」一行，又「乙酉夏六月借儼二仲木本陸甥抄」一行。《存目叢書》據以影印。湖北省博物館亦藏是刻。

一五九三

金華賢達傳十二卷　明鄭柏撰

浙江范懋柱家天一閣藏本（總目）。○《浙江省第五次范懋柱家呈送書目》：「《金華賢達傳》十二卷，明鄭柏著，二本。」○《浙江採集遺書總録》：「《金華賢達傳》十二卷，刊本，明鄭柏輯。」○湖北省圖書館藏清康熙四十七年鄭璧刻本，題「浦陽義門鄭栢叔端氏著，第十二世孫璧一上氏訂梓」。半葉九行，行二十四字，白口，左右雙邊。前有宣德戊申鄭熄序，康熙楊汝穀序，康熙四十二年癸未傅旭元跋，康熙四十七年戊子查遴序。《存目叢書》據以影印。○民國十三年永康胡氏夢選廔刻《續金華叢書》本。

一五九四

四明文獻録一卷　明黄潤玉撰

浙江范懋柱家天一閣藏本（總目）。○《浙江省第五次范懋柱家呈送書目》：「《四明文獻録》一卷，明黄潤玉著，一本。」○《浙江採集遺書總録》：「《四明文獻録》一册，刊本，明按察使僉事黄潤玉撰。」

一五九五

孝紀十六卷　明蔡保禎撰

江蘇巡撫採進本（總目）。○《江蘇省第一次書目》：「《孝記》四本。」○《江蘇採輯遺書目録》：「《孝紀》十二卷，明清漳蔡保禎著，刊本。」○安徽大學藏明崇禎十二年刻本，作《孝紀》十六卷《拾遺》一卷。題「明清漳蔡保禎端卿甫輯，同邑林日瑞廷輯甫較，豫章朱露公湛甫訂，嘉禾吳天泰謐生甫閲」。半葉九行，行二十字，白口，四周單邊。前有崇禎第十二中秋朱露序云：「捐俸爲梓，以廣錫類。」知係崇禎十二年朱露捐刊。又林日瑞序，崇禎十二年蔡保禎序。有刻工：南京穆春英刻。《存目叢書》據以影印。

潤州先賢録六卷　明姚堂撰　**一五九六**

浙江汪啟淑家藏本（總目）。○《浙江省第四次汪啟淑家呈送書目》：「《潤州先賢録》六卷，明姚堂著，三本。」○《浙江採集遺書總録》：「《潤州先賢録》六卷，刊本，明四明姚堂輯。」○南京圖書館藏明天順七年刻本，題：「直隸鎮江府知府四明姚堂編輯，通判湘陰劉文徽同編。」半葉十二行，行二十一字，黑口，雙魚尾，四周雙邊。前有天順六年十二月既望沈固序，天順七年正月姚堂序。姚序云「將鋟梓以傳四方」，知即是年鎮江刻本。末有後序，僅存前半葉，不知名氏。民國二十二年南京國學圖書館陶風樓據以影印，柳詒徵跋云：「此本舊藏揚州吴氏測海樓，售歸山館，紙墨精湛，畫像完好。惟《鎮江府志》卷四十七《藝文》載廖恭敏序一篇，是本無之，爰爲補録，以付景印。」《存目叢書》又據影印本影印。

忠義録十四卷　明王蓂撰　**一五九七**

浙江范懋柱家天一閣藏本（總目）。○《浙江省第五次范懋柱家呈送書目》：「《歷代忠義録》十四卷，明王蓂著，四本。」○《浙江採集遺書總録》：「《歷代忠義録》十四卷，刊本，明提學副使金溪王蓂輯。」○《兩淮鹽政李呈送書目》：「《歷代忠義録》十四卷，明王蓂，四本。」○臺灣「中央圖書館」

藏明嘉靖刻本，十四卷十册。正文首行題「歷代忠義録卷之一」，次行題「金谿東石王𧄝時楨述」。半葉十行，行二十字，白口，四周單邊。白棉紙，刷印稍晚，偶有漫漶斷版。墨不佳，有墨塊糊塗處，嘉靖白棉紙本常有之。前有嘉靖三十一年壬子秋菊月之吉日賜進士第中順大夫知江西撫州府事前刑部郎中瓊山黄顯序，次嘉靖八年己丑六月既望浙江等處提刑按察使金谿東石王𧄝時楨序。卷十四第二十二葉以下缺。卷内鈐「合肥李氏藏書」、「省心閣珍藏」二印。乙亥臘月觀。天一閣文管所藏明刻本，殘存卷三至卷十四，行款版式同，似即同版。

一五九八　**名相贊一卷　明尹直撰**

浙江范懋柱家天一閣藏本（總目）。○《浙江省第五次范懋柱家呈送書目》：「《名相贊》一卷，明尹直著，一本。」○《浙江採集遺書總録》：「《名相贊》一册，寫本，明尹直撰。」○北京圖書館藏清曹氏倦圃鈔本五卷一册，題「澄江居士尹直著」。半葉八行，行十六字，白口，四周單邊。版心下印「檇李曹氏倦圃藏書」八字。前有弘治甲子二月尹直引，後有歐陽雲題後。書中玄字不避諱。《存目叢書》據以影印。

一五九九　**南宋名臣言行録十六卷　明尹直撰**

浙江范懋柱家天一閣藏本（總目）。○《浙江省第五次范懋柱家呈送書目》：「《南宋名臣言行録》十六卷，明尹直輯，四本。」○《浙江採集遺書總録》：「《南宋名臣言行録》十六卷，天一閣寫本，明尹直輯。」○臺灣「中央圖書館」藏明弘治間刻本，題「澄江居士尹直纂集」。半葉十行，行二十二字，黑口,四魚尾,四周單邊。前有目録。無序跋。黄紙,印本不佳。乙亥臘月觀。

一六〇〇　伊洛淵源續録六卷　明謝鐸撰

浙江巡撫採進本(總目)。〇《浙江省第六次呈送書目》:「《伊洛淵源續録》六卷,明謝鐸輯,四本。」〇《浙江採集遺書總録》:「《伊洛淵源續録》六卷,刊本,明謝鐸撰。」〇《兩淮商人馬裕家呈送書目》:「《伊洛淵源續録》六卷,明謝鐸,四本。」〇《都察院副都御史黄交出書目》:「《伊洛淵源續録》六本。」〇首都圖書館藏明嘉靖八年高賁亨刻本,與朱熹《伊洛淵源録》合刻。半葉十行,行二十字,白口,左右雙邊。前有成化庚子謝鐸序,後有弘治丙辰謝鐸後序。又臨海高賁亨《重刊伊洛淵源二録跋》云:「嘉靖己丑予董學事於閩……乃取《伊洛淵源録》及《續録》合而刻之。」知係嘉靖八年高賁亨福建刻本。《存目叢書》據以影印。中國科學院圖書館、四川圖書館等亦有是刻。〇臺灣「中央圖書館」藏明嘉靖四十四年刻本,與朱熹《伊洛淵源録》合刻,行款版式同前本(見該館《善本書志初稿》)。〇浙江海鹽縣博物館藏明刻本,與朱熹《伊洛淵源録》合刻,半葉十一行,行二十一字,白口,四周雙邊。清王棻校並跋。〇日本慶安二年(清順治六年)刻本,與《伊洛淵源録新增》十四卷(宋朱熹撰、明楊廉新增)合刻。半葉十行,行二十一字,白口,四周雙邊。末有雙行牌記,右欄題「慶安貳曆仲春」,左欄題「京師二條通衣棚風月莊左衛門發行」。又有梅文會堂、真部騰采閣、京師奎文堂等印本,牌記各異,均是一版。北大、上圖、遼圖、臺灣「中央圖書館」等藏。〇臺灣「中央圖書館」藏舊鈔本,半葉十一行,行二十一字。題「明長源謝鐸編次」。卷内鈐「掃塵齋藏」白文方印

（見該館《善本書志初稿》）。按：掃塵齋爲近代湘鄉王禮培堂號。

一六〇一　宋遺民録十五卷　明程敏政撰

副都御史黄登賢家藏本（總目）。○《都察院副都御史黄交出書目》：「《宋遺民録》，明程敏政撰，三本。」○《兩淮商人馬裕家呈送書目》：「《宋遺民録》十五卷，明程敏政，三本。」○《浙江鮑士恭呈送書目》有是書十二卷二本。《浙江採集遺書總録》作十二卷，寫本。○上海圖書館藏明嘉靖二年至四年程威、程曾等刻本十五卷，半葉九行，行十七字，黑口，四周單邊。前有成化十五年已亥春三月程敏政序。後有嘉靖四年乙酉冬十月休寧率溪程曾《書宋遺民録刻後》云：「予族弟士儀乃昌刻之，陽湖孫道甫、隆阜戴以立繼之，久未克就緒，而臨溪宗人思柔及先生猶子本一復命工以終之。」程敏政序後有牌記九行，内云：「捐貲刻目録一卷，王鼎翁文一卷，以爲好事者之倡，刻完，因僭識歲月如此，觀者諒之。嘉靖二年四月初吉率溪程威士儀謹書。」卷三末有嘉靖四年乙酉十月初吉臨溪程思柔《書西臺慟哭記後》云：「録凡十五卷，而臯父之文居其四，未有刻之者，因命工全刻之，以助其成。」則卷二至卷五謝臯羽文係程思柔捐刻。卷六末有牌記七行，不記年月，據此牌記知卷六爲休寧隆阜戴勉捐刻。卷十首葉次行題「陽湖孫道甫鋟梓」，卷十末有嘉靖三年三月孫志道甫跋云：「予助梓龔聖予一卷以足之。」此本程敏政序首葉係鈔配，序末有「虞山錢曾遵王莪匪樓藏書」識語一行。《存目叢書》據上圖此本影印。北圖亦藏是刻。又原北平圖書館藏一帙，現存臺北「故宮博物院」，卷一首葉鈐「葉德輝印」白文方印、「焕份」朱文方印、「于省吾印」朱文方印、「翼臣」

朱文方印。前有葉德輝手跋二則。第一跋：「《宋遺民録》十五卷，明程敏政撰，《四庫全書總目》史部傳記類存目卷數同。《浙江採集遺書總録》有寫本十二卷，蓋不全本也。此爲原刻初印，爲鮑氏知不足齋刊本之祖。四百年來之舊本，至今猶完好如新，殆天水孤臣在天之靈默爲呵護耶。光緒丙申新正人日書此，憶姜白石《定王臺詞》亦有興盡悲來之意。麗廔主人偶書。」下鈐「德輝」、「焕彬父」二小印。第二跋：「此書世所傳爲鮑氏《知不足齋叢書》本。鮑本所據爲毛抄，後有録補諸篇，已非程本之舊。常取以校此本，不合處甚多。如卷一《沁春園詞》鮑本無撰人，此本注王炎午。卷二《謝翱傳》鮑本有贊，此本無。又宋濂《謝翱傳》下接鄧心牧贈翱詩，鮑本下有方鳳《謝皋羽行狀》及《詠霜葉寄謝皋羽》一首、《呈皋羽》一首，凡三篇。卷四《清明日》鮑本注唐珏，此本注孔希普。卷八《寄韶卿》鮑本注謝翱，此本無撰人。卷十二《梁先生詩集叙》鮑本注胡廼，此本無撰人。《大茅峰》鮑本無撰人，此本注梁棟。《春日郊遊和友人韻》下鮑本有《登鎮海樓聞角聲賦》一首，此本無。卷十三《鄭所南先生傳》鮑本脱五十一字，此本有。《鄭所南宅》一首鮑本注王賓，此本無撰人。卷十四《書白石樵唱》，鮑本以篇末有撰人，不重注，此本前仍注鄭僖。大抵互有得失，初不知毛鈔所從出爲何本。黄丕烈《士禮居題跋記》有校鈔本，云古書日就湮没，即如明初本已不可得，矧前于此乎。此《宋遺民録》猶是照明初刻本寫本，藏篋久矣。頃得毛子晉藏本，於此刻似影摹，故明人題語多有，此稍脱落矣。全書經斧季用朱墨兩筆手校，又有别一人墨校，余悉臨之，以備參考。據黄氏所云，則毛抄即出此本。然鮑本卷三末有嘉靖乙酉冬十月吉日程思柔《書西臺痛哭記後》，略言刻書緣起，此本無（澤遜按：此文上圖藏嘉靖二年至四年刻本有）。卷十首葉二行此本有陽湖孫道甫録梓一行，鮑本不載。又末有嘉靖甲申春三月孫志道甫識語，略云程確齋校刊《宋遺民録》，予助梓龔聖予一卷，鮑本亦不載。又卷六末有小字木記，載休寧戴勉識語，略云唐義士事行程公編入《宋遺民録》中，愚刻此卷，蓋亦竊慕前人而爲之役耳云云。鮑本升爲大字，低程書一格。凡此皆不合之甚者。至諸卷缺字，鮑有而此無者，意此爲初刻待補之字，故有二三處猶存墨塊。鮑本有字，當是據別書校補，斷非原式也。此書《四庫存目》未知是寫是刻，其餘私家目録著録甚少，蓋在毛、黄兩家已極珍貴，故有抄無刻。鮑、黄生乾嘉盛時，所見亦復如此，則其傳本之少，固可知矣。此本余以番錢四餅得之長沙冷書攤中，審爲初刻初印至精之本，不必佞宋，且將傲毛。使蕘翁見之，不知如何稱快。後有得者，以宋元舊本視之可也。時在戊戌新正四日，麗廔主人葉德輝再記。」下鈐「奐份審定」朱文小印。○北京圖書館藏清初鈔本，半葉九行，行十七字，無格。清黄丕烈校並跋。二册。○北圖又藏清康熙三十三年鈔本，半葉九行，行十七字，無格。二册。○北圖又藏清乾隆四十三年吴翌鳳鈔本，半葉十行，行二十字。吴翌鳳校跋並臨黄丕烈校跋。二册。○臺灣「中央圖書館」藏清初湘潭黄氏觀稼樓鈔本十六卷四册。半葉十行，行二十字，白口，四周單邊。版心下記「觀稼樓鈔書」五字。有程敏政、程威序，卷三末有程思柔書後。卷十末有附録錢謙益《重輯桑海遺録序》，卷十一末有附録錢謙益《水雲詩後》。書内卷二增補三葉，卷十增補九葉，卷十三增補三葉，卷十六全爲增補。正文中有清呂無黨、章全朱紫筆手校，又章全朱筆增補。鈐「無黨較正圖書」、「章全手校」、「秀水章氏考藏書籍之印」、「沈善登印」、「王氏二十八宿研齋祕笈之印」等印記(詳該館《善本書志初稿》)。○原北平圖書館藏鈔本,半葉九行,行二十字。有自序,程威序,程曾書後。正文末附錢謙益《書瀛國公事實》等三則。卷内鈐「馬氏叢書樓珍藏圖記」、「東郡楊紹和彦合珍藏」、「宋存書室」、「東郡楊氏鑑藏金石書畫印」等印記(參王重民《善本提要補編》)。是本現存臺北「故宫博物院」。○山東省圖書館藏清嘉慶五年譚學敏鈔本,不分卷。○北京圖書館藏清張德榮鈔本,存卷一至卷六共一册,半葉十行,行二十字,無格。○臺灣中研院史語所藏藍格舊鈔本十五卷,又傳一卷,三册。○臺灣史語所又藏友竹書室鈔本十五卷,又附《汪水雲詩鈔》一卷,六册。○清乾隆至道光間鮑氏知不足齋刻《知不足齋叢書》本,在二十四集。○清濟寧李冬涵(毓恒)輯鈔《濟寧李氏礲墨亭叢書》本,中山大學藏。○民國上海進步書局石印《筆記小説大觀》本。

尊鄉録節要四卷　明王弼撰　一六〇二

浙江汪啟淑家藏本(總目)。○《浙江省第四次汪啟淑家呈送書目》:「《尊鄉録節要》四卷,明王弼著,一本。」○《浙江採集遺書總録》:「《尊鄉録節要》四卷,寫本,明台州謝鐸原録,尚書黄岩王啟〔弼〕節。」○浙江圖書館藏清光緒十七年盧烔刻本。有牌記「光緒辛卯盧烔斠刊,版藏黄巖路橋楊氏」。卷四末有「弘治甲寅後學王弼刊于興化之郡齋」二行。末有楊晨跋云:「求訪粲年,始從翰林院中得汪啟淑進呈元本,亟令照鈔。考是書乃謝公自撰,以新志所載各書例觀之,可知《提要》偶誤耳。頃臨海盧平堦烔請付梓人」云云。知係據汪啟淑進呈四庫之寫本付刊者。《存目叢書》據以影印。按：清楊晨輯刻《台州叢書後集》收有此書，當即同版。

考亭淵源録二十四卷　明宋端儀撰

浙江吴玉墀家藏本（總目）。○《浙江省第四次吴玉墀家呈送書目》：「《考亭淵源録》三十四卷，明薛應旂輯，四本。」○《浙江採集遺書總録》：「《考亭淵源録》三十四卷，刊本。」○《江蘇省第一次書目》：「《考亭淵源録》八本。」○《江蘇採輯遺書目録》：「《考亭淵源録》二十四卷，明提學僉事莆田宋端儀撰。」○北京師大藏明隆慶三年刻本二十四卷，題「後學莆陽鄭端儀初稿，後學武進薛應旂參修，後學莆陽林潤校正」。半葉十行，行二十字，白口，四周單邊。前有徐堦序云：「録梓於隆慶己巳正月十日，成於四月十日。」又隆慶二年戊辰薛應旂序。目録後有隆慶三年己巳薛應旂識語。版心下記刻工：何鎡刻、何貞、張邦敬刊、何昇、俞庭、江陰繆淵寫、無錫張邦敬刊、張敬、何釗、王經、何噐、俞廷、何啟、何成、馮道、王忠、王京、何志、邵埴、何序、方仕等。卷三末有手記：「丁亥烌九月鬱麓但月室閲，修季。」《存目叢書》據以影印。清華、故宫、浙圖等亦有是刻。○上圖藏鈔本三册，書名作《考亭淵源》。○臺灣「中央圖書館」藏舊鈔本，作《考亭淵源録初稿》，存十二卷，缺卷一卷二朱子。卷三首行題「考亭淵源録卷之三」。半葉九行，行二十四字。鈐有「芷圃收藏」印記（詳該館《善本書志初稿》）。○南京大學藏鈔本十二册，作《考亭淵源録初稿》十四卷，宋端儀編，沈士莘增（見《南京大學圖書館中文舊籍分類目録初編》）。○日本天保九年（清道光十八年）東都出雲寺萬次郎刻本，卷數及撰校人同隆慶三年刻本。湖北省圖書館、日本東京大學東洋所藏。

一六〇四
鹿城書院集無卷數　明鄧淮撰

浙江巡撫採進本(總目)。○《浙江省第七次呈送書目》:「《鹿城書院集》,明鄧淮輯,一本。」○《浙江採集遺書總録》:「《鹿城書院集》一册,刊本,明知府吉水鄧淮輯。」

一六〇五
吴中往哲記一卷續吴中往哲記一卷續吴中往哲記補遺一卷　明楊循吉撰　黄魯曾續補

浙江汪啟淑家藏本(總目)。○《浙江省第四次汪啟淑家呈送書目》:「《吴中往哲記》一卷,明楊循吉著,一本。」又:「《續吴中往哲記》一卷《補遺》一卷,明黄魯曾著,一本。」○《浙江採集遺書總録》:「《吴中往哲記》一卷,刊本,明楊循吉撰。」又:「《續吴中往哲記》一卷《補遺》三種共一卷,刊本,明黄魯曾撰。」○北京大學藏明嘉靖刻本,半葉九行,行十八字,白口,左右雙邊。《吴中往哲記》題「郡人楊循吉」,前有黄魯曾《吴中往哲兩記序》,又《吴中往哲兩記目録》。《續吴中往哲記》題「郡人黄魯曾」,後有皇甫冲《吴中往哲兩記後序》云:「執菴徐君,詠思前言,服膺往行,良契斯編,謂非梓人無以惠世,乃捐資授工。」《補遺》正文首行題「續吴中往哲記三補」,次題「郡人黄魯曾」,前有黄魯曾《續往哲記三補遺序》,後有嘉靖三十六年黄魯曾《后序》。卷内鈐「許元溥印」白文方印、「聞檡軒」朱文長印。按:許元溥,字孟宏,號鴻公,又號千卷生,明末清初長洲人,崇禎三年舉於鄉,藏書頗富。長子許王儼,字孝酌,諸生,著有《聞檡軒文集》。此即許氏父子所藏鄉邦文獻也。《存目叢書》據以影印。天一閣文管所藏是刻,僅存前記及補遺共二卷。復旦亦有殘帙。○北京圖書館藏明刻本,作《吴中往哲記》一卷《補遺》三卷,楊循吉撰,黄魯曾補遺。半葉九行,行十八字,白口，左右雙邊。一册。按：北圖《古籍善本書目》著録爲「明嘉靖刻本」，此據《中國古籍善本書目》。〇明嘉靖十八年至二十年顧元慶大石山房刻《顧氏明朝四十家小説》本，僅楊循吉《吴中往哲記》一卷，半葉十行，行十八字，白口，左右雙邊。北圖、上圖、福建省圖、廈門大學藏。〇清宣統上海國學扶輪社排印《顧氏明朝四十家小説》本。〇民國三年古今圖書局石印《顧氏明朝四十家小説》本。〇明崇禎三年淮南李蘅刻《璅探》本，作《往哲録》一卷，楊循吉撰，半葉九行，行二十字，白口，四周單邊。北圖藏。〇明刻清順治三年宛委山堂印《説郛續》本，僅楊循吉《吴中往哲記》一卷。〇清據《説郛》、《説郛續》版重編印《五朝小説》本，上圖、南圖、南大、山東大學藏。〇民國十五年上海掃葉山房石印《五朝小説大觀》本。〇原北平圖書館藏清劉氏味經書屋鈔本，作《吴中往哲記》一卷《續記》一卷《補遺》二卷共一册，半葉十行，行二十一字，藍格。卷内鈐「劉喜海印」、「燕庭藏書」、「味經書屋」、「文正曾孫」等印記。王重民《善本提要補編》著録。是本現存臺北「故宫博物院」。

吴中故實記一卷續記一卷補遺一卷　舊本題明楊循吉撰　一六〇六

浙江巡撫採進本（總目）。〇《浙江省第十次呈送書目》：「《吴中故實記》一卷《續吴中故實記》二卷《續吴中故實記》一卷《補遺》三卷《二補遺》一卷《三補疑》一卷，明黄魯曾著，四本。」（此據涵芬樓本）〇《提要》云：「檢勘其文，即循吉《吴中往哲記》、黄魯曾《往哲續記》、《補遺》原本。惟於標題中刊去往哲二字，易以故實二字，蓋書賈剷舊版，改易新名以售欺者也。」〇按：《浙江省第四次鮑士恭呈送書目》：「《吴中古實》二十四卷，明楊循吉著，二本。」《浙江採集遺書總録》：「《吴中故寔》二十四卷，刊本，明主事吳郡楊循吉撰。」此與《存目》名相近，而分卷懸殊，觀其篇幅僅寥寥二册，疑亦《吳中往哲記》及《續記》、《補遺》之改版刷印本。録此備考。○南京圖書館藏明徐執菴刻本，僅《續吳中故實記》一卷，黄魯曾撰，半葉九行，行十八字，白口，左右雙邊。

掾曹名臣録一卷續集一卷　明王瓊撰　**一六〇七**

浙江范懋柱家天一閣藏本（總目）。○《浙江省第五次范懋柱家呈送書目》：「《掾曹名臣録》二卷，明王瓊著，二本。」○《浙江採集遺書總録》：「《掾曹名臣録》一卷，寫本，明王鴻儒撰。」○中國科學院圖書館藏明刻本，僅《掾曹名臣録》一卷一册，首正德九年王凝齋序，次《掾曹名臣爵里》，次正文，前後相屬，均不另起一葉。半葉十行，行十八字，白口，左右雙邊。版心有刻工：顧敬、玄、龙、柯、文、子。《存目叢書》據以影印。○明刻《廣百川學海》甲集本，作《掾曹名臣録》一卷，王鴻儒撰。北圖分館、遼圖、浙圖等藏。○明萬曆十八年刻《煙霞小説》本，作《掾曹名臣録》一卷，明王鴻儒撰。北圖、吉大藏。○明刻清順治三年宛委山堂印《説郛續》本，作《掾曹名臣録》，王鴻儒撰。○按：是書未題撰人，唯前有自序云「正德癸酉（八年）予承乏南京户部侍郎，抵任來幾……因録我朝名士出於掾曹至顯宦者數人爲一卷」云云，末署「正德九年歲在甲戌夏六月望日王凝齋序」。考焦竑《獻徵録》卷三十一載朱睦㮮《南京户部尚書王公鴻儒傳》：王鴻儒字懋學，南陽人，以正德七年復起爲南京户部右侍郎，著有《凝齋集》若干卷。黄虞稷《千頃堂書目》著録「王鴻儒《凝齋集》九卷又《别集》二卷」。《明史·藝文志》著録「王鴻儒《凝齋集》九卷」。知王凝齋即王鴻儒之别號無疑，而其歷官與自序亦合。又《千頃堂書目》、《明史·藝文志》均著録「王鴻儒《掾曹名臣録》一卷」，未有王瓊此書，知確係王鴻儒撰。《范懋柱家呈送書目》及《四庫提要》作王瓊撰，是誤認王凝齋爲王瓊之别號。周中孚《鄭堂讀書記》云「(王)瓊字德華，號凝齋」，亦沿《提要》之誤。又按：《鄭堂讀書記》謂《煙霞小説》本所録劉敏至李質凡十三人。則一卷本所録與《存目》合，唯不分正、續集耳。

一六〇八

蘇材小纂六卷　明祝允明撰

户部尚書王際華家藏本(總目)。〇北京圖書館藏明鈔本，作《成化間蘇材小纂》四卷，一册。半葉十行，行二十字，白口，左右雙邊。前有自序。卷内鈐「歸有光印」、「虞山錢曾遵王藏書」、「毛裦」、「華伯」、「常熟翁同龢藏本」、「長生安樂翁同龢印」、「均齋祕笈」、「同龢珍祕」、「翁斌孫印」等印記。卷尾有翁同龢手跋：「此册龢年十五時以百錢得於靈宫殿前書攤，當時以爲主寶。今三十年矣，兒嬉侍奉之日邈不可再，哀哉，鮮民不如無生。光緒元年六月十一日病暑初起，翁同龢。」按：此四卷本内容與《存目》六卷本合。《存目叢書》據以影印。〇原北平圖書館藏明鈔本，作《成化間蘇材小纂》四卷，一册。半葉九行，行二十字，藍格，白棉紙。有弘治元年自序。卷内鈐「四明盧氏抱經樓藏書印」印記。傅增湘《藏園訂補郘亭書目》、王重民《善本提要補編》著録。王重民曰：「是書今有《金聲玉振集》本，持與校對，此本自『女憲纂高氏』以後闕，當佚去末兩葉或三葉。」按：是本現存臺北「故宫博物院」。〇明嘉靖二十九年至三十年袁氏嘉趣堂刻《金聲玉振集》本，作《蘇材小纂》一卷。北圖、上圖、南圖等藏。按：《存目》所據爲王際華家藏本，檢《總裁王交出書目》無是書名,唯載《金聲玉振》十本。則《存目》當即據《金聲玉振集》著録,未知何以作六卷。《千頃堂書目》亦作《蘇材小纂》六卷。

莆陽文獻十三卷列傳七十五卷　明鄭岳編　黄起龍重訂　一六〇九

福建巡撫採進本(總目)。〇《福建省呈送第六次書目》:「《莆陽文獻》。」〇《兩江第二次書目》:「《莆陽文獻》,明鄭岳輯,抄本,八本。」〇《浙江省第五次范懋柱家呈送書目》:「《莆陽文獻》六本。」〇《浙江採集遺書總録》:「《莆陽文獻》六册,《千頃堂書目》作七十五卷,刊本,明莆田鄭岳輯。」〇北京圖書館藏明嘉靖刻本,存七十九卷六册,缺《列傳》卷一至八。半葉十行,行二十字,白口,四周雙邊。〇吉林大學藏明萬曆四十四年黄起龍重刻本,題「兵部左侍郎山齋鄭岳編定,南京吏科給事中後學黄起龍重校梓」。半葉十行,行二十字,白口,四周雙邊。封面刻「莆陽文獻集」、「東里恬養軒藏版」。前有萬曆四十四年侯清《重修莆陽文獻序》,嘉靖三年甲申林俊序,嘉靖四年鄭岳序,萬曆四十四年黄起龍《重刻莆陽文獻後序》。黄起龍序末署「恬養軒」,與封面相應。版心刻工:王子蟾。《存目叢書》據以影印。北圖、南圖、臺灣「中央圖書館」等亦藏是刻。

東嘉先哲録二十卷　明王朝佐撰　一六一〇

浙江鮑士恭家藏本(總目)。〇《浙江省第四次鮑士恭呈送書目》:「《永嘉先哲録》二十卷,明王朝佐編,四本。」〇《浙江採集遺書總録》:「《永嘉先哲録》二十卷,刊本,明員外郎王朝佐輯。」〇杭州大學藏清影明鈔本,題「後學王朝佐編」。半葉十行,行二十字,無格。前有正德元年丙寅季冬瑞安季斆序，謂南京虞部員外郎平陽王君廷望彙輯《東嘉先哲録》捐俸鍥梓。又正德二年丁卯正月既望樂安鄒暘《題東嘉先哲録後》。卷内鈐「瑞安孫仲容珍藏書畫文籍之印」、「瑞安孫仲容斠讀六部群書之印」等印記。有孫詒讓手校。《存目叢書》據以影印。

國寶新編一卷　明顧璘撰　　　　　**一六一一**

浙江巡撫採進本（總目）。○臺灣「中央圖書館」藏明嘉靖十六年吴郡袁褧刻本，半葉九行，行十六字，白口，四周單邊。前有嘉靖十五年丙申季冬之閏望日姑蘇袁褧序，嘉靖十五年丙申陽月朔旦姑蘇顧璘自序。後有嘉靖十六年丁酉穀旦吴郡袁褧跋云：「東橋顧公撰《新編》，寄吴門，俾梓以傳。」又嘉靖十七年戊戌夏五月湖廣按察司僉事鄞陳束跋。卷内鈐「吴興劉氏嘉業堂藏書記」朱文長方印（參該館《善本書志初稿》、《善本序跋集録》）。原北平圖書館藏明嘉靖刻本，附《全集》後，行款、序跋同前本，當即一版，趙萬里《北平圖書館善本書志》、王重民《善本提要補編》著録。其本現存臺北「故宫博物院」。○明嘉靖十八年至二十年顧元慶大石山房刻《顧氏明朝四十家小説》本，半葉十行，行十八字，白口，左右雙邊。北圖、上圖、福建省圖、厦門大學藏。○明嘉靖二十九年至三十年吴郡袁褧嘉趣堂刻《金聲玉振集》本，半葉十行，行十八字，白口，左右雙邊。北圖、上圖、南圖等藏。○明萬曆四十五年陽羨陳于廷刻《紀録彙編》本，北圖、北大、上圖等藏。民國二十七年商務印書館影印陳于廷刻《紀録彙編》本。民國二十六年商務印書館據《紀録彙編》本影印，收入《叢書集成初編》。○明刻清順治三年宛委山堂印《説郛續》本。○清據《説郛》、《説郛續》版重編印《五朝小説》本,上圖、南圖、南大、山東大學藏。○清宣統上海國學扶輪社排印《顧氏明朝四十家小説》本。○民國三年古今圖書局石印《顧氏明朝四十家小説》本。○民國十五年上海掃葉山房石印《五朝小説大觀》本。

一六一二

春秋列傳五卷　明劉節撰

副都御史黄登賢家藏本(總目)。○《都察院副都御史黄交出書目》:「《春秋列傳》,明劉節,四本。」○《浙江省第三次書目》:「《春秋列傳》五卷,明劉節著,八本。」○《浙江採集遺書總録》:「《春秋列傳》五卷,一作八卷,刊本,明兵部侍郎大庾劉節輯。」○《山東巡撫第二次呈進書目》:「《春秋列傳》四本。」○北京大學圖書館藏明刻本,題「大庾劉節介夫重編,蘄水周瑯校」。半葉十行,行二十字或二十一字,白口,四周單邊。前有賜進士出身南京禮科給事中貴谿丘九仞序,無年月。卷内鈐「麐嘉館印」、「木犀軒藏書」等印,李盛鐸故物。按:據《獻徵録》卷四十六黄佐《劉公節神道碑》,劉節明弘治十八年進士,嘉靖十一年晋刑部右侍郎,嘉靖十二年以事疏乞致仕,詔從之,時年五十八。歸後「立義館,延塾師,以訓族。構書院,貯群籍,以授徒」。至嘉靖三十四年乙卯去世,年八十。此書蓋致仕後所輯。周瑯、丘九仞皆正德十六年進士。丘序有「則公將晋陟大廷,左右承弼,以自効夫股肱耳目之力,將亦有考於斯」之語,亦可知劉節時已辭官。然則是本付梓當在嘉靖十二年至三十四年之間。《存目叢書》據以影印。北圖、上圖、臺灣「中央圖書館」等亦藏是刻。○北京大學藏明刻本,半葉十行,行二十字,白口,四周單邊。○明萬曆七年真定府趙州知州屠安民等捐資刻本，分八卷。卷一題「錫山錢普以德校閲，關中劉士忠純卿同校」。半葉九行，行二十一字，白口，左右雙邊。前有丘九仞序，萬曆七年劉士忠《重刻春秋列傳序》。後有萬曆七年己卯屠安民跋。劉序云：「郡伯少虚錢公，雅崇文教，謂是書關世道，裨勸懲，謀於余刻之郡齋。乃趙守屠君業已與三五令長捐俸翻雕。殺青甫竟，問序於余。」臺灣「中央圖書館」《善本書志初稿》著録此刻兩部，其一鈐「積學齋徐乃昌藏書」印，其一鈐「吳重熹印」、「中懌」、「石蓮闇所藏書」等印記。《中國古籍善本書目》著録「明萬曆七年錢普、趙士忠等刻本」，亦即是刻，上圖、吉林大學、甘肅省圖藏。○明萬曆十三年大梁書院刻本，分八卷。題「大庾劉節介夫重編，關中劉士忠純卿校閲」。半葉九行，行二十一字，白口，四周單邊。版心記刻工：一科、譚坤、一選、潘宗貴、李一德、劉一魁、子仁、陳士隆、譚秀等。前有萬曆十三年乙酉臘日河南巡撫關中劉士忠序云：「顧舊本多漫漶，且傳示弗廣，無以徵往範來，余私心憾焉。會學憲趙君校士之暇，念此書有裨勸懲風教，請於余，刻之大梁書院，與中州學士大夫共。余應之曰唯唯。鳩工翻雕。」後有提督學校河南按察司僉事東萊見田趙燿跋。卷八末列同校王見賓等十一人。臺灣「中央圖書館」《善本書志初稿》著録是刻兩部。北大、杭大亦藏是刻。按：此係據趙州本重刻，前後相去六載，而劉士忠序稱「舊本多漫漶」，明人刻書多作此語，未可信以爲真也。○明萬曆三十六年廬州守潘榛刻本，作《增釋春秋列傳》五卷，題「大庾劉節介夫纂輯，嶧山潘榛茂昆校定」。半葉十行，行二十字，白口，左右雙邊。前有萬曆三十六年潘榛序云：「余於是更爲繕寫，再命殺青。且呼生儒詳其姓氏，第其年次，間爲之解，以便初學。梓既成，視昔頗易讀易曉。」又萬曆三十六年合肥竇子偁序。後有萬曆三十六年郡訓桐城方學御跋。前有凡例，題「廬州府儒學訓導桐城方學御、生員董守訓、張復銘參閲」。卷五末記寫工：「金陵徐應標、徐應選同寫。」臺灣「中央圖書館」《善本書志初稿》著録是刻兩部。山東省圖、福建省圖、重慶市圖亦藏是刻。○明刻本十卷，半葉八行，行十八字，白口，四周單邊。清華、江西省圖、湖北襄陽地區圖書館藏。

備遺録一卷　明張芹撰　一六一三

浙江范懋柱家天一閣藏本（總目）。○《浙江省第五次范懋柱家呈送書目》：「《備遺録》一卷，明張芹輯，一本。」○《浙江採集遺書總録》：「《革除備遺録》一册，寫本，明御史新淦張芹撰。」○《兩淮鹽政李續呈送書目》：「《備遺録》一卷，明張芹，一本。」○明嘉靖二十三年陸楫儼山書院雲山書院刻《古今説海》本，明張芹撰，姜南續增。半葉八行，行十六字，白口，左右雙邊。北圖、上圖、南圖等藏。○清道光元年邵氏酉山堂刻《古今説海》本，北圖、南圖、復旦等藏。○清宣統元年上海集成圖書公司排印《古今説海》本。○民國四年上海進步書局石印《古今説海》本。○明刻《歷代小史》本，中國社科院文學所、考古所、南圖、南大藏。民國二十九年商務印書館影印明刻《歷代小史》本。○明刻《廣百川學海》本，北圖、南圖、浙圖等藏。○北京圖書館藏清初曹氏倦圃鈔本，半葉八行，行十六字，白口，四周單邊。○明刻清順治三年宛委山堂印《説郛續》本。○清嘉慶十八年虞山張海鵬刻本，收入《借月山房彙鈔》第六集，浙圖、中科院圖書館藏。又收入《澤古齋重鈔》第六集，北圖分館、中科院圖書館、南圖、河南省圖藏。民國九年上海博古齋影印張氏刻《借月山房彙鈔》本。〇清光緒九年山陰宋澤元刻《勝朝遺事》本。〇民國四年南昌刻《明人小史》八種本,《豫章叢書》之一,有胡思敬《校勘記》附後。〇民國四年上海文明書局石印《説庫》本。〇民國二十八年商務印書館據《古今説海》本排印,收入《叢書集成初編》。〇清道光十一年六安晁氏木活字印《學海類編》本,作《建文忠節録》一卷。北圖、上圖等藏。民國九年商務印書館影印晁氏木活字《學海類編》本。

按:《提要》云原書目列四十六人,《學海類編》本目次不同,且有七十人之多。

拾遺書一卷　明林塾撰　　**一六一四**

浙江范懋柱家天一閣藏本(總目)。〇《浙江省第五次范懋柱家呈送書目》:「《拾遺書》一卷,明林塾著,一本。」〇《浙江採集遺書總録》:「《拾遺書》一册,寫本,明蒲陽林塾輯。」

台學源流七卷　明金賁亨撰　　**一六一五**

浙江巡撫採進本(總目)。〇《浙江省第七次呈送書目》:「《台學源流》七卷,明金一所著,一本。」〇《浙江採集遺書總録》:「《台學源流》七卷,寫本,明提學副使臨海金賁亨撰。」〇上海圖書館藏清同治金文煒刻本,題「臨海金賁亨撰」。半葉十行,行二十字,白口,左右雙邊。版心下刻「裔孫文煒重梓」。前有總目、自序。末有缺葉。《存目叢書》據以影印。按:南京大學有同治八年已巳裔孫文煒刻本七卷一册,當即同版。唯上圖藏本佚去序跋。《兩浙著述考》云:「此書有同治九年台守劉璈刊本,璈並有跋。」是否即金文煒本,不得而知。又上圖有道光間金文煒重刻同治八年善會補版本二册，當亦與同治己巳本同版，未見。均録此備考。○清嘉慶道光間臨海宋氏刻《台州叢書》乙集本（見《中國叢書綜録》）。按：傳世《台州叢書》多無此種，待訪。

新安學系録十六卷　明程曈撰　**一六一六**

安徽巡撫採進本（總目）。○《安徽省呈送書目》：「《新安學繫録》二本。」○泰州圖書館藏明正德程啓刻清康熙三十五年緑蔭園重修本，題「鄉後學程曈編輯，程啓校刻」。半葉十三行，行二十三字，白口，四周單邊。前有正德三年戊辰程曈序，康熙三十五年丙子吴日慎序，康熙三十五年族孫應鵾跋。康熙二跋字體不同，顯係後加。其餘則正德舊版。程曈序末葉版心有「緑蔭園」三字，程應鵾跋版心亦有此三字，但字體迥異。程曈序係正德舊版。疑「緑蔭園」爲程氏傳家堂號。蓋刊版在正德三年，康熙三十五年修補刷印。《存目叢書》據以影印。北圖、安徽博物館亦有是刻。民國二十一年《安徽叢書》第一期亦據此刻影印。

二科志一卷　明閻秀卿撰　**一六一七**

江蘇巡撫採進本（總目）。○明嘉靖十八年至二十年顧元慶大石山房刻《顧氏明朝四十家小説》本，作《吴郡二科志》一卷，半葉十行，行十八字，白口，左右雙邊。北圖、上圖、福建省圖、厦門大學藏。《存目叢書》據上圖藏本影印。○清宣統國學扶輪社排印《顧氏明朝四十家小説》本。○民國三年古今圖書局石印《顧氏明朝四十家小説》本。○明萬曆四十五年陽羡陳于廷刻《紀録彙編》本，作《吴郡二科志》一卷，北圖、上圖等藏。民國二十七年商務印書館影印陳于廷刻《紀録彙編》本。民國二十六年商務印書館據《紀録彙編》本影印，收入《叢書集成初編》。○明崇禎三年淮南李衡刻《璅探》本，作《二科志》一卷，半葉九行，行二十字，白口，四周單邊。北圖藏。

明璫彰癉録一卷　明顧爾邁撰　一六一八

兩淮鹽政採進本（總目）。○《兩淮鹽政李續呈送書目》：「《明璫彰癉録》一卷，明顧爾邁，一本。」○揚州圖書館藏清鈔本，題「淮南野史氏顧爾邁編輯」。半葉九行，行二十字。首葉上方鈐有「翰林院印」滿漢文大官印。《存目叢書》據以影印。謝國楨《江浙訪書記》著録此本，云「是書爲朱絲欄明鈔，清乾隆間兩淮鹽政進呈四庫底本」。則原書書衣有乾隆三十八年兩淮鹽政李質穎進書木記。余僅見複印本，未見原件。○上海圖書館藏鈔本二册。○中央民大藏鈔本。

革朝遺忠録二卷　明郁衮撰　一六一九

浙江范懋柱家天一閣藏本（總目）。○《浙江省第五次范懋柱家呈送書目》：「《革朝遺忠録》二卷，明郁衮輯，一本。」○《浙江採集遺書總録》：「《革朝遺忠録》二卷，刊本，明嘉興郁衮輯。」○臺灣「中央圖書館」藏明嘉靖四年清江敖英刻本，作《革朝遺忠録》二卷《續録》一卷。題「檇李郁衮編輯，高廪校正」。半葉十二行，行二十三字，大黑口，四周單邊。前有正德丙子張芹《備遺録引》，正德庚辰黄佐《革除遺事序》，嘉靖四年乙酉閏十二月後學清江敖英《備遺續録序》。卷内張芹《備遺録引》首葉鈐「翰林院印」滿漢文大官印，書衣有「乾隆三十八年十一月浙江巡撫三寶送到范懋柱家藏遺忠録壹部計書壹本」長方木記。即《存目》所據天一閣進呈原本。卷内又鈐「范伯子子受」白文方印,係范欽之子范大沖(字子受)印鑒。又鈐「趙弌」、「趙弌不窮」等印記。扉葉有趙弌手跋:「誰説蘭州無好書。因事清晨赴山子石訪趙記書鋪,主人於其庽所於亂書堆中得此册——天一閣藏本明刻《遺忠録》(有四庫館藏及翰林院印)。索伍佰圓,未還價購之。先此曾見《許鍾斗集》(山東崔氏藏本)、《忠獻別録》、《國初禮賢録》、《龍川別志》、《三體摭韻》(以上四書皆范氏藏本)等五種四庫底本。不爲不多矣。琴城趙弌。卅三年八月廿八。去年今日乃全家到蘭之第三天。」又趙弌録《四庫提要》一則,又録進書木記。又秦翰才手跋。淡江大學蔡琳堂君以書影相貽,又臺灣「中央圖書館」《善本書志初稿》著録,因獲知其詳。《中國古籍善本書目》亦著録「嘉靖四年敖英刻本」,上圖、蘇州市圖藏。嘗見蘇州藏本,行款版式同臺灣「中央圖書館」藏本,但序跋全無。按:黄佐《革除遺事》六卷、張芹《備遺録》一卷,均見《四庫存目》,又見《千頃堂書目》,其序自是各爲其書,與本書無關。敖英序題「備遺續録序」,内云「録刻十餘年矣,乃今始得我司空燕泉何公《續録》十有五人」,考《明史·藝文志》有「何孟春《續備遺録》一卷」,即其書也。何孟春《續備遺録》蓋爲續張芹《備遺録》而作。然則敖英此序實亦並非爲本書而作。此義《提要》已先發之,然言之未詳,故更爲申明。然則,諸家據敖英序中「屬英校刻焉」之語,定此本爲嘉靖四年敖英刻本,顯係錯誤。又是書有附録一卷,共録二十人,臺灣「中央圖書館」亦據敖英序定爲「何燕泉續」,實則敖序明言何燕泉「《續録》十有五人」,與此二十人之數不合,知此附録一卷亦與何孟春《續備遺録》並非一書,定爲「何燕泉續」亦不妥。

別本革朝遺忠録二卷　不著撰人名氏　一六二〇

兩江總督採進本（總目）。○《提要》云：「題青州府知府杜思子睿重刻。」又云：「以郁袞本校之，則此録實郁袞書。惟袞於各傳後附以贊語，而此本有傳無贊爲稍變其例。又書首冠以張芹《備遺録》、黄佐《革除遺事》、敖英《備遺續録》序三篇，皆與書不相應。世別有高廪刊本，卷首亦有三序，與此正同。」按：高廪刊本即前條所謂嘉靖四年敖英刻本，卷端題「高廪校正」。其刊刻自在嘉靖四年以後。書經范大沖鈐記，則橅印亦不晚於萬曆中葉。○南京圖書館藏明嘉靖杜思刻本，作《革朝遺忠録》二卷附録一卷。題「青州府知府四明杜思子睿重刻，後學薛晨子熙校正」。半葉十行，行十三字，白口，左右雙邊。前有正德庚辰黄佐《革除遺事序》，嘉靖乙酉敖英《備遺續録序》，皆非爲此書作。版心刻工：何祥、孫訓、顧言、吴中、章掖、何應芳、吾儒、張電、章仁、黄周言、章松、夏文祥、馮校、章循、文祥、林召祖、王龙、章安、袁宏等。卷内鈐「錢唐丁氏藏書」、「八千卷樓」、「四庫坿存」等印。有某氏批校。《存目叢書》據以影印。北圖亦藏是刻。○古閩黄燀如據杜思刻本鈔本，北師大藏。

群忠録二卷　明唐龍撰　一六二一

浙江汪啟淑家藏本（總目）。○《浙江省第四次汪啟淑家呈送書目》：「《群忠録》二卷，明唐龍著，二本。」○《浙江採集遺書總録》：「《群忠録》二卷，刊本，明蘭谿唐龍輯。」

崑山人物志十卷　明方鵬撰　一六二二

浙江巡撫採進本（總目）。○《浙江省第四次汪啟淑家呈送書目》：「《崑山人物志》十卷，明方鵬著,一本。」○《浙江採集遺書總録》:「《崑山人物志》十卷,刊本,明邑人方鵬撰。」○臺灣「中央圖書館」藏明嘉靖刻本,半葉十一行,行二十字,白口,左右雙邊。前有嘉靖十年辛卯六月方鵬序。後有嘉靖十五年丙申四月二日邑後學顧夢圭跋。卷内鈐「吴郡張紹仁學安氏印」、「執經堂印」、「希古右文」、「紹仁之印」、「訒盦」、「長洲張氏執經堂藏」、「學安」、「郁松年印」、「泰峯」、「田耕堂藏」等印記。書凡二册。乙亥歲梢觀。

名臣言行録前集十二卷後集十二卷　明徐咸撰　一六二三

浙江范懋柱家天一閣藏本(總目)。○《浙江採集遺書總録》:「《皇明名臣言行録前集》十二卷,刊本,明海鹽徐咸輯。」○上海圖書館藏明嘉靖二十八年施漸刻本,作《皇明名臣言行録前集》十二卷《後集》十二卷,題「海鹽徐咸重纂,海鹽鄭曉校正,無錫施漸校刊」。半葉十二行,行二十三字,白口,四周單邊。前有嘉靖二十年辛丑魏有本《皇朝名臣言行録重刊序》,嘉靖二十八年己酉徐咸《皇朝名臣言行録重刊序》。《後集》末有嘉靖十年辛卯冬鄭曉跋。卷内鈐「容駟堂」、「孫祖基印」、「玉鑑堂」等印記。《存目叢書》據以影印。又有《續集》八卷,則嘉靖三十九年侯東萊刊版,題「海濱逸老徐咸編集,海鹽逸史仇俊卿校正」,有嘉靖三十九年侯東萊序,三十九年何思跋,三十九年自跋。《存目叢書》未收。南圖、黑龍江大學均藏是刻,前後續三集合印。南圖另藏一部,海鹽馬玉堂漢唐齋、錢塘丁氏八千卷樓舊藏,鈐有「漢唐齋」、「古鹽馬氏笏齋珍藏之印」等印記。《善本書室藏書志》著録。○明嘉靖廣西臬臺刻三十二年王宗沐增刻本,作《皇明名臣言行録》十四卷,半葉十二行,行二十三字。原北平圖書館藏。王重民曰：「是書始撰於楊廉，凡四卷，五十五人。咸增十六人，别補四十八人，後又增補二十五人，在海鹽刊爲前、後集，各十二卷。海鹽本以前，傳目無定數，廣西臯臺刻本凡百人十二卷，王宗沐至廣西，較以海鹽本，得多四十三人（應多四十四人，想宗沐有誤），續於卷十二之後，爲卷第十三、第十四，即此本是也。」（《善本提要補編》）按：此本現存臺北「故宫博物院」。

一六二四　毘陵忠義祠録四卷附録一卷　明葉夔撰

江蘇巡撫採進本（總目）。○《江蘇省第二次書目》：「《毘陵忠義祠録》二本。」○《江蘇採輯遺書目録》：「《毘陵忠義祠録》四卷《附録》一卷，明常州諸生葉夔著，刊本。」○上海圖書館藏清鈔本，題「郡諸生葉夔編」。半葉十行，行十九字，無格。前有正德甲戌十二月既望邵寶序，正德五年三月朔胡華序，嘉靖七年二月既望秦金《重刊毘陵忠義祠録序》，正德乙亥侯位跋。邊貢題後。嘉靖七年三月冷宗元書後。附録文二篇。卷内鈐「埽葉山房」、「鐘煜校正」印記。《存目叢書》據以影印。

一六二五　毘陵人品記四卷　明葉夔撰　葉金、毛憲續

浙江范懋柱家天一閣藏本（總目）。○《浙江省第五次范懋柱家呈送書目》：「《毘陵人品記》四卷，明葉夔撰，子金及毛憲續成，二本。」○《浙江採集遺書總録》：「《毘陵人品記》四卷，刊本，明給事中毛憲、紹興通判葉金同輯。」○《提要》云：「金，字誠齋，刻是書時官紹興府通判。」又云「嘉靖壬寅刻」。按：嘉靖二十一年壬寅刻本未見。萬曆四十六年吴亮據以增修爲十卷，亦入《存目》，尚有傳本，詳見該條。

毘陵正學編一卷　明毛憲撰　一六二六

兩江總督採進本(總目)。○山東大學藏明嘉靖四十一年毛訢刻《古菴毛先生文集》附本，題「後學古菴毛憲著」。半葉十行，行二十字，白口，左右雙邊。白棉紙。《存目叢書》據以影印。青島博物館、臺灣「中央圖書館」亦藏是刻。○民國三十八年毘陵文獻徵存社鉛印本，《毛古菴先生全集》之一，東北師大、上圖藏。

名臣像圖一卷　明吴守大撰　一六二七

浙江鄭大節家藏本(總目)。○《浙江省第五次鄭大節呈送書目》：「《皇明名臣像圖》，明吴大有著，一本。」○《浙江採集遺書總録》：「《皇明名臣像圖》一册，刊本，明崐山吴大有撰。」○按：崑山吴大有，弘治九年進士，官湖廣參政。弘治十七年嘗刻宋陳思《古賢小字録》一卷。《提要》云「書成於正德丙子」，又云「其書刻於廣西」。疑《總目》「吴守大」當作「吴大有」。

畜德録一卷　明陳沂撰　一六二八

浙江范懋柱家天一閣藏本(總目)。○陝西圖書館藏明鈔《國朝典故》本，在卷五十一，題「鄞陳沂魯南」。半葉十行，行二十二字。末有嘉靖十一年十月陳沂跋。《存目叢書》據以影印。○上海圖書館藏明鈔《國朝典故》本。○北京圖書館藏明鈔《國朝典故》本，半葉九行，行十八字或二十字，藍格，白口，四周單邊。○明萬曆鄧士龍江西刻《國朝典故》本，半葉十行，行二十字，白口，四周單邊。

北大、南圖、臺灣「中央圖書館」藏。○明刻《類編古今名賢彙語》本，半葉十行，行二十三字，白口，四周單邊。北圖、北大藏。○明刻《今賢彙説》本，半葉十行，行二十三字，白口，四周單邊。北圖藏。○明萬曆四十五年陽羨陳于廷刻《紀録彙編》本，北圖、上圖等藏。民國二十七年商務印書館影印陳于廷刻《紀録彙編》本。民國二十五年商務印書館據《紀録彙編》本影印，收入《叢書集成初編》。○明刻清順治三年宛委山堂印《説郛續》本。○北圖分館藏鈔本，附《維禎録》後，張壽鏞舊藏。

劍陽名儒録一卷　明李璧編　**一六二九**

按：此條據清胡虔輯《四庫全書附存目録》補入。○《浙江省第五次范懋柱家呈送書目》：「《劍陽名儒録》二卷，明李璧輯，一本。」○《浙江採集遺書總録》：「《劍陽名儒録》二卷，刊本，明李璧輯。」

廣州人物傳二十四卷　明黄佐撰　**一六三〇**

浙江范懋柱家天一閣藏本（總目）。○《浙江省第五次范懋柱家呈送書目》：「《廣州人物傳》二十四卷，明黄佐著，四本。」○《浙江採集遺書總録》：「《廣州人物傳》二十四卷，刊本，明黄佐撰。」○上海圖書館藏明嘉靖刻本，殘存卷十三至十九。半葉十行，行二十字，白口，左右雙邊。○清道光十一年南海伍氏粵雅堂文字歡娱室刻《嶺南遺書》第一集本，末有道光十一年辛卯伍元薇跋云：「黄廣文香石所藏鈔本殘缺殊甚，爰取粵中志乘悉心讎校，以付梓人。」則所據乃殘舊鈔本，經伍氏校補付刊。《存目叢書》據清華藏本影印。

建寧人物傳四卷　明李默撰　**一六三一**

浙江巡撫採進本(總目)。○《浙江省第六次呈送書目》：「《建寧人物傳》四卷，明李默輯，四本。」○《浙江採集遺書總録》：「《建寧人物傳》四卷，刊本，明雲南提學使郡人李默輯。」○明嘉靖十七年建陽知縣李東光刻本，正文首葉大題下題「建陽縣知縣李東光校刊」小字一行，次行題「郡人李默纂輯」。半葉九行，行二十二字，白口，四周雙邊。前有序，北京大學藏本佚去末葉，故無署款。遼寧圖書館藏本此序殘損，但末葉署款尚殘存「嘉靖戊戌秋九月既望賜進士出身福建按察司僉事奉勑整飭建寧兵備」等字，姓名殘去。戊戌即嘉靖十七年。《存目叢書》用北大藏本影印。

紀善録一卷　明杜瓊撰　**一六三二**

浙江范懋柱家天一閣藏本(總目)。○《浙江省第五次范懋柱家呈送書目》：「《紀善録》一卷，明杜瓊著，一本。」○《浙江採集遺書總録》：「《紀善録》一卷，寫本，明杜瓊撰。」○明萬曆十八年刻《煙霞小説》本，半葉十行，行十八字，白口，左右雙邊。北圖、吉林大學藏。○北圖藏明鈔本，題「吴門杜璚」。半葉十行，行十七字，白口，四周雙邊。無序跋。此與《山房隨筆》合一册，《山房隨筆》末有「癸丑初夏校畢」識語一行。《存目叢書》據以影印。○天津圖書館藏清鈔本。○北圖藏清吴氏金竹山房鈔本一册。半葉八行，行二十一字，無格。○南京圖書館藏清鈔本一册，八千卷樓故物，丁丙《善本書室藏書志》卷九著録，云有「汪魚亭藏閲書」印。○上海圖書館藏清乾隆三十三年魚元傳鈔本(見《中國古籍善本書目》徵求意見稿)。○南京圖書館藏清海昌許焞家鈔《説部新書》本,在第十册。○民國元年上海國粹學報社排印《古學彙刊》第二集本。

三家世典一卷　明郭勛撰　一六三三

左都御史張若淮家藏本(總目)。○《總裁張交出書目》:「《國朝典故》十本。」按:此書當在其中。○《浙江省第五次范懋柱家呈送書目》:「《三家世典》一卷,明郭勛著,一本。」○《浙江採集遺書總録》:「《三家世典》一册,寫本,明武定侯臨淮郭勛撰。」○北京大學藏明鈔本兩部。《藏園群書經眼録》著録明藍格寫本,半葉十行,行二十二字,云係天一閣佚出之書。未知與北大藏兩明鈔本異同,録此備考。○陝西省圖書館藏明鈔《國朝典故》本,在卷四十三。半葉十行,行二十四字。《存目叢書》據以影印。○上海圖書館藏明鈔《國朝典故》本。○北京圖書館藏明鈔《國朝典故》本,半葉九行,行十八或二十餘字,白口,四周單邊。○北圖又藏明鈔《國朝典故》本,半葉十行,行二十字,藍格,白口,四周雙邊。○臺灣「中央圖書館」藏明鈔《國朝典故》本,半葉十行,行二十五字,藍格,白口,四周單邊。○明萬曆間鄧士龍江西刻《國朝典故》本,半葉十行,行二十字,白口,四周單邊。北大、南圖、臺灣「中央圖書館」藏。○中國科學院圖書館藏清鈔本。

淮郡文獻志二十六卷補遺一卷　明潘塤撰　一六三四

兩淮馬裕家藏本(總目)。○北京圖書館藏明嘉靖三十四年刻本,半葉十行,行十八字,白口,左右雙邊。序目缺。《凡例》首葉鈐「山陽丁晏藏書」朱文方印。北圖又有鄭振鐸舊藏本,僅存序目一册，鈐有「長樂鄭振鐸西諦藏書」行書朱文印。《存目叢書》用兩本配齊影印。南圖藏是刻，有破損漫漶，有鈔配，清潘亮彝手跋。北京師大、中國社科院文學所亦藏是刻。

祥符鄉賢傳八卷　明李濂撰　**一六三五**

兩淮鹽政採進本（總目）。〇《兩淮鹽政李續呈送書目》：「《祥符鄉賢傳》八卷，明李濂，二本。」

祥符文獻志十七卷　明李濂撰　**一六三六**

兩淮鹽政採進本（總目）。〇《兩淮鹽政李續呈送書目》：「《祥符文獻志》十七卷，明李濂，六本。」〇天一閣文管所藏明嘉靖二十四年刻本，作《國朝祥符文獻志》十七卷，其中卷十三卷十四佚去。半葉九行，行十八字，白口，四周單邊。蟲蛀殘破。

金華先民傳十卷　明應廷育撰　**一六三七**

浙江巡撫採進本（總目）。〇《浙江省第一次書目》：「《金華先民傳》十卷，明應廷育著，四本。」〇《浙江採集遺書總録》：「《金華先民傳》十卷，寫本，明福建僉事應廷育撰。」〇《藏園群書經眼録》著録「明寫本，九行二十四字。前有嘉靖戊午永康應廷育仁卿自序，次引用書目。鈐有『餘姚黄氏石庫藏書記』白、『朱昆田曾觀是書大略』朱，又唐鴻學百川藏印三方。邃雅齋見，乙亥正月」。〇中央民族大學藏清鈔本，半葉九行，行二十字，無格。前有嘉靖三十七年戊午自序。卷内鈐「四明盧氏抱經樓藏書印」、「吴原精校」、「夢選廔胡氏宗楙藏」等印記。原鈔本遇明帝提行，遇清諱玄、燁、弘、曆、胤等均不缺筆，蓋猶明鈔本。書眉有吴源工楷校語，以卷八吴文秀條「吴源謹注」云云及

「吴原精校」印記知之。凡清諱均改缺筆，或弘改宏，玄改元。又虜字改敵或金。又卷四申徒大防條有「楙按」云云。卷六末有行書三行：「周鑑抄，計共抄八十六張，共二萬六千九百八十九字。已補，已填清。」知係胡宗楙刻《續金華叢書》本所據原本。《存目叢書》據以影印。〇南京圖書館藏清鈔本，殘存卷一至卷三兩册，鈐有「汪魚亭藏閲書」印記，丁丙《善本書室藏書志》著録。〇民國十三年永康胡氏夢選廔刻《續金華叢書》本。

國琛集二卷　明唐樞撰　一六三八

浙江汪啟淑家藏本（總目）。〇《浙江省第四次汪啟淑家呈送書目》：「《國琛集》二卷，國朝唐樞著，四本。」〇《浙江採集遺書總録》：「《國琛集》二卷，刊本，明唐樞撰。」〇山西大學藏明嘉靖隆慶萬曆間刻《木鐘臺集》本。參子部雜家類《木鐘臺集》條。臺灣「中央圖書館」藏嘉靖間原刊本，行款版式及兩序均同，當即是刻單行之本。〇清咸豐六年唐氏書院刻《木鐘臺全集》本，北大、浙圖、中科院圖書館藏。〇明萬曆四十五年陽羡陳于廷刻《紀録彙編》本，北圖、上圖等藏。民國二十七年商務印書館影印陳于廷刻《紀録彙編》本。民國二十六年商務印書館據《紀録彙編》本影印，收入《叢書集成初編》。

閩學源流十六卷　明楊應詔撰　一六三九

兩淮馬裕家藏本（總目）。〇《兩淮商人馬裕家呈送書目》：「《閩學源流》十六卷，明楊應詔，六本。」〇原北平圖書館藏明嘉靖四十三年建安楊氏華陽書院刻本，作《閩南道學源流》十六卷八册。題「建安後學楊應詔纂集」，半葉十一行，行二十四字，白口，左右雙邊。版心書名簡稱「閩學源流」。前有嘉靖四十三年自序云：「序而梓之，以告天下。」卷末有蓮龕雙行牌記：「皇明嘉靖四十三年甲子春刊于建安楊氏華陽書院道宗堂。」卷内鈐「明善堂珍藏書畫印記」、「安樂堂藏書記」、「國立北平圖書館收藏」等印記。是本現存臺北「故宫博物院」。北京圖書館有縮微膠卷，《存目叢書》據以影印。王重民《善本提要補編》、臺灣《中央圖書館善本書目》著録。日本東京内閣文庫亦藏是刻。

道南源委録十二卷　明朱衡撰　一六四〇

浙江巡撫採進本(總目)。○《浙江省第六次呈送書目》：「《道源委録》十二卷，明朱衡輯，六本。」按：書名脱「南」字。○《浙江採集遺書總録》：「《道南源委録》十二卷，刊本，明吏部侍郎萬安朱衡撰。」○福建省圖書館藏明嘉靖刻本，半葉九行，行二十字，白口，左右雙邊。前有明巡按福建監察御史濟南後學李邦珍叙，楊一鶚序。楊序略謂：嘉靖壬戌秋巡臺李公按閩政，首遷建陽黌序，以故址爲大儒書院。既踰年按建州，出一筴示鶚曰此《道南源委録》，今詮部右丞朱鎮山公督閩學時所纂次者也，未鋟梓以擢行。鶚敬承巡臺公之命，以是録梓附大儒書院。據楊一鶚序，知是書爲嘉靖四十二年癸亥建陽大儒書院刻本，楊一鶚董其事。卷末又有庚申門人晉江張天衢叙，門人許天琦叙，嘉靖三十二年癸丑六月莆田縣儒學教諭王翥序，陳□序。卷内鈐「閬堂藏書」朱文方印。《存目叢書》據以影印。○上海圖書館藏清刻本十卷四册。

一六四一 東吴名賢記二卷　明周復俊撰

江蘇巡撫採進本(總目)。○《江蘇省第一次書目》:「《東吴名賢記》一本。」○《江蘇採輯遺書目録》:「《東吴名賢記》二卷,明南京太僕寺卿吴郡周復俊著,刊本。」○吉林大學藏明萬曆二年刻本,題「皇明南京太僕寺卿吴郡後學周復俊輯」。半葉十行,行十八字,白口,左右雙邊。前有萬曆二年自序。卷下末有「萬曆二年孟秋二日邑人金景初寫,唐尹雕」一行。後有萬曆二年張文柱後序。卷内鈐「崐山馬氏」、「萬卷樓藏」二印。《存目叢書》據以影印。臺灣中研院史語所藏是刻,有清王仁俊手跋。○民國二十六年婁東周氏冰壺堂影印《婁東周氏叢刊》本。

一六四二 列卿紀一百六十五卷　明雷禮撰

浙江巡撫採進本(總目)。○《浙江省第四次汪啟淑家呈送書目》:「《國朝列卿記》一百六十五卷,明雷禮著,四十八本。」○《浙江採集遺書總録》:「《國朝列卿紀》一百六十五卷,刊本,明少傅豐城雷禮撰。」○山東省圖書館藏明萬曆徐鑒刻本,作《國朝列卿紀》一百六十五卷。半葉十行,行二十五字,白口,四周雙邊。前有顧起元序云:「侍御徐公……乃删汰正補,反復校梓行之。」次徐鑒序,次雷禮序,次凡例。次《輯校姓氏》:「纂輯:柱國少傅工部尚書雷禮。補次:姪暎、孫條、穀、曾孫文烱。校梓:提督學校監察御史徐鑒。督校:應天府儒學教授黎祖壽、句容縣儒學訓導李進。分校:京庠張儒、傅汝舟、劉岸先、黄應登。」正文卷端題:「柱國少傅兼太子太傅工部尚書豐城雷禮纂輯,提督應安等府學校監察御史同邑徐鑒校梓。」版心刻工寫工:王都寫,王貴刻、陳忠寫、陶仲仁刻、張一鳳、劉汝恩、周祥、刘大、丁文、商祐、刘汝忠、高儒、蕭奉、周德、孫夆、王錦、陶紹、石全、陳楨、張卞、鄧文談、鄧召林、鄧召佩、田文、杜喬、朱荣、毛士遠、傅元、薛洪、刘仕任、高梁、杜加貴、鄧召景、陶見、謝科、高尚武、楊海、張樽、張文言、張文、刘仕仁、陳貞、甘文、胡守志、陶仲信寫、祁文寫、梁華、章弼寫、陶仲禮寫、張尊、李惟守寫。《存目叢書》據以影印。河南省圖、首都師大、臺灣「中央圖書館」亦藏是刻。原北平圖書館藏一帙，現存臺北「故宫博物院」。〇遼寧省圖書館藏明鈔本作《國朝列卿紀》一百六十六卷，殘存卷一至卷三十、卷四十七至卷六十四、卷百五至百二十六、卷百二十九至百六十六共百又八卷。羅振玉跋。〇天津圖書館藏明鈔本，殘存卷三十一至卷四十六、卷百二十七至卷百二十八共八卷。疑即遼圖本之脱佚。

内閣行實二卷　不著撰人名氏　一六四三

兩淮馬裕家藏本（總目）。〇《兩淮商人馬裕家呈送書目》：「《内閣行實》八卷，明雷禮，三本。」〇《浙江省第五次范懋柱家呈送書目》：「《内閣行實》二卷，明雷禮著，二本。」〇《浙江採集遺書總録》：「《内閣行實》二册，寫本，明少傅豐城雷禮撰。」〇《提要》云：「今核其文，與雷禮《列卿紀》中《内閣行實》竝同。蓋書賈取不完之本，改其目録以售欺。」按：《國朝列卿紀》凡例云：「是書八卷至十三卷，司空存日已刻爲《内閣行實》行於世，今仍其卷次梓之。」則《内閣行實》在雷禮生前先已刊行單本，殁後萬曆間始刊入《列卿紀》，編爲卷八至十三。《提要》揣測之辭非也。〇原北平圖書館藏明刻本八卷三册，題「豐城雷禮輯」。半葉十行，行二十四字。卷内鈐「翰林院印」滿漢文大官印。書衣有「乾隆三十八年四月兩淮鹽政李質穎送到馬裕家藏内閣行實壹部計書叁本」長方木記。即馬裕進呈四庫原本。王重民《善本提要補編》著録。上海圖書館藏明刻本八卷，半葉十行，行二十四字，白口，四周單邊。當係同版，即雷禮生前所刊單本也。王重民謂《存目》所據「兩淮馬裕家藏本」即北平圖書館藏明刻八卷本無疑。按：《存目》作二卷，且云不題撰人名氏。而北平本八卷，且明題「豐城雷禮輯」。《提要》舛誤誠多，而尚不至此。檢天一閣進呈目有此書二卷二本，寫本，蓋館臣即據天一閣本撰爲提要，而誤注「兩淮馬裕家藏本」。

一六四四

善行録八卷續録二卷　明張時徹編

内府藏本（總目）。○《武英殿第二次書目》：「《善行録》四本。」○《浙江省第五次范懋柱家呈送書目》：「《善行録》八卷，明張時徹著，二本。」又：「《善行續録》二卷，明張時徹撰，二本。」○《浙江採集遺書總録》：「《善行録》八卷，刊本，明兵部侍郎鄞縣張時徹輯。」又：「《善行續録》二卷，刊本，不署名，以廣前編未備，疑亦時徹所爲。」

一六四五

義烏人物志二卷　明金江撰

浙江范懋柱家天一閣藏本（總目）。○《浙江省第五次范懋柱家呈送書目》：「《義烏人物志》二卷，明金江著，一本。」○《浙江採集遺書總録》：「《義烏人物志》二卷，刊本，明邑人金江輯。」○北京圖書館藏明嘉靖刻本，作《義烏人物記》二卷，題「後學金江著，後學金沙校」。半葉十行，行十九字，白口，四周單邊。前有黄宗明叙，嘉靖十四年仲冬金江引，凡例，目録。卷前有補鈔《四庫提要》一則。

卷内鈐「錢唐丁氏藏書」、「四庫坿存」、「錢唐丁氏正修堂藏書」、「江蘇第一圖書館善本書之印記」等印。《存目叢書》據以影印。○民國十三年永康胡氏夢選廔刻《續金華叢書》本，書名同前本。

濟美録四卷　明鄭燭編　**一六四六**

兵部侍郎紀昀家藏本（總目）。○北京大學藏明嘉靖十四年鄭氏家塾刻本，半葉十行，行二十字，白口，四周單邊。前有嘉靖十四年黄訓序。後有嘉靖十四年鄭燭跋云「刻之家塾」。寫刻頗精。《存目叢書》據以影印。清華、上圖、吉林市圖、臺灣「中央圖書館」亦藏是刻。

逸民傳二卷　舊本題明少元山人皇甫涍撰　**一六四七**

浙江巡撫採進本（總目）。○《浙江省第十一次呈送書目》：「《逸民傳》二卷，明皇甫涍著，一本。」○《浙江採集遺書總録》：「《逸民傳》二卷，寫本，明按察使僉事長洲皇甫涍輯。」○《提要》云：「考《明史·藝文志》載皇甫濂《逸民傳》二卷，《江南通志》亦同，則舊本傳寫誤也。」○余藏《四庫全書附存目録》民國間某氏硃批云：「此書原名《高士傳》，弟濂撰序，見《水部集》卷十九。」○王重民《善本提要》著録美國國會圖書館藏明刻本《逸民傳》二卷二册，題「少玄山人皇甫涍撰，夷白居士鄭烱校，閩晉安格古齋藏板」。半葉九行，行十八字。王氏云：「余檢皇甫濂《水部集》卷十九有《高士傳總序》，稱『逸民之記尚矣』，蓋是書原名《高士傳》，後改《逸民傳》。又云『予兄子安』，子安，皇甫涍字也。然則是書爲涍撰審矣。」○明萬曆刻《夷門廣牘》本，作《逸民傳》二卷。題「少玄山人皇甫涍撰，羅陽山人劉鳳補遺，金陵荆山書林梓行」。北圖、復旦等藏。民國二十九年商務印書館影印萬曆刻《夷門廣牘》本。民國二十五年商務印書館《叢書集成初編》本亦據此刻影印。《存目叢書》據民國二十九年影印本影印。○按：皇甫涍撰有《續高士傳》十卷，明嘉靖中與皇甫謐《高士傳》合刻，北圖有藏，題「少玄山人皇甫涍子安撰」。起孫登，終林逋，與《提要》合。有嘉靖甲申皇甫沖序，黄魯曾後序。館臣謂皇甫濂撰，恐非。又有明姚咨茶夢齋鈔本，上圖藏。此《續高士傳》當係初本，周履靖輯入《夷門廣牘》者名《逸民傳》，且併爲二卷，實即《續高士傳》，末有「周履靖」一條，當係周氏自傳附入者。

元祐黨人碑考一卷　明海瑞撰　一六四八

編修程晉芳家藏本（總目）。○清道光十一年六安晁氏木活字印《學海類編》本，北圖、上圖等藏。民國九年商務印書館影印晁氏木活字《學海類編》本。《存目叢書》又據影印本影印。○清道光二十五年南海伍氏粤雅堂文字歡娱室刻《嶺南遺書》第二集本。○清光緒十二年山陰宋澤元刻本，《懺花盦叢書》之一，北大、上圖等藏。○北圖藏清鈔《雜鈔二十種》本，半葉九行，行二十一字，黑格，白口，四周雙邊。○民國二十八年商務印書館據《嶺南遺書》本排印，收入《叢書集成初編》。

續吴先賢贊十五卷　明劉鳳撰　一六四九

浙江吴玉墀家藏本（總目）。○《浙江省第四次呈玉墀家呈送書目》：「《續吴先賢贊》十五卷，明劉鳳著，四本。」○《浙江採集遺書總録》：「《續吴先賢贊》十五卷，刊本，明按察使僉事沛縣劉鳳輯。」○《江蘇省第一次書目》：「《續吴先賢讚》三本。」○《江蘇採輯遺書目録》：「《續吴先賢贊》十五卷,明沛國劉鳳著,刊本。」〇《浙江省第六次呈送書目》:「《續吴先賢讚》六本。」〇《安徽省呈送書目》:「《續吴先賢讚》六本。」〇《總裁張交出書目》:「《續吴先賢讚》四本。」〇中國科學院圖書館藏明萬曆刻本,作《續吴先賢讚》十五卷,題「沛國劉鳳子威撰」。半葉九行,行十八字,白口,左右雙邊。前有萬曆大淵獻之歲劉鳳序。後有魏學禮序云「余以端蒙大淵獻之歲旅食王都」。知前後兩序均在萬曆三年乙亥。刻工:吴郡劉溥卿刻,長洲劉溥卿刻。《存目叢書》據以影印。北圖、中央民大亦藏是刻。上圖、復旦藏明萬曆刻本,附有劉鳳《續吴録》二卷,行款同,當是同刻。〇明萬曆四十五年陽羡陳于廷刻《紀録彙編》本,北圖、北大、上圖、復旦藏。民國二十七年商務印書館影印明陳于廷刻《紀録彙編》本。民國二十六年商務印書館據《紀録彙編》本影印,收入《叢書集成初編》。

群忠備遺録二卷　明羅汝鑑撰　**一六五〇**

江蘇巡撫採進本(總目)。〇《江蘇省第一次書目》:「《群忠備遺録》一本。」〇《江蘇採輯遺書目録》:「《群忠備遺録》二卷,明新喻羅汝鑑著,刊本。」〇《提要》云:「其書初刻於楚雄,前有嘉靖辛亥自序。後十年庚申,以校讐未精,復增入數人而重刊之,見卷末自識中。」

宋五先生郡邑政績一卷　明李貴撰　**一六五一**

浙江范懋柱家天一閣藏本(總目)。〇《浙江省第五次范懋柱家呈送書目》:「《五先生正跡》,明李貴輯,一本。」〇《浙江採集遺書總録》:「《五先生政跡》一册,刊本,明豐城李貴彙録。」

碩輔寶鑑要覽四卷　明耿定向撰　　**一六五二**

浙江巡撫採進本(總目)。○《浙江省第六次呈送書目》：「《碩輔寶鑑要覽》四卷，明耿定向輯，三本。」○《浙江採集遺書總録》：「《碩輔寶鑑要覽》四卷，刊本，明提學副使黄州耿定向輯。」○清華大學藏明嘉靖刻本，半葉九行，行二十字，白口，四周單邊。前有嘉靖四十五年四川按察司提學副使盧陵胡直序，嘉靖四十四年乙丑耿定向於盧陽公署自序。卷内鈐「江東包氏天禄閣藏書印」、「王嗣奭印」、「右仲」、「盧弼」等印記。《存目叢書》據以影印。徐州圖書館亦藏是刻。○明萬曆七年建安楊肇刻本，半葉九行，行十七字，白口，四周單邊。清華大學藏。王重民《善本提要》著録美國國會圖書館藏「明嘉靖間刻本」，即其行款爲「九行十七字」推測，當是萬曆七年刻本。○上海圖書館藏明鈔本，作《碩輔寶鑑》四卷，殘存卷四。

守令懿範四卷　明蔡國熙撰　　**一六五三**

直隸總督採進本(總目)。○《直隸省呈送書目》：「《守令懿範》二本。」○遼寧圖書館藏明隆慶四年平陽知府劉世昌刻本，題「吴郡守蔡國熙裁定，後學杜偉校正，門人管志道纂輯」。半葉九行，行十九字，白口，左右雙邊。有皇甫汸叙述，隆慶三年己巳自序，嚴誠序，隆慶四年庚午郜永春《刻守令懿範序》，隆慶庚午袁隨《刻守令懿範序》，隆慶四年庚午冬十月平陽府知府劉世昌《刻守令懿範後序》，林奇林跋，隆慶三年徐師曾跋。劉世昌云：「世昌既玩味終篇，犂然有當於心，請刻以傳焉。刻告成，迺諗于衆。」卷内鈐「天一閣」朱文印記。《存目叢書》據以影印。○臺灣「中央圖書館」

藏明隆慶六年張譽、闞成章等重刻本，題「吴郡守永年蔡國熙裁定，仁和令新建張譽、錢塘令長洲闞成章、進賢江和仝刻」。半葉九行，行十九字，白口，四周雙邊。有嚴訥序，隆慶六年壬申十月錢塘陳善序，皇甫汸叙述，蔡國熙序，隆慶三年徐師曾跋，隆慶六年知錢塘縣事門人長洲闞成章重刻後序。闞氏云：「爰謀之仁和尹惺菴張公，共出俸重鋟梓焉。」鈐有「歸安陸樹聲藏書之記」、「瓦缶齋」、「莚圃收藏」等印記(參該館《善本書志初稿》、《善本序跋集録》)。北圖亦藏是刻。〇中國歷史博物館藏明喬廷棟刻本(見《中國古籍善本書目》)。按：《中國歷史博物館古籍善本書目》著録此本云：「明蔡國熙撰，曾如春、梁雲龍等校。明萬曆間王好義重刊本，四册，包背裝。半葉九行十八字，白口，四周雙邊。有明喬廷棟序，梁雲龍後序。」〇濟南市圖書館藏明刻本，明蔡國熙撰，管志道等輯。半葉九行，行十九字，白口，左右雙邊。〇王重民《善本提要》著録美國國會圖書館藏明萬曆刻本，題「大名道副使陳簡校，大名府知府劉廷謨訂，元城縣知縣李炳梓」。半葉九行，行十八字。有陳簡序，喬廷謨序(澤遜按：疑當作喬廷棟序)，梁雲龍後序，萬曆二十五年劉廷謨跋。王氏云：「考喬廷棟巡按陝西，先曾翻刻是書於關中。此簡與廷謨稟承廷棟意旨，再刻於大名者。」據此，則當刻於萬曆二十五年。

一六五四　檇李往哲前編一卷　明戚元佐撰

浙江巡撫採進本(總目)。〇《浙江省第六次呈送書目》：「《檇李往哲初編》一卷，明戚元佐輯，一本。」〇《浙江採集遺書總録》：「《檇李往哲初編》一册，刊本，明尚寶卿戚元佐撰。」〇《江蘇省第一次書目》：「《檇李往哲列傳》一本。」○《江蘇採輯遺書目録》：「《檇李往哲列傳》一册，明尚寶司卿檇李戚元佐著。」○臺灣「中央圖書館」藏清康熙退圃刻本，半葉十行，行二十字，白口，四周單邊。版心下刻「退圃藏板」。前有王世貞序。目録題「檇李往哲列傳目録」。正文首行無書名。版心上題「檇李往哲初編」。卷内鈐「臣庭芬印」、「培蘭一字芷湘」、「管庭芬印」、「培蘭」、「澤存書庫」等印記。乙亥冬梢觀。

一六五五　古今廉鑑八卷　明喬懋敬撰

江蘇巡撫採進本（總目）。○《江蘇省第一次書目》：「《古今廉鑑》二本。」○《浙江省第四次汪啟淑家呈送書目》：「《古今廉鑑》八卷，明喬懋敬著，四本。」○《浙江採集遺書總録》：「《古今廉鑑》八卷，刊本，明松江喬懋敬輯。」○《山東巡撫第二次呈進書目》：「《古今廉鑑》四本。」○浙江圖書館藏明萬曆六年刻本，半葉九行，行十八字，白口，四周雙邊。前有萬曆六年戊寅喬懋敬序。版心下有刻工：南昌胡雲寫，鄒邦達刻、鄒達刻、邹明、邹拜達、翟良文刻、熊堂刻、萬伯成、萬成刻、熊施、邹呉刊、邹傑、熊殿刊。《凡例》末有民國二十三年王修題記：「黄虞稷《千頃堂書目》儒家類喬懋敬《古今廉鑑》八卷，一名《壺天玉露》。癸酉端午從上海回杭州，以四十釿得之。長興王修記。」鈐有「長興王氏詒莊樓藏」白文方印。《存目叢書》據以影印。清華大學亦藏是刻，劉薔女史函告：首葉鈐「翰林院印」滿漢文大官印，書衣有「乾隆三十八年十一月浙江巡撫三寶送到汪啟淑家藏古今廉鑑壹部計書肆本」長方木記，是汪啟淑進呈四庫原本。書經重裝爲八册。中國社科院歷史所、吉林大學、南通市圖書館亦藏是刻。〇臺灣「中央圖書館」藏明萬曆九年兩淮都轉運鹽使司重刻本，半葉九行，行十八字，白口，左右雙邊。前有萬曆六年喬懋敬序，後有萬曆九年辛巳兩淮都轉運鹽使司運使陳楠重修跋。版心有刻工：天共、吴文週、鄭元、付曾、張文、劉榮、劉貴、王松、王溗、洪倫、柴林、劉肖、王洞、吴洪、劉寫、劉元等（見該館《善本書志初稿》）。該館另藏一部，刻工、行款同，當是同版，以佚去陳楠跋，誤爲萬曆六年刻本。北圖、北大、人民大學等亦有是刻。〇按：明錢陞輯《壺天玉露》五卷，天啟五年刻，前四卷爲《廉鑒》，乃剽襲喬氏此書而成，大都一字不易，偶有損益而已。《千頃堂書目》謂喬懋敬《古今廉鑑》一名《壺天玉露》，恐誤。

莆陽科第録二卷　明吴爵編　一六五六

浙江巡撫採進本（總目）。〇《浙江省第九次呈送書目》：「《莆陽科第録》二卷，明吴爵輯，二本。」〇《浙江採集遺書總録》：「《莆陽科第録》二卷，刊本，明訓導寧鄉吴爵輯。」

懷忠録無卷數　明鄭應旂撰　一六五七

浙江范懋柱家天一閣藏本（總目）。〇《浙江省第五次范懋柱家呈送書目》：「《懷忠録》七卷，明鄭應旂著，二本。」〇《浙江採集遺書總録》：「《懷忠録》七卷，寫本，明莆田鄭應旂撰。」

吴興名賢續録六卷　明王道隆撰　一六五八

江蘇巡撫採進本（總目）。〇《江蘇省第一次書目》：「《吴興名賢續録》三本。」〇《江蘇採輯遺書目録》：「《吴興名賢續録》六卷，明烏程王道隆著，刊本。」

桐彝三卷　明方學漸撰　一六五九

浙江巡撫採進本（總目）。○《浙江省第十二次呈送書目》：「《桐彝》三卷，明方學漸著，一本。」○《浙江採集遺書總録》：「《桐彝》三卷，刊本，明桐城方學漸撰。」○北京圖書館藏清鈔本三卷，又《續》二卷。題：「邑人方學漸達卿著。」半葉十行，行二十五字，無格。前有萬曆二十八年葉燦序，二十七年自叙。後有方氏玄孫德履、通發跋。據葉序及跋，知是書先刻於萬曆，重刻於康熙。今均未見。此本玄字缺末筆或改作元，曆字不避。鈐有「畏齋藏書」印記。前有近人劉之泗（世珩之子）手跋：「方學漸，明桐城人，字達卿，爲諸生祭酒二十餘年，領鄉薦，棄去，從事於講學。有《心學宗》、《邇訓》及《桐彝》即此書也。乙亥中元後一日午後暴蕭敬孚太史藏書，識此。貴池劉之泗。」《存目叢書》據以影印。○清方氏重刊本附《續》二卷（見《皖人書録》）。○清光緒九年排印本三卷附《續》二卷共一册，復旦藏。

靖難功臣録一卷　不著撰人名氏　一六六〇

左都御史張若溎家藏本（總目）。○《提要》云：「此本爲明嘉靖中魯藩宗人當溯編入《明朝典故》者。」○《總裁張交出書目》：「《國朝典故》十本。」○《浙江省第五次范懋柱家呈送書目》：「《靖難功臣録》一卷，缺名著，一本。」○《浙江採集遺書總録》：「《靖難功臣録》一册，寫本，不著撰人。」○原北平圖書館藏明藍格鈔本一册，半葉九行，行二十二字。首葉鈐「翰林院印」滿漢文大官印，書衣有進書木記已殘。卷内又鈐「錢犀盦珍藏印」、「犀盦藏本」印記。是本現存臺北「故宫博物院」。

王重民《善本提要補編》、臺灣《中央圖書館善本書目》著録。王氏云：「檢《四庫存目》，知原爲張若溎家所藏《明朝典故》零本也。」按：是書進呈本有張若溎家《國朝典故》本、范懋柱家明鈔單本。此册有翰林院印、封皮有進書木記，當是范懋柱家天一閣進呈單本。若《國朝典故》，則每卷標有「國朝典故」及總卷次，且僅全書首册有翰林院印及進書木記，傳世《國朝典故》均以《天潢玉牒》或《皇明本紀》列於卷首，其卷中所收《靖難功臣録》則不應有翰林院印及木記。○明嘉靖二十三年陸楫儼山書院雲山書院刻《古今説海》本，半葉八行，行十六字，白口，左右雙邊。北圖、上圖、南圖等藏。○清乾隆四庫館鈔《四庫全書・古今説海》本。○清道光元年苕溪邵氏酉山堂刻《古今説海》本。○清宣統元年上海集成圖書公司排印《古今説海》本。○民國四年上海進步書局石印《古今説海》本。○北京圖書館藏明藍格鈔《國朝典故》本，半葉十行，行二十字，白口，四周雙邊。○明刻《歷代小史》本，北圖、上圖等藏。民國二十九年商務印書館影印明刻《歷代小史》本。王重民曰：「《小史》本脱去姚廣孝、李友直兩條，又卷末失載《制封奉天征討官》。」○明萬曆四十五年陽羨陳于廷刻《紀録彙編》本，北圖、上圖等藏。民國二十七年商務印書館影印陳于廷刻《紀録彙編》本。○清光緒九年山陰宋澤元刻《勝朝遺事》本，北圖、北大、上圖等藏。

貧士傳二卷　明黄姬水撰　一六六一

内府藏本（總目）。○明萬曆三十四年沈氏尚白齋刻《尚白齋鐫陳眉公訂正祕笈》本，題「吴郡黄姬水譔，檇李王子逸校」。《存目叢書》據清華藏本影印。○民國十一年上海文明書局石印《寶顔堂祕笈》本。○明刻《廣百川學海》已集本，北圖、南圖、浙圖等藏。○明刻清順治三年宛委山堂印《説郛續》本，北圖、上圖等藏。一九八八年上海古籍出版社影印《説郛三種》内有《説郛續》四十六卷，亦即此本。半葉九行，行二十字，白口，單白魚尾，左右雙邊。首行題「貧士傳上卷」，次行題「吴郡黄姬水」。○臺灣「中央圖書館」藏清初刻《説郛》零本，首行題「貧士傳上卷」，次行題「吴郡黄姬水撰，武林黄嘉惠閲」，半葉九行，行二十字，白口，單白魚尾，左右雙邊。鈐有「梅益徵印」、「䷗(復)齋」等印。前有自序，後有嘉靖三十年黄省曾後序。有清梅益徵補寫目録，卷前有道光辛丑冬仲梅益徵手跋(參該館《善本題跋真跡》、《善本書志初稿》)。按：《説郛續》四十六卷本《貧士傳》實即據此版重修刷印，正文首葉次行題名「吴郡黄姬水撰，武林黄嘉惠閲」一行，剷去後七字，僅存「吴郡黄姬水」五字。且以刷印較晚，漫漶斷版處增多，如首葉《披裘公》條末「不見乃止」之「止」字，《説郛續》四十六卷本已脱去一筆作「上」字，臺灣「中央圖書館」藏此本尚完好無缺。又此本之刻當在明天啟間，説見昌彼得先生《説郛考》上篇《重編説郛版之始末》。○民國二十五年商務印書館據萬曆三十四年刻《尚白齋鐫陳眉公訂正祕笈》本排印，收入《叢書集成初編》。

崑山人物傳十卷名宦傳一卷　明張大復撰　一六六二

浙江鮑士恭家藏本(總目)。○《浙江省第四次鮑士恭呈送書目》：「《梅花草堂集》十一卷，明張大復著，三本。」○《浙江採集遺書總録》：「《梅花草堂集》十一卷，刊本，明吴中張大復撰。」○《江蘇省第一次書目》：「《梅花草堂集》二本。」○《江蘇採輯遺書目録》：「《梅花草堂集》十卷《名宦傳》

一卷，明吳縣張大復著，刊本。」○《兩淮鹽政李續呈送書目》：「《玉峯名宦傳》二卷，明張大復，一本。」○《提要》云：「是書舊本題曰《梅花草堂集》，而以《崑山人物傳》、《崑山名宦傳》爲子目。」又云：「其《名宦傳》別有鈔本，題曰《玉峯名宦傳》，析爲二卷。佚其中《王南昌傳》一篇，僅有十四人。又佚其論尾數行。蓋傳鈔脱漏，不及集本之完整也。」○明刻本，作《梅花草堂集》十卷，半葉九行，行二十字，白口，左右雙邊。南圖、中央民大藏。○中國科學院圖書館藏明刻清初修版彙印《梅花草堂集三種》本，十一卷，行款版式同前。正文首行題「梅花草堂集卷之一」，次行題「吴郡張大復著」，三行題「皇明崑山人物傳」。末卷首行次行同，唯不標卷第，三行題「皇明崑山名宦傳」。末有修版跋。《存目叢書》據以影印。○明刻清雍正二年汪中鵬補修本，前十卷《皇明崑山人物傳》，末卷《皇明崑山名宦傳》，卷端題名改爲「吴郡張大復著，後學汪中鵬補訂」。上圖此本有清方功惠跋。北大、山東省圖等亦藏是本。以上三本係一版先後刷印者。

歷代相臣傳一百六十八卷　明魏顯國撰　　**一六六三**

直隸總督採進本（總目）。○《直隸省呈送書目》：「《歷代相臣傳》二十四本。」○《浙江省第四次汪啟淑家呈送書目》：「《歷代相臣傳》一百五十卷，明魏顯國輯，二十四本。」○《浙江採集遺書總録》：「《歷代相臣傳》一百五十卷，刊本，明博士南昌魏顯國輯。」○杭州大學藏明萬曆三十四年鄧以誥等衡州刻本，一百六十八卷。卷一題：「豫章外史魏顯國纂述，伯子一鵬編次，冢孫維藩考證，同郡後學胡以良校正，張啟焯、鄧履吉仝訂。」半葉十行，行二十字，白口，四周單邊。前有萬曆三十四年丙午鄧以誥《刻歷代相臣傳叙》云「余因授剞劂」，末署「萬曆丙午日藏仲月豫章鄧以誥書于衡州之忠愛堂」。叙後列名：「東武盧洪遠、惠城安烈、鵝湖徐夢豹、錫山王大益、晉安佘文龍、古越卓仲禮、建州徐夢熊、海陵徐桐、朝坂趙養性、安成劉芳聲仝刻。」卷内鈐「劉承幹字貞一號翰怡」、「吴興劉氏嘉業堂藏書印」等印記。《存目叢書》據以影印。上圖、津圖、湖南圖均有殘本。臺灣「中央圖書館」藏有此刻四部，兩部足本，兩部殘本。兩殘本中一部存一百三十四卷，鈐「翰林院印」滿漢文官印及「桐城姚伯卬氏藏書記」、「粹芬閣」等印記。另一殘本存二十四卷（參該館《善本書志初稿》）。

儒林全傳二十卷　明魏顯國撰　一六六四

浙江汪啟淑家藏本（總目）。○《浙江省第四次汪啟淑家呈送書目》：「《儒林全傳》二十卷，明魏顯國著，四本。」○《浙江採集遺書總録》：「《儒林全傳》二十卷，刊本，明魏顯國輯。」○北京圖書館藏明刻本，卷一題「南昌魏顯國汝忠父纂輯，武林黄汝亨貞甫父參閲，龍舒吴用先體中父校正，廣陵徐桐仲材父仝訂，冢孫後學魏維藩編次」。半葉十行，行二十字，白口，四周單邊。前有黄汝享序，序末有刻工：「鄒天奇刻。」鈐有「張壽鏞印」白文方印。卷末有缺葉。《存目叢書》據以影印。按：萬曆三十四年刻《歷代相臣傳》列名仝刻者有徐桐，此本徐桐列名同訂，當亦萬曆間先後付梓者。

歷代守令傳二十四卷　明魏顯國撰　一六六五

兩淮馬裕家藏本（總目）。○華東師大藏明萬曆三十四年鄧以誥等衡州刻本，題「豫章外史魏顯國纂述,伯子一鵬、孫維藩、維垣仝編,後學胡以良、鄧履吉仝校」。半葉十行,行二十字,白口,四周單邊。前有萬曆三十四年袁一驥序,又萬曆三十四年鄧以誥《刻守令傳跋》云「捐俸而梓」。此與《歷代相臣傳》同時同地刊刻,版式字體全同。《存目叢書》據以影印。南圖藏是刻,八千卷樓故物,丁丙《善本書室藏書志》著録。河南圖書館、臺灣「中央圖書館」亦有是刻。

一六六六　元相臣傳十二卷　明魏顯國撰

兩淮鹽政採進本(總目)。○《兩淮鹽政李續呈送書目》:「《元相臣傳》十二卷,明魏顯國,一本。」○日本京都大學人文所藏明刻本六册。傅增湘《藏園群書經眼録》著録明刻本,十行二十字。澤遜按:明萬曆三十四年鄧以誥等衡州刻《歷代相臣傳》一百六十八卷,其後十二卷即《元相臣傳》,半葉十行,行二十字,白口,四周單邊。首行題「元相臣傳卷一」,次題「豫章外史魏顯國纂述,伯子一鵬編次,冢孫維藩考證,同郡後學胡以良校正,張啟焯、鄧履吉仝訂」。起耶律楚材,止普顏不花,列不忽朮於安童前,不載王文統、趙璧,均與《提要》合。惟所列相臣二十五人,與《提要》所云二十六人之數微異,蓋館臣統計偶有出入。京都大學藏本及傅沅叔所見當即《歷代相臣傳》之零種。《存目》於《歷代相臣傳》之外重出《元相臣傳》,蓋偶未察其關係也。

一六六七　忠節録六卷　明張朝瑞撰

浙江巡撫採進本(總目)。○《浙江省第五次曝書亭呈送書目》:「《忠節録》六卷,明張朝瑞輯,一本。」○《浙江採集遺書總録》:「《忠節録》六卷,刊本,明鴻臚卿海州張朝瑞輯。」○《江蘇省第一次書目》：「《忠節録》二本。」○北京圖書館藏明萬曆刻本，作《忠節録》六卷首一卷，半葉九行，行十八字，白口，四周單邊。前有萬曆三十年壬寅焦竑序，後有萬曆三十二年甲辰夏焦竑跋。跋字體版式不同，似刊成後所加，蓋付梓於萬曆三十年。《存目叢書》據以影印。○鎮江博物館藏清鈔本，書名卷數同前本。○首都圖書館藏明萬曆刻本，作《表忠彙録》六卷首一卷，半葉九行，行十八字，白口，四周單邊。殘存卷三至卷六。王重民《善本提要》著録美國國會圖書館藏有是刻足本二册，有萬曆三十年焦竑序，鈐有「明善堂覽書畫印記」、「安樂堂藏書記」兩印。王氏云：「《存目》著録朝瑞《忠節録》六卷，核其内容，與此書完全相同。蓋館臣誤依焦竑序所題者爲書題也。」澤遜按：館臣所見本作《忠節録》，與王氏所見美國國會本係同書異名，觀進呈書目及北圖、鎮江博物館藏本均作《忠節録》可知也。《存目》不誤。

吴中人物志十二卷　明張昶撰　　一六六八

浙江巡撫採進本（總目）。○《浙江省第五次曝書亭呈送書目》：「《吴中人物志》十三卷，明張昶著，四本。」○《浙江採集遺書總録》：「《吴中人物志》十三卷，刊本，明張昶撰。每卷末有論贊，乃其孫獻翼所補。」○《江蘇省第一次書目》：「《吴中人物志》三本。」○《江蘇採輯遺書目録》：「《吴中人物志》十三卷，明長洲張昶著，刊本。」○《編修勵第一次至六次交出書目》：「《吴中人物志》，明張昶撰，四本。」○浙江圖書館藏明隆慶四年張鳳翼、張燕翼刻本，十三卷。題「明長洲張昶景春甫輯，曾孫獻翼論贊，鳳翼、燕翼校刻」。半葉十行，行二十字，白口，四周單邊。前有隆慶四年庚午皇甫汸序。寫刻頗精。鈐有「墨澥廔珍藏書畫鈐記」印。《存目叢書》據以影印。上圖、南圖、臺灣「中央圖書館」亦藏是刻。原北平圖書館藏一帙,王重民《善本提要補編》著録,現存臺北「故宫博物院」。一九六九年臺北學生書局嘗影印是刻,所據者蓋臺灣「中央圖書館」本。○按:是書卷數,《曝書目》、《浙江總録》、《江蘇目録》均作十三卷,與隆慶本合,知《總目》作十二卷誤。吴慰祖改《曝書目》本條爲十二卷,亦沿《總目》之誤。

輔世編六卷　明唐鶴徵撰　**一六六九**

江蘇巡撫採進本(總目)。○《江蘇省第一次書目》:「《輔世編》六本。」○《江蘇採輯遺書目録》:「《明輔世録》六卷,明太常寺卿武進唐鶴徵著,刊本。」○臺灣「中央圖書館」藏明崇禎十五年毘陵陳睿謨刻本,正文首題「皇明輔世編卷之一」,次題「明太常毘陵唐鶴徵編纂,門人同邑陳睿謨評梓」。半葉十行,行二十五字,白口,四周單邊。前有崇禎十五年壬午仲冬欽差提督偏沅軍務巡撫湖北湖南兼澧公石松等處地方都察院右副都御史晉陵陳睿謨序。序後有總目,目後題「晉陵唐振芳久子、陳咨稷度辰仝較」。咨稷乃睿謨之子。首册有簽題:「皇明輔世編六卷六册,明唐鶴徵撰,明崇禎十五年刊本。」該館另藏一部,卷二至卷六多處鈔補,卷前書名葉中刻「皇明輔世編」,右刻「唐凝菴先生編纂,陳鹿苹先生批評」,左刻「常郡程君恩梓」(參該館《善本書志初稿》、《善本序跋集録》)。按:《存目叢書》用北大藏是刻影印,陳序佚去,未見書名葉及簽題,鈐有「彭澤汪辟畺藏」、「辟疆讀過」二印。北圖、上圖、南圖亦藏是刻。○民國三十七年排印本,作《皇明輔世編》六卷,《武進唐氏所著書》之一。上圖、浙圖、杭州大學藏。

聖門人物志十二卷　明郭子章撰　　**一六七〇**

江西巡撫採進本(總目)。○《江西巡撫海第二次呈送書目》:「《聖門人物志》六本。」○中國科學院圖書館藏明萬曆二十一年太原府知府趙彦刻本,各卷題「山西按察司按察使後學郭子章編輯,太原府知府後學趙彦校正,陽曲縣知縣後學陶嘉章、交城縣教諭後學彭憲範仝校」。半葉九行,行二十二字,白口,四周雙邊。前有馮琦序,萬曆二十一年癸巳自序,二十二年三月山西地方都察院右僉都御史魏某行文。自序云:「屬太原守趙君付之剞劂。」行文云:「督令學官再加校閲考正,該府選擇善書人役謄寫刊刻,應用紙價工食,於商税課内動支。」知係萬曆二十一年至二十二年太原府公帑雕印。《存目叢書》據以影印。北圖、上圖、遼圖、美國國會圖書館均藏是刻。○臺灣「中央圖書館」明萬曆二十四年福建重刻本,卷一題「後學泰和郭子章編輯,廬陵劉孟雷、東越陳性學、豐城徐即登仝校」。餘卷格式同,唯校者不同。半葉九行,行二十二字,白口,四周雙邊。版心下記刻工:劉青云、劉智、魏泗、劉金、李士、張慶、嚴演、劉威、葉松、鄭椿、葉榮、劉禎、劉邦、張紀、張一、鄭明、廷紀、廷巳、余林、王明、陳幸、吴士貴、吴貴、周龍等。前有萬曆二十一年自序,馮琦序,萬曆二十四年夏五月端陽日豐城徐即登序,萬曆二十三年正月奉勅提督學政江西按察司僉事查允元序,萬曆二十二年刻書公文。徐即登序云:「相奎氏始刻志於晉中,兹携入閩,復刻之閩,其以道南一派唯閩學爲獨盛乎?」知係萬曆二十四年據太原府刻本重梓於福建者。按:此本《中央圖書館善本書目》、《善本序跋集録》、《善本書志初稿》均著録爲「明萬曆二十三年太原府刊本」，是未細審徐即登序而偶誤，今予更正。○明萬曆葉天民刻本，半葉十行，行二十三字，白口，四周單邊。北圖、北師大、大連圖書館藏。

豫章書一百二十二卷　明郭子章撰　一六七一

江西巡撫採進本(總目)。○《江西巡撫海續購書目》：「《豫章全書》十六本。」○明藍格寫本，九行二十字，傳後有蠙衣生論。不全(見《藏園群書經眼録》、《藏園訂補郘亭書目》)。○山西省文物局藏明精鈔本，存卷四十五至卷四十七(見《山西省古籍善本書目》)。

國士懿軌十卷　明余養蒙撰　一六七二

浙江巡撫採進本(總目)。○《浙江省第十一次呈送書目》：「《國士懿軌》十卷，明耿定力輯，二本。」○《浙江採集遺書總録》閏集：「《國士懿範》十卷，刊本，明巡撫麻城耿定力輯。」

春秋名臣傳十三卷　明姚咨撰　一六七三

浙江汪啟淑家藏本(總目)。○《浙江省第四次汪啟淑家呈送書目》：「《春秋諸名臣傳譜》十三卷，明姚咨著，四本。」○《浙江採集遺書總録》：「《春秋諸名臣傳譜》十三卷，曝書亭藏刊本，明無錫姚咨輯。」○《兩淮商人馬裕家呈送書目》：「《春秋名臣傳》十二卷，明姚咨，三本。」○北京圖書館藏明隆慶五年安紹芳刻本，作《纂補春秋諸名臣傳》十三卷，題「句吴後學潛菴姚咨纂補，門人安紹芳校梓」。半葉十行，行十九字，白口，四周單邊。前有隆慶五年辛未八月皇甫汸序，隆慶五年三月姚咨於茶夢小閣自序。末有隆慶五年七月門人安紹芳刊成識語。刻工：何志道刻。卷内鈐「武昌柯逢時收藏圖記」、「柯氏珍玩」、「四明張氏約園藏書之印」等印記。《存目叢書》據以影印。

戰國人才言行録十卷　明秦瀹撰　一六七四

浙江范懋柱家天一閣藏本（總目）。○《浙江省第五次范懋柱家呈送書目》：「《戰國人才言行録》十卷，明秦瀹輯，二本。」○《浙江採集遺書總録》：「《戰國人才言行録》十卷，明嘉靖間刊本，明無錫秦瀹輯。」○無錫市圖書館藏明嘉靖三十二年敬業書院刻本，題「無錫秦瀹編輯」。半葉十行，行二十四字，白口，左右雙邊。版心下刻「敬業書院編」五字。前有嘉靖三十二年癸丑顧可久序，卷十末有「嘉靖癸丑春正月梓」小字二行，後有嘉靖癸丑秦瀹書後。卷内鈐「戴震」白文方印、「東原」朱文方印。《存目叢書》據以影印。

鎮平世系記二卷　明朱睦㮮撰　一六七五

浙江范懋柱家天一閣藏本（總目）。○《浙江省第五次范懋柱家呈送書目》：「《鎮平世系紀》二卷，明宗室睦㮮著，一本。」○《浙江採集遺書總録》：「《鎮平世系紀》二卷，刊本，明宗室睦㮮撰。」

江右名賢編二卷　明喻均、劉元卿同撰　一六七六

浙江巡撫採進本（總目）。○《浙江省第八次呈送書目》：「《江右名賢編》二卷，明喻均、劉元卿仝輯，二本。」○《浙江採集遺書總録》：「《江右名賢編》二册，刊本，明新建喻均、安福劉元卿同輯。」○日本東京内閣文庫藏明萬曆二十年序刻本，半葉九行，行二十一字，白口，四周雙邊。前有萬曆二十年壬辰七月東郡秦大夔叙，萬曆壬辰中秋江西巡撫蜀天彭邊維垣序(缺首葉)。後有萬曆壬辰季夏安福劉元卿後序云：「今侍御秦公與邦相喻憲使參確成編，區目之爲十有一，而不佞元乃以執筆爲役。」版心下方刻工：鄒邦傑、姜、付、合、元等。《存目叢書補編》據以影印。

宗譜纂要一卷　明王應昌撰　其子錟續　**一六七七**

安徽巡撫採進本(總目)。○《安徽省呈送書目》：「《宗譜纂要合傳習録》一本。」○清道光十三年吴江沈氏世楷堂刻《昭代叢書》庚集埤編本，題「柘城王錟長穎著」。末有乙丑仲秋楊復吉跋云：「余藏之篋衍久矣，今以著録，蓋猶是吾邑張損持太史手鈔本云。」《存目叢書》用山西大學藏本影印。

貂璫史鑑四卷　明張世則撰　**一六七八**

兩淮鹽政採進本(總目)。○《兩淮鹽政李續呈送書目》：「《貂檔史鑑》四卷，明張世則，二本。」按：「檔」當作「璫」。○《浙江省第四次汪啟淑家呈送書目》：「《貂璫史鑑》四卷，明張世則輯，四本。」○《浙江採集遺書目録》：「《貂璫史鑑》四卷，刊本，明按察司僉事張世則輯。」○北京圖書館藏明萬曆刻本，題「明奉贈大夫四川按察司僉事臣張世則纂」。半葉九行，行二十一字，下黑口，四周雙邊。前有萬曆二十二年甲午于慎行序，次張世則奏疏一則，次禮部覆疏一則，均萬曆二十年。末有張世則後序。卷内鈐「永寶用之顧子剛贈」、「子剛經眼」印記。《存目叢書》據以影印。天津圖書館有是刻殘本。○青島博物館藏明萬曆刻《張準齋遺集》本，半葉九行，行十九字，白口，四周雙邊。南京大學藏明萬曆刻單本，疑係同版。

聖學宗傳十八卷　明周汝登編　　一六七九

兩淮馬裕家藏本（總目）。○復旦大學藏明萬曆三十三年王世韜等刻本，題「東越周汝登編測，陶望齡訂正，王繼牒、王繼晃、王繼炳參閲」。半葉九行，行十八字，白口，四周單邊。前有萬曆三十四年丙午鄒元標序。次陶望齡序云：「是編成於萬曆乙巳冬十月，殺青壽梓，王子世韜昴弟實肩其費，功亦偉矣。」又萬曆三十四年丙午余懋孳序。鈐有「海上醉六經齋藏書之章」印記。《存目叢書》據以影印。北師大、上圖、浙圖等均藏是刻。臺灣「中央圖書館」《善本書志初稿》著録是刻，謂封面刻「豁然堂藏板」，版心有刻工「山陰馬忠刊」等。另著録萬曆三十四年方如騏等校刊本，行款、版式、刻工及編訂參閲者題名均同，唯序文之後、目録之前增《道統正系圖》，有圖表、文章，文末署「剡周汝登謹書，門人方如騏、王業浩校刻」。澤遜以爲仍是王世韜等刊版，唯《道統正系圖》蓋爲後來周汝登增輯，方如騏、王業浩資助增刊者，故另署其名。王重民《善本提要》著録美國國會圖書館藏萬曆刻本，行款同，卷一題名於原編訂參閲者五人外，增「後學劉邦胤重閲補梓」九字。當亦同版修補刷印本。○南京圖書館藏明萬曆三十三年刻本。按：《中國古籍善本書目》於前本之外別出此本，未知異同。

歷朝璫鑑四卷　明徐學聚撰　　一六八〇

編修汪如藻家藏本（總目）。○《國子監學正汪交出書目》：「《歷朝璫鑑》二本。」

鹽梅志二十卷　明李茂春撰　**一六八一**

内府藏本（總目）。○《武英殿第一次書目》：「《鹽梅志》六本。」○《兩江第一次書目》：「《鹽梅志》，明李茂春著，八本。」○浙江省圖書館藏明萬曆三十七年刻本，題「河南李茂春纂」。半葉九行，行二十字，白口，四周雙邊。前有萬曆三十七年己酉葉向高序，三十六年戊申李維楨序，三十七年己酉張邦紀叙，三十七年王三才叙。葉序云：「槐埜李公刻其所爲《鹽梅志》以示余。」知係萬曆三十七年自刻本。刻工：「新安徐輝刊。」《存目叢書》據以影印。故宫、上圖亦藏是刻。

漢唐宋名臣録五卷　明李廷機撰　**一六八二**

兩江總督採進本（總目）。○《兩江第一次書目》：「《漢唐宋名臣録》，明李廷機編，五本。」○遼寧省圖書館藏明萬曆三十四年李存信刻本，正文首題「刻漢唐宋名臣録卷之一」，次行題「晉江李廷機編」。半葉九行，行十八字，白口，左右雙邊。前有萬曆三十四年丙午黄吉士序，自序。後有萬曆三十四年張鳴鶚跋云：「直指黄公、喬公特屬泰州李守存信梓而公之。」卷内鈐「眉公」、「汪士鋐印」、「嚴繩孫印」、「淵如」、「同澤館主」、「毅庵主人藏書」、「張學良」等印記。《存目叢書》據以影印。北大、津圖、臺灣「中央圖書館」等亦藏是刻。

栖真志四卷　明夏樹芳撰　**一六八三**

浙江巡撫採進本（總目）。○《浙江省第十一次呈送書目》：「《栖真志》四卷，明夏樹芳輯，二本。」○《浙江採集遺書總録》：「《栖真志》四卷，刊本，明夏樹芳輯。」○《江西六次續採書目》：「《栖真志》二本。」〇安徽省圖書館藏明萬曆刻本，題「冰蓮道人夏樹芳輯」。半葉七行，行十六字，白口，四周單邊。前有陳繼儒序，萬曆三十六年自序。刻工：楊同春刻、梅朝刻、戴仕。卷四末有殘缺。《存目叢書》據以影印。山西大學、臺灣「中央圖書館」、美國國會圖書館亦藏是刻。

獻徵録一百二十卷　明焦竑撰　**一六八四**

浙江巡撫採進本（總目）。〇《浙江省第四次汪啟淑家呈送書目》：「《獻徵録》一百二十卷，明焦竑輯，九十本。」〇《浙江採集遺書總録》：「《獻徵録》一百二十卷，刊本，明焦竑輯。」〇上海圖書館藏明萬曆四十四年錢塘徐象橒曼山館刻本，各卷首題「焦太史編輯國朝獻徵録」。半葉十行，行二十字，白口，左右雙邊。版心下刻「曼山館」，上刻「獻徵録」。前有萬曆四十四年丙辰同里晚學顧起元《獻徵録序》云：「乃從友人茅生之請，取畀之梓。然每類間爲梓者有所裁避，先生意雖任之，而成書俱存，異日發其大全，固可竢也。」次南儀部郎武林黄汝亨序。次總目。各卷前有目録，目録末列校刊名氏（卷四十、四十二、四十三、五十、五十二、五十三、七十、七十七、九十一無校刊名氏）。卷一目録末題：「山陰張汝霖、吴興茅元儀同校，錢塘徐象橒刊行。」茅元儀、徐象橒各卷均同。「刊行」二字或作「梓行」，或作「刻」，或作「督梓」。與茅元儀同校者，各卷不同，除張汝霖（凡十四見）外，另有：四明趙昌期（十三見）、西吴郎文喚（四見）、山陰張汝樊（兩見）、關中劉必達（六見）、金陵黄應登（三十八見）、仁和俞思冲（六見）、仁和張蔚然（兩見）、山陰張汝懋（七見）、山陰張耀芳（三見）、山陰張爾葆（三見，葆一作保）、新安黄之采（兩見）、錢唐徐象梅（兩見）、平陵彭應瑞、山陰張煒芳、譙邑李文友、温陵黄居中(均一見)十六人。卷四十第六十九至七十二葉鈔配。卷一首葉鈐「王培孫紀念物」朱文方印。一九八七年上海書店據以影印,末附人名索引。臺灣「中央圖書館」藏是刻兩部,其一部鈐有「六合徐氏孫麒珍藏書畫印」、「孫麒氏使東所得」、「時習館圖書之印記」等印,一九六五年臺北學生書局據以影印,列爲《中國史學叢書》之一,卷三十九第四十三至四十八葉缺,第六十葉殘,卷六十五第三十五至三十八葉缺,均用原北平圖書館本鈔補。《存目叢書》即據學生書局本影印。原北平圖書館藏是刻現存臺北「故宫博物院」,另美國國會圖書館亦藏一部,多缺葉,王重民《善本提要》並予著録。北圖、北大、浙圖等亦有是刻。按:王氏《善本提要》、臺灣「中央圖書館」《善本書志初稿》、上海書店影印本《説明》均謂每卷目録後題「山陰張汝霖、吴興茅元儀同校,錢塘徐象櫄刊行」,是並卷二亦未細檢,徑以卷一題名爲各卷題名。附糾於此。

熙朝名臣實録二十七卷　明焦竑撰　　一六八五

浙江巡撫採進本(總目)。〇《浙江省第十一次呈送書目》:「《熙朝名臣實録》二十七卷,明焦竑輯,十本。」〇《浙江採集遺書總録》閏集:「《熙朝名臣實録》二十七卷,刊本,明修撰上元焦竑輯。」〇上海圖書館藏明末刻本,題「秣陵焦竑輯,虎林柴應槐、楊爾曾訂,粱杰校」。半葉十行,行二十二字,白口,四周單邊。前有焦竑序。卷内鈐「蒼巖山人書屋記」、「禮培私印」、「埽塵齋讀書記」、「武林葉氏藏書印」、「杭州葉氏藏書」、「合衆圖書館藏書印」等印記。首册書衣有王禮培題簽並識云:「光緒乙未新裝,埽塵齋藏。」《存目叢書》據以影印。

一六八六 **四侯傳四卷　明王士騏撰**

江蘇巡撫採進本(總目)。○《江蘇省第一次書目》：「《四侯傳》一本。」

一六八七 **歷代内侍考十卷　明毛一公撰**

兩淮鹽政採進本(總目)。○《兩淮鹽政李呈送書目》：「《歷代内侍考》十卷，明毛一公，二本。」○《四庫全書附存目録》顧廷龍先生手批：「一九五五年十月檢遂安廢紙，得殘抄本一册，首存目尾十一行，有十一、十二、十四三卷目，而缺十三，殆有脱簡，但全書不止十卷明矣。」○中國科學院圖書館藏清抄本十四卷，卷一題「嚴陵毛一公震卿父著，男國衡、國榮、國望、國幹同較」。前有弟一鷺序，萬曆三十四年乙卯自序。卷内玄、弘、曆字不避諱，序文遇明朝及明帝提行。《存目叢書》據以影印。○北京圖書館藏清鈔本十四卷七册，半葉九行，行二十四字，無格。○浙江圖書館藏清鈔本。

一六八八 **友于小傳二卷　明紀廷相撰**

兵部侍郎紀昀家藏本(總目)。

一六八九 **明十六種小傳四卷　明江盈科撰**

浙江巡撫採進本(總目)。○《浙江省第十一次呈送書目》：「《皇明十六種小傳》四卷，明江盈科輯，二本。」○《浙江採集遺書總録》：「《皇明十六種小傳》四卷，刊本，明提學僉事桃源江盈科撰。」○上海圖書館藏明萬曆二十九年刻本，作《皇明十六種小傳》四卷，題「楚桃園江盈科輯」。半葉九行，行十八字，白口，四周單邊。前有萬曆二十九年鄧原岳序云：「大率仿世説之意，葺爲十六傳而梓之。」又二十九年自序。卷内鈐「皖歙程守中藏書」、「守中讀書」、「姚蓉春經眼印」、「龍山許氏」、「順庵經眼」等印記。《存目叢書》據以影印。

夥壞封疆録一卷　明魏應嘉撰　一六九〇

江蘇巡撫採進本(總目)。○北京圖書館藏清李文田鈔本，半葉十行，行二十字，緑格，細緑口，四周雙邊。版心下有「六篆樓」三字。前有興化魏應嘉序。卷内鈐「李文田印」印記。書眉有李文田批注二條。《存目叢書》據以影印。○北京圖書館藏清鈔《明季野史彙編・酌中志餘》本，半葉九行，行二十二字，無格。○清光緒崇文書局刻《正覺樓叢刻・酌中志餘》本。○上海圖書館藏清慈溪姜氏鈔姜宸英輯《東林史料叢鈔》本。

東林點將録一卷　明王紹徽撰　一六九一

江蘇巡撫採進本(總目)。○上海圖書館藏清慈溪姜氏鈔姜宸英輯《東林史料叢鈔》本。○北京圖書館藏清李文田鈔本一册。是本包括五部分：一《東林點將録》，注云：「據《先撥志始》本録出，與《剥復録》本同者○出。」二《東林點將録》，注云：「據《啟禎兩朝剥復録》本録出，《先撥》有其名者○。」三《東林點將録》，注云：「據《酌中志餘》本録出，《先撥》本有其名者○，《先撥》所無而《剥復録》有其名者△。」四《東林點將録考異》，録諸家考證。五《水滸傳》一百八將。半葉十行，行二十字，緑格，白口，四周單邊。版心下有「六篆樓」三字。是册李文田校注用力甚勤，密行細字，充溢字裏行間、天頭地脚。

鈐有「李文田」、「仲約手鈔」、「讀五千卷書室」等印記。○北京圖書館藏清鈔《明季野史彙編·酌中志餘》本，半葉九行，行二十二字，無格。○清光緒崇文書局刻《正覺樓叢刻·酌中志餘》本。○清光緒三十三年長沙葉德輝郎園刻本，收入《雙楳景闇叢書》，又收入《郎園先生全書》。此據《先撥志始》本付梓，正文末題「天啟四年甲子冬歸安韓敬造」。《存目叢書》據清華藏本影印。

東林籍貫一卷　不著撰人名氏　**一六九二**

江蘇巡撫採進本(總目)。○上海圖書館藏清慈溪姜氏鈔姜宸英輯《東林史料叢鈔》本。○北京圖書館藏清李文田鈔本一册，半葉十行，行二十字，緑格，白口，左右雙邊。間有李文田注。正文次行題「明撰人闕」。鈐有「李文田印」、「讀五千卷書室」印記。《存目叢書》據以影印。○北京圖書館藏清鈔《明季野史彙編·酌中志餘》本，半葉九行，行二十二字，無格。○清光緒崇文書局刻《正覺樓叢刻·酌中志餘》本。

東林同志録一卷　不著撰人名氏　**一六九三**

江蘇巡撫採進本(總目)。○上海圖書館藏清慈溪姜氏鈔姜宸英輯《東林史料叢鈔》本。○北京圖書館藏清鈔《明季野史彙編·酌中志餘》本，半葉九行，行二十二字，無格。○清光緒崇文書局刻《正覺樓叢刻·酌中志餘》本，《存目叢書》用清華藏本影印。

東林朋黨録一卷　不著撰人名氏　**一六九四**

江蘇巡撫採進本(總目)。○北京圖書館藏清鈔《明季野史彙編·酌中志餘》本，半葉九行，行二十二字，無格。○清光緒崇文書局刻《正覺樓叢刻·酌中志餘》本。《存目叢書》用清華藏本影印。

一六九五　天監録一卷　不著撰人名氏

江蘇巡撫採進本(總目)。○上海圖書館藏清慈溪姜氏鈔姜宸英輯《東林史料叢鈔》本。○北京圖書館藏清李文田鈔本一册，半葉十行，行二十字，緑格，白口，四周雙邊。版心下有「六篆樓」三字。卷内李文田批注甚多。鈐有「李文田印」、「思誤書齋」等印記。《存目叢書》據以影印。○北京圖書館藏清鈔《明季野史彙編·酌中志餘》本，半葉九行，行二十二字，無格。○清光緒崇文書局刻《正覺樓叢刻·酌中志餘》本。

一六九六　盜柄東林夥一卷　不著撰人名氏

江蘇巡撫採進本(總目)。○上海圖書館藏清慈溪姜氏鈔姜宸英輯《東林史料叢鈔》本。○北京圖書館藏清李文田家鈔本，半葉十行，行二十字，緑格，白口，四周單邊。版心下有「六篆樓」三字。間有李文田批注。正文次行題「明撰人闕」。鈐有「李文田印」、「讀五千卷書室」等印記。《存目叢書》據以影印。○北京圖書館藏清鈔《明季野史彙編·酌中志餘》本，半葉九行，行二十二字，無格。○清光緒崇文書局刻《正覺樓叢刻·酌中志餘》本。

一六九七　事編内篇六卷　明孫慎行撰

江蘇巡撫採進本(總目)。○《江蘇省第二次書目》：「《事編内篇》四本。」○《浙江省第四次汪啟淑家呈送書目》：「《事編》六卷，明孫慎行著，六本。」○《浙江採集遺書總録》：「《事編》六卷，刊本，明孫慎行輯。」〇《兩江總督高第三次進到書目》：「《事編》四本。」〇《武英殿第二次書目》：「《事編》四本。」〇上海圖書館藏明崇禎十一年孫士元刻本，作《事編内篇》八卷，題「晉陵史氏孫慎行輯，張瑋、薛寀批閲，廣陵于道南校訂」。半葉九行，行二十字，白口，四周單邊。眉上鐫評。前有孫慎行自序，張瑋序，崇禎十一年男士元《凡例》。卷内鈐「茗仙耿氏藏印」、「強恕堂」、「二西齋」等印記。《存目叢書》據以影印。南圖、山東省圖、山東大學、臺灣「中央圖書館」均有是刻。

一六九八 廉吏傳無卷數 明黄汝亨撰

浙江巡撫採進本（總目）。〇《浙江省第八次呈送書目》：「《廉吏傳》四本。」〇《浙江採集遺書總録》：「《廉吏傳》四册，刊本，明參議仁和黄汝亨輯。」〇《江蘇省第一次書目》：「《廉吏傳》五本。」〇《江蘇採輯遺書目録》：「《廉吏傳》七卷附《隱逸》一卷，明武林黄汝亨著，刊本。」〇《武英殿第二次書目》：「《廉吏傳》五本。」〇湖南省圖書館藏明萬曆刻本，題「明武林黄汝亨輯」，半葉八行，行十九字，白口，四周單邊。前有萬曆四十三年乙卯黄汝亨序。全書不標卷數，但實分十四卷，每卷版心葉碼自爲起迄。卷内鈐「大田朱氏獻玬堂藏書」、「三山陳氏居敬堂圖書」、「葉啟發所藏書」、「華鄂堂著録」、「東明楹書」、「葉啟發讀書記」、「東明所藏」、「石林後裔」、「葉氏雅好」、「葉氏啟勛讀過」、「葉啟勳」、「定侯所藏」等印記。《存目叢書》據以影印。北圖、上圖、南圖等亦有是刻。〇臺灣「中央圖書館」藏舊鈔本一册，内容缺三國吴至元，半葉八行，行十九字。鈐「沈氏鳴野山房圖籍印」等印記。該館《善本書志初稿》著録。

歷代名臣芳躅二卷　明金汝諧撰　一六九九

浙江巡撫採進本（總目）。○《浙江省第四次汪啟淑家呈送書目》：「《歷代名臣芳躅》二卷，明金汝諧著，二本。」○《浙江採集遺書總録》：「《歷代名臣芳躅》二卷，刊本，明平湖金汝諧輯。」○北京圖書館藏明萬曆刻本，作《新編歷代名臣芳躅》二卷，題「當湖啟宸金汝諧纂，弟履台金汝達校」。半葉十行，行二十一字，白口，左右雙邊。前有萬曆四十三年乙卯温體仁序云：「一日侍御金公出《歷代名臣芳躅》一編示余，曰……將付剞劂，以公同志，子其爲我序之。」蓋即於萬曆四十三年付刊。又自序。刻工：「李再禎刊。」《存目叢書》據以影印。上圖亦藏是刻。

聖學嫡派四卷　明過庭訓撰　一七〇〇

内府藏本（總目）。○《武英殿第一次書目》：「《聖學嫡派》四本。」○清華大學藏明萬曆刻本，題「當湖後學爾韜過庭訓纂集，同社元衡毛應銓參閲，門人熊賓、龔世法、游之英，男過銘盤、過銘盂、過銘簠仝校正」。半葉九行，行十八字，白口，四周雙邊。刻工：金陵卞大有刊（首卷首葉版心）。前有萬曆四十一年癸丑孟夏過庭訓小引云：「余讀海門先生《聖學宗傳》一書，而知其潛心道學，篤志聖修也。第六經、《論》、《孟》之言備矣。起自羲皇，或汗漫而難稽。實證之儒，間一遺漏，或偏舉而未備。就中稍爲删正增補，付之梓人，名曰《聖學嫡派》。」然則其付刊在萬曆四十一年。《存目叢書》據以影印。臺灣「中央圖書館」《善本書志初稿》著録萬曆四十一年原刊本，當即是刻。日本内閣文庫藏萬曆四十二年刻本，疑亦同版。○浙江圖書館藏明天啟元年賈克忠刻本。

大臣譜十六卷　明范景文撰　一七〇一

内府藏本(總目)。〇《提要》云：「此本世罕流傳，前後無序跋，而有景文二私印。中多墨筆添改之處。蓋即其家初印覆校之稿本也。」

宰相守令合宙十三卷　明吴伯與撰　一七〇二

江蘇巡撫採進本(總目)。〇《江蘇省第一次書目》：「《宰相全書》八本。」〇《江蘇採輯遺書目録》：「《宰相全書》十二卷，明西吴吴伯與著，刊本。」〇《提要》云：「是書序文題曰《宰相守令合宙》，而此本十三卷，乃有宰相而無守令，蓋非完書矣。」〇明崇禎刻本二十四卷。蘇州圖書館藏本僅宰相卷一至卷十三，前有目録。正文題「江東吴伯與纂輯」。半葉九行，行十九字，白口，四周單邊。前有錢泰吉手跋：「咸豐甲寅十月二十三日蔣寅昉以此書及葉氏刻套版《文選》畀我孫頤仁，因録四庫提要於卷首。四庫目中尚有魏氏顯國《歷代相臣傳》一百六十八卷、《元相臣傳》十二卷，不知得見否。甘泉鄉人識於閑心静居。」下鈐「錢泰吉印」白文方印。北京師大藏本亦僅此十三卷。天津圖書館本則存守令卷一至十一，題「江東吴伯與纂輯，男士威、孫肇公較閲」，行款版式同。前有七十三布衣陳繼儒《宰相守令合宙叙》，崇禎三年庚午黄宗昌《宰相守令合宙序》，吴伯與《宰相守令合宙序》。蓋宰相十三卷、守令十一卷係先後刊刻，後來彙印，故各自計卷。《存目叢書》用蘇州、天津兩館所藏配全影印。臺灣「中央圖書館」《善本書志初稿》著録彙印足本二十四卷二十六册，鈐「莫瑞堂字書農家粤東」、「莫書農正肅亭所藏」、「羅浮莫瑞堂書農所藏」、「辛酉選拔朝考一等」、「樂昌欽州南海英德長樂學博」、「積四萬軸留子孫讀勤翻勤曝勿借勿鬻」、「劉承幹字貞一號翰怡」、「吳興劉氏嘉業堂藏書印」等印記。是莫瑞堂、劉承幹遞藏者。莫瑞堂藏書事蹟不爲人知,特録其印鑒備考。

毘陵人品記十卷　明吴亮撰　**一七〇三**

兩淮鹽政採進本(總目)。○《兩淮鹽政李呈送書目》:「《毘陵人品記》一卷二本。」○《提要》云:「是書因毛憲舊本而增修之。」○常州市圖書館藏明萬曆刻本十卷,正文首題「毘陵人品記卷一」。半葉九行,行二十字,白口,四周單邊。前有萬曆四十六年七月毘陵吴亮《增修毘陵人品記序》,荆溪蔣應震《增修毘陵人品記序》,澄江夏樹芳《增修毘陵人品記序》,陽羨史孟麟《增修毘陵人品記序》,錫山高攀龍《增修毘陵人品記序》,武進錢春《增修毘陵人品記序》,嘉靖二十一年壬寅餘姚岑原道《毘陵人品記序》。又《毘陵人品記論次》:「郡人皇明禮科右給事中毛憲初編人品記,河南汝陽縣訓導葉夔同授,浙江紹興府通判葉金纂輯……湖廣道監察御史吴亮增修。」卷内鈐「古盦弟十二世孫」、「西河仲眉」、「毗陵毛氏珍藏」、「郝氏仲子敬堂珍藏」、「郝氏敬堂」、「名曰祖修」、「吴竹宣印」等印記。《存目叢書》據以影印。臺灣「中央圖書館」亦藏是刻。○臺灣「中央圖書館」藏舊鈔本十卷二册,正文首題「毘陵人品記卷一」。半葉九行,行二十字。前有吴亮、夏樹芳、史孟麟、高攀龍、錢春、岑原道各序。序首葉鈐「翰林院印」滿漢文大官印。蔡琳堂先生嘗貽書影。按:《藏園群書經眼録》著録者當即此帙。蓋兩淮進呈四庫原本也。○上海圖書館藏清雙桂軒鈔本。○民國二十五年毗陵毛氏木活字印本十卷四册，北師大、上圖、復旦藏。

名世編八卷　明吴亮撰　**一七〇四**

江蘇巡撫採進本(總目)。〇《江蘇省第一次書目》：「《名世編》四本。」〇《江蘇採輯遺書目録》：「《名世編》八卷，明御史晉陵吴亮著。」〇天一閣文管所藏明天啟四年刻本，半葉九行，行二十字，白口，四周單邊。前有天啟四年甲子陳仁錫序，天啟四年張瑋序。張序後列名「晉陵吴亮采于甫編輯」，次參考書名及撰人，次列門人新野馬之騏等十五人詮次，次列同邑張瑋等三人校訂，次列男寬思等八人對正。卷内鈐「蕭山朱鼎煦收藏書籍」、「别宥齋」等印記。《存目叢書》據以影印。清華大學亦藏是刻。又《四庫全書附存目録》顧廷龍先生手批：「萬曆刊本，蘇繼廎藏，有汪魚亭、孫從添藏印。一九五一年十月十九日來信。」

安危注四卷　明吴甡編　**一七〇五**

兩江總督採進本(總目)。〇《兩江第一次書目》：「《安危注》，明吴甡輯，五本。」〇清華大學藏清初刻本，題「明禮部尚書兼東閣大學士吴甡專愚氏論輯」。半葉九行，行二十字，白口，四周雙邊。前有喬可聘、李清兩序，均不記年月。末有第五子吴元復兩跋，後跋云：「家被劫盜，先君子亦遂見背。」前跋云：「今先君即世五十年。」又云：「六十餘年不知讀父書。」又云：「先君經濟之學有裨於國計民生者已見於《明史》。」考《明史·吴甡傳》云：「國變後，久之，卒於家。」又《江蘇藝文志·揚州卷》謂順治十六年吴甡爲《天啟崇禎兩朝遺詩》作序。蓋歿於順治末。然則是本之刻已在康熙晚期。書中「玄」字缺末筆。《存目叢書》據以影印。南圖、人民大學、中山大學、復旦、臺灣「中央圖書館」等均藏是刻，諸家著録多作清初刻本。

一七〇六

明表忠記十卷　明錢士升撰

浙江巡撫採進本(總目)。○《浙江省第六次呈送書目》：「《皇明表忠記》十卷，明錢士升輯，二本。」○《浙江採集遺書總録》：「《皇明表忠記》十卷，刊本，明錢士升撰。」○明崇禎胡氏十竹齋刻本，作《皇明表忠記》十卷首一卷附録一卷，半葉八行，行十八字，白口，四周單邊。北圖、湖北圖藏。○明崇禎刻本，書名卷數同前本，半葉九行，行十九字，白口，四周單邊。上圖、浙圖、吉大、揚州圖藏。○北京圖書館藏明崇禎刻本，作《皇明表忠記》十卷附録一卷，題「禮部尚書兼東閣大學士臣錢士升論次」。半葉九行，行十九字，白口，左右雙邊。前有崇禎十七年七月初三日詔書。又自序，題「皇明表忠記原序」。次凡例，目録。末有附録，有缺葉。《存目叢書》據以影印。臺灣「中央圖書館」有是刻一部。○明崇禎刻本，作《遜國表忠記》十卷首一卷，明錢士升撰，半葉九行，行十九字，白口，左右雙邊。中科院圖書館、上圖藏。當即一書。

一七〇七

壺天玉露四卷　明錢陞撰

浙江巡撫採進本(總目)。○《浙江省第六次呈送書目》：「《壺天玉露》四卷，明錢陞著，二本。」○《浙江採集遺書總録》：「《壺天玉露》四卷附《清士》一卷四册，刊本，明舉人海鹽錢陞輯。」○《兩淮鹽政李呈送書目》：「《壺天玉露》五卷，明錢陞，一本。」○北京師大藏明天啟五年自刻本，正文首行題「壺天玉露卷之二」，次行低一字題「廉鑑」，卷二至四同式。又有一卷，首行題「壺天玉露」，次行題「清士」。前有吴麟徵《廉鑑序》，天啟五年乙丑錢陞《壺天玉露廉鑑序》。末載喬懋敬等八家題辭。鈐有「壽椿堂王氏家藏」、「山右孟氏珍藏圖書」、「馬首孟氏筱泉珍藏」、「筱泉過目」、「留春之室」、「靈石王臣恭觀」等印記。《存目叢書》據以影印。北圖、浙圖亦藏是刻。按：是書前四卷《廉鑑》乃承襲喬懋敬《古今廉鑑》一書，偶有損益，大都一字不易，卷尾喬懋敬題辭亦係就喬氏《古今廉鑑自叙》節取者，甚無謂也。

一七〇八　浙學宗傳無卷數　明劉鱗長撰

浙江巡撫採進本（總目）。○《浙江省第十次呈送書目》：「《浙學宗傳》，明劉鱗長輯，四本。」○《浙江採集遺書總録》：「《浙學宗傳》四册，刊本，明提學副使劉長鱗撰。」按：「長鱗」二字誤倒。○浙江圖書館藏明崇禎十一年劉鱗長刻本，與劉廷焜《閩學宗傳》合刻。半葉八行，行二十字，白口，四周雙邊。前有崇禎十一年戊寅自序云：「余既携《閩學宗傳》災武林之梨……緣念以浙之先正，呼浙之後人，即浙學又安可無傳？周海門《聖學宗傳》尚矣，然頗詳古哲，略於今儒。乃不揣固陋，稍稍編彙成書，梓且行，因序而颺言。」《存目叢書》據以影印。

一七〇九　榕陰新檢八卷　明徐𤊹撰

兩淮鹽政採進本（總目）。○《兩淮鹽政李呈送書目》：「《榕陰新檢》八卷，明徐𤊹，一本。」○《國子監學正汪交出書目》：「《榕陰新檢》二本。」○南京圖書館藏明萬曆三十四年刻本，十六卷。題「閩徐𤊹興公輯，歙吴洵美充符校」。半葉十行，行二十字，白口，四周單邊。前有萬曆三十四年丙午吴騰蛟序云：「遂命吾兒洵美考核校正，授之剞青，懸之書市，以公同好。」知爲萬曆三十四年歙縣吴洵美刻本。刻工：黄一木刻、黄一森刊。鈐有「汪魚亭藏閲書」朱文方印。《存目叢書》據以影印。○臺灣「中央圖書館」藏影鈔明萬曆三十四年刻本，兩部，筆蹟同。其一部鈐「新安朱氏勤貽堂收藏圖書印」朱文方印（見該館《善本書志初稿》）。○湖北省博物館藏清謝氏睹棋山莊鈔本十六卷，清謝章鋌校並跋。○按：是書分孝行、忠義、貞烈、仁厚、高隱、方伎、名僧、神仙、妖怪、靈異、冥報、數兆、勝蹟、物産、幽期、詩話十六門十六卷。《存目》所據兩淮呈本僅前半部八門八卷一本，非足本也。又《提要》誤「名僧」爲「名儒」，當正。

爲臣不易編無卷數　明黄廷鵠撰　一七一〇

内府藏本（總目）。○《武英殿第二次書目》：「《爲臣不易編》七本。」○《兩江第一次書目》：「《爲臣不易編》，明黄廷鵠著，八本。」○清華大學藏明崇禎刻本，半葉九行，行二十字，白口，四周單邊。前有崇禎十一年戊寅范景文序。卷尾題「男泰芭、孫以瓚、以瑾仝較」，蓋爲家刻本。凡四百九十二葉，不分卷。《存目叢書》據以影印。

令史高山集七卷　舊本題曰臨川令江左吴用先體中編纂　一七一一

兩江總督採進本（總目）。○《兩江第二次書目》：「《令史》，明吴用先輯，一本。」○《提要》云：「不著時代，核其紙版，乃明萬曆中式也。」按：吴用先，字體中，安徽桐城籍，移家金陵。萬曆二十年進士，官至兵部尚書，總督薊遼。

晉陵先賢傳二卷　明歐陽東鳳編　一七一二

浙江巡撫採進本（總目）。○《浙江省第六次呈送書目》：「《晉陵先賢傳》二卷，明歐陽東鳳輯，二本。」○《浙江採集遺書總録》：「《晉陵先賢傳》二册，刊本，明歐陽東鳳輯。」○華東師大藏清活字本，半葉九行，行十八字，白口，四周單邊。卷端題「晉陵先賢小傳」，末有錢寶樹識語云：「咸豐七年故友許明經詢集字得一百部，惜遭兵燹。爰偕同志擬鏤版，而絀於費，乃集字得一百四十部。後之君子倘能壽諸梨棗，庶歐陽太守師古垂教之苦心，千秋若揭，是尤蒙所厚望也。」可知排印在同治間。鈐「陽湖陸爾昭藏」印。湖北省圖有同治七年活字本，《販書偶記續編》著録同治七年戊辰重刊木活字本，當即同版。《存目叢書》據華東師大藏本影印。○民國二十一年潛江甘氏崇雅堂刻本四卷，《崇雅堂叢書初編》之一。

明詞林人物考十二卷　明王兆雲撰　一七一三

浙江巡撫採進本（總目）。○《浙江省第六次呈送書目》：「《皇明詞林人物考》十二卷，明王兆雲輯，六本。」○《浙江採集遺書總録》：「《皇明詞林人物考》十二卷，刊本，明麻城王兆雲輯。」○北京大學藏明萬曆刻本，作《皇明詞林人物考》十二卷，卷一題「楚麻城王兆雲元禎輯著，豫順陽李蔭褶孅閱訂」。半葉九行，行十八字，白口，左右雙邊。前有李維楨序，萬曆三十二年焦竑序，凡例。《存目叢書》據以影印。北圖、上圖、臺灣「中央圖書館」等亦有是刻。

一七一四　弇州史料三十卷　明董復表編

左都御史張若溎家藏本(總目)。○《總裁張交出書目》:「《弇州史料》三十六本。」○《兩江第一次書目》:「《弇州史料》,明王世貞著,三十本。」○中國人民大學藏明萬曆四十二年楊鶴等雲間刻本,作《弇州史料前集》三十卷《弇州史料後集》七十卷,均題「瑯琊王世貞纂撰,華亭後學董復表彙次」。半葉九行,行十八字,白口,四周單邊。前有李維楨序,萬曆四十二年甲寅花朝日華亭陳繼儒序,董復表引。目録前列校刊名氏:「命梓:巡按浙直監察御史楊鶴。同閲:松江府知府張文炫、同知黄朝鼎、胡文熺、推官吴之甲、華亭縣知縣鄭元昭。督校:華亭縣儒學訓導孫繼芳。同校:松江府儒學訓導馮士梅。」又分校俞汝楫等。陳繼儒序云:「鹽臺侍御楊公性好異書,而尤好搜朝家典故,遂採陳子言,屬郡司理吴公、邑侯鄭公督梓之。」版心刻工:朱祖、施仲刻、于華、顧彦、洪文、張湖、孫士、周亭、何仁、顧文、吴耒、王祖、曹山、夏昆、沈实、蕭良(一作肖良)、潘垣刊、王成、張華、羅山(一作罗山)、秦山、錢禹、孙右、顧憲、孫訥、葉天、陳荣、顧脩、雇成、朱山、何憲、顧宇刻、施美、朱道、朱行、徐玉、潘文、井文、潘省、潘云、顧信、陶文、徐中、王善、葉添等。卷内鈐「曾在潛樓」白文方印。《存目叢書》僅影印前集三十卷。北圖、上圖、南圖多藏是刻。○明刻本,書名卷數同前本,半葉九行,行十八字,白口,四周單邊。清華、東北師大、浙圖、廣東中山圖等藏。

一七一五　兩浙名賢録五十四卷外録八卷　明徐象梅撰

浙江巡撫採進本(總目)。○《浙江省第六次呈送書目》:「《兩浙名賢録》五十四卷《外録》八卷,明徐象梅著，二十四本。」〇《浙江採集遺書總録》：「《兩浙名賢録》五十四卷《外録》八卷，刊本，明錢塘徐象梅輯。」〇《兩江第一次書目》：「《兩浙名賢録》，明徐象梅著，八本。」〇北京大學圖書館藏明天啟徐氏光碧堂刻本，卷一題「東海徐象梅仲和氏譔，當湖陸澄原嗣端氏閲」，各卷閲者不同。半葉九行，行二十一字，白口，四周單邊。版心刻「光碧堂」三字。前有朱國祚序，天啟四年甲子黄汝亨序，天啟三年癸亥楊師孔序，天啟三年賀君恩序，天啟二年樊維城序，天啟三年陸澄原序。陸序有「《名賢録》刻既成，客有過余者」等語。又《外録》前有天啟四年徐象梅《凡例》，版式字體一如正編。蓋天啟三年至四年所刻。卷内鈐「芥園」、「環山樓藏書印」等印記。是本《外録》第八卷係鈔配。《存目叢書》據以影印。北圖、上圖、南圖等亦藏是刻。《中國古籍善本書目》著録爲「天啟元年徐氏光碧堂刻本」，恐未確。〇清光緒二十六年浙江書局刻本六十二卷六十二册，北京師大、杭州大學藏。

古今貞烈維風什四卷　明許有穀撰　一七一六

兩淮馬裕家藏本（總目）。〇《兩淮商人馬裕家呈送書目》：「《古今貞烈維風什》四卷，明許有穀，二本。」〇臺灣「中央圖書館」藏明陽羨許氏刻本四卷四册，卷一題「陽羨許有穀子仁甫著，弟有節子和甫攷正，侄用宗、允泰、允恭、允中、際熙、際昌校」。半葉八行，行二十二字，白口，四周單邊。前有《刻古今貞烈維風什凡例》，無年月。白棉紙，初印本。鈐有「劉承幹字貞一號翰怡」、「吴興劉氏嘉業堂藏書印」等印記。乙亥冬梢觀於臺北。天津圖書館藏有明刻本，行款版式同，卷二至卷四題撰校人名與前本同，唯卷一作「陽羨許有穀子仁甫著，弟有節子和甫攷正，侄允泰、用卿、鼎臣、際熙、啓洪、鴻徵校」，當是同版而經改刻首葉署名者。又卷前吴達可序，李洵瑞引，亦前本所無。卷内鈐「翰林院印」滿漢文大官印，是當時進呈四庫原本。又鈐「慶增氏」朱文方印。《存目叢書》即據津圖是本影印。按：爲是本作序之吴達可，明萬曆五年進士，卒於天啟元年，則是書當刻於萬曆間。

忠義存褒什二卷　明許有穀撰　　一七一七

兩淮馬裕家藏本(總目)。○《兩淮商人馬裕家呈送書目》：「《忠義存褒什》二卷，明許有穀，二本。」○《編修勵第一次至六次交出書目》：「《存褒什》一本。」○天一閣文管所藏明崇禎刻本，作《皇明忠義存褒什》二卷。卷一題「陽羨許有穀子仁甫手著，弟許有節子和甫攷正，侄用宗、用卿、明鉉、明臯、明夔、履道、道隆、道際、允恭、允泰、際熙、際昌同閲」。卷二「際昌」改「允中」，餘同。半葉八行，行二十二字，白口，四周單邊。前有虎林後學陸起鯨《忠貞合璧序》，金鵞山人王升引，同邑儲昌祚引。鈐有「開萬樓藏書印」印記。《存目叢書》據以影印。按：王重民《善本提要》著録美國國會圖書館藏「明萬曆間刻本」，行款同，有吴達可序，無陸起鯨序及王升、儲昌祚引。卷端題名作「陽羨許有穀子仁甫手著，弟許有節子和甫考正，侄用宗、允泰、允恭、允中、用卿、鼎臣、鼎元、際昌、丕顯同閲」。二本當是同版，疑天一閣本爲《忠義存褒什》與《古今貞烈維風什》彙印爲《忠貞合璧》時所改刻，故卷端閲者頗有出入。王重民所見美國國會圖書館本猶是原始面貌，吴達可序亦係刊版時所加。考吴達可序《古今貞烈維風什》云：「皇明遜國時殉難諸賢，業已蒐闡其事什曰《忠義存褒》，盛行海内。」然則許有穀二書皆吴達可序，此《皇明忠義存褒什》撰刻在《古今貞烈維風什》之前，其在萬曆間更無疑義。《中國古籍善本書目》著録爲「明崇禎刻本」，恐未確。

續列女傳九卷　明邵正魁撰　**一七一八**

浙江鮑士恭家藏本（總目）。○《浙江省第四次鮑士恭呈送書目》：「《續列女傳》九卷，明邵正魁著，三本。」○《浙江採集遺書總録》：「《續列女傳》九卷，刊本，明休寧邵正魁輯。」

逸民史二十二卷　明陳繼儒編　**一七一九**

内府藏本（總目）。○《武英殿第二次書目》：「《逸民史》六本。」○北京大學藏明萬曆刻本，題「華亭陳繼儒輯，新安吴懷謙校」，半葉九行，行十八字，白口，左右雙邊。前有萬曆三十一年王衡序。《存目叢書》據以影印。北圖、上圖等亦藏是刻。

東越文苑六卷　明陳鳴鶴撰　**一七二〇**

兩淮馬裕家藏本（總目）。○《兩淮商人馬裕家呈送書目》：「《東越文苑》六卷，明陳鳴鶴，二本。」○湖北省圖書館藏清鈔本，半葉九行，行十八字，白口，左右雙邊。前有萬曆王稺登序。鈐有「臣郭柏蒼」、「蒹秋圖書」、「蒹秋藏書」、「閩中郭蒹秋藝文金石記」、「黄熥」、「苣農」、「成芳私印」、「肖岩具眼」等印記。内有「蔚按」云云多條，當是郭柏蔚批注。《存目叢書》據以影印。○福建省圖書館藏清鈔本六卷四册，鈐有「閩中郭蒹秋藝文金石記」印，清郭柏蒼校。○清道光十九年刻本，作《增訂東越文苑》六卷，明陳鳴鶴撰，清郭柏蔚增訂。首都圖書館藏。〇清同治十二年侯官郭元昌刻本，明陳鳴鶴撰，清郭柏蔚增訂，上圖、遼圖藏。

姑蘇名賢小記二卷　明文震孟撰　一七二一

兩淮馬裕家藏本（總目）。〇《兩淮商人馬裕家呈送書目》：「《姑蘇名賢小記》二卷，明文震孟，二本。」〇《浙江省第四次汪啟淑家呈送書目》：「《姑蘇名賢小紀》二卷，明文震孟著，一本。」〇《浙江採集遺書總録》：「《姑蘇名賢小紀》二卷，刊本，明文震孟撰。」〇無錫市圖書館藏明萬曆四十二年文氏竺塢刻本，正文首題「姑蘇名賢小紀卷上」，次題「長洲後學文震孟論次」。半葉九行，行十八字，白口，左右雙邊。版心下刻「竺塢藏書」四字。前有萬曆四十二年自序，末署「萬曆甲寅新秋雁門文震孟文起甫書于竺塢草廬」。《存目叢書》據以影印。故宫、上圖、臺灣「中央圖書館」亦藏是刻。原北平圖書館藏一帙，鈐「武昌柯逢時收藏圖記」，又有柯逢時手記：「光緒十五年九月雨窗讀竟，因付小史重裝。逢時記。」王重民《善本提要補編》著録，現存臺北「故宫博物院」。〇萬曆四十二年文氏竺塢刻清順治九年文然重修本。北圖、北大、上圖、南圖、廣東中山圖藏。〇上海圖書館藏清初鈔本。〇上圖又藏清鈔本。〇上圖藏清乾隆三十三年魚元傅鈔本（見《中國古籍善本書目》徵求意見稿）。〇中央民族大學藏清鈔本，附文秉《姑蘇名賢續紀》一卷。〇臺灣「中央圖書館」藏舊鈔本，半葉九行，行十八字。前有文震孟序。後有校記，署「壬辰仲春冡孫□百拜重校録于竺塢山堂」。即從順治九年壬辰文然重修本録出者。鈐「煇毓鼎印」、「宛平煇氏所藏」等印記。該館

《善本書志初稿》著録。○北大藏清鈔本，鈐「鄭齋校讀之本」白文方印。《木犀軒藏書題記及書録》著録。○清光緒八年長洲蔣鳳藻刻本，《心矩齋叢書》之一。

一七二二

崇禎閣臣行略一卷　明陳盟撰

浙江巡撫採進本（總目）。○《浙江省第十次呈送書目》：「《崇正閣臣行略》一卷，國朝陳盟著，一本。」○《浙江採集遺書總録》：「《崇正閣臣行略》一册，寫本，蜀人陳盟撰。」○北京圖書館藏清初鈔本，作《崇禎内閣行略》，附《崇禎五十輔臣傳》後。參《崇禎五十宰相傳》條。○南京圖書館藏清嘉慶二十年鈔本，首題「崇禎内閣行畧」，次行題「西蜀太史陳盟雪灘著」。半葉七行，行十六字，無格。前有「嘉慶乙亥荷月抄」識語。鈐有「蘇南區文物管理委員會藏」朱文方印。《存目叢書》據以影印。○北京大學藏清鈔本，作《崇禎閣臣事略》一卷。○北京圖書館藏清鈔《明季野史彙編》本，作《崇禎内閣行略》一卷首附《閣臣年表》一卷。半葉九行，行二十二字，無格。○北京圖書館藏清周氏書鈔閣鈔《書鈔閣鈔書五種》本，作《崇禎閣臣事略》一卷，半葉十三行，行二十五字，紅格，紅口，左右雙邊。○清光緒順德龍氏刻《知服齋叢書》第五集本，作《崇禎内閣行略》一卷。

一七二三

王謝世家三十卷　明韓昌箕撰

江蘇巡撫採進本（總目）。○《江蘇省第一次書目》：「《王謝世家》四本。」○《江蘇採輯遺書目録》：「《王謝世家》三十卷，明西吴韓昌箕著，刊本。」○北京大學藏明天啟刻本，題「石封夏儀元徵甫評閲，西吴韓昌箕仲弓甫纂校」。半葉九行，行十九字，白口，四周單邊。前有天啟二年壬戌自序。封面刻「韓衙藏板，飜刻千里必究」。知即天啟二年自刻本。鈐有「謝家」、「王茗孫印」、「王懿榮」、「天壤閣收藏章」、「福山王氏正孺藏書」、「朱陸祕笈」等印記。《存目叢書》據以影印。北圖、上圖、臺灣「中央圖書館」等亦藏是刻。

一七二四　名臣志鈔二十四卷　明吳孝章撰

浙江巡撫採進本（總目）。○《浙江省第六次呈送書目》：「《昭代名臣志鈔》四卷，明吳孝章輯，六本。」按：「四卷」當作「二十四卷」。○《浙江採集遺書總録》：「《昭代名臣志抄》二十四卷，刊本，明吳孝章輯。」○上海圖書館藏明天啟刻本，作《昭代名臣志鈔》二十四卷，其中卷五至卷八佚去。題「渤海吳孝章平子鈔，吳中偉生白閱」，半葉九行，行二十字，白口，四周雙邊。前有天啟三年癸亥吳中偉序，缺首葉，序末有「屬吏汪其俊監刻」小字一行。當即天啟三年刻本。卷二十一至卷二十四殘破。《存目叢書》據以影印。

一七二五　歷代相業軍功考二卷明代相業軍功考二卷　明沈夢熊撰

浙江巡撫採進本（總目）。○《浙江省第六次呈送書目》：「《歷代相業軍功考》二卷，明沈夢熊著；《皇明相業軍功》二卷，明沈夢熊著，共三本。」○《浙江採集遺書總録》：「《歷代相業軍功考》二卷，刊本，明湖州沈夢熊輯。」又：「《皇明相業軍功考》二卷，刊本，明沈夢熊輯。此與前《歷代相業軍功考》同時合刻者。」○原北平圖書館藏明天啟三年費邦教等刻本，作《歷代相業考》一卷《皇明相業軍功考》二卷，四册，題「西吳後學沈夢熊兆揚父集，友人費邦教無逸、包鉉鼎玉訂」。半葉九行，行二十字，白口，左右雙邊。有天啟三年薛玉衡序。卷内鈐「明善堂覽書畫印記」、「安樂堂藏書記」等印記。王重民《善本提要補編》、臺灣《中央圖書館善本書目》著録。現存臺北「故宫博物院」。中國社科院歷史所亦藏是刻，作《歷代相業考》一卷《皇明軍功考》一卷。《藏園群書經眼録》著録明刻本，僅《皇明相業考》一卷《軍功考》一卷。皆非足本，其中《歷代軍功考》一卷未見著録。

一七二六　銀鹿春秋一卷　明陸嘉穎撰

浙江巡撫採進本（總目）。○《浙江省第七次呈送書目》：「《銀鹿春秋》，明陸嘉穎輯，一本。」○《浙江採集遺書總録》：「《銀鹿春秋》一册，寫本，明吴郡陸嘉穎撰。」

一七二七　孝友傳二十四卷　明郭凝之撰

江蘇巡撫採進本（總目）。○《江蘇省第一次書目》：「《孝友傳》六本。」○《江蘇採輯遺書目録》：「《孝友傳》二十四卷，明武陵郭凝之著，刊本。」○北京大學藏明崇禎刻本，題「明武林郭正中輯，男忠祐重較」。半葉八行，行十九字，白口，四周雙邊。前有林增志序，癸酉吴太冲序，末有癸酉孟冬自序。自序云：「自國初迄今二百六十六年，上自公卿，下至氓庶，孝友之行，隆於前古，余因次第古今事蹟爲《孝友傳》二十四卷、《皇明孝友傳》八卷。」則癸酉爲崇禎六年。《存目叢書》據以影印。南圖、温州市圖、臺灣「中央圖書館」亦藏是刻。

一七二八　明孝友傳八卷　明郭凝之撰

浙江巡撫採進本（總目）。○《浙江省第十一次呈送書目》：「《皇明孝友傳》八卷，明郭凝之輯，二本。」○《浙江採集遺書總録》：「《皇明孝友傳》八卷，刊本，明仁和郭凝之輯。」○北京大學藏明崇禎刻本，作《皇明孝友傳》八卷，題「明武林郭中正輯，男忠祐重較」。半葉八行，行十九字，白口，四周雙邊。按：此與《孝友傳》字體版式同，據《孝友傳》自序，知係同時所輯，當亦同時付梓者。《存目叢書》據以影印。

遜國忠記十八卷　明周鑣撰　**一七二九**

浙江巡撫採進本（總目）。○《浙江省第六次呈送書目》：「《遜國忠記》十八卷，明周鑣著，二本。」○《浙江採集遺書總録》：「《遜國忠記》十八卷，刊本，明周鑣撰。」○《江蘇省第一次書目》：「《遜國忠臣記》四本。」○《江蘇採輯遺書目録》：「《遜國忠記》十八卷，明金壇周鑣著，刊本。」○陝西省圖書館藏明崇禎刻本，正文首題「遜國忠紀卷之一」，次題「華陽周鑣仲馭編次」。半葉九行，行二十字，白口，四周單邊。前有楊廷樞序，崇禎六年癸酉張明弼序。張序云：「仲馭……手輯遜國逸事，存其信者，汰其疑者，刻成之，示予請序。」則是書刊成於崇禎六年。卷内鈐「環山樓藏書印」、「退一步想書屋」等印記。《存目叢書》據以影印。北圖、南大、河南圖、安徽博物館亦藏是刻。

古今宗藩懿行考十卷　明朱常淓輯　**一七三〇**

内府藏本（總目）。○《武英殿第一次書目》：「《古今宗藩懿行考》六本。」○《浙江省第四次汪啟淑家呈送書目》：「《古今宗藩懿行考》十卷，明潞王常淓輯，十本。」○《浙江採集遺書總録》：「《古今宗藩懿行考》十卷，刊本，明潞王常芳輯。」○天津圖書館藏明崇禎九年潞藩刻本，半葉九行，行十八字，白口，四周雙邊。版心雙魚尾，上魚尾上刻「大明崇禎八年」，上下魚尾之間刻「潞國新刊古今宗藩懿行考」，下魚尾下刻卷、葉數。前有崇禎九年潞王朱常淓進書疏及諭旨。崇禎九年八月初八字諭旨云：「着長史司啓王授梓流行。」崇禎九年十一月七日常淓奏云：「謹將原書遵旨授梓，裝裹成帙，恭進五十部。」末有朱統鐼後序。《存目叢書》據以影印。北大、吉林省圖、臺灣「中央圖書館」、臺灣中研院史語所均藏是刻。據沈津《雲煙過眼新録》(三)記載，臺灣史語所本有崇禎九年正月朱常淓疏義。鈐有「潞國世傳」、「白岩竹樓主人裛滔氏周浩印」、「少衡」、「少衡一字裛滔」、「東方文化事業總委員會所藏圖書印」以及「翰林院印」滿漢文大方印等印記(《書目季刊》第三十五卷第三期)。知係進呈四庫館之本。

明經濟名臣傳四卷　明賀中男撰　**一七三一**

江西巡撫採進本(總目)。〇《江西巡撫海第二次呈送書目》：「《明經濟名臣傳》四本。」〇臺灣中研院史語所藏明崇禎刻本，作《皇明經濟名臣録》四卷八册，題：「永新賀中男輯録，泰和曾文饒訂正，烏程閔及申較定。」半葉九行，行二十字，白口，四周單邊。前有戊寅孟秋吳興閔及申序，此序首葉版心有刻工：「□城劉卿寫□。」又西昌曾文饒序，男善來凡例。書衣題「海津沈氏藏書」一行。卷内鈐「東方文化事業總委員會所藏圖書印」印記。戊寅五月初三觀於臺北。

宗聖譜十四卷　明鄒泉撰　**一七三二**

江蘇巡撫採進本(總目)。〇《江蘇省第二次書目》：「《宗聖譜》四本。」〇北京圖書館藏明萬曆十六年徐振德刻本，題「古吳常熟後學嶧山鄒泉子静甫編次，見東徐振德教之甫校正」。半葉十一行，行二十四字，白口，四周單邊。前有諸壽賢《重刻宗聖譜序》云：「原板火於書肆，見東懼其湮没失傳也，仍加校正，復付剞劂氏。」又萬曆十六年戊子夏南京國子監祭酒右春坊右庶子兼翰林院侍讀司經局洗馬經筵講官定宇趙用賢《刻嶧山鄒先生宗聖譜序》云：「徐光禄命其子録而校之，以付剞劂氏。」卷内鈐「詒經堂張氏珍藏」朱文方印，張金吾故物也。《存目叢書》據以影印。上圖另藏一帙。

辨隱録四卷　明趙鳳翀撰　**一七三三**

浙江汪啟淑家藏本(總目)。○《浙江省第四次汪啟淑家呈送書目》：「《辨隱録》四卷，明趙鳳翀著，二本。」○《浙江採集遺書總録》：「《辨隱録》四卷，刊本，明蘭溪趙鳳翀輯。」○《提要》云「爵里未詳」。按：《兩浙著述考》云：「此書載雍正《浙江通志》及《金華經籍志》。」知爲明浙江金華府蘭溪縣人。

陸氏世史鈔六卷　明陸濬源撰　**一七三四**

浙江巡撫採進本(總目)。○《浙江省第八次呈送書目》：「《陸氏世史》六卷，明陸濬源輯，六本。」○《浙江採集遺書總録》：「《陸氏世史》六卷，寫本，明平湖陸濬源輯。」

衡門晤語六卷　明潘京南撰　**一七三五**

兩江總督採進本(總目)。○《兩江第二次書目》：「《晤語》，明潘京南輯，二本。」○北京圖書館藏明刻本，正文首題「衡門晤語前集」，次題「明新都潘京南輯」。前有叙例，題「壽櫟生潘京南著」。半葉十行，行二十字，白口，四周單邊。書分前、後、續、别四集，後兩集復分上下，共爲六卷。卷内鈐「陽湖陶氏涉園所有書籍之記」朱文長方印。《存目叢書》據以影印。津圖另藏一帙。臺灣「中央圖書館」藏一部，僅存前四卷。

楚寶四十五卷　明周聖楷撰　**一七三六**

湖南巡撫採進本（總目）。○《湖南省呈送書目》：「《楚寶》十二本。」○北京大學藏明崇禎刻本，卷一題「明梁谿高世泰彙旃父鑒定，湘潭後學周聖楷輯篹，男雲虯、雲豸較訂」。半葉九行，行二十字，白口，四周單邊。前有楚學使高世泰序云「庚辰予來視學」，世泰崇禎十年進士，此庚辰爲崇禎十三年。又崇禎十四年辛巳蔡道憲《楚寶董工序》，言及刻書事。序後有「門人周雲虬拜手録梓」三行。當即崇禎十四年刻於湖北者。卷一首葉版心記刻工：「吉水郭達甫寫刻。」《存目叢書》據以影印。○清道光九年寧鄉學署重刻本四十卷外編五卷，上圖、復旦、南大、人民大學等藏。

道南録五卷　不著撰人名氏　**一七三七**

江蘇巡撫採進本（總目）。○《江蘇省第一次書目》：「《道南録》三本。」○《江蘇採輯遺書目録》：「《道南録》五卷，清提學副使金賁亨著，刊本。」○《浙江省第四次吴玉墀家呈送書目》：「《道南録》五卷，明金賁亨著，二本。」○《浙江採集遺書總録》：「《道南録》五卷，寫本，明提學副使臨海金賁亨撰。」○原北平圖書館藏明嘉靖三十八年建寧知府劉佃刻本，作《道南書院録》五卷《附録》一卷，二册。半葉十行，行二十字。有嘉靖十四年金賁亨自序，嘉靖三十八年舒春芳序，嘉靖三十八年楊應詔序，嘉靖十四年趙淵跋，嘉靖二十六年魏濠跋，嘉靖三十八年劉佃跋。是本現存臺北「故宫博物院」。王重民《善本提要補編》、臺灣《中央圖書館善本書目》著録。王重民曰：「嘉靖八年賁亨督閩省學政，建道南書院於會城，祀程顥、楊時、羅從彦、李侗、朱熹五先生。顥非閩産，以閩四先生之學來自程氏。因著五先生言行爲是録。《四庫存目》所載《道南録》五卷，實即是書。《四庫提要》謂不著撰人名氏者，因所據本無序跋，館臣又未詳考故也。是録初刻於台州，此爲建陽翻刻本。」○清嘉慶道光間臨海宋氏刻《台州叢書》本，作《道南書院録》五卷，明金賁亨撰(見《中國叢書綜録》)。

國殤紀略一卷　不著撰人名氏　一七三八

浙江巡撫採進本(總目)。○《浙江續購書》：「《國殤紀略》一本。」○《浙江採集遺書總録》：「《國殤紀略》一册，寫本，不著撰人姓名。」

崇禎五十宰相傳一卷　國朝曹溶撰　一七三九

浙江巡撫採進本(總目)。○《浙江省第十次呈送書目》：「《崇正五十宰相年表》一卷《傳》一卷《初稿》一卷，國朝曹溶著，一本。」○《浙江採集遺書總録》：「《崇正五十宰相年表》一卷《傳》一卷《初稿》一卷，寫本，國朝侍郎秀水曹溶撰。」○南京圖書館藏清研古樓鈔本，作《崇禎五十宰相傳》一卷，題「倦圃老人重訂」，半葉九行，行二十二字。鈐「研古樓鈔本」、「張載華印」、「芷齋圖籍」、「心不負人而無慙色」、「終日與寶書古人相對」、「八千卷樓」、「錢唐丁氏正修堂藏書」、「辛卯劫後所得」等印記。按：此海鹽張載華研古樓鈔本，載華字佩兼，一字芷齋，清海鹽人，惟赤曾孫，藏書萬卷，遇有善本，手自鈔録，乾隆四十二年嘗輯刻《初白菴詩評》三卷。事見葉昌熾《藏書紀事詩》及王欣夫《補正》。然則是本之鈔亦約在乾隆年間。同治壬申書歸丁丙，卷前有跋曰：「同治壬申五月八日，丁學使紹周科試杭州府屬童生，出圖之日適閱是書。檢録《提要》，心有所繫，落筆輒有舛誤。同日閱古藏室史臣撰《宏光實録》，首列宏光大臣月表，益可嘆矣。田園散人識。」《存目叢書》據以影印。○北京圖書館藏清鈔本，作《崇禎五十輔臣傳》一卷，題「國朝曹溶撰」。附《崇禎閣臣年表》一卷《崇禎内閣行略》一卷，均題「西蜀太史陳盟雪灘著」。卷内玄、弘、曆字均不避諱，蓋猶清初寫本。鈐「萬卷樓」、「王氏二十八宿研齋祕笈之印」、「蔭嘉」、「秀州姚氏收藏之印」等印記。○北圖又藏清鈔本，首題「崇禎五十宰相傳」，次題「倦圃老人重訂」。白口，四周雙邊，無直格。先載《宰相年表序》，次《宰相年表》，次《宰相列傳》一至六。後又有《崇禎五十宰相傳初稿》，有康熙□申夏五同里受業門人陶越識語，謂「此係倦圃師初時手稿」、「特並録之」。卷内玄字缺末筆，弘、曆字不避，猶康雍間鈔本。《宰相年表序》首葉鈐「翰林院印」滿漢文大官印。《宰相列傳》五《周延儒傳》後有浮籤：「此處抽出應燬温體仁傳一篇。」係進呈四庫原本。○臺灣「中央圖書館」藏清道光二十年烏程陸長春鈔本，作《崇禎五十宰相傳》一卷《年表》一卷附《燕都志變》一卷共一册，題「倦圃老人訂」。半葉九行，行二十一字。《傳》末署「道光庚子長夏烏程陸長春手録」。《燕都志變》末署「庚子臘月上旬芙容外史手録」。鈐有「張乃熊印」、「芹伯」、「菦圃收藏」等印（見該館《善本書志初稿》）。○清光緒中順德龍氏刻《知服齋叢書》第五集本。○民國四年新昌胡氏刻本，《問影樓叢刻初編》之一，上圖藏。○《張氏適園叢書》本一册（北師大《中文古籍書目》）。

五十輔臣編年録殘本一卷　不著撰人名氏　**一七四〇**

浙江吴玉墀家藏本（總目）。○《浙江省第四次吴玉墀家呈送書目》：「《五十輔臣編年》一卷一本。」○《浙江採集遺書總録》：「《五十輔臣編年》一卷，瓶花齋寫本，不著撰人。」○《提要》云：「版心有『槜李曹氏倦圃藏書』字，蓋曹溶家舊本。疑溶嘗作《崇禎五十輔臣傳》，此其稿本之一册爾。」又云：「卷尾題曰『五十輔臣編年録』，殆不可曉。書中文理斷續，率不可讀。繕寫惡劣，亦幾不成字。」

歷代循良録一卷　國朝孫蕙撰　**一七四一**

山東巡撫採進本（總目）。○《山東巡撫呈送第一次書目》：「《歷代循良録》一本。」

古人幾部六卷　國朝陳允衡撰　**一七四二**

兩江總督採進本（總目）。○《兩江第一次書目》：「《古人幾部》，明陳伯璣輯，二本。」○《山東巡撫第二次呈進書目》：「《古人幾部》二本。」○廣東中山圖書館藏清初刻本，卷一題「姑山陳允衡伯璣著」。半葉九行，行二十字，白口，四周單邊。前有黄國琦序，丙戌冬方拱乾序，劉城序，丙戌秋朱之瑶序。丙戌爲順治三年，蓋即刻於是年。《存目叢書》據以影印。上圖亦藏是刻。

歷代黨鑑五卷　國朝徐賓撰　**一七四三**

浙江汪啟淑家藏本（總目）。○《浙江省第四次汪啟淑家呈送書目》：「《歷代黨鑑》五卷，國朝徐賓著，二本。」○《浙江採集遺書總録》：「《歷代黨鑑》五卷，刊本，國朝徐賓輯。」○臺灣「中央研究院」史語所藏清康熙刻本，五卷五册。半葉十行，行二十字，白口，左右雙邊。前有宋實穎題辭，次□□總序，次徐賓總序，次徐賓《明東林黨籍論序》三篇。次正文，首題「歷代黨鑑卷之一上」，次行題「東海徐賓輯」。卷一分上下二子卷，故全書共有六卷。各葉下方均殘損一兩字。書衣有「乾隆三十八年十一月□□□撫三寶送到汪啟淑□□歷代黨鑑録壹□計書貳□」長方進書木記，下部殘破，字不完。闕字依次當爲：浙江巡、家藏、部、本。卷内鈐「翰林院印」滿漢文大官印，又鈐「徐賓之印」、「用王」二印。知係徐賓自藏之本，乾隆三十八年汪啟淑進呈四庫者。原二册，重裝爲四册。戊寅五月觀。

孔庭神在録八卷　國朝胡時忠撰　一七四四

江蘇巡撫採進本（總目）。○《江蘇採輯遺書目録》：「《孔庭神在録》八卷，清御史無錫胡時忠著，刊本。」○《浙江省第一次書目》：「《孔庭神在録》二本。」○雲南大學藏清康熙二十五年裒古堂刻本，題「錫山胡時忠編次，甥張夏、男永禔參補，男永祚、男鼒仝校」。半葉九行，行二十字，白口，四周單邊。前有康熙二十五年丙寅張夏題詞云：「仲子出是録屬余共事校讐，鋟之梓以公當世，工既竣，辱命綴數言。」又康熙丙寅馬光序。封面刻「裒古堂藏板」五字。是胡氏家刻本。《存目叢書》據以影印。

畿輔人物志二十卷　國朝孫承澤撰　一七四五

浙江吴玉墀家藏本（總目）。○《浙江省第四次吴玉墀家呈送書目》：「《畿輔人物志》二十卷，國朝孫承澤著，五本。」〇《浙江採集遺書目録》：「《畿輔人物志》二十卷，刊本，國朝孫承澤撰。」〇山東省圖書館藏清初刻本，題「北平孫承澤著」。半葉九行，行二十字，白口，四周單邊。前有順治己亥梁清標序，順治己亥王崇簡序，順治己亥成克鞏序，成序後有「男光書」三字。又順治己亥魏裔介序，順治戊戌孫承澤序。諸序均在順治十六年己亥，蓋即刻於是年。鈐「璜川吴氏收藏圖書」印記。《存目叢書》據以影印。北圖、山西永濟縣圖書館亦有是刻。

四朝人物略六卷　國朝孫承澤撰　**一七四六**

副都御史黄登賢家藏本(總目)。〇《都察院副都御史黄交出書目》：「《四朝人物略》，本朝孫承澤，九本。」

益智録二十卷　國朝孫承澤撰　**一七四七**

副都御史黄登賢家藏本(總目)。〇《都察院副都御史黄交出書目》：「《益智録》，本朝孫承澤輯，四本。」〇漢陽劉昌潤藏清康熙刻本，題「退谷孫承澤輯」。有康熙十四年乙卯自序。卷内鈐「商丘宋筠蘭揮氏」、「曾歸徐氏彊誃」、「漢陽劉氏文房」、「劉昌潤考藏□後歸經籍」、「歷劫不磨」、「復盦善本」、「孝慈慶藏」等印記。此即《中國古籍善本書目》著録湖北省圖書館藏本。《存目叢書》據以影印。上海圖書館亦藏是刻。

顧氏譜系考一卷　國朝顧炎武撰　**一七四八**

兩江總督採進本(總目)。〇清康熙吴江潘耒遂初堂刻《亭林遺書》本，題「炎武述」，半葉十一行，行二十字，白口，左右雙邊。寫刻甚精。北大、首都圖書館、上圖等藏。《存目叢書》據山西祁縣圖書館藏本影印。○清蓬瀛閣刻吴縣朱記榮增刻光緒三十二年彙印《顧亭林先生遺書》本。

檇李往哲續編一卷　國朝項玉筍撰　　**一七四九**

浙江巡撫採進本（總目）。○《浙江省第六次呈送書目》：「《檇李往哲續編》一卷，國初項玉筍輯，一本。」○《浙江採集遺書總録》：「《檇李往哲續編》一册，刊本，國朝項玉筍撰。」○臺灣「中央圖書館」藏清康熙退圃刻本，半葉十行，行二十字，白口，四周單邊。版心上題「檇李往哲續編」，下刻「退圃藏板」，偶刻作「嬾真堂」。前有康熙二十一年壬戌項玉筍序，末署「書於嬾真堂」。次目録，題「檇李往哲續編目」，次行題「同里後學項玉筍嵋雪撰」。正文首行題「嬾真堂文集」。共十一人傳，各傳版心葉碼自爲起迄。此與《檇李往哲初編》同時所刻，蓋即康熙二十一年項玉筍授梓者。鈐有「管庭芬印」、「培蘭」、「海昌管庭芬讀」、「澤存書庫」等印記。乙亥歲梢觀。

金華徵獻略二十卷　國朝王崇炳撰　　**一七五〇**

浙江巡撫採進本（總目）。○《浙江省第八次呈送書目》：「《金華徵獻略》二十卷，國朝王崇炳著，十本。」○《浙江採集遺書總録》：「《金華徵獻略》二十卷，刊本，國朝貢生王崇炳輯。」○首都師大藏清雍正十年金律刻本，題「鶴潭王崇炳虎文氏撰録，門人黄廷元殿選較訂，東湖金律孔時編梓」。半葉十行，行二十字，白口，左右雙邊。前有康熙五十九年庚子八月汪漋序，雍正十一年諸錦序，雍正十年趙元祚序，雍正十年夏黄廷元序。趙序云：「金華金孔時爲之梓，願得一言以冠簡端。」黄序亦謂金孔時出資付刊。封面刻「雍正壬子年鐫」、「婺東藕塘賢祠藏板」。《存目叢書》據以影印。北師大亦有是刻。《率祖堂叢書》本當即據此版刷印。

聖學知統録二卷　國朝魏裔介撰　**一七五一**

直隸總督採進本(總目)。○《直隸省呈送書目》：「《聖學知統録》二本。」○《兩江第一次書目》：「《聖學知統録》二卷，國朝魏裔介著，四本。」○《浙江省第十一次呈送書目》：「《聖學知統録》二卷《翼録》二卷，國朝魏裔介著，四本。」○《浙江採集遺書總録》：「《聖學知統録》二卷《翼録》二卷，刊本，國朝大學士柏鄉魏裔介撰。」○復旦大學藏清康熙龍江書院刻雍正修版印本，題「柏鄉魏裔介貞菴著，男荔彤編輯」。半葉九行，行二十字，白口，左右雙邊。版心刻「龍江書院鐫」五字。前有康熙五年丙午中秋自序。是本「貞」字缺末筆，當是避雍正帝諱。卷内有補刻之葉，版心無「龍江書院鐫」五字。蓋康熙初年龍江書院刻雍正間修補印本。《存目叢書》據以影印。

聖學知統翼録二卷　國朝魏裔介撰　**一七五二**

直隸總督採進本(總目)。○採進本參前條。○復旦大學藏清康熙龍江書院刻雍正修補印本，前有康熙七年自序，餘同前本，乃同時所刻。《存目叢書》據以影印。

希賢録五卷　國朝朱顯祖撰　**一七五三**

直隸總督採進本(總目)。○《直隸省呈送書目》：「《希賢録》四本。」按：《四庫存目》另有魏裔介《希賢録》十卷，亦直隸總督採進。此書在《直隸目》中與魏裔介著述十種前後並列，當是魏氏書。

○《兩淮商人馬裕家呈送書目》：「《希賢録》五卷，國朝朱顯祖，四本。」○《江西巡撫海第四次呈送書目》：「《希賢録》八本。」○山西祁縣圖書館藏清康熙三十二年天瑞堂刻本五卷八册，題「江都後學朱顯祖雪鴻輯，男澐、孫彬較訂，姪霈、姪孫柯重訂」。半葉九行，行二十字，大黑口，四周雙邊。前有康熙三十二年七月許汝霖序，康熙三十年七月崔華序，康熙二十三年自序。封面刻「天瑞堂藏板」。《存目叢書》據以影印。陝西省圖、福建師大、河南省圖亦有是刻。

洛學編四卷　國朝湯斌撰　一七五四

浙江巡撫採進本（總目）。○《浙江省第十次呈送書目》：「《洛學編》四卷，國朝湯斌輯，一本。」○《浙江採集遺書總録》：「《洛學編》四卷，刊本，國朝尚書睢川湯斌撰。」○《兩江第一次書目》：「《洛學編》，睢州湯斌輯，一本。」○《河南省呈送書目》：「《洛學編》，本朝湯斌著，一本。」○雲南省圖書館藏清康熙十二年刻乾隆三年續增本五卷，封面刻「懷潤堂藏書」五字。其前四卷爲《洛學編》，題「睢州湯斌潛菴輯，男沆較刊」，半葉十行，行二十字，白口，左右雙邊。前有康熙十二年季冬孫奇逢序，凡例，目次。第五卷首行題「洛學編卷之五」，次行題「博陵尹會一元孚輯」，三行題「續編」。《續編》前有乾隆三年七月尹會一序云：「自《洛學編》板於癸丑，又六十六年矣。」末署「題於大梁書院」。是本《洛學編》四卷版已漫漶，當是康熙十二年原版。《續編》一卷則是乾隆三年增刻。《中國古籍善本書目》著録爲「清乾隆三年懷潤堂刻本」，恐未確。上圖、清華、中國社科院考古所等亦藏是刻。○雲南大學藏清康熙樹德堂刻本四卷，行款版式同前本，封面刻「樹德堂藏書」五字。

或謂此即康熙原刊前四卷之初印本。余以二本相校,知其字體微異,即孫奇逢序觀之,懷潤堂印本猶存筆意,樹德堂本則筆畫秃拙,筆意全失。懷德堂本末有康熙五十一年九月望日受業王廷燦跋云:「燦浙水末學,忝受業睢州之門墻,將鋟是編,以垂諸無窮。」末署「跋於崇川之敬修堂」。然則此係康熙五十一年王廷燦翻刻於崇川者。其原版猶存大梁書院,故乾隆三年尹會一得以續刊一卷。又王廷燦本弘字缺筆,當亦乾隆初年印本。鈐有「吴卓信印」、「臣卓信印」、「項儒」、「立峯」等印。《存目叢書》據以影印。○清道光七年刻《湯文正公遺書》本。○清道光九年商丘陳氏刻本二册,上圖藏。○清道光十三年浚儀田倣刻本,尹會一、程志先各續一卷,共六卷二册,上圖藏。○清同治九年蘇廷魁等刻《湯文正公全集》本。○清光緒二年有不爲齋刻本六卷,上圖、人民大學藏。

續表忠記八卷　國朝趙吉士撰　**一七五五**

副都御史黄登賢家藏本(總目)。○《都察院副都御史黄交出書目》:「《續表忠記》,本朝趙吉士,四本。」○《浙江省第四次鮑士恭呈送書目》:「《續表忠記》八卷,國朝趙吉士著,四本。」○《浙江採集遺書總録》:「《續表忠記》八卷,刊本,國朝給事中錢塘趙吉士撰。」○清華大學藏清康熙三十七年寄園刻本,題「漸岸恒夫趙吉士纂輯,四明公弼盧宜彙輯」。半葉九行,行二十字,白口,四周單邊。前有汪灝序,康熙三十七年戊寅冬趙吉士於寄園新又堂序。《存目叢書》據以影印。北圖、上圖、復旦等亦藏是刻。○北京師大藏鈔本四册。

天中景行集無卷數　國朝邵燈撰　一七五六

江蘇周厚堉家藏本（總目）。○《江蘇省第一次書目》：「《天中景行集》八本。」○《江蘇採輯遺書目録》：「《天中景行集》不分卷，河防使者常熟邵燈著。」

中州道學編二卷補編二卷　國朝耿介編　施奕簪補編　一七五七

浙江巡撫採進本（總目）。○《浙江省第十次呈送書目》：「《中州道學編》二卷，國朝耿介著，二本。」○《浙江採集遺書總録》：「《中州道學編》二卷，刊本，國朝少詹事登封耿介撰。」○中國科學院圖書館藏清康熙三十年嵩陽書院刻本，《敬恕堂集》二種之一，僅《中州道學編》二卷，無施氏《補編》。半葉九行，行二十字，白口，左右雙邊。前有康熙二十九年李來章序，康熙三十年竇克勤序，康熙三十年冉覲祖序，康熙三十年門人王桂序，康熙三十年焦欽寵序，康熙三十年自序。封面刻「嵩陽書院藏板」六字。正文末《鍾爾知國士》二葉字體不同，當是補刻。《存目叢書》據以影印。山東省圖書館亦有是刻。

古懽録八卷　國朝王士禎撰　一七五八

江西巡撫採進本（總目）。○《編修勵第一次至六次交出書目》：「《古懽録》一本。」○清康熙朱從延快宜堂刻本，題「濟南王士禎貽上撰，新安門人朱從延翠庭校」。半葉十行，行十九字，白口，左右雙邊，單黑魚尾，版心上刻字數，下方右刻「快宜堂」，左刻刻工：有恒、鄧欽明、曾先、際生、尔仁、鄧玉、吉生。前有宋犖序、朱從延序。宋序云：「從延則欲廣其師傳，雕版以行，來請予序。」是本寫刻甚精。山東師大藏。《山東文獻集成》第二輯據以影印。○山東省圖書館藏清初鈔本，題「濟南王士禛貽上撰，新安門人朱從延翠庭校」。半葉八行，行字不等，行書，無欄格。前有康熙三十九年王士禛序，宋犖序，朱從延序。書中玄、胤字缺末筆，禛、弘字不避諱，蓋雍正時鈔本。鈐有「天一閣」印記。《存目叢書》據以影印。○清康熙刻本，《王漁洋遺書》之一。北大、南圖、復旦等藏。《鄭堂讀書記》卷二十三著録。

大成通志十八卷　國朝楊慶撰　一七五九

陝西巡撫採進本（總目）。○《陝西省呈送書目》：「《大成通志》。」○《浙江省第十次呈送書目》：「《大成通志》十八卷，國朝楊慶輯，十八本。」○《浙江採集遺書總録》：「《大成通志》十八卷，刊本，國朝諸生蘭州楊慶輯。」○福建師大藏清康熙理齋刻本，題「金臺羅森約齋甫訂証，上谷劉斗耀微甫鑒定，瀛海孫際昌名卿甫參閱，古成紀楊慶有慶甫輯著」。半葉九行，行二十四字，白口，四周雙邊，無魚尾。版心下刻「理齋」二字。封面刻「康熙己酉歲捐俸刊」八字。前有康熙八年己酉楊純臣序，康熙八年高璇序，康熙七年戊申孟家棟序，王予望序，任經邦序，楊恒序。總目後有「康熙己酉大臺捐助刊刻」姓氏及銀兩，以甘寧撫臺劉斗助銀一百六十兩、藩臺羅森助銀三十兩爲最多。又康熙八年楊慶《輯著大成通志始末次言》。末有康熙五十六年丁酉田遇龍跋，康熙八年楊逢春跋，康熙六年丁未謝賢後序，康熙八年郭弘業後序。卷十四末增刻康熙五十一年二月聖旨一道。全書末附康熙五十一年刻《蒙訓》一卷。然則，是本係康熙八年劉斗、羅森等捐刻康熙末增修本。卷内鈐「張名韓氏」、「盂齋」、「盂齋藏書」、「桃李園裏人家」、「張鳴垣印」、「鳳菴」等印記。《存目叢書》據以影印。寧夏圖書館、陝西韓城文化館、上海辭書出版社亦藏是刻。

一七六〇 續高士傳五卷 國朝高兆撰

浙江鮑士恭家藏本(總目)。○《浙江省第四次鮑士恭呈送書目》:「《續高士傳》五卷,明高兆撰,二本。」○《浙江採集遺書總録》:「《續高士傳》五卷,刊本,明閩縣高兆輯。」○中國科學院圖書館藏清康熙遺安草堂刻本,題「侯官高兆撰」。半葉八行,行十九字,白口,左右雙邊。版心下刻「遺安草堂」四字。前有辛丑十月紀映鍾序,屠爌序,胡介序,陶澂序,陳日浴序。辛丑爲順治十八年,書中玄字缺末筆,蓋康熙初刻本也。此本寫刻精絶,傳世極罕。鈐有「錫庚閲目」印,又「道光元年十一月廿又一日」題記,下鈐「錫庚閲目」印,大興朱錫庚手蹟也。《存目叢書》據以影印。○清光緒十九年石埭徐氏刻本,《觀自得齋叢書》之一。

一七六一 理學備考三十四卷 國朝范鄗鼎撰

江西巡撫採進本(總目)。○《江蘇省第二次書目》:「《理學備考》四本。」○《江蘇採輯遺書目録》:「《理學備考》三十四卷,清洪洞范鄗鼎著,刊本。」○《浙江省第十一次呈送書目》:「《理學備考》三十四卷,國朝范鄗鼎輯,十四本。」○《浙江採集遺書總録》:「《理學備考》三十四卷,刊本,國朝洪洞范鄗鼎輯。」○《山西省呈送書目》:「《理學備考》三十四卷。」○《提要》云:「初刻於康熙辛酉,續刻於己巳,再續刻於甲戌。」○山西省圖書館藏清康熙范氏五經堂刻本,三十四卷。題

「洪洞後學范鄗鼎删定，男翼挍録」。半葉九行，行二十五字，白口，四周雙邊。版心下刻「五經堂删定」。子目：卷一至六《理學名臣録》，絳州辛全輯。卷七至十《理學宗傳》，容城孫奇逢輯。卷十一至十六續補。卷十七至十八《學統》，孝昌熊賜履輯。卷十九至二十九《雒閩源流録》，無錫張夏輯。卷三十至三十四《明儒學案》，姚江黄宗羲輯。皆范鄗鼎删定。全書前有序多篇，其中康熙三十四年乙亥曹續祖《讀理學備考後識》云：「讀《理學備考》則始於歲庚申，而卒業於甲戌之冬。蓋先生輯此書，始而辛集、孫集，既而續補、再續、三續，繼又以《學統》續，以《雒閩源流》續，至甲戌又以棃州《學案》續，而書方成。」則是本刊於康熙十九年至三十三年。《存目叢書》據以影印。中科院圖書館藏有是刻。北大有清刻本，當亦同版。復旦本僅二十七卷。

勝朝彤史拾遺記六卷　國朝毛奇齡撰　一七六二

浙江巡撫採進本(總目)。○北京圖書館分館藏清康熙刻本，首行題「毛翰林集」，次題「蕭山毛奇齡字大可又名甡稿，蔡文子聞、李日焜次暉較」，再次題「勝朝彤史拾遺記」。各卷尾題「毛翰林集」。半葉十行，行二十字，白口，四周單邊。鈐有「崑山徐氏」、「閨閣蕿珍」二小印。《存目叢書》據以影印。按：此係初出單本。世傳清康熙書留草堂刻《西河合集》本，實即此版，唯各卷首行改刻「西河合集」，第三行較者或改或未改，如卷一改刻爲「瞿廷望令人、丁澍自崑較」。又剷去各卷尾題，卷前增李塨序目。○清嘉慶中南匯吴氏聽彝堂刻《藝海珠塵》本。○清光緒九年山陰宋澤元懺華盦刻《勝朝遺事》本，作《彤史拾遺記》。○清宣統二年國學扶輪社排印《香豔叢書》第四集本。○民國四年上海文明書局石印《説庫》本。○清侯楊氏鈔《冠悔堂叢書》本，北大、湖北省圖各藏一部。

留溪外傳十八卷　國朝陳鼎撰　**一七六三**

江蘇周厚堉家藏本（總目）。○《江蘇省第一次書目》：「《留溪外傳》十本。」○《江蘇採輯遺書目録》：「《留溪外傳》十卷，清江陰陳鼎著。」○《兩江第一次書目》：「《留溪外傳》，江陰陳鼎輯，十六本。」○《武英殿第二次書目》：「《留溪外傳》十本。」○復旦大學藏清康熙三十七年自刻本，題「江陰陳鼎定九稿」。半葉八行，行二十二字，白口，左右雙邊。前有康熙三十七年張潮序，顧彩序，凡例。又《留溪外傳徵啟》末云：「凡有事實，可寄至江寧承恩寺前轎夫營刻字店蔡丹敬家，或揚州新盛街岱寶樓書坊轉付可也。」又《評閱同人》列張潮等七人，《較閱同人》列顧密、梁份、戴名世等一百三十一人。後有高大酉跋，平漢英跋。卷内鈐「嘉業堂」、「承幹長壽」等印記。《存目叢書》據以影印。北圖、山東大學、西南師大、嘉興市圖書館亦藏是刻。○清光緒二十四年武進盛氏刻本，《常州先哲遺書》之一。

明儒林録十九卷　國朝張恒撰　**一七六四**

兩淮馬裕家藏本（總目）。○《兩淮商人馬裕家呈送書目》：「《儒林録》十九卷，國朝張恒，四本。」○北京圖書館藏清康熙四十七年廣志堂刻本，作《儒林録》十九卷四册，半葉十行，行二十一字，白口，四周單邊。冀淑英先生説：「此書蠹蝕嚴重，很多處揭不開頁。」

一七六五

雒閩源流録十九卷　國朝張夏撰

江蘇巡撫採進本(總目)。○《江蘇省第一次書目》：「《雒閩源流録》六本。」○《江蘇採輯遺書目録》：「《雒閩源流録》十七卷《補編》二卷，清無錫張夏著，刊本。」○《浙江省第六次呈送書目》：「《雒閩源流録》十九卷，國朝張夏輯，六本。」○《浙江採集遺書目録》：「《洛閩淵源録》十九卷，刊本，國朝無錫張夏撰。」○中國科學院圖書館藏清康熙二十一年黄昌衢彝敍堂刻本，作《雒閩源流録》十九卷，題「無錫張夏纂，門人婺源黄昌衢、黄昌修挍」。半葉十行，行二十一字，白口，四周雙邊。版心刻「彝敍堂」三字。前有康熙二十一年冬杪彭瓏序，二十一年七月黄聲諧序，二十一年張夏序，二十一年季秋月門人黄昌衢《挍刻雒閩源流録題後》。目録卷十八下注「補編一」，卷十九下注「補編二」。《存目叢書》據以影印。北圖、清華、復旦亦藏是刻。北大本十七卷，南圖、安徽圖、福建圖本均十八卷。可見其增刻之蹟。○康熙刻《理學備考》本。見前文。○無錫市圖書館藏鈔本(見《江蘇藝文志》)。

一七六六

錫山宦賢考略三卷　國朝張夏、胡永禔同撰

江蘇周厚堉家藏本(總目)。○《江蘇省第一次書目》：「《錫山官賢考》一本。」○《江蘇採輯遺書目録》：「《錫山宦賢考略》二卷，清無錫張夏胡永程同編。」

一七六七

吴越順存集三卷外集一卷　國朝吴允嘉撰

兩淮馬裕家藏本(總目)。○《兩淮商人馬裕家呈送書目》：「《吴越順存集》三卷《外集》一卷，國朝吴允嘉，二本。」○南京圖書館藏稿本，題「錢唐後學吴允嘉志上輯」。半葉十一行，行二十五字。前有魏世傚序。鈐有「八千卷樓」、「四庫坿存」等印記。《存目叢書》據以影印。○北京圖書館藏清鈔本二册，半葉十行，行二十字，無格。

道南正學編三卷　國朝錢肅潤撰　**一七六八**

浙江巡撫採進本（總目）。○《浙江省第六次呈送書目》：「《道南正學編》三卷，國朝錢肅潤著，二本。」○《浙江採集遺書總録》：「《道南正學編》三卷，寫本，國朝錢肅輯。」按：「錢肅」下脱「潤」字。

又尚集二卷　國朝何屬乾撰　**一七六九**

江西巡撫採進本（總目）。

聖宗集要八卷　國朝費緯裪撰　**一七七〇**

兩江總督採進本（總目）。○《江蘇省第一次書目》：「《聖宗集要》四本。」○《江蘇採輯遺書目録》：「《聖宗集要》八卷，清寧縣知縣甬江費緯裪著。」○浙江圖書館藏清康熙四十九年依庸堂刻本，半葉九行，行十九字，白口，左右雙邊。版心刻「依庸堂」。前有康熙四十九年申毓來序云：「用是不揣固陋，勉爲編訂，以授棗梨。」末署「年家眷教弟申毓來容城氏拜題於蓉江署之瑞露軒」。書後有康熙四十九年庚寅男費式僖跋，亦謂申毓來「捐俸付梓」。知是本係康熙四十九年申毓來出資刻本。《存目叢書》據以影印。上圖有「道光間依庸堂刻本」八册，疑即此刻。○上海圖書館藏清嘉慶間鈔本八册。○按：《總目》「費緯裪」原書作「費緯裪」，當據正。

卓行録四卷　國朝黄容撰　　**一七七一**

浙江巡撫採進本(總目)。○《浙江省第六次呈送書目》:「《卓行録》四卷,國朝黄容著,一本。」○《浙江採集遺書總録》:「《卓行録》四卷,刊本,國朝吴江黄容撰。」○上海圖書館藏清康熙三十九年吴江黄氏圭菴刻本,半葉八行,行二十字,白口,左右雙邊。前有圭菴黄容《山拱樓記》一篇,康熙四十年正月潘耒序,康熙三十九年中秋圭菴黄容自序。自序云:「其明季殉節諸公傳略别爲一集,名曰《忠烈編》,嗣刻以問世。」又黄容《凡例》云:「是集之外更有《紀異録》、《日新録》、《圭菴語林》、《廣博物志》諸種,力綿未能問世。」又列參閲姓氏毛際可等四十七人,校訂門人十一人。末有黄容後序云:「藏諸篋衍,歷有年所,庚辰夏日,白岳邵子南喬慫恿問世,汪君歐亭中翰、柯庭司城助梓流傳。」封面刻「圭菴藏板」四字。書中玄字缺末筆,弘、曆、琰、寧諸字不避諱。又載吕留良事蹟。是康熙三十九年黄容圭菴原刻本。《存目叢書》據以影印。

荆門耆舊紀略三卷列女紀略一卷　國朝胡作柄撰　　**一七七二**

浙江巡撫採進本(總目)。○《浙江省第六次呈送書目》:「《荆門耆舊記略》一本。」○《浙江採集遺書總録》:「《荆門耆舊記略》三卷,刊本,國朝州人胡作炳撰。」○中國科學院圖書館藏清康熙刻本,作《荆門耆舊紀略》三卷《荆門烈女紀略》一卷。半葉九行,行十八字,白口,左右雙邊。前有康熙五十七年戊戌胡作炳序。《烈女紀略》前又有康熙五十八年己亥上元胡作炳叙。是本寫刻甚精。鈐有「舊雨樓書畫印」、「士可」、「竹景盦」、「杭州趙之玉完伯父印」等印記。《存目叢書》據以影印。

北圖亦藏是刻。

一七七三 **學統五十六卷　國朝熊賜履撰**

湖北巡撫採進本（總目）。〇《湖北巡撫呈送第一次書目》：「《學統》十六本。」〇《江蘇省第一次書目》：「《學統》十二本。」〇《江蘇採集遺書目録》：「《學統》五十二卷，清大學士孝感熊賜履著，刊本。」〇《兩江第一次書目》：「《學統》，孝感熊賜履著，八本。」〇《浙江省第十二次呈送書目》：「《學統》五十六卷，國朝熊賜履著，十六本。」〇《浙江採集遺書總録》：「《學統》五十六卷，刊本，國朝大學士孝感熊賜履撰。」〇《翰林院孔目熊交出書目》：「《學統》五十六卷十六本。」〇《武英殿第一次書目》：「《學統》十二本。」〇中國科學院圖書館藏清康熙二十四年下學堂刻本五十六卷，題「孝昌熊賜履敬修甫編」。半葉九行，行二十字，白口，四周單邊。前有康熙二十四年王新命序，二十四年李振裕序，二十七年高裔序，二十四年倪燦序，二十四年自序。後有康熙二十四年李贊元後序，二十四年施璜後序，二十五年徐秉義跋，二十七年張希良跋，二十四年周銘跋，二十四年劉然跋。據自序，知係康熙二十四年孝感熊氏下學堂金陵刻本。鈐有「恒訓閣珍藏印」印記。《存目叢書》據以影印。上圖藏是刻，有清胡煦校。北大、南圖、復旦等亦有此刻。傳世又有退補齋刻本，當係同版後印者。川圖、上圖、復旦等藏。〇清康熙范氏五經堂刻《理學備考》本，范鄗鼎刪定爲二卷。參前文《理學備考》條。〇南京大學藏崇文書局刻本。〇清光緒十七年三餘草堂刻《湖北叢書》本。〇民國十二年富陽夏氏靈峯精舍排印本，南圖、上圖、川圖、河南圖藏。〇民國二十七年商務印書館據《湖北叢書》本排印，收入《叢書集成初編》。

一七七四　道統録二卷附録一卷　國朝張伯行撰

江蘇巡撫採進本(總目)。○《江蘇省第一次書目》：「《道統録》一本。」○遼寧省圖書館藏清康熙四十七年正誼堂刻本，題「儀封張伯行孝先甫著，受業諸子同校」。半葉十行，行二十二字，白口，四周單邊。版心刻「正誼堂」三字。前有康熙四十七年自序云：「將授梓而爲之序。」自署「題於榕城之正誼堂」。封面刻「正誼堂藏板」。《存目叢書》據以影印。上圖亦有是刻。○清道光二十年序儀徵汪氏刻《正誼齋叢書》本，中科院圖書館、上圖、武漢大學等藏。○清同治五年福州正誼書院刻《正誼堂全書》本。○民國二十五年商務印書館據《正誼堂叢書》排印，收入《叢書集成初編》。

一七七五　道南源委六卷　國朝張伯行編

河南巡撫採進本(總目)。○《河南省呈送書目》：「《道南原委》，本朝張伯行著，三本。」○《江蘇省第一次書目》：「《道南源委》四本。」○《江蘇採輯遺書目録》：「《道南源委》六卷，清禮部尚書儀封張伯行著，刊本。」○中央民族大學藏清康熙四十八年正誼堂刻本，題「儀封張伯行孝先甫重訂，受業漳浦蔡衍鎤校」。半葉十行，行二十二字，白口，四周單邊。版心刻「正誼堂」三字。前有康熙四十八年己丑孟冬穀旦儀封後學張伯行於榕城正誼堂序。封面刻「正誼堂藏本」五字。《存目叢書》據以影印。上圖、山西省圖亦藏此刻。○清同治五年福州正誼書院刻《正誼堂全書》本。○民國二十五年商務印書館據《正誼堂全書》本排印，收入《叢書集成初編》。

伊洛淵源續録二十卷　國朝張伯行撰　一七七六

兩江總督採進本(總目)。○《兩江第一次書目》:「《伊洛淵源續録》,儀封張伯行訂,六本。」○上海圖書館藏清康熙五十年正誼堂刻本四册,題「儀封張伯行孝先甫訂,受業閩中陳紹濂尚友校」。半葉十行,行二十二字,白口,左右雙邊。版心下刻「正誼堂」三字。前有康熙五十年儀封張伯行於姑蘇正誼堂序云:「命陳生紹濂編較授梓。」《存目叢書》據以影印。○南京圖書館藏清張氏正誼堂鈔本(見《中國古籍善本書目》)。

嘉禾徵獻録四十六卷　國朝盛楓撰　一七七七

兩淮馬裕家藏本(總目)。○上海圖書館藏稿本五十二卷《外紀》八卷,首題「嘉禾徵獻録卷一」,次行題「郡人盛楓輯」。半葉十一行,行二十三字,無格。眉上行間有校語及塗乙,又有浮簽三十餘條。卷内鈐「卷盦六十六以後所收書」、「合衆圖書館藏書印」等印記。《存目叢書》據以影印,其浮簽移置卷末。○南京圖書館藏清鈔本五十卷《外紀》八卷。○中山大學藏清鈔本三十卷《外紀》六卷共十二册,半葉十一行,行二十四字,無格。卷一有某氏朱筆校注。○天津圖書館藏清鈔本三十卷《外紀》六卷。○民國二十年嘉興金兆蕃刻本五十卷《外紀》六卷,《檇李叢書》之一。

人瑞録一卷　國朝孔尚任撰　一七七八

衍聖公孔昭煥家藏本(總目)。○《衍聖公交出書目》:「孔子六十四代孫尚任《人瑞録》一本。」○清康熙刻《昭代叢書》本,題「曲阜孔尚任東塘編,休寧趙吉士天羽校」。《存目叢書》據清華藏本影印。○清道光十三年吴江沈氏世楷堂刻《昭代叢書》乙集本。

修史試筆二卷　國朝藍鼎元撰　**一七七九**

江西巡撫採進本(總目)。○《江西六次續採書目》:「《修史試筆》、《棉陽學準》共四本。」○北京師大藏清雍正十年刻《鹿洲全集》本,題「漳浦藍鼎元玉霖氏纂,衡山曠敏本魯之氏評」。半葉九行,行二十字,白口,左右雙邊。前有雍正六年戊申曠敏本於棉陽書院序。是本寫刻頗工。《存目叢書》據以影印。北大、上圖等亦藏是刻。○清同治四年廣東緯文堂刻《鹿洲全集》本。甘肅省圖書館藏。○清光緒五年藍謙修補刻《鹿洲全集》本。北圖、北大、上圖等藏。

道學淵源録一卷　國朝王植撰　**一七八〇**

直隸總督採進本(總目)。○《直隸省呈送書目》:「《道學淵源録》一本。」○中科院圖書館藏清乾隆間王氏崇雅堂刻王植《四書參注》卷前所附《本堂書目》載有此種。○乾隆刻本。國圖。

節婦傳十五卷　國朝楊錫紱撰　**一七八一**

江西巡撫採進本(總目)。○《江西巡撫海第二次呈送書目》:「《節婦傳》四本。」○中國科學院圖書館藏清乾隆楊氏自刻本,題「清江楊錫紱方來著,男有澳淇瞻、有涵能蓄、有濬允文、有泰魯瞻、及門龍泉周壎牖如仝校字」。半葉九行,行二十一字,白口,左右雙邊。前有乾隆二十六年陳弘謀序云:「宮師清江楊公……兹督淮陰,暇日出所爲《節婦傳》付梓,余受而讀之。」又乾隆二十五年沈德潛序,云「先生乃各爲傳論,彙梓成書,書成而續有得,則續傳續梓」。又方觀承序。乾隆二十七年嚴源燾序云：「積卷已至十一，付諸剞劂。」後有乾隆二十三年周壎跋云：丁丑秋謁夫子于漕署，夫子使校訂以屬開雕，猶有所未見未聞，期以續見續聞輒附益焉。又乾隆二十七年齊召南跋，亦云「十有一卷」。可知是書付梓於乾隆二十二至二十三年，隨得隨刻，至二十七年始得十一卷，其十二至十五卷又乾隆二十七年以後續刻者。卷内鈐「武昌柯逢時收藏圖記」印。《存目叢書》據以影印。復旦、上圖、南圖亦藏是刻。按：諸家著録或作乾隆二十三年刻，或作乾隆二十六年刻，皆未確。

一七八二

饗祀紀蹟十卷　國朝康偉然撰

福建巡撫採進本（總目）。〇《福建省呈送第六次書目》：「《饗祀紀蹟》。」〇北京大學藏清雍正間家刻本，題「文林郎興化府教授康偉然謹纂」。半葉九行，行二十字，白口，四周單邊。末有祭器圖，刊刻頗精。圖末牌記：「男千春、千里、千秋、千石、孫潮、瀾、濟、泂、洽、姪岳、捷、時可、子勇、杰、弘璧、嵩、弘穉、嗣榮、壻郭相、吴雲起、孫壻陳德厚、姪孫煥仝訂。」無序跋。記事至雍正間。弘、曆字均不避諱。《四庫提要》云「成於雍正五年」，蓋即是年刻本也。《存目叢書》據以影印。

一七八三

關學編五卷　國朝王心敬撰

江蘇巡撫採進本（總目）。〇《江蘇省第一次書目》：「《關學編》二本。」〇《江蘇採輯遺書目録》：「《關學編》六卷，清豐川王心敬著，刊本。」〇山西大學藏清乾隆豐川王氏刻嘉慶七年周元鼎增修本六卷二册。卷二至卷五題「長安馮從吾仲好纂編，豐川王心敬爾緝重訂，涇水王承烈遜功參閲」。

卷一首行大題下注「新增」,次行題「豐川王心敬爾緝纂述,涇水王承烈遜功參訂」。卷六首行大題下注「新增」,次行題「豐川王心敬爾緝續纂,涇水王承烈遜功參訂」。末有嘉慶七年周元鼎跋云:「《馮少墟全集》中有《關學編》二册,先生所手訂也,余既與南塘傅君印行矣。已從友人錫爵劉公處得《關學續編》,則豐川先生所續也,自少墟先生至二曲先生之弟子而止。顧此本人不多見,予意其版或藏先生家,遂親詣鄠縣就其曾孫求之,果得焉。乃就《豐川先生集》中從觀其生平崖略,别作傳以續其後,並梓而行之。」今驗卷六之末第七十五葉至七十八葉,字體與全書不同,每行多一字。版心全書均題「關學編」,唯此四葉題「關學續編」。所載王豐川傳,卷首目録所無。可知嘉慶七年周元鼎僅增刻卷六末四葉。其餘均周元鼎從鄠縣王心敬曾孫處訪得舊版。舊版弘字缺末筆,曆字作歷,是乾隆刻版。山西大學定爲嘉慶刻本,恐未確。《存目叢書》據以影印。

蜀碧四卷　國朝彭遵泗撰　**一七八四**

江西巡撫採進本(總目)。○《江西六次續採書目》:「《蜀碧》四本。」○浙江圖書館藏清乾隆丹陵彭氏原刻本,題「丹溪生彭遵泗磬泉編述,男萃支、延慶校訂,姪孫席珍丹崖恭校」。半葉八行,行二十字,白口,左右雙邊。前有彭端淑叙,乾隆十年乙丑八月自叙。卷四末佚去《書周鼎昌殺賊事》、《後叙》兩篇。《存目叢書》據以影印。○清乾隆二十八年刻本,復旦、北大藏。○清乾隆四十二年白鶴堂刻本,上圖、川圖、南圖藏。○清嘉慶三年石室刻本,上圖、南圖藏。○清嘉慶十二年虞山張海鵬刻本,收入《借月山房彙鈔》第七集,浙圖、科學院圖書館藏。又收入《澤古齋重鈔》第五集,北圖分館、科學院圖書館、南圖、河南省圖藏。又收入《式古居彙鈔》，上圖藏。民國九年上海博古齋影印張海鵬刻《借月山房彙鈔》本。○清嘉慶二十年天禄閣刻本，上圖、南圖、中央民大藏。○清道光十九年品石山房木活字印《崇正叢書》本，首都圖書館、復旦等藏。○清道光二十一年金山錢氏刻本，收入《指海》第九集。民國二十四年上海大東書局影印《指海》本。○清成都肇經堂刻本，川圖、人民大學藏。○清經元堂刻本，上圖、北師大藏。○清光緒申報館排印《申報館叢書》本。○民國上海進步書局石印《筆記小說大觀》本。○民國二十八年商務印書館據《指海》本排印，收入《叢書集成初編》。○民國三十六年上海神州國光社排印《中國内亂外禍歷史叢書》本。○民國三十六年成都經緯書局排印本，川圖藏。

一七八五　閩學志略十七卷　國朝李清馥撰

福建巡撫採進本（總目）。○《福建省呈送第六次書目》：「《閩學志略》。」

一七八六　太學典祀彙考十四卷　國朝張瓙撰

直隸總督採進本（總目）。○《直隸省呈送書目》：「《太學祠典彙》六本。」○《江蘇省第二次書目》：「《太學典祀彙考》四本。」○《江蘇採輯遺書目録》：「《太學典祀彙考》十四卷，清國子監典簿宛平張玉衡著。」

一七八七　循良前傳約編四卷　國朝張先嶽撰

江蘇巡撫採進本（總目）。○《提要》云：「是書一名《歷代名吏録》。」○《江蘇省第一次書目》：

「《歷代名吏録》四本。」○《江蘇採輯遺書目録》：「《歷代名吏録》四卷，清温陵張星徽著。」○泉州市圖書館藏清雍正湖山草堂刻本四卷，正文卷端題「歷代名吏録」，次題「温陵後學張星徽北拱氏輯著」。半葉九行，行二十四字，白口，四周雙邊。版心上題「循良前傳約編」，下刻「湖山草堂」。前有雍正九年張星徽自序，署「雍正九年歲次辛亥端午前一日温陵張星徽北拱氏題於金浦湖野山房之東齋」。末有雍正十年弟先躋跋。蓋即雍正年間張氏自刻本。卷内鈐「南安天白閣陳璧堂藏」、「天白閣陳癸丑年查」印記，泉州陳國仕故物也。有陳國仕批。《存目叢書》據以影印。按：是書撰人張星徽，字北拱。而《提要》作張先嶽字北拱。考是書卷末有壬子季秋弟先躋跋，則兄名先嶽亦無不可。蓋名星徽，字北拱，又名先嶽。疑未能定，書此備考。

一七八八　學宫輯略六卷　國朝余丙撰

河南巡撫採進本(總目)。○《河南省呈送書目》：「《學宫輯略》，本朝余丙捷著，四本。」○清道光十五年朝邑劉際清等刻《青照堂叢書》初編第一函本。《存目叢書》用清華藏本影印。

一七八九　吉州人文紀略二十六卷　國朝郭景昌編

江蘇巡撫採進本(總目)。○《江蘇省第二次書目》：「《人文紀略》十本。」○《江蘇採輯遺書目録》：「《人文紀略》二十六卷，清三□郭景昌著，刊本。」○上海圖書館藏清康熙八年刻本十册，題「三韓郭景昌旭瑞甫定，廬陵賴良鳴吹萬甫纂輯，莆田林毓俊爾千甫校正」。半葉九行，行二十二字，白口，左右雙邊。卷首序文及卷一均鈔配。卷二十六末有缺葉。前有康熙九年仲春李元鼎序。

又康熙八年己酉許焕序云：「刻成，命予記其本末。」又康熙八年郭景昌序。總目後有校閲姓氏，列吉安府同知許焕等十二人。《存目叢書》據以影印。北圖藏「康熙冰玉堂刻本」，行款同，當是一刻。

一七九〇 孝史十卷 國朝錢尚衡撰

兩江總督採進本(總目)。○《兩江第一次書目》：「《孝史》，吴興錢尚衡著，子鳳文補，四本。」

右總録之屬

四庫存目標注卷二十一

滕州　杜澤遜　撰

史部十

傳記類三

一七九一　西征記一卷　宋盧襄撰

浙江巡撫採進本(總目)。○《提要》云:「此書載於《錦繡萬花谷前集》之末,不知何人鈔出別行。」

○北京圖書館藏明鈕氏世學樓鈔《説郛》本,半葉十行,行二十四字,藍格,白口,四周單邊。○民國十六年商務印書館排印張宗祥據明鈔數本重校《説郛》本。○明嘉靖十八年至二十年顧元慶大石山房刻《顧氏明朝四十家小説》本,題「三衢盧襄贊元」。半葉十行,行十八字,白口,左右雙邊。末署「庚辰仲春元日記」。《存目叢書》據上圖藏本影印。北圖、福建省圖、廈門大學亦藏是刻。○宣統上海國學扶輪社排印《顧氏明朝四十家小説》本。〇民國三年古今圖書局石印《顧氏明朝四十家小説》本。〇明崇禎三年淮南李衡刻《璅探》本,半葉九行,行二十字,白口,四周單邊。北圖藏。

乙巳泗州録一卷　宋胡舜申撰　一七九二

浙江巡撫採進本(總目)。〇《己酉避亂録》條提要云:「王明清《玉照新志》全載其文。〇臺灣「中央圖書館」藏鈔本,與《己酉避亂録》合一册。題「宋新安胡舜申撰」。半葉十行,行十六字。(見該館《善本書志初稿》)

己酉避亂録一卷　宋胡舜申撰　一七九三

浙江巡撫採進本(總目)。〇《提要》云:「此書與《乙巳泗州録》,王明清《玉照新志》皆全載其文,蓋即後人於明清書中鈔出别行也。」〇光緒三十四年丹徒陶氏刻《京口掌故叢編初集》本,北圖、上圖、浙圖等藏。〇臺灣「中央圖書館」藏鈔本,與《乙巳泗州録》合一册。參前條。

逢辰記一卷　不著撰人名氏　一七九四

永樂大典本(總目)。〇北京圖書館藏清乾隆四十二年孔繼涵家鈔本,與《吕忠穆公年譜》等合一册。半葉十行,行二十字,無格。孔繼涵校並跋。

勤王記一卷　舊本題宋臧梓撰　一七九五

永樂大典本(總目)。〇北京圖書館藏清乾隆四十二年孔繼涵家鈔本,與《吕忠穆公年譜》、《逢辰記》等合一册。參前條。

西征道里記一卷　宋鄭剛中撰　　**一七九六**

永樂大典本(總目)。○清同治八年永康胡氏退補齋刻本，《金華叢書》之一，版心刻「退補齋藏板」五字。正文題「宋鄭剛中撰，郡後學胡鳳丹月樵校梓」。前有鄭剛中序。《存目叢書》據以影印。○民國二十五年商務印書館據《金華叢書》本排印，收入《叢書集成初編》。

烏臺詩案一卷　舊本題宋朋九萬編　　**一七九七**

編修汪如藻家藏本(總目)。○《國子監學正汪交出書目》：「《烏臺詩案》一本。」○《江蘇省第一次書目》：「《烏臺詩案》一本。」○《江蘇採輯遺書目録》：「《烏臺詩案》一卷，宋人不詳姓氏。」又：「《烏臺詩案》一卷一册，不著姓氏。」○《兩江第一次書目》：「《烏臺詩案》，宋朋九萬著，一本。」○臺灣大學藏明刻《東坡全集》附本。○臺灣東海大學藏明萬曆三十六年濟南康氏刻《東坡先生外集》附本。(以上二本見《臺灣公藏善本書目書名索引》)○北京圖書館藏明刻本，作《東坡烏臺詩案》一卷，半葉十行，行二十一字，白口，左右雙邊。○北京圖書館藏明秦氏玄覽中樞鈔本，半葉九行，行二十字，藍格，白口，四周單邊。○杭州市圖書館藏清康熙海寧馬思贊衎齋刻本。○北京圖書館藏清鈔本，半葉十行，行二十字，無格。○上海圖書館藏清鈔本。○上圖藏清乾隆鈔本，清吴翌鳳校並跋。○上圖藏清鈔本，作《東坡烏臺詩案》一卷，鄧邦述跋。○明刻清順治三年宛委山堂印《説郛》本。○清乾隆元和江氏刻本，北大藏。○清乾隆綿州李氏萬卷樓刊嘉慶十四年李鼎元重校印《函海》第四函本。○清光緒七年至八年廣漢鍾登甲樂道齋刻《函海》第六函本。○民國二十八年商務印書館據《函海》本排印，收入《叢書集成初編》。○清光緒十二年山陰宋澤元刻本，收入《懺花盦叢書》。

客杭日記一卷　元郭畀撰　一七九八

光禄寺卿陸錫熊家藏本(總目)。○《提要》云：「是編乃其所作日記，原本共四册。真蹟在揚州程氏家。雍正乙巳厲鶚遊揚州，得見之。鶚杭人也，因手録其中客杭一册以歸。」○上海圖書館藏稿本，作《元郭髯手寫日記》不分卷。有崇恩署題「元郭髯手寫日記四册，共六十九葉，計三萬餘言，眉壽堂珍藏，希世墨寶」篆文兩行。又乾隆五十九年九月二十四日翁方綱手跋，咸豐四年八月嘉禾周爾墉識語。又柳肇嘉手書《元郭退思雲山日記校記》上下二卷，一九五七年柳肇嘉手跋，言是書源流完缺甚悉。《存目叢書》據以影印。○清嘉慶四年趙之玉鈔本，作《元郭天錫手書日記真迹》不分卷，二册。半葉八行，行二十四字，紅格，白口，四周雙邊。有趙輯寧跋，鮑廷博校。《藏園群書經眼録》詳録各家題跋印記。書藏北圖。○清勞權鈔本，作《元郭天錫手書日記真迹》不分卷附録一卷，清勞格校並録厲鶚、鮑廷博、宋葆淳、趙輯寧題識。附録係郭畀詩文。《善本書室藏書志》卷九著録。書藏南京圖書館。○民國元年國粹學報社排印《古學彙刊》本，作《元郭天錫手書日記真迹》四卷附録一卷。○清乾隆三十七年鮑氏知不足齋刻本，作《客杭日記》一卷，收入《知不足齋叢書》第一集。民國十年上海古書流通處影印鮑氏刻《知不足齋叢書》本。○清光緒七年武林丁氏刻本，作《客杭日記》一卷，收入《武林掌故叢編》。○民國上海進步書局石印《筆記小說大觀》本，作《客杭日記》一卷。○民國二十五年商務印書館據《知不足齋叢書》本排印，收入《叢書集成初編》。

使西域記一卷　明陳誠撰　**一七九九**

編修程晉芳家藏本（總目）。○《提要》云：「《明史·藝文志》載有陳誠《西域行程記》，即此書也。」○原北平圖書館藏明藍格鈔本，作《西域行程記》一卷。半葉九行，行十九字。版心上有「獨寤園稿」，下有「淡泉書屋」字樣。傅增湘《藏園訂補郘亭書目》著録爲「明鄭曉家寫本」。云有朱彝尊、朱昆田父子印，韓左泉藏書。是本現存臺北「故宫博物院」，臺灣《中央圖書館善本書目》著録。民國二十六年商務印書館嘗據以影印，收入《國立北平圖書館善本叢書》第一集。○北京圖書館藏清鈔本，作《奉使西域行程記》三卷。○清道光十一年六安晁氏木活字印《學海類編》本，題「明吏部員外郎陳誠編」，末有沈德符跋。此本作《使西域記》一卷。民國九年商務印書館影印晁氏木活字《學海類編》本，《存目叢書》更據影印。○民國二十五年商務印書館據《學海類編》本排印，收入《叢書集成初編》。○上海圖書館藏清光緒中沈善登輯《豫恕堂叢書》寫樣本，作《西域行程記》一卷。○

按：是書陳誠、李暹合撰。

使交録十八卷　明錢溥撰　**一八〇〇**

浙江范懋柱家天一閣藏本（總目）。○《浙江省第五次范懋柱家呈送書目》：「《使交録》十八卷，明錢溥著，二本。」○《浙江採集遺書總録》：「《使交録》十八卷，刊本，明翰林院侍讀錢溥撰。」

東祀録一卷　明李東陽撰　一八〇一

兩淮馬裕家藏本(總目)。○《兩淮商人馬裕家呈送書目》:「《東祀録》一卷,明李東陽,一本。」○《提要》云:「已載《懷麓堂集》中,此其别行之本也。」

七人聯句詩記一卷　明楊循吉撰　一八〇二

江蘇巡撫採進本(總目)。○明嘉靖十八年至二十年顧元慶大石山房刻《顧氏明朝四十家小説》本,題「吴郡楊循吉撰」。半葉十行,行十八字,白口,左右雙邊。《存目叢書》用上海圖書館藏本影印。北圖、福建省圖、厦門大學亦有是刻。○清宣統上海國學扶輪社排印《顧氏明朝四十家小説》本。○民國三年古今圖書局石印《顧氏明朝四十家小説》本。

歸田雜識二卷　明毛紀撰　一八〇三

兩江總督採進本(總目)。○據《提要》,是書包括《四朝恩遇圖》及尋樂軒記、忘形會約、啟等。武新立《明清稀見史籍叙録》著録中國社科院歷史所藏《四朝恩遇圖》不分卷一册,明嘉靖十年毛紀手稿本,凡十六圖,彩繪,折裝。鈐「惟之」、「海翁」、「大學士之章」印記。

歸閒述夢一卷　明趙璜撰　一八〇四

浙江范懋柱家天一閣藏本(總目)。○《浙江省第五次范懋柱家呈送書目》:「《歸閒述夢》一卷,明趙璜著,一本。」○《浙江採集遺書總録》:「《歸閒述夢》一册,寫本,明尚書安福趙璜撰。」○臺灣「中央圖書館」藏舊鈔本一册,半葉十二行,行二十一字。前有嘉靖十一年壬辰趙璜序。後有某氏手跋:「右西峯老人《歸閑述夢》一卷,抄自天一閣藏書中。……乾隆甲午春三月初九日題于敏事齋。」甲午爲乾隆三十九年,知即是年敏事齋從天一閣進呈寫本録出者。鈐有「孔繼涵印」、「葒谷」、「廣道意齋收藏圖籍印」等印記。附《静齋筆記》卷一卷四。該館《善本書志初稿》著録。〇臺灣「中央圖書館」又藏清末虞山周氏鴿峯草堂鈔本一册,半葉十二行,行二十一字,藍格,藍口,四周單邊。右欄外上方耳題「子部」,下方印「虞山周氏鈔藏」。前有嘉靖十一年自序,後有乾隆三十九年敏事齋跋。知係從前本録出者。書從有周大輔校簽二條。鈐有「大輔私印」、「虞山周氏鴿峯草堂寫本」、「周左季」等印記。該館《善本書志初稿》著録。〇北京大學藏清末李氏木犀軒鈔本,半葉十二行,行二十一字,無格。末有乾隆三十九年敏事齋跋,知亦源於敏事齋鈔天一閣進呈寫本。鈐有「麐嘉館印」印記。《存目叢書》據以影印。

淮封日記一卷　明陸深撰　一八〇五

江蘇巡撫採進本(總目)。〇明嘉靖二十四年刻《儼山外集》本,首行上題「淮封日記」,下題「儼山外集卷八」。半葉十行,行二十字,白口,左右雙邊。《存目叢書》用北師大此本影印。北圖、上圖等亦有是刻。

南遷日記一卷　明陸深撰　一八〇六

江蘇巡撫採進本(總目)。〇明嘉靖二十四年刻《儼山外集》本,首行上題「南遷日記」,下題「儼山外集卷九」。行款同前條。《存目叢書》用北師大本影印。

使西日記一卷　明都穆撰　一八〇七

浙江范懋柱家天一閣藏本（總目）。○《浙江省第五次范懋柱家呈送書目》：「《使西日記》一卷，明都穆著，一本。」○《浙江採集遺書總録》：「《使西日記》二卷，刊本，明太僕少卿吴郡都穆撰。」○北京圖書館藏明刻本二卷，題「姑蘇都穆」。半葉九行，行十七字，白口，左右雙邊。前有邵寶序云：「比致政歸，都水郎中謝君邦應方視水東吴，見而梓之。」考焦竑《國朝獻徵録》卷七十二胡纘宗《太僕寺少卿都公墓志銘》：「年五十有四即上書乞骸骨歸，許之，加太僕寺少卿致仕。……年六十有七卒，實嘉靖乙酉九月二十二日。」乙酉爲嘉靖四年，則致仕在正德七年。然則是本爲正德七年謝邦應刻於姑蘇者。或定爲明刻，未得其詳；或定爲嘉靖刻，未得其實。卷内鈐「士禮居藏」、「韓應陛鑒藏宋元名鈔名校各善本于讀有用書齋印記」、「讀有用書齋」、「松江讀有用書齋金山守山閣兩後人韓德均錢潤文夫婦之印」、「甲子丙寅韓德均錢潤文夫婦兩度携書避難記」、「德均所藏」、「德均審定」、「韓德均所藏善本書籍」、「劉明陽鑒藏」、「研理樓劉氏藏」、「劉明陽字靜遠」、「劉明陽王靜宜夫婦讀書之印」、「靜宜王寶明」、「研理樓劉氏倭劫餘藏」、「有書自富貴，無病即神仙」、「劉準」、「一氓讀書」、「成都李氏收藏故籍」、「無是樓」、「無是樓藏書」、「李一氓五十後所得」等印記。《存目叢書》據以影印。

斷碑集一卷　明方豪撰　一八〇八

編修汪如藻家藏本（總目）。○《國子監學正汪交出書目》：「《斷碑集》一本。」

東觀録一卷　明舒芬撰　一八〇九

兩江總督採進本（總目）。○清華大學藏明萬曆四十八年刻《梓溪文鈔内集》本，首題「梓溪文鈔内集之四」，次題「明舒芬國裳甫著，孫琛伯獻甫、瑮季琰甫輯，曾孫有章無文甫録，後學臨川吴撝謙汝則甫閲，進賢樊良樞尚默甫較」，再次題「東觀録」。半葉九行，行十八字，白口，四周單邊。前有嘉靖二年癸未自序，末有嘉靖二年張文憲跋。《存目叢書》據以影印。北圖、上圖等亦有是刻。

滇程記一卷　明楊慎撰　一八一〇

兩淮鹽政採進本（總目）。○《兩淮鹽政李續呈送書目》：「《滇城記》一卷《載記》一卷，明楊慎，一本。」○福建省圖書館藏明萬曆三十三年楊宗吾刻本，題「成都楊慎著，孫宗吾校」。半葉九行，行十九字，白口，雙魚尾，四周雙邊。末有《附録》三葉，又萬曆三十三年乙巳楊宗吾跋。卷内鈐「晉安何氏珍存」、「鄭氏注韓居珍藏記」、「龔少文收藏書畫印」、「大通樓藏書印」等印記。《存目叢書》據以影印。○北京圖書館藏明刻《楊升菴雜著十四種》本。○四川圖書館藏明刻《楊升菴雜著十一種》本。

却金傳一卷　明王世懋撰　一八一一

兩淮鹽政採進本（總目）。○上海圖書館藏明萬曆刻《王奉常雜著十四種》本，首行題「王氏父子卻金傳」。半葉九行，行十八字，白口，四周雙邊。《存目叢書》據以影印。北圖亦藏是刻。○明萬曆刻《王奉常集》本，作《王氏父子却金傳》，半葉十行，行二十字，白口，左右雙邊。北大、南圖、浙圖等藏。○明萬曆四十四年錢塘徐象橒曼山館刻《焦太史編輯國朝獻徵録》本，作《福建右參政王君懋德卻金傳》，在卷九十，無附士大夫歌咏。

南内記一卷　不著撰人名氏　**一八一二**

浙江范懋柱家天一閣藏本(總目)。○《浙江省第五次范懋柱家呈送書目》：「《南内記》一卷，缺名著，一本。」○《浙江採集遺書總録》：「《南内記》一册，刊本，明佚名人撰。」

奇遊漫記四卷　明董傳策撰　**一八一三**

浙江汪啟淑家藏本(總目)。○《浙江省第四次汪啟淑家呈送書目》：「《奇遊漫紀》八卷，明董傳策著，二本。」○《浙江採集遺書總録》：「《奇遊漫紀》八卷，刊本，明南京禮部侍郎華亭董傳策撰。」○《兩江第二次書目》：「《采薇集》、《幽貞集》、《奏疏輯略》、《奇遊漫記》、《邕歈稿》，以上五種俱明董傳策著，以上五種合四本。」○《兩淮鹽政李續呈送書目》：「《奇遊漫紀》七卷，明董傳策，一本。」○北京圖書館藏明萬曆二十九年刻本四卷，題「明時遷客雲間董傳策原漢」。半葉九行，行二十字，白口，四周雙邊。前有沈愷序，序後有「萬曆辛丑小春三月後學楊汝麟書」一行。又隆慶四年庚午吴嶽《奇遊五述序》，嘉靖四十三年甲子自引。又《選輯校刻名氏》末云：「辛丑年中秋日叔思白其昌重選，弟傳文重梓，壻李自約、錢龍錫，姪玉樹、玉珂、玉京、玉驄、玉鉉、玉振、玉恩、玉階，男玉柱、玉衡同校。」知係萬曆二十九年弟董傳文刻本。刻工：雲間孫崇文刻，沈及之寫刻。卷内鈐「翰林院印」滿漢文大官印，知即《存目》所據之本。又鈐「徐紹棨」、「南州書樓所藏」、「徐湯殷」、「南州後人」、「劉汝寬印」、「成都李氏收藏故籍」、「無是樓藏書」、「李一氓五十後所得」、「一氓讀書」、「成都李一氓」等印記。目録列一至四卷，末有裁割之跡。目録後有李一氓手跋：「前吴嶽序稱此書爲《奇遊五述》，故當有五卷。此佚第五卷，故第五卷之目録亦於此處裁去，冒充以四卷爲全帙矣。一氓記。」澤遜按：北京圖書館藏明萬曆刻《董幼海先生全集》内有董傳策《奇遊漫紀》八卷《附録》一卷，取校此帙，知係一版，唯此本佚去後四卷及附録，目録後四卷亦被裁去以充全帙。四庫館臣不察，即以四卷著録。然檢核《四庫採進書目》，知是書有浙江汪啟淑、兩江總督、兩淮鹽政三家呈本，館臣未經比較，徑以殘本著録，其草率可知。又浙江書目明載汪啟淑呈本爲八卷，則此四卷殘本恐係别處呈本。書與藏家不相應，《四庫總目》屢有發生，此即一例。至李一氓先生以爲全書「當有五卷」，亦懸揣之辭耳。《存目叢書》據足本影印。原北平圖書館亦藏足本一帙，現存臺北「故宫博物院」。

西遷注一卷　明張鳴鳳撰　　**一八一四**

兩淮鹽政採進本(總目)。○《兩淮鹽政李續呈送書目》：「《西遷注》一卷《灃書》一卷，明張鳴鳳，一本。」○中國科學院圖書館藏清康熙九年釋超撥刻《羽王先生集》本。○北京圖書館藏清鈔本，與《灃書》一卷合一册，半葉九行，行十八字，無格。自序首葉鈐「翰林院印」滿漢文大官印。書衣有「乾隆三十八年七月兩淮鹽政李質穎送到張鳴鳳西遷注壹部計書壹本」長方木記。是兩淮進呈原本。

歷仕録一卷　明王之垣撰　一八一五

山東巡撫採進本（總目）。○山東省圖書館藏清康熙四十一年王氏家塾刻本，題「户部左侍郎贈户部尚書王之垣述，曾孫經筵講官刑部尚書王士禎較」。半葉十行，行十九字，黑口，左右雙邊。前有世系圖。後有康熙四十一年王士禎後序云：「壬午初冬乃稍加校訂，刻諸京師。」後又有士禎跋二則。封面右上刻「惺心樓」，左下刻「王氏家塾刻」。知係康熙四十一年冬新城王士禛刻於京師者。卷内禎字已挖改爲禎字，是乾隆四十二年丁酉詔改王士禛爲王士禎以後刷印本。檢余藏《王漁洋遺書》本，知即同版。蓋《遺書》零種，非初印單本也。《存目叢書》據以影印。《王漁洋遺書》傳本尚多。

黄粱遺蹟志一卷　明楊四知撰　一八一六

兩淮馬裕家藏本（總目）。○《兩淮商人馬裕家呈送書目》：「《黄粱遺蹟志》一卷，明楊四知，一本。」

恩命世録十卷　明張國祥編　一八一七

浙江巡撫採進本（總目）。○《浙江省第十一次呈送書目》：「《皇明恩命世録》十卷，明張國祥輯，一本。」○《浙江採集遺書總録》：「《皇明恩命世録》十卷，寫本，明張國祥撰。」

饑民圖説一卷　明楊東明撰　一八一八

江西巡撫採進本（總目）。○《提要》云：「卷末有男春育、春融刊及六世孫榴重刊字。」

視履類編二卷　明李同芳撰　一八一九

浙江巡撫採進本(總目)。○《浙江省第六次呈送書目》：「《視履類編》二卷，明李同芳著，二本。」○《浙江採集遺書總録》：「《視履類編》二卷，刊本，明副都御史崑山李同芳撰。」

宮省賢聲録四卷　明高曰化撰　一八二〇

兩淮馬裕家藏本(總目)。○《兩淮商人馬裕家呈送書目》：「《宮省賢聲録》四卷，明高曰化，四本。」○上海圖書館藏明萬曆十五年楚藩刻本，卷一題「楚右史前叙州府同知澄海高曰化編次，楚司理前保昌縣知縣古黄劉守復校正」。半葉九行，行十六字，白口，四周雙邊。前有萬曆十四年丙戌謝鵬舉序，十五年方逢時序，十五年趙文明序。後有鄭之亮序，萬曆十五年太學生楚岳陽趙壎後序，楚府長史致仕澄海寅山高曰化後序。鈐有「翰林院印」滿漢文大官印，又「杭州葉氏藏書」、「合衆圖書館藏書印」等印記。《存目叢書》據以影印。

繡斧西征録一卷　明何鏷編　一八二一

兩江總督採進本(總目)。○《兩江第二次書目》：「《繡斧西征録》，明何鏷著，一本。」○《提要》云：「開卷即題第十二卷第二十二頁，其標目則題《泰興何氏家乘》，中間又題曰《西征捷音》、《西征圖詠》，名目紛然。蓋本刻於家乘中，此乃拆出半卷別行者耳。」

禮白岳記一卷　明李日華撰　一八二二

禮部尚書曹秀先家藏本(總目)。○明刻本，題「竹嬾李日華君實甫撰」，半葉八行，行十九字，白口，四周單邊。瘦長宋體字，即《李竹嬾先生説部全書》本。《存目叢書》據以影印。清華、復旦等亦有是刻。《提要》云：「卷末又題曰《蓬櫳夜話》，殆是書有二名耶？」按：是書凡二十九葉，版心均題《禮白嶽記》，其末葉確題《篷櫳夜話》。唯細檢其書，第二十四葉首行已明標《篷櫳夜話》。則《篷櫳夜話》自是一種，非《禮白嶽記》之一書二名也。蓋以篇葉無多，且亦遊白嶽時舟中所作，故附刊《禮白嶽記》之末。館臣但見尾題，未細檢全書，故有此誤。○明刻清順治三年宛委山堂印《説郛續》本。○民國二十四年至二十五年上海中央書店排印《國學珍本文庫第一集》本，亦與《篷櫳夜話》合印。首都圖書館、清華、遼圖、山東大學藏。

璽召録一卷　明李日華撰　一八二三

禮部尚書曹秀先家藏本（總目）。○明刻本，題「嘉禾李日華著」，半葉八行，行十九字，白口，四周單邊。即《李竹嬾先生説部全書》本。《存目叢書》據以影印。清華、復旦等均藏是刻。

兩宫鼎建記二卷　明賀仲軾撰　一八二四

編修程晉芳家藏本（總目）。○《浙江省第十次呈送書目》：「《兩宫鼎建記》二卷，明賀仲軾輯，一本。」○《浙江採集遺書總録》：「《兩宫鼎建記》二卷，寫本，明賀仲軾輯。」○《提要》云：「陳繼儒嘗刻入《普祕笈》中，改題曰《冬官記事》，而佚其辨冤疏一篇。此本爲朱彝尊曝書亭所鈔，猶完帙也。」○明刻《亦政堂鐫陳眉公普祕笈》本，作《陳眉公先生訂正冬官紀事》一卷。北圖、中科院圖書館、復旦等藏。○民國十一年上海文明書局石印《寶顔堂祕笈》本，同前。○民國二十六年商務印書館據《普祕笈》本排印，收入《叢書集成初編》。○清道光十一年六安晁氏木活字印《學海類編》本，作《兩宫鼎建記》三卷，題「明賀仲軾養敬録」，分上中下三卷。前有萬曆戊午邱兆麟序，萬曆丙辰自序。末有《辨京察疏》一篇，當即《提要》所謂辨冤疏也。民國九年商務印書館影印晁氏木活字《學海類編》本。《存目叢書》更據影印。

北行日譜一卷　明朱祖文撰　　**一八二五**

兩淮鹽政採進本（總目）。○《兩淮鹽政李續呈送書目》：「《北行日譜》一卷，明朱祖文，一本。」○上海圖書館藏明崇禎二年張世偉等刻本，作《丙寅北行日譜》一卷，半葉九行，行二十字，白口，四周單邊。前有崇禎二年己巳張世偉序，崇禎二年朱陛宣序，天啟六年丙寅朱祖文小引，末有朱壽陽跋。卷内鈐「曹溶之印」、「倦圃」、「潔躬」、「明善堂覽書畫印記」、「安樂堂藏書記」、「宗室文慤公家世藏」、「徐鴻寶觀」、「森玉審定」、「小仇池」、「羅惇曧印」、「康有爲」、「南海康氏萬木草堂藏」等印記。前有羅惇曧手跋：「盛伯希所藏明朱完夫爲周公順昌《北行日譜》，經曹秋岳藏，後爲徐森玉所得，聞南海先生求盛所藏書甚切，因舉以獻先生，介曧代呈焉。適梁任公南歸，因託呈於滬上。乙卯二月羅惇曧謹志。」又康有爲手跋：「昔戊子吾上萬言書請變法，實爲中國人請變法之始。時祭酒爲宗室盛伯羲先生，讀而慨然見代上之。雖格不得達，然至感其意。甲午會試，館其家，情好彌殷。先生以博學高志，頻言事，不見聽用。四十歲引去，遂逝。聞其藏書十萬已散，欲得其遺書爲記念而不可得。徐君森玉以先生此書見贈，如覩先生鬱華閣中手披時，至可寶可欣也。乙卯三月南海康有爲更生記。此書又爲曹倦圃所藏,遠有來歷。」下鈐「康有爲」印。又如菴居士手跋:「此曹秋岳先生倦圃藏書也。更有顧雲美手鈔《墓銘舉例》,亦倦圃物。因並記之。乙酉冬甲子日如菴居士記於小仇池。」《存目叢書》據以影印。北圖亦有是刻。〇南京圖書館藏清康熙刻巾箱本一册。〇清乾隆至道光間鮑氏刻《知不足齋叢書》第二十一集本。民國十年上海古書流通處影印鮑氏刻《知不足齋叢書》本。〇民國二十六年商務印書館據《知不足齋叢書》本排印,收入《叢書集成初編》。〇民國上海進步書局石印《筆記小説大觀》第五輯本。

鑒勞録一卷　明孫傳庭撰　**一八二六**

山西巡撫採進本(總目)。〇《山西省呈送書目》:「《鑒勞録》。」〇《提要》云:「卷前後俱有傳庭自識語,知當時業經付梓。今惟存鈔本耳。」〇北京圖書館藏明崇禎十一年自刻本,題「巡撫陝西右僉都御史臣孫傳庭謹輯」。半葉七行,行十八字,白口,四周單邊。前有崇禎十一年十二月朔自序云「敬付剞劂」。後有自跋,稱自蹈法網,每手斯編,輒捬膺悲慟云云。知後跋乃被逮以後作。《存目叢書》據以影印。〇上海圖書館藏清順治十七年刻本。南圖藏刻本一册,未知異同。

定變録六卷　明許徽編　**一八二七**

浙江鄭大節家藏本(總目)。〇《浙江省第五次鄭大節呈送書目》:「《定變録》六卷,明許徽彙録,二本。」〇《浙江採集遺書總録》:「《張嵎崍定變録》一册,刊本,明盧柟諸人述,按察副使許岳彙録。」〇《提要》云:「凡六種,皆副都御史銅梁張佳允事蹟也。《滑縣擒盜記》一卷,黎陽盧柟撰。

《靖皖紀事》一卷，雲間莫如忠撰。《宣撫降罰記》一卷，太原王道行撰。《定浙二亂志》一卷，吴郡王世貞撰。《浙鎮民變傳》一卷，姑蘇錢有威撰。《浙鎮兵變始末》一卷，山陰鄭舜民撰。其中關於浙江者三，徽浙人也，故序而彙梓焉。」〇王世貞《張司馬定浙二亂志》一卷，有明萬曆四十五年陳于廷刻《紀録彙編》本，北圖、上圖、南圖等藏。民國二十七年商務印書館影印陳于廷刻《紀録彙編》本。又民國二十六年商務印書館據《紀録彙編》本影印，收入《叢書集成初編》。

南征紀略二卷　國朝孫廷銓撰　**一八二八**

編修勵守謙家藏本（總目）。〇《編修勵第一次至六次交出書目》：「《南征紀略》二本。」〇北京圖書館藏稿本二卷二册，半葉八行，行二十字，無格。〇山東圖書館藏清初刻本，題「益都孫廷銓次道纂」。半葉八行，行二十字，白口，四周單邊。前有王庭序，順治九年壬辰門人林嗣環序。是書記順治八年南征事，卷内玄字缺末筆，蓋康熙初所刊。《存目叢書》據以影印。上圖有是刻兩部，其一有清湯溢校並跋。〇清康熙十七年師儉堂刻《孫文定公全集》本，北圖分館、上圖、山東省圖等藏。按：此與前本同版。〇清道光鈔本（見《山東文獻書目》）。〇清鈔本一卷，清翁同龢跋。上圖藏。

李贄一卷　國朝胡文學撰　**一八二九**

兩江總督採進本（總目）。〇《兩江第二次書目》：「《李贄》，鄞縣胡文學著，一本。」〇中國科學院圖書館藏清康熙刻本，與《適可軒詩集》、《文集》、《疏稿》、《淮鹺本論》合印六册一函，即《胡道南先生全集五種》本。題「東海胡文學道南著」，半葉八行，行二十字，白口，四周單邊。前有順治十六年己亥梁清標序，魏裔介序。《存目叢書》據以影印。清華、復旦亦有此刻。北圖藏康熙刻《胡氏三書》本，行款同，當亦同版。

一八三〇　**蜀道驛程記二卷　國朝王士禛撰**

内府藏本（總目）。〇余藏清康熙刻《王漁洋遺書》本，首行低二格題「蜀道驛程記卷上」，次行題「濟南王士禛貽上甫」，禛字末筆缺。第三行正文中自稱「士禛」即不缺筆，知前一禛字末筆係雍正乾隆時剷去。半葉十行，行十九字，黑口，左右雙邊。卷下尾題後列名：「弟士驪、男啟涑、啟汸、啟汧、孫男兆鄴仝較。」無序跋。寫刻本。《四庫提要》云「至康熙辛未始補成之」，蓋即康熙三十年刊於京師。《存目叢書》據以影印。北圖、上圖、復旦等多藏此刻。〇光緒十七年成都雖園重刻本，川圖藏。〇山東省圖書館藏悔堂老人輯鈔《悔堂手鈔二十種》本。〇清光緒十七年上海著易堂排印《小方壺齋輿地叢鈔》第七帙本。〇清鈔本，川圖藏。

一八三一　**南來志一卷　國朝王士禛撰**

内府藏本（總目）。〇余藏清康熙刻《王漁洋遺書》本，正文首行低二格題「南來志」，次行題「詹事府少詹事兼翰林院侍講學士王士禛」，禛字係挖改，文中尚作禛字。半葉十行，行十九字，黑口，左右雙邊。前有史官太倉黄與堅序，番禺屈大均序，易堂後學魏世傚序。寫刻，字體版式同《蜀道驛程記》。北圖、上圖等多有是本。首都圖書館有單本，刷印較早，鈐「鹿巖精舍」朱文長方印，周肇祥故物，《存目叢書》據以影印。〇復旦藏清初鈔本。〇山東圖書館藏悔堂老人輯鈔《悔堂手鈔二十種》

本。○清光緒十七年上海著易堂排印《小方壺齋輿地叢鈔》本。

北歸志一卷　國朝王士禎撰　**一八三二**

内府藏本(總目)。○余藏清康熙刻《王漁洋遺書》本，首行低一格題「北歸志」，次行題「詹事府少詹事兼翰林院侍講學士王士禎」，禎字係挖改。半葉十行，行十九字，黑口，左右雙邊。末有「門人盛符升較」一行。寫刻本，字體版式同《南來志》。北圖、上圖等多有是本。首都圖書館有單本，禎字尚未挖改爲禎字，尚是康熙間刷本，鈐「鹿巖精舍」印，亦周肇祥故物，《存目叢書》據以影印。○復旦藏清初鈔本。○山東圖書館藏悔堂老人輯鈔《悔堂手鈔二十種》本。○清光緒十七年上海著易堂排印《小方壺齋輿地叢鈔》本。

秦蜀驛程後記二卷　國朝王士禎撰　**一八三三**

内府藏本(總目)。○余藏清康熙刻《王漁洋遺書》本，首行頂格題「秦蜀驛程後記卷上」，次行題「經筵講官户部左侍郎王士禎」，禎字末筆剷去。文内尚不缺筆。半葉十行，行十九字，黑口，左右雙邊。寫刻，字體版式與前三種同。無序跋。《存目叢書》據以影印。北圖、上圖等多有此刻。○復旦藏清初鈔本。○山東圖書館藏悔堂老人輯鈔《悔堂手鈔二十種》本。○清光緒十七年上海著易堂排印《小方壺齋輿地叢鈔》本，作《秦蜀驛程記》一卷。

粵遊日記一卷　國朝王鉞撰　**一八三四**

山東巡撫採進本(總目)。○清華大學藏清康熙五十三年刻《世德堂遺書》本，題「琅邪王鉞任菴纂，男沛、思、儁、憻、恂校」。半葉九行，行二十字，黑口，左右雙邊。《存目叢書》據以影印。北圖、津圖、南圖等亦有是刻。

一八三五　**使琉球記一卷　國朝張學禮撰**

大學士英廉購進本(總目)。○清康熙四十一年刻《説鈴》前集本。○清道光五年聚秀堂刻《説鈴》本。○清乾隆五十九年石門馬氏大酉山房刻《龍威祕書》第七集《吴氏説鈴攬勝》本。○山東圖書館藏清鈔本，半葉九行，行二十三字，無格。前有康熙甲辰王言序，後有「康熙三年歲次甲辰書於閩之公署三韓張學禮謹識」一行。卷内鈐「無量卷樓藏書印」、「研泉讀過」等印。《存目叢書》據以影印。○清光緒十七年上海著易堂排印《小方壺齋輿地叢鈔》第十帙本。

一八三六　**治禾紀略五卷　國朝盧崇興撰**

内府藏本(總目)。○《武英殿第一次書目》：「《治禾記略》四本。」

一八三七　**粤西偶記一卷　國朝陸祚蕃撰**

大學士英廉購進本(總目)。○清康熙四十一年刻《説鈴》前集本，題「當湖陸祚蕃武園著」，半葉十一行，行二十五字，細黑口，左右雙邊。寫刻。《存目叢書》用北師大藏本影印。○清道光五年聚秀堂刻《説鈴》本。○清乾隆五十九年石門馬氏大酉山房刻《龍威祕書》第七集《吴氏説鈴攬勝》本。○清鈔何秋濤編《邊輿紀略匯鈔》本，上圖藏。○清光緒十七年上海著易堂排印《小方壺齋輿地叢鈔》第七帙本。○民國二十八年商務印書館據《龍威祕書》本排印，收入《叢書集成初編》。

海岱日記一卷　國朝張榕端撰　一八三八

直隸總督採進本（總目）。〇中國科學院圖書館藏清康熙刻本，題「溰陽張榕端樸園著，秀水徐嘉炎華隱評」。半葉十行，行十九字，大黑口，四周單邊。前有譚弘憲序，陳士鑛識，高緝睿序，李興祖序，徐嘉炎序，康熙三十五年六月韓菼序，陳俞侯跋，康熙三十五年丙子襄平勄跋。鈐有「江蘇省立第一圖書館藏書」印記。《存目叢書》據以影印。南圖另藏是刻一帙。

何御史孝子祠主復位録一卷　國朝毛奇齡撰　一八三九

浙江巡撫採進本（總目）。〇清康熙書留草堂刻《西河合集》本，《存目叢書》用清華藏本影印。

滇行日記二卷　國朝李澄中撰　一八四〇

通行本（總目）。〇中國科學院圖書館藏清康熙東武李氏刻《白雲村全集》本，作《滇行日紀》二卷，題「東武李澄中漁村著」。半葉十一行，行二十字，白口，四周單邊。前有海豐吴自肅序，山陰周金然序。《存目叢書》據以影印。上圖有清刻本，未知異同。

塞程別紀一卷　國朝余宷撰　一八四一

通行本（總目）。〇清康熙三十九年刻《昭代叢書》乙集第四帙本，題「山陰余宷同野著，武林趙承烈照菴校」。半葉九行，行二十字，白口，四周單邊。《存目叢書》用清華藏本影印。〇清道光十三年吴江沈氏世楷堂刻《昭代叢書》乙集第三帙本。〇清光緒六年南清河王氏排印《小方壺齋叢鈔》本。〇清光緒十七年上海著易堂排印《小方壺齋輿地叢鈔》本。

塞北小鈔一卷　國朝高士奇撰 一八四二

大學士英廉購進本（總目）。○武漢大學藏清康熙朗潤堂刻《隨輦集》本，題「内廷供奉翰林院侍讀臣高士奇」。半葉十一行，行二十字，大黑口，四周單邊。有嚴繩孫序。《存目叢書》據以影印。南圖藏康熙刻本當即同版。○清康熙四十一年刻《説鈴》前集本，半葉十一行，行二十五字，細黑口，左右雙邊。○清道光五年聚秀堂刻《説鈴》本。○清道光十三年吴江沈氏世楷堂刻《昭代叢書》丙集第三帙本。○清光緒六年南清河王氏排印《小方壺叢鈔》本。○清光緒十七年上海著易堂排印《小方壺齋輿地叢鈔》第一帙本。○大連圖書館藏清鈔本。○日本大正八年（民國八年）東京滿蒙叢書刊行會排印《滿蒙叢書》第二集本。遼圖、中央民大、北京師大藏。

明道書院紀蹟四卷　國朝章秉法撰 一八四三

按：此條《總目》不載，今據《四庫全書附存目録》補。○《浙江續購書》：「《明道書院紀蹟》一本。」○《浙江採集遺書總録》閏集：「《明道書院紀蹟》四卷，刊本，國朝會稽章秉法輯。」

滇遊記一卷附記一卷　國朝畢曰澪撰 一八四四

兵部侍郎紀昀家藏本（總目）。

滇行紀程一卷續鈔一卷東還紀程一卷續鈔一卷　國朝許纘曾撰 一八四五

大學士英廉購進本（總目）。○北京圖書館藏清康熙刻《滇行紀程》一卷一册，又藏清康熙刻《東還紀程》一卷附《贈言》一卷共一册，均半葉八行，行十九字，白口，四周單邊。○清康熙四十一年刻

《説鈴》前集本。○清道光五年聚秀堂刻《説鈴》本。○清乾隆五十九年石門馬氏大酉山房刻《龍威祕書》第七集《吴氏説鈴攬勝》本，題「雲間許纘曾鶴沙著」，半葉九行，行二十字，黑口，四周雙邊。前有康熙癸丑王廣心總序。《存目叢書》用首都圖書館藏本影印。○清光緒十七年上海著易堂排印《小方壺齋輿地叢鈔》本。○民國二十八年商務印書館據《龍威祕書》本排印，收入《叢書集成初編》。○民國十三年貴州文通書局排印《黔南叢書》第三集本，僅《滇行紀程摘鈔》一卷。

南征紀程一卷　國朝黄叔璥撰　一八四六

編修勵守謙家藏本（總目）。○清華大學藏清乾隆刻本，作《南征記程》一卷，題「北平黄叔璥玉圃」，半葉十行，行二十字，白口，左右雙邊。前有錫山王繩曾序。卷末有「男守謙校字」一行。卷内玄字缺末筆，曆字作歷，當是乾隆刊。寫刻甚精，印本清朗，傳本極稀。《存目叢書》據以影印。

鹿洲公案二卷　國朝藍鼎元撰　一八四七

江西巡撫採進本（總目）。○《江西六次續採書目》：「《平臺集》、《鹿州公案》、《東征集》以上三種共五本。」○中央民族大學藏清雍正十年刻《鹿洲全集》本，題：「漳浦藍鼎元玉霖著，衡山曠敏本魯之評，宣逸夫校。」半葉九行，行二十字，白口，左右雙邊。無直格。前有雍正七年己酉春曠敏本序。是本寫刻頗精。《存目叢書》據以影印。○清同治四年廣東緯文堂刻《鹿洲全集》本。甘肅省圖、重慶市圖藏。○清光緒五年藍謙修補刻《鹿洲全集》本，北大、上圖等藏。○清嘉慶十六年刻本，上圖藏。○清光緒七年江州官舍刻本，川圖、北師大藏。○清鈔本，山東省圖藏。

念貽賸紀一卷　國朝周宣智編　一八四八

侍講劉亨地家藏本（總目）。○北京師大藏清光緒周氏刻本，半葉九行，行二十一字，白口，左右雙邊。《念貽賸紀》一卷，題「曾孫宣智編次」。《念貽賸紀續編》一卷，題「元孫克開彙次」。封面刊「周氏家刻」四字。末有周氏遹追堂捐資名目，一爲光緒元年仲冬月十六世孫大佐總理，板藏遹追堂。一爲「續捐飲福名目」，末署：光緒拾壹年九月十五日嗣孫鼎立、本厚總理捐名同書。蓋《念貽賸紀》刊於光緒元年，《續編》刊於光緒十一年。《存目叢書》據以影印。

東遊紀略二卷　國朝張體乾撰　一八四九

鴻臚寺少卿曹學閔家藏本（總目）。○南京圖書館藏清乾隆刻本，題「神山張體乾確齋甫手著」。半葉八行，行十八字，白口，四周雙邊。無直格。寫刻工緻。前有乾隆二十六年辛巳十月紀昀序，乾隆二十六年辛巳六月范棫士序，乾隆二十五年庚辰六月荆圃主人張體乾序。後有王昇跋，張永鑑跋，薛御龍跋，張斗寅跋，乾隆二十六年辛巳張介祥跋，張允醇跋。《存目叢書》據以影印。

右雜録之屬

安禄山事蹟三卷　唐姚汝能撰　一八五〇

兩淮鹽政採進本（總目）。○《兩淮鹽政李續呈送書目》：「《安禄山事蹟》三卷，唐姚汝能，一本。」○西北大學藏明鈔本，題「華陰縣尉姚汝能纂」。半葉十二行，行二十四字，無格。鈐有「孫胤伽」、「唐卿」、「江左」、「趙輯寧印」、「梅谿精舍」、「楊灝之印」、「繼梁」、「白眼看他世上人」等印記。《存目叢書》據以影印。○牡丹江師院藏清初鈔本，傅增湘跋。○臺灣「中央圖書館」藏舊鈔本，首行題「安禄山事迹卷上」，次行題「華陰縣尉姚汝能纂」。半葉八行，行十六字，無格。鈐有「古香樓」朱文圓印、「枚庵流覽所及」朱文方印、「枚庵」朱文方印。前有翁心存手跋：「《安禄山事迹》三卷，吴枚庵藏本。長男同書得之，以寄其猶子曾榮。惜多譌誤，幾不可讀。憶吾友陳子準稽瑞樓中亦有是書，尚是舊鈔本。子準物後，樓中圖籍散在人間，無繇取以是正矣，爲之憮然。咸豐丁巳七月廿三日海虞翁心存識。時年六十有七。」下鈐「管領蓬山」朱文方印。又翁同書手跋：「《安禄山事迹》三卷，唐姚汝能纂。嘗刻入《學海類編》史參中。《暴書亭集》題跋中有《劉豫事迹》，蓋仿此而作也。此册係吴枚庵舊物，第一卷書法清峭，蓋出枚庵手鈔。丁巳五月五日翁同書志。」下鈐「翁同書字祖庚」白文方印。又翁曾源手跋：「此册嚴親自邗上郵寄鹿卿弟者也，其明年新正予得鈔本於廠肆書攤，爲北平謝氏藏本。爰以兩本互勘，互有得失，不免雙管齊下。世有善本，願爲一鴟之借以證三家之譌耳。咸豐已未初秋翁曾源跋於宣南寓舍。」下鈐「仲淵校讀一過」朱文長方印。○臺灣「中央圖書館」又藏舊鈔本，半葉九行，行二十字，白口，四周單邊。鈐「璜川吴氏收藏圖書」、「吴翌鳳家藏文苑」等印。原封面題「三朝野乘」，下注「璜川吴氏祕録」小字兩行。卷首又列「三朝野乘總目」，凡唐、宋、明三朝野乘九種。然則此係璜川吴氏輯《三朝野乘》九種之一。○臺灣「中央圖書館」又藏清吴翌鳳鈔本，題「唐華陰縣尉姚汝能纂」。半葉九行，行二十一字。書眉、行間有吴翌鳳批校。鈐有「翌鳳鈔藏」、「吴枚庵校定本」、「茂苑香生蔣鳳藻秦漢十印齋祕篋圖書」、「希逸藏書」等印記。

澤遜按：末一印爲近人吴興張珩藏印。以上三本該館《善本書志初稿》著録。○上海圖書館藏清鮑氏知不足齋鈔本，繆荃孫校並跋，沈燕謀跋。○北京圖書館藏清鈔本，半葉九行，行十九字，無格。清丁敬跋。○上海圖書館藏清汪氏振綺堂鈔本。○北京圖書館藏清鈔本，與《劉豫事迹》合一册。半葉十一行，行二十二字，無格。清謝寶樹跋，清翁曾源校並跋。○北京圖書館藏清道光十九年勞權鈔本，半葉九行，行二十字，無格。清勞權校並跋。○北京圖書館藏清洗桐齋鈔本，半葉九行，行二十一字，白口，四周雙邊。○湖北省圖書館藏清陳氏闕愼齋鈔本，清陳毅批校。○北京大學藏清鈔本，題「華陰縣尉姚汝能撰，檇李舊史項藥師校録」。末有道光十二年秦恩復手跋，謂「錯誤者隨筆改正」。鈐有「恩復」、「秦伯敦父」、「石研齋秦氏印」等印記(詳《木犀軒藏書題記及書録》)。○舊鈔本，半葉九行，行二十一字。鈐「竹友軒」、「雪苑宋氏蘭揮藏書記」、「己丑進士」、「太史圖書」等印。○張元濟藏舊寫本，半葉八行十七字。鈐陳仲魚、馬二槎印。○涵芬樓藏舊寫本，紅格，半葉七行十五字。題：華陰縣尉姚汝能纂，安吉林富善輔氏輯。(以上三本見《藏園群書經眼録》)○清道光十一年六安晁氏木活字印《學海類編》本，北圖、上圖等藏。民國九年商務印書館影印晁氏木活字《學海類編》本。○清光緒三十年繆荃孫刻本，《藕香零拾》之一。○清宣統三年葉德輝觀古堂刻《唐開元小説六種》本，附繆荃孫《校勘記》。此本又收入《郎園先生全書》。○一九八三年上海古籍出版社排印曾貽芬校點本。

張邦昌事略一卷　舊本題宋王稱撰　**一八五一**

編修程晉芳家藏本(總目)。○《提要》云：「核其文，即《東都事略・僭僞傳》也。摘其一卷，别立名目，又改王偁爲王稱，可謂愈僞愈拙。曹溶收之《學海類編》，蓋偶未考也。」○清道光十一年六安晁氏木活字印《學海類編》本。民國九年商務印書館影印晁氏木活字《學海類編》本。○臺灣「中央圖書館」藏鈔本，題「王稱撰」。半葉九行，行十六字。鈐有「曝書亭珍藏」、「菦圃收藏」等印記（見該館《善本書志初稿》）。○按：宋眉山程舍人宅刻《東都事略》正文卷端題「承議郎新權知龍州軍州兼管内勸農事管界沿邊都巡檢使借紫臣王稱上進」，著者名王稱，不作王偁。傳本《東都事略》多作王偁，蓋誤。《提要》所指改王偁爲王稱云云，不妥。

僞豫傳一卷　宋楊克弼撰　　**一八五二**

兩淮鹽政採進本（總目）。○《兩淮鹽政李續呈送書目》：「《僞豫傳》等二種，宋楊克弼，一本。」○《兩江第二次書目》：「《僞齊録》，明楊堯弼著，抄本，一本。」○臺灣「中央圖書館」藏明穴硯齋鈔《穴硯齋鈔雜史二十一種》本，作《僞齊録》二卷，宋楊堯弼撰。半葉十四行，行二十二字，白口，四周單邊。鄧邦述舊藏。（見該館《善本書志初稿》）○上海圖書館藏清徐松治樸學齋鈔本，作《僞齊録》二卷，宋楊堯弼撰。《藝風藏書記》卷四著録。○清光緒宣統間繆荃孫刻《藕香零拾》本，即據徐氏治樸學齋鈔本付梓。首行題「僞齊録」，次行題「從政郎楊堯弼」，三行題「劉豫傳」。末有繆荃孫跋云：「此徐星伯先生治樸學齋鈔本，譌錯尚多，别無他本可校，先以付梓。」是書上卷包括《劉豫傳》、《虜立僞齊册文》、《僞齊僭立赦文》及僞齊詔諭七篇。下卷包括《金虜廢劉豫詔》等數篇。《存目叢書》據以影印。○北師大藏清鈔本，二卷二册。○上圖又藏清鈔本。○南京圖書館藏清鈔本。

○常州市圖書館藏清鈔本。○廣東社科院藏清鈔本。○北京圖書館藏清鈔本,作《僞齊録》二卷一册。半葉十四行,行二十二字,白口,四周雙邊。無直格。清鮑廷博墨筆校。末有程慶餘手跋:「是書陳振孫《書録解題》作《逆臣劉豫傳》一卷,楊堯弼、楊載等撰。四庫著録於《附存目》,作《僞豫傳》一卷,楊克弼撰,據其自叙,稱以豫逆臣,不當稱僞齊,故削其國號,而名稱之,以示貶云。是原本標題作《劉豫》或《僞豫傳》,不作《僞齊》也。又稱傳中載豫阜昌八年遣宣議郎楊克弼乞師大金,克弼他辭,乃改差韓元美,是克弼亦嘗仕豫,豫廢後乃復歸宋耳。今此本無序,又傳中八年止載遣僞宣教郎户部員外郎韓元英,而無遺克弼之文。豈有闕佚耶。抑經後人删節耶。克、堯字形相近,他尚未見,無從是正。所稱韓元美,書中亦俱作元英,疑美字誤也。此册係從舊本過録,已有硃墨校改數次,疑出鮑以翁手筆。余所藏本乃從舊刊本影鈔者,向年曾經略校,其大致亦同此本,而文字較順。今適在行篋中,因破一日之暇,略爲校勘如右。其有義得兩通,仍兩存之。又前校《三朝北盟會編》,見所引此書甚多,惜案頭無之,未及參校,姑以俟異日可耳。屠維作洛之歲辜月既望烏程程慶餘記於吴中藝海樓。」此本舊藏上海商務印書館涵芬樓,後歸北圖。○臺灣中研院史語所藏烏絲欄舊鈔本二册。○臺灣史語所又藏舊鈔本一册。○臺灣「中央圖書館」藏舊鈔本二册。○按:諸本均作《僞齊録》二卷,宋楊堯弼撰,與《直齋書録解題》所載著者合。《提要》所據兩淮呈本作楊克弼,恐誤。

徐海本末一卷　明茅坤撰　**一八五三**

户部尚書王際華家藏本(總目)。○《提要》云:「袁褧以此書與《汪直傳》合刻入《金聲玉振集》中,題曰《海寇後編》。今析出各著於録焉。」○明嘉靖二十九年至三十年吴郡袁氏嘉趣堂刻《金聲玉振集·海寇後編》本。○明萬曆刻《茅鹿門先生文集》三十六卷本，在卷三十。北圖、上圖等藏。○清嘉慶十三年張海鵬刻本，收入《借月山房彙鈔》第四集。是本末有「嘉慶戊辰春三月昭文張海鵬校梓」小字二行。此本又收入《澤古齋重鈔》第七集。民國九年上海博古齋嘗影印張氏刻《借月山房彙鈔》，《存目叢書》更據影印本影印。○民國三十六年上海神州國光社排印《中國内亂外禍歷史叢書》本，作《紀剿除徐海本末》。

汪直傳一卷　不著撰人名氏　　**一八五四**

户部尚書王際華家藏本（總目）。○明嘉靖二十九年至三十年吴郡袁氏嘉趣堂刻《金聲玉振集·海寇後編》本。北圖、上圖等藏。○清嘉慶十三年張海鵬刻本，收入《借月山房彙鈔》第六集，浙圖、科學院圖書館等藏。又收入《澤古齋重鈔》第七集，南圖、北圖分館等藏。民國九年上海博古齋影印張海鵬刻《借月山房彙鈔》本。《存目叢書》又據博古齋本影印。此本末有「嘉慶戊辰春昭文張海鵬較梓」小字兩行。

劉豫事蹟一卷　國朝曹溶撰　　**一八五五**

兩淮鹽政採進本（總目）。○牡丹江師院藏清初鈔本。○北京圖書館藏清鈔本，與《安禄山事跡》合一册，半葉十一行，行二十一字，無格。○上海圖書館藏清徐松治樸學齋鈔本，清徐松校。○上海圖書館藏清汪氏振綺堂鈔本。○上海圖書館又藏清鈔本，題「倦圃老人曹溶輯」，半葉九行，行二十字,無格。鈐有「辛卯劫後所得」印記。《存目叢書》據以影印。○臺灣「中央圖書館」藏清鈔本,題「倦圃老人曹溶輯」。半葉九行,行二十字。鈐有「顧蒓峴」、「張金吾藏」、「張蓉鏡印」、「蓉鏡珍藏」、「清河伯子」、「張氏圖籍」、「孫鎬」、「芷圃收藏」等印記。澤遜按:末一印爲張鈞衡之子張乃熊印記。○臺灣「中央圖書館」藏舊鈔本,半葉九行,行二十字。鈐「吴仲懌祕笈印」、「漢陽孫氏藏書」等印記。(以上二本見該館《善本書志初稿》)○清嘉慶十三年張海鵬刻本,收入《借月山房彙鈔》第七集,浙圖、科學院圖書館藏。又收入《澤古齋重鈔》第七集,南圖、北圖分館等藏。民國九年上海博古齋影印張海鵬刻《借月山房彙鈔》本。○清道光十一年六安晁氏木活字印《學海類編》本,北圖、上圖等藏。民國九年商務印書館影印晁氏木活字《學海類編》本。○清道光十三年吴江沈氏世楷堂刻《昭代叢書》庚集埤編本。○北京圖書館藏清鈔《逸野堂藏本史類》本,半葉十一行,行二十一字,無格。

右別録之屬

四庫存目標注卷二十二

滕州 杜澤遜 撰

史部十一

史鈔類

史記法語八卷 宋洪邁編 **一八五六**

浙江巡撫採進本(總目)。○《浙江省第八次呈送書目》:「《史記法語》八卷,宋洪邁輯,二本。」○《浙江採集遺書總録》:「《史記法語》八卷,寫本,宋洪邁輯。」○《兩江第一次書目》:「《史記法語》,宋洪邁著,抄本,一本。」○《提要》云:「卷末有題識一行云:淳熙十二年二月刊於婺州。」○重慶市圖書館藏清萃古齋鈔本,題「鄱陽洪邁」,半葉十行,行十八字,白口,四周單邊。左欄外下方有「萃古齋鈔本」五字。前有目録。後有「淳熙十二年二月刊于婺州」一行。鈐有「積學齋徐乃昌藏書」、「徐乃昌讀」等印。前有某氏手跋：「《史記法語》八卷，宋洪邁撰，萃古齋藍格鈔本。半葉十行，行十八字。卷末有題識一行：『淳熙十二年二月刻於婺州。』當由宋槧本迻録者。是書見《四庫存目》，蓋摘取二字以上古雋句法，依次標出，亦間録舊注，以備修習之用。《直齋書録解題》作十八卷，《郡齋讀書志》作六卷，均誤。《宋史·藝文志》作八卷，與此書適合。又有《經子法語》二十一卷、《春秋左氏傳法語》六卷、《前漢法語》二十卷、《後漢精語》十六卷、《三國志精語》六卷、《晉書精語》三卷、《唐書精語》一卷。誠罕見之祕笈也。萃古齋當是書估錢聽默齋名，聽默素稱識古，所見書多異本，黄蕘圃、嚴修能、顧澗蘋皆推許之。」《存目叢書》據以影印。〇臺灣「中央圖書館」藏舊鈔本，題「鄱陽洪邁」。半葉十行，行十八字，無格。末有「淳熙十二年二月刊于婺州」識語。卷内鈐「汲古閣」、「毛扆私印」、「曾藏汪閬源家」、「楊以增印」、「至堂」、「四經四史之齋」、「楊紹和印」、「彦合珍玩」、「彦合珍存」、「彦合珍藏」、「莚圃收藏」等印記。澤遜按：《海源閣宋元秘本書目》著録爲「影宋鈔本」。趙萬里《海源閣遺書經眼録》云：「鈔本。」又云：「又有毛扆私印、汲古閣、曾藏汪閬源家三印，皆僞。」〇臺灣「中央圖書館」又藏舊鈔本，行款及卷末識語同，唯書法較劣。(以上二本均見該館《善本書志初稿》)〇《國學圖書館現存書目》著録鈔本二册。當在今南京圖書館。

南朝史精語十卷　宋洪邁撰　**一八五七**

浙江汪啟淑家藏本(總目)。〇《浙江省第四次汪啟淑家呈送書目》：「《南朝史精語》十卷，宋洪邁纂，一本。」〇《浙江採集遺書總録》：「《南朝史精語》十卷，寫本，宋洪邁輯。」〇舊鈔本，半葉十行，行十八字。鈐「秀水朱氏潛采堂圖書」朱文方印。繆荃孫稱爲「影宋本」。（見《藝風藏書續記》卷四、《藏園群書經眼録》卷六）○清光緒三十一年繆荃孫據曝書亭藏舊鈔本影刻本，《對雨樓叢書》之一。書名葉陰面刻「江陰繆氏對雨樓叢書，黄岡陶子麟刻」，卷二末有「黄岡陶子麟刊」一行，末附繆荃孫《札記》一卷及跋。又收入《擇是居叢書初集》。○清華大學藏清乾隆五十二年南城吴照刻本，題「鄱陽洪邁」。半葉十行，行十八字，白口，左右雙邊。前有乾隆五十二年南城吴照序云：「長夏杜門，手校付梓。」各卷前刻「乾隆五十二年仲夏月南城吴照校刊」一行。鈐有「查瑩之印」、「映山」、「賜研堂藏書印」等印記。《存目叢書》據以影印。川圖、南圖、湖北省圖亦藏是刻。○湖北省圖藏清鈔《藝苑叢鈔》本。○臺灣「中央圖書館」藏舊鈔本，半葉十行，行十八字。題「鄱陽洪邁」。鈐有「寶德堂藏書」印（見該館《善本書志初稿》）。○臺灣師大藏鈔本。

十七史詳節二百七十三卷　宋呂祖謙編　一八五八

浙江巡撫採進本（總目）。○《浙江省第四次汪啟淑家呈送書目》：「《十七史詳節》二百七十三卷，宋呂祖謙輯，六十本。」○《浙江採集遺書總録》：「《十七史詳節》二百六十九卷，刊本，宋呂祖謙纂。」○《兩江第一次書目》：「《十七史詳節》，宋呂祖謙著，八十二本。」○《提要》云：「此蓋其讀史時删節備檢之本，而建陽書坊爲刻而傳之者。」○臺灣「故宫博物院」藏南宋建陽書坊刻本二百七十三卷，存二百六十六卷九十八册。依其各史正文卷端大題列書名卷數如次：《東萊先生增入正義音註史記詳節》二十卷、《參附群書三劉互註西漢詳節》三十卷、《諸儒校正東漢詳節》三十卷（殘存二十三卷)、《東萊校正晉書詳節》三十卷、《東萊先生校正南史詳節》二十五卷、《東萊先生校正北史》二十八卷、《東萊先生校正隋書詳節》二十卷、《諸儒校正唐書詳節》六十卷、《東萊校正五代史詳節》十卷。半葉十四行(唯《史記》十三行),行二十四字,細黑口,左右雙邊(偶有四周雙邊)。左欄外有耳題。眉上刻事要。避宋諱(缺筆、改字或省文)至光宗止。卷内鈐「天臺下丕余氏恒齋書籍印」、「周氏子孫保之」、「孟舉」、「自立門石」、「五福五代堂寶」、「八徵耄念之寶」、「太上皇帝之寶」、「天禄琳琅」、「乾隆御覽之寶」、「天禄繼鑑」等印記(參吴哲夫《故宫博物院宋本圖録》。又《故宫博物院善本舊籍總目》)。《鐵琴銅劍樓藏書目録》元刊《十七史詳節》條云:「《漢書》中雜附致堂胡氏之論,即《讀史管見》中語。考致堂猶子大壯跋《管見》謂書成刻於嘉定十一年。成公安得預見其書而採之耶。」吴哲夫曰:「是書避宋諱止敦字,敦字爲光宗諱,且書中引《致堂讀史管見》之文,《致堂讀史管見》書成於嘉定間,則是書刊成必在寧宗以後。」按:此即《天禄琳琅書目後編》卷四宋版史部所著録者,原書二百七十三卷十二函一百册,今佚去《東漢詳節》七卷二册。臺灣「故宫」又藏南宋建刊《東萊先生標註三國志詳節》二十卷,鈐「楊守敬印」等印記。臺灣「中央圖書館」亦藏《東萊先生標註三國志詳節》二十卷(各卷大題「詳節」二字被割去),鈐「吴興許博明氏懷辛齋藏書印」等印記,有民國九年曹元忠手書題記。臺灣「故宫」又藏南宋建刊《諸儒校正唐書詳節》六十卷,鈐「天禄琳琅」等六璽,即《天禄琳琅書目後編》卷九元版史部著録者。皆與前《十七史詳節》宋建本同版。○北京圖書館藏宋刻本,僅《東萊先生增入正義音註史記詳節》卷一卷二，行款版式同臺故宫本，未知異同。○華東師大藏宋刻本，僅《諸儒校正西漢詳節》卷一至二十三、卷二十六至三十。半葉十四行，行二十四字，細黑口，左右雙邊。有羅振常跋。據羅振常《善本書所見録》，此即《天禄琳琅書目後編》所載宋版《諸儒校正兩漢詳節》之殘帙，各卷藏印同，另有「天禄琳琅」等六璽。○上海圖書館藏宋刻本，僅《名公增修晉書詳節》三十卷。○南京大學藏宋刻本，僅《名公增修標註南史詳節》卷一、卷六、卷二十二至二十五。半葉十行，行二十字，細黑口，四周單邊。○重慶市圖書館藏宋刻本，僅《名公增修標註隋書詳節》二十卷。半葉十行，行二十字，細黑口，左右雙邊。○北京圖書館藏宋刻本，僅《京本增修五代史詳節》十卷。半葉十三行，行二十一字，細黑口，四周雙邊。有耳。按：以上四本均冠以「增修」字，知非初刻，其刊版均當在南宋之末。○上海圖書館藏元刻本二百七十三卷，子目行款版式悉如臺灣「故宫」藏宋刻本，相其字體，亦出福建坊刻。唯版多漫漶爲稍遜耳。鈐有「韓應陛鑒藏宋元名鈔名校各善本于讀有用書齋印記」、「松江讀有用書齋金山守山閣兩後人韓德均錢潤文夫婦之印」、「甲子丙寅韓德均錢潤文夫婦兩度携書避難記」等印。○北京圖書館藏元刻本，與上圖本同版。其中《三國志詳節》、《唐書詳節》二種係明正德十一年劉弘毅慎獨齋刻本。鈐有「鐵琴銅劍樓」印記。即《鐵琴銅劍樓藏書目録》著録者。《存目叢書》先借印上圖元刻本，以其印本漫漶，僅取《西漢》、《東漢》、《晉書》三種。餘用北圖元刻本影印。唯《唐書》仍用慎獨齋本。○北圖又藏元刻本，子目行款版式同前本。其中《東漢》卷二十三、卷二十八至三十、《隋書》卷十一配清鈔本。○北圖又藏元刻本，子目行款版式同前。其中《史記》存卷一至七、卷十五至二十；《西漢》存卷一至二十五、卷二十八至三十；《南史》存卷一、卷三至二十五；《唐書》存卷一至九、卷十一至六十。餘全。○北圖又藏元刻本，子目行款版式同前。存《史記》二十卷；《東漢》卷五至九、卷二十二至三十；《三國》卷十一至二十；《南史》卷一至七、卷十七至二十五；《北史》卷一至八、卷十九至二十八；《隋書》二十卷。共九十八卷十一册。○北京大學藏元刻本，子目行款版式同前，存《東漢》、《隋書》、《五代》三種。○南京圖書館藏元刻本，子目行款版式同前。存《南史》、《北史》二種。即《善本書室藏書志》卷十著録者。○按：以上七部元刊《十七史詳節》，行款版式悉同臺北「故宫」宋本。上圖、北圖本《存目叢書》已配合影印，其字體無殊，知係同刻。臺灣故宫《宋本圖録》收有元刊《十七史詳節》之《史記》及單本《三國志》、《唐書》書影，臺灣「中央圖書館」《滿目琳琅》收有宋刊《三國志》書影。吴哲夫先生嘗互校，定爲同版。今以《存目叢書》所收《史記》、《三國》相校，行款版式字體相同，其中《三國志》卷一首行大題「志」字左右斷版，首半葉「參」字末筆作點不作撇，「桓」缺末筆等，三本悉同，當是一刻。以其避宋諱而言，仍以定爲宋末建刊較妥。其版至明永樂中始燬。○明正德十一年建陽劉弘毅慎獨齋刻本二百七十三卷。各史均冠「東萊先生」，唯《唐書詳節》冠「諸儒」二字。半葉十三行，行二十六字，版心下細黑口，四周雙邊。各史卷一前有卷之首。《史記》卷首首行題「東萊先生史記詳節卷之首」，次題「南宋中郎外兵曹參軍聞喜裴駰集解，唐諸王侍讀率府長史高要張守節正義，唐朝散大夫弘文館學士河内司馬貞索隱，宋翰林學士門下侍郎眉山蘇轍古史，宋祕書丞集賢院學士高安劉恕外紀，皇明正德丙子冬十月京兆劉弘毅刊行」。各史題名不同，如《唐書》題「建陽慎獨齋新刊」。全書前有明正德十一年六月莆田鄭京《十七史序》、後有正德十一年五月劉弘毅《十七史序後》，皆爲此刻作。前又有正德十三年四月長汀李堅《十七史詳節序》，則爲正德十三年李堅校訂劉弘毅刊版而作。各史末多有牌子，如《唐書詳節》末有「皇明正德丙子慎獨齋刊」雙行牌記。北圖、北大、上圖、南圖、臺灣「中央圖書館」等多有是刻。又各史單本往往被割去牌記等以充宋本或元本。〇明嘉靖四十五年至隆慶三年陝西布政司刻本二百七十三卷。各史均冠「東萊先生」四字。半葉十行，行二十二字，白口，四周單邊。版心下有：顔通、顔文、顔宜、學芳、學林等，似刻工名。前有隆慶四年庚午孟夏朔上黨栗永禄《重刊十七史詳節序》云：「宋紹興間，迺東萊呂先生，淹貫史籍，芟繁撮要，彙成一書，名曰《十七史詳節》。」又云：「我朝永樂初，版厄回禄。逮正德中，建陽始刊行，惜傳布未廣，後學多弗及覩。嘉靖丙寅，侍御定溪方公按河隴，政暇出善本曰，兹先儒呂先生所輯者，最便後學，盍鋟梓以廣其傳。隆慶己巳春仲，始告竣事。」南圖、浙圖、山東省圖、臺灣「中央圖書館」等藏。〇中共中央黨校藏明鈔本，僅《東萊先生西漢詳節》三十卷《東漢詳節》三十卷，四十册。〇臺灣「中央圖書館」藏明烏絲欄鈔本，僅《唐書詳節》前十卷。半葉十行，行二十二字，四周單邊。白棉紙。包背裝。〇臺灣「中央圖書館」藏朝鮮舊鈔本二百七十三卷六十七册，半葉十行，行二十一字，四周雙邊。《史記》卷首題名同劉弘毅本，又有鄭京序，劉弘毅後序。知係從劉弘毅慎獨齋刻本鈔録，唯行款不同耳。〇清光緒二十八年崇新書局石印本。山東師大藏。

東漢精華十四卷　宋吕祖謙撰　**一八五九**

衍聖公孔昭煥家藏本(總目)。○《衍聖公交出書目》:「《東漢精華》一本。」○《提要》云:「乃其《兩漢精華》之一。」○重慶市圖書館藏明正德元年刻本,作《東萊吕氏西漢精華》十四卷《東萊吕氏東漢精華》十四卷。半葉十行,行二十三字,黑口,四周雙邊。前有正德元年二月李旻序云:「東萊爲書而張君傳之,……辭不獲,輒爲記新刊之歲月。」此序殘損不完,不知張君名字,謂之正德元年張氏刻本可也。《存目叢書》據以影印。○北京圖書館藏明嘉靖二十六年唐藩朱彌鋸刻本,作《東萊吕氏兩漢精華》二十八卷。半葉十行,行二十三字,白口,四周雙邊。北圖又藏一部,同版,清黄國瑾跋。原北平圖書館藏是刻,唯《東萊吕氏東漢精華》十四卷一册,鈐「孔繼涵印」、「葒谷」及「翰林院印」滿漢文大官印,書衣有「乾隆三十八年五月衍聖公孔昭煥送到家藏東漢精華壹部計書壹本」長方木記。即《存目》所據衍聖公呈本。有嘉靖二十六年胡慥跋,謂鄖城王命長子勗齋所刊者。考《明史・諸王世表》:鄖城恭端王彌鋸,成化二十一年封,嘉靖三十一年薨。其嫡一子宇清,正德十三年封長子,嘉靖三十四年卒。然則是本爲嘉靖二十六年唐藩鄖城王朱彌鋸命其長子朱宇清刊刻者。勗齋爲朱宇清之字或號。此進呈本現存臺北「故宫」。王重民《善本提要》著録,而以鄖城王爲朱宇清,勗齋爲其子朱宙桃,且以朱宇清封長子爲襲封郡王,不無舛誤,故重爲考定。

諸史提要十五卷　宋錢端禮撰　**一八六〇**

内府藏本(總目)。○《天禄琳琅書目》卷二宋版史部著録《諸史提要》二函十六册十五卷。當即《存目》所據。○北京圖書館藏宋乾道紹興府學刻本，半葉九行，行十四字，小注雙行，行二十八字，白口，單魚尾，左右雙邊。前有門生劉孝韙序。書末有結銜三行：「迪功郎前監潭州南嶽廟李龜明校，從事郎前平江府吴縣尉主管學事徐似道校正，迪功郎紹興府府學教授胡紘校正。」版心刻工：徐顔、毛奇、朱貴、洪新、陳明、陳仁、徐亮、王昌、施祥、施詳、毛昌、李昌、顧宥、李文、李才、許中。卷内鈐「高陽郡圖書印」、「華亭朱氏」、「文石朱象玄氏」、「横經閣收藏圖籍印」、「商丘宋犖書畫府印」、「湘雲館」、「曾在周叔弢處」、「傅增湘」、「雙鑑樓藏書印」、「涵芬樓」、「涵芬樓藏」、「海鹽張元濟經收」等印記。《存目叢書》據以影印。○清康熙五十二年内府刻本，清張英補。半葉十行，行二十二字，白口，四周雙邊。北圖、故宫、遼圖、津圖等藏。

漢雋十卷　宋林越撰　　一八六一

江蘇巡撫採進本（總目）。○《江蘇省第一次書目》：「《漢雋》二本。」○《江蘇採輯遺書目録》：「《漢雋》十卷，宋括蒼林鉞著，刊本。」○上海圖書館藏宋淳熙五年滁陽郡齋刻本，半葉九行，行大字約十五字，小字雙行，行三十字。序跋半葉九行，行十八字。白口，左右雙邊。前有紹興三十二年壬午林鉞序。後有淳熙五年戊戌十二月十九日壽春魏汝功跋云：「茲守滁陽□諸庫得梨板，命工刊之。」知係淳熙五年魏汝功滁陽郡齋刻本。版心下記刻工：張仲實、戴世榮、余全、余塡、戴良臣、張明喆、柯文、吴欽、刘升、蔡清。卷内鈐「石川張氏崇古樓珍藏印」、「張允清印」、「桐軒」、「玉蘭堂」、「北平邵氏家藏」、「延令張氏三鳳堂印」、「辛夷館印」、「竹塢」、「梅谿精舍」、「古吴王氏」、「江左」、「宜齋文府」、「芷園」、「季振宜印」、「滄葦」、「揚州季氏」、「季振宜藏書」、「徐健菴」、「乾學」、「五福五代堂古稀天子寶」、「八徵耄念之寶」、「太上皇帝之寶」、「乾隆御覽之寶」、「天禄琳琅」、「天禄繼鑑」等印記。《天禄琳琅書目後編》卷四宋版史部著録宋版《漢雋》第二部即此帙也，唯謂與第一部淳熙十年象山縣學刻本同版，則誤。二本行款雖同，刻工則異也。《寶禮堂宋本書録》仍沿此誤，而以海源閣藏淳熙十年象山縣學本爲淳熙五年滁州第一刊本，先後倒置。蓋以佚去淳熙十年楊王休題、象山縣學《漢雋》工價及象山縣主管勸農公事蔣鶚等列銜之故。民國十七年商務印書館嘗據此淳熙五年滁陽刻本影印，收入《續古逸叢書》。《存目叢書》又借上圖藏此帙影印。〇北京圖書館藏宋淳熙十年象山縣學刻本，潘世兹所捐。正文首題「漢雋卷第一」，次行至三行列本卷總目。半葉九行，行約十五字，小字雙行，行三十字，白口，雙黑魚尾，左右雙邊。有紹興壬午林鉞序。淳熙戊戌魏汝功後序。卷内鈐「愚公」、「季振宜藏書」、「楊以增字益之又字至堂晚號冬樵行弍」、「關西節度系關西」、「楊紹和讀過」、「紹和筑岩」、「臣紹和印」、「彦合珍玩」、「彦合珍存」、「祕閣校理」、「東昌楊氏海原閣藏書記」、「海原閣」、「宋存書室」、「瀛海僊班」等印記。版心殘損，刻工：孫清、孫濟、陳真、施瑞、陳文、王進、王縉、孫湛、方迪、洪説、洪悦、孫善、朱芾雕等。據《天禄琳琅書目後編》卷四宋版史部著録宋刊《漢雋》第一部，此刻後原有淳熙十年楊王休題，又記象山縣學《漢雋》工價，又列銜：「從事郎知明州象山縣主管勸農公事兼主管王泉鹽場蔣鶚、迪功郎明州象山縣主簿徐晟、鄉貢免解進士縣學長章鎔校正，鄉貢進士門生樊三英校正。」此本均佚去。故《寶禮堂宋本書録》著録是帙誤爲淳熙五年滁陽原刊。北圖又藏一部，前五卷爲淳熙十年象山縣學刻本，後五卷爲淳熙五年滁陽郡齋刻本。遼圖亦藏淳熙十年象山縣學刻本。○北京圖書館藏宋嘉定四年滁陽郡齋刻本，半葉九行，行約十五字，小字雙行，行三十字，白口，左右雙邊。版心下鐫刻工。《鐵琴銅劍樓藏書目録》卷十著録宋刊本，謂卷末有嘉定四年辛未中秋日浚儀趙時侃題云：《漢雋》十卷亦厄於開禧兵燼，因訪求舊本再鋟木於郡齋。即此本也。○宋刻本，半葉九行，行約十五字，小字雙行，行三十字，白口，雙魚尾，左右雙邊。版心下有刻工。北圖藏一部，係周叔弢所捐。上海藏一部。《藏園群書經眼録》著録宋刊本有刻工龔旻、龔亮、蕭茂、黄昇、龔以達、鄧昇、鄧俊、鄧鼎、蔡恭、蔡昌、蔡懋等者，疑即此刻。○山東博物館藏元元統元年刻本，半葉八行，行十七字，小字雙行，行字數同，白口，左右雙邊。○北京大學藏元刻本，半葉九行，行約十五字，小字雙行，行三十字，大黑口，左右雙邊。有淳熙十年楊天休後序，元延祐七年十月袁桷後序。鈐有「洪氏藏書萬卷」、「書直白金三百兩」、「清奉買來手自校，子孫讀之知聖教，鬻及借人爲不孝。唐杜暹句」等印記。李盛鐸藏書。見《木犀軒藏書題記及書録》。上圖、川圖、甘肅省圖亦有是刻。○北京大學藏元刻明修本，半葉九行，行約十五字，小注雙行，行三十字，黑口，左右雙邊。李盛鐸舊藏。○鄭州大學藏元刻明修本，半葉九行，行約十五字，小注雙行，行三十字，大黑口，左右雙邊。版心下有刻工。有清沈炳垣批校。○東北師大藏明正統四年刻本，半葉九行，行約十五字，小注雙行，行三十字，黑口，左右雙邊。前有正統四年刻書序，後有正統四年鄭珞重刻序。○南京圖書館藏明弘治熊紀刻本，半葉九行，行約十五字，小字雙行，行三十字，大黑口，四周雙邊。有刻工。有紹興壬午自序，元延祐庚申袁桷後序。鈐有「明善堂珍藏書畫印記」、「怡親王寶」、「宣城李氏瞿硎石室圖書印記」、「宛陵李之郇藏書印」、「江城如畫樓」及八千卷樓丁氏諸印記。《善本書室藏書志》卷十著録，稱「明翻元刊本」。原有弘治十八年朱佐書後。參下文何全刻本。首都圖書館、上圖亦藏是刻。○湖南圖書館藏明刻本，半葉九行，行十五字，小注雙行，行三十字，大黑口，四周雙邊。有葉德輝跋，定爲元延祐七年刻本。《藏園群書經眼録》因之稱爲「元刊本」。○明嘉靖十一年郟鼎刻本，半葉十行，行字不等，白口，無魚尾，四周單邊。北圖、北師大、南圖等藏。鄭州大學藏一部有清黄國瑾題識。○明嘉靖四十年何鏜潮州郡齋刻本，半葉九行，小字雙行，行二十四字，細黑口，四周雙邊。北大、華中師大、襄陽地區圖書館藏。○明嘉靖四十五年何全刻本，題「宋括蒼林越纂，明後學何鏜校，明成都何全訂」。半葉九行，行十二字，小字雙行，行二十四字，白口，四周雙邊。版心下記字數及刻工：葉二、蔡太、吴照、余元、張恩、張善、葉松、周友、余七、張成、吴五、蔡彦、嵩仔、熊文、張旺等。前有嘉靖四十五年丙寅何全《重刻漢雋序》，知此本係據何鏜本重刻者。又嘉靖四十年潮州知府何鏜刻書序，紹興壬午自序。後有弘治十八年乙丑十月望日浙進士江西新昌文學官朱佐《書重刊漢雋後》云：「南陽熊侯，出宰新昌，首重儒術，慮史學或失其傳，索余善本，重囑考訂鋟梓。」是爲弘治十八年熊紀新昌縣刻本作，南圖有熊紀刻本而佚此序，故摘録於此。又元延祐七年袁桷後序。以上參臺灣「中央圖書館」《善本書志初稿》及《善本序跋集録》。○明隆慶四年汪大節七瑞山房刻本，半葉八行，行十七字，小注雙行，行字同，白口，左右雙邊。吉林省圖、吉林大學、山西省圖藏。〇明萬曆十二年吕元刻本，題「宋括蒼郡林鉞國鎮輯，明會稽郡吕元調父校」。半葉八行，行十二字，小字雙行，行二十四字，白口，左右雙邊。版心下記字數及刻工：徐軒、禎士、陳二、羅、洪等。前有萬曆十二年甲申虞淳熙《重雕漢雋序》，後有吕元《跋刻漢雋》。上圖、北師大、山東省圖、臺灣「中央圖書館」等多藏此本。南圖本鈐「彝尊私印」、「錫鬯」、「吴玉墀印」、「小谷」、「吴蘭林西齋書籍刻章」、「味乳居士」及八千卷樓丁氏諸印記，《善本書室藏書志》卷十著録。〇明萬曆十三年周曰校刻本，題「宋括蒼郡林鉞國鎮輯，會稽郡吕元調父校，金陵周曰校應賢刊」。半葉八行，行十二字，小注雙行，行二十四字，白口，左右雙邊。人民大學藏是本封面刻「萬曆乙酉金陵周對峰鐫」。鈐「邵晉涵印」、「潛江甘鵬雲藥樵收藏書籍章」、「王秉宣珍藏書畫印」等印記。有光緒二十三年王秉宣題識。河北大學、遼寧大學、臺灣「中央圖書館」亦有是本。〇明萬曆二十六年孫平仲刻本，半葉八行，行字不等，白口，左右雙邊。原北平圖書館藏一帙，現存臺北「故宫」。有元統元年揭傒斯序，萬曆二十六年孫平仲跋。王重民《善本提要》著録。南圖亦藏是本。〇明萬曆二十八年吴繼安刻本，題「宋括蒼林鉞輯，明新安吴繼安校」。半葉八行，行十七字，小字雙行，行字同。白口，左右雙邊。前有元元統元年揭傒斯《題刻漢雋序》，又萬曆二十八年庚子新安吴繼茂序云：「予弟繼安，雅修古文詞，而此尤其所好，迺爲校訂，屬諸剞劂。」浙圖、東北師大、無錫市圖、臺灣「中央圖書館」藏。〇明萬曆三十五年葛褱、葛之垣刻本十二卷，半葉七行，小字雙行，行十七字，白口，四周單邊。北圖藏。〇明崇禎十二年新安程揚刻本,半葉八行,行十七字,小注雙行,行字同。白口,左右雙邊。鈐「信古堂印」白文方印。中山大學藏。按:中山大學《古籍善本書目》刻書人作程楊,《中國古籍善本書目》作程揚,未知孰是。○明刻本,半葉十行,行字不等,小字單行,行十八字至二十四字不等,白口,四周單邊。北大藏。○日本明和四年(清乾隆三十二年)平安書肆出雲寺和泉掾翻刻明萬曆十二年吕元刻本。遼圖、大連圖、臺北故宫博物院藏。

元史節要十四卷　明張九韶撰　**一八六二**

兩淮鹽政採進本(總目)。○《兩淮鹽政李呈送書目》:「《元史節要》十四卷,明張九韶,六本。」○北京圖書館藏明洪武三十年建安書堂刻本二卷又《釋文》一卷共二册,半葉十七行,行二十九字,細黑口,四周雙邊。清宋筠跋。原北平圖書館亦藏是刻,二卷一册,無《釋文》,王重民《善本提要》著録,謂前有《節要綱目》,《綱目》前題「翰林國史院編修官張美和編集」,《綱目》末題「洪武丁丑孟夏建安書堂新刊」。北平圖書館另有一部,王重民謂自卷一第一葉以前佚去,《釋文》亦僅存一葉,「疑翻刻較晚」。此北平二本現存臺北「故宫博物院」,《中央圖書館善本書目》著録,稱二本同爲洪武三十年建安書堂刻本。臺灣「中央圖書館」另藏是刻一部二册,完好無缺。首洪武十七年甲子張美和序,次劉季鵬序,次元朝玉裔表,次《元史節要綱目》,次正文上、下卷,次《釋文》及續增音釋。題名、刻書題記同前。扉葉有葉德輝題記:「明張美和《元史節要》二卷,洪武丁丑建安書堂刻本,版式字體猶承元刻之舊,而傳本頗少。嘉慶時黄蕘圃以家藏書四種换書估王徵麟知非堂抄本,中有此一種，載價值十三洋，可知彼時舊書之貴，而此書價亦不廉云。蕘圃藏書皆有手跋，光緒甲申吳縣潘文勤從藏書家搜輯刻《士禮居題跋記》，此事載卷六《知非堂稿》六卷下。光緒丁未四月初上弦燈下題記。麗廔主人葉德輝。」書中鈐「督理通州草場稅務關防」、「興龍齋」、「乙酉年收藏圖書記」、「葉氏德輝鑒藏」、「觀古堂」、「葉氏麗廔藏書」、「德輝之印」、「莚圃收藏」等印記（見該館《善本書志初稿》、《善本題跋真跡》）。○天一閣文管所藏明初刻本二卷，半葉十四行，行二十四字，黑口，四周雙邊。○山東省圖書館藏明張克文刻本十四卷，題「明翰林編修張九韶美和編輯，七世孫進士克文宗質重刊，進士堯文宗欽校閲」。前有洪武甲子自序。半葉十行，行二十字，白口，四周雙邊。考張克文隆慶二年進士，張堯文萬曆十一年進士，則此本當是萬曆刻本。《存目叢書》據以影印。人民大學、曲阜師大、重慶市圖亦藏是刻。臺灣「中央圖書館」藏是刻十四卷三册，自序首葉鈐「翰林院印」滿漢文大官印，是進呈四庫原本，淡江大學蔡琳堂先生嘗以書影相貽。○北京圖書館藏明鈔本不分卷二册，半葉十行，行十九字，白口，四周單邊。

春秋左傳類解二十卷　明劉績撰　一八六三

按：此書《總目》未載，今據《四庫全書附存目録》補。○《浙江省第四次吴玉墀家呈送書目》：「《春秋左傳類解》二十卷，明劉績撰，六本。」○《浙江省第五次范懋柱家呈送書目》：「《春秋左傳類解》二十卷，明劉績著，十本。」○《浙江採集遺書總録》：「《春秋左傳類解》二十卷，刊本，明鎮江知府江夏劉績撰。明晉藩曾刻於寶賢堂。」○明弘治十年淮陰公舍刻本，題「蘆泉劉績編注，元山席書校正」。半葉十二行，行二十四字，大黑口，四周雙邊。北大藏一部，李盛鐸舊藏，《木犀軒藏書題記及書録》著録爲「明刊本」。天一閣文管所藏本殘存卷一卷十六至卷十九共五卷二册，駱兆平《新編天一閣書目》著録爲「明弘治十年刻本」。○明嘉靖七年崇藩刻本，題「蘆泉劉績編註」。半葉十行，行二十字，大黑口，左右雙邊。北圖、上圖、浙圖、臺灣「中央圖書館」等藏。

一八六四　兩晉南北奇談六卷　舊本題宋王涣撰

兩江總督採進本（總目）。○北京圖書館藏明刻本，存卷一卷五卷六共三卷，題「太原墨池王焕纂」。半葉九行，行十八字，白口，左右雙邊。前有辛未年二月王焕引。《提要》考定王涣爲明弘治丙辰進士，則此自序作於正德六年辛未。卷内鈐「珊瑚閣珍藏印」、「中吴沈氏珍藏」、「守墨道人」等印。前有李一氓録清彭元瑞《知聖道齋讀書跋尾》本條。後有李一氓手跋：「《兩晉南北奇談》六卷，存三卷一、五、六，明刊本，史部雜録罕見，有納蘭成德珊瑚閣藏印，因收之。一九六三年冬於城東書屋。」《存目叢書》據以影印。臺灣中研院史語所藏明刻本六卷六册，清彭元瑞手跋，近人鄧邦述手跋。即《知聖道齋讀書跋尾》卷二著録者，完好可貴。

一八六五　分類通鑑四卷　不著撰人名氏

兩江總督採進本（總目）。○《武英殿第二次書目》：「《分類通鑑》四本。」○《提要》云：「明宏治中河間知府施槃刊於郡齋，亦不云誰作。」○復旦大學藏明弘治十二年施槃刻本，存卷一，書名作《新集分類通鑑》。半葉十一行，行二十字，黑口，四周雙邊。前有明弘治己未歲仲秋既望賜進士嘉議大夫都察院右副都御史前知河閒府事濠梁顧佐引，備述河閒知府施槃刻書始末，唯云「不著編集者名氏」，是當時不知編者。《存目叢書》據以影印。

一八六六　讀書漫筆十八卷　明方瀾撰

兩淮馬裕家藏本（總目）。○《浙江省第五次范懋柱家呈送書目》：「《讀書漫筆》十八卷，宋方瀾著，四本。」○《浙江採集遺書總録》：「《讀書漫筆》十八卷，刊本，莆田方瀾撰。」

一八六七　諸史品節三十九卷　明陳深編

兩江總督採進本（總目）。○《兩江第一次書目》：「《詩史品節》，明陳深輯，二十四本。」按：「詩」當作「諸」。○《武英殿第二次書目》：「《諸史品節》十二本。」○明萬曆刻本三十九卷，半葉九行，行二十字，白口，四周單邊。眉欄鐫評。首都圖書館、北大、上圖等藏。王重民《善本提要》著録此三十九卷本，謂卷八後有又八卷，實爲四十卷。○湖北圖書館藏明萬曆刻本四十卷，行款版式同前本。前有《凡例》末署：「歲在癸巳陽月哉生明日，吴人陳深子淵甫、陸翀之飛卿甫仝識。」内云：「倘欲覩其大全，則不佞尋而有《續諸史品節》在刻。」是本標卷四十，其中卷八之後另有一卷標「又八卷」，實有四十一卷。卷四十至二十九葉止，後有缺葉。版心偶記刻工：王胡、沈溪、吴安、張相等。《存目叢書》據以影印。人民大學、東北師大等亦有此刻。○明萬曆刻本四十卷又《後集》八卷，行款版式同前。故宫、天津師大、青海民院藏。按：以上三本似係初刻本與增修本。

史纂左編一百二十四卷　明唐順之撰　一八六八

安徽巡撫採進本(總目)。○《安徽省呈送書目》:「《史纂左編》一百二十種。」○首都圖書館藏明嘉靖四十年胡宗憲刻本,作《歷代史纂左編》一百四十二卷。題:「明都察院右僉都御史提督淮揚軍務前左春坊右司諫兼翰林院編修武進唐順之編輯,太子太保兵部尚書都察院右都御史總督浙直等處軍務新安胡宗憲校刊,門生宜興王革、武進左烝校正。」半葉十行,行二十字,白口,四周單邊。前有自序,王畿凡例並引。目録後有嘉靖四十年辛酉浙江右布政使胡松序,言刻書始末。版心刻工:章聰刻、李潮、顧鈴、沈喬、章侖、柯橋、何應芳、何祥、夏敖、文瑞、夏文瑞、金簡、黄鏡、夏文煥、陸漢、刘叶、鄭國祥、高良相、彭文、章倫、張璜、陳約、陳國祥、章意、章秦、章仁、朱文正刻、夏荣刻、張贊、張瓚刻、刘燁刻、徐山刻、于成刻、夏激、郭昌言、金汝南、彭天恩、陸定、袁宏刻、章忽、王經、章循、夏霖、夏俊、陶忠、應鍾、沈松、王明、陶卿、夏鳶、陶烓、孟相、陶秀、孟達、陳蓮、金立、夏良、王昭、良相、陳汶、陳堂、陳滚、王楝、王材、葉恩、夏恕、王汗、金文、何祥、夏舜夫、郭昌時、王国、昌其、陳廉、周欽、歙州歙邑黄鏜刊(在卷六十五首葉)、鋭、何芳、鋟、鎰、釟、新安歙西黄鏕刊(在卷九十三首葉)、鑰、徐夫、鎮、歙邑黄愛刊(在卷七十八首葉)、黄琇、黄瑑刊、黄鈛、王国珍、王英、朱廷敬、夏昇、許亨、馮慶、顧金、黄瑚、徽州黄鎰刊(在卷一百五首葉)、歙邑黄鑠刊(在卷一百七首葉)、歙州黄鍊刊(在卷一百八首葉)、新安黄鉞刊(在卷一百九)、黄銘刊、吴四。《存目叢書》據以影印。北大、上圖等亦有是刻。蘇州市圖書館有公文紙印本。○明萬曆四十年吴用先等重刻本,書名卷數同前本,題「明都察院右僉都御史武進唐順之編輯，浙江布政使司布政使桐城吴用先、參政高安陳邦瞻、廬陵蕭近高全校」。半葉十行，行二十字，白口，左右雙邊。有吴用先刻書序云原書刻於嘉靖辛酉，迄今凡五十一年。則此本重刻於萬曆四十年。○按：《總目》作一百二十四卷，當是一百四十二卷之誤。

一八六九　左氏始末十二卷　明唐順之撰

按：此書《總目》不載，今據《四庫全書附存目録》補。○《江蘇省第一次書目》：「《左氏始末》六本。」○《江蘇採輯遺書目録》：「《左氏始末》十二卷，明左都御史武進唐順之著。」○《武英殿第一次書目》：「《左氏始末》四本。」○《兩江第一次書目》：「《左氏始末》，明唐順之編，五本。」○《浙江採集遺書總録》：「《左氏始末》十二卷，刊本，明僉都御史武進唐順之撰。」○明嘉靖四十一年唐正之刻本，作《唐荆川先生編纂左氏始末》，北圖、上圖、南圖、浙圖等藏。○明萬曆四十二年徐鑒刻本，唐順之撰，徐鑒評。北大、上圖、浙圖藏。

一八七〇　史記鈔六十五卷　明茅坤編

兩江總督採進本（總目）。○《武英殿第二次書目》：「《史記鈔》十六本。」○首都圖書館藏明萬曆三年刻本九十一卷首一卷，半葉十行，行二十一字，白口，四周單邊。前有萬曆三年乙亥十月茅坤《刻史記抄引》、《凡例》。版心寫工刻工：閩人游子建寫刻、游子建寫、程、刘、江、汪、李、張、長、刘李等。卷内鈐「陳氏珍藏」印。《存目叢書》據以影印。浙圖、杭州大學、重慶市圖亦藏是刻。○明萬曆三年刻本九十一卷《補遺》十二卷首一卷，行款版式同前本，當即前版增刻《補遺》而成。上圖、南圖、福建省圖、中山大學藏。○明泰昌元年閔振業刻朱墨套印本九十一卷,閔振業集評。半葉九行,行十九字,白口,左右雙邊。書眉及行間評註、句讀,以朱色套印。前有泰昌陳繼儒叙云:「今見吴興閔士隆新刻硃評,大較本於鹿門,而旁采諸家之品題者參半。」又云:「自馮道、毋昭裔爲宰相,一變而爲雕板;布衣畢昇再變而爲活板;閔氏三變而爲硃評。」又閔振業《輯史記鈔小引》。清華、人民大學、上圖等藏。○明天啟元年茅兆海刻本,作《茅鹿門先生批評史記鈔》一百四卷,半葉九行,行十九字,白口,四周單邊。山東省圖、無錫市圖、福建師大、中山大學藏。湖南省圖本有清諸錦批。

史要編十卷　明梁夢龍編　一八七一

浙江范懋柱家天一閣藏本(總目)。○《浙江省第五次范懋柱家呈送書目》:「《史要編》十卷,明梁夢龍著,四本。」○《浙江採集遺書總録》:「《史要編》十卷,刊本,明巡撫真定梁夢龍輯。」○《直隸省呈送書目》:「《史要編》四本。」○《江蘇省第一次書目》:「《史要編》二本。」○《江蘇採輯遺書目録》:「《史要編》十卷,明户部右侍郎真定梁夢龍著。」○北京大學藏明隆慶六年刻本,題「真定鳴泉梁夢龍選」。半葉十行,行二十字,白口,左右雙邊。前有隆慶六年仲冬梁夢龍《刻史要編叙》。卷内鈐「碧琳琅館藏書之印」、「巴陵方氏碧琳瑯館珍藏古刻善本之印」等印記。《存目叢書》據以影印。津圖、徐州市圖亦藏是刻。

左國諛詞八卷　明凌迪知撰　一八七二

内府藏本(總目)。○首都圖書館藏明萬曆四年吴興凌氏刻本,《文林綺繡》之一。題「吴興凌迪知穉哲輯，同郡閔一雀聲甫校」。半葉八行，行十七字，白口，四周單邊。前有萬曆四年丙子十一月凌迪知刻書序。卷内鈐「葛祚增」、「香士」、「曾藏洞庭葛香士家」、「平江陳氏右鈞珍藏金石書畫」等印記。《存目叢書》據以影印。北圖、上圖等亦藏是刻。○清光緒七年會稽徐氏八杉齋刻本，收入《融經館叢書》，北圖分館、華東師大、中科院圖書館等藏。○清光緒二十二年上海鴻寶齋石印《文林綺繡》本。

太史華句八卷　明凌迪知編　**一八七三**

浙江汪啟淑家藏本（總目）。○《浙江省第四次汪啟淑家呈送書目》：「《太史華句》八卷，明凌迪知輯，二本。」○《浙江採集遺書總録》：「《太史華句》八卷，刊本，明凌迪知撰。」○明萬曆五年吴興凌氏刻本，《文林綺繡》之一。半葉八行，行十七字，白口，左右雙邊。題「吴興凌迪知穉哲輯，弟稚隆以棟校」。前有萬曆五年丁丑凌迪知序。版心有刻工：吴門沈玄易刻、顧植、何道甫等。卷内鈐「葛祚增」、「香士」、「曾藏洞庭葛香士家」、「錦江春色」、「平江陳氏右鈞珍藏金石書畫」等印記。《存目叢書》據以影印。北圖、上圖等亦藏是刻。○清光緒十一年會稽徐氏八杉齋刻本，《融經館叢書》之一。北圖分館、華東師大、中科院圖書館等藏。○清光緒二十二年上海鴻寶齋石印《文林綺繡》本。

兩漢雋言十六卷　明凌迪知編　**一八七四**

内府藏本（總目）。○《武英殿第二次書目》：「《兩漢雋言》十二本。」○《安徽省呈送書目》：「《兩漢雋言》四本。」○《浙江省第四次汪啟淑家呈送書目》：「《兩漢雋言》十六卷四本。」○《浙江採集遺書總録》：「《兩漢雋言》十六卷，刊本，宋括蒼林越輯前集十卷即《漢雋》，明吴興凌迪知輯後集六卷。」○首都圖書館藏明萬曆四年吴興凌氏刻本，《文林綺繡》之一。卷一至十題「宋括蒼林越次甫輯，明吴興凌迪知稺哲校」。卷十以下題「吴興凌迪知稺哲輯，東越劉兼仲思校」。半葉八行，行十七字，白口，左右雙邊。前有萬曆四年丙子凌迪知序。版心刻工：吴郡夏邦彦刻、長洲顧櫰寫、王伯才刻、顧時中、顧植、世中、張璈、吴郡錢世傑寫、趙□其、彭天恩。卷内鈐「葛祚増」、「香士」、「曾藏洞庭葛香士家」、「錦江春色」、「平江陳氏右鈞珍藏金石書畫」等印記。《存目叢書》據以影印。杭州大學藏是刻單本，有清周峋芝題識。北圖、上圖等亦藏是刻。○南京圖書館藏明萬曆十五年詹氏易齋刻本，半葉八行，行字不等，小字雙行，行十七字，白口，四周單邊，間有左右雙邊，有刻工。○清光緒六年會稽徐氏八杉齋刻本，收入《融經館叢書》，北圖分館、華東師大、中科院圖書館藏。○清光緒二十二年上海鴻寶齋石印《文林綺繡》本。

春秋貫玉四卷　明顔鯨撰　一八七五

按：此書《總目》未載，今據《四庫全書附存目録》補。○《兩淮鹽政李呈送書目》：「《春秋貫玉》四卷，明顔鯨，六本。」○《浙江省第四次吴玉墀家呈送書目》：「《春秋貫玉》四卷，明顔鯨著，六本。」○《浙江採集遺書總録》：「《春秋貫玉》四卷，刊本，明提學副使慈谿顔鯨撰。」○明嘉靖刻本，半葉八行，行十七字，小字雙行同。有嘉靖三十二年自序。版心下有刻工：崔仲臣刊、陸倫、章松等。東北師大藏(見該館《古籍善本書目解題》)。又山東省圖藏。○明萬曆三十三年刻本,半葉八行,行十七字,小字雙行同,白口,左右雙邊。北圖、中科院圖書館、浙圖、中山大學藏。

一八七六　四史鴻裁四十卷　明穆文熙編

通行本(總目)。○清華大學藏明萬曆十七年朱朝聘刻本,題「明魏博穆文熙敬甫批輯,同邑劉懷恕士行校正,東郡朱朝聘希尹閱梓」。半葉十行,行二十字,白口,四周雙邊。眉上鐫批。前有萬曆十年穆文熙《左傳序》,萬曆十八年庚寅劉懷恕《刻四史鴻裁序》。又萬曆十七年己丑朱朝聘序云:「刊既成,而不佞序其事如此。」又萬曆十年石星《刻左氏引》。末有列銜:「分閱:臨汾縣知縣邢雲路、曲沃縣知縣柳佐、臨汾署教諭王榮誥、絳縣署教諭張徵音。督工:臨汾縣縣丞崔邦服。繕書:臨汾縣學生員張元亨、鄧時龍。」是萬曆十七年朱朝聘臨汾刻本。鈐「輯五經眼」小印。《存目叢書》據以影印。北大、山東省圖、陝西省圖等亦有是刻。

一八七七　全史論贊八十卷　明項篤壽編

江蘇巡撫採進本(總目)。○《江蘇省第一次書目》:「《全史論贊》十二本。」○《江蘇採輯遺書目録》:「《全史論贊》,明嘉興進士項篤壽輯。」○北京師大藏明嘉靖四十五年項篤壽萬卷堂刻本,正文首題「史記論贊卷之一」,下題「道部」。次行題「漢司馬遷撰,明項篤壽輯」。半葉十行,行十九字,白口,左右雙邊。前有嘉靖四十五年丙寅正月康大和序,嘉靖丙寅正月項篤壽序。總目後有「嘉禾項氏萬卷堂梓」雙行牌記,《史記論贊》目録後有「嘉禾項氏刻於萬卷堂」單行牌記。其餘各史間有牌記。卷内鈐「蒲邨氏珍藏書籍之印」等印記。《存目叢書》據以影印。按：書凡八十二卷，《提要》列舉各史卷數，《梁書》三卷誤爲二卷，《宋史》七卷誤爲六卷，故總卷誤爲八十卷。《中國古籍善本書目》作八十一卷，亦誤，蓋以《梁書》目録二卷而書實三卷之故。上圖、山東省圖亦藏是刻。

春秋類編三十二卷　明秦瀹撰　一八七八

按：此書《總目》不載，今據《四庫全書附存目録》補。○《浙江省第五次范懋柱家呈送書目》：「《春秋類編》三十二卷，明秦鑰著，十本。」○《浙江採集遺書總録》：「《春秋類編》三十二卷，刊本，明無錫秦瀹撰。」○北京圖書館藏明鈔本六册，半葉九行，行二十二字，藍格，白口，四周雙邊。

宋史纂要二十卷　明王思義撰　一八七九

江蘇巡撫採進本(總目)。○《江蘇省第一次書目》：「《宋史纂要》十本。」○《江蘇採輯遺書目録》：「《宋史纂要》二十卷附《遼金史纂要》，明雲間王思義著，刊本。」

古今彝語十二卷　明汪應蛟撰　一八八〇

浙江巡撫採進本(總目)。○《浙江省第六次呈送書目》：「《古今彝語》十二卷，明汪應蛟輯，四本。」○《浙江採集遺書總録》：「《古今彝語》十二卷，刊本，明户部尚書婺源汪應蛟輯。」○《兩江第一次書目》：「《古今彝語》，明汪應蛟輯，六本。」○濟南市圖書館藏明刻本，存卷七至十二。半葉十行，行二十字，黑口，四周單邊。上海圖書館藏明刻清印本十二卷六册。均未見。○清華大學藏清康熙三十七年汪畬重刻本，題「新安五霞山人汪應蛟登源甫編輯」。半葉十行，行二十字，大黑口，四周單邊。前有畢懋康序，程國祥《傳》，康熙三十七年五世孫畲重刻序。末有校梓姓氏，列男元兆等，當是初刻名氏。鈐有「豐華堂書庫寶藏印」等印記。《存目叢書》據以影印。中科院圖書館亦有是刻。

史書纂略二百二十卷　明馬維銘撰 一八八一

浙江巡撫採進本（總目）。○《浙江省第六次呈送書目》：「《史書纂略》，明馬惟銘輯，四十本。」○《浙江採集遺書總録》：「《史書纂略》四十册，刊本，明職方主事平湖馬維銘輯。」○《兩江第一次書目》：「《宋史纂略》，明馬維銘纂，十本。」吴慰祖曰：「此殆其零編也。」○吉林大學藏明萬曆四十三年刻本，題：「明職方主事馬維銘纂，比部郎嗣男德灃校。」半葉九行，行二十字，白口，四周單邊。前有萬曆四十二年正月陳懿典序，四十三年正月施鳳來序。書凡二百二十二卷，又《目録》二卷。此本内缺晉列傳卷六。《總目》作二百二十卷，未確。《存目叢書》據以影印。北大、上圖、南圖等亦有是刻。

史裁二十六卷　明吴士奇撰 一八八二

江蘇巡撫採進本（總目）。○《江蘇省第一次書目》：「《史裁》十本。」○《江蘇採輯遺書目録》：「《史裁》二十六卷，明户部員外新都吴士奇著，刊本。」○中國科學院圖書館藏明萬曆吴勉學刻本，半葉十行，行二十字，白口，四周雙邊。前有陳邦瞻序，萬曆三十年正月吴士奇自叙，吴勉學刻書序，末有門人張曼倩後序。吴勉學序自述刻書事蹟云：「客居南都殆十五載，後先所購書凡數十種梓行於世，自三坟六籍，先秦兩漢，諸子百家，以及醫卜諸書，蓋稍稍備矣。」以是知吴勉學所刻書大都在金陵授梓。又述是書之輯刻云：「《史裁》者則家計部姪無奇所編次，無奇嗜書過余，自公之暇乃採春秋以逮勝國事集爲書，更六載而成，不佞得寓目焉，乃授諸梓人。」則是本係萬曆三十年吴勉學金陵刻本。此帙卷前又有兩跋，前跋作於光緒三年丁丑十二月朔後三日，署「紫州呵凍記於柯城河上」。後跋署「石道人」。同出一手，不知名氏。後跋頗關書事，録次：「吾浙王古園太史以玉堂清品降補西蜀縣令，從政之餘，手不釋卷，所得俸金，盡購書籍，尤愛收藏宋明古刻本。致仕歸田，道出之衢，愛地方之誠樸，遂卜宅居焉。吾友子佩茂才，太史公孫也。丙子秋應羅軍門之聘，捐館閩南，至本年冬攜柩南旋，貧不能殯，乃盡出所藏書籍售諸書肆。余購得明刻《漢書評林》及《茅鹿門文集》與此爲三。因記數言於後，以志緣起。石道人。」《存目叢書》據以影印。北大、上圖等亦藏是刻。〇《四庫全書附存目録》顧廷龍先生手批：「萬曆三十年刊本，廿册，卅五元。直隸。」

史觽十七卷　明謝肇淛撰　一八八三

浙江巡撫採進本（總目）。〇《浙江省第八次呈送書目》：「《史觽》十七卷，明謝肇淛著，五本。」〇《浙江採集遺書總録》：「《史觽》十七卷，刊本，明謝肇淛撰。」〇《兩江第二次書目》：「《史觽》，明謝肇淛著，六本。」〇清華大學藏明崇禎三年黄氏景晉齋刻本，題「陳留謝肇淛著，建安黄師表、黄師正較」。半葉九行，行十八字，白口，四周單邊。卷前崇禎三年庚午黄師表序及目録之前半均鈔配。卷末有「建安黄氏景晉齋藏板」一行。卷内鈐「鄭氏注韓居珍藏記」、「鄭杰之印」、「閩南黄熥肖巖圖籍」、「肖巖」、「黃熥」等印記。《存目叢書》據以影印。北大、上圖、浙圖等亦藏是刻。

一八八四

讀史快編四十四卷　明趙維寰撰

内府藏本(總目)。○《武英殿第一次書目》:「《讀史快編》十本。」○《江蘇省第一次書目》:「《讀史快編》二十四本。」○《江蘇採輯遺書目録》:「《讀史快編》六十卷,明舉人趙維寰著。」○首都圖書館藏明天啟四年刻本,正文首行題「雪廬讀史快編卷一」,次行題「讀史記」,三行題「漢龍門司馬遷本,明當湖趙維寰節」。半葉十行,行二十字,白口,左右雙邊。前有董其昌序(缺第一葉及第二葉前半),施鳳來序,天啟二年壬戌七月陳熙昌序,顧天埈序,天啟四年甲子顧國寶序。卷内鈐「北平孔德學校之章」印。《存目叢書》據以影印。清華大學、上圖、南圖等亦有是刻。○南京圖書館藏清光緒刻本,附有清李承□《續編》。

一八八五

史臠二十五卷　明余文龍編

兩江總督採進本(總目)。○《武英殿第二次書目》:「《史臠》二十四本。」○《江蘇省第二次書目》:「《史臠》十二本。」○《江蘇採輯遺書目録》:「《史臠》二十五卷,明晉安進士余文龍著,刊本。」○中央民族大學藏明萬曆四十六年余兆胤刻本,題「明晉安余文龍中拙删輯,男兆胤伯景校」。半葉九行,行二十字,白口,四周單邊。前有朱國楨序,萬曆四十六年戊午蘇茂相序,萬曆戊午董應舉序,萬曆戊午於金陵公署自序。後有余兆胤跋。據董序及余兆胤跋,知此係萬曆四十六年金陵刻本。刻工:戴惟孝刊。《存目叢書》據以影印。北師大、東北師大、南圖等亦有是刻。

南北史鈔無卷數　明周詩雅撰　一八八六

兩江總督採進本(總目)。○《兩江第一次書目》:「《南北史鈔》,明周詩雅鈔,四本。」○湖北省圖書館藏明崇禎五年自刻本,分《南史鈔》、《北史鈔》兩部,均題「延陵周詩雅廷吹甫鈔」。半葉九行,行二十字,白口,四周單邊。前有崇禎五年壬申自序,崇禎壬申汪大年序(此序手書上版,末有「長洲文葆光倣張伯起先生筆」二行),崇禎壬申朱荃宰序,崇禎壬申薛寀序。序後列名:「延陵周詩雅廷吹甫輯定」,次同郡薛寀等九人同閱。刻工:彭智刻、江右彭智、旌德周玉刻等。卷内鈐「徐氏星伯藏書」、「曾在張春霆處」、「葉啟發藏書記」、「葉啟發閱藏書」、「葉啟發讀書記」、「東明所藏」、「石林後裔」等印記。《存目叢書》據以影印。川圖、甘肅省圖亦藏是刻。

左記十二卷　明章大吉撰　一八八七

按:此書《總目》未載,今據《四庫全書附存目録》補。○《直隸省呈送書目》:「《左記》六本。」○《安徽省呈送書目》:「《左記》五本。」○《浙江省第十次呈送書目》:「《左記》十二卷,明章大吉著,四本。」○《浙江採集遺書總録》:「《左記》十二卷,刊本,明山陰章大吉撰。」○明崇禎刻本,半葉十行,行二十字,白口,四周單邊。北大、津圖、湖北圖、復旦等藏。

二十一史論贊輯要三十六卷　明彭以明編　一八八八

浙江巡撫採進本(總目)。○《浙江採集遺書總録》閏集:「《二十一史論贊輯要》三十六卷,刊本,明中書廬陵趙以明輯。」《浙江省第十二次呈送書目》:「《廿一史論贊輯要》三十六卷,明彭以明著，十本。」○中國科學院圖書館藏明萬曆三十七年彭惟成、彭惟直刻本，題「皇明贈中書舍人盧陵文學彭以明輯，男惟成校」。前有萬曆三十七年己酉孟冬彭惟成《二十一史論贊輯要述》云：「校而梓之，俾惟直董其事。」《存目叢書》據以影印。北圖、復旦等亦藏是刻。○臺灣「中央圖書館」藏明萬曆三十八年師古齋刻本，題「皇明贈中書舍人盧陵文學彭以明輯，男惟成校」。半葉十行，行二十字，白口，左右雙邊。前有禮部署部事右侍郎吴道南序云：「給諫君以年家之誼，梓成，特以觀余，且屬之序。」是爲初刻本作，而科學院本無。又萬曆三十八年庚戌初秋南京吏科諫議郎莆田黄起龍序云：「集刻自長安，士大夫莫不諷誦，陪京争購之，不能多得。不佞起龍，景行先哲，朝夕玩味，敢私所寶，爰公同好，再付剞劂。」知此係黄起龍南京重刻本。又萬曆三十七年彭惟成述，凡例。凡例後有「師古齋藏板」牌記（參該館《善本書志初稿》、《善本序跋集録》）。○明萬曆吴洵美刻本，半葉十行，行二十字，白口，四周雙邊。北京師大、復旦、杭州大學等藏。○明萬曆歐陽照刻本，半葉九行，行十八字，白口，四周單邊。北大、清華、山東省圖等藏。○明萬曆刻本，半葉十行，行二十字，白口，左右雙邊。南圖、甘肅省圖藏。

左傳分國紀事二十二卷　明孫范撰　　**一八八九**

按：此書《總目》未載，今據《四庫全書附存目録》補。○《浙江省第四次吴玉墀家呈送書目》：「《春秋左傳分國紀事》二十二卷，明孫範著，八本。」○《浙江採集遺書總録》：「《春秋左傳分國紀事》二十二卷，刊本，明舉人錢塘孫范撰。」○明崇禎刻本，正文首行題「左傳分國紀事本末卷之一」，次行題「武林孫范匡儀父輯，弟胤奇正伯父參」。半葉九行，行二十字，白口，四周單邊。前有崇禎十一年戊寅吴太沖序，崇禎十一年自序，弟胤奇小引。北大、上圖、南圖、臺灣「中央圖書館」等藏。

一八九〇

史品赤函四卷　明陳仁錫編

浙江巡撫採進本(總目)。○《浙江續購書》：「《史品赤函》六本。」○《浙江採集遺書總録》：「《史品赤函》四卷，刊本，明長洲陳仁錫輯。」○武漢大學藏明末刻本，題「長洲陳仁錫明卿甫選」，半葉九行，行二十二字，白口，四周單邊。無直格。行間鐫圈點，眉上鐫評。書凡四卷，卷各百餘葉。前有自序，末署「刻《史函》史氏陳仁錫題」。《存目叢書》據以影印。中央民族大學亦藏是刻。

一八九一

讀史集四卷　明楊以任撰

江蘇周厚堉家藏本(總目)。○《江蘇省第一次書目》：「《讀史四集》八本。」○《江西巡撫海續購書目》：「《讀史集》八本。」○北京師大藏明崇禎刻本，題「瑞金楊以任惟節父輯，毘陵薛寀諧孟父、金沙龔銘瀫洲父定，古吴龔舜紹玄升父較」。半葉八行，行十八字，白口，四周單邊。分快、恨、識、膽四集，集各百餘葉。前有薛寀《讀史四集》云：「兹龔瀫濱來請，乃偃然爲序。……于是瀫濱乃精鐫以行。」此龔瀫濱當即卷端所題龔銘瀫洲。又崇禎九年丙子冬龔一柱序。次參定姓氏，列曹學佺等二十九人。四集前各有薛寀序，前三集均題甲戌(崇禎七年)秋，膽集無年月。卷内鈐「用儀盥讀」、「陳氏書籍，子孫是教，鬻及借人，斯爲不孝」等印記。《存目叢書》據以影印。按：別本又有崇禎十年京口錢邦芑於金陵之秦園序云：「友人薛諧孟與維節交最善，維節死，爲收其遺書，得

《讀史四種》，龔子玄升梓而傳之。丁丑夏五，滁陽朱藜生持一册示余，且命序焉。」然則是書爲龔銘、龔舜紹等同刻。上圖、東北師大、臺灣「中央圖書館」等均有是刻。

宋史存二卷　明文德翼撰　一八九二

浙江鮑士恭家藏本(總目)。○《浙江省第四次鮑士恭呈送書目》：「《宋史存》二卷，明文德翼著，二本。」○《浙江採集遺書總録》：「《宋史存》二卷，刊本，國朝嘉興府推官德化文德翼輯。」○《都察院副都御史黄交出書目》：「《宋史存》，明文德翼，十本。」

讀史漢翹二卷　明施端教編　一八九三

浙江吴玉墀家藏本(總目)。○《浙江省第四次吴玉墀家呈送書目》：「《讀史漢翹》二卷，國朝施端教著，一本。」○《浙江採集遺書總録》：「《讀史漢翹》二卷，刊本，明泗州施端教輯。」○南京圖書館藏清嘯閣刻本，題「泗蠙施端教匪莪輯」，半葉十一行，行二十一字，白口，左右雙邊。版心下刻「嘯閣」二字。前有同里同學黄廷才序，序後刊二印：「黄廷才印」、「庚辰進士」。卷内玄字屢見，均不避諱。唯黄序中一玄字缺末筆。蓋清初刊本。書中鈐有「仲魚小象」、「得此書，費辛苦，後之人，其監我」、「日觀山人記」、「鱣讀」等印記，是陳鱣故物。《存目叢書》據以影印。

二十一史論贊三十六卷　明沈國元編　一八九四

浙江巡撫採進本(總目)。○《浙江省第十二次呈送書目》：「《廿一史論贊》三十六卷，明沈國元輯，十六本。」○《浙江採集遺書總録》閏集：「《廿一史論贊》三十六卷，刊本，明秀水沈國元撰。」○《武英殿第二次書目》：「《二十一史論贊》十五本。」○湖北圖書館藏明崇禎十年大來堂刻本，半葉九行，行二十五字，白口，四周單邊，無直格。版心下刻「大來堂」三字。封面刻「金薤閣定本」、「大來堂藏板」。首畢懋康序，次崇禎九年丙子涂必泓序，次崇禎十年沈國元序，男沈琦《凡例》。次《總目》，題：「古吴沈國元飛仲閲，弟沈映日、沈瞻日，子沈琦、沈玠較。」寫刻甚精。刻工：劉元卿刻。鈐有「馮恕讀過」朱文印。《存目叢書》據以影印。北京師大、浙圖等亦藏是刻。

一八九五　三國史瑜八卷　明張毓睿撰

浙江巡撫採進本(總目)。○《浙江省第十二次呈送書目》：「《史瑜》八卷，明張毓睿輯，八本。」○《浙江採集遺書總録》：「《史瑜》八卷，刊本，明錢塘張毓睿輯。」

一八九六　史書十卷　明姚允明撰

浙江巡撫採進本(總目)。○《浙江省第七次呈送書目》：「《史書》十卷，明姚允明著，十本。」○《浙江採集遺書總録》：「《史書》十卷，刊本，明休寧姚允明輯。」○北京大學藏明崇禎十年刻本，題「婁東張溥天如監定，休寧姚伯子允明汝服著」。半葉十行，行二十二字，白口，左右雙邊。前有張溥序，崇禎十年丁丑吴應箕叙，周鍾序，崇禎十年盛順序。盛序末有「眷晚生程允德謹書」一行。次參閲姓氏，列錢牧齋等二百六十七人之衆。卷内鈐「四明盧氏抱經樓藏書印」、「燕京大學圖書館」等印記。《存目叢書》據以影印。

廿一史識餘三十七卷　明張墉撰　　**一八九七**

浙江汪啟淑家藏本（總目）。○《浙江省第四次汪啟淑家呈送書目》：「《廿一史識餘》三十四卷《補遺》三卷，明張墉著，十本。」○《江蘇省第一次書目》：「《廿一史識餘》八本。」○《浙江採集遺書總録》：「《廿一史識餘》三十四卷《補遺》三卷，刊本，明錢塘張墉撰。」○安徽大學藏明崇禎十七年刻本，題「錢塘張墉石宗摘次，仁和龔五⿰言英華茂參訂」。半葉九行，行二十字，白口，四周單邊。眉上鐫評。前有十五年壬午洪吉臣序，崇禎十七年甲申宋應昇序，十六年癸未董養河序，陶汝鼐序，崇禎六年癸酉江石卿序。《存目叢書》據以影印。北師大、津圖、南圖等亦有是刻。

史異編十七卷　明俞文龍撰　　**一八九八**

兩江總督採進本（總目）。○《武英殿第二次書目》：「《史異編》六本。」○《江蘇省第二次書目》：「《史異編》二本。」○《江蘇採輯遺書目録》：「《史異編》十七卷，明晉安余文龍著，刊本。」○北京圖書館藏明萬曆四十七年自刻本，題「明晉安余文龍中拙編輯，男兆胤伯景校」。半葉九行，行二十字，白口，四周單邊。前有黃克纘序，萬曆四十七年己未自序，李維楨序。鈐有「韓夔章印」白文方印。《存目叢書》據以影印。北大、蘇州市圖、中山大學、川圖等亦有是刻。○臺灣「中央圖書館」藏舊鈔本，存卷三至十三，題「明晉安余文龍中拙編輯，男兆胤伯景校」。半葉九行，行二十字。不避清諱。鈐有「虞山錢曾遵王藏書」朱文長方印（見該館《善本書目》及《善本書志初稿》）。按：此書行款及卷端署名同前本，當即從萬曆四十七年刻本録出。

左傳經世十卷　清魏禧撰　**一八九九**

按：此書《總目》不載，今據《四庫全書附存目録》補。○《江西巡撫海第三次呈送書目》：「《左傳經世抄》四本。」○中科院圖書館藏《左傳經世鈔》二十三卷，清魏禧撰，清乾隆十三年彭家屏刻本。

讀史蒙拾一卷　國朝王士禄編　**一九〇〇**

副都御史黄登賢家藏本（總目）。○《都察院副都御史黄交出書目》：「《讀史蒙拾》，本朝王士禄纂，一本。」○原北平圖書館藏清鈔本，題「新城王士禄子底纂」，半葉九行，行二十字。鈐有「北平黄氏萬卷樓圖書」、「翰林院印」等印記。封面有「乾隆三十八年四月都察院左副都御史黄登賢交出家藏讀史蒙拾壹部計書壹本」長方木記（見王重民《善本提要》）。此即黄登賢進呈四庫原本，現存臺北「故宫博物院」。○天津圖書館藏清鈔本，題「新城王士禄子底篹」，半葉八行，行二十字，第六葉以下每行二十四字。寫本精工。書中玄字缺末筆，胤、顒不缺筆，當是康熙間鈔本。有某氏批校，胤、顒均圈住，知出嘉慶間或嘉慶後人手筆。《存目叢書》據以影印。

史緯三百三十卷　國朝陳允錫撰　**一九〇一**

内府藏本（總目）。○《武英殿第二次書目》：「《史緯》□本。」○《江蘇省第一次書目》：「《史緯》一百本。」○《江蘇採輯遺書目録》：「《史緯》三百三十卷，清平湖知縣晉江陳允錫輯，刊本。」○《福建省呈送第一次書目》：「《史緯》二百三十卷一百六十本。」○北京師大藏清康熙三十年至三十三年刻本，卷一題「漢龍門司馬遷撰著，清晉江陳允錫删修」。半葉十行，行二十三字，白口，四周單邊。首康熙三十年辛未仲冬高士奇序，次康熙辛未歸安嚴允肇序，次康熙三十三年甲戌自序云：「歲在辛未於當湖授梓，未及告成而予以疾歸。茲長男善令申江，重校續刻。」《存目叢書》據以影印。上圖、浙圖亦藏是刻。○南京圖書館藏清同治閩刻本。○上海圖書館藏清光緒二十九年文來書局石印本。

兩晉南北集珍六卷　國朝陳維崧撰 **一九〇二**

浙江巡撫採進本（總目）。○《浙江省第三次書目》：「《兩晉南北集珍》六卷，國朝陳維崧著，一本。」○《浙江採集遺書總録》：「《兩晉南北集珍》六卷，寫本，國朝翰林院檢討宜興陳維崧輯。」

左傳分國纂略十六卷　清盧元昌撰 **一九〇三**

按：此書《總目》不載，今據《四庫全書附存目録》補。○中國科學院圖書館藏清康熙書林孫敬南刻本。

四庫存目標注卷二十三

滕州　杜澤遜　撰

史部十二

載記類

晉史乘一卷楚史檮杌一卷　不著撰人名氏　**一九〇四**

浙江鮑士恭家藏本（總目）。〇《浙江省第四次鮑士恭呈送書目》：「《晉史乘》、《楚史檮杌》二本。」〇《浙江採集遺書總録》：「《晉史乘》一卷《楚史檮杌》一卷，刊本，元吾邱衍撰。」〇明吴琯刻《古今逸史》本，北圖、南圖等藏。民國二十六年商務印書館影印明吴琯刻《古今逸史》本。〇清康熙七年新安汪士漢據吴琯《古今逸史》刊版重編印《祕書廿一種》本，北圖、復旦等藏。〇清嘉慶九年新安汪氏重刻《祕書廿一種》本，北圖分館、上圖等藏。〇明刻《續百川學海》本，北大、南圖等藏。〇明末刻《合刻晉楚二史》本，明周應選、金階升註。中科院圖書館、南圖藏。○明刻清順治三年宛委山堂印《説郛》本，在弓五十四。○原北平圖書館藏明刻本，僅《楚史檮杌》一卷。半葉十行，行二十字。前有成化十年王衡序，序後有刻工：「黄尚瀾刊。」卷内鈐「延古堂李氏珍藏」、「南陵徐乃昌校勘經籍記」等印記(見王重民《善本提要》)。按：此本現存臺北「故宫博物院」。刻工黄尚瀾見於明嘉靖四十五年刻《徽州府志》、萬曆二十年刻《漢魏叢書》、萬曆三十八年刻《竹里館詩説》，則此本之刻在明嘉靖末至萬曆年間。○明萬曆中黄氏刻《稗乘》本，僅《晉文春秋》一卷，即《晉史乘》。北圖、中科院圖書館藏。○北京圖書館藏明鈕氏世學樓鈔《説郛》本，僅《楚史檮杌》，在卷十四。○上海圖書館藏明吴氏叢書堂鈔《説郛》本，同前。○北圖又藏明鈔藍格白口《説郛》本，又藏明鈔藍格藍口《説郛》本，均僅《楚史檮杌》，在卷十四。○浙圖藏明鈔《説郛》本，同前。○民國十六年商務印書館排印張宗祥據數種明鈔本重校定《説郛》本，僅《楚史檮杌》，在卷十四。昌彼得先生《説郛考》論此本云：「是書嘗刻入《古今逸史》及《祕書二十一種》，凡一卷二十七篇。此本摘録三篇，雖皆見於傳本，然題云二卷，與《逸史》本異。按重編《説郛》(澤遜按：指宛委山堂本)卷五四及《續百川學海》本所收，全書凡三十八篇，題武林吾衍撰，雖亦不分卷，然較《逸史》及《祕書二十一種》本多出幾半。」○民國二十五年商務印書館排印本，收入《叢書集成初編》。其中《晉文春秋》據《稗乘》本，《楚史檮杌》據《古今逸史》本。

十六國考鏡一卷　舊本題宋石延年撰　一九〇五

編修程晉芳家藏本(總目)。○清道光十一年六安晁氏木活字印《學海類編》本，題「宋石延年曼卿著」，凡六葉。書名作《五胡十六國考鏡》。民國九年商務印書館影印晁氏木活字《學海類編》本，《存目叢書》更據影印。〇民國二十五年商務印書館據《學海類編》本排印，收入《叢書集成初編》。

一九〇六　西夏事略一卷　舊本題宋王稱撰

編修程晉芳家藏本（總目）。〇《提要》云：「考驗其文，即王偁《東都事略》中之《西夏傳》。作僞者鈔出，别題此名。曹溶《學海類編》收之，失考甚矣。」按：宋蜀刻本《東都事略》著者作王稱，明清以來作王偁恐誤。〇清道光十一年六安晁氏木活字印《學海類編》本。民國九年商務印書館影印晁氏木活字《學海類編》本。〇民國二十八年商務印書館據《學海類編》本排印，收入《叢書集成初編》。

一九〇七　明氏實録一卷　明楊學可撰

浙江吴玉墀家藏本（總目）。〇《浙江省第四次吴玉墀家呈送書目》：「《明氏實録》一卷，明楊學可著，一本。」〇《浙江採集遺書總録》：「《明氏實録》一卷，倦圃寫本，明新都楊學可撰。」〇清道光十一年六安晁氏木活字印《學海類編》本，題「明新都楊學可編」。民國九年商務印書館影印晁氏木活字《學海類編》本。《存目叢書》更據影印。〇清光緒中會稽趙氏刻清徐松校補本《仰視千七百二十九鶴齋叢書》第五集之一。民國十八年紹興墨潤堂書宛影印趙氏刻《仰視千七百二十九鶴齋叢書》本。〇臺灣「中央圖書館」藏舊鈔本，題「明新都楊學可編」，半葉九行，行二十一字。鈐「禮培私印」、「掃塵齋積書記」、「賀唐虞印」、「莚圃收藏」等印記（見該館《善本書志初稿》）。按：此本行款及卷端題署與《學海類編》同，蓋即從《學海類編》録出者。

一九〇八

高麗史二卷　舊本題正獻大夫工曹判書集賢殿大提學知經筵春秋館事兼成均大司成臣鄭麟趾奉敕撰

編修汪如藻家藏本（總目）。○《提要》云：「此本僅世系一卷、后妃列傳一卷。蓋偶存之殘帙，非完書矣。」○《國子監學正汪交出書目》：「《高麗世系》一本。」○雲南大學藏明景泰二年高麗銅活字本，凡世家四十六卷、志三十九卷、表二卷、列傳五十卷。每卷題「正憲大夫工曹判書集賢殿大提學知經筵春秋館事兼成均大司成臣鄭麟趾奉教修」。半葉九行，行十七字，白口，四周單邊。前有修史官列銜，《高麗世系》，景泰二年八月二十五日鄭麟趾等《進高麗史箋》，《凡例》，《目録》上下。每册首葉卷端下有「昌原校上」、「真寶校上」、「金堤校上」等字樣。書凡五千四百九十八葉。内一百七十一葉鈔配。《存目叢書》據以影印。○臺灣「中央圖書館」藏清初舊鈔光緒間錢塘丁氏補鈔本，一百三十七卷四十册，卷前序目及卷端題署同前本。半葉十一行，行二十字。書首扉葉有吴重熹光緒三十一年手跋：「《四庫全書存目》『《高麗史》二卷（以下全録《提要》，此略）』云云。是開館時未見全本也。此鈔爲吴槎客舊存，缺卷朱記于首。光緒甲辰予得之嘉興唐氏，乙巳夏錢塘丁君和甫爲鈔成全帙。按是書昭文張氏有足鈔本，蔣生沐光煦有朝鮮舊刻本，均不得見。今得丁君爲完成全本，洵足喜也。七月初十日訂成志其顛末。」下鈐「石蓮闇」白文方印。又吴騫、唐翰題手書題記。卷内鈐「拜經樓吴氏藏書」、「新豐鄉人庚申以後所聚」、「海豐吴重熹印」、「海豐吴氏」、「石蓮閣所藏書」等印記（見該館《善本書志初稿》、《善本題跋真跡》）。按：丁和甫，丁丙之子丁立中，字和甫，即《八千卷樓書目》編者。新豐鄉人，唐翰題別號。○南京圖書館藏清鈔本一百三十七卷六十四册，鈐有「小李山房」、「鳴野山房」及丁氏八千卷樓印記。即《善本書室藏書志》著録之「精鈔本」，吴重熹據補缺卷者。○湖南圖書館藏清鈔本一百三十七卷，佚名録朱彝尊跋。○北京圖書館藏清鈔本一百三十七卷。○北圖又藏清鈔本，存卷一至一百十七、卷一百二十至一百二十五、卷一百二十七至一百三十七，共一百三十四卷。○日本明治四十一年至四十二年東京圖書刊行會排印本三册，北大、中科院圖書館藏。○一九五七年朝鮮民主主義人民共和國科學院古典研究出版委員會排印本，二册，無句讀。僅世家四十六卷、志三十九卷、表二卷。蓋所據底本不全。中華書局藏。

一九〇九 唐餘紀傳二十四卷 明陳霆撰

浙江巡撫採進本（總目）。○《浙江省第四次吴玉墀家呈送書目》：「《唐餘紀傳》二十四卷，明陳霆著，二本。」○《浙江省第七次呈送書目》：「《唐餘紀傳》二十四卷，明陳霆著，二本。」○《浙江採集遺書總録》：「《唐餘紀傳》二十四卷，瓶花齋寫本，明刑科給事中吴興陳霆輯。」○《江蘇省第一次書目》：「《唐餘紀傳》四本。」○《江蘇採輯遺書目録》：「《唐餘紀傳》十八卷，明吴興陳霆著，刊本。」○《山東巡撫第二次呈進書目》：「《唐餘紀傳》四本。」○首都圖書館藏明嘉靖二十三年馮焕刻本十八卷，題「吴興陳霆脩」，半葉九行，行十八字，黑口，四周雙邊。前有嘉靖二十三年陳霆序，後有陳霆跋。《存目叢書》據以影印。南圖藏是刻，即《善本書室藏書志》著録者。北大、上圖、遼圖亦有是刻。○北京圖書館藏清彭氏知聖道齋鈔本，清彭元瑞校並跋。○上海圖書館藏清鈔本，清沈閬崐跋。○臺灣中研院史語所藏舊鈔本。以上各本均十八卷。

南詔事略一卷　明顧應祥撰　一九一〇

浙江范懋柱家天一閣藏本（總目）。○《浙江省第五次范懋柱家呈送書目》：「《南詔事略》一卷，明顧應祥著，一本。」○《浙江採集遺書總録》：「《南詔事略》一册，刊本，明雲南巡撫吴興顧應祥輯。」

吴越紀餘五卷附雜吟一卷　明錢貴撰　一九一一

浙江鮑士恭家藏本（總目）。○《浙江省第四次鮑士恭呈送書目》：「《吴越紀餘》五卷，明錢貴著，一本。」○《浙江採集遺書總録》：「《吴越紀餘》五卷，知不足齋寫本，明長洲錢貴撰。」○浙江圖書館藏清花橋水閣鈔本五卷附《雜詠》一卷。首目録，次正德五年庚午春日長洲錢貴元抑識語。半葉十行，行二十字，白口，左右雙邊。版心下有「花橋水閣」四字。寫本極精。鈐「翰林院印」滿漢文大官印、「匏如珍藏書籍私記」等印記。是進呈四庫原本。《存目叢書》據以影印。

滇載記一卷　明楊慎撰　一九一二

兩淮鹽政採進本（總目）。○《兩江第一次書目》：「《滇載記》，明楊慎著，一本。」○明嘉靖二十三年雲間陸楫儼山書院雲山書院刻《古今説海》本，半葉八行，行十六字，白口，左右雙邊。北圖、上圖等藏。○清乾隆四庫館鈔《四庫全書·古今説海》本。○清道光元年苕谿邵氏酉山堂刻《古今説海》本。〇清宣統元年上海集成圖書公司排印《古今説海》本。〇民國四年上海進步書局石印《古今説海》本。〇明刻《楊升菴雜著十四種》本，北圖、福建省圖藏。〇明刻《楊升庵雜著十一種》本，川圖藏。〇美國國會圖書館藏明萬曆間楊宗吾校刊本，與《滇程記》合訂一册。題「成都楊慎著，孫宗吾校刊」。半葉九行，行十九字。有嘉靖二十二年姜龍序。（見王重民《善本提要》）〇明刻《歷代小史》本。民國二十九年商務印書館影印明刻《歷代小史》本。〇明萬曆四十五年陽羡陳于廷刻《紀録彙編》本。民國二十七年商務印書館影印陳于廷刻《紀録彙編》本。〇明刻《廣百川學海》本。〇上海圖書館藏明祁氏淡生堂鈔本。〇清乾隆四十七年李調元刻本，《函海》第四十七函之一。北圖藏單本，傅增湘據淡生堂寫本校。〇清道光五年李朝夔補刻印《函海》本。〇清光緒七年至八年廣漢鍾登甲樂道齋刻《函海》本，在第二十二函。〇清嘉慶南滙吴省蘭刻《藝海珠塵》本，在絲集。〇清道光十一年六安晁氏木活字印《學海類編》本，作《滇記》一卷。民國九年商務印書館影印晁氏木活字《學海類編》本。〇民國二十五年商務印書館據《古今説海》本排印，收入《叢書集成初編》。〇《雲南備徵志》收有此書。有道光刻本，民國刻《雲南叢書》本。

陳張本末略一卷附方國珍本末略一卷　明吴國倫撰　一九一三

編修程晉芳家藏本（總目）。〇清嘉慶十三年張海鵬刻本，收入《借月山房彙鈔》第六集，浙圖、中科院圖書館藏。又收入《澤古齋重鈔》第七集，北圖分館、中科院圖書館、南圖、河南省圖藏。民國九年上海博古齋影印張海鵬刻《借月山房彙鈔》本。〇清道光十一年六安晁氏木活字印《學海類編》

本，題「明武昌吴國倫明卿編」。民國九年商務印書館影印晁氏木活字《學海類編》本。《存目叢書》更據影印。

一九一四

越嶠書二十卷　明李文鳳撰

浙江范懋柱家天一閣藏本(總目)。○《浙江省第五次范懋柱家呈送書目》：「《越嶠書》二十卷，明李文鳳著，八本。」○《浙江採集遺書總録》：「《越嶠書》二十卷，寫本，明宜山李文鳳撰。」○北京大學藏明藍格鈔本，卷一卷二配清鈔本。首嘉靖十九年庚子六月李文鳳序，次目録。正文題「宜山李文鳳編次」。半葉十一行，行十九字，白口，四周雙邊。版心有「平厓書屋」四字。不避清諱，避明帝提行。卷一卷二行款版式同。卷内鈐「毗陵董康審定」、「曾在董氏誦芬室中」、「董康暨侍姬玉奴珍藏書籍記」、「瑩如」、「妾池玉」、「香南侍讀」、「花好月圓人壽」等印記。《存目叢書》據以影印。○上海圖書館藏清諸城劉氏味經書屋鈔本。○臺灣「中央圖書館」藏舊鈔本，題「宜山李文鳳編次」，半葉十一行，行十九字。有嘉靖十九年自序。卷末有某氏過録明吴岫跋。卷内鈐有「湘鄉王氏祕籍孤本」、「禮培私印」、「埽塵齋積書記」等印記。○臺灣「中央圖書館」又藏舊鈔本，存卷一至五、卷十、卷十一、卷二十共八卷八册。題「宜山李文鳳編次」，半葉十一行，行十九字。有自序。鈐有「平陽汪氏藏書印」、「長水胡氏藏書」、「莚圃收藏」等印記。○臺灣「中央圖書館」又藏鈔本，序目行款題署均同前本，全二十卷十六册。(以上三本見該館《善本書志初稿》)○原北平圖書館藏鈔本二十卷八册，序目行款題署均同前本。現存臺北故宫博物院。王重民《善本提要補編》、臺灣《中央圖書館善本書目》均著録。〇民國間油印本六册，上圖、南圖藏。〇一九五九年廣州古籍書店復印本六册，曲阜師大藏。

一九一五 **孤忠小史十八卷　不著撰人名氏**

兩江總督採進本（總目）。〇《兩江第一次書目》：「《孤忠小史》，明李文鳳編，抄本，十六本。」〇《提要》云：「核其所載，即李文鳳《粤嶠書》也。文鳳書本二十卷，首尾完具。此本鈔寫殘闕，佚其前二卷，起於第三卷之第三葉，而空其前半頁。以下每卷皆空其標題。不知何人妄填以《孤忠小史》之名。又僞撰序文，填於前半頁之空處。復贋刻焦竑一印，用於簡端。」澤遜按：《粤嶠書》當作《越嶠書》。

一九一六 **朝鮮國紀一卷　明黄洪憲撰**

編修程晉芳家藏本（總目）。〇清道光十一年六安晁氏木活字印《學海類編》本，題「明檇李黄洪憲懋中著」。民國九年商務印書館影印晁氏木活字《學海類編》本。《存目叢書》更據影印。〇按：《中國古籍善本書目》史部地理類著録「《朝鮮國誌》一卷，明黄洪憲撰。《箕子紀實》一卷，朝鮮李珥撰。明萬曆刻《輶軒録》本。清管庭芬跋」。余覈其内容，非黄洪憲書。説見本書地理類外紀之屬《朝鮮國志》條。

一九一七 **吴越世家疑辨一卷　明馬蠧臣撰**

編修汪如藻家藏本（總目）。〇《國子監學正汪交出書目》：「《吴越世家疑辨》一本。」〇北京大學藏明嘉靖三十九年錢德洪刻本,作《五代史吴越世家疑辯》一卷,題「武肅王十九世孫德洪刻,門人吴郡馬蓋臣述」。半葉十行,行二十字,白口,左右雙邊。前有明嘉靖三十九年吴越國武肅王第十九世孫德洪序。後有嘉靖三十九年庚申夏浚跋。卷内鈐「檇李曹氏收藏圖書記」、「曹溶私印」、「古鹽張氏」、「宗橚之印」、「一字思岩」、「懷寧方朔收藏」、「固安劉持珍藏印記」等印記。《存目叢書》據以影印。

後梁春秋二卷　明姚士粦撰　一九一八

浙江汪啟淑家藏本(總目)。○《浙江省第四次汪啟淑家呈送書目》:「《後梁春秋》二卷,明姚士粦著,四本。」○《浙江採集遺書總録》:「《後梁春秋》二卷,刊本,明海鹽姚士粦輯。」○《兩淮鹽政李續呈送書目》:「《後梁春秋》二卷,明姚士粦,一本。」○上海圖書館藏明萬曆三十五年濮陽春刻本,題「海陽姚士粦編述」。半葉九行,行十八字,白口,左右雙邊。前有萬曆三十五年丁未李作舟序,顔欲章序,萬曆三十五年濮陽春序。卷内鈐「查氏映山」、「賜硯堂圖書印」、「杭州葉氏藏書」等印記。前有葉景葵題記:「此刊本流傳甚少,八千卷樓舊藏影鈔本現存南京國學圖書館。壬申冬日借抄補完。景葵。」下鈐「葉景葵印」小印。《存目叢書》據以影印。北圖亦藏是刻。○南京圖書館藏清鈔本二卷一册,題「海陽姚士粦編述」。有李作舟、顔欲章、濮陽春三序。鈐有「翰林院印」滿漢文大官印。又鈐「陳仲魚家圖書」、「祕册」、「仲魚圖象」、「得此書,費辛苦,後之人,其監我」、「海寧陳鱣觀」、「兔牀經眼」及丁氏八千卷樓諸印記。《善本書室藏書志》卷十著録「影鈔明刻本」即此帙。丁氏謂「殆四庫館發還之本」，可信。○南圖又藏清鈔本，清李筠嘉録清鮑廷博、董彬校跋。○臺灣「中央圖書館」藏清乾隆三年浙西沈濬手鈔本二卷二册。題「海鹽姚士粦編述」。半葉九行，行十八字。前有李作舟、顏欲章、濮陽春三序。後有庚戌六月松陵楊復吉識語。上卷末有「浙西布衣沈濬心韶氏録」識語，卷下楊復吉識語後有「乾隆三年歲在戊午中伏日晴山沈濬録」識語。鈐「莚圃收藏」印記（見該館《善本書志初稿》）。○民國二年新昌胡氏刻本，《問影樓叢刻初編》之一。上圖藏。南圖有單本。

韓氏事蹟一卷方氏事蹟一卷　明劉文進撰　一九一九

兩淮鹽政採進本（總目）。○《兩淮鹽政李續呈送書目》：「《韓方事蹟》二卷，明劉文進，一本。」

南詔野史一卷　舊本題曰昆明倪輅集　成都楊慎標目　滇中阮元聲刪潤　一九二〇

兩江總督採進本（總目）。○《兩江第一次書目》：「《南詔野史》，明倪輅輯，一本。」○上海圖書館藏明祁氏淡生堂鈔本，題「知蜀威遠縣事昆明倪輅集嘉靖壬午鄉試，翰林院修纂成都楊慎校正德辛未狀元」。半葉十行，行二十字，白口，四周單邊。版心下印「淡生堂抄本」。前有引用書目，凡例，嘉靖二十九年庚戌楊慎《新刊南詔野史引》。卷内鈐「茮坡過眼」、「潘茮坡圖書印」、「椒坡祕翫」、「碩庭所藏」、「潘印志萬長壽」、「笏盦」、「崦西艸堂」、「張凱印」、「淮陽張氏宗素堂藏書」等印記。《存目叢書》據以影印。○雲南省大理縣圖書館藏明鈔本。○北京圖書館藏清環碧山房鈔本，半葉十一行，行二十一字，黑口，四周單邊。○南京圖書館藏清鈔本。○清乾隆四十年金溪李氏自怡堂刻本二卷二册,此係清胡蔚訂正本。北師大藏。○清鈔本二卷二册,北師大藏。○臺灣「中央圖書館」藏清鈔本二卷四册,題「明四川新都楊慎升菴編輯,大清湖南武陵胡蔚羡門訂正」。半葉十行,行二十字。有嘉靖二十九年楊慎序,清乾隆四十年季冬胡蔚序。(見該館《善本書志初稿》)○湖南圖書館藏清鈔本二卷。○清光緒六年雲南書局刻本,作《增訂南詔野史》二卷二册,清胡蔚訂正。上圖、北師大藏。○民國五年刻本二册,上圖藏。○民國二年上海廣益書局排印《古今文藝叢書》第一集本,作四卷。○清道光刻《雲南備徵志》本。○民國刻《雲南叢書·雲南備徵志》本。以上二本係明阮元聲删潤本,清王崧據鈔本校訂,收入《雲南備徵志》卷八。

南唐拾遺記一卷　國朝毛先舒撰　一九二一

江蘇巡撫採進本(總目)。○《江蘇省第一次書目》:「《南唐拾遺記》一本。」○《江蘇採輯遺書目録》:「《南唐拾遺記》一册,清仁和毛先舒著,抄本。」○北圖分館藏清鈔本,題「明錢塘毛先舒稚黄撰」。半葉九行,行二十一字,無格。有自序。鉉字缺末筆。卷内鈐「古潭州袁卧雪廬收藏」、「禮培私印」、「埽塵齋積書記」、「賀唐虞印」等印記。《存目叢書》據以影印。○南京圖書館藏清鈔本。○原北平圖書館藏清鈔本,題「明錢塘毛先舒稚黄纂」,半葉十行,行二十字。有自序及跋。有吳騫朱筆校,朱巢飲緑筆校,周廣業、楊復吉墨筆校。與宋鄭文寶《江表志》合一册。鈐有「拜經樓吳氏藏書印」、「結一廬藏書印」等印記。現存臺北「故宫博物院」。《拜經樓藏書題跋記》、王重民《善本提要》、臺灣《中央圖書館善本書目》著録。○清道光十一年六安晁氏木活字印《學海類編》本。民國九年商務印書館影印晁氏木活字《學海類編》本。○清道光十三年吴江沈氏世楷堂刻《昭代叢書》已集廣編本。○民國二十六年商務印書館據《學海類編》本影印，收入《叢書集成初編》。○南京圖書館藏民國鈔本。

十六國年表一卷　國朝張愉曾撰　一九二二

浙江汪啟淑家藏本（總目）。○《提要》云：「其從父張潮收之《昭代叢書》乙集中。」○清康熙三十九年刻《昭代叢書》乙集第一帙本，《存目叢書》據清華大學藏本影印。○清道光十三年吴江沈氏世楷堂刻《昭代叢書》乙集第一帙本。○民國二十五年至二十六年上海開明書店排印《二十五史補編》本。

中山沿革志二卷　國朝汪楫撰　一九二三

安徽巡撫採進本（總目）。○《安徽省呈送書目》：「《中山沿革志》一本。」○上海圖書館藏清康熙刻本，題「翰林院檢討臣汪楫纂」，半葉八行，行二十字，白口，四周雙邊。前有康熙二十三年自序。附有《中山詩文》一卷。《存目叢書》據以影印。北大、北圖分館等亦有是刻。康熙雍正間刻《悔齋集》本，當係同版。○故宫博物院藏清鈔本。

十六國年表二十二卷　國朝孔尚質撰　一九二四

浙江巡撫採進本（總目）。○《浙江省第四次汪啟淑家呈送書目》：「《十六國年表》二十二卷，明孔尚質輯，六本。」○《浙江採集遺書總録》：「《十六國年表》二十二卷一册，開萬樓寫本，明武陵孔尚質輯。」○南京圖書館藏清鈔本，題「武陵孔尚質元長甫輯」。半葉十一行，行二十一字，無格。無序跋。共五百四十四葉，不分卷，六册。共二十一類，末附《十六國年表輿圖考》，合之恰得二十二類，蓋即所謂二十二卷之來源。卷内玄字缺末筆，弘、泓等不避諱，猶清初寫本也。《存目叢書》據以影印。

四庫存目標注卷二十四

滕州　杜澤遜　撰

史部十三

時令類

四時宜忌一卷　明瞿祐撰　一九二五

編修程晉芳家藏本（總目）。○《兩江第二次書目》：「《四時宜忌》，元錢塘瞿祐著。」○北京大學藏明刻《居家必備》本，題「錢唐瞿祐」。半葉九行，行二十字，白口，左右雙邊。《存目叢書》據以影印。北圖、山東大學亦有是刻。○清道光十一年六安晁氏木活字印《學海類編》本。民國九年商務印書館影印晁氏木活字《學海類編》本。

一九二六

四時氣候集解四卷　明李泰撰

江西巡撫採進本(總目)。○《武英殿第一次書目》:「《四時氣候》一本。」○《浙江省第十二次呈送書目》:「《氣候集解》四卷,明李泰著,二本。」○《浙江採集遺書總録》閏集:「《氣候集解》四卷,刊本,明進士河南李泰撰,韓士英增訂。」○上海圖書館藏明景泰六年胡廷璨刻本,正文首題「四時氣候卷之一」,次行題「前進士河南李泰淑通集解」。半葉十行,行二十字,黑口,四周雙邊。前有河東王《重刊四時氣候集解序引》,洪熙元年自序。後有景泰六年門人姚福後序。據姚福後序知爲景泰六年胡廷燦捐資重刊。唯河東王序稱大方伯陳公重刊,且謂公所作序引辭理明備。河東王正統十三年始封,傳至萬曆後期,此不知爲第幾代。然則此本是否胡廷燦原刻,尚有可疑。或係陳氏據胡本重刊亦未可知。唯相其字體版式,仍在明中期以前。鈐有「泰峯」、「金氏家藏」、「放浪山水間」等印記。《存目叢書》據以影印。○北京圖書館藏明鈔本,二册。半葉十行,行十九字,紅格,紅口,四周雙邊。○臺灣「中央圖書館」藏舊鈔本,一卷一册。前有自序,後有姚福後序。正文卷端未題書名、卷第。半葉十行,行約二十二字。版心上題「四時氣候集解」。鈐有「曾在王鹿鳴處」、「雪苑王瓊宴家藏書」等印記(見該館《善本書志初稿》)。

一九二七

月令通考十六卷　明盧翰撰

内府藏本(總目)。○《武英殿第二次書目》:「《月令通考》八本。」○《安徽省呈送書目》:「《月令通考》十六本。」○中國科學院圖書館藏明萬曆十七年王道增刻本,題「潁人盧翰子羽纂,同邑王道增益甫閲，元嗣晉伯進訂」。半葉十行，行二十字，白口，四周雙邊。前有萬曆十七年己丑秦鳴雷序，自序，萬曆十七年王道增序，李國士跋，知台州府楊道會書後。刻工：南京范文刊、曾祐刊、龔才刊、宗仁刊、余信、陸富、宋礼等。卷末列銜：「臨海縣知縣周孔教、周家棟校正，儒學教諭吳志定、（訓道劉秉周同校）。」（末七字佚去，今據別本補）卷内鈐「蒲邨氏珍藏書籍之印」印記。《存目叢書》據以影印。北圖、上圖、臺灣「中央圖書館」等亦藏是刻。

一九二八　月令廣義二十五卷　明馮應京撰　戴任續

直隸總督採進本（總目）。○《直隸省呈送書目》：「《月令廣義》八本。」○《江西六次續採書目》：「《月令廣義》十二本。」○《都察院副都御史黃交出書目》：「《月令廣義》，明馮應京，十本。」○《武英殿第一次書目》：「《月令廣義》六本。」○清華大學藏明萬曆陳邦泰刻本二十四卷首一卷《統紀》一卷，卷一題「盱眙馮應京纂輯，新安戴任增釋，秣陵李登參訂」。半葉九行，行二十字，白口，四周單邊。前有萬曆二十九年辛丑李登序云：「屬郡中陳大來氏善剞劂，議付梓于留視。」又自序，姪馮霑《紀略》（即傳）。正文前有卷首，卷首第九葉有「秣陵陳邦泰校梓」一行。則是本爲萬曆二十九年陳邦泰金陵刻本。《存目叢書》據以影印。北大、華東師大、山東省圖等亦藏是刻。

一九二九　節宣輯四卷　明上洛王朝瑭撰

内府藏本（總目）。○《武英殿第二次書目》：「《節宣輯》四本。」

一九三〇

養餘月令二十九卷　明戴羲撰

浙江巡撫採進本(總目)。○《浙江省第二次書目》:「《養餘月令》三十卷,明戴羲著,八本。」○《浙江採集遺書總録》:「《養餘月令》三十卷,刊本,明戴羲撰。」○《兩淮商人馬裕家呈送書目》:「《養餘月令》三十卷,明戴羲,八本。」○浙江圖書館藏明崇禎刻本三十卷,目録題「戴羲編輯」。半葉九行,行十九字,白口,四周單邊。前有崇禎六年癸酉戴羲序,十三年又序。《存目叢書》據以影印。臺灣中研院史語所亦藏是刻。北圖藏是刻,缺第二十四卷。○清雍正九年戴俊刻本三十卷,半葉九行,行十九字,白口,四周單邊。北圖、上圖藏。

一九三一

日涉編十二卷　明陳堦撰

内府藏本(總目)。○《武英殿第一次書目》:「《日涉編》十二本。」○《直隸省呈送書目》:「《日涉編》十二本。」○《兩淮商人馬裕家呈送書目》:「《日涉編》十二卷,明陳堦,十二本。」○《浙江省第六次呈送書目》:「《日涉編》十二卷,明陳堦著,十二本。」○《浙江採集遺書總録》:「《日涉編》十卷,刊本,明應城陳堦撰。」○江西省圖書館藏明萬曆三十九年徐養量刻本十二卷,題「楚應城陳堦升也甫編輯,邑人徐養量叔弘甫校刻,周化惟南甫、張崇烈抑之甫、弟陳坤順也甫仝閲」。半葉九行,行十九字,白口,四周單邊。前有萬曆三十九年辛亥李光元序,董元學序,岳萬階《刻日涉編題詞》,張鶴鳴序,張以謙序,龍膺序,祁光宗序,周師旦序,張之原序,王道成序,萬曆三十九年徐養量序,任彦棻序,自序,凡例。岳萬階題詞云:「萬曆辛亥春隴頭刻楚陳君堦《日涉編》成。孰命諸?

直指徐公也。」龍膺序云：「兹編成於楚，梓于天水之鄉。」又云：「天水張守馳使索予言，因手勒而命築氏。」知此係萬曆三十九年徐養量天水刻本。《存目叢書》據以影印。北圖、南圖、臺灣「中央圖書館」等亦藏是刻。湖北省圖藏此刻本有明顧福泉校。故宫、上圖等藏有徐養量刻清康熙六年白輝康熙二十七年紀元遞修本。北師大又有乾隆三十四年清畏堂重修本。○臺灣「中央圖書館」藏明末周師旦金陵刻本，題「明應城陳堦編輯，周化校正」。半葉九行，行十九字，白口，四周單邊。卷端及版心均題「編日新書」。前有賀逢聖、李光元、徐養量、周師旦、陳堦各序。周師旦序云：「吾上蔡先君，生平與吉藪陳公爲莫逆交。」又云：「不肖奉先君遺命，因爲纂棗，且亦並以報陳公。」末署「賜進士第督學南畿浙江道監察御史周師旦序」。賀逢聖序云：「蒲陽陳吉藪先生集有《編日新書》，督學直指周公梓諸南畿。」末署「賜進士及第翰林院編修江夏賀逢聖序」。考賀逢聖萬曆四十四年一甲二名進士，授翰林院編修，天啟間爲洗馬。此序但署編修，又卷端「周化校正」，校字不避明熹宗諱。當是萬曆末年所刻。李光元、徐養量序原係爲萬曆三十九年天水刻本作，此本皆已削其年月。徐序中「日涉編」改爲「編日新書」，又言刻書事均被刪去。疑周師旦據徐養量刻本重刻時所爲。王重民謂「原名《編日新書》，清康熙重刻本改題《日涉編》」，未得其實。湖北省圖、無錫市圖亦藏此本。

廣月令三卷後集二卷　明王勳撰　王璞補後集　一九三二

安徽巡撫採進本（總目）。○《安徽省呈送書目》：「《廣月令》三本。」

古今類傳歲時部四卷　國朝董穀士、董炳文同編　**一九三三**

浙江巡撫採進本(總目)。○《浙江省第八次呈送書目》:「《古今類傳》四卷,國朝董穀士、董炳文同輯。」○《江蘇採輯遺書目録》:「《古今類傳歲時部》四卷,清吴興董穀士、董炳文同編,刊本。」○《兩江第一次書目》:「《古今類傳》,吴興董穀士、董炳文同輯,六本。」○武漢大學藏清康熙三十一年未學齋刻本,作《古今類傳》四卷,題「吴興董穀士農山、董炳文霞山同輯,松陵金協仍雲濟、晟溪閔南仲耐庵、沮水潘之藻文水、梅林董香齡星池同校」。半葉十一行,行二十八字,白口,左右雙邊。前有康熙三十一年壬申仲冬潘耒序,康熙三十一年十一月董穀士序。封面刻「未學齋藏板」五字。《存目叢書》據以影印。北京大學、首都圖書館、大連圖書館等亦藏是刻。一九五九年臺北藝文印書館嘗影印此本,收入《歲時習俗資料彙編》。

節序同風録無卷數　國朝孔尚任撰　**一九三四**

衍聖公孔昭焕家藏本(總目)。○《衍聖公交出書目》:「孔子六十四代孫尚任《人瑞録》一本,孔子六十四代孫尚任《會心録》四本,孔子六十四代孫尚任《節序同風録》,以上三種共七本。」按:據此可知《節序同風録》二本。○大連圖書館藏清鈔本四册,無序跋,不分卷。首行題「節序同風録」,不題撰人。半葉九行,行二十一字,無格。書口題「同風録」。驗其内容,與《提要》合,知即尚任書也。各册鈐「翰林供奉」、「王懿榮印」、「吕海寰」、「鏡宇」、「尚書之章」等印記。是我鄉王懿榮、吕海寰遞藏故物。蓋王氏在翰林院借衍聖公進呈原本過録者。初,大連圖書館范旭侖學長以彼館《善本書目》相貽，余於其中檢得此本，即函託學長代鈔一節，知即《存目》著録者。遂全部影照，印入《存目叢書》。鄉賢遺書，沉而復顯，爲之欣幸。

一九三五 時令彙紀十六卷餘日事文四卷　國朝朱濂編

兩淮馬裕家藏本（總目）。○《兩淮商人馬裕家呈送書目》：「《時令彙紀》、《餘日事文》，國朝朱濂，八本。」

四庫存目標注卷二十五

滕州 杜澤遜 撰

史部十四

地理類一

華陽宮紀事一卷　宋僧祖秀撰　　一九三六

浙江汪啟淑家藏本（總目）。○《提要》云：「王偁《東都事略》全載之，此本蓋即從偁書録出也。」○明崇禎刻《芝園祕録初刻》本，半葉八行，行十八字，白口，左右雙邊。版心下刻「浣花居」。湖北省圖、北圖藏。○清道光十一年六安晁氏木活字印《學海類編》本。民國九年商務印書館影印晁氏木活字《學海類編》本。

一九三七

艮嶽記一卷　宋張淏撰

編修汪如藻家藏本(總目)。○《國子監學正汪交出書目》:「《艮嶽記》一本。」○傅增湘《藏園訂補郘亭知見傳本書目》云:「已收入淏所撰《雲谷雜記》。」○明嘉靖二十三年雲間陸楫儼山書院雲山書院刻《古今説海》本。北圖、上圖等藏。○清乾隆間四庫館鈔《四庫全書·古今説海》本。○清道光元年苕溪邵氏酉山堂刻《古今説海》本。○清宣統元年上海集成圖書公司排印《古今説海》本。○民國四年上海進步書局石印《古今説海》本。○明刻《歷代小史》本,北圖、北大、上圖等藏。民國二十九年商務印書館影印明刻《歷代小史》本。○明□□重輯刻《百川學海》本,上圖、遼圖、吉大、福建師大藏。○明刻清順治三年宛委山堂印《説郛》本。北圖、上圖等藏。○清據《説郛》、《説郛續》刊版重編印《五朝小説》本,上圖、南圖、南大、山東大學藏。○民國十五年上海掃葉山房石印《五朝小説大觀》本。○清張作楠輯鈔《翠微山房叢書》本,清華藏。○清侯官楊氏鈔《冠悔堂叢書》本,北大、湖北省圖藏。○清宣統元年夢梅仙館刻《無一是齋叢鈔》本,中科院圖書館、北京師大藏。○民國二十五年商務印書館據《古今説海》本排印,收入《叢書集成初編》。○民國三十六年神州國光社排印《中國内亂外禍歷史叢書》本。

一九三八

故宫遺録一卷　明蕭洵撰

兩淮馬裕家藏本(總目)。○《兩江第一次書目》:「《元故宫遺録》,明蕭洵輯,抄本,一本。」○《提要》云:「欲刊未果,其本歸於吕山高氏家。洪武丙子,松陵吴節從高氏鈔傳。萬曆中,武進趙琦美得之，以張浙門家鈔本互校，因行於世。其書序次典核，朱彝尊《日下舊聞》全載之，故今不重録焉。」○清乾隆四十七年鮑氏知不足齋刻本，《知不足齋叢書》第十一集之一。民國十年上海古書流通處影印鮑氏刻《知不足齋叢書》本。此鮑刻本題「廬陵虎溪蕭洵編」，前有洪武丙子吴節序，末有萬曆四十四年趙琦美跋，又刻「壬寅二月二十七日校寫竟，計三千三百八十九字，陳世彭記」小字二行。《存目叢書》據影印本影印。○上海圖書館藏清乾隆四十七年鈔本。○北京圖書館藏清彭氏知聖道齋鈔本，作《元故宫遺録》一卷，半葉十行，行二十四字，白口，四周雙邊。清彭元瑞校並跋。○清乾隆五十九年石門馬氏大酉山房刻《龍威祕書》第二集本。○清嘉慶道光間刻《藝海珠塵》癸集本，作《元故宫遺録》一卷。○上海圖書館藏清鈔本。○浙江圖書館藏清鈔本。○中科院圖書館藏清鈔《琅函小品》本。○民國四年南昌刻《明人小史八種》本，胡思敬輯《豫章叢書》之一。○民國二十五年商務印書館據《知不足齋叢書》本排印，收入《叢書集成初編》。

新定九域志十卷　**一九三九**

浙江汪啟淑家藏本（總目）。○《提要》云：「此書與宋王存等所撰《元豐九域志》文並相同，惟府州軍監縣下多出古蹟一門。首卷四京及京東東路俱已闕，次卷亦有譌脱。朱彝尊曾見崑山徐氏家藏宋槧本，所紀闕文與此本同，蓋即從徐氏録出者。」○《浙江省第四次汪啟淑家呈送書目》：「《新定九域志》十卷，宋王存等著，二十本。」○《浙江採集遺書總録》：「《新定九域志》十卷，寫本，宋承議郎王存等撰。」○原北平圖書館藏明錫山秦氏雁里草堂黑格鈔本十卷二册。半葉十一行，注雙行二十四字。版心下有「雁里草堂」四字。鈐「真州吴氏有福讀書堂藏書」印。(見王重民《善本提要補編》)此本現存臺北「故宫博物院」。○臺灣「中央圖書館」藏舊鈔本十卷二册，半葉十行，行二十二字。鈐有「吴焯」、「繡谷」、「湘鄉王氏祕籍孤本」、「禮培私印」、「埽塵齋積書記」、「許宗彦印」、「荳圃收藏」等印記。○臺灣「中央圖書館」又藏舊鈔本，存前四卷四册。半葉十一行，行二十四字。鈐「王鳴盛印」、「西莊居士」、「汪士鐘讀書」等印記。(二本均見該館《善本書志初稿》)○清吴騫拜經樓鈔本，半題十一行，行二十二字，注雙行二十四五六字不等。有吴騫跋、唐翰題跋。鈐「宋本」、「甲」、「拜經樓」、「吴氏兔牀書畫印」、「騫」、「兔牀手校」、「鷦安校勘祕籍」、「江山劉履芬觀」、「海豐吴重憙印」等印記(詳傅增湘《藏園群書經眼録》)。按：此本《中國古籍善本書目》徵求意見稿著録爲上海圖書館藏。○美國國會圖書館藏鈔本十卷六册，半葉十行，行二十二字。卷首所缺四京及京東東路用「元豐本」補。卷内鈐「白堤錢聽默經眼」印記。(詳王重民《善本提要》)○北京圖書館藏清鈔本十卷首一卷四册，半葉十行，行二十二字，無格。清周夢棠校並跋。○北圖又藏清鈔本二册，半葉十一行，行字不等，無格。○北圖又藏清鈔本二册，半葉九行，行二十二字，無格。○北圖又藏清鈔本二册，行款同前。○北圖藏清同治九年劉履芬鈔本一册，半葉十一行，行十八、九字，無格。清劉履芬録吴騫校跋，吴梅跋。○南京圖書館藏清鈔本一册，丁氏八千卷樓舊藏。《善本書室藏書志》云：後有乾隆戊戌枚庵吴翌鳳跋，有漢晉齋印。○南圖又藏清鈔本，半葉十行，行二十二字，無格。前有某氏録《拜經樓藏書題跋記》一則。卷内鈐「酈亭」、「曾歸徐氏彊誃」等印記。《存目叢書》據以影印。○一九八四年中華書局排印王文楚、魏嵩山校點本《元豐九域志》，附有《新定九域志》古蹟門。其《前言》云：「今將吴騫校本『古蹟』部分全部録出，附於《元豐九域志》之後，參照周夢棠鈔本，王鳴韶鈔本、清鈔本，及有關史籍、地志加以校勘。」各卷末有詳細校記，全書末有地名及古蹟名索引，堪稱善本。

歷代地理指掌圖一卷　舊本題宋蘇軾撰　　一九四〇

兩淮鹽政採進本（總目）。○《兩淮鹽政李呈送書目》：「《地理指掌圖》四十四篇，宋蘇軾，四本。」○日本東洋文庫藏宋蜀刻本，首《歷代地理指掌圖序》，署「眉山蘇軾謹序」，半葉十八行，行二十八字。序後接目録，不空行。正文行字不等。末有《總論》，半葉十七行，行三十字，末行下方有「西川成都府市西俞家印」刻書識語。全書左右雙邊或四周雙邊。《書船庸談》卷八著録，誤爲半葉十四行。一九八九年上海古籍出版社據以影印，《續修四庫全書》又據以影印。○明刻本，半葉十行，行二十字，白口，左右雙邊。南圖、厦門大學藏。○臺灣「中央圖書館」藏明刻本，行款版式同前本，鈐「都玄敬家藏古刻善本」朱文方印。○中科院圖書館藏明刻本，行款版式同前本。前有淳熙乙巳趙亮夫序，眉山蘇軾序。卷尾有刻工：「毘陵陳奎刻。」卷内鈐「吴」、「兔牀山人」、「吴郡城隍神廟東偏實是堂徐氏書畫記」等印記。《目録》後有吴騫手跋：「愚嘗疑此非東坡之書，而《宋史・藝文志》及《通志・藝文略》、晁氏《讀書志》皆無可攷。後見楊升庵《丹鉛録》云：『《地理指掌圖》蜀人税安禮撰，元符中欲上之朝，未及而卒，書肆所刻皆不著名氏，蜀本有涪右任慥序之極詳。』意始釋然。此本毘陵人所刊,蓋因舊本不著姓氏,遂妄託文忠以欺世耳。當别求蜀本之有任序者攷之。乾隆壬辰上元日兔床吴騫記。」又:「按《絳雲樓書目》有宋刻東坡《地理指掌圖》,費補之,亦宋人。初不言税安禮著。」又:「費袞《梁溪漫志》云:『今世所傳《地理指掌圖》,不知何人所作,其攷究精詳,詮次有法,上下數千年一覽而盡,非博學恰聞者不能爲,自足以傳遠。然必託之東坡,其序亦云東坡所爲。觀其文淺陋,乃舉子綴緝舊策手段,東坡安有此語。最後有本朝陞改廢置州郡一圖,乃有崇寧以後迄於建炎紹興所廢置者,此豈出于東坡之手哉。』癸巳秋夜。」又:「按後升改廢置州郡有至紹興三十二年者,上距元符已六十餘年,安得云尔耶。然則其所謂税安禮者,亦未可定其必然也。」又眉批:「升庵之説蓋本之《文獻通考》,然即以是書證之,《通考》亦不能無誤也。」《存目叢書》據此本影印。○北圖藏明刻本,行款版式同前本。清李文田跋。按:以上四種明刻本行款版式同,未知刊版異同。○北圖又藏明刻本,半葉十行,行二十字,白口,四周雙邊。有缺葉,配另一明刻本。清彭元瑞跋。○天津圖書館藏明刻本,行款版式同前本。未知刊版異同。○明刻本,半葉十行,行二十一字,白口,左右雙邊。北圖、上圖、南圖、浙圖等藏。○明萬曆六年何鏜刻《修攘通考》六卷,其中《歷代輿圖》二卷即此書,有趙亮夫、蘇軾序。北圖藏。

寰宇通衢一卷　明洪武中官撰　**一九四一**

内府藏本(總目)。○《武英殿第二次書目》:「《寰宇通衢》二本。」○《江蘇省第二次書目》:「《寰宇通衢》一本。」○《江蘇採輯遺書目録》:「《寰宇通衢》一卷,明不詳姓氏。一百四十五葉,抄本。」

〇北京圖書館藏明初刻本二册不分卷，半葉十行，大黑口，左右雙邊。多漫漶。《存目叢書》據以影印。〇上海圖書館藏常熟瞿氏鐵琴銅劍樓影鈔明洪武本（見陳光貽《稀見地方志提要》）。

輿圖記敘二卷　明桂萼撰　**一九四二**

江西巡撫採進本（總目）。〇《江西巡撫海第二次呈送書目》：「《輿圖記敘》五本。」〇上海圖書館藏明嘉靖四十五年李廷觀刻《廣輿圖敘》一卷，有桂萼奏，嘉靖皇帝批，與《提要》合，似即其書。半葉九行，行十九字，白口，四周雙邊。版心題「廣輿圖敘」。前有嘉靖四十五年十二月李廷觀序云：「因題曰便覽，授之梓而述其初如此。」刻工：王世英刊、王寵、許倫。《存目叢書》據以影印。

志略十六卷　明廖世昭撰　**一九四三**

編修汪如藻家藏本（總目）。〇《國子監學正汪交出書目》：「《志略》二本。」〇《提要》云：「是書首題南京兵部武庫司刊行，蓋當時官本。」

皇輿考十二卷　明張天復撰　**一九四四**

副都御史黄登賢家藏本（總目）。〇《都察院副都御史黄交出書目》：「《皇輿考》八本。」〇《浙江省第十二次呈送書目》：「《皇輿考》十二卷，明張天復著，八本。」〇《浙江採集遺書總録》：「《皇輿考》十二卷，刊本，明湖廣提學副使山陰張天復撰。」〇明嘉靖三十六年應明德刻本十卷，半葉九行，行二十字，白口，左右雙邊。前有嘉靖三十六年自序。次目録，末題「武昌府學教授廖恕、學生李元敬校正」。北圖、北大、中科院圖書館、臺灣「中央圖書館」藏。上海博物館藏此刻萬曆范可奇重修本。○天一閣文管所藏明嘉靖三十六年刻本十二卷，存卷一至十共一册，半葉十行，行二十四字，白口，四周單邊。○明萬曆朱璉刻本十卷，題「提督學校湖廣副使山陰張天復輯，翰林院修撰男元忭重校，巡按直隸等處廣西道監察御史豫章朱璉重刻」。有嘉靖四十年袁福徵序，嘉靖三十六年自序。王重民曰：「考《蘭臺法鑒録》卷十九有『朱璉，字文卿，江西新淦人。隆慶五年進士，萬曆五年由崇安知縣選廣西道御史，六年巡鹽長蘆』，……知此爲萬曆五、六年間所重刻者。」(《善本提要》)北圖、中科院圖書館、復旦等均有是本。○北京大學藏明萬曆十六年張象賢遐壽堂刻本十二卷，題「提督學校湖廣副使山陰張天復輯，翰林院修撰男元忭校，吏兵兩科都給事中前翰林院庶吉士姑蘇張鼎思重校」。半葉九行，行十八字，白口，左右雙邊。版心下刻「遐壽堂」或「遐壽堂元板」。前有袁福徵序，張天復序。總目及各集目録均題「姑蘇後學張象賢齊之父重刻」。末有張象賢跋，萬曆十六年張燭跋。張跋言刻書始末。卷内鈐「順德李氏藏書」、「李文田印」等印記。《存目叢書》據以影印。上圖、臺灣「中央圖書館」、美國國會圖書館亦有是刻。○北京圖書館藏明書林葉均宇刻本十二卷，半葉九行，行十八字，白口，左右雙邊。○明萬曆二十九年張汝霖刻天啟六年張汝懋重修本，作《廣皇輿考》二十卷。題「山陰張天復編，男元忭廣，孫汝霖、汝懋訂」。半葉六行，行十七字，小字雙行同，白口，四周單邊。前有自序，天啟六年丙寅元宵日張汝懋識語，萬曆二十九年辛丑中秋日張汝霖於瀟江署中撰《訂廣皇輿考凡例》八條及小叙。張汝懋識云：「伯兄令清江，曾刻之瀟江署中。予來，重新之。」北圖、上圖、南圖、中科院圖書館、臺灣「中央圖書館」均藏是刻。

圖註水陸路程途八卷　明黃汴撰　一九四五

浙江鮑士恭家藏本（總目）。○《武英殿第二次書目》：「《圖註水陸路程途》二本。」○上海圖書館藏明隆慶四年刻《一統路程圖記》八卷，題「新安休寧約山黃汴纂，姑蘇南壕吳岫校正」，半葉九行，行十九字，白口，四周雙邊。前有隆慶四年新安黃汴《一統路程圖記序》，凡例，目録。按《提要》云「書成於隆慶四年」，内容及卷數亦同，當即其書。《存目叢書》據以影印。○北京圖書館藏明末刻《士商必要》三種，第一種《新刻本水陸路程》八卷，明黃汴撰。當即其書而書名稍異。半葉九行，行二十二字，白口，四周單邊。

郡縣釋名二十六卷　明郭子章撰　一九四六

浙江鮑士恭家藏本（總目）。○《浙江省第四次鮑士恭呈送書目》：「《郡縣釋名》，明郭子章著，五本。」○《浙江採集遺書總録》：「《郡縣釋名》五册，刊本，明郭子章撰。」○《兩淮商人馬裕家呈送書目》：「《郡縣釋名》二十六卷，明郭子章，六本。」○《江蘇採輯遺書目録》：「《郡縣釋名》十五本，明兵部尚書郭子章著。」○華東師大藏明萬曆四十二年刻本，題「泰和郭子章相奎甫著，明州王佐翼卿甫校」。半葉八行，行十九字，白口，四周雙邊。前有萬曆四十三年王佐序云：「正其亥豕，補其缺逸，謀諸左伯麻城李君、觀察桐鄉沈君覆訂而付之梓人。」又郭子章識語云：「大中丞王太蒙公亟取而手校之，且壽之梓。」知係鄞人王佐等刻本。刻工寫工：姜求刊、郭景光刊、景輝刊、姜良刻、鄒化刻、文華、鄒耀刻、楊詩寫、曾四、元銓、曾巽、曾振、王自珍寫、胡志慧刊、徐廷魁寫、姜全刊。

卷内鈐「蕭山汪氏環碧山房珍藏」、「杭州王氏九峰舊廬藏書之章」等印記。《存目叢書》據以影印。上圖亦藏是刻。

目營小輯四卷　明陸化熙撰　**一九四七**

浙江鮑士恭家藏本(總目)。○《浙江省第四次鮑士恭呈送書目》:「《目營小輯》四卷,明陸化熙著,四本。」○《浙江採集遺書總録》:「《目營小輯》四卷,刊本,明廣西提學僉事常熟陸化熙撰。」○《江蘇省第二次書目》:「《目營小輯》四本。」○《江蘇採輯遺書目録》:「《目營小輯》四卷,明廣西督學海虞陸化熙著,刊本。」○《兩淮鹽政李續呈送書目》:「《目營小輯》四卷,明陸化熙,四本。」○南京圖書館藏明刻本,題「海虞陸化熙羽明父輯,臨汝王政岐仁生父較」。半葉九行,行二十二字,白口,四周單邊。前有陳鑣《序刻目營小輯》,不記年月。又辛酉(天啟元年)仲夏自引。《提要》云:「書中永平府條下有天啟五年八月現在官兵十一萬七千八十六員名,……書成又在乙丑後矣。」又卷端「校」字作「較」。是天啟末至崇禎間所刻。《存目叢書》據以影印。中央民大、華東師大、臺灣「中央圖書館」均有是刻。○上海圖書館藏舊鈔本,有鐵琴銅劍樓朱文印(見陳光貽《稀見地方志提要》)。

輿地名勝志一百九十三卷　明曹學佺撰　**一九四八**

江蘇巡撫採進本(總目)。○《江蘇省第一次書目》:「《輿地名勝志》十八本。」○《江蘇採輯遺書目録》:「《輿地名勝志》二百八卷,明廣西副使侯官曹學佺著。」○《福建省呈送第二次書目》:「《名勝志》八十二本。」〇《兩淮鹽政李呈送書目》：「《天下名勝志》二百八卷，明曹學佺，五十四本。」〇中央民族大學藏明崇禎三年自刻本二百八卷，半葉十行，行十九字，白口，左右雙邊。前有崇禎三年曹學佺《大明輿地名勝志自序》，述編撰始末甚詳。次《大明一統名勝志目録》。正文各卷卷端無總名。卷一首題「直隸名勝志」，次題「閩中曹學佺能始著」。版心刻工：鄭西刻、余冲、付圣、鄭利、力成、力辰、葉士、張祐、鄭明、范只、張冬、張亨、鄭六、危三、陳美、鄭杰、鄭七、張孫、魏憲刻、周廷、張翼刊、葉仕、傅春、江心、周山、楊玉、朱三、刘二、張一、張軒、鄭一、吴元、黄九、何星等。卷内鈐「泰和蕭敷政蒲邨氏珍藏書籍之章」白文長方印。《存目叢書》據以影印。上圖、南圖、臺灣「中央圖書館」等亦有是刻。中科院圖書館本卷一百七十二配繆氏雲自在龕鈔本，繆荃孫校。北圖本存二百七卷，内三十四卷配鈔本，傅增湘跋。按：臺灣「中央圖書館」《善本書志初稿》著録此刻四部，其中嘉業堂本有原書名葉，中間大字雙行刻書名「大明一統名勝志」，右刻「曹能始先生著」，右下鈐「東壁齋劉瑞宇發兑」朱文長方印，左下刻「本衙藏板，如有翻刻，千里必究」二行小字。然則本書正名當依書名葉及目録，作《大明一統名勝志》。《總目》係依《自序》所題書名而削其「大明」二字，故有出入。又《總目》所據江蘇呈本據《江蘇目録》固爲二百八卷足本，而著録爲一百九十三卷，當係館臣誤計。

海内奇觀十卷　明楊爾曾撰　**一九四九**

按：此書《總目》不載，今據《四庫全書附存目録》補。〇《浙江省第五次范懋柱家呈送書目》：「《海内奇觀》十卷，明楊爾曾著，六本。」○《浙江採集遺書總録》：「《海内奇觀》十卷，刊本，明錢塘楊爾曾撰。」○臺灣「中央圖書館」藏明萬曆三十七年錢塘楊氏夷白堂自刻本，作《新鐫海内奇觀》十卷，題「錢塘卧遊道人楊爾曾輯」。半葉十行，行二十四字，白口，四周單邊。版心下刻「夷白堂」三字。前有陳邦瞻引、葛寅亮叙、萬曆三十八年新安遊五嶽人方慶來題語，萬曆三十七年錢塘卧遊道人楊爾曾《叙刻海内奇觀》。又凡例十三條，末署「雉衡山卧遊道人楊爾曾識於夷白堂」，下刻「錢塘陳一貫繪，新安汪忠信鐫」二行小字。葛、方、楊三序題下鈐「夷白堂」或「夷白堂印」硃色印，知係原印本。卷内又鈐「林虚貞印」、「吴氏堅之」、「劉承幹字貞一號翰怡」、「吴興劉氏嘉業堂藏書印」等印記（詳該館《善本書志初稿》）。北圖、上圖、南圖等均有此刻。是刻又有挖改後印本，正文卷端題「雲間白石山人陳繼儒定，錢塘卧遊道人楊爾曾輯」。陳邦瞻引改爲陳繼儒序。方慶來、楊爾曾序删去。版心下「夷白堂」剷去。繪、鐫人名剷去（參王重民《善本提要補編》、臺灣「中央圖書館」《善本書志初稿》）。

地圖綜要無卷數　明朱紹本、吴學儼、朱國達、朱國幹同撰　**一九五〇**

按：此書《總目》未載，今據《四庫全書附存目録》補。○明末刻本三卷，半葉十行，行二十七字，白口，四周單邊。北圖、上圖、南圖、山東大學等藏。

今古輿地圖無卷數　不著撰人名氏　**一九五一**

江蘇巡撫採進本（總目）。○《江蘇省第一次書目》：「《今古輿地圖》一本。」○《江蘇採輯遺書目録》：「《今古輿地圖》，不詳姓氏編。」○《提要》云：「其圖五十有八，凡明郡縣用墨書，而歷代沿革異同俱以五色筆界畫細註，又各附説於圖中。」○中科院圖書館藏明崇禎十六年刻朱墨套印本三卷，明吴國輔、沈定之撰。十行二十四字，白口，四周單邊。前有崇禎十六年陳子龍序，崇禎十一年吴國輔序。有容壽手跋：「錢牧齋《有學集》中載有《吴金吾小傳》，即國輔也。隆、萬時三邊總制兵部尚書吴兑之曾孫，以軍功蔭世襲錦衣衛。」下鈐「容壽之印」印記。《存目叢書》據以影印。北大、上圖、南圖等亦藏是刻。

一九五二 天下郡國利病書一百二十卷 國朝顧炎武撰

兩江總督採進本（總目）。○《江蘇省第一次書目》：「《天下郡國利病書》四十本。」○《江蘇採輯遺書目録》：「《天下郡國利病書》一百二十卷，明崑山顧炎武著，抄本。」○《兩淮鹽政李呈送書目》：「《天下郡國利病書》一百二十卷，國朝顧炎武，六十本。」○《湖北巡撫呈送第二次書目》：「《天下郡國利病書》八十二本。」○南京圖書館藏稿本不分卷，清錢大昕跋，清黄丕烈跋（此跋倩沈書山寫）。民國二十四至二十五年商務印書館《四部叢刊三編》據以影印，當時嘗作編輯加工，見卷前編印例言。末有近人王頌文、張元濟兩跋。《存目叢書》又據商務印書館本影印。○山東圖書館藏清錢氏萃古齋黑格鈔本一百二十卷，八十册，半葉十行，行二十字，白口，左右雙邊。版心下刻「萃古齋鈔本」五字。海源閣舊藏。北圖、河南圖書館亦各藏錢氏萃古齋鈔本。○上海圖書館藏清樹蕙草堂鈔本一百二十卷。○北京圖書館藏清鈔本一百二十卷六十四册，半葉十行，行二十一字，無格。○北圖又藏清鈔本，存卷三至卷一百十八共五十八册，半葉十行，行二十一字，白口，四周雙邊。○北圖又藏清鈔本,作《郡國利病書》一百二十卷四十册,半葉十行,行二十一字,小字雙行同,白口,四周雙邊。○重慶圖書館藏清顧莼等鈔本,作《明季郡國利病全書》一百二十卷,存卷一至卷十三、卷二十至卷三十八、卷四十七至卷八十四、卷八十九至卷一百二十共一百二卷。傅增湘跋。○上海圖書館藏清二餘軒鈔本一百二十卷,存卷一至卷八、卷十三至卷十四、卷十七至卷二十、卷二十五至卷三十二、卷三十五至卷三十七、卷三十九至卷六十、卷六十八、卷七十二至卷七十八、卷八十三至卷八十四共五十七卷。○上圖又藏清鈔一百二十卷本兩部。○中科院圖書館藏清鈔本,作《郡國利病書》一百二十卷八十册。○山東圖書館藏清鈔本一百二十卷九十六册,半葉十行,行二十一字,白口,左右雙邊。佚名校。鈐「麗農精舍藏書」印。海源閣舊藏。又藏二殘鈔本,一半葉十行,行二十一字,無格。一半葉十行,行二十一字,黑格。○中山大學藏清鈔本,作《郡國利病書》一百二十卷五十二册,半葉十行,行二十一字,黑格,白口,四周雙邊。鈐有清曾釗面城樓及順德温氏藏印。○青島圖書館藏黑格精鈔本,四十八册。○清鈔本一百二十卷,遼圖、陝圖、復旦均有收藏。○湖南師大藏清鈔本一百二十卷,存卷一至卷四十四、卷四十八至卷六十四、卷六十八至卷八十四、卷八十六至卷九十共八十三卷。○臺灣「中央圖書館」藏清乾嘉間樹蘐草堂黑格鈔本,一百二十卷一百二十册。半葉十行,行二十一字,白口,四周雙邊。陳群澤存書庫舊藏。澤遜按:此本版心下刻「樹蘐草堂」四字,蘐字不易辨,余見書影,似是蕙字。○臺灣「中央圖書館」又藏舊鈔本,作《郡國利病書》一百二十卷,存卷一至卷四十九、卷八十五至卷一百二共六十七卷五十册。半葉十行，行二十一字，白口，四周雙邊。版心上印「郡國利病書」。（二本見該館《善本書志》）○臺灣中研院史語所藏黑格鈔本一百二十卷四十二册。○臺灣中研院史語所又藏黑格鈔袖珍本，作《郡國利病書》一百二十卷九十六册。○日本東京内閣文庫藏清杏華樓鈔本，作《郡國利病書》一百四十卷，清袁枚校。○日本京都大學人文所藏鈔本一百二十卷九十六册。○清嘉慶十二年成都龍萬育活字印本一百二十卷（見《藏園訂補郘亭知見傳本書目》）。按：《中國古籍善本書目》徵求意見稿著録四川圖書館藏「清嘉慶十二年敷文閣木活字印本」，《北師大中文古籍書目》著録「清敷文閣木活字本」，未見。○清道光十年成都龍萬育刻本一百二十卷，敷文閣藏版。川圖、日本京都大學人文所藏。○清光緒五年蜀南桐華書屋薛氏家塾校刻本一百二十卷，北京師大、東北師大、山西大學藏。按：美國《普林斯頓大學葛思德東方圖書館中文舊籍書目》謂此本每册末有「敷文閣聚珍版」字。○清道光十四年山東雅鑒齋活字印本一百二十卷七十四册（見《天津市人民圖書館藏活字本書目》）。○清光緒二十六年廣雅書局刻本一百二十卷五十八册，日本京都大學人文所藏。○清光緒二十七年上海圖書集成局排印本一百二十卷二十八册，北師大藏。○清光緒二十九年益吾齋石印本，復旦藏。○慎記書莊石印本，北京師大、東北師大、山西大學等藏。

增訂廣輿記二十四卷　國朝蔡方炳撰　一九五三

兩江總督採進本（總目）。○《江西六次續採書目》：「《增訂廣輿記》八本。」○清康熙吴郡寶翰樓刻本十二册，北大、南圖、河南省圖等藏。○清康熙平江聚秀堂刻本，江西省圖藏。○湖南省圖書館藏清康熙五十六年聚錦堂刻本,正文首題「廣輿記卷之一」,次題「雲間陸應暘伯生原纂,平江蔡方炳九霞增輯」。半葉十行,行十九字,小字雙行同,白口,四周單邊或左右雙邊。前有康熙二十五年丙寅蔡方炳序,凡例,廣輿圖,目録,提要。序、目録均題「增訂廣輿記」。《存目叢書》據以影印。

天津師大、河南省圖亦有是刻。○清康熙四十六年帶月樓刻本,江西省圖藏。○清乾隆九年四美堂刻本,北大藏。○清乾隆十五年三畏堂刻本,川大、河南省圖藏。○清嘉慶七年聚文堂刻本,北師大、北大藏。○清道光四年湖南同人堂刻本,川圖、河南省圖藏。○清道光四年體元堂刻本,河南省圖藏。○清光緒四年刻本,上圖、故宫等藏。○清大文堂刻本,上圖、河南等藏。○按:諸家著録坊本尚夥,彼此異同未能遽定,僅録其有堂號或年月者備考。

閲史津逮無卷數　國朝朱約淳撰　**一九五四**

江西巡撫採進本(總目)。○《江西巡撫海第二次呈送書目》:「《閲史津逮圖説》一本。」○中科院圖書館藏清初彩繪鈔本,折裝。鈐有「易水張奐文收藏書畫印」白文方印。前有易水張守凝叙十四行,有云:「今攷其省會圖内有北直隸圖、南直隸圖,福建省圖尚無臺灣、澎湖,蓋成於明之末年,入清朝未及修改也。是書乃睢州湯文正公斌(原注:清初人,與朱約淳同時)家藏舊本,光緒季年湯氏中落,余以重價購得之。」此張守凝當即張奐文,此叙當出張氏親筆。《存目叢書》據以影印。

歷代輿地徵信編殘本六卷　國朝錢邦寅撰　**一九五五**

兩江總督採進本(總目)。○《兩江第一次書目》:「《古今輿地徵信編》,明錢邦寅編,六本。」○《提要》云：「是編成於雍正中，前無總目，不知原本卷帙幾何。此所存殘稿題曰前集。」

山河兩戒考十四卷　國朝徐文靖撰 **一九五六**

安徽巡撫採進本（總目）。○《安徽省呈送書目》：「《山河兩戒考》四本。」○《浙江省第六次呈送書目》：「《天下山河兩戒考》十四卷，國朝徐文靖輯，四本。」○《浙江採集遺書總録》：「《天下山河兩戒考》十四卷，刊本，國朝當塗徐文靖輯。」○天津圖書館藏清雍正元年志寧堂刻本，《徐位山六種》之一，作《天下山河兩戒考》十四卷圖一卷。題「當塗徐文靖註」，半葉九行，行二十字，注文雙行同，白口，左右雙邊。前有雍正二年仲春黄叔琳序，雍正元年自序。封面刻「雍正元年鐫」「本衙藏板」。鈐有「海州分司之印」官印。《存目叢書》據以影印。北圖、上圖等亦有是刻。○清光緒二年刻《徐位山六種》本，北大、上圖等藏。按：《四川省圖書館古籍目録》著録「光緒二年鍾良駿補刻徐氏原刻本」，當即同版。未知孰是，録此備考。

古今約説無卷數　國朝邵元龍編 **一九五七**

兩江總督採進本（總目）。○《兩江第一次書目》：「《古今約説》，松江邵元龍著，五本。」○《提要》云：「兼有塗乙空闕處，猶未完之稿也。」

右總志之屬

成化山西志十六卷　不著撰人名氏 **一九五八**

兩淮鹽政採進本（總目）。○《兩淮鹽政李續呈送書目》：「《成化山西志》十七卷十二本。」○《提要》云：「考國朝雍正甲寅宜興儲大文所纂《山西志》云：舊志成於成化甲午，督學僉事胡謐創修。則此本爲胡謐所撰矣。」○原北平圖書館藏明成化十一年刻本，作《山西通志》十七卷，十四册。半葉十三行，行三十字。有成化十一年張鎣序，成化十一年沈鍾序，成化十年胡謐序。鈐有「真州吴氏有福讀書堂藏書」印記（見王重民《善本提要補編》）。按：此本現存臺北「故宫博物院」。○山西大學藏民國二十二年閒田張氏影鈔明成化十一年刻本，半葉十三行，行三十字，黑口，四周雙邊。前有張、沈、胡三序同前本。鈐「閒田張氏聞三藏書」印記。《存目叢書》據以影印。○上海圖書館藏影鈔明成化十一年刻本。

寧波府簡要志五卷　明黄潤玉撰　**一九五九**

兩淮馬裕家藏本（總目）。○《兩淮商人馬裕家呈送書目》：「《寧波府簡要志》五卷一本。」○北京大學藏清鈔本，正文首題「寧波府簡要志卷第一」，次行題「鄞黄潤玉述」。半葉七行，注小字雙行，行二十字，無格。前後無序跋。書中玄字缺末筆，弘、寧等字不避諱。卷内鈐「章綬銜印」、「紫伯」、「紫伯收藏」、「章紫伯鑑藏」、「瓜纑外史」、「歸安章綬銜字紫伯印」、「磿嘉館印」等印記。末一印爲李盛鐸印。餘則章綬銜印，綬銜生嘉慶九年，卒光緒元年。《存目叢書》據以影印。○北京圖書館藏清鈔本五卷一册，半葉十行，行二十字，無格。○民國二十四年張壽鏞刻《四明叢書》第三集本。

成化杭州府志六十三卷　明夏時正撰　**一九六〇**

浙江范懋柱家天一閣藏本（總目）。○《浙江省第五次范懋柱家呈送書目》：「《成化杭州府志》二十本。」○《浙江採集遺書總録》：「《成化杭州府志》六十三卷，刊本，明成化十一年大理寺卿仁和夏時正修，錢塘劉英、仁和陸理同纂。」○《兩淮商人馬裕家呈送書目》：「《杭州府志》六十三卷二十本。」○南京圖書館藏明成化十一年刻本六十三卷六十册，半葉十行，行二十字，黑口，四周雙邊。前有成化十一年夏時正序，甯良序。序、目、正文、版心均題「成化杭州府志」。卷内鈐「南埜艸堂」、「篆玉」、「錢塘篆玉藏書」、「錢唐丁氏藏書」、「八千卷樓藏書印」、「錢唐丁氏正修堂藏書」、「四庫坿存」等印記。前有丁丙跋，即《善本書室藏書志》初稿，唯跋末「光緒二十一年七□下浣記於八千卷樓，上距成化乙未成志之時已四百二十年矣」三十三字爲《藏書志》未收。又丁丙之子丁立中工楷跋：「右《成化杭州府志》，予家舊藏也。書之源流，先府君曾箸於《善本書室藏書志》中。缺五卷，爲莫氏所抄，而十三、十四兩卷缺葉尚多，無可抄補。先府君每以爲憾。今年春，道出吴門，於護龍街書肆見有是書，爲别下齋蔣氏藏本，索值百金，議價至再，始以番餅五十枚購歸。出舊藏重加校勘。蔣氏藏本雖完善，印本不及予家舊藏之精。因檢舊藏所缺者，悉從蔣氏藏本抽出補之，俾成善本。惜先府君不及見矣。又按是書卷十首頁有篆玉印，篆玉字讓山，號嶺雲，南屏萬松山房僧，有《話墮集》。則是書莫氏之後又藏於淨慈寺。此先府君失於記載，因附及之。鄉邦文獻藉諸先哲保護之力，垂四百年而集成善本，藏之八千卷樓，洵足與宋本《咸淳臨安志》並駕齊驅矣。書此以志幸。錢塘丁立中識。」鈐「小松」朱文小方印。按：以别下齋藏本配補者爲卷四至卷八、卷十二、卷十四、卷十七，鈐「别下齋藏書」印記。《存目叢書》據以影印。原北平圖書館亦藏是刻，僅存卷一至卷三、卷七至卷十、卷六十至卷六十一共九卷三册。卷内鈐「翰林院印」滿漢文大官印，書衣有「乾隆三十八年四月兩淮鹽政李質穎送到馬裕家藏杭州府志壹部計書貳拾本」長方木記，是兩淮馬裕呈送四庫原本。卷内又鈐「錢塘篆玉藏書」、「海寧陳鱣觀」、「得此書，費辛苦，後之人，其監我」、「仲魚圖象」、「中憲大夫」、「稽瑞樓」等印記（參王重民《善本提要補編》）。此殘帙現存臺北「故宫博物院」。按：篆玉，仁和萬氏子，十七歲出家於淨慈寺，雍正中召見，乾隆三十二年寂，年六十三。此兩部成化刊《杭州府志》均經篆玉收藏，知亦喜藏書者。〇浙江圖書館藏影鈔本。

建陽縣志四卷雜志三卷續志一卷　明黄璿撰　袁銛續　**一九六一**

兩淮馬裕家藏本（總目）。〇《兩淮商人馬裕家呈送書目》：「《建陽縣志》四卷《雜志》三卷《續》一卷四本。」〇天一閣文物保管所藏明弘治刻本，半葉十一行，行二十二字，黑口，四周雙邊。《建陽縣志》存卷三卷四，不題撰人。《建陽縣雜志》三卷全，題「知非子黄景衡集」，景衡即黄璿字。《建陽縣誌續集》一卷全，前有目録，正文末有「弘治十七年甲子歲孟夏纂續」一行。後有弘治十七年甲子袁銛《續建陽誌序》云：「予邑志景泰間刻板，迄今逾五十載，板已湮没，書亦鮮存。」又云：「弘治癸亥，廣番禺區公以名進士來宰是邑，……以舊板無存，欲翻刻傳示，會間屬予續所未載。……集成，將鋟諸梓，區公謂宜序。」則正編、雜志、續志均弘治十七年刊。鈐「范氏天弌閣藏書」印記。《存目叢書》據以影印。

毘陵志四十卷　明王俱撰　**一九六二**

江蘇巡撫採進本（總目）。〇《江蘇省第一次書目》：「《毘陵志》十本。」〇《兩淮商人馬裕家呈送書目》：「《毘陵志》四十卷十六本。」○按：此與下文朱昱《重修毘陵志》四十卷當係一書，《總目》重複著録之，失考。

中都志十卷　明柳瑛撰　　一九六三

浙江范懋柱家天一閣藏本（總目）。○《浙江省第五次范懋柱家呈送書目》：「《中都志》十卷，明柳瑛著，五本。」○《浙江採集遺書總録》：「《中都志》十卷，刊本，明給事中郡人柳瑛撰。此本闕第六卷。」○南京圖書館藏明弘治刻本，存卷五至卷十。半葉十行，行二十四字，黑口，四周雙邊。末有柳瑛跋云：「是書之編始於天順戊寅，迄於成化丁未。」又云：「弘治元年戊申南京兵部左侍郎武進白公昂奉命督工中都，修建陵寢。公餘校閲，遂同直隸鳳陽府知府張公鋭命工鋟梓。工始於七月初旬，畢於九月下澣。董其事者臨淮知縣薛君鼒。」知係弘治元年刻本。卷尾題「刊字工師廬陵王珍、進賢吴環」。末有某氏手批二則。卷内鈐「嘉惠堂丁氏藏書之記」、「八千卷樓藏書之記」等印記。《存目叢書》據以影印。所闕卷一至卷四，用安徽圖書館藏鈔本配齊。安徽圖書館藏鈔本半葉十行，行二十三字，無格。前有成化六年劉昌序。卷内不避清諱，殆民國鈔本。○明弘治刻嘉靖隆慶增修本，南京大學藏。又臺灣「中央圖書館」藏。劉昌序、柳瑛跋之外，增嘉靖三十年李廷寳跋，隆慶三年周汝德跋。○明弘治刻嘉靖隆慶萬曆增修本，南大、天一閣文管所藏。又原北平圖書館藏一部現存臺北「故宫博物院」。序跋四篇同前。輿圖末有識語：「萬曆肆拾壹年拾壹月鳳陽縣知縣萬嗣達增補。」（見王重民《善本提要補編》）

金華府志三十卷　不著撰人名氏　**一九六四**

兩淮馬裕家藏本(總目)。○《兩淮商人馬裕家呈送書目》：「《金華府志》三十卷十本。」○北京圖書館藏明萬曆六年刻本三十卷十八册。半葉八行，行二十一字，白口，四周雙邊。前有萬曆六年十二月王世貞序，僅存第三葉。次成化十六年商輅序，贍思《東洋志序》。次《金華府續志例義》，例義末列銜：「皇明萬曆六年正月之吉金華府知府王懋德奉欽差督撫浙江等處部院徐、欽差提督學校浙江按察司僉事喬明文重修，郡人陸鳳儀編，生員章一陽、胡頡、戚崇道、吴從周、吕可久校。」次目録，次輿圖，次正文。卷十三至卷十五配鈔本。版心刻工：閩人劉弘宰刊、范福、黄澄刊、書林盧四郎刊、王時、黄宗仁、新都人黄仲文刊、仲文刊、徽州黄汝清刊、王以才刊、黄仲虚刊、沈子安刊、趙道、陸奇刊、閩人余錦秀刊、葉生、范明、閩人朱珍刊、朱良、王廷相刊、余子、子祥、陸如刊、黄鉉、陸如林、閩人余錦綉刊、黄体坤、詹椿、喬文良、楼文欽刊、趙永和、羅記、詹春、黄臺、汝華、倪仁性刊、趙一相、余子茂、徽州黄仲武等。是閩徽刻工合刊者。《存目叢書》據以影印。按：是志王懋德修、陸鳳儀纂，《存目》所據之本佚其題銜，故但據成化商輅序考定爲周宗智撰，未得其實。

赤城新志二十三卷　明謝鐸撰　**一九六五**

浙江范懋柱家天一閣藏本(總目)。○《浙江省第五次范懋柱家呈送書目》：「《赤城新志》四本。」○《浙江採集遺書總録》：「《赤城新志》二十三卷，刊本，明國子祭酒郡人謝鐸輯。」○《兩淮鹽政李續呈送書目》：「《宏治赤城新志》二十三卷一本。」○《兩淮商人馬裕家呈送書目》：「《嘉定赤城志》四十卷《新志》二十三卷十本。」○南京圖書館藏明弘治刻嘉靖天啟遞修本，半葉十行，行二十字，黑口，四周雙邊。天啟補刻之葉爲白口，版心上有「補刻」或「天啟六年補刻」字，下有刻工：周章、禹、柯、禹州、周仁、高山、禹柯。全書前有弘治十年陳相序，天啟六年吴善謙《重補新舊赤城志序》，嘉靖四十四年毛术《補刻赤城志引》，次凡例，次目録，次圖，次正文。正文末有弘治十年丁巳八月謝鐸跋云：「右《赤城新志》二十三卷，實繼篔窻舊志而作，故所紀載皆斷自嘉定十六年始，惟圖譜表三卷則兼采舊志，……補遺、考異二卷亦因舊志以作。」又云：「并取舊志鑴刻模印。」則《嘉定赤城志》四十卷與此新志同爲弘治十年謝鐸所刊，且同經嘉靖、萬曆、天啟修版。此本圖末有「萬曆丙申照磨馬德良奉委督補」一行，知萬曆二十四年嘗修版。自弘治十年刊版，至天啟六年已一百三十年之久，故此本漫漶殊甚。卷内鈐「丁氏八千卷樓藏書記」、「錢唐丁氏藏書」、「四庫坿存」等印記。前有丁丙跋，即《善本書室藏書志》底稿。《存目叢書》據以影印。原北平圖書館藏一帙，鈐「汲古閣」、「彭城開國」印，王重民《善本提要補編》著録。王氏同時著録北平圖書館藏《嘉定赤城志》四十卷「明萬曆間刻本」，有萬曆二十四年簡繼芳序，謝鐸序，嘉定十六年齊碩跋。實則彼本亦弘治十年刻萬曆重修本，簡序即爲萬曆二十四年馬德良修補版而作。又邵氏《四庫簡明目録標注》謂《嘉定赤城志》「明萬曆中與謝鐸《赤城新志》二十三卷同刊」，亦弘治十年刊萬曆重修本，非萬曆新刊也。北平圖書館本現存臺北「故宫博物院」。臺灣「中央圖書館」藏弘治十年刻後代修補本，存卷六至卷九共二册。○清光緒二十四年刻《續台州叢書》本。○鈔本，浙圖、南通圖藏。

一九六六
宏治八閩通志八十七卷　明黄仲昭撰

兩淮鹽政採進本（總目）。○《兩淮鹽政李呈送書目》：「《宏治八閩通志》八十七卷六十四本。」○天津圖書館藏明弘治刻本，作《八閩通誌》八十七卷。半葉九行，行二十一字，黑口，四周雙邊。前有弘治二年黄仲昭序，弘治四年彭韶序，凡例，目録。後有弘治三年孟夏望日陳道跋云：「是書其事皆因八郡所修之志而采輯者，然始而分類立例，終而删潤去取，皆出於先生（按：指黄仲昭）之手。自成化甲辰至弘治己酉，凡六閲歲而始成。」又云：「鏤板既成，用識其始末。」是刊成於弘治三年夏。卷内鈐「任氏振采」、「鳳苞」、「得此書費辛苦」、「天津市人民圖書館藏任氏天春園捐贈圖書之章」等印記。《存目叢書》據以影印。北圖、中科院圖書館、中科院南京地理所、湖南師大藏。○鈔本，福建省圖、福建師大等藏。

一九六七
陝西志三十卷　明伍餘福撰

兩淮鹽政採進本（總目）。○《兩淮鹽政李續呈送書目》：「《成化陝西志》三十卷三十本。」《提要》云：「成於成化乙未。」

一九六八
嘉興府志三十二卷　明柳琬撰

兩淮馬裕家藏本（總目）。○《兩淮商人馬裕家呈送書目》：「《嘉興府志》三十二卷十本。」○上海圖書館藏明弘治五年刻本，題「賜進士嘉興府知府儀真柳琰纂脩，平湖縣儒學教諭東莞林光校正」。

前有弘治五年十二月李東陽序，弘治五年冬莊昶序。半葉十行，行十八字，黑口，四周雙邊。記事至弘治初，未見增修。《存目叢書》據以影印。○南通圖書館藏清鈔本。○上海圖書館藏民國鈔本。○按：纂脩者柳琰，《總目》改柳琬，避嘉慶帝諱。

一九六九

宏治湖州府志二十四卷　明王珣撰

兩淮鹽政採進本（總目）。○《兩淮鹽政李續呈送書目》：「《成化湖州府志》二十四卷四本。」○浙江圖書館藏明弘治四年刻本二十四卷（見陳光貽《稀見地方志提要》）。臺灣「中央圖書館」藏是刻殘帙，存卷六、卷七、卷十八至卷二十二共七卷二册。半葉十二行，行二十二字，黑口，四周雙邊。卷六首行題「湖州府誌卷第六樂集」，次行題「山川」。卷内鈐「馮鼜」、「伏跗室」、「吴興劉氏嘉業堂藏書記」等印記（見該館《善本書志初稿》）。○上海圖書館藏清姚氏咫進齋鈔本，存卷一至卷十三、卷十八至卷二十二共十八卷。題「長洲陳頎編輯，郡人張淵重編，郡人汪翁儀、唐應徵、陳遠重修」。半葉十二行，行二十二字，上黑口，版心下印「咫進齋鈔本歸安姚氏藏」兩行十字。前有成化十一年彭華序，成化十一年勞鉞序，凡例，目録，境圖。鈐有「餘姚謝氏永耀樓藏書」印記。記事至弘治三年，分禮、樂、射、御、書、數六集。即《提要》所稱王珣屬郡人汪翁儀、唐應徵、陳遠等增輯者。《存目叢書》據以影印。

一九七〇

重修昆陵志四十卷　明朱昱撰

江蘇巡撫採進本（總目）。○《江蘇省第一次書目》：「《昆陵志》十本。」○《江蘇採輯遺書目録》：「《昆陵志》四十八卷，明常州朱昱編，張愷續，刊本。」○臺灣「中央圖書館」藏明成化二十年刻本，正文首題「重修毗陵志卷第一」，半葉九行，行二十字，黑口，四周雙邊。前有成化十八年壬寅金谿徐瓊序，成化六年庚寅郡人王僎序，咸淳四禩史能之序，洪武十年謝應芳序，成化六年朱昱《重修毘陵志序》，成化二十年朱昱《書增修毘陵志後》，凡例，目録，輿圖，郡縣表。正文後有成化十九年王僎《題增修毘陵志後》。卷内鈐「周在豐印」、「文邑」、「湛恩珍藏」、「吴興劉氏嘉業堂藏書印」、「劉承幹字貞一號翰怡」等印記。一九八三年臺北成文出版社有限公司影印本，所據底本當即此帙。《存目叢書》又據成文本影印。臺灣「中央圖書館」另有此刻殘本，存卷三十五至卷四十共六卷一册。天一閣文管所藏是刻，卷前序目及輿圖佚去。北京圖書館有是刻殘帙二，其一存卷一至卷九、卷十三至卷十九共十六卷三册；其一存卷一至卷七、卷九至卷十三共十二卷九册。〇温州圖書館藏清嘉慶二十五年刻本，存卷三至卷十四、卷二十三至卷三十。〇北京圖書館藏清古藤書屋鈔本，存卷一至卷十二、卷二十至卷三十二、卷三十五至卷四十共三十一卷七册。半葉十行，行二十四字，藍格，白口，四周雙邊。

三原縣志十六卷　明朱昱撰　　一九七一

兩淮馬裕家藏本（總目）。〇《兩淮商人馬裕家呈送書目》：「《三原志》十六卷四本。」〇原北平圖書館藏明嘉靖十四年刻本，作《重修三原志》十六卷，題「毘陵後學朱昱柔易纂輯，國子祭酒晉陵王僎與廷貴校正」。半葉十行，行二十字，大黑口，四周雙邊。前有成化十七年王僎序，後有嘉靖十四年十一月王承裕跋，又是年九月王承裕序，正德三年戊辰張信跋，成化十七年任彦常後序。是本現存臺北故宫博物院，北京圖書館有攝影膠卷，《存目叢書》據以影印。北平圖書館另藏一部，現亦存臺北「故宫」。中科院南京地理所、臺灣「中央圖書館」各藏一部。按：是志修成於成化十七年，三原王恕延請毘陵朱昱纂輯，王輿校正並序，任彦清跋。任跋稱：他日邑之賢大夫能贊成公志，繡梓以傳，則公仁惠之心將與三原之山川庶物同爲不朽云云。知成化十七年修成時未即刊板。中央圖書館本有王輿序、任彦清跋，另有弘治十七年甲子正月三原知縣林洪博序。林序云：「柰何鏤板之時，被人將僞作之文增入，遂使觀者病焉。近蒙西安太守西蜀馬公行移所屬，重修志書。乃於老先生處請原本校之，去其僞作。餘悉從其舊。稍增古文及近來數事，非敢僭也。」可知朱昱修成之後數年間，三原地方嘗予刊板。至弘治十六、七年間知縣林洪博奉命重修，僅就朱昱舊志，删除刊刻者增入之僞文，並稍增古文及近事。據北平本正德三年張信跋，林洪博增修本亦僦工刻之，至正德三年王堯臣到任才刻成。自林洪博增修，至嘉靖十四年，又歷三十年，據王承裕序，縣丞白廷佐請重修縣志，委儒官張楠編輯。又是年十一月王承裕跋云：「《三原志》嘉靖十四年秋九月既已刻完。」又云：「中間頗有魚魯亥豕之訛，蓋嘗是正而命工易之。十一月，潁川張侯治奉命來尹是邑，下車之初，首詢邑志，而欲觀之。或告曰：志甫刻完，而尚未流布，若有待也。」知張楠重修本刻於嘉靖十四年。北平圖書館此本卷六甲科記至嘉靖十四年，王重民稱「卷内無補版，且無嘉靖十四年以後事」（見《善本提要補編》），則當是嘉靖十四年刻版初刷之本。北平圖書館另一本，王重民謂「已經嘉靖、萬曆、崇禎三次補刻」（同前），則非但增刻嘉靖十四年以後事，其嘉靖十四年所刊之版，歷百年之久,亦必多有修補,致使兩本面貌頗不相類。故《北平圖書館善本書目》定修補增刻本爲嘉靖刻,而定初印本爲成化刻。王重民《善本提要補編》則定修補增刻本爲正德刻,而以初印本爲明清間翻嘉靖十四年刻本。至《中央圖書館善本書目》始以北平圖書館兩本及臺灣「中央圖書館」本同定爲嘉靖十四年刻本,蓋以三本相較,參以序跋,而得此結論。當可信從。臺灣「中央圖書館」藏本鈐「翰林院印」滿漢文大官印,猶進呈四庫原本。又鈐「紹廉經眼」、「洪氏藏書萬卷」、「莚圃收藏」等印記。淡江大學蔡琳堂先生嘗以書影見貽。

徽州府志十二卷　明汪舜民撰　一九七二

兩淮馬裕家藏本(總目)。〇《兩淮商人馬裕家呈送書目》:「《徽州府志》十二卷六本。」〇天一閣文管所藏明弘治十五年刻本,半葉九行,行二十三字,大黑口,四周雙邊。前有弘治十五年林瀚序云:「志成,而侍御羅山劉君東之按節聿臨,命鋟諸梓。」又弘治十五年汪舜民序。版心下方有陰文記刻工:黄昊刊、文漢、文迪、黄昱、齊、勗、黄翯、進仁、士真、仕、杲、炅、旻、良、昇、方、政、晨。一九六四年上海古籍書店《天一閣藏明代方志選刊》據以影印。《存目叢書》更據《選刊》本影印。上圖、華東師大、安徽省圖等亦藏是刻。

常州府志續集八卷　明張愷撰　一九七三

兩淮鹽政採進本(總目)。〇《兩淮鹽政李續呈送書目》:「《成化常州府續志》八卷四本。」〇上海圖書館藏明正德八年刻本,作《常州府誌續集》八卷。半葉九行,行二十字,黑口,四周雙邊。前有正德八年張愷序云：「乃合五邑之所纂集者，彙而次之，稍加隱括，分爲八卷，名曰《府誌續集》，姑以爲他日秉史筆者之助，且復於公曰：請藏之庫笥，以備遺亡之萬一。公曰：然可矣，與其藏之蠹毀，孰若梓之可久乎。於是復屬愷爲之序。」後有成化十九年王倎序。卷内鈐「董康暨侍姬玉奴珍藏書籍記」、「花好月圓人壽」、「妾沁玉」、「瑩如」、「小名弄玉小字瓊奴」、「課花庵」等印記。《存目叢書》據以影印。中科院圖書館、天一閣文管所亦藏是刻。○北京圖書館藏民國江安傅氏藏園鈔正德本。

吴邑志十六卷　明楊循吉撰　**一九七四**

浙江巡撫採進本（總目）。○《浙江省第七次呈送書目》：「《吴邑志》十六卷，明楊循吉輯，四本。」○《浙江採集遺書總録》：「《吴邑志》十六卷，刊本，明主事吴縣楊循吉撰。」○天一閣文管所藏明嘉靖八年刻本，半葉十行，行十八字，白口，左右雙邊。卷前序目圖説及卷一前六葉佚去。一九九零年上海書店《天一閣藏明代方志選刊續編》據以影印。《存目叢書》又據《選刊續編》本影印，所缺用上海圖書館藏鈔本配補。上圖藏鈔本行款與嘉靖本同，前有嘉靖八年十一月長至日楊循吉序云：「又滯於刊刻，爲分已粟周之，然後克完。」又圖説，署「嘉靖癸亥歲秋七月望日博平曹自守撰」，後又有「諸生吴岫畫啚」一行。次目録，次正文。鈐有「王培孫紀念物」印記。北京圖書館藏明嘉靖八年刻本，清吴翌鳳校並鈔補闕葉。○上海圖書館藏明鈔本，存卷十三至卷十六。○吉林大學藏清鈔本。○民國鈔本，上圖藏一部見前。遼圖、中科院南京地理所亦各藏一部。

一九七五

赤城會通記二十卷　明王啟撰

浙江范懋柱家天一閣藏本(總目)。○《浙江省第五次范懋柱家呈送書目》:「《赤城會通記》二十卷,明王啟著,六本。」○《浙江採集遺書總録》:「《赤城會通記》二十卷,刊本,明王啟撰。」○明嘉靖五年刻本。前有嘉靖五年王啟序,序後有「台州府學訓導程進校訂,府學生員章岳、縣學生員李迥、王鑑編次」四行。後有台州守豐城李金序。前鈐翰林院官印及乾隆三十八年浙撫三寶進書木記。徐梧生遺書。民國十六年丁卯傅增湘嘗見之,載入《藏園群書經眼録》及《藏園訂補郘亭知見傳本書目》。未知現歸何處。

一九七六

松江府志三十二卷　明顧清撰

内府藏本(總目)。○《武英殿第二次書目》:「《松江府志》八本。」○天一閣文管所藏明正德七年刻本,半葉九行,行二十二字,白口,左右雙邊。前有正德七年壬申顧清序,謂爲卷三十二,爲版九百十有六,居之郡閣,備散佚也。序後有境圖、城圖、目録、引用書目、修纂名氏。正文後有郡人陸深跋。一九九零年上海書店《天一閣藏明代方志選刊續編》據以影印。《存目叢書》更據上海書店本影印。上海圖書館藏是刻,缺卷十一卷十二兩卷。

一九七七

嘉靖江西通志三十七卷　明林廷㭿、周廣同撰

兩淮鹽政採進本(總目)。○《兩淮鹽政李呈送書目》:「《嘉靖江西通志》三十七卷二十本。」○江西省圖書館藏明嘉靖四年刻本,半葉九行,行二十字,白口,四周雙邊。前有嘉靖四年二月既望都察院右副都御史奉勅巡撫江西等處地方武陵陳洪謨序，僅存第三至第五葉，版心注「第二序」，知尚有第一序佚去。次凡例，目録。次《修志名氏》：總脩林廷棉、周廣，同脩陳琦、林瓚、楊喬、周綱、王洪、王昂、陳恩、丁夔、葉稠，對讀嚴謨。版心記寫工：按察司吏高秀寫、喻鎧寫、布政司吏龔顯榮寫、布政司吏鄧寶寫、穆文寫、易柏寫、布政司吏曾雄寫、徐魁寫、南昌府吏樊禮寫、南昌府吏曾遷寫、張焕寫、布政司吏鄧衮寫、徐立寫、萬遂寫、湯誥寫、湯詔寫、黄一之寫、王坤寫等。此本原刻當在嘉靖四年，記事至嘉靖初。卷内有後來增刻之葉，記事至嘉靖三十五年。《存目叢書》據以影印。日本東京尊經閣文庫亦藏是刻，記事亦至嘉靖三十五年。原北平圖書館藏是刻殘帙，存卷八至卷十三、卷三十至卷三十一共八卷五册，現存臺北「故宫博物院」。

一九七八　雍大記三十六卷　明何景明撰

浙江汪啟淑家藏本（總目）。〇《浙江省第四次汪啟淑家呈送書目》：「《雍大記》三十六卷，明何景明著，十本。」〇《浙江採集遺書總録》：「《雍大記》三十六卷，刊本，明提學副使信陽何景明撰，周宗化續成。」〇北京圖書館藏明嘉靖元年刻本兩部，其中編號〇一三三五者，係天禄琳琅故物。半葉十行，行二十一字，白口，四周單邊。前有嘉靖元年正月段炅序云：「大復子何氏仲默，汝南人，是書開局立例，召學官生徒分輯成編，歧三十卷。訂改甫就，即病而休去。憲僉辰陽周公宗化攝學政，乃命校録畢刊。」次序例，目録。序例後及全書末有吴岫兩跋，文字全同。《天禄琳琅書目後編》云：「吴跋兩段文句相同，字亦稚拙，坊賈所爲，非其真蹟也。」目録後有張獻翼跋：「萬曆改元張獻翼借展。豈惟方輿指掌於地哉，蓋有良史才矣。」下鈐「張獻翼章」、「別字幼于」二印。卷内又鈐「吴岫書籍」、「方山」、「吴岫」、「姑蘇吴岫家藏」、「姑蘇吴岫塵外軒讀一過」、「季振宜印」、「滄葦」、「御史之章」、「乾隆御覽之寶」、「天禄繼鑑」等印記。《存目叢書》據以影印。上圖、南圖等亦有是刻。○陝西博物館藏鈔本，存卷一至二十九。

一九七九 **崇安縣志四卷　明李讓撰**

浙江范懋柱家天一閣藏本（總目）。○《浙江省第五次范懋柱家呈送書目》：「《崇安縣志》四本。」○《浙江採集遺書總録》：「《崇安縣志》四卷，寫本，明訓導天台李讓輯。」○《提要》云：「書末有宏治癸亥崇安縣丞錢塘沈相刻書跋。而科第門中所載乃至正德十四年己卯。蓋書成之後又有所續附也。」

一九八〇 **彰德府志八卷　明崔銑撰**

兩淮馬裕家藏本（總目）。○《兩淮商人馬裕家呈送書目》：「《彰德府志》八卷四本。」○天一閣文管所藏明嘉靖元年刻本，半葉八行，行十八字，白口，左右雙邊。前有目録，題「崔銑輯」。目録後有嘉靖元年崔銑序。卷八末列銜：「武安縣儒學訓導蘇則增校勘，生員任秀謄録，儒學教授劉昆、彰德府安陽縣知縣韓德澤理工。」一九六四年上海古籍書店《天一閣明代方志選刊》據以影印。《存目叢書》更據《選刊》本影印。北圖、中科院圖書館亦有是刻。○民國鈔本，北京大學藏。

一九八一 **嘉靖惟揚志三十八卷　明盛儀撰**

浙江范懋柱家天一閣藏本（總目）。○《浙江省第五次范懋柱家呈送書目》：「《嘉靖維揚志》三十八卷，明盛儀著，十六本。」○《浙江採集遺書總録》：「《嘉靖維揚志》三十八卷，刊本，明太僕卿江都盛儀輯。」○天一閣文管所藏明嘉靖二十一年刻本，作《嘉靖惟揚志》三十八卷，殘存卷一至卷三、卷七至卷十二、卷十八至卷二十二、卷三十二至卷三十三、卷三十七至卷三十八共十八卷。題「郡人盛儀輯」。半葉十行，行二十字，白口，左右雙邊。前有嘉靖二十一年壬寅胡植序，崔桐序，目録，凡例。正文後有嘉靖二十一年盛儀跋。一九六三年上海古籍書店《天一閣藏明代方志選刊》據以影印。《存目叢書》更據《選刊》本影印。○原北平圖書館藏清光緒二十一年影鈔天一閣本，卷端有識語「影鈔天一閣藏本，光緒二十一年九月」。缺卷同前。鈐有「真州吴氏有福讀書堂藏書」印記。現存臺北「故宫博物院」。王重民《善本提要補編》著録。

常熟縣志四卷　明楊子器撰　**一九八二**

兩淮馬裕家藏本（總目）。○《兩淮商人馬裕家呈送書目》：「《常熟縣志》四卷四本。」○臺灣「中央圖書館」舊鈔本配近鈔本四卷八册，正文首題「常熟縣志之一」，下題「林傅」。半葉九行，行二十字。前有邑人李傑序，李傑又序。又目録、圖、凡例等。後有弘治十二年三月桑瑜跋。卷内有朱筆校。鈐有「鐵琴銅劍樓」、「瞿鳳起校勘記」等印記（見該館《善本書志初稿》）。○常熟圖書館藏鈔本，有丁國鈞（秉衡）校並跋。當鈔於民國初年。○上海圖書館藏民國鈔本，前有李傑序，凡例，目録，圖。後有弘治十二年桑瑜跋。又某氏迻録丙辰夏五丁鈞跋。又庚辰九月龐士龍校畢跋，係親筆，眉上有校，亦士龍筆。士龍跋云：「敢夫姻兄以所傳抄邑圖書館藏本《常熟縣志》見示，囑爲校勘。按圖書館鈔藏本爲先嚴任該館時倩邑前輩丁秉衡先生借李氏叔蘭家藏原刻本校讎者，李氏本亦非全豹，間有鈔補及闕文。自經世變，聞李氏書已流散不能復覯。此志刻本希若星鳳，傳鈔舊本亦鮮見之也。庚辰九月龐士龍校記。」庚辰爲民國二十九年，是本蓋即當年所鈔。其底本即常熟圖書館藏丁國鈔校跋本。丁跋在丙辰，即民國五年，知彼本亦當鈔於民國初年。《存目叢書》用上圖此本影印。○南京圖書館藏鈔本。

嘉興志補十二卷　明鄒衡撰　一九八三

浙江巡撫採進本(總目)。○上海圖書館藏明正德七年刻本。題：鄒衡編集，何鑑校正。半葉十行，行十七字，黑口，四周雙邊。前有正德七年壬申陳琳序云：「郡庠鄒生衡，正德改元嘗奉例修纂孝廟實録，因采輯未備，名曰《志補》，出獻前守萊陽于公世和，乃委郡博何君鑑校正。越六年予繼守郡，而偶閲是書，乃嘉衡用心之勤，功翼國史，爰樂爲之序，俾刻而傳焉。」又至元著雍困敦唐天麟序，至元戊子郭晦序，正德元年鄒衡序。正文前有牌記：「大明正德元年丙寅歲志。」正文後有正德元年何鑑跋。卷内鈐「馬玉堂印」、「笏齋」、「漢唐齋」、「道光辛卯歲武原馬氏漢唐齋收藏書籍」等印記。《存目叢書》據以影印。○浙江圖書館藏清鈔本。○民國鈔本，北圖、上圖等藏。

嘉靖安慶府志三十卷　明胡纘宗撰　一九八四

兩淮鹽政採進本(總目)。○《兩淮鹽政李續呈送書目》：「《嘉靖安慶府志》三十卷八本。」○天一閣文管所藏明嘉靖初年刻本，半葉八行，行十八字，白口，四周單邊。三十一卷，存卷七至卷三十一。○安徽省圖書館藏鈔本，存卷七至卷三十一，當即從前本録出。半葉八行，行十八字，無格。末有嘉靖元年正月望郡人余珊跋，嘉靖二年王崇慶跋。余跋後有刻工列名：「太湖劉岳、山陰王良智、吉水周應爵、毛旻、黄岡李鐸、李玉璽、李玉滿、宿松尹春泰刻于近思書院之主敬堂。」書眉有某氏據原刻本校。《存目叢書》據以影印。○按：嘉靖三十三年刻李遜等重修《安慶府志》三十一卷，即因胡纘宗志而增修之。前載嘉靖元年春正月望郡人齊之鸞序，嘉靖元年春正月望門人汪漢序，皆爲胡志作，胡志前六卷及卷前序目均不存，藉李志尚可觀其大要。胡志成於嘉靖元年正月，當即於是年刊版。又按：《提要》云纘宗「泰安人」，當作「秦安人」，形近之誤。

嘉靖廣信府志二十卷　明費寀撰 **一九八五**

兩淮鹽政採進本（總目）。○《兩淮鹽政李續呈送書目》：「《嘉靖廣信府志》二十卷六本。」○天一閣文管所藏明嘉靖刻本，半葉八行，行二十一字，白口，四周單邊。前有嘉靖五年丙戌汪俊序，目録後有嘉靖四年江汝璧序。一九九零年上海書店《天一閣藏明代方志選刊續編》據以影印。《存目叢書》更據上海書店本影印。北京圖書館藏是刻殘帙，存卷十七至卷十九共三卷三册。南圖藏殘帙，存卷一至卷四、卷七至卷十四、卷十六共十三卷。按：《提要》云此志費寀家居時與同郡江汝璧、楊麟等增修。

正德大同府志十八卷　明張欽撰 **一九八六**

兩淮鹽政採進本（總目）。○《兩淮鹽政李續呈送書目》：「《正德大同府志》十八卷八本。」○湖南圖書館藏明正德十年刻本，題「潼淵王崇慶重校，潞郡張欽編次，曹南王崇文校正」。半葉十行，行十八字，黑口，四周雙邊。白棉紙。前有正德十年乙亥王崇文序云：「付知府曲阜鮑侯録梓以行。」又正德八年張欽序。鈐有「安化陳浴新氏收藏金石書畫」印記。《存目叢書》據以影印。天一閣文管所藏是刻殘帙，存卷五至卷十八共十四卷三册，有嘉靖三年補刻。

一九八七　商略無卷數　明任慶雲撰

浙江范懋柱家天一閣藏本（總目）。○《浙江省第五次范懋柱家呈送書目》：「《商略》不分卷，明任慶雲撰，六本。」○原北平圖書館藏明嘉靖刻本，僅《商略商南縣集》一册，題「郡人任慶雲重編」。半葉九行，行二十字。有李鴻漸序，嘉靖三十一年朱朝弼後序。分爲八門，故或著録爲八卷。王重民《善本提要補編》著録。書存臺北「故宫博物院」。北圖、上圖、南圖有膠卷。

一九八八　澉浦續志九卷　明董穀撰

浙江巡撫採進本（總目）。○《浙江採集遺書總録》：「《澉水志》八卷《續澉水志》九卷，刊本，宋常棠輯，明董穀續。」○北京圖書館藏明嘉靖三十六年刻本，與《海鹽澉水誌》同刻，作《續澉水誌》九卷，題「鎮人董穀修纂，陳鯉、徐蘭校正，徐濱、陳九職、吴起元、韓世積對閲」。半葉十行，行二十字，白口，四周雙邊。前有圖、目録。末有補鈔四葉半。鈐「吴兔牀書籍印」、「拜經樓」等印記。《存目叢書》據以影印。北大、上圖等亦藏是刻。○浙江圖書館藏清鈔本。○上海圖書館藏鈔本，張元濟跋。○鈔本，中科院圖書館、南圖等藏。○民國二十五年排印《澉水志彙編》本。按：各本均作

《澂水續誌》,《總目》書名不確。

一九八九　金陵古今圖考無卷數　明陳沂撰

浙江范懋柱家天一閣藏本(總目)。〇《浙江省第五次范懋柱家呈送書目》:「《金陵古今圖考》不分卷,明陳沂著,一本。」〇《浙江採集遺書總録》:「《金陵古今圖考》一册,刊本,明翰林院侍講鄞縣陳沂撰。」〇丁氏八千卷樓藏明刻本一册,《善本書室藏書志》卷十一著録,云前有正德丙子自序。後歸江南圖書館,《江蘇第一圖書館覆校善本書目》著録,云有「子和」、「林印登鼒」、「金玉滿堂」、「蓮圃」、「清歌斯村」、「蔥菁居」諸印。一九二九年南京中社據以影印,有一九二八年柳詒徵跋。其本稱爲正德刻本,半葉十行,行二十字,白口,四周單邊。又鈐「錢唐丁氏正修堂藏書」、「光緒癸巳泉唐嘉惠堂丁氏所得」、「四庫坿存」等印。考天啟四年朱之蕃重刻《金陵古今圖考》序云:「《金陵圖考》一書創自石亭先生魯南甫陳沂,板藏家塾,歲久鮮傳。後刻于少冶王太守家。再刻于兵部署中。流布亦不多見。蕃未獲原刻,僅得一再翻本。」然則是書初刻之外,一再重刻,八千卷樓本是否正德初刻,尚難遽定。丁氏原書今未見著録,恐已毁於倭劫。《存目叢書》據中社本影印。〇臺灣「中央圖書館」藏明正德十一年刻本,行款版式同八千卷樓本,前有正德十一年自序。鈐「蟫隱廬所得善本」、「吴興劉氏嘉業堂藏書印」、「劉承幹字貞一號翰怡」等印(見該館《善本書志初稿》)。按:此與前本未知異同。是否正德原刊,亦尚有疑。〇明天啟四年朱之蕃金陵刻本,半葉九行,行二十一字,白口,四周單邊。前有正德十一年自序,又天啟四年正月朱之蕃刻書序云：「蕃未獲原刻，僅得一再翻本，惜流傳之未廣，令先達苦心盛事日就湮没無聞。因《圖詠》梓成，復手書石亭先生所著圖説，並其原序，不敢增損一字，與同好者共考覽焉。」是本與《金陵圖詠》一卷、《金陵雅游編》一卷合印。北圖、上圖、山東圖、臺灣「中央圖書館」等有藏。

金陵世紀四卷　明陳沂撰　**一九九〇**

浙江范懋柱家天一閣藏本(總目)。〇《浙江省第五次范懋柱家呈送書目》：「《金陵世紀》四卷，明陳沂著，二本。」〇《浙江採集遺書總録》：「《金陵世紀》四卷，刊本，明翰林院侍講鄞縣陳沂撰。」〇《兩江第一次書目》：「《金陵世紀》，明陳沂著，一本。」〇《江蘇採輯遺書目録》：「《金陵世紀》四卷，明鴻臚署丞四明陳沂著，刊本。」〇北京圖書館藏明隆慶三年史際刻本，題「翰林侍講石亭陳沂編緝，太僕少卿玉陽史際校梓，上元逸史白嶼金鸞增訂」。半葉八行，行十八字，白口，左右雙邊。前有隆慶三年李蓘序云：「金氏在衡更加校讐，玉陽史君爲壽之梓。」卷内鈐「鐵琴銅劍樓」、「祖詒之印」等印。《存目叢書》據以影印。

隨志二卷　明顔木撰　**一九九一**

安徽巡撫採進本(總目)。〇《安徽省呈送書目》：「《隨志》二本。」〇原北平圖書館藏明嘉靖十八年刻本二卷二册，半葉十行，行二十字。有蔣芝序，嘉靖十八年顔木跋，任德跋。鈐有「吴城字敦復」、「繡谷亭續藏書」、「鐵琴銅劍樓」等印記(參王重民《善本提要補編》)。此本現存臺北「故宫博物院」。○湖北圖書館藏鈔本，行款同前本，序跋亦同。唯末有《附録》一卷王氏未言及。《存目叢書》據以影印。○民國五年排印《廣倉學宭叢書》本。

浦江志略八卷　明毛鳳韶撰　**一九九二**

浙江汪啟淑家藏本（總目）。○《浙江省第四次汪啟淑家呈送書目》：「《浦江志略》八卷，明毛鳳韶輯，二本。」○《浙江採集遺書總録》：「《浦江志略》八卷，刊本，明嘉靖丙戌浦江縣知縣麻城毛鳳韶輯。」○天一閣文物管理所藏明嘉靖五年刻本，題「賜進士知縣麻城毛鳳韶修，縣丞婺源王庭蘭校」。半葉十行，行二十字，白口，四周單邊。末有嘉靖五年丙戌七月九日聚峯毛鳳韶後叙，叙末有「邑人張允中繕寫」小字一行。一九六三年上海古籍書店《天一閣藏明代方志選刊》據以影印，並據乾隆薛志補入自序、志略叙解兩篇。《存目叢書》據《選刊》本影印。

嘉靖廣西通志六十卷　明黄佐撰　林富參修　**一九九三**

兩淮鹽政採進本（總目）。○《兩淮鹽政李呈送書目》：「《嘉靖廣西通志》六十卷四十本。」○北京圖書館藏明嘉靖十年刻藍印本，半葉十行，行二十字，白口，四周單邊。前有嘉靖十一年壬辰蔣冕序云：「明年辛卯，公既平新寧之寇，其秋自羊城抵蒼梧，再閱前稿，手自竄定，始秩然成書，遂以鋟梓。」又嘉靖十年辛卯冬十月林富序，弘治六年周孟中序，弘治六年程廷珙序，凡例，目録。正文後有黄佐後序云：「既成書，則梧州知府劉君士奇寔提調梓鍥，合六十卷，爲袠凡十有二。」鈐有「真州吴氏有福讀書堂藏書」朱文方印。冀淑英先生云：「藍色顔色稍淺，有的卷近乎墨印。」《存目叢書》據以影印。○鈔本，湖北省圖、廣西桂林圖、廣西自治區圖各藏一部。

山東通志四十卷　明陸釴撰　**一九九四**

兩淮鹽政採進本（總目）。○《兩淮鹽政李呈送書目》：「《嘉靖山東通志》四十卷二十四本。」○山東省圖書館藏明嘉靖十二年刻本，半葉十行，行二十字，白口，左右雙邊。前有嘉靖十二年癸巳方遠宜序，楊維聰序，陳沂序，陸釴自序。末有張寅序，王應槐序。楊序云：「嘉靖癸巳夏五月《山東通志》刻成，凡四十卷。」《存目叢書》據以影印。上圖、南京大學等亦藏是刻。○明嘉靖十二年刻萬曆四十五年補刻本，上圖、津圖、南圖等藏。

全陝政要略四卷　明龔輝撰　**一九九五**

浙江范懋柱家天一閣藏本（總目）。○《浙江省第五次范懋柱家呈送書目》：「《全陝政要》四卷，明龔輝著，二本。」○《浙江採集遺書總録》：「《全陝政要略》四卷，刊本，明龔輝撰。」○《江蘇省第一次書目》：「《全陝政略》二本。」○《江蘇採輯遺書目録》：「《全陝政要略》四卷，明巡按御史龔輝著。」○北京圖書館藏明嘉靖刻本，作《全陝政要》四卷，題「大中大夫陝西右參政前督學餘姚龔輝著」。半葉十行，行二十三字，白口，四周單邊。前有嘉靖二十一年正月楊守禮序云：「嘉靖辛丑歲冬十一月《全陝政要》成。創始則作於柱史竹堂蒲公，纂述則成於大參龔公。」書後有小字四行：「其纂輯爲教官盧賢、生員李果、王訓、姚卿、李之本、劉世載、王丕顯、李汝蘭、狄從化、張光孝。未幾，賢以職事羈，汝蘭以病，丕顯以授徒，皆弗克卒業。」《存目叢書》據以影印。○上海師大藏明范氏天一閣鈔本，作《全陝政要》四卷。

一九九六　吴興掌故集十七卷　明徐獻忠撰

兩淮鹽政採進本（總目）。○《兩淮鹽政李續呈送書目》：「《吴興掌故集》十七卷，明徐獻忠，六本。」○《兩江第一次書目》：「《吴興掌故》，明徐獻忠輯，四本。」○《浙江省第四次吴玉墀家呈送書目》：「《吴興掌故》十七卷，明徐獻忠輯，六本。」○《浙江採集遺書總録》：「《吴興掌故》十七卷，刊本，明知縣華亭徐獻忠輯。」○《安徽省呈送書目》：「《吴興掌故集》八本。」○《江蘇採輯遺書目録》：「《吴興掌故集》十七卷，明知縣華亭徐獻忠著。」○臺灣「中央圖書館」藏明嘉靖三十九年湖州府刻本，正文首題「吴興掌故集卷之一」，次題：「九靈山長徐獻忠輯，丹陽後學荆文炤校正，太倉後學張節同校。」半葉八行，行十六字，白口，左右雙邊。前有嘉靖三十九年庚申浙江按察司提督學校副使吴郡范惟一《刻吴興掌故集序》云：「予以爲是集有可裨湖政者，乃題其篇端，檄郡守張君刻之。」又徐獻忠引。書後有嘉靖三十九年庚申知湖州府事八閩張邦彦《刻吴興掌故集後序》，謂大宗師范公督學全浙，爰求《掌故》一集行府公梓焉。又嘉靖三十九年庚申知烏程縣事古曲阿人荆文炤後叙。據序跋知係嘉靖三十九年范惟一命湖州知府張邦彦刊行者。卷内鈐「東郡楊紹和彦合珍藏」、「句吴曹氏收藏金石書畫之印」、「曹元忠印」等印。有曹元忠手跋：「《吴興掌故》傳本絶少，癸卯春試汳中得之，携歸都門，屬述古堂書賈辛某裝治。是歲八月君直識於寓舍夷則商齋。」癸卯爲光緒二十九年。臺灣「中央圖書館」另藏一帙，鈐「閩中徐惟起藏書印」等印記。（參該館《善本書志初稿》及《善本序跋集録》)上圖、北圖均有是刻。《存目叢書》用北圖藏本影印,其本僅有自序及張邦彦《後序》首葉,鈐有「吴」「焯」聯珠印、「固始張氏鏡菡榭印」、「元悔齋藏」、「修龕所藏」、「董康暨侍姬玉奴珍藏書籍記」、「花好月圓人壽」、「曾在趙元方家」等印記。○明萬曆四十三年茅獻徵刻本,題「九靈山長徐獻徵輯,延州布衣吴夢暘閲,後學茅瑞徵校」。半葉八行,行十六字,白口,左右雙邊。有萬曆四十年茅瑞徵序,又茅瑞徵跋。北圖、上圖、南圖、浙圖等藏。王重民《善本提要補編》著録。○上海圖書館藏明鈔本。○上海圖書館藏清鈔本,清吴騫校,清周廣業、唐翰題跋。○民國三年吴興劉氏嘉業堂刻本,《吴興叢書》之一。

廣東通志初稿四十卷　明戴璟撰　一九九七

兩淮鹽政採進本(總目)。○《兩淮鹽政李呈送書目》:「《嘉靖廣東通志》四十卷二十四本。」○北京圖書館藏明嘉靖十四年刻本,正文首題「廣東通誌初稿卷之一」,次題「屏石戴璟采輯」。半葉九行,行二十一字,白口,四周單邊。前有嘉靖十四年方獻夫序,倫以諒序,嘉靖十四年戴璟序,目録,嘉靖十四年冬戴璟《凡例》。《凡例》末條云:「今不揣固陋,輒復梓行者,存草創也。」知刻於嘉靖十四年。《存目叢書》據以影印。○鈔本,上圖、湖北省圖各藏一部。

平涼府通志十三卷　明趙時春撰　一九九八

陝西巡撫採進本(總目)。○中央民族大學藏明嘉靖三十九年刻本,作《平涼府志》十三卷,題「平涼縣人趙時春譔」。半葉八行,行十九字,白口,四周單邊。首嘉靖三十九年胡松序,次嘉靖三十九年趙時春序。書末列銜：「嘉靖三十九年歲次庚申冬平涼府知府邵大爵、同知聶瀛、通判于正、吉占、推官史資教刊，府學生韓九疇、戴冠、何天爵、張檽、縣學楊斌、潘智、王齊、王廷瑞同校，冠帶官新建袁迪書。」版心刻工：何天福、陳科、張方、邵榮、吴朝鳳、蘇尚仁、蘇茂經等。版已多漫漶。《存目叢書》據以影印。中科院圖書館亦藏是刻。又津圖、甘肅省圖、中共中央黨校藏本均有殘缺。

南畿志六十四卷　明聞人詮撰　　一九九九

浙江汪啟淑家藏本（總目）。○《浙江省第四次汪啟淑家呈送書目》：「《南畿志》六十四卷，明聞人詮、陳沂同輯，十二本。」○《浙江採集遺書總録》：「《南畿志》六十四卷，刊本，明監察御史餘姚聞人銓輯。」按：銓當作詮。○天津圖書館藏明嘉靖刻本，半葉九行，行十九字，白口，左右雙邊。前有聞人詮序，陳沂序，凡例，目録。又《輯志姓氏》列通輯聞人詮、編輯陳沂、分輯鄭汝舟等。版心刻工：陸呈、段輝、陸澄、段光、袁電、刘采、陸呈寫、陸華刊、吴江、章印、高成、陸瑆、温慈、周潮、雇俊、余甫、王荣、刘三、陆松、吴升、吴綱、周朝、章日、計文、葉棠、章仁、章悦、吴銮、刘奇、張宗宝、吴玠、叶棠、刘霞（或作劉霞）、計文卿、季文、王欽、刘山、刘正、郭華、刘震、章守中、六宗華、沈荣、何白、刘付、刘荣、刘丙、段蓁、吴昂、易林、吴憲、吴岡、吴介、叶堂、顧俊、段争、周𠤎、伍云、周能、刘拱、刘云、馬載、刘正、蔡五。卷内鈐「任氏振采」、「天津市人民圖書館藏任氏天春園捐贈圖書之章」、「三朔書屋」等印記。《存目叢書》據以影印。北京圖書館亦藏是刻。中科院圖書館本殘存卷十六至卷十九、卷三十六至卷三十九。上圖本存卷一、卷二、卷十。天一閣文管所本存卷十二至卷二十七。臺灣「中央圖書館」有嘉靖刻足本一部,鈐「劉承幹字貞一號翰怡」、「吴興劉氏嘉業堂藏書印」等印記。又藏明嘉靖刻隆慶萬曆間修補本,殘存前二十八卷,鈐「吴元鼒印」、「澤存書庫」等印記(二本見該館《善本書志初稿》)。○北京大學藏民國三十年鈔本。

湖州府志十四卷　明唐樞撰　**二〇〇〇**

兩淮馬裕家藏本(總目)。○《兩淮商人馬裕家呈送書目》:「《湖州府志》十四卷八本。」○上海圖書館藏明萬曆刻本,題「知府栗祁修,郡人唐樞編,生員王道隆、王汝源、李炤校」。半葉九行,行十八字,白口,四周雙邊。前有董份序,目録,凡例,圖。董序稱:志成,栗祁離任,張應雷到任。《存目叢書》據以影印。南圖有是刻,即《善本書室藏書志》著録者。南京地理所亦藏是刻。另有一九六三年上海古籍書店影印萬曆本,流布較廣。

嘉興府圖記二十卷　明趙文華撰　**二〇〇一**

浙江巡撫採進本(總目)。○《浙江省第九次呈送書目》:「《嘉興府圖記》二十卷,明趙瀛著,十本。」○《浙江採集遺書總録》:「《嘉興府圖記》二十卷,刊本,明嘉靖丁未嘉興知府三原趙瀛修,趙文華纂。」○天津圖書館藏明嘉靖二十八年刻本,題「皇明中順大夫嘉興府知府三原趙瀛校定,奉政大夫通政使司左參議慈谿趙文華編輯」。半葉九行,行十九字,白口,左右雙邊。右欄外上方有書耳,記篇名。前有嘉靖二十七年戊申趙文華序,二十八年己酉趙瀛序。卷内鈐「馬玉堂印」、「笏齋」、「玉研堂」、「任氏振采」、「天春園」等印記。《存目叢書》據以影印。南圖藏是刻兩部,其一鈐「石門蔡小硯家藏」、「歸安章綬銜字紫伯印」、「讀騷如齋」、「磨兜堅室」、「紫伯收藏」、「紫伯祕翫」、「笛江」、「賞奇析疑」及八千卷樓丁氏印記； 其一清張廷濟跋。 上圖亦藏是刻。 又北平圖書館藏一帙，鈐「鐵琴銅劍樓」印，現存臺北「故宮博物院」，王重民《善本提要補編》著録。○南通圖書館藏鈔本。

滁州志四卷　明胡松撰　**二〇〇二**

浙江范懋柱家天一閣藏本（總目）。○《浙江省第五次范懋柱家呈送書目》：「《滁州志》四卷，明胡松著，四本。」○《浙江採集遺書總録》：「《滁州志》四卷，刊本，明嘉靖丙申郡人胡松撰。」

嘉靖全州志六卷　明謝少南撰　**二〇〇三**

兩淮鹽政採進本（總目）。○《兩淮鹽政李續呈送書目》：「《嘉靖全州府志》六卷四本。」

嘉靖邵武府志十五卷　明陳讓撰　**二〇〇四**

兩淮鹽政採進本（總目）。○《兩淮鹽政李續呈送書目》：「《嘉靖邵武府志》十五卷六本。」○天一閣文管所藏明嘉靖二十二年刻本，題「晉江見吾陳讓編次，郡守當塗邢址訂刊」。半葉九行，行二十二字，白口，四周雙邊。前有嘉靖二十二年夏浚序，後有嘉靖二十二年邢址跋。版心記刻工：余还刊、游文、葉金刊、罗羊刊、陳友刊、熊子真、罗仲信、吴安刊、罗富刊、長鶴刊、張六、余天壽、罗貴、熊二、罗只、張荣旺刊、葉再友、葉妥、再只、施元友、王士、余本立、曾九、張元只、張堅刊、葉三、熊七、楊貞、施永只、吴安刊、施肥刊、李仕基、王廷生刊字、虞福貴、罗永成刊、虞高、黄祥、刘福成、曾椿、葉陶刊、余清、王士華、余八十刊、葉尾郎、尾郎刊、張鶴、陳天祥、曾只、葉金刊、張洪刊、葉熊刊、王華、危福右、刘荣、葉池刊、官乃青、朱高、曾乃兴、張賜銘刊、張坚刊、危福貴、黄道祥、虞福祐、施佐郎刊。卷内鈐「范氏天弌閣藏書」印。一九六四年上海古籍書店《天一閣藏明代方志選刊》據以影印。《存目叢書》更據《選刊》本影印。○天一閣文管所另藏《嘉靖邵武志叙論》一卷,明陳讓撰,明嘉靖刻本一册。

嘉靖真定府志三十三卷　明雷禮撰　**二〇〇五**

兩淮鹽政採進本(總目)。○《兩淮鹽政李續呈送書目》:「《嘉靖真定府志》三十三卷十本。」○上海圖書館藏明嘉靖刻本,殘存卷一至卷五、卷十至卷三十三共二十九卷。半葉十行,行二十二字,白口,四周雙邊。包背裝。前有嘉靖二十八年己酉商大節序,二十七年劉瑶序,項廷吉序。次《修志姓氏》,列督修李仁、商大節,監修劉瑶、項廷吉,總裁雷禮,提調唐臣等九人以及分裁、供給等。次凡例,目録。正文後列謄録名:真定府吏書王勝、焦希儒、陶成器、張寅。殘闕且漫漶。《存目叢書》據以影印。是刻足本原北平圖書館有一帙,王重民《善本提要補編》著録,現存臺北「故宫博物院」。較上圖本多李仁、王汝楫二序。鈐有「真州吴氏有福讀書堂藏書」印記。

嘉靖河間府志二十八卷　明樊深撰　**二〇〇六**

兩淮鹽政採進本(總目)。○《兩淮鹽政李續呈送書目》:「《嘉靖河間府志》二十八卷二十八本。」○天一閣文管所藏明嘉靖十九年刻本,題「河間樊深撰」。半葉九行,行二十一字,白口,四周單邊。前有嘉靖十九年庚子張壁序,十九年郜相序,自序。後有嘉靖十九年庚子九月韓威序。張序缺首葉。一九六四年上海古籍書店《天一閣藏明代方志選刊》據以影印，並據《古今圖書集成》補張序首葉。《存目叢書》又據《選刊》本影印。臺灣「中央圖書館」藏是刻一帙，無張璧序，書後多樊深跋一篇。鈐「吴興劉氏嘉業堂藏書印」、「劉承幹字貞一號翰怡」等印(見該館《善本書志初稿》)。

二〇〇七

陝西行都司志十二卷　不著撰人名氏

浙江巡撫採進本(總目)。〇《浙江省第九次呈送書目》:「《陝西行都司志》十二卷七本。」〇《浙江採集遺書總録》:「《陝西行都司志》十二卷，刊本，不著撰人。《千頃堂書目》作包節撰。」

二〇〇八

嘉靖貴州通志十二卷　明張道撰

兩淮鹽政採進本(總目)。〇《兩淮鹽政李續呈送書目》:「《嘉靖貴州通志》十七卷五本。」〇天一閣文管所藏明嘉靖刻本，題「欽差巡視提督學校貴州按察司副使謝東山删正，貴州宣慰使司儒學訓導張道編集，學生湯建中、馬陽、吴鎧、李朴、汪藻、倪世傑、馬希龍、孫世賢、任懋忠、胡禾同編」。半葉八行，行二十三字，黑口，四周雙邊。前有嘉靖三十四年楊慎序。正文後有「嘉靖三十二年癸丑歲冬月吉刊」一行，又「督工前衛鎮撫龔梁」銜名。一九九零年上海書店《天一閣藏明代方志選刊續編》據以影印。《存目叢書》又據上海書店本影印。臺灣中研院史語所亦有是刻。〇上海圖書館藏影鈔明嘉靖刻本。〇鈔本，雲南省圖、雲南大學各藏一部。

二〇〇九

北地紀四卷　明汪來撰

安徽巡撫採進本(總目)。〇《安徽省呈送書目》:「《北地記》二本。」

二〇一〇　括蒼彙紀十五卷　明何鏜撰

兩淮鹽政採進本(總目)。○《兩淮鹽政李續呈送書目》：「《萬曆栝蒼彙紀》十五卷六本。」○《浙江省第五次范懋柱家呈送書目》：「《栝蒼彙紀》十五卷,明何鏜著,六本。」○《浙江採集遺書總録》：「《栝蒼彙紀》十五卷,刊本,明何鏜撰。」○南京圖書館藏明萬曆七年刻本,作《栝蒼彙紀》十五卷,四册。半葉十行,行二十字,白口,四周單邊。前有萬曆七年熊子臣序,萬曆七年何鏜序,纂修姓氏,目録,凡例。正文後有萬曆七年陳一夔後序。版心記刻工：熊偉刻、付奇刊、撫州袁威寫、南昌熊偉刻、南昌付奇刻、邹賔、南昌萬伯誠刻、祝季刻、楊真刻、萬伯成刊、郭榜刻、郭標、邹邦達、以倫刊、余林、刘智刊、陳高、葉以倫刊、刘目、余滔、汝美、翟矦刊、福建葉以倫刊、建陽張汝美刊、福建刘仕智刊、范貴刊、余子刊。鈐有「確菴」、「八千卷樓藏閲書」等印記。前有丁丙跋,即《善本書室藏書志》原稿。後有朱筆識語一行：「壬辰六月初六日確庵閲,初七日完。」《存目叢書》據以影印。上海圖書館亦藏是刻。

二〇一一　萬曆開封府志三十四卷　明曹金撰

兩淮鹽政採進本(總目)。○《兩淮鹽政李呈送書目》：「《萬曆開封府志》三十四卷十二本。」○日本内閣文庫藏明萬曆十三年刻本三十四卷,半葉九行,行二十字,白口,左右雙邊。前有萬曆十三年九月朱睦㮮刻書序,次編纂姓氏：西亭氏睦㮮(周藩宗正)、曹傳川氏金(兵部侍郎,祥符縣人)。次校訂名氏：宋鑑鉉氏伯華等六人。次採集名氏：睦𥝤、勤𤋲、勤荑、朝𥙿、朝墒(俱宗學生)、熊茂林、楊恩光、陳旂、李孺圭(俱儒學生)。次「萬曆十三年閏九月二十八日」十二字。書後有曹金後序云:「余與宗正西亭君力其事。」知係朱睦㮮、曹金同纂。版心下刻工:崔德、章松、楊一科、明五、王吳、崔恩、崔仲臣刊、孟艮、王秀刊、裴世壘等。《存目叢書補編》據以影印。北京市文物局藏是刻僅存卷一至卷六。原北平圖書館藏此本僅存卷一至卷六、卷十一至卷十四共十卷二册,王重民《善本提要補編》著録,云半葉九行,行二十字,有萬曆十三年朱睦㮮自序,鈐「汪魚亭藏閲書」印記。其書今存臺北「故宫博物院」。諸家著録均作明朱睦㮮纂修。

嘉靖仁和縣志十四卷　明沈朝宣撰　二〇一二

浙江巡撫採進本(總目)。〇《浙江省第十一次呈送書目》:「《嘉靖仁和縣志》十四卷,明沈朝宣著,四本。」〇《浙江採集遺書總録》:「《嘉靖仁和縣志》十四卷,寫本,明知縣仁和沈朝宣撰。」〇南京圖書館藏清鈔本,十四卷十六册。丁氏八千卷樓舊藏。《善本書室藏書志》著録,謂「先兄竹舟亂後得於甬上,似爲羅氏以智傳鈔本。今與聶志並刊於《武林掌故叢編》中」。〇清光緒十九年錢唐丁氏刻本,《武林掌故叢編》之一。有牌記「光緒癸巳武林丁氏刻」。即據前本付梓者。《存目叢書》據以影印。〇鈔本,北大、南通圖書館各藏一部。

萬曆湖廣總志九十八卷　明徐學謨撰　二〇一三

兩淮鹽政採進本(總目)。〇《兩淮鹽政李呈送書目》:「《萬曆湖廣總志》九十八卷八十本。」〇福建省圖書館藏明萬曆刻本七十九册,缺第四十七卷。又卷末《雜記四》第四十六葉殘破,其下缺。

半葉十行，行二十一字，白口，左右雙邊。前有萬曆六年徐栻序，志繇，志凡，志目。鈐有「秀埜艸堂顧氏藏書印」、「顧嗣立印」、「俠君」、「鞠園藏書」、「温陵張氏藏書」等印記。《存目叢書》據以影印。上海圖書館有足本，殊難得，較福建本多徐學謨序，萬曆十九年秦燿序。徐序有「丙子夏卒工」語，蓋刊成於萬曆四年。《中國地方志聯合目録》著録爲萬曆十九年刻本，當是據秦序而定。北圖有四部，均殘帙。南圖、湖南省圖藏本亦有殘缺。〇湖北省圖藏鈔本，存卷一至卷七十五、卷七十八至卷九十八。

定遠縣志十卷　明高鶴撰　**二〇一四**

兩淮馬裕家藏本（總目）。〇《兩淮商人馬裕家呈送書目》：「《定遠縣志》十卷二本。」〇南京圖書館藏明嘉靖刻萬曆增修本，題「山陰高翰重修，定遠邑庠弟子員陳校、黄鳳來同輯」。半葉十行，行二十字，白口，四周單邊。前有嘉靖十四年乙未定遠知縣高鶴序，後有嘉靖三十八年己未黄元後序。記事至萬曆三十二年，知係嘉靖刻萬曆增修本。首葉鈐「翰林院印」滿漢文大官印，蓋即兩淮馬裕進呈四庫原本。又鈐「八千卷樓藏書之記」、「嘉惠堂丁氏藏書之記」、「光緒壬辰錢塘嘉惠堂丁氏所得」等印記。《存目叢書》據以影印。

續朝邑縣志八卷　明王學謨撰　**二〇一五**

陝西巡撫採進本（總目）。〇原北平圖書館藏明萬曆刻本，題「里人王學謨撰」，半葉九行，行十九字。有萬曆十二年自序，雷士楨序，萬曆十二年郭實序，玉傳跋（見王重民《善本提要補編》）。此本現存臺北「故宫博物院」。據《中國地方志聯合目録》，上圖、陝西省圖等亦有是刻。〇傳鈔明萬曆本，甘肅省圖藏。〇清華大學藏清康熙五十一年王兆鰲刻本，半葉九行，行二十二字，白口，左右雙邊。前有萬曆十二年王學謨序，雷士楨序，萬曆十二年郭實序，康熙五十一年王兆鰲序。兆鰲序云：「今夏，延諸君子纂成《後志》，並韓、王兩刻統付剞劂，共彙一帙。」知係康熙五十一年王兆鰲重刻本，同時刊刻者有韓邦靖纂《朝邑縣志》二卷、王兆鰲修《朝邑縣後志》八卷。《存目叢書》據以影印。北圖分館、北大等亦有是刻。

三郡圖説一卷　明王世懋撰　**二〇一六**

兩淮鹽政採進本（總目）。〇上海圖書館藏明萬曆十三年刻《王奉常雜著》本，作《饒南九三府總圖説》一卷，半葉九行，行十八字，白口，左右雙邊。刻印頗精。《存目叢書》據以影印。北圖亦有是刻。〇明萬曆四十五年陳于廷刻《紀録彙編》本，作《饒南九三府圖説》一卷。民國二十七年商務印書館影印陳于廷刻《紀録彙編》本。民國二十六年商務印書館據《紀録彙編》本影印，收入《叢書集成初編》。

萬曆廣東通志七十二卷　明郭棐、王學曾、袁昌祚同撰　**二〇一七**

兩淮鹽政採進本（總目）。〇《兩淮鹽政李呈送書目》：「《萬曆廣東通志》七十二卷八十本。」〇日本内閣文庫藏明萬曆三十年刻本，半葉九行，行二十字，白口，四周雙邊。前有戴燿序，萬曆二十九年辛丑李時華序，萬曆三十年陳性學序，袁茂英序，萬曆三十年郭棐序，舊序，凡例，總目，目録。正文末列名：監理司吏文士奇；繕寫書吏周通、楊喬幹、李國楝、郭家興、潘光宋、吕應龍、簡方新、劉瑞；管工典吏李鏜、羅德富。版心寫工刻工：茂貴、茂槐、立吾、張茂貴、伍聰、劉瑞寫、彦相、彦貴、楊昭、李彦相、應喬、昌盛、温汝倫、彦垣、彦進、刘朝貴、方明、馮尚通、李芬、黄龍、王良、茂芬、虞志、江光、天祥、余君爵、黄志科、江曰芬、楊公哲、張貴、王德瑞、魏二、余聘、刘元漢、刘亞二、余君聘、熊立吾、黄應祥、李彦啓、余文、黄良貴、夏昌期、馮成、夏昌盛、刘清、李彦机、張仁、丘岡、李彦朝、茂勳、林德、彦俊、李朝、貴謙、余志、勝業、紹堯、公卓、仲式、梁公亮、智科、启良、時新、吏周通寫、張後刊、張茂槐、蔡紹元、黄志、馮科、帝蕃、梁應台、彦愷、李彦卽、李彦成、兆權、麥鳳翔、瑞鰲、少安、瑞儉、應秋三、王加良、梁本智、梁福、子茂、继存、李彦荣、羅啓昱刻、梁閏德刊、馮慎可、應秋四、于俸、黄永龍、應台、仕貴、熊悳、尚明、于茂、江思恩、于遠、羅啓旻、應秋、馮亞祥、羅堯敦、游仲式、韦悳、瑞其、文宇、吴仰貴、有禄、彦偉、瑞倫、羅允朝、永德、仰高、本智、黄勝業、李彦貴、黄彦教、麥崇礼、永安、馮公卓、彦成、馮勝、黄永能刊、偉禎、何瑞倫、熊應喬、宜仲、時楚、梁仕貴、希慎、徐瑞能、馮紹堯、徐瑞鰲、李継存、李宗燦、熊德、彦造、李應秋、李繼藩刊、李可章刊、王希慎、吴廷爵、馮宜仲、李啓良、温永文、茂汪、葉仰高、吴于貴、于遠、在廷、啓良、罗允朝、吴儒貴、梁于遠、梁在廷、林徒、黄永德、黄永龍等。卷内鈐「祕閣圖書之章」、「日本政府圖書」、「内閣文庫」等印記。《存目叢書》據以影印。上海圖書館有是刻殘帙，存卷二十三、卷三十七、卷三十八、卷四十五至卷四十七、卷五十五、卷五十六、卷六十八、卷六十九共十卷。

嘉靖貴州圖經新志十八卷　明趙讚撰　二〇一八

兩淮鹽政採進本（總目）。○北京圖書館藏明刻本，正文首題「貴州圖經新志卷之一」，次題「欽差提督學校貴州等處提刑按察司副使金陵沈庠删正，貴州宣慰使司儒學教授葉榆趙瓚編集，四川峨眉縣儒學教授諭郡人易紘、庠生王佐同編」。半葉八行，行二十四字，黑口，四周雙邊。包背裝。卷一至卷三、卷八至卷十配明鈔本。鈐有「開萬樓藏書印」、「鐵琴銅劍樓」等印記。《存目叢書》據以影印。○鈔本，上圖、雲南省圖、雲南大學各藏一部。○按：編集人趙瓚，《總目》誤作趙讚。又此志明弘治間沈庠督學貴州時所修，《提要》云「成於嘉靖中」，誤。

萬曆四川總志三十四卷　明魏樸如、游樸、童良同撰　郭棐裁正　二〇一九

兩淮鹽政採進本（總目）。○《兩淮鹽政李呈送書目》：「《萬曆四川總志》三十四卷三十二本。」○北京圖書館藏明萬曆刻本，半葉十二行，行二十二字，白口，四周雙邊。第一册序、凡例、目録、正文卷一至卷四係鈔配。前有萬曆八年二月王廷瞻序，虞懷忠序，萬曆九年孟冬宋仕序，萬曆八年春孟郭棐序，萬曆九年孟秋張士佩序，萬曆九年秋胡定序。次凡例、圖、目録、編纂職名。正文末有管供應官列銜。郭序云：「庚辰首春，以完帙上兩臺，咸報曰可。軫兹鉅典，爰戒梓人。」則是志成於萬曆八年春，旋付刊。其刊成，蓋在萬曆九年秋冬之際。又據郭序，纂輯者爲「叙州府同知魏朴如、成都府推官游朴及文學董良遂、戈一龍、劉止、彭師古、楊秉鉞、李承露、彭應元等」，裁定者郭棐，倡導者王廷瞻、虞懷忠。版心記刻工：李正、周俊、万華、万朝文、洪玉、何年、月明、吴明、存光、楊洪

玉、黄景、万伯明、胡中郎、王今山、辛奇、汪大良、楊玉、吴春、張海、大良、嚴太、周万表、周元恭。《存目叢書》據以影印。上海圖書館藏是刻僅存卷十五至卷二十二。〇上海圖書館藏鈔本。〇按:《總目》著録撰人「魏樸如、游樸、童良」,兩「樸」字應作「朴」,「童良」當係「董良遂」之脱誤。

二〇二〇　安邱縣志二十八卷　明馬文煒撰

兵部侍郎紀昀家藏本(總目)。〇南開大學藏明萬曆十七年刻本,作《安丘縣志》二十八卷,題「邑人馬文煒撰」。半葉九行,行十八字,白口,左右雙邊。前有萬曆十七年己丑夏仲劉希孟序云:「中丞公馬定宇慨然任其事,業已脱稿,行付梓人。」《存目叢書》據以影印。北圖藏是刻四部,其一部有清王筠跋。南圖藏明萬曆十七年刻清康熙重修本。〇山東省博物館藏清鈔本,高鴻裁校並跋。〇清鈔本,北大、中科院圖書館、青島博物館均有藏。〇民國二十四年鈔本,山東大學藏。〇民國三年萃華書局石印本,人民大學、上圖、山東省圖等藏。〇民國九年石印本,山東省圖藏。

二〇二一　嘉靖江都縣志八卷　明葛洞撰

兩淮鹽政採進本(總目)。〇《兩淮鹽政李續呈送書目》:「《嘉靖江都縣志》八卷四本。」

二〇二二　紹興府志五十卷　明張元忭、孫鑛同撰

兩淮馬裕家藏本(總目)。〇《兩淮商人馬裕家呈送書目》:「《紹興府志》五十卷十六本。」〇北京師大藏明萬曆十五年刻本,半葉十行,行二十字,白口,左右雙邊。前有趙錦元序,萬曆十四年丙戌張元忭序。次修志名氏:張元忭、孫鑛纂修,同知紹興府事桂林張延熙等十四人同梓,宋禮、俞一道、高明、王廷臣寫。次目録、圖。正文後有萬曆十五年丁亥紹興知府蕭良幹後序。版心刻工：馬忠、吳信、夏鳳、卞鳳（當即夏鳳）、朱郊弟、馬良、錢忠、蔣朋、吳元、王因、阮達、朱弟、王以南、王有、阮成、張仁、餘姚王以道刊、王以正、王以成、茹陵、王仁、王礼、王光、蔣文刊、王春、王朱、戈立、朱信、戴立、夏大本、宋礼、許亨刊、朱王、夏二、王南、王德光、茹麦（當即茹陵）、餘姚王思賢刊、夏本、夏邦、王和、倪荣、馬立、王槐、潘熯、陳瑞、施華、王昱、王回、蔣仲乂、蔣義、蔣乂、倪用、王文、潘升。卷内鈐「姜氏家藏」、「希徹」、「定菴」、「田易之印」、「易堂」、「郭金玉之印」、「陳應佐印」等印記。卷十二殘破。《存目叢書》據以影印。遼圖、南大、浙圖等亦有是本。臺灣中研院史語所藏是刻有羅振玉手跋。

豐潤縣志十三卷　明石邦政撰　二〇二三

兩淮馬裕家藏本（總目）。〇《兩淮商人馬裕家呈送書目》：「《豐潤縣志》十三卷二本。」〇原北平圖書館藏明隆慶四年刻本，題「毘陵王納言訂正，壽陽王謨校閲，邑人石邦政撰次，庠生谷九鼎編輯」。半葉八行，行二十一字，黑口，四周雙邊。前有隆慶四年楊錦《重修豐潤縣誌叙》，隆慶四年谷嶠《叙豐潤志》。次凡例，目録。正文後有《刻志公移》、《修志名氏》，隆慶四年石邦政跋，隆慶四年谷九鼎《書草創豐潤縣志後》。石跋云：「是志也，起筆於隆慶己巳之夏，梓成於庚午之冬。」鈐有「京師圖書館藏書記」印。是書現存臺北「故宫博物院」，北圖有膠卷，《存目叢書》據以影印。

隆慶永州府志十七卷　明史朝富、陳良珍同撰　二〇二四

兩淮鹽政採進本(總目)。○《兩淮鹽政李續呈送書目》:「《隆慶永州府志》十七卷七本。」○原北平圖書館藏明隆慶五年刻本,半葉九行,行二十三字,黑口,左右雙邊。前有姚弘謨《重修永州府志序》云:「筆始於隆慶庚午秋七月朔,脱稿於冬十一月長至,辛未春二月上澣日刻成。」次目録,凡例。次撰校銜名:「湖廣等處承宣布政使司分守上湖南道右參參議秀水姚弘謨訂正,永州府知府晉江史朝富重修,署府事通判永昌閃應霨校刊,推官南海陳良珍同脩,府學教授臨海孫鋭校録,府縣學廩膳生員蔣如桂、胡維翰、楊本直、王有恒同校。」卷内鈐「真州吴氏有福讀書堂藏書」印。是本現存臺北「故宫博物院」,北圖有膠卷,《存目叢書》據以影印。

萬曆江都縣志八卷　明陸君弼撰　二〇二五

兩淮鹽政採進本(總目)。○《兩淮鹽政李續呈送書目》:「《萬曆江都縣志》二十三卷四本。」○北京圖書館藏明萬曆刻本二十三卷六册,半葉九行,行二十字,白口,四周雙邊。前有萬曆二十五年丁酉張寧序,二十七年何龍圖序。目録題「知縣襄城張寧删訂,邑人陸君弼纂修,崔一鳳校正」。卷内鈐「馬之驦字旻徠」、「再爲蒼水使前掌廣陵濤」等印。卷二十一末有馬之驦題識:「康熙十有四年乙卯點評於新城署中,時修新城志已竟。旻徠氏。」下鈐「旻徠氏馬之驦印」朱文方印。卷内行間有多處批注,即馬之驦手筆。《存目叢書》據以影印。○按:此志二十三卷,進呈書目亦同,則《總目》作八卷誤。

萬曆衡州府志十五卷　明伍讓撰　　二〇二六

兩淮鹽政採進本（總目）。〇《兩淮鹽政李續呈送書目》：「《宏治衡州府志》十五卷十六本。」〇《提要》云：「是志成於萬曆乙酉，舊本籤題《宏治衡州府志》，誤也。」〇日本國會圖書館藏明萬曆二十一年刻本。

天啟贛州府志二十卷　明謝詔撰　　二〇二七

兩淮鹽政採進本（總目）。〇《兩淮鹽政李續呈送書目》：「《天啟贛州府志》二十卷十本。」〇北京圖書館藏清順治十七年湯斌刻本，半葉九行，行十八字，白口，四周單邊。前有天啟元年辛酉余文龍序，順治十七年庚子周令樹《重刻贛州府舊誌序》，順治十七年湯斌《重刻贛州府志序》，順治十七年李之粹序。又舊序。又《修志姓氏》，列主修余文龍，同修翟元肅等五人，協修劉永基等十二人，纂修謝詔，考輯舉人金汝和、彭森。又《重刻贛州府志姓氏》列十八人。印本清朗。鈐有「京師圖書館藏書記」印。《存目叢書》據以影印。上圖藏是刻殘帙，存卷一至卷九、卷十一至卷十四、卷二十。

萬曆德州志十二卷　明李檜撰　　二〇二八

兩淮鹽政採進本（總目）。〇《兩淮鹽政李續呈送書目》：「《萬曆德州志》十二卷三本。」〇北京圖書館藏明萬曆刻天啟增修本十二卷三册，半葉八行，行二十字，白口，四周雙邊。原北平圖書館藏殘本，存卷一至卷五，現存臺北「故宫博物院」。此志唐文華、李檜纂修，安受善、王克寬續修。

通州志八卷　明沈明臣撰　**二〇二九**

兩淮馬裕家藏本(總目)。○《兩淮商人馬裕家呈送書目》:「《通州志》八卷八本。」○天一閣文管所藏明萬曆刻本,題:「越人句章外史沈明臣纂修,郡人進士紹興府推官陳大科、郡人進士廣東按察司副使顧養謙同修,閩人進士知州事刑部郎中林雲程訂正。」半葉九行,行十九字,白口,左右雙邊。前有王世貞序,據此序,知係萬曆六年知州林雲程聘沈明臣、顧養謙、陳大科纂修。版心寫刻工:長洲吴曜寫,袁宸刊,張鳳、袁才、袁川、袁宏、沈照、子宜、至道等。一九六三年上海古籍書店《天一閣藏明代方志選刊》據以影印。《存目叢書》又據《選刊》本影印。北京圖書館、上海圖書館均有殘本。原北平圖書館藏足本,現存臺北「故宫博物院」。○南通圖書館藏鈔本。

萬曆應天府志三十三卷　明王一化撰　**二〇三〇**

兩淮鹽政採進本(總目)。○《兩淮鹽政李續呈送書目》:「《萬曆應天府志》三十三卷十二本。」○日本内閣文庫藏明萬曆五年刻本,半葉九行,行二十字,白口,四周雙邊。前有萬曆五年段邁序,次凡例,目録,境圖。正文凡三十二卷。鈐有「祕閣圖書之章」等印記。《存目叢書》據以影印。北京圖書館藏明萬曆五年刻萬曆二十年程拱宸增修本,亦三十二卷。按:《提要》云「紀三、表九、志十一、傳九」,合計之則三十二卷,然則《總目》作三十三卷,誤。

閩書一百五十四卷　明何喬遠撰　**二〇三一**

福建巡撫採進本(總目)。○《福建省呈送第三次書目》:「《閩書》一百五十四卷五十二本。」○《兩淮鹽政李續呈送書目》：「《崇正閩書》一百五十四卷五十本。」○福建省圖書館藏明崇禎刻本一百五十四卷四十册，半葉十行，行二十字，白口，四周單邊。前有崇禎四年仲夏熊文燦序，崇禎二年鄭之玄序，萬曆四十七年葉向高序。又凡例，目録。正文無大題。卷内鈐「鄭杰之印」、「鄭氏注韓居珍藏記」、「圖史富書生」、「注韓居士」、「名人杰字昌英」等印記。版心有刻工：王珊、林龙、鄭春、尤立、柯星、張照、張英、楊淮、周朝、張立、陶春、余四、王保、曾魁、熊三、江四、葉咸、曾秀、鄭佩、葉文、建吴貴、熊寿、建王以敬、陳熙、建科、張弟、建元、江惠、葉春、建吴卿、建鄭相、熊可、吴成、吴乃成、熊万、汪宗、建王有、建江荣、建江宗、建陽葉□、葉年、葉瑞、葉達、王象、建陽劉貴、江志、泉洪仰、洪仰仝、泉石泗、興刘邦文、興方伯振、興顧達、興顧伯達、興鄭勿、興陳志望、泉州府陳弘刻、泉弘、漳曾翔、漳曾玉、漳毛鳳、趙臯、漳黄順、郭文、漳鄭德、鄭二、汪明、王久、曾邦、陳第、興方振、興陳璽、周朝、楊庚、福張元、李益、王桂、章高、余敬、游立、游成、泉李三、泉林長、興林漢臣、興顧巽、興林司德、建陽陳弟、建寧葉寵、建朱齊、建陽葉義、葉乂、葉威、漳洪正刻、興鄭孫石、泉蔡山、泉蔡成、泉石光、泉林光、泉郭光、泉光、建陽劉佛貴刻、建寧熊思、建熊祥、建陸興、建陸章、劉宗、江云、張汝、建陽熊光、泉州龔卿、黄甫等。按：刻工名上冠以福、建、泉、漳、興諸字者，係其里籍福州府、建寧府、建陽縣、泉州府、漳州府、興化府之簡稱，興字多作㒷。《存目叢書》據此本影印。其中卷九十八至卷一百八漫漶，用福建師大藏是刻代替。福建師大本鈐有「劉氏小墨莊藏」、「閩山劉氏珍藏」、「劉示松印」、「曾經劉筠川讀」、「字筠川行十一」、「閩中郭蒹秋藝文金石記」等印記。厦門大學、臺灣大學亦藏是刻。北圖、吉林大學、大連圖書館、中科院圖書館有殘本。○福建師大藏鈔本，僅存半部。

萬曆濟寧州志八卷　明王國楨撰　二〇三二

兩淮鹽政採進本（總目）。○《兩淮鹽政李續呈送書目》：「《萬曆濟寧州志》八卷五本。」

南康志十二卷　明田琯撰　二〇三三

兩淮馬裕家藏本（總目）。○《兩淮商人馬裕家呈送書目》：「《南康府志》十二卷五本。」

順天府志六卷　明謝杰撰　沈應文續成之　二〇三四

兩淮馬裕家藏本（總目）。○《兩淮商人馬裕家呈送書目》：「《順天府志》六卷六本。」○北京圖書館藏明萬曆二十一年刻本，卷一題「順天府府尹沈應文、府丞譚希思訂正，治中楊應尾、通判吴有豸、通判譚好善、陳三畏、推官凌雲鵬、知縣崔謙光仝閲，教授李茂春、訓導陸禎、管大武、高好問分閲，大興縣丞張允芳彙編」。半葉九行，行十九字，白口，四周雙邊。前有謝杰序，萬曆二十一年譚希思序，沈應文序。謝序缺第四葉，適當言修志事。譚序云：「余承貳署府事，會京尹謝漢甫以巡撫南贛行，出職掌乙帙，冀圖爲考。適余有他校，循循有待。居間乃檄諸屬州邑，得其已有志者如干，備考覽。……遂旁及其全，若地理、營建、食貨、政事、人物、藝文，彙爲六綱，而析之爲三十七目，檄才識宣朗如張子元芳輩編次之，閲月成。會寅長沈徵甫氏至，相與重加校正，鋟諸梓。」按：《職掌》爲是志三十七目之一，在卷四《政事志》，知謝杰僅成《職掌》初稿即以巡撫南贛去，全志實由譚希思修成，纂輯者張允芳。《存目叢書》據以影印。天津圖書館亦藏是刻，其首尾兩卷係鈔配。一九五九年北京中國書店嘗據萬曆刻本影印，流布較廣。○北大藏舊鈔本，存卷二。○民國鈔本，北大、大連圖書館各藏一部。

萬曆信陽州志八卷　明劉尚朴撰　**二〇三五**

兩淮鹽政採進本（總目）。○《兩淮鹽政李續呈送書目》：「《萬曆信陽州志》八卷四本。」

萬曆饒州府志四十五卷　明陳大綬撰　**二〇三六**

兩淮鹽政採進本（總目）。○《兩淮鹽政李續呈送書目》：「《萬曆饒州府志》四十五卷十二本。」

岳郡圖說一卷　明黃元忠撰　**二〇三七**

浙江巡撫採進本（總目）。○《浙江省第九次呈送書目》：「《岳郡圖說》，明黃元忠輯，一本。」○《浙江採集遺書總録》：「《岳郡圖說》一册，刊本，明鄞縣黃元忠輯。」

海鹽縣圖經十六卷　明胡震亨撰　**二〇三八**

浙江汪啟淑家藏本（總目）。○《浙江省第四次汪啟淑家呈送書目》：「《海鹽圖經》十六卷，明胡應麟輯，四本。」按：應麟當作震亨。○《浙江採集遺書總録》：「《海鹽圖經》十六卷，刊本，明天啟壬戌邑人胡震亨撰。」○復旦大學藏明天啟四年刻本，作《海鹽縣圖經》十六卷，半葉十行，行二十字，白口，左右雙邊。前有天啟二年樊維城序，目録後有天啟四年甲子秋胡震亨識語。有刻工：夏明刊。據樊序，此係姚士粦（叔祥）與胡震亨同纂，唯士粦僅成人物、官師二志之五六而去，全書實由胡震亨纂就。《存目叢書》據以影印。北圖、上圖、南圖等亦有是刻。〇明天啟四年刻清乾隆十二年補刻本，北圖、上圖、南圖等藏。

萬曆容城縣志七卷　明蔣如苹撰　**二〇三九**

兩淮鹽政採進本（總目）。〇《兩淮鹽政李續呈送書目》：「《萬曆容城縣志》七卷三本。」

萬曆嘉定縣志二十卷　明韓浚撰　**二〇四〇**

兩淮鹽政採進本（總目）。〇《兩淮鹽政李續呈送書目》：「《萬曆嘉定縣志》二十卷八本。」〇上海博物館藏明萬曆刻本二十二卷，半葉九行，行十八字，白口，左右雙邊。前有萬曆三十三年時偕行序，韓浚序，須之彦序，王錫爵序。次凡例，目録。次纂修名氏：「提調：中順大夫蘇州府知府李右諫。總裁：文林郎嘉定縣知縣韓浚。參閲：嘉定縣儒學署教諭事舉人李之彦、臨江府通判張起孝、德化縣知縣錢春沂、廣西右布政使龔錫爵、四川道御史時偕行、浦江縣知縣須之彦、中書舍人須大進。校正：嘉定縣儒學訓導武光宸、丁鳴時、舉人陳舜道、金兆登、陳國紀、傅冲之、沈紹僖、周道隆、吴應試、侯震陽、唐景亮。同校：嘉定縣縣丞鄭澤、姚士廉、嘉定縣主簿董惟震、郭惟卿。纂修：張應武、唐時升、金可綬、婁堅、宣嘉士、徐兆稷、鄭胤驥、李流芳、李繩之、唐景南。護工：嘉定縣典史葉有華、功曹周應時、凌雲、王時倬、黄金鉉。繕書：楊人德、朱嘉猷、陳道、陳時敏、唐允孝、王尚質。」版心記寫工刻工：章次、朱二、郭成望、古吴章欽刻、朱子靜、楊文、長洲□廷憲寫、張□功刻、章右、章君錫、陸科、濮文、錢英、倪密、王臣、顧昌、章利、倪奎、章福水、郭成、張元、尤任、尤直等。卷内鈐「璜川吴氏收藏圖書」、「嘉定宏農楊氏六知州珍藏金石書畫印」等印記。《存目叢書》據以影印。原北平圖書館藏是刻，現存臺北「故宫博物院」。臺灣「中央圖書館」藏有是刻。北大藏殘本，存卷三、卷四、卷八至卷十、卷十九、卷二十，清徐時棟校並跋。〇鈔本，南京圖書館、南京博物館各一部。〇按：《總目》作二十卷，進呈目同，似所據之本不全。

萬曆嚴州府志二十四卷 **二〇四一**

兩淮鹽政採進本（總目）。〇《兩淮鹽政李呈送書目》：「《萬曆嚴州府志》十二本。」〇天津圖書館藏明萬曆四十二年刻本，作《續修嚴州府志》二十四卷。題：「嚴州府知府楊守仁主修，同知龔天申、通判趙秉孜、推官宋行可同修，四川布政使司左參政徐楚纂修。嚴州府知府吕昌期續修，同知唐仲賢纂修，通判周士鰲、劉□、推官陸卿榮、李嘉賓同修，建德縣儒學生員俞炳然彙集。」《四庫提要》云：「首葉題名，叢雜無緒，或曰主修，或曰同修，或曰纂修，或曰續修，或曰彙集，莫知撰人爲誰。」按：此本首鈐「翰林院印」滿漢文大官印，當即館臣所見原本。前有萬曆四十二甲寅楊一葵序云：「先是，家大夫來守嚴，寔修是郡志云。而後乃今郡侯吕君復增而續之。蓋郡志自景泰之四年命所司纂修，歷四十載爲弘治之六年，一修于東安李君，又八十餘載爲萬曆之六年，再修于家大夫，其又三十餘載爲萬曆四十一年，續修于吕侯也。家大夫所爲志，臚列其類者八，吕侯仍其舊而惟補其缺。」又萬曆四十一年吕昌期序云：「自前守蓉江楊公纂修以來，迄今三十餘年，紀載多闕，余不覺憮然曰：是不虞久而無□耶。因與諸同寅及六邑令長悉心采訪。時郡有俞生炳然，素稱博雅,屬之銓次補葺。」又萬曆四十二年方學龍跋云:「以銓次命俞生炳然。」則是志萬曆六年楊守仁修,徐楚纂; 萬曆四十一年吕昌期續修,俞炳然續纂。館臣蓋未詳檢序跋,其粗率可知。是本半葉十行,行二十字,白口,左右雙邊。卷内又鈐「王氏信芳閣藏書印」、「粹芬閣」、「任氏振采」、「三朋書屋」、「天津市人民圖書館藏任氏天春園捐贈圖書之章」等印記。《存目叢書》據以影印。北圖、温州市圖等亦有是刻。○明萬曆四十二年刻清順治六年增刻本,增刻《補遺》一卷,有順治六年知嚴州府事錢廣居《重刻嚴州府誌書序》冠於《補遺》之首。北圖、浙圖、臺灣「中央圖書館」藏。

天台縣志二十卷　明張宏代撰　胡來聘續修　二〇四二

兩淮馬裕家藏本(總目)。○《兩淮商人馬裕家呈送書目》:「《天台志》二十卷四本。」

泰州志十卷　明劉萬春撰　二〇四三

兩淮馬裕家藏本(總目)。○《兩淮商人馬裕家呈送書目》:「《泰州志》十卷八本。」○泰州圖書館藏明崇禎刻本,半葉十行,行二十字,白口,四周單邊。前有天啟四年甲子翁延壽序,崇禎六年癸酉姚思孝新修序,崇禎癸酉魏應嘉新修序,崇禎癸酉劉萬春序,崇禎五年壬申劉萬春《凡例》,目録後有圖一卷,次天啟四年修志姓氏。次崇禎五年修志姓氏:「泰州知州博野李自滋較梓」、「郡人劉萬春纂修,郡人王相説、王騶同修,州庠儲煐、張廷寀、王化同輯」。卷内鈐「沈世德印」、「沈世甲印」、「乙群」等印記。修志姓氏後有沈世德手跋:「此爲明代鄉先哲劉公大參纂修《泰州志》十卷,崇禎癸酉雕本也，是予少從金回子殿卿介紹而購歸。洎遭喪亂，迫議分居，遂爲弟輩所持有，悠悠十載中，予要一寓目而不可得焉。頃承城南派出所尹所長囑，亟取供衆覽。予乃往復磋商，家仲乙群始檢出首册，豁然如覩故人，喜而援筆識其端，時在己亥夏初也，沈世德本淵。」卷尾又有沈世甲手跋：「吾家恨不讀書堂藏書都數萬卷，此爲古舊名版中之一。民國以還，兵亂涉仍，播遷散佚，猶喜倖存無恙。近十餘年來，老大徒傷經濟竭蹶，兩京蘇滬書賈垂涎是書，互以重金餌余者屢矣。余爲保存鄉邦文獻計，卒不爲之動。自顧家無長物，仍樂爲抱守，亦惟盡余之志之責云尔。辛丑秋月沈世甲乙群謹誌。」辛丑爲一九六一年，己亥爲一九五九年。《存目叢書》據以影印。原北平圖書館藏一帙，鈐「翰林院印」滿漢文大官印，是進呈四庫原本。又鈐「石研齋秦氏印」、「臣恩復」、「秦伯敦父」等印記（見王重民《善本提要補編》）。現存臺北「故宫博物院」。北圖、北大、南圖等亦有是刻。○清康熙五十八年魏錫祚重刻本，半葉十行，行二十字，白口，左右雙邊。人民大學、泰州博物館藏。○恨不讀書堂鈔本，吉林大學藏。按：此當即沈世甲恨不讀書堂從家藏崇禎刻本録出者。○鈔本，中科院圖書館、上圖等藏。○油印本，河南社科院藏。

二〇四四

萬曆餘杭縣志十卷　明戴日强撰

兩淮鹽政採進本（總目）。○《兩淮鹽政李續呈送書目》：「《萬曆餘杭縣志》十卷八本。」○北京圖書館藏明萬曆刻本，存卷二至卷六、卷九、卷十共七卷。其中卷四又缺第一至九葉，卷五缺第五葉以下，卷九缺第九十一葉以下，卷十缺第九十三葉、九十五葉、一百葉、一百三葉、一百五葉。卷二首題「餘杭縣誌卷之二」,次題「令蒙城戴日强纂修」。半葉九行,行十九字,白口,四周單邊。記事至萬曆四十六年,有補版。《四庫提要》云「成於萬曆丙辰」,即四十四年。蓋續有增刻也。包背裝,四册。《存目叢書》據以影印。

二〇四五　萬曆温州府志十八卷　明王光蘊撰

兩淮鹽政採進本(總目)。〇《兩淮鹽政李續呈送書目》:「《萬曆温州府志》十八卷十二本。」〇温州市圖書館藏明萬曆刻本,半葉九行,行十九字,白口,左右雙邊。卷前缺凡例、目録。以下各序係鈔配:萬曆三十二年湯日昭序、萬曆三十二年陳公相序、萬曆三十三年蔣光彦序、萬曆二十八年某氏序、萬曆三十三年王光蘊序。序末有「乙丑仲夏陳聲遠鈔」小字一行。其餘殘缺情況:卷一末缺葉,卷二首缺半葉,卷六首缺一葉,卷九末、卷十末、卷十六末均有缺葉,卷十七首缺半葉、卷十八末缺葉、卷十五缺第四十八葉。版心刻工:蔣世英、世英、宗、吴、陶、王、陳等。《存目叢書》據以影印。北圖藏是刻殘帙,存卷十四至卷十六共三卷四册。〇浙江圖書館藏鈔本。

二〇四六　萬曆襄陽府志五十一卷　不著撰人名氏

兩淮鹽政採進本(總目)。〇《兩淮鹽政李續呈送書目》:「《萬曆襄陽府志》五十一卷十二本。」〇北京圖書館藏明萬曆刻本,缺卷十。半葉十行,行二十一字,白口,左右雙邊。前有萬曆十二年甲申胡價序云:「郡守吴公……勒成一家言。」此指郡守吴道邇。卷尾有補版題記云:「襄陽舊襄府志頗多殘缺,觀者每有遺恨。己丑秋辛,蒙太府張奉察院□條約,加意修補,命作董其事。乃遍訪原本録補之。后獲覩全書者未必無藉於斯云。府學訓導高可作識。」卷内補版頗易辨識。是本刻工：連守仁。《存目叢書》據以影印。北圖另藏殘本，存卷一至卷九、卷十九至卷五十一。日本内閣文庫有足本。○湖北省圖藏鈔本，存卷一至卷九、卷十九至卷五十一。當即從北圖萬曆刻本第二部録出。

清江縣志八卷　明秦鏞撰 **二〇四七**

兩淮馬裕家藏本（總目）。○《兩淮鹽政李呈送書目》：「《崇禎清江縣志》八卷六本。」○原北平圖書館藏明崇禎十五年刻本，半葉十行，行二十一字，白口，左右雙邊。前有崇禎十五年冬十月熊化序，崇禎十五年立冬日潘士遴序，崇禎十五年九月秦鏞序。記事至崇禎十五年。有漫漶。卷内鈐「俞楷」、「陳芳」、「京師圖書館藏書記」等印記。現存臺北「故宫博物院」。《存目叢書》據大陸藏膠卷影印。

崇禎碭山縣志二卷　明劉芳撰 **二〇四八**

兩淮鹽政採進本（總目）。○《兩淮鹽政李續呈送書目》：「《崇禎碭山縣志》二卷二本。」○北京圖書館分館藏明崇禎十二年刻本，正文首行題「碭山縣誌前卷」，半葉九行，行十九字，白口，四周雙邊。前有萬曆四十六年戊午練國事序，崇禎十二年己卯劉芳序。劉序言重修較刻事頗詳。修誌姓氏：「文林郎知碭山縣事滇屏有子劉芳、儒學教諭陳于朝」等十七人。版經修補，印本漫漶。《存目叢書》據以影印。

海昌外志無卷數　國朝談遷撰 **二〇四九**

浙江巡撫採進本（總目）。○《浙江省第六次呈送書目》：「《海昌外志》不分卷，明談遷著，五本。」

○《浙江採集遺書總録》：「《海昌縣外志》五册，寫本，明海寧談遷撰。」○臺灣「中央圖書館」藏清順治康熙之際鈔本，八卷八册。正文首行題「海昌外志」，次行題「棗林談遷孺木著」。半葉十行，行二十四字，小注雙行同，無格。前有丁亥(順治四年)秋七月江左遺民談遷序，宋嘉定二年樓滰《海昌圖經序》，明永樂十六年沈升《海寧縣志序》，嘉靖三十六年知海寧縣事蔡完《海寧縣志序》，崇禎三年許令典《邑志考引》，崇禎三年談遷《寧志備考引》，談遷《海昌外志緣起》。卷内鈐「龔鼎孳印」、「秀水朱氏潛采堂圖書」、「小桐溪上人家」、「紅藥山房收藏私印」、「海豐吴氏家藏」、「重熹鑑賞」、「春秋七十又八歲」、「新坡鄉校」等印記。書中有吴騫手批。書前有唐翰題手跋：「《海昌外志》舊鈔本，向爲朱氏潛采堂、龔氏玉玲瓏館藏本，後歸拜經廔，與嘉靖海寧縣蔡志，均費數十年搜求而得者，見槎翁跋蔡志後。今兩書幸並落吾手，當益念前人得之之難而慎寶之，是亦讀書好古之志存心之一節也。余自幼有書癖，而深知得書之不易，因記于卷首，以告後人之能讀是書者。時在同治庚午八月二十二日，重整拜經遺書，記是本與蔡志同録入《題記》卷三地志目中。」下鈐「翰題讀過」朱文方印。(參該館《善本題跋真跡》、《善本書志初稿》)澤遜按：唐翰題跋稱是本向藏「龔氏玉玲瓏館」，是誤仁和龔翔麟玉玲瓏閣爲合肥龔鼎孳堂號。又考龔鼎孳生於明萬曆四十三年，卒於清康熙十二年，是本既有「龔鼎孳印」，則其鈔寫必不晚於康熙十二年，又有順治四年自序，亦必不早於順治四年。臺灣「中央圖書館」《善本書目》、《題跋真跡》及《善本書志初稿》均著録爲「清康雍間鈔本」，恐不妥。余故改爲「順治康熙之際鈔本」。○北京圖書館藏清鈔本，存卷一至卷四共二册。○

北圖又藏清鈔本八卷八册，半葉十行，行二十四字，無格。○北圖又藏清鈔本八卷四册，半葉十二行，行二十五字，緑格，白口，左右雙邊。○浙江圖書館藏清鈔本八卷，半葉十三行，行二十五字。鈐有「陳恭溥印」、「游執仙館」、「海昌馬氏味吾味□藏書」等印。末有道光丁未夏六月海昌陳恭溥手跋，稱「吾家舊藏」，後鈐「身行萬里半天下」印。《存目叢書》據以影印。○浙圖又藏清鈔本八卷。○上海圖書館藏靜得樓鈔本八卷。○南京圖書館藏鈔本。○臺灣「中央圖書館」藏鈔本八卷四册，半葉十行，行二十四字。有某氏墨筆批校。○臺灣中研院史語所藏鈔本不分卷四册。○上海圖書館藏民國鈔本。

西寧志七卷　國朝蘇銑撰　　**二〇五〇**

内府藏本（總目）。○《武英殿第二次書目》：「《西寧志》二本。」○天津圖書館藏清順治十四年刻本，半葉八行，行二十字，白口，四周雙邊。前有順治十四年丁酉蘇銑《重刊西寧志序》。正文首行無大標題。版心題「丁酉重刊西鎮志」。卷尾有殘缺。卷内鈐「任振采所收方志之一」、「天津市人民圖書館藏任氏天春園捐贈圖書之章」等印記。《存目叢書》據以影印。甘肅省圖藏是刻殘存《藝文志》。○甘肅省圖又藏鈔本。○一九五九年青海圖書館油印本，青海圖書館、民族文化宫藏。

續安邱志二十五卷　國朝王訓撰　　**二〇五一**

兵部侍郎紀昀家藏本（總目）。○北京大學藏清康熙刻本，作《續安丘縣志》二十五卷，半葉九行，行十八字，白口，左右雙邊。前有康熙二年劉祚遠序云：「志成矣，將付剞劂矣。」又康熙元年壬寅曹申吉序。又康熙二年任周鼎序云：「爰序而壽之梓。」又康熙十五年張貞序，康熙元年王訓序。蓋成於元年，刻於二年。此本記事至康熙二十一年，是刻成後續有增補。鈐有「靜檢堂印」。《存目叢書》據以影印。北圖、上圖、山東大學等亦有是刻。山東省圖有康熙十一年增刻本，又有康熙十五年增補本。南京圖書館有乾隆三年增刻本，存二十卷。○山東博物館藏清康熙鈔本。○清鈔本，中科院圖書館、北大、山東省圖各有一部。○民國三年萃華書局石印本，人民大學、上圖、山東省圖等藏。○民國九年石印本，山東省圖藏。○民國二十四年鈔本，山東大學藏。○民國二十五年膠州張鑑祥鈔本，山東大學藏。

永平府志二十四卷　國朝宋琬撰　張朝琮重修　二〇五二

內府藏本(總目)。○《武英殿第二次書目》：「《永平府志》十二本。」○北京大學藏清康熙五十年刻本，半葉九行，行二十二字，白口，四周單邊。正文卷端題：「萊陽宋琬撰次，府學訓導徐香參訂，蕭山張朝琮續纂，盧龍教諭胡仁濟校輯。」前有康熙五十年張朝琮序。《提要》云「卷端題永平府知府蕭山張朝琮重修」，即是本也。宋琬原本未見。康熙十八年常文魁續纂刻本，北圖有一部。康熙五十年刻張朝琮續纂本，北大之外，北圖、南大各一部。北大此本有《歷代修志姓氏》，此摘順治以下，資考鏡焉：「順治戊戌(十五年)觀察副使萊陽宋公琬撰輯府志二十三卷，郡守宜興路公遴參校後，遼陽彭公士聖訂梓。康熙戊申(七年)郡守壽州梁公泰來留心郡乘，屬山海衛教授錢公裕國修補。康熙庚戌(九年)漕運總督郡人蔡公士英屬郡丞會稽羅公京董理刊刻府志。康熙己未(十八年）郡守三韓常公文魁屬郡紳汪公淑問、管公聲揚、孫公如林、貢士韓公鼎業、翟公鳳翥及楊生新鼎修補府志。康熙庚寅（四十九年）郡守蕭山張公朝琮委府學訓導徐公香、盧龍縣學教諭胡公仁濟續修府志。」《存目叢書》據北大此本影印。

杞紀二十二卷　國朝張貞撰　**二〇五三**

河南巡撫採進本（總目）。○《河南省呈送書目》：「《杞紀》，本朝張貞著，五本。」○北京大學藏清康熙刻本，半葉十行，行十九字，黑口，左右雙邊。前有康熙四十九年庚寅王士禛序，康熙四十七年張實居序，康熙四十五年自序，略例，摭取書目。次《杞紀標目》，題「杞城耕者張貞纂述，男在辛排類，在戊、在乙鈔撮」。正文後有康熙五十五年山陰韓文靖後序。刻印頗精工。《存目叢書》據以影印。北圖、上圖、南圖、山東圖、中央民大亦藏是刻。

杭志三詰三誤辨一卷　國朝毛奇齡撰　**二〇五四**

浙江巡撫採進本（總目）。○清康熙書留草堂刻《西河合集》本。《存目叢書》用清華藏本影印。○清光緒十八年錢塘丁氏嘉惠堂刻本，《武林掌故叢編》第十七集之一。

蕭山縣志刊誤三卷　國朝毛奇齡撰　**二〇五五**

浙江巡撫採進本（總目）。○清康熙書留草堂刻《西河合集》本。《存目叢書》用清華藏本影印。

臺灣紀略一卷　國朝林謙光撰　**二〇五六**

大學士英廉購進本（總目）。○上海圖書館藏清康熙刻本，半葉九行，行二十字，白口，四周雙邊。

正文首行大題「華鄂堂集」,下小字題「臺灣府紀畧」,次行題「吴航林謙光芝嵋甫著」。版心大題「華鄂堂集」、小字題「臺灣紀畧」。前有康熙二十九年庚午林謙光小引。鈐有「徐堅仲」、「逸父」、「合衆圖書館藏書印」等印記。《存目叢書》據以影印。○清康熙四十一年刻《説鈴》前集本,題「長樂林謙光芝嵋著」,無序跋。○清乾隆五十九年石門馬氏大酉山房刻《龍威祕書》第七集《吴氏説鈴攬勝》本。○清道光五年聚秀堂刻《説鈴》本。○清光緒十七年上海著易堂排印《小方壺齋輿地叢鈔》第九帙本。○清鈔何秋濤編《邊輿紀略滙鈔》本,上圖藏。○鈔本,作《臺灣府紀略》。福建省圖藏。

登封縣志十卷　國朝張聖誥撰　二〇五七

内府藏本(總目)。○《武英殿第二次書目》:「《登封縣志》四本。」○北京大學藏清康熙三十五年刻本,題:「登封縣知縣閬山張聖誥編輯。」半葉九行,行二十二字,白口,左右雙邊。前有康熙三十五年張聖誥序,缺首葉。又康熙三十五年景日昣序,又《重修登封縣志紀事》。又《纂修姓氏》,列總裁閻興邦等三人,提調七人,督理四人,纂輯張聖誥,參訂焦欽寵、高一麟、景日昣,校正高搢桓、景日暭、焦顥。次凡例,目録。正文後有康熙三十五年高一麟跋。《存目叢書》據以影印。北圖、浙圖亦有是刻。南圖本存卷一至卷三、卷十。

琅鹽井志四卷　國朝沈鼐撰　二〇五八

浙江巡撫採進本(總目)。○《浙江續購書》:「《琅鹽井志》二本。」○《浙江採集遺書總録》:「《琅鹽井志》四卷,刊本,國朝鹽課司提舉長洲沈鼐輯。」○北京大學藏清鈔本。○雲南省圖藏鈔本,半葉九行，行十九字，無格。前有康熙五十一年沈鼒序。書中玄字缺末筆，泓、曆、寧等字不避諱，又遇清朝及清帝均提行。李孝友先生云係「近鈔本」，蓋從康熙本迻録者。記事至康熙五十五年，知修成後續有增補。《存目叢書》據以影印。○鈔本，北圖、上圖、南京地理所各一部。

師宗州志二卷　國朝管棆撰　二〇五九

兩淮馬裕家藏本（總目）。○《兩淮商人馬裕家呈送書目》：「《師宗州志》二卷二本。」○雲南省圖書館藏清康熙刻雍正七年增修本，題「奉直大夫知師宗州事加二級武進管棆纂輯」。半葉十行，行二十一字，白口，四周雙邊。前有康熙五十七年甘國選序。又雍正七年夏治源《編州志序》云：「爰仍舊本，續編數條，以備參考。」又康熙五十七年孟以恂序，康熙五十六年管棆序。卷上第五十八葉、五十九葉版心標「續編」，當即夏治源所增。《存目叢書》據以影印。北圖、西北大學、蘭大、湖北省圖均有是刻。○鈔本，北圖、北大、上圖等有藏。

遼載前集二卷　國朝林本裕撰　二〇六〇

兩淮馬裕家藏本（總目）。○《兩淮鹽政李續呈送書目》：「《遼載前集》二十一卷，國朝林本裕，二本。」○臺灣中研院史語所藏舊鈔本不分卷一册。

揚州府志四十卷　國朝張萬壽撰　二〇六一

兩淮鹽政採進本（總目）。○《武英殿第二次書目》：「《揚州府志》十二本。」○吉林大學藏清康熙二十四年刻本，半葉十行，行二十一字，白口，左右雙邊。前有李宗孔序，汪懋麟序。又舊序，凡例，目録，修志姓氏。修志姓氏包括總裁王新命、湯斌等六人，監修柯永昇等七人，纂修「兩淮都轉鹽運使司運使行道臣事前揚州府知府崔崋、揚州府知府張萬壽」，分輯馬驤等十三人，又「三原孫枝蔚、郡人泰州鄧漢儀、黄雲、江都王方岐、如臯冒丹書仝校」。據凡例首條，知刻於康熙二十四年。卷首《蕃釐觀圖》、《甘泉山圖》、《蜀岡平山堂圖》、《大觀樓圖》、《狼山圖》、《宋文游臺圖》皆繪刻甚精。卷内鈐「珬德堂藏書」印記。《存目叢書》據以影印。上圖、南圖等亦有是刻。

河套志六卷　國朝陳履中撰　二〇六二

江西巡撫採進本（總目）。〇《江西巡撫海續購書目》：「《河套志》四本。」〇天津圖書館藏清乾隆寓園刻本，題「商邱陳履中執夫纂定，宜興儲大文六雅參閲，山陽邱𤆬誠齋、同懷弟履平坦齋校訂」。半葉九行，行二十字，白口，四周雙邊。前有高珍序，李紱序，魏廷珍序，儲大文序，邱𤆬序，劉青芝序，乾隆七年陳履中序。末有乾隆七年弟履平跋。封面鐫「寓園藏板」四字。卷内鈐「天津日本圖書館藏書」印。是本寫刻頗精。《存目叢書》據以影印。北圖、上圖、南圖等亦有是刻。〇舊鈔本，天津圖書館藏。〇鈔本，北大、南大、武大等藏。

湖南通志一百七十四卷　國朝大學士陳宏謀等監修　二〇六三

通行本（總目）。〇湖南圖書館藏清乾隆二十二年刻本，半葉十行，行二十二字，白口，四周雙邊。白棉紙。前有乾隆二十二年碩色序，乾隆二十一年陳弘謀序，楊廷璋序，乾隆二十二年蔣炳序，乾隆二十二年富勒渾序，公泰序，夔舒序，乾隆二十二年郝昇額序，張泓序。又《修輯姓氏》，列監修碩色、陳弘謀、蔣炳、富勒渾，纂修范咸、歐陽正煥，校刊黄宫，繕寫書吏鄧世忠、張鎮國、劉其暉、鮑赤山等。正文後有乾隆二十二年劉尚質跋。卷内鈐「柳林馮氏藏書」、「錦囊雖富不傷廉」、「符果育亭」、「康符果印」、「育亭」、「陳國治原板督印□□」等印記。《存目叢書》據以影印。北圖、復旦、南大等亦藏是刻。

續河南通志八十卷　國朝河南巡撫阿思哈監修　**二〇六四**

河南巡撫採進本（總目）。○北京大學藏清乾隆三十二年刻本，正文八十卷，卷首四卷。半葉十一行，行二十二字，白口，四周雙邊。前有乾隆三十二年仲夏朔日阿思哈序，謂乾隆三十一年春開局於開封，越明年五月書成。次凡例。次姓氏，列總裁阿思哈、嵩貴，及提調、分採、經理、監刊、校對等共三十七人。次目録。首四卷均題「河南巡撫臣阿思哈敬輯」。卷内鈐「篤素堂張曉漁校藏圖籍之章」、「桐城張氏謹甫所藏」、「木犀軒藏書」、「麐嘉館印」等印記。《存目叢書》據以影印。又見北圖分館藏是刻，各卷缺葉總計二百數十葉之多。唯北大本前缺《黄河圖》十三葉，又缺卷五十《職官志·名宦·南陽府》二葉，北圖分館本不缺。影印時嘗擬配補，因故未果，頗覺遺憾。復旦、河南省圖等亦有是刻。又有道光六年、同治八年、光緒二十八年遞增補刻本，上圖、南圖等藏。又有民國三年河南教育司刷印歷次增補本，北大、南圖、浙圖等藏。一九八七年廣陵古籍刻印社嘗影印乾隆刻本。

澳門記略二卷　國朝印光任、張汝霖同撰　**二〇六五**

安徽巡撫採進本（總目）。○《安徽省呈送書目》：「《澳門記略》二本。」○安徽圖書館藏清乾隆西阪艸堂刻本，題「寶山印光任、宣城張汝霖纂」。半葉九行，行二十字，白口，四周雙邊。前有乾隆十六年印光任序，乾隆十六年張汝霖序，又圖十一幅。印序缺第一葉及第二葉之前半。《存目叢書》據以影印。北圖、中山圖、上圖等亦有是刻。〇清嘉慶五年刻本，北圖分館、上圖、南圖等藏。〇臺灣「中央圖書館」藏清道光七年井喦氏手鈔本二卷二册，原東北大學藏書。正文首題「澳門記略上卷」，次題「寶山印光任、宣城張汝霖纂，定興鹿亢宗校刊」。半葉九行，行二十五字。書名葉中間題「澳門記略」，右題「道光七年冬十一月」，左題「井喦氏手抄」。有道光七年丁亥署廣州府海防軍民同知范陽鹿亢宗序云：「此書未見刻本，余所得者，展轉傳鈔，脱遺不少，恐久而湮没，負兩君勤勤纂輯之心，且恐觀光者無所採擇也，因屬婿王順修校讐譌字，壽之梨棗，並爲弁言于簡端。」又乾隆十六年張汝霖序。後有印光任跋，井喦氏鈔跋。（參該館《善本書志初稿》、《善本序跋集録》）按：鹿刻未見，疑當時刊刻未果，故井喦氏從而迻録。〇清道光二十四年吴江沈氏世楷堂刻《昭代叢書》癸集萃編本。〇清光緒十年刻本，收入《嶺海異聞録》，北圖分館、上圖、陝西師大、廣東中山圖藏。〇民國上海進步書局石印《筆記小説大觀》本。〇一九八八年廣東高教出版社排印趙春農據乾隆原刻本校點本。〇一九九二年澳門文化司署排印趙春農校注本。

右都會郡縣之屬

四庫存目標注卷二十六

滕州　杜澤遜　撰

史部十五

地理類二

二〇六六　河源記一卷　元潘昂霄撰

編修程晉芳家藏本（總目）。○《提要》云：「《元史》已全録其文，此別行之本也。」○北京圖書館藏明鈕氏世學樓鈔《説郛》本，在卷三十七，作《河源志》。半葉十行，行二十四字，藍格，白口，四周單邊。○上海圖書館藏明鈔《説郛》本，在卷三十四，作《河源志》。○北京圖書館藏明鈔《説郛》本，半葉十行，行二十二字，藍格，白口，四周雙邊。○北京圖書館藏明滹南書舍藍格鈔《説郛》本。○瑞安縣玉海樓藏明鈔《説郛》本。○浙江圖書館藏明鈔《説郛》本。○民國十六年商務印書館排印張宗祥據明鈔數本重校定《説郛》本，在卷三十七，作《河源志》。昌彼得先生《説郛考》曰：「此本一卷全録，末有元統元年柯九思序。今傳尚有重編《説郛》卷六五及《學海類編》兩本。重編《説郛》本則脱柯序，且頗有譌脱也。」〇明刻清順治三年李際期宛委山堂印《説郛》本，在弓六十五，作《河源志》。此《説郛》一百二十卷，實就明末刊版修補重印，即《説郛考》所稱重編《説郛》也。北圖、上圖等多藏。〇清道光十一年六安晁氏木活字印《學海類編》本，作《河源記》。民國九年商務印書館影印晁氏木活字《學海類編》本。〇清道光二十八年黄秩模排印本，《遜敏堂叢書》之一，作《河源記》。〇天津圖書館藏清管庭芬輯鈔《一瓻筆存》本，作《河源考》一卷。〇上海圖書館藏清鈔《惜寸陰齋叢鈔》本，作《河源志》一卷。〇民國二十五年商務印書館據《學海類編》本排印，收入《叢書集成初編》。

浙西水利議答録十卷　元任仁發撰　二〇六七

永樂大典本。一名《水利文集》（《總目》）。〇上海師大藏明鈔本，正文首題「水利集卷第一」，半葉十行，行二十四字，無格。前有至大改元春二月初三日雲間任仁發序，趙孟頫跋，延祐乙卯六月二十有五日河内許約跋。後有某氏跋云：「《水利集》十卷，前七卷是元刻，後三卷即閣中亦是鈔本矣。江南頻年數水旱，今上七年至今其有年不過三四年耳。……我國家以東南爲根本，輒數十年不理江南水道，至令歲歲苦于乾潦，匪徒病民，抑亦厲國矣。録一册歸，以示先憂如文正者。旹（下缺）。」則是本猶從明文淵閣藏本出，閣本前七卷係元刻，後三卷係鈔本。卷内鈐「季振宜印」、「滄葦」二印。《存目叢書》據以影印。按：《提要》云「又有許約、趙某二跋」，今驗此本，趙某乃趙孟類也。

二〇六八

海道經一卷　不著撰人名氏

浙江范懋柱家天一閣藏本(總目)。〇《浙江省第五次范懋柱家呈送書目》:「《海道經》一卷,元□璘撰,一本。」〇《浙江採集遺書總録》:「《海道經》一册,刊本,不著撰人。附《鯨背吟》一卷,元米希顔撰。」按:米希顔當作朱晞顔,《提要》云「書末附朱晞顔《鯨背詩》三十三首」,其《鯨背吟集》收入《四庫全書》别集類。

二〇六九

海道經一卷　不著撰人名氏

户部尚書王際華家藏本(總目)。〇《提要》云:「嘉靖中袁褧以二本參校,刻入所編《金聲玉振集》,復録元延祐間海道都漕運萬户府海運則例圖、至正間周伯琦供祀記二碑附於其末。」〇明嘉靖二十九年吴郡袁褧嘉趣堂刻《金聲玉振集》本,末有「嘉靖庚戌仲冬藏亭校刊」一行。北圖、上圖等多藏此本。《存目叢書》據中科院圖書館藏本影印。〇清嘉慶十三年虞山張海鵬重刻嘉趣堂本,末有「嘉慶戊辰夏五月昭文張海鵬校梓」小字二行,收入《借月山房彙鈔》第八集,浙圖、科圖藏。又收入《澤古齋重鈔》第七集,北圖、科圖、南圖、河南圖藏。又收入《式古居彙鈔》,上圖藏。民國九年上海博古齋影印張氏刻《借月山房彙鈔》本。〇道光二十二年金山錢氏刻本,末有「皇清道光二十二年歲次壬寅金山錢熙祚錫甫校梓」一行,收入《指海》第十五集。民國二十四年上海大東書局影印錢氏刻《指海》本。〇民國二十五年商務印書館據《借月山房彙鈔》本排印,收入《叢書集成初編》。

二〇七〇　治河總考四卷　明車璽撰　陳銘續編

浙江范懋柱家天一閣藏本(總目)。○《浙江省第五次范懋柱家呈送書目》：「《治河總考》四卷，明車璽著，二本。」○《浙江採集遺書總録》：「《治河總考》四卷，刊本，明河南按察使司僉事車璽輯。」○上海圖書館藏明正德十一年刻本，明車璽撰，明陳銘續。存卷三、卷四。半葉十行，行二十三字，黑口，四周雙邊。《存目叢書》據以影印。天一閣文管所藏是刻，存卷一至卷三。按：《提要》云「始周定王，終明嘉靖十七年」，蓋館臣所見係嘉靖間增補重刻本。

二〇七一　漕河圖志三卷　明王瓊撰

浙江鄭大節家藏本(總目)。○《浙江省第五次鄭大節呈送書目》：「《漕河志》八卷，明王瓊輯，二本。」○《浙江採集遺書總録》：「《漕河志》三卷，刊本，明吏部尚書晉陽王瓊撰。原八卷。」○《提要》云：「惜原本八卷，此本止存三卷。」○明弘治九年刻本八卷，半葉十二行，行二十二字，大黑口，四周雙邊。原北平圖書館藏足本，四册，有弘治九年自序，何宗理跋。何跋缺尾。鈐有「稽瑞樓」印記。此本現存臺北「故宫博物院」。王重民《善本提要補編》、臺灣《中央圖書館善本書目》著録。中山大學藏是刻，殘存卷二、卷三、卷五、卷六共四卷二册。湖南圖書館藏是刻，殘存卷一至卷三、卷六至卷八。

二〇七二　問水集三卷　明劉天和撰

浙江鄭大節家藏本(總目)。○《浙江省第五次鄭大節呈送書目》：「《問水集》六卷，明劉天和著，三本。」○《浙江採集遺書總録》：「《問水集》六卷，刊本，明總督河道劉天和撰，工部都水郎中鄖城楊旦編。」○北京圖書館藏明刻本六卷，半葉十行，行十九字，白口，左右雙邊。正文首題「問水集卷一」，次行上題「黄河」，下題「總理河道都察院右副都御史臣劉天和著」。前有嘉靖十五年三月天水胡纘宗序，嘉靖十五年陳講序。陳序云：「冬官郎盧山邵子刻以詔後。」知係嘉靖十五年邵氏刻本。《存目叢書》據以影印。○明嘉靖二十九年至三十年吴郡袁褧嘉趣堂刻《金聲玉振集》本一卷，北圖、上圖、南圖等藏。○民國二十五年中國水利工程學會南京排印《中國水利珍本叢書》第一輯本，六卷附《黄河圖説》一卷，上圖、南大、河南省圖藏。○按：是書足本六卷，鄭大節呈本同，則《總目》作三卷，係誤册數爲卷數。

通惠河志二卷附録一卷　明吴仲撰　　**二〇七三**

兩淮馬裕家藏本（總目）。○《兩淮商人馬裕家呈送書目》：「《通惠河志》三卷，明蔡宗袞，一本。」按：「蔡宗袞」恐誤。○南京圖書館藏明嘉靖刻隆慶增修本二卷，半葉九行，行十九字，黑口，四周雙邊。徐憶農女士函告：即民國三十年鄭振鐸輯《玄覽堂叢書》據以影印底本。前有嘉靖三十七年戊午汪一中序，又嘉靖拾貳年肆月貳拾柒日工部尚書秦金等奏疏，謂處州知府吴仲所編《通惠河志》已刊成。奉旨：「既已刊刻，著廣傳布。」此本記事至隆慶五年，蓋嘉靖十二年刊成後續有增刻也。卷内鈐「吴興劉氏嘉業堂藏書印」、「劉承幹字貞一號翰怡」二印。《存目叢書》據《玄覽堂叢書》本影印。

三吴水利論一卷　明伍餘福撰　**二〇七四**

户部尚書王際華家藏本(總目)。○明嘉靖二十八年吴郡袁褧嘉趣堂刻本,《金聲玉振集》之一。半葉十行,行十八字,白口,左右雙邊。末有嘉靖二十八年己酉袁褧刻書跋云:「因梓伍君之論,附姚公之記,以見時政之急。」《存目叢書》據首都圖書館藏是刻影印。○清嘉慶十三年虞山張海鵬刻本,收入《借月山房彙鈔》第八集,中科院圖書館、浙圖藏。又收入《澤古齋重鈔》第七集,北圖分館、中科院圖書館、南圖、河南省圖藏。民國九年上海博古齋影印張海鵬刻《借月山房彙鈔》本。○民國二十五年商務印書館據《借月山房彙鈔》本排印,收入《叢書集成初編》。

新河初議一卷　不著編輯者名氏　**二〇七五**

浙江范懋柱家天一閣藏本(總目)。○《浙江省第五次范懋柱家呈送書目》:「《新河初議》,明胡世寧著,一本。」

浙西水利書一卷　不著編輯者名氏　**二〇七六**

浙江巡撫採進本(總目)。○《江蘇省第一次書目》:「《浙西水利》二本。」○《江蘇採輯遺書目録》:「《浙西水利》四十七篇二册,明工部主事姚文灝著,刊本。」○《兩淮商人馬裕家呈送書目》:「《浙西水利書》一卷,明人,一本。」○原北平圖書館藏舊鈔本三卷一册,無撰人,半葉九行,行二十字。鈐「四明盧氏抱經樓藏書印」、「延古堂李氏珍藏」等印記。王重民《善本提要補編》著録,作《浙江水利書》三卷,明姚文灝輯。澤遜按:書名「江」當作「西」,其書現存臺北「故宫博物院」,《中央圖書館善本書目》著録。○南京圖書館藏清鈔本三卷一册，丁氏八千卷樓舊藏，《善本書室藏書志》著録，云「明宏治十年提督水利工部主事姚文灝撰並序」，又云「分宋書、元書、今書之言水利者，録而參酌」。○按：是書《四庫全書》收録者三卷，明姚文灝撰，《提要》云「取宋至明初言浙西水利者輯爲一編」，前二本皆其書也。據《善本書室藏書志》，書輯於明弘治十年，其三卷之分，蓋依宋、元、明三朝也。又據《江蘇目録》，書凡三卷四十七篇。考四庫存目《浙西水利書》一卷，不著編輯者名氏，《提要》云「録前代治水文字，凡奏記、書狀、疏論、或問之類並列焉」。計宋文十九首，元文十五首，明文十二首」，合之得四十六首，與四十七篇之數僅差一篇，蓋計數偶有出入，而《四庫全書》收録者宋文實爲二十首，總數與四十七篇正合。又《提要》云「明文載至宏治間止」，亦與弘治十年相脗合。知即一書無疑。又據進呈書目，馬裕呈本一卷一本，無撰人，當係存目所據。江蘇巡撫呈本三卷二本，明姚文灝著，當係四庫著録所據。今《總目》於存目本注「浙江巡撫採進本」，於著録本注云「兩淮馬裕家藏本」。疑二者誤倒，且「江蘇巡撫」誤爲「浙江巡撫」。

膠萊新河議一卷　明王獻撰　二〇七七

浙江范懋柱家天一閣藏本（總目）。○《浙江省第五次范懋柱家呈送書目》：「《膠萊新河議略》二卷，明王獻著，二本。」○《浙江採集遺書總録》：「《膠萊新河議略》二卷，刊本，明副使王軒輯。」

吴中水利通志十七卷　不著撰人名氏　二〇七八

浙江巡撫採進本（總目）。○《浙江省第六次呈送書目》：「《吴中水利通志》二本。」○《浙江採集遺書總録》：「《吴中水利通志》十七卷，刊本，不著撰人。末署嘉靖甲申錫山安國活字銅板刊行。」〇《提要》云：「其叙事皆至嘉靖二年止。每卷之末題嘉靖甲申錫山安國活字銅版印行。」〇北京圖書館藏明嘉靖三年錫山安國銅活字印本，半葉八行，行十六字，白口，左右雙邊。卷尾有「嘉靖甲申錫山安國活字銅板刊行」一行。無序跋，無撰人。鈐有「王鳴盛印」、「西莊居士」、「光禄卿之章」、「鳳喈」、「舊山樓」、「趙鈁珍藏」、「一壓十駕」、「趙氏元方」、「鈁」、「無悔藏書」等印記。前有趙鈁題記：「壬午七月得于故都，元方。」卷内間有缺葉，約計十餘葉。《存目叢書》據以影印。〇北京圖書館藏明刻本，半葉八行，行十七字，白口，左右雙邊。

治河通考十卷　明吴山撰　二〇七九

浙江汪啟淑家藏本（總目）。〇《浙江省第四次汪啟淑家呈送書目》：「《治河通考》十卷，明吴山著，二本。」〇《浙江採集遺書總録》：「《治河通考》十卷，刊本，明尚書松陵吴山輯。」〇北京大學藏明嘉靖刻本，半葉十行，行二十字，白口，左右雙邊。前有嘉靖十二年癸巳春二月崔銑序云：「訒菴吴公巡撫河南之踰年，……又命前御史劉隅氏輯河書，開封顧守鐸刻板。」知是書係吴山命劉隅纂輯，開封知府顧鐸刊行，時嘉靖十二年。按：劉隅，字叔正，嘉靖二年進士，山東東阿人。顧鐸，字孔振，正德十二年進士，山東博興人。是本末有「治河事宜」、「治河通考下」各若干葉，爲嘉靖十四年至二十六年事，當是刻成後所增刊。卷内鈐「木犀軒藏書」印。《存目叢書》據以影印。上圖亦有是刻。〇明崇禎十一年吴士顔重刻本，題「資政大夫太子少保刑部尚書前巡撫河南等處地方都察院右副都御史吴山輯」。半葉九行，行二十字，白口，左右雙邊。有吴山序，崇禎十一年曾孫吴士顔序。《存目》所據即此重刻之本。北圖、北大、上圖等藏。〇按：此書當依地志例，著録爲「明吴山修，劉隅纂。」初刻本不題撰人，且冠崔銑序明其原委。至曾孫吴士顔重刻，則徑題乃祖之名，全不及輯者劉隅。孝子賢孫，往往如是，豈乃祖之志耶。

二〇八〇　吴江水利考五卷　明沈啓撰

江蘇巡撫採進本（總目）。〇《江蘇省第一次書目》：「《吴江水考》三本。」〇《江蘇採輯遺書目録》：「《吴江水利考》五卷，明湖廣按察使副使吴江沈啓著。」〇天津圖書館藏清乾隆五年沈守義重刻本，正文首行題「吴江水考卷之一」，次行題「邑人沈啓江村氏著」，三行題「八世孫守義重鐫」。半葉九行，行十七字，白口，左右雙邊。末有乾隆二年徐大椿書後云：「今公之八世孫守義重爲開雕。」封面刻「乾隆伍年重鐫」、「本衙藏板」。卷内鈐「任氏振采」、「三朔書屋」等印記。《存目叢書》據以影印。上圖、中山大學等亦有是刻。〇清光緒二十年刻本，作《吴江水考》。上圖藏四部。〇清光緒二十五年吴江黄氏刻本，作《吴江水考增輯》五卷《附編》二卷，明沈啓撰，清黄象曦增輯。日本京都大學人文所藏。

二〇八一　全吴水略七卷　明吴韶撰

浙江范懋柱家天一閣藏本（總目）。〇《浙江省第五次范懋柱家呈送書目》：「《全吴水略》七卷，明吴韶著，四本。」〇《浙江採集遺書總録》：「《全吴水略》七卷，刊本，明華亭吴韻撰。」〇《江蘇省第一次書目》：「《全吴水略》二本。」

兩河管見三卷　明潘季馴撰　二〇八二

浙江范懋柱家天一閣藏本(總目)。○《浙江省第五次范懋柱家呈送書目》:「《兩河管見》三卷,明潘季馴著,一本。」○《浙江採集遺書總録》:「《兩河管見》三卷,刊本,明尚書潘季馴撰。」

治水或問四卷　明龐尚鴻撰　二〇八三

江蘇巡撫採進本(總目)。○《江蘇省第一次書目》:「《治河或問》二本。」○《江蘇採輯遺書目録》:「《治河或問》四卷,明南海龔尚鴻著。」按:「龔」當作「龐」。《總目》書名「治水」,依《提要》所述「尚鴻撰進治河三策」,又「講求治河方略,設爲或問」,均作「治河」,與進呈目合,則「治水」乃「治河」之誤。

新濬海鹽内河圖説一卷　不著撰人名氏　二〇八四

浙江巡撫採進本(總目)。○《浙江省第五次范懋柱家呈送書目》:「《新濬海鹽内河圖説》一卷二本。」○《浙江採集遺書總録》:「《新濬海鹽内河圖説》一卷,刊本,不著撰人。」○《提要》云:「萬曆五年海溢,鹽邑受害特甚,是年遂開内河。此編即詳記是役。其説撮舉大要,而圖則甚詳。蓋海鹽知縣所刊。」

新河成疏無卷數　明工部都水郎中游季勳、沈子木、朱應時、涂淵、主事陳楠、張純、唐錬同編　二〇八五

浙江范懋柱家天一閣藏本(總目)。○《浙江省第五次范懋柱家呈送書目》:「《新河成疏》,明游季勳等同輯,一本。」○《浙江採集遺書總録》:「《新河成疏》一册,刊本,明郎中游季勳等輯。」

二〇八六 **東吴水利考十卷　明王圻撰**

浙江巡撫採進本(總目)。○《浙江省第三次書目》:「《東吴水利考》十卷,明王圻著,十本。」○《浙江採集遺書總録》:「《東吴水利考》十卷,刊本,明王圻撰。」○《兩江第二次書目》:「《東吴水利考》,明王圻輯,十本。」○北京圖書館藏明天啟元年松江府刻本,題「明進士王圻元翰父纂,後學俞汝楫仲濟父、男王思義、孫王昌會校」。半葉九行,行二十字,白口,四周雙邊。前有張宗衡序。鈐有「曾在李鹿山處」印記。前有某氏手録《柳南隨筆》李馥藏書事蹟,又傅節子語。《存目叢書》據以影印。安徽博物館、西安文管會、重慶北碚區圖書館亦有是刻。又王重民《善本提要補編》著録原北平圖書館、美國國會圖書館各藏一部。北平本現存臺北「故宫博物院」。

二〇八七 **黄河圖議一卷　明鄭若曾撰**

浙江范懋柱家天一閣藏本(總目)。○上海圖書館藏清康熙三十二年刻《鄭開陽雜著》本。○清乾隆四庫館鈔《四庫全書·鄭開陽雜著》本。○民國二十一年南京國學圖書館陶風樓影印清鈔《鄭開陽雜著》本。

二〇八八 **治河管見四卷　明潘鳳梧撰**

兩淮馬裕家藏本(總目)。○《兩淮商人馬裕家呈送書目》:「《治河管見》四種,明潘鳳梧,一本。」○臺灣「中央圖書館」藏明萬曆刻本四卷六册。首《管見目録》,卷一黄河圖、濬河策、濬河疏草。卷二神濬九難十易經、濬本、神濬法、神濬利具、濬意、陣濬並圖、濬政、全濬圖。卷三地水師條陳。卷四治河左祖、附聘勘河書札記、附三吴水利。半葉十行,行二十一字,白口,單魚尾,左右雙邊。卷端題「桐鄉潘鳳梧著」。版心有刻工:肖舉。該館《善本書志初稿》著録。乙亥冬余嘗展閲。

潞水客談一卷　明徐貞明撰　二〇八九

兩淮鹽政採進本(總目)。○《兩淮鹽政李續呈送書目》:「《潞水客談》一卷,明徐貞明,一本。」○《浙江省第四次汪啟淑家呈送書目》:「《潞水客談》一卷,明徐貞明著,一本。」○《浙江採集遺書總録》:「《潞水客談》一卷一册,刊本。」○天一閣文管所藏明萬曆刻本一卷一册,半葉十行,行二十字,黑口,四周雙邊。前有萬曆四年丙子張元忭序。末有萬曆四年李楨書後,萬曆四年朱鴻謨跋。張序云:「客將梓是書,聞張子言而韙之,遂用以爲序。」則付梓於萬曆四年。卷内鈐「天一閣」、「甬上林集虚記」、「蝸廬藏書」等印記。《存目叢書》據以影印。○清道光四年益津吴氏刻《畿輔河道水利叢書》本。北圖、上圖、中科院圖書館等藏。○清咸豐元年南海伍崇曜刻本,《粤雅堂叢書》第二集之一。○民國二十五年商務印書館據《粤雅堂叢書》本排印,收入《叢書集成初編》。○民國上海進步書局石印《筆記小説大觀》第五輯本。

西瀆大河志五卷　明張光孝撰　二〇九〇

兩淮馬裕家藏本(總目)。○《兩淮商人馬裕家呈送書目》:「《西瀆大河志》六卷,明張光孝,四本。」○中國科學院圖書館藏明萬曆三十八年王國楨刻本六卷,題「關中張光孝惟訓甫撰」。半葉十行,行二十字,白口,左右雙邊。前有萬曆三十八年劉士忠叙。目録後列校刻銜名:「欽差總督河道軍務僉都御史劉士忠編輯，提督張秋北河郎中沈朝燁、提督南旺閘座主事曹震陽、分守東兖兵備副使俞維宇仝校閲，管理河工兵巡道副使王國楨督刻，濟寧州知州唐世柱彙謄，判官文字美正字，儒學訓導張威如、貢生朱夢得、生員張維屏對讀。」卷尾有萬曆三十八年庚戌曹震陽跋，王國楨跋。劉叙云：「因攜之濟上，出以視工部管泉主政曹君、兵河道憲副王君，咸喜其有裨于國運。河道謀刻之，而余爲弁數語于首。」知係萬曆三十八年王國楨刊於濟寧者。《存目叢書》據以影印。臺灣中研院史語所、美國國會圖書館亦有是刻。

千金堤志八卷　明謝廷諒、周孔教、姜宏範仝撰　二〇九一

浙江范懋柱家天一閣藏本（總目）。○《浙江省第五次范懋柱家呈送書目》：「《千金堤志》八卷，明謝廷諒、周孔教、姜宏範同修，二本。」○《浙江採集遺書總録》：「《千金堤志》八卷，刊本，明謝廷諒等輯。」

古今疏治黄河全書四卷　明黄克纘撰　二〇九二

兩淮馬裕家藏本（總目）。○《兩淮商人馬裕家呈送書目》：「《黄河全書》一卷一本。」上海圖書館藏明萬曆三十九年刻本，半葉十行，行二十字，白口，左右雙邊。正文首行題「古今疏治黄河全書」，次行題「温陵黄克纘著」，共四十九葉，即一卷，與進呈目合，知《總目》作四卷誤。此本前有萬曆三十九年劉士忠序，次撰校者列名：黄克纘著，劉士忠校，周士顯、王國楨督刻。正文後另附劉士忠《酌議洳黄便宜疏》一卷六葉，又有王國楨跋。《存目叢書》據以影印。○北京大學藏清鈔本一卷附一卷,同前。○臺灣中研院史語所藏黑格鈔本一卷二册,黄克纘撰,劉士忠校。當亦從萬曆本出。

河漕通考二卷　明黄承元撰　**二〇九三**

浙江巡撫採進本(總目)。○《浙江省第九次呈送書目》:「《河漕通考》二卷,明黄承元著,二本。」○《浙江採集遺書總録》:「《河漕通考》二卷,寫本,明巡撫黄承元撰。」○南京圖書館藏清鈔本,題「槜李黄承元履常著,七世孫瀚謹録」,半葉八行,行十六字,無格。前有乾隆三十八年黄大本序,據此序知進呈四庫本出黄瀚手鈔。此本蓋又從黄瀚鈔本録出者。《存目叢書》據以影印。按:黄承玄,萬曆十四年進士,此避康熙帝諱改作黄承元。

海塘録八卷　明仇俊卿撰　**二〇九四**

江西巡撫採進本(總目)。○哈佛燕京圖書館藏明刻清修補印本,作《全修海塘録》十卷,明仇俊卿撰,《續修海塘録》二卷,明喬拱璧修。共二册。半葉十行,行二十字,白口,四周單邊或左右雙邊。

(詳沈津撰該館《書志》)

河渠志一卷　明吴道南撰　**二〇九五**

江蘇巡撫採進本(總目)。○《江蘇省第一次書目》:「《河渠志》一本。」○《江西巡撫海續購書目》:「《河渠志》二本。」

泉河史十五卷　明胡瓚撰　**二〇九六**

安徽巡撫採進本(總目)。○《安徽省呈送書目》:「《泉河史》五本。」○明萬曆二十七年刻本,湖南省圖、臺灣中研院史語所藏。中科院圖書館藏本殘存卷一、卷二、卷八至卷十一共六卷二册。○華東師大藏明萬曆二十七年刻清順治四年增修本，各卷目録題「皖人胡瓚伯玉删定」。半葉十行，行二十字，白口，四周單邊。版心下刻「板藏濟寧分司」六字。前有萬曆二十六年吴應賓序，萬曆二十七年于若瀛序，順治四年任有鑑《泉河史補序》。末有萬曆二十七年己亥寧陽知縣李沐民跋。卷三末有雙行小牌記「清明寧陽署中校正凡第八艸」。卷四末小牌記「九月廿九日舟中校正凡第五艸」。他卷間亦有之。于序後有「新都黄錕梓」小字一行，卷一目録末有「吉水郭惟勳寫」一行，卷十目録末有「魏郡車養志寫」小字一行，卷十三末有「新都黄釗寫刻」一行。卷内鈐「明善堂覽書畫印記」、「愚齋圖書館藏」等印記。《存目叢書》據以影印。

二〇九七　皇都水利一卷　明袁黄撰

江蘇巡撫採進本（總目）。○《江蘇省第一次書目》：「《皇都水利》一本。」○北京圖書館藏明萬曆三十三年建陽余氏刻《了凡雜著》本，首行題「了凡雜著皇都水利六卷」，次行題「前進士袁黄編」。共一卷四十七葉。半葉八行，行十九字，白口，左右雙邊。《存目叢書》據以影印。

二〇九八　南河志十四卷　明朱國盛撰

兩淮馬裕家藏本（總目）。○浙江圖書館藏明崇禎刻本，作《南河志》十四卷《南河全考》二卷，均題「南河郎中朱國盛編輯，郎中徐標續纂，員外郎彭期生、郎中顧民碞仝較」。均半葉九行，行二十三字，白口，四周單邊。均鈐「墨瀨廔珍藏書畫鈐記」朱文方印。《南河志》前有李思誠序，明崇禎六年癸酉東魯徐標序,明天啟五年乙丑朱國盛序例,顧民碞跋,天啟六年丙寅彭期生跋。次《纂輯姓氏》:「工部水司新昌熊子臣、華亭朱國盛、海鹽彭期生、嘉興顧民碞、濟寧徐標。」又《同較姓氏》九人。《南河全考》前有崇禎六年徐標序,萬曆二年熊子臣《舊南河紀略序》。《存目叢書》據以影印。

按:《中國古籍善本書目》、《北京圖書館古籍善本書目》均著録爲「明天啟五年崇禎六年刻本」,且《南河志》作十卷。《中國古籍善本書目》又著録《南河全考》二卷單本,作「明崇禎六年刻本」。是以《南河志》爲天啟五年刻本。檢《南河志》确作十四卷,北圖本十卷,當是佚去後四卷。《南河志》與《南河全考》字體版式全同,顯係一時所刻。據朱國盛序例,二書同時修成,亦絶無分别刊版之必要。考二書均有崇禎六年徐標序,又均題「徐標續纂」,知均係徐標增輯之本。《南河志》年表記事至崇禎二年,年表内明載萬曆元年熊子臣刻《南河紀略》事,至朱國盛却不言刻《南河志》,可知天啟五年朱國盛雖輯成二書,但未即付刊,至崇禎六年徐標始增輯而梓行之,即浙圖、北圖藏本也。上圖、山東省圖僅有《南河全考》二卷,亦同時所刻。

常熟水論一卷　明薛尚質撰　　**二〇九九**

編修程晉芳家藏本(總目)。〇清道光十一年六安晁氏木活字印《學海類編》本,題「明薛尚質著」,前有嘉靖辛亥自序。民國九年商務印書館影印晁氏木活字《學海類編》本,《存目叢書》更據商務本影印。〇民國二十五年商務印書館據《學海類編》本排印,收入《叢書集成初編》。

黃運兩河考議六卷　不著撰人名氏　二一〇〇

浙江汪啟淑家藏本(總目)。○《浙江省第四次汪啟淑家呈送書目》：「《黃運兩河考議》六卷，缺名著，一本。」○《浙江採集遺書總録》：「《黃運兩河考議》六卷，寫本，不著撰人。」

河紀二卷　國朝孫承澤撰　二一〇一

山東巡撫採進本(總目)。○南京圖書館藏清初鈔本，題「退谷孫承澤輯」。半葉九行，行十八字，無格。後有自跋，署「都門八十一老人孫承澤撰」。考承澤生萬曆二十年，則此跋作於康熙十一年。卷内玄字缺末筆，弘、曆字均不避諱，蓋猶康熙時所鈔。前有同治十一年丁丙手跋並手録《四庫提要》本條。其跋不見《善本書藏書志》，迻録如次：「道光二十九年豐北決口，朝廷遣重臣治河。迨豐工合龍，粤逆旋据金陵，犯揚州、鎮江，豕突東省，河工遂廢，龐官悉删，裁南漕全事海運。同治十年秋，天津大水，讀是紀，想見國初盛平時也。十一年五月田園生記。」鈐有「丁氏八千卷樓藏書記」印。《存目叢書》據以影印。○北京圖書館藏清康熙刻本，半葉九行，行十八字，白口，四周單邊。顔體寫刻，初印，包背裝。鈐「研理樓劉氏倭劫餘藏」、「有書自富貴，無病即神仙」等印記，天津劉明陽、王靜宜夫婦舊藏也。

具區志十六卷　國朝翁澍撰　二一〇二

兩淮馬裕家藏本(總目)。○《兩淮商人馬裕家呈送書目》：「《具區志》十六卷，國朝翁澍，四本。」○北京大學藏清康熙刻本，題「吴縣翁澍撰」。半葉九行，行十八字，大黑口，左右雙邊。前有康熙十一年黃周星序，康熙二十八年汪琬序，康熙二十八年自序。封面刻「湘雲閣藏板」。卷内鈐「稽瑞樓」印。《存目叢書》據以影印。北師大、故宮、上圖等藏康熙二十八年刻本，蓋即是刻。南圖、蘇州市圖等藏康熙二十八年受采堂刻本，疑亦同版。

北河續記八卷　國朝閻廷謨撰　二一〇三

浙江汪啟淑家藏本(總目)。○《浙江省第四次汪啟淑家呈送書目》：「《北河續紀》八卷，國朝閻廷謨著，三本。」○《浙江採集遺書總録》：「《北河續紀》七卷，刊本，國朝孟津閻廷謨撰。」○《兩淮商人馬裕家呈送書目》：「《北河續紀》七卷《附餘》一卷，國朝閻廷謨等，四本。」○故宮藏清順治九年刻本，作《北河續紀》七卷《附餘》一卷。卷一圖。卷二以下題「孟津閻廷謨重纂」。半葉九行，行二十字，白口，四周單邊。前有順治九年朱紱序，順治九年傅以漸序，高射斗序，順治九年彭欽序，順治九年自序，目録後有參閱姓氏，姓氏末列「陽穀縣主簿王育德、壽張縣主簿魯瑜仝督梓」。印本清朗。《存目叢書》據以影印。北圖亦有是刻。

河防芻議六卷　國朝崔維雅撰　二一〇四

直隸總督採進本(總目)。○《直隸省呈送書目》：「《河防芻議議》六本。」○南京圖書館藏清康熙十三年刻本。○中國科學院圖書館藏清鈔本六卷六册，半葉十四行，行字不等，無序跋。《存目叢書》據以影印。

新劉河志一卷婁江志二卷　國朝顧士璉撰　二一〇五

兩江總督採進本(總目)。○《浙江省第六次呈送書目》：「《開江書》四卷，國朝顧士璉輯，三本。」

○《浙江採集遺書總録》：「《開江書》四卷，刊本，國朝婁縣顧士璉輯。」○故宫藏清康熙刻《吴中開江書》本，作《新劉河志正集》一卷《附集》一卷《婁江志》二卷。半葉九行，行十九字，白口，左右雙邊。《新劉河志》分正集、附集。前有順治十二年太倉守三韓白登明序，順治十二年吴克孝序，順治十二年周臣序，陸世儀序。陸序云：「顧子殷重乃輯其開濬之始末而付之梓，遂命之曰《新劉河志》。」又《圖説》，末署「康熙歲次戊申（七年）孟秋婁東後學顧士璉記」。正文首題「太倉州新劉河志」，下注「正集」，次行題「三韓白登明林九定，治下後學顧士璉殷重輯」。附集首題「太倉州新劉河志」，下注「附集」，收顧士璉《白公渠記》等十二篇，又《治水要法》，題「婁水顧士璉訂正，弟㞋生、姪廷鏞編輯」，末有顧士璉後序，又《三江合論》等二篇。《婁江志》前有康熙五年王瑞國《吴中開江書序》，陳瑚《婁江志序》，康熙十二年計登《吴中開江書序》，康熙十二年皇甫鋏《婁江吴淞江兩志合序》，次凡例七條。次圖説，署「康熙歲次戊申（七年）孟秋婁東後學顧士璉記」。正文題「三韓白登明林九定，四明虞光祚爾錫、婁東顧士璉殷重、陸世儀道威同輯」。末有錢謙益《婁江謡十章爲白使君賦》。則《新劉河志》顧士璉輯，《婁江志》虞光祚、顧士璉、陸世儀同輯。約刻於康熙七年。《存目叢書》據以影印。上圖、南圖亦有是刻。

山東全河備考四卷　國朝葉方恒撰　二一〇六

江蘇周厚堉家藏本（總目）。○《江蘇省第一次書目》：「《山東全河備考》四本。」○《江蘇採輯遺書目録》：「《山東全河備考》，清葉方恒著。」○北京大學藏清康熙十九年刻本，題：「古吴葉方恒學亭甫纂。」半葉十行，行二十字，白口，四周雙邊。前有康熙十九年庚申施維翰序，康熙十九年自序。

次校刊銜名,列兗州府知府趙蕙芽至蒙陰縣知縣王允孚共五十一人仝校刊。次凡例,目録。正文四卷,各分上下子卷。卷内鈐「退耕堂藏書記」、「豈爲功名始讀書」二印。《存目叢書》據以影印。上圖、曲阜師大、濟寧市圖、大連市圖亦有是刻。○清光緒十七年上海著易堂排印《小方壺齋輿地叢鈔》第四帙本,作《全河備考》一卷。

明代河渠考無卷數　國朝萬斯同撰　二一〇七

浙江巡撫採進本(總目)。○《浙江省第四次汪啟淑家呈送書目》:「《明代河渠考》不分卷,國朝萬斯同著,四本。」○《浙江採集遺書總録》:「《明代河渠考》四册,寫本,國朝萬斯同撰。」○《兩江第一次書目》:「《明實録河渠考》,明萬斯同輯,四本。」○浙江圖書館藏清鈔本,作《歷代河渠考》三卷,題四明萬斯同季野輯。半葉十行,行二十一字,無格。封面有微水軒主人題簽。又某氏手跋二則。卷内鈐「萬學詩常倫氏」等印記。此三卷僅《海運》、《膠萊河》二門。《存目叢書》據以影印。○臺灣「中央圖書館」藏鈔本,書名卷數及内容同浙圖本,半葉九行,行二十六字。

今水經一卷　國朝黄宗羲撰　二一〇八

浙江巡撫採進本(總目)。○《浙江省第三次書目》:「《今水經》一卷,國朝黄宗羲著,五本。」○《浙江採集遺書總録》:「《今水經》一卷,寫本,國朝黄宗羲撰。」○北京圖書館藏清乾隆四十二年孔繼涵家鈔本一册,半葉十行,行二十字,無格。卷内鈐「孔繼涵印」、「葒谷」等印記。卷末有孔繼涵題記:「乾隆丁卯五月乙丑朔借程吏部魚門本抄。」又趙萬里簽記:「孔繼涵乾隆四年生,乾隆丁卯年九歲，此云丁卯當是丁酉之訛。萬里，五八年二月。」《存目叢書》據以影印。〇清乾隆至道光間鮑氏刻《知不足齋叢書》第十二集本。此本刻於乾隆四十一年，末有玄孫黄璋跋，稱所據底本係黄宗羲「續鈔堂故物」。民國十年上海古書流通處影印鮑氏刻《知不足齋叢書》本。〇清咸豐七年翁同書家鈔本，半葉九行，行二十一字，無格。清翁同書批注並跋。北圖藏。○清鈔本，清翁同書批校並跋。津圖藏。〇清咸豐十一年翁曾源鈔本，翁同書跋，翁曾源校並跋。常熟圖書館藏。〇清一角山樓主人鈔本。遼圖藏。〇清鈔本，沈曾植跋。南圖藏。〇清同治二年長沙余氏刻本，《明辨齋叢書》初集之一，北圖、北大、上圖等藏。〇清光緒元年崇文書局刻《崇文書局彙刻書》本，北圖、北大、上圖等藏。〇清光緒六年會稽章氏刻本，《水經注彙刻書》之一。北京師大、日本東京大學東洋所藏。〇六有齋刻本，日本京都大學人文所藏。〇清光緒三十一年杭州群學社石印《黄梨洲遺書》本，中科院圖書館、上圖等藏。〇民國四年時中書局排印《梨洲遺著彙刊》本，北圖、上圖等藏。〇民國二十五年商務印書館據《知不足齋叢書》本排印，收入《叢書集成初編》。〇一九八六年浙江古籍出版社排印《黄宗羲全集》第二册本，係據知不足齋本點校。

明江南治水記一卷　國朝陳士鑛撰　　　　**二一〇九**

編修程晉芳家藏本（總目）。〇清道光十一年六安晁氏木活字印《學海類編》本，題「清秀水陳士鑛宿峰編」。民國九年商務印書館影印晁氏木活字《學海類編》本。《存目叢書》又據商務本影印。

二一一〇 湘湖水利志三卷　國朝毛奇齡撰

浙江巡撫採進本（總目）。〇清康熙書留草堂刻《西河合集》本。《存目叢書》據清華藏本影印。〇清魯氏壺隱居鈔《蕭山叢書》本，北圖藏。

二一一一 東南水利八卷　國朝沈愷曾撰

浙江巡撫採進本（總目）。〇《浙江省第七次呈送書目》：「《東南水利》八卷，國朝沈愷曾輯，二本。」〇《浙江採集遺書總録》：「《東南水利》八卷，刊本，國朝山東道監察御史歸安沈愷曾輯。」〇南京圖書館藏清康熙刻本，題「歸安沈愷曾編」，半葉九行，行二十字，白口，四周單邊。卷内鈐「鄒存淦印」、「儷笙」、「求是室藏本」、「鄒儷笙讀書記」、「鄒氏所藏」、「儷笙閱過」等印記。又鈐大木記：「主人素喜藏書，奈家貲無多，未能廣置，僅此數種，以備參考。親友借觀，豈敢自祕。第性魯不能强記，每有所憶，時愛翻閲。凡借去者，希於旬日内擲還，則深感原諒之雅。附觀書四戒：勿以唾揩書，切忌垢污紙，慎毋爪侵頁，莫將篇折角。閲者其知此，則收書家不致有□敬仲之惋惜矣。戊戌秋仲朋壽室主人謹告。」下鈐「儷笙」朱文方印。書末有鄒存淦手跋：「右《東南水利》八卷，國朝沈愷曾撰。癸卯新秋得於青雲街考市。前後無序跋，其目録適當頁盡處，查《四庫總目》始知其全。今恭録提要於卷首。是書所載奏議公牘暨疏通宣洩諸説，足資治水者考鏡。沈公浙江歸安人，其奏濬太湖，實欲保衛桑梓，故輯録此作亦皆歸重吴興，其意蓋可知矣。提要乃爲其已見志乘，抑入存目中。然志乘繁重，非寒士所能遍購。予素喜藏書，即嘉湖兩府之志，至今尚未夢見，遑言其他。此則卷頁無多，置之差易，似未可以其已見志乘而廢棄之也。光緒二十九年小雪後三日海寧鄒存淦儷笙氏識於古杭寓舍之東梧草堂，時年七十又五。」《存目叢書》據以影印。上圖亦有是刻，末有缺葉。〇民國間吴興莫章達藏鈔本八卷二册（見《浙江文獻展覽會專號》）。

治水要議一卷　國朝孫宗彝撰　二一一二

編修程晉芳家藏本（總目）。〇《提要》云：「此書載曹溶《學海類編》中。」按：今傳道光十一年木活字本《學海類編》諸家著録無此子目。

太湖備考十六卷　國朝金友理撰　二一一三

浙江巡撫採進本（總目）。〇《浙江省第十次呈送書目》：「《太湖備考》十六卷，國朝金友理輯，八本。」〇《浙江採集遺書總録》：「《太湖備考》十六卷，刊本，國朝吴縣金友理輯。」〇《江蘇省第二次書目》：「《太湖備考》八本。」〇《江蘇採輯遺書目録》：「《太湖備考》十六卷，清吴縣金友理著，刊本。」〇中國人民大學藏清乾隆十五年藝蘭小圃刻本，卷二題「東山金友理纂述，弟友琯校」，以下各卷校者不盡同。半葉十行，行二十一字，白口，左右雙邊。版心偶有「藝蘭小圃」四字，封面刻「藝蘭圃藏板」五字。前有乾隆十五年庚午吴曾序，金友理序，邱賡熙序，凡例，目録。目録末有「吴門李又韓子永瑞店鐫」一行。正文後附《湖程紀略》一卷，題「東山吴曾萊庭」，末題「門人金友理校録」。寫刻頗精。《存目叢書》據以影印。上圖、北京師大、湖北省圖等均有是刻。上圖又有乾隆十五年刻光緒二十九年修補續刻本。

蕭山水利書初集二卷續集一卷三集三卷附集一卷　初集明富玹編　國朝來鴻雯重訂　續集三集皆國朝張文瑞編　附集文瑞之子學懋所編　二一一四

浙江汪啟淑家藏本(總目)。〇《浙江省第四次汪啟淑家呈送書目》:「《蕭山水利》二卷《續刊》一卷《三刊》三卷二本。」〇《浙江採集遺書總録》:「《蕭山水利》二卷《續刻》一卷《三刻》三卷,刊本,明僉事富玹輯前編,邑人張文瑞續纂後二編。」〇浙江圖書館藏清康熙五十七年至雍正十三年孝友堂刻本。《蕭山水利》二卷,末有康熙五十七年十月來鴻雯跋,云《蕭山水利》書一帙,乃故明邑紳福建僉事富公玹取邑令張公懋所刻《蕭山水利事蹟》及邑尚書魏公所著《蕭山水利事要》合梓之。惜其本已漫漶,字多淆譌,且先後絶無倫次。閒中稍爲是正增補。《蕭山水利續刻》一卷,前有康熙五十八年長干老圃《續刻蕭山縣水利序》云:「張子文瑞有憂之,既取富公玹所輯《蕭山水利》編次付梓。又旁搜近取爲續編,將以公諸同志。」《蕭山水利三刻》三卷,前有雍正十三年張文瑞序云:「因命兒子學懋取余舊輯西江塘湘湖紀事稿二帙,分爲三卷,校正付梓。」據諸序,知正、續、三集先後由張文瑞刊刻於康熙五十七年、五十八年、雍正十三年。末又附《蕭山諸湖水利》一卷,題「邑人張學懋勉之重鐫」。即《總目》所稱《附集》。各集均半葉九行,行二十字,白口,四周單邊,版心下刻「孝友堂藏」四字。字體亦同。《存目叢書》據以影印。上圖有是刻殘本。〇南京圖書館藏清魯氏壺隱居鈔本,無初集《蕭山水利》。疑係魯燮光輯《蕭山叢書》零種。

治河前策二卷後策二卷　國朝馮祚泰撰　　**二一一五**

浙江巡撫採進本(總目)。○《浙江省第九次呈送書目》:「《治河前策》二卷,國朝馮祚泰輯,二本。《治河後策》二卷,國朝馮祚泰輯,二本。」○中國科學院圖書館藏清鈔本,題「滁上馮祚泰粹中著」,半葉九行,行二十字,白口,左右雙邊。前有乾隆七年自序。《存目叢書》據以影印。○浙江圖書館藏鈔本。

水鑑六卷　國朝郭起元撰　　**二一一六**

福建巡撫採進本(總目)。○《福建省呈送第三次書目》:「《水鑑》六卷二本。」○湖北省圖書館藏清刻本,作《介石堂水鑑》六卷,半葉九行,行十九字,白口,左右雙邊。目録末題「男鵬舉恭編次,孫端揆、端牧、端岳、端型、端表、端湜校字」。正文題「閩縣郭起元復齋著,江陰蔡寅斗芳三評」。無序跋。書中泓字缺末筆,曆字作歷,是避乾隆帝諱。寧字不避諱。《提要》云「刻於乾隆癸酉」,當即其本也。《存目叢書》據以影印。

安瀾文獻一卷　國朝沈光曾撰　　**二一一七**

兩江總督採進本(總目)。○《提要》云:「末有乾隆十年重刻書後一篇。」

右河渠之屬

北邊備對一卷　宋程大昌撰　　**二一一八**

江蘇巡撫採進本(總目)。○《兩江第一次書目》:「《北邊備對》,宋程大昌著,抄本,一本。」○明嘉靖二十三年陸楫儼山書院雲山書院刻《古今説海》本，北圖、上圖、南圖等藏。○清乾隆四庫館鈔《四庫全書・古今説海》本。○清道光元年苕溪邵氏酉山堂刻《古今説海》本。○清宣統元年上海集成圖書公司排印《古今説海》本。○民國四年上海進步書局石印《古今説海》本。○北京圖書館藏明鈕氏世學樓藍格鈔《説郛》本，在卷五十二。○上海圖書館藏明鈔《説郛》本，在卷三十二。○北圖又藏明鈔《説郛》本，半葉十行，行二十二字，藍格，白口，四周雙邊。○北圖又藏明鈔《説郛》本，半葉十行，行二十一字或二十二字，藍格，白口，左右雙邊。○北圖又藏明滹南書舍鈔本。○浙江圖書館藏明鈔《説郛》本。○民國十六年商務印書館排印張宗祥據明鈔數本重校定《説郛》本，在卷五十二。昌彼得先生《説郛考》曰：「六卷原本自明以來久佚。此本僅節録紹熙辛亥程大昌自序及文廿一條。今傳之《古今説海》、《古今逸史》、《歷代小史》、《續百川學海》、重編《説郛》卷五六（按清印本則無）諸本所載，悉出此本。四庫亦以此節本附著存目。此本文字與傳本略有異同，黄河四大折圖則傳本悉删去，足資校勘焉。」○明刻清順治三年宛委山堂印《説郛》本，在弓五十六。北圖、上圖等藏。○明刻《歷代小史》本，北圖、北大、上圖等藏。民國二十九年商務印書館影印明刻《歷代小史》本。○明吴琯刻《古今逸史》本，北圖、南圖、浙圖等藏。民國二十六年商務印書館影印明吴琯刻《古今逸史》本。○明刻《續百川學海》乙集本，北大、南大、山東省圖等藏。○清初錢曾家鈔本，與《北轅録》合一册。半葉八行，行十六字，白口，四周單邊。北圖藏。

二一一九 江東地利論一卷　宋陳武撰

永樂大典本(總目)。

二一二〇 東南防守利便三卷　宋陳克、吴若同撰

兩江總督採進本(總目)。○《兩江第一次書目》:「《東南防守利便》,宋陳克、吴石同撰,三本。」○《兩淮商人馬裕家呈送書目》:「《東南防守利便》三卷,宋陳克,一本。」○《浙江省第四次吴玉墀家呈送書目》:「《東南防守利便》三卷,宋陳克等著,一本。」○《浙江省第四次鮑士恭呈送書目》:「《東南防守》三卷,宋吕祉著,一本。」○《浙江採集遺書總録》:「《東南防守利便》三卷,錢塘趙氏小山堂寫本,宋江南東路安撫使吕祉撰。」○湖北圖書館藏明崇禎八年茅瑞徵浣花居刻本,《芝園祕録初刻》之一。題「右迪功郎江南東路安撫使司准備差遣臣陳克、左宣教郎添差通判建康軍府提舉圩田臣吴若」。半葉八行,行十八字,白口,左右雙邊。版心下刻「浣花居」。前有崇禎八年茅瑞徵《刻東南防守利便序》,署「崇禎乙亥冬日澹樸居士茅瑞徵書於家園之浣花居」。末刻姑蘇吴岫跋,謂「岫於錫山顧慧岩家借録」。知是刻源於嘉靖間吴岫鈔本。《存目叢書》據以影印。北圖有是刻。北大、臺灣「中央圖書館」均有是刻單本。○吉林大學藏清康熙四十六年鈔本。○北京圖書館藏清鈔本,半葉九行,行二十一字,無格。○清嘉慶中南匯吴氏聽彝堂刻《藝海珠塵》本。○清道光十一年六安晁氏木活字印《學海類編》本。民國九年商務印書館影印晁氏木活字《學海類編》本。○民國二十六年商務印書館據《學海類編》本排印,收入《叢書集成初編》。

二一一一　邊防控扼形勢圖論一卷　宋江默撰

永樂大典本(總目)。

二一一二　東關圖一卷　明聞人詮輯

浙江巡撫採進本(總目)。○《浙江省第九次呈送書目》:「《山海等關地形圖》,明聞人銓輯,一本。」按:銓當作詮。○《浙江採集遺書總録》:「《山海等關地形圖》一册,刊本,明聞人銓輯。」按:銓當作詮。○《提要》云:「是編乃嘉靖壬辰詮爲監察御史時巡視山海等關,以莅任例取地圖,而繪畫不免勞費,乃取平原張禄舊時所繪諸圖,重加校正,刊以備閲。」

二一一三　修攘通考四卷　明何鏜編

浙江巡撫採進本(總目)。○《浙江省第五次曝書亭呈送書目》:「《修攘通考》四卷,明何鏜輯,四本。」○《浙江採集遺書總録》:「《修攘通考》四卷,刊本,明麗水何鏜輯。」○北京師大藏明萬曆六年自刻本,半葉十行,行二十二字,白口,四周單邊。前有萬曆六年何鏜序云:「迺題其端曰《修攘通考》,以命梓人。」書凡六卷。卷一卷二《歷代輿圖》,即蘇軾《歷代地理指掌圖》;卷三桂萼《皇明一統輿圖》;卷四許論《九邊圖論》;卷五卷六羅洪先《皇明廣輿圖》。版心刻工:刘智、葉以倫刊、余仕刊、余林、汝德、蔡昴、張友生、丁二、丁鴻儒、汝美、范成恩、葉倫、丁一刊、張汝德刊、范三、張汝美等。卷内鈐「潤州唐氏珍藏」、「臣參」、「清白吏子孫」等印。《存目叢書》據以影印。北圖、北大、社科院歷史所、臺灣「中央圖書館」均有是刻。原北平圖書館藏一部現存臺北「故宫博物院」。

○山東博物館藏明鈔本。○按：《存目》所據浙江呈本係殘帙，缺卷五卷六。

二一二四

九邊考十卷　明魏焕編

兩江總督採進本（總目）。○《兩江第一次書目》：「《九邊考》，明魏焕著，四本。」○原北平圖書館藏明嘉靖二十一年夔州知府張環刻本，作《皇明九邊考》十卷，題「兵部職方清吏司主事長沙魏焕編集」。半葉九行，行二十二字，黑口，四周雙邊。前有嘉靖二十一年張環跋，嘉靖二十年蔡纘序，魏焕引。後有嘉靖二十年董策跋，嘉靖二十三年趙鳴鳳跋。王重民《善本提要補編》著録「明嘉靖間刻本」即是。現存臺北「故宫博物院」，《中央圖書館善本書目》著録。民國二十六年商務印書館據以影印，收入《國立北平圖書館善本叢書》第一集。《存目叢書》更據商務本影印。美國國會圖書館亦有是刻，王重民《善本提要》著録。○浙圖藏明嘉靖四十五年魏時用重刻本，行款同前本，但字體不同。前有嘉靖庚戌（二十九年）楊名時《重刻九邊考序》。末有魏時用嘉靖丙寅（四十五年）跋云：「嘉靖丁未用任蜀之大寧，聞先君昔巡川東時嘗刻《九邊圖考》，貯之夔府。取而讀之，痛切於心。因慮夫家之無傳也，敬謀諸方洲公序而刻之。爰及三分之一，尋以去任，未終所圖。兹歸家，……乃倩工卒刻。」（浙圖童正倫先生函告）中國歷史博物館亦有一帙，序跋同北平本，無楊名時、魏時用序跋。○清同治八年長沙余氏刻本，《明辨齋叢書》初集之一。○北京圖書館藏清藍格鈔清顧炎武編《皇明修文備史》本三卷。

二一二五

海防圖論一卷　明鄭若曾撰

浙江范懋柱家天一閣藏本（總目）。○《浙江省第五次范懋柱家呈送書目》：「《海防圖論》一卷，明鄭若曾著，一本。」○《浙江採集遺書總録》：「《海防圖論》一册，刊本，不著撰人。」○明天啟元年吳興閔聲刻墨、緑、紅三色套印《兵垣四編》本，作明胡宗憲撰。半葉八行，行十八字，白口，四周單邊。中國歷史博物館、浙圖藏。按：此《兵垣四編》有天啟元年夏日苕上布衣閔聲跋云：「曾於先渭陽晉叔氏手受諸編，曰《陰符》、《素書》，次之兼輯《孫》、《吳》，彙爲《四編》。」又云：「因附邊、海圖論（澤遜按：指許論《九邊圖論》、胡宗憲《海防圖論》）于後，使留心國事者洞兵機，曉兵法，矚兵形，以稍抒目前緩急之用，亦草茅之士所深願也。謹以災木，俟之知者。」又天啟元年陳繼儒序云：「博士臧晉叔酷好此書，高卧山中，批閱點定，悠然有隆中抱膝之思焉。閔襄子得之，因付剞劂氏。」又徐亮、閔暎張跋，亦稱閔襄子梓之。知閔聲字襄子，臧懋循之甥。是刻三色印本罕見。又有朱墨二色印本，流傳甚廣。○清康熙三十二年鄭起泓、鄭定遠刻《鄭開陽雜著》本，上圖、復旦藏。○清乾隆四庫館鈔《四庫全書·鄭開陽雜著》本。○南京圖書館藏清鈔《鄭開陽雜著》本。民國二十一年南京國學圖書館陶風樓據以影印。○清咸豐四年新昌莊氏過客軒刻《長恩書室叢書》本，北圖、北大、上圖等藏。○清同治十一年常熟鮑氏刻本，《後知不足齋叢書》第八函之一。○同治間新建吳氏皖城刻《半畝園叢書》本。以上咸、同三本均作胡宗憲撰。○按：是書鄭若曾與唐順之同定其圖，而若曾撰論。詳《提要》。

萬里海防圖說二卷　明鄭若曾撰　**二一二六**

浙江巡撫採進本（總目）。○《浙江省第四次鮑士恭呈送書目》：「《萬里海防》二卷，明鄭若曾著，二本。」○《兩江第一次書目》：「《萬里海防圖論》，明鄭若曾著，一本。」○清康熙三十年鄭起泓刻本，作《萬里海防圖論》二卷，北大、上圖、南圖藏。此刻又收入《鄭開陽雜著》，上圖、復旦藏。○清乾隆四庫館鈔《四庫全書·鄭開陽雜著》本。○南京圖書館藏清鈔《鄭開陽雜著》本。民國二十一年南京國學圖書館陶風樓據以影印。

江防圖考一卷　明鄭若曾撰　**二一二七**

浙江范懋柱家天一閣藏本（總目）。○清康熙三十年刻本，收入《鄭開陽雜著》，上圖、復旦藏。○清乾隆四庫館鈔《四庫全書·鄭開陽雜著》本。○南京圖書館藏清鈔《鄭開陽雜著》本。民國二十一年南京國學圖書館陶風樓據以影印。

江防考六卷　明吳時來撰　王篆增補　**二一二八**

浙江汪啟淑家藏本（總目）。○《浙江省第四次汪啟淑家呈送書目》：「《江防考》六卷，明吳時未著，五本。」按：未當作來。○《浙江採集遺書總録》：「《江防考》四卷，刊本，明僉都御史仙居吳時來撰。」○《兩江第一次書目》：「《江防考》，明吳時來輯，四本。」○上海圖書館藏明萬曆五年刻本，存卷二、卷三、卷五、卷六。半葉九行，行十九字，白口，左右雙邊。有近人葉景葵題識：「天一閣藏書，缺第一、第三册，即卷一、卷四。庚辰十一月記。」下鈐「葉景葵印」白文方印。卷内又鈐「卷盦六十六以後所收書」、「合衆圖書館藏書印」等印記。《存目叢書》據以影印。臺灣中研院史語所、美國國會圖書館均有六卷足本。美國國會本王重民《善本提要》著録。

二一二九　兩浙海防類考續編十卷　明范淶撰

浙江汪啟淑家藏本(總目)。○《浙江省第四次汪啟淑家呈送書目》:「《兩浙海防類考續編》十卷,明范淶著,十本。」○《浙江採集遺書總録》:「《兩浙海防類考續編》十卷,刊本,明金一龍纂,范淶續修。」○《江蘇省第一次書目》:「《兩浙海防類考續編》十本。」○《江蘇採輯遺書目録》:「《兩浙海防類考續編》,明浙江布政司副使范淶著。」○北京大學藏明萬曆三十年刻本,半葉十行,行二十七字,白口,四周單邊。前有萬曆三十年史繼辰序(缺首葉)云:「命曰《海防類考續編》。不佞辰適待罪浙藩,與剞劂之役。」又萬曆三十年自序,刻書文移。據二序及文移,知係萬曆三十年浙江布政使司刻本。版心刻工:陶承斈、白有成、夏尚寅、俞堂、沈良刊、陶惠、夏大寅、盛忠、周科、夏上中、茅晚成、王希圣、陶在國、陳如誠、沈思、魯元、王九思、王三元、江良刊、朱善、陶允成、陶仕紀、邵振蒼、夏尚思、錢中、周于德、呂承斈、陶坤、沈龙、郭成刊、簡應龍、陳加訓、陳誎、夏大有、錢礼、張立、沈望、芮山、馬從聘、張岳、潘美、錢忠、下大寅(當即夏大寅)、邵士奇、陶成、陶連、夏上官等。《存目叢書》據以影印。南圖、南大、中山大學、臺灣「中央圖書館」、臺灣中研院史語所均有是刻。

二一三〇　温處海防圖略二卷　明蔡逢時撰

浙江汪啟淑家藏本(總目)。○《浙江省第四次汪啟淑家呈送書目》:「《温處海防圖略》二卷,明劉芳譽等輯,二本。」○《浙江採集遺書總録》:「《温處海防圖略》二卷,刊本,明温州知府劉芳譽等輯。」○北京大學藏明萬曆刻本,半葉九行,行二十字,白口,四周雙邊。前有萬曆二十四年丙申蔡逢時序，末有劉芳譽跋。正文末有「董工官永嘉典史王世隆，督刊海防吏楊應□」二行。蔡序版心下刻「澄清堂刊」四字。蔡序有「用是付之剞劂」語，知即刻於萬曆二十四年。版心刻工：黄、王、敬、巨、芳等單字。《存目叢書》據以影印。臺灣中研院史語所亦有是刻。原北平圖書館藏是刻，鈐「震甲」、「東木」、「錢沅」、「楚殷」等印記（見王重民《善本提要補編》）。按：此本現存臺北「故宫博物院」。前二印係歷城周永年之子周震甲藏印，東木其字也。

籌海重編十卷　明鄧鍾撰 **二一三一**

兩淮馬裕家藏本（總目）。〇河南圖書館藏明萬曆刻本十二卷，題「崑山鄭若曾原編，晉江鄧鍾重編」。半葉十二行，行二十二字，白口，四周單邊。前有萬曆二十年蕭彦序，嘉靖辛酉胡松序，嘉靖辛酉鄭若曾引，凡例，目録。正文後有明萬曆二十年費堯年後序云：「前都司鄧鐘，芟繁剔穢，參以續聞，而相爲訂正，付之剞劂，命之爲《重編》。」知刻於萬曆二十年。又萬曆二十二年袁昌祚後序，二十年童元鎮跋，鄧鐘題後。《存目叢書》據以影印。北圖藏是刻存卷一至卷十，與《存目》同。〇北大藏清鈔本，王重民《善本提要》著録。〇清華大學藏清鈔本。〇臺灣「中央圖書館」藏影鈔明萬曆二十年刻本，全書各圖均彩繪。玄字缺末筆，曆字不避。〇按：重編者「鄧鐘」，《總目》誤作「鄧鍾」。又全書十二卷，館臣所據係十卷殘本。

海防圖論一卷　不著撰人名氏 **二一三二**

浙江范懋柱家天一閣藏本（總目）。〇按：檢《浙江省第五次范懋柱家呈送書目》僅有《海防圖論》

一部，而《總目》載有兩部，均天一閣藏本，前者鄭若曾撰，後者不著撰人名氏。疑係一書前後重出。

陝西鎮考一卷　不著撰人名氏　**二一三三**

浙江范懋柱家天一閣藏本（總目）。○《浙江省第五次范懋柱家呈送書目》：「《陝西鎮考》一卷一本。」○《浙江採集遺書總録》：「《陝西鎮考》一卷，寫本，不著撰人。」

海防述略一卷　國朝杜臻撰　**二一三四**

浙江范懋柱家天一閣藏本（總目）。○清道光十一年六安晁氏木活字印《學海類編》本，題「清秀水杜臻遇徐著」。民國九年商務印書館影印晁氏木活字《學海類編》本。《存目叢書》更據商務本影印。○清光緒十七年上海著易堂排印《小方壺齋輿地叢鈔》本。

延綏鎮志六卷　國朝譚吉璁撰　**二一三五**

内府藏本（總目）。○《武英殿第二次書目》：「《延綏鎮志》五本。」○北京大學藏清康熙十二年刻康熙乾隆遞增本。半葉十一行，行二十字，白口，四周雙邊。各卷尾題下題「嘉興譚吉璁重脩」。全書六卷，每卷又分四子卷，實有二十四卷。前有康熙十二年白乃貞序云：「公請諸憲臺，毅然以纂修爲己任。於是博採旁蒐，綱提臚列，僅逾年而書成。許高兩公斟酌至當，復捐俸付剞劂。」又康熙十二年楊素蘊序，十二年許占魁序，十二年施王令序，十二年高光祉序，十二年王廷弼序，十二年自序。次重修姓氏：總裁許占魁、高光祉，監修王廷弼，纂修譚吉璁，又參校若干人。末有康熙十二年胡鍾鼒跋。卷二之二第四葉有補刻識語：「康熙三十四年歲次乙亥秋九月榆谿李龍雯補刊。」

卷四之四第十葉後有增刻三葉，記事至乾隆二十一年十二月十九日。知係康熙十二年許占魁、高光祉刻康熙乾隆遞增本。《存目叢書》據以影印。北圖、南圖、復旦等有原印本。津圖、上圖有乾隆增修本。中科院圖書館有光緒七年增修印本。〇鈔本，南圖、陝西省圖、津圖均有藏。津圖本缺卷三卷四。

蠻司合志十五卷　國朝毛奇齡撰　**二一三六**

浙江巡撫採進本（總目）。〇清康熙書留草堂刻《西河合集》本，作《蠻司合誌》十五卷。《存目叢書》據清華大學藏本影印。〇清光緒十六年會稽徐氏鑄學齋刻本，收入《紹興先正遺書》第三集。

江防總論一卷海防總論一卷　國朝姜宸英撰　**二一三七**

編修程晉芳家藏本（總目）。〇清道光十一年六安晁氏木活字印《學海類編》本，題「清翰林院編修姜宸英譔」。民國九年商務印書館影印晁氏木活字《學海類編》本。《存目叢書》更據商務本影印。〇民國十七年上海著易堂排印《小方壺齋輿地叢鈔》本。

秦邊紀略四卷　不著撰人名氏　**二一三八**

直隸總督採進本（總目）。〇《直隸省呈送書目》：「《秦邊紀略》四本。」〇清雍正六年李培輯鈔《灰畫集》本二卷，半葉十二行，行二十四字，紅格，竹紙。社科院歷史所藏。（詳《明清稀見史籍敘録》）〇復旦大學藏清乾隆古董盧氏鈔本五卷。末有識語：「乾隆甲戌臘月望日起，乙亥正月晦日止筆。古董盧鎬誌。」知爲乾隆十九年十二月十五日至二十年正月三十日鄞縣盧鎬手鈔之本。卷內鈐「浙江盧氏寶鳳樓藏書印」白文方印、「京甫手鈔」朱文方印，皆盧鎬鈐記。按：《雪橋詩話》三集卷八云：「月船居士盧鎬嘗從謝山游，每歲假藏書鈔本至數百册以歸，盡讀之，樓中藏地志幾六百種。」由此可知是本卷前跋文亦盧鎬手筆。跋云：「《秦邊紀略》五卷，一名《西陲今略》，南豐梁質人所著也。質人國初時人，與吾鄉萬季野、廣陽劉繼莊相交好。而繼莊亟稱此書爲在顧景范《方輿紀要》之右，且言其歷六寒暑，閱九□三□而成此書，誠苦心矣。乙亥春得此書於謝山太史座上，不列作者之名，予以《廣陽雜記》訂之，知其爲質人書也，因録而記之。質人名份，嘗從彭躬菴、林確齋及魏叔子遊，而與其同門吴正名字子政交好……。」據此可知盧本鈔自全祖望藏本，著者係清初南豐人梁份。卷内又鈐「張之銘古驩室藏書印」、「古驩室藏」、「張之銘藏書記」等印記。《存目叢書》據以影印。○臺灣「中央圖書館」藏舊鈔本五卷二册，不題撰人。半葉九行，行二十四字。鈐「四明盧氏抱經樓藏書印」白文方印。○臺灣「中央圖書館」又藏舊鈔本四卷二册，内容與前本相近，唯闕《噶爾旦列傳》，而多《西域土地人物略》一節。半葉九行，行二十四字。鈐有「孔繼涵印」、「葒谷」、「王氏二十八宿硯齋祕笈之印」、「蒼虬經眼」、「殷泉」等印記。○臺灣「中央圖書館」又藏鈔本八卷四册，内容順序與前二本不同，又闕《噶爾旦傳》。多《西域土地人物略》。更有《高昌水程記》爲他本所無。半葉八行，行二十字。鈐「雪吟」、「雪吟過眼」、「文濬之印」、「湘鄉王氏祕籍孤本」、「禮培私印」、「埽塵齋積書記」、「菦圃收藏」等印記。（以上三本見該館《善本書志初稿》）○臺灣「國防研究院」藏清乾隆精鈔本四卷，不題撰人。○臺灣中研院史語所藏鈔本七卷四册。○上海圖書館藏清鈔清李培輯《灰畫集》本。○北京大學藏鈔本三卷四册，中卷分上下，實爲四卷。有雍正六年李培《灰畫集》自序，知係《灰畫集》單本。○民國間訓練總監編輯局鉛印《灰畫集》本，臺灣中研院史語所藏。○清同治十一年新建吴氏皖城刻本六卷，《半畝園叢書》之一。○臺灣「中央圖書館」藏清末刻《畿輔叢書》本，四卷一册。首行上題「秦邊紀略卷上」，下題「畿輔叢書□編」，次行題「蠡吾李培輯」。半葉十行，行二十二字，黑口，四周單邊。分上中下三卷，卷中又分上下，實四卷。亦自《灰畫集》本出。通行《畿輔叢書》未見此目。內有李文田朱筆校。末有李文田録繆荃孫跋，繆本未知流落何所，記其跋如次：「此書《提要》存目作四卷，不著撰人名氏。以首卷河州注有康熙年號，定爲康熙間人作。按：章實齋《劉湘煃傳》云：寧都梁懷葛著《秦邊紀略》，有書無圖，湘煃得圖以校其書，亟合。疑即梁圖。而與《方輿紀要》頗有齟齬，湘煃合訂爲《秦邊紀略異同考》六卷。知此書爲梁著。又案：劉繼莊《廣陽雜記》云：梁質人留心邊事已久，遼人王定山燕贊爲河西靖逆侯張勇中軍，與質人相與甚深，因之徧歷河西地，故得悉其山川險要，部落游牧，暨其彊弱多寡，離合之情，著爲一書，曰《西陲今略》。歷六年之久，寒暑無間，其書始成。書凡五册，册各百餘帋。蓋即此書初名《西陲今略》，後改曰《秦邊紀略》耳。又按：《存目》有梁份《懷葛堂集》十五卷，提要云：份字質人，南豐人，嘗學於寧都魏禧。實齋云寧都梁懷葛，亦誤也。此本五册，與《廣陽雜記》所云相同。前有印曰石匏，朱文。復有印曰張開福印，四字白文。石匏爲海鹽明經，嘗就諸城劉燕亭喜海之聘，燕亭觀察延綏，石匏在其幕中，此蓋行篋中物也。惜劉君《異同考》已久佚，無從校證耳。（另行）右一條從繆小山編脩所藏謄入之，編脩本凡五卷，與劉説相應。」（參該館《善本書志初稿》、《善本題跋真跡》）〇浙江圖書館藏民國間劉氏嘉業堂鈔本五卷，不題撰人（謝國楨《江浙訪書記》）。

右邊防之屬

龍虎山志三卷　元元明善撰　明張國祥續修　**二一三九**

兩淮馬裕家藏本（總目）。〇《兩淮商人馬裕家呈送書目》：「《龍虎山志》三卷，明張國祥，三本。」〇北京圖書館藏元刻本，作《龍虎山志》三卷，元元明善撰，《續編》一卷，元周召撰，共一册。半葉十行，行二十四字或二十五字不等，白口，左右雙邊，或四周雙邊。《中國版刻圖録》著録。原北平圖書館藏元刻明初增修本，王重民《善本提要補編》著録，其書現存臺北「故宮博物院」。〇北京大學藏清影元鈔本，内容同前本。〇北京圖書館藏明刻本，正文首題「續修龍虎山志卷上」，次題「元翰林院侍講學士元明善輯修，明工部左侍郎兩山張鉞較閲，正一嗣教五十代天師心湛張國祥續修，正一嗣教五十一代天師九功張顯庸仝修，建武後學屋山居士王三極續較」。半葉九行，行二十字，白口，四周雙邊。前有黄汝良序，延祐改元程鉅夫序。分上中下三卷。上卷又分三子卷，下卷又分二子卷，實有六卷。記事至天啟六年，又校字作較，當刻於天啟末年。書衣有容肇祖題簽並題記：「原三卷，分訂八本，明天啟刊本，肁祖題記。」卷内鈐「容肇祖印」印記。《存目叢書》據以影印。〇故宮博物院藏清内府鈔本，作《續修龍虎山志》六卷，元元明善撰，明張國祥續。

二一四〇

茅山志十五卷　元道士劉大彬撰

浙江孫仰曾家藏本（總目）。○《浙江省第四次孫仰曾家呈送書目》：「《茅山志》十五卷，元劉大彬著，四本。」○《浙江採集遺書總録》：「《茅山志》十五卷，小山堂刊藏本，元道士劉大彬撰。」按：「刊藏」疑誤倒。○《兩江第一次書目》：「《茅山志》，元劉大彬著，二本。」○《提要》云：「前有永樂癸卯胡儼序，稱舊本爲張雨所書，至爲精潔。後燬於兵，姚廣孝復爲刊版。後成化庚寅、嘉靖庚戌又重刻者再。此本即嘉靖時刻，不但紙版惡劣，非張雨之舊，且爲無識道流續入明事。」○元刊本，題「上清嗣宗師劉大彬造」。半葉十三行，行二十三字或二十四字，細黑口，左右雙邊。版心無魚尾，唯於兩魚尾處刊兩横綫，兩綫之間記卷次門類。前有泰定甲子趙世延序，泰定丁卯吴全節序，天曆元年劉大彬自序。卷十五末有「金華道士錢唐西湖隱真菴開山何道堅施梓」一行。北京圖書館藏兩部，其一元刊本存卷一、卷二、卷八、卷九、卷十三共五卷，其卷三至卷七配明翻元本，卷十至卷十二、卷十四、卷十五共五卷係清劉履芬鈔配。鈐有「雲岡」、「元刊」、「唐翰題」、「鷦安校勘祕籍」、「竹下書堂」、「嘉興唐翰題藏書畫記」、「唐翰題審定」等印記。有吴騫手跋，已收入《拜經樓藏書題跋記》卷三，據吴壽暘記，元刊部分尚有卷十一卷十二。蓋後來散出。又劉履芬鈔補題記：「光緒丁丑仲春補寫，廿八日記。江山劉履芬。」又近人章鈺跋。此本《藏園群書經眼録》、《藏園訂補郘亭書目》均著録。北圖另一部，殘存卷二、卷四、卷十三。上圖藏此本殘存卷十四、卷十五。臺灣「中央圖書館」《善本書志初稿》著録「元張雨寫刊本」，殘存卷十、卷十一共二卷一册，封面有題記：「茅山志元刻殘本一卷十三葉。群碧樓檢記。」蓋即拜經樓本逸出者。○北京圖書館藏明初刻本十五卷八册，題「上清嗣宗師劉大彬造」。半葉十三行，行二十三字或二十四字，大黑口，單魚尾，四周單邊。前有泰定甲子趙世延序，泰定丁卯吴全節序，天曆元年劉大彬自序。卷十五末有「金華道士錢唐西湖隱真菴開山何道堅施梓」一行。卷十四末有「吴興朱德明刊」一行。卷内鈐「汪士鐘印」、「閬源真賞」、「平江汪憲奎秋浦印記」、「憲奎」、「秋浦」、「鐵琴銅劍樓」等印記。《存目叢書》據以影印。南京圖書館藏是刻，孫星衍、顧鶴逸舊藏，有嘉慶十七年壬申孫星衍手跋，稱「元刊本」。鈐孫星衍、顧鶴逸各印，詳《藏園群書經眼録》。原北平圖書館藏是刻，清何焯校，鈐「林汲山房藏書」、「嘉生」、「晚聞道人」、「積學齋徐乃昌藏書」等印記。《藏園群書經眼録》、王重民《善本提要補編》著録。其本現存臺北「故宫博物院」，《中央圖書館善本書目》著録「明永樂間覆元刊本」是也。傅增湘曰：「此書有明翻本，行款版式序跋全同。所異者版心爲大黑口，字體雕工亦板滯，無靈動之致，或是明初覆刻。顧廖士有一本，有孫星衍跋。又見一本，何焯校，鈐『林汲山房藏書』印。海虞瞿氏亦有一帙。均號爲元刊」。(《藏園訂補郘亭書目》)按：是刻與元本不同尚有：一、是刻版心單魚尾，元刻則爲兩横綫。二、是刻四周單邊，元刻左右雙邊。三、是刻卷十四末有「吴興朱德明刊」一行，元刻則無。○明正統刻《道藏》本，在洞真部紀傳類，北圖、上圖、川圖藏。民國十二年至十五年商務印書館影印明正統刻《道藏》本。民國商務印書館影印《道藏舉要》本亦從正統本出。○臺灣「中央圖書館」藏明嘉靖二十九年玉晨觀道人張全恩刻本，十五卷，又卷首一卷，《後編》二卷。《後編》明江永年撰。正編題「上清嗣宗師劉大彬造」，卷十五末有「金華道士錢塘西湖隱真菴開山何道堅施梓」一行。《後編·録金石》第十二葉末行有「江西刊書人胡桂」一行。半葉十三行，行二十三字，注雙行，行約四十一、二字。白口，單魚尾，四周單邊。前有永樂二十一年胡儼序（首尾各缺半葉），謂「姚公得遺刻善本於本山靈官陳得旬，既然念兹山之文獻有足徵者，乃合同志之士出貲，命工重鋟梓以傳」。次趙世延、吴全節序。次成化六年庚寅古吴陳鑑《重刻茅山志序》云：「茅山有志，蓋前元四十五代宗師劉大彬所編，句曲外史張伯雨所書，可謂二妙。元末悉燬于兵。我朝永樂癸未，少師姚公亦既新之。成化丙戌板復燬，道録右玄義兼朝天宫住持丁法師與明嘗受業山中，……乃求舊刻善本，裒朝廷之賞賚，檀樾之施予，命良於工者，重鍥諸木。」次嘉靖二十九年庚戌知句容縣事新陞工部營繕司主事貴溪徐九思《重刻茅山志序》云：「時山志復燬，玉晨觀道人張全恩募工重刻，既成，以山屬句容，余令兹九載，謁余爲序。」（參該館《善本書志初稿》、《善本序跋集録》）天一閣文管所、上圖亦有是刻。上圖本有清孫文川跋。

仙都志二卷　元道士陳性定撰　二一四一

兩淮馬裕家藏本（總目）。○《兩淮鹽政李續呈送書目》：「《仙都志》二卷附《天台志》一卷，元陳性定，一本。」按：《天台志》一卷見下條，其注進呈者曰「兩淮鹽政採進本」，與進呈書目合。此《仙都志》與《天台志》共一册，同時進呈，則亦當作「兩淮鹽政採進本」。《總目》作馬裕藏本，誤也。考《兩淮商人馬裕家呈送書目》有「《仙都山志》一本」，乃明戴葵書，亦見《存目》下文。○明正統刻《道藏》

本，在洞玄部記傳類。題「玉虛住山少微陳性定此一編集，獨峯山長番陽吴明義仲誼校正」，前有至正戊子序。北圖、上圖、川圖藏。民國十二年至十五年商務印書館影印明正統刻《道藏》本。《存目叢書》據商務本影印。民國商務印書館影印《道藏舉要》本，亦據是刻。○北京圖書館藏清鈔本一册，半葉十行，行二十字，無格。○北圖又藏清末瞿氏鐵琴銅劍樓鈔本一册，半葉十行，行二十字，白口，左右雙邊。

天台山志一卷　不著撰人名氏　二一四二

兩淮鹽政採進本（總目）。○《兩淮鹽政李續呈送書目》：「《仙都志》二卷附《天台志》一卷，元陳性定，一本。」○明正統刻《道藏》本，不題撰人，在洞玄部記傳類。北圖、上圖、川圖藏。民國十二年至十五年商務印書館影印明正統刻《道藏》本。《存目叢書》據商務本影印。民國商務印書館影印《道藏舉要》本，亦據是刻。

武夷山志十九卷　明裘仲孺撰　二一四三

江蘇巡撫採進本（總目）。○《江蘇省第一次書目》：「《武夷山志》六本。」○《江蘇採輯遺書目録》：「《武夷山志》十八卷，明東魯衷仲孺編，刊本。」○《兩江第一次書目》：「《武夷山志》，明衷仲孺輯，六本。」○江西省圖書館藏明崇禎十六年刻本，題「東魯衷仲孺訂修」。半葉九行，行二十字，白口，四周單邊。前有崇禎十四年中秋三山徐𤊹序云：「茲衷君穉生，毓産是邦，慨然泚筆，……爰輯斯篇。」又張肯堂題詞，蔣棻題韻，羅志儒來書。《存目叢書》據以影印。北圖、上圖等亦有是刻。○按：著者「衷仲孺」，《總目》誤作「衷仲孺」，進呈書目不誤。

震澤編八卷　明蔡昇撰　王鏊重修　**二一四四**

浙江巡撫採進本（總目）。○《浙江省第十二次呈送書目》：「《震澤編》八卷，明王鏊輯，四本。」○南京圖書館藏明弘治十八年林世遠刻本，題「西洞庭蔡昇輯，東洞庭王鏊修」。半葉八行，行十六字，白口，左右雙邊。前有弘治十八年楊循吉序，據此序知係弘治十八年郡守嶺南林世遠捐俸付梓。卷内鈐「李實」、「癸未進士」二印。卷末有缺。《存目叢書》據以影印。北圖、杭州大學亦有是刻。○明萬曆四十五年刻本，半葉八行，行二十字，白口，四周單邊。北圖、北大、人民大學、上圖、浙圖藏。○明王氏三槐堂刻本，半葉九行，行二十字，白口，四周單邊。北圖、華東師大、厦門大學藏。○人民大學藏清光緒九年聽彝鈔本八卷一册，行書，末題：「光緒九年歲次癸未菊秋聽彝鈔録。」○湖北省圖書館藏清鈔本。○美國國會圖書館藏鈔本八卷六册，半葉八行，行二十字。有楊循吉序（見王重民《善本提要》）。○傅氏雙鑑樓藏影明弘治十八年鈔本（見《藏園訂補郘亭書目》）。

金山雜志一卷　明楊循吉撰　**二一四五**

浙江汪汝瑮家藏本（總目）。○《江蘇採輯遺書目録》：「《金山雜志》一册，明吴郡楊循吉著。」○北京圖書館藏明楊可刻本，與《廬陽客記》合刻。題：「吴郡楊循吉著，姪可梓行。」半葉十行，行十八字，白口，左右雙邊。計其年月，當在萬曆間。《存目叢書》據以影印。○北京圖書館藏明萬曆三十七年徐景鳳刻《合刻楊南峰先生全集》本，兩部。○明刻《廣百川學海》本，北圖、南圖、浙圖等藏。

○明刻清順治三年宛委山堂印《説郛續》本,作《居山雜志》。北圖、上圖等藏。

雁山志四卷　明朱諫撰　二一四六

浙江汪啟淑家藏本(總目)。○《浙江省第四次汪啟淑家呈送書目》:「《雁山志》四卷,明朱諫著,胡汝寧校,二本。」○《浙江採集遺書總録》:「《雁山志》四卷,刊本。」○原北平圖書館藏明嘉靖五年刻本四卷二册,明朱諫撰。半葉十行,行二十二字。有嘉靖五年潘倣序,嘉靖五年自序(見王重民《善本提要補編》)。此本現存臺北「故宫博物院」。○上海圖書館藏明萬曆刻本,明朱諫撰,胡汝寧重編。半葉十行,行二十二字,白口,四周單邊。版心刻工:許養刊、王堂刊。前有嘉靖十八年潘潢序。卷四詩文有萬曆二十六年戊戌鄭汝璧詩,知係萬曆增修刻本。卷前有新得詩文,與《提要》合,知即胡汝寧重修本。據《提要》「萬曆辛巳知州南昌胡汝寧復爲翻雕」之語,此本蓋即萬曆九年辛巳刻萬曆間增刻本。卷内鈐「曾藏葉氏遐菴」、「葉恭綽奉贈」、「合衆圖書館藏書印」等印記。《存目叢書》據以影印。原北平圖書館藏萬曆刻胡汝寧重修本,行款同,有萬曆九年胡汝寧序(見王重民《善本提要補編》)。現存臺北「故宫博物院」,《中央圖書館善本書目》著録。蓋即同版。又北京圖書館有明萬曆九年刻崇禎遞修本。○温州圖書館藏清鈔本,明胡汝寧重修,清孫詒讓批校。

京口三山志十卷　明張萊撰　二一四七

江蘇巡撫採進本(總目)。○《兩江第二次書目》:「《京口三山志》,明張萊輯,抄本,四本。」○《浙江省第五次范懋柱家呈送書目》:「《京口三山志》四本。」○《浙江採集遺書總録》:「《京口三山志》六卷，刊本，明鎮江張萊輯。」○《安徽省呈送書目》：「《京口三山志》六本。」○《國子監學正汪交出書目》：「《京口三山志》八本。」○南京圖書館藏明正德七年刻本，題「郡人張萊輯，雲間顧清正，推官史魯修」。半葉九行，行十七字，白口，左右雙邊。前有正德七年顧清序云：「既成，不遠數百里走書雲間，屬爲是正，而後乃付之梓之。」後有正德七年史魯後序云：「繡諸梓者，皆寺僧之費。余惟董其事，故爲之言於卷末。」卷内鈐「八千卷樓」、「嘉惠堂丁氏藏書之記」、「四庫坿存」等印記。《存目叢書》據以影印。○原北平圖書館藏明正德七年刻萬曆增修本十二卷六册。題「郡人張萊輯，雲間顧清正，推官史魯修」。卷十一《鹿泉寺志》、卷十二《鶴林寺志》均題「郡守許國誠鼎臣甫增修，郡司訓高一福輯正」。行款同前本。有顧清、史魯序，許國誠增修序。王重民《善本提要補編》定爲萬曆刻清印本。是書現存臺北「故宫博物院」，《中央圖書館善本書目》著録爲「明正德七年刊萬曆間增補本」，今從之。復旦大學藏一帙當係同版。○臺灣「中央圖書館」藏明萬曆二十八年刻本十卷，正文首題「京口三山全志卷之一」，次行題「郡守許國誠鼎臣甫同脩」，三行題「郡司訓高一福輯正」。半葉九行，行十七字，白口，左右雙邊。前有萬曆二十八年庚子仲冬知鎮江府事温陵許國誠《三山全志序》，謂舊志已散逸，遂屬郡博高子一福增脩而全輯之，以付之剞劂氏，題曰《三山全志》。又謂郡之南有鶴林寺，舊傳周濂溪讀書處。又南有招隱寺，今改爲鹿泉。二寺皆高人駐跡，因併附之云。又顧清舊序。（見該館《善本書志初稿》、《善本序跋集録》）按：《鹿泉寺志》、《鶴林寺志》此本均無。臺灣中研院史語所《善本書目》著録「《京口三山全志》十二卷六册，明許國誠、高一福同撰,明萬曆間刊本」,當即是刻而附鹿泉、鶴林二寺志者。《中國古籍善本書目》著録天一閣文管所藏明萬曆二十八年刻本,作《京口三山志》十卷,明張萊、高一福撰。書名稍異,未知是否同版。○清宣統三年丹徒陳氏刻本十卷,收入《横山草堂叢書》,北圖、上圖、中央民族大學藏。

慧山記三卷　明邵寶撰　**二一四八**

浙江范懋柱家天一閣藏本。一名《九龍山志》(總目)。○《兩淮商人馬裕家呈送書目》:「《慧山記》三卷,明邵寶,一本。」○明正德刊本,半葉九行,行十八字,前有邵寶自序。天一閣佚書,戊午見(《藏園群書經眼録》)。臺灣中研院史語所《善本書目》著録「明刊本」三卷一册,當是同刻。○臺灣「中央圖書館」藏明嘉靖姚咨鈔本一卷,與《黑韃事略》、《籌邊一得》、《渤泥入貢記》共一册。首行題「慧山記」,次行題「二泉山人」。半葉十行,行二十字,黑格,版心上方墨塗大黑口,下印「錫山姚氏茶夢齋編」二行。《黑韃事略》末有嘉靖三十六年丁巳勾吴茶夢道人姚咨跋,蓋四種皆嘉靖間所鈔。《籌邊一得》末亦有姚咨題記。是册前有戊辰閏五月黄丕烈手跋,已收入王大隆輯《蕘圃藏書題識續録》。又咸豐八年韓應陛手跋,謂得之士禮居。卷内鈐「古婁韓氏應陛載陽父子珍藏善本書籍印記」、「甲子丙寅韓德均錢潤文夫婦兩度攜書避難記」、「松江讀有用書齋金山守山閣兩後人韓德均錢潤文夫婦之印」、「百耐眼福」、「迮圃收藏」等印記。(參該館《善本書志初稿》、《善本題跋真跡》)○北京師大藏清咸豐七年二泉書院刻本,作《慧山記》四卷,附清邵涵初輯《續編》三卷。有牌記:「咸豐丁巳重鋟,二泉書院藏版。」目録後有咸豐七年八世族孫邵涵初識語。《存目叢書》據以影印。

○清同治七年無錫邵氏二泉書院重刻本，正、續編，同前。復旦大學、南圖等藏。○清光緒還讀樓刻本六册，南圖藏。

鄧尉山志一卷　明沈津撰　二一四九

浙江范懋柱家天一閣藏本（總目）。○《浙江省第五次范懋柱家呈送書目》：「《鄧尉山志》一卷，明沈津著，一本。」○《浙江採集遺書總録》：「《鄧尉山志》一册，刊本，明長洲沈津撰。」

衡嶽志十三卷　明彭簪撰　姚宏謨重訂　二一五〇

浙江汪啟淑家藏本（總目）。○《浙江省第四次汪啟淑家呈送書目》：「《衡嶽志》十三卷，明彭簪輯，姚宏謨重訂，二本。」○《浙江採集遺書總録》：「《衡岳志》十三卷，刊本，明督學檇李姚宏謨重修。」○上海圖書館藏明嘉靖七年刻本六卷，題「安成彭簪編校」。半葉十行，行二十字，黑口，四周雙邊。前有嘉靖七年戊子自序。卷内記事徵文有嘉靖八年、十年、十一年、十七年者，相其字體版式，當是增刻。書中鈐「松江讀有用書齋金山守山閣兩後人韓德均錢潤文夫婦之印」、「百耐眼福」、「曾藏葉氏遐菴」、「恭綽長壽」、「葉恭綽奉贈」、「合衆圖書館印」等印記。《存目叢書》據以影印。○天一閣文管所藏明嘉靖二十四年刻藍印本九卷，殘存卷一至卷五、卷八、卷九共七卷二册。半葉十行，行二十字，藍口，四周雙邊。○按：《存目》所據隆慶辛未姚宏謨重修本未見。

廬山紀事十二卷　明桑喬撰　國朝范礽補訂　二一五一

浙江汪汝瑮家藏本（總目）。○《浙江省第四次汪汝瑮家呈送書目》：「《廬山記事》十二卷，明桑喬著，清范礽補訂，六本。」○《浙江採集遺書總録》：「《廬山紀事》十二卷，刊本，明監察御史江都桑喬撰。」○《江蘇省第一次書目》：「《廬山記事》五本。」○《江蘇採輯遺書目録》：「《廬山記事》十三卷，明廣陵桑喬撰，刊本。」○《兩淮鹽政李續呈送書目》：「《廬山紀事》十二卷，明桑喬，四本。」○《江西巡撫海第三次呈送書目》：「《廬山紀事》四本。」○明嘉靖四十年原刻本十二卷，題「廣陵桑喬」。半葉十行，行二十二字，白口，四周單邊。前有嘉靖四十年辛酉四月二十四日廣陵桑喬子木自序，云喬在九江，屏居廬北林隱菴，輯《廬山紀事》，淮海孫公見之，因與四橋陶公、筆山盧公捐俸梓之，射陂朱侯董而成之。北圖、上圖、南圖、浙圖等藏。○上海圖書館藏明鈔本，明桑喬撰。○河南圖書館藏明鈔本，明桑喬撰。○中國科學院圖書館藏清順治刻本十二卷，題「廣陵桑喬子木父纂著，燕山許世昌克長父修輯，會稽范礽祖生父補訂」。半葉九行，行二十字，白口，左右雙邊。前有嘉靖四十年桑喬序，順治十五年許世昌《重修廬山紀事序》，順治十六年范礽《重修廬山紀事序》。據許、范序，知係范礽續修，許世昌修訂，范礽刊刻，竣工於順治十六年。版心下刻「廉讓間」三字。《存目叢書》據以影印。北京大學、湖北省圖亦有是刻。○清康熙五十九年蔣國祥刻本十二卷，半葉十一行，行二十一字，黑口，左右雙邊。北圖、北大、上圖藏。○民國九年刻《豫章叢書》本。

仙都山志二卷　明戴葵撰

兩淮馬裕家藏本(總目)。○《兩淮商人馬裕家呈送書目》：「《仙都山志》一本。」

牛首山志二卷　明盛時泰撰

兩淮馬裕家藏本(總目)。○《兩淮商人馬裕家呈送書目》:「《牛首山志》二卷,明盛時泰,一本。」○臺灣「中央圖書館」藏明萬曆七年刻本二卷四册,題「净信居士盛時泰撰」。半葉十行,行十六字,白口,四周雙邊。前有萬曆五年正月三日張鳴鳳序,後有男盛敏耕萬曆七年跋。據跋知係萬曆七年南京刻本。卷内鈐「興公」、「成芬私印」、「茝農」、「閩戴成芬芷農圖籍」、「茝農珍賞」、「侯官鄭氏藏書」等印記。前序後有明徐𤊹手跋:「金陵天闕山,其名肇自晉王丞相。盛仲交輯山志二卷,但採近代詩文,而先朝著作槩未及收。至于仲交自言國初袁景文、高季迪、劉子高皆有刻集,亦不見傳。又楊東里、解春雨、吴匏菴集,俱不能獲。是知仲交家鮮藏書,草草據目前所見者而録之。譬之三家村設賽□大會,動輒弗備。甚矣著書必資於博雅□必資於載籍耳。予兒有書癖,行經吴市,見而購之,正在除夕之前,客邸闃寂,細爲披閲漫識。崇禎戊寅七十翁徐興公書。」後鈐「徐氏興公」、「徐𤊹之印」二印記。(參該館《善本書志初稿》、《善本序跋集録》、《善本題跋真跡》)原北平圖書館亦藏是刻,鈐「鐵琴銅劍樓」印,王重民《善本提要補編》著録,現存臺北「故宫博物院」。○臺灣「中央圖書館」藏鈔本二卷二册。○民國間南京國學圖書館鈔本二册,現藏南圖。○沈津《雲煙過眼新録》云:「是書曾刊載於一九四七年一月《南京文獻》第一號首篇,當時印量甚少。一九九一年上海書店又予以影印。」(見《書目季刊》二〇〇二年第三十五卷四期)

仙巖志六卷　明王應辰撰　**二一五四**

兩淮馬裕家藏本(總目)。○《兩淮商人馬裕家呈送書目》:「《仙巖志》六卷,明王應辰,一本。」○按:《提要》云「嘉靖壬戌兵部郎中永嘉王叔果屬應辰爲此編」,嘉靖志未見流傳。崇禎中仙游李燦箕又撰《僊巖志》十卷,明崇禎六年刻本,温州市圖、臺灣中研院史語所有藏。沈津《雲煙過眼新録》九記臺灣史語所本云:二册,半葉八行,行二十字,白口,四周雙邊。題「仙陽李燦箕叔玉父著,嚴陵洪公遂孟處父糾譌,邑人徐一經伯權父箋定」。有崇禎六年吴應鵬、李燦箕、洪公遂三序。首有《二十六福地浙東仙岩圖》六葉,圖左下角刻「甲戌仲春吴郡陸羽漸畫,東嘉王家棟刊。」鈐「海昌張光第渭漁父」、「張渭漁珍藏書籍印」、「金鑑堂印」、「東方文化事業總委員會所藏圖書印」等印記(載《書目季刊》三十七卷)。《續修四庫提要》收江瀚爲是書所撰提要,所據當即此帙。江氏據書中王應辰詩注,考知應辰字拱甫,號海壇,永嘉人,歷官上海司訓。足補《四庫提要》之缺失。

黄海六十卷　明潘之恒撰　**二一五五**

兩江總督採進本(總目)。○《浙江省第四次汪啟淑家呈送書目》:「《黄海》五十八卷,明潘之恒輯,十八本。」○《浙江採集遺書總録》:「《黄海》五十八卷,刊本,明新安潘之恒輯。」○北京圖書館藏明刻本,題「天都逸史潘之恒景升輯,大泌山人李維楨本寧校」。半葉十行,行二十字,白口,左右雙邊。各卷卷數多係墨丁,故卷次不明,統計六十九卷八册。前有李維楨序,序後有「豐干程登仕書」一行。書中記事約至萬曆四十五年,蓋萬曆末所刊。《存目叢書》據以影印。

二一五六　武夷山志略四卷　明徐表然撰

浙江范懋柱家天一閣藏本(總目)。○中科院圖書館藏明萬曆四十七年孫世昌刻本,作《武夷志略》五卷,題:「武夷山人徐表然德望甫纂輯,邑人孫世昌登雲甫剛梓。」半葉九行,行二十字,白口,四周單邊。前有陳鳴華序,末有彭維藩跋。各卷不標卷數,唯於每卷首葉首行標書名「武夷志略」,實分五卷。封面刻「載德堂藏板」。《存目叢書》據以影印。人民大學本封面刻「小九曲山房藏板」,卷末有木記:「萬曆己未仲冬崇安孫世昌梓行晉江陳衙發刻。」北圖、南圖、上圖等亦有是刻。

二一五七　阿育王山志十卷　明郭子章撰

兩淮馬裕家藏本(總目)。○《兩淮商人馬裕家呈送書目》:「《阿育王山志》十卷,明郭子章,五本。」○中國人民大學藏明萬曆刻清乾隆續刻本,卷一至卷十題《明州阿育王山志》,即郭子章書,卷一題「泰和郭子章相奎父撰,山陰祁承㸁夷度父校」,各卷校者不同。卷十一至卷十六題《明州阿育王山續志》,清釋畹荃所續,題「住山釋畹荃蒿來輯集」。全書半葉十行,行十九字,白口,四周單邊。前有萬曆四十年壬子郭子章序,題「明州阿育王寺志序」,次萬曆四十七年釋德清《明州鄮山阿育王舍利塔記》,次萬曆四十四年鄒德溥序,萬曆四十五年丁巳鄒元標跋。又舍利塔圖,繪刻頗精,題「李麟寫」。正編卷四、卷八、卷九、卷十各分上下二子卷,唯卷九下有目無文。正編當刻於萬曆末年,有補版多處。《續編》記事至乾隆十一年,當刻於乾隆早期。前後刻非一時,雖行款版式一律,而字體不同，新舊版清晰度亦大不相同。《存目叢書》據以影印。清華、上圖等亦有是刻。余藏一帙缺《續志》前三卷一册。○明天啟四年當塗陸基忠等集貲刻《阿育王山志略》二卷，係節本。首都圖書館、上圖、復旦等藏。

雲門志略五卷　明張元忭撰　二一五八

浙江巡撫採進本（總目）。○《兩淮商人馬裕家呈送書目》：「《雲門志略》五卷，明張元忭，二本。」

○南京圖書館藏明萬曆二年刻本，半葉九行，行十七字，白口，四周雙邊。前有萬曆二年張元忭序。目録末題：「萬曆甲戌夏日陽和居士編于雲門之看竹樓。雲門住持比丘允惠、弟子司綸、正信、德元、德亨同□。」卷内鈐「小山堂書畫印」、「汪魚亭藏閱書」、「嘉惠堂藏閱書」、「八千卷樓藏閱書」、「四庫坿存」等印記。卷前有丁丙手録《四庫提要》本條，又丁丙手跋二則，其一即《善本書室藏書志》稿，另一跋録後：「余家自順治三年五世祖妣周太君殉烈于山陰之福岩豔豆柳下，遂遷居杭州，今且二百餘年。歲之春秋，東渡祭祠掃墓，匆匆奠麥飯，未嘗一至雲門。今讀是略，不異支笻蠟屐，親游其中。他日得謝塵事，刺烏篷艇子，徧探越中諸勝，當以是帙爲先導。是帙先藏趙谷林、意林二徵君家，後入汪魚亭振綺堂，朱記可按也。雲棲僊瑞徵爲余言雲門顯聖寺劫後藏經獨全。瑞徵時在北郭長壽菴董刊諸經，屢從雲門借校，亦近時緇流之傑出者。同治壬申四月晦松僊記。」鈐「八千卷樓」、「丁氏八千卷樓藏書記」二印。《存目叢書》據以影印。上圖亦有是刻，北圖本殘存卷一至卷三。○上圖又藏影鈔萬曆刻本，王培孫舊藏。

京口三山續志四卷　明徐邦佐、陳朝用、朱文山同撰　二一五九

浙江巡撫採進本（總目）。○《浙江省第九次呈送書目》：「《京口三山續志》二本。」○《浙江採集遺書總録》：「《京口三山續志》六卷，刊本，明訓導寧都陳朝用輯。」○天一閣文管所藏明隆慶元年刻本四卷二册，半葉九行，行十七字，白口，左右雙邊。殘破。

齊雲山志五卷　明魯點撰　二一六〇

浙江汪啟淑家藏本（總目）。○《浙江省第四次汪啟淑家呈送書目》：「《齊雲山志》五卷，明魯點輯，五本。」○《浙江採集遺書總録》：「《齊雲山志》五卷，刊本，明知縣南漳魯點輯。」○《江蘇省第一次書目》：「《齊雲山志》五本。」○北京圖書館藏明萬曆刻本，題「知休寧縣事南漳魯點子與編輯，署儒學教諭崑山顧懋宏靖甫、儒學訓導丹徒吴芊蔓之、國子生邑人丁惟暄以舒校定」。半葉十行，行十八字，白口，四周單邊。前有萬曆二十七年魯點序，許國序，范淶序，萬曆二十七年程朝京序，汪先岸序。汪序云：「今幸魯令君來蒞邑四年所，政寛民和，遠近咸德之，而以其公餘脩餙志稿，捐俸刊布。賴余友丁以舒校正。」程序云：「吾邑侯魯公蒞休逾四年所。」知汪序與程序作於同年，則是書即萬曆二十七年魯點休寧官署自刻本。刻工：「剞劂氏黄奇。」卷内鈐「武昌柯逢時收藏圖記」等印記。《存目叢書》據以影印。上圖、南圖、浙圖等亦藏是刻。又有清嘉慶十六年修版印本，南京大學藏。又道光十年修版印本，江西省圖、臺灣「中央圖書館」藏。

普陀山志六卷　明周應賓撰　**二一六一**

兩淮馬裕家藏本（總目）。〇《兩淮商人馬裕家呈送書目》：「《普陀山志》六卷，明周應賓，六本。」〇湖北省圖書館藏明萬曆三十五年張隨刻本，題「郡人吏部侍郎周應賓纂輯，尚書司丞沈泰鴻校正，邑人刑部主事邵輔忠同校，文安御用太監張隨梓行」。半葉八行，行十六字，白口，四周單邊。前有萬曆三十五年周應賓《重修普陀志叙》，邵輔忠《重鋟補陀志序》。《存目叢書》據以影印。中山大學藏是刻，鈐「翰林院印」滿漢文大官印，書衣有進書木記：「乾隆三十八年四月兩淮鹽政李質穎送到馬裕家藏周應賓普陀山志壹部計書陸本。」即《存目》所據馬裕藏本。北大、上圖、浙圖等亦有是刻。北圖有崇禎增刻本，殘存卷二。

太岳太和山志十七卷　明田玉撰　**二一六二**

江蘇巡撫採進本（總目）。〇《安徽省呈送書目》：「《太岳太和山志》十二本。」〇《兩淮商人馬裕家呈送書目》：「《太岳太和山志》十七卷，明田玉，八本。」〇《提要》云：「嘉靖間提督太監王佐始創爲志，太監呂評續增之，萬曆癸未（十一年）玉復增廣爲此本。」〇按：明嘉靖三十五年王佐刻《太岳太和山誌》十七卷，明慎旦、賈如愚等撰，北京圖書館有藏。唯王佐之前已有任自垣撰《太嶽太和山誌》十五卷，天一閣文管所有嘉靖十二年刻本，存卷十四至卷十五兩卷。北圖有明刻本，存卷二至卷十五。則《提要》稱「王佐始創爲志」，未確。王志十七卷，當係據任志十五卷增修而成。至呂評（王重民《善本提要》考定爲呂詳）、田玉先後增修之本，今皆未見。

太姥志一卷　明史起欽撰　　二一六三

浙江巡撫採進本（總目）。○《浙江省第七次呈送書目》：「《太姥志》，明史起欽輯，一本。」○《浙江採集遺書總録》：「《太姥志》一册，刊本，明知州鄞縣史起欽輯。」

續刻麻姑山志十七卷　明左宗郢撰　國朝何天爵、邱時彬重修　　二一六四

浙江汪啟淑家藏本（總目）。○《浙江省第四次汪啟淑家呈送書目》：「《麻姑洞天志》十七卷，明左宗郢輯，四本。」○《浙江採集遺書總録》：「《麻姑洞天志》十六卷，刊本，明鄞縣左宗郢輯。」○北京師大藏清康熙五十六年邱時彬瀧溪曉樓刻本，作《續刻麻姑山丹霞洞天誌》十七卷，題「郡守四明鄔鳴雷長豫原監，郡李長水陸鍵實府原校，少卿郡人左宗郢景賢編集，東平後學何天爵從之搜續，瀧溪後學邱時彬登天校刻」。半葉九行，行二十字，白口，左右雙邊。版心下刻「瀧溪曉樓」。封面刻「瀧溪曉樓藏板」。前有萬曆四十一年癸丑鄔鳴雷序，萬曆四十年壬子左宗郢後序，萬曆四十一年陸鍵後跋，邱雲騰序。後有康熙五十六年丁酉邱時彬跋。前鐫圖像，馬徵繪。卷内鈐「江西新城汪石琴珍藏先代遺書」長方木記。《存目叢書》據以影印。北大、故宫、上圖亦藏是刻。○華東師大藏清嘉慶九年刻本，作《麻姑丹霞洞天志》十七卷六册，明左宗郢撰。（見華東師大《古籍書目》）

嵩書二十二卷　明傅梅撰　　二一六五

兩江總督採進本（總目）。○《兩江第一次書目》：「《嵩書》，明傅梅著，十二本。」○故宫博物院藏明萬曆刻本，題「文林郎登封縣知縣傅梅元鼎撰」。前有萬曆四十年自序。各卷末有校字門人名

氏。卷十七有目無文，原注「未刻」。《存目叢書》據以影印。北圖、北大、上圖等亦有是刻。

蜀中名勝記三十卷　明曹學佺撰　**二一六六**

浙江鮑士恭家藏本(總目)。○《浙江省第四次鮑士恭呈送書目》：「《蜀名勝記》三十卷，明曹學佺著，八本。」○《浙江採集遺書總録》：「《蜀中名勝記》三十卷，刊本，明曹學佺撰。」○《提要》云：「此本乃萬曆戊午福清林茂之摘其《蜀中廣記》内名勝一門刻之南京。」○臺灣「中央圖書館」藏明萬曆四十六年福清林茂之金陵刻本，正文首題「蜀中名勝記卷之一」，次題「閩中曹學佺能始著」。半葉十行，行二十字，白口，四周雙邊。前有萬曆四十六年戊午景陵鍾惺序云：「林茂之貧士也，好其書，刻之白門，予序焉。」卷内鈐「劉承幹字貞一號翰怡」、「吴興劉氏嘉業堂藏書印」等印記。(參該館《善本書志初稿》、《善本序跋集録》)南京圖書館亦藏是刻。○大連圖書館藏明刻本，作《四川名勝志》三十五卷首一卷。是本卷數與《千頃堂書目》合。○清光緒元年南海伍崇曜刻本，收入《粤雅堂叢書》三編第二十九集，書名卷數同《存目》。○清宣統二年四川官印刷局刻道光邵氏手鈔本，川圖、杭大、南圖等藏。○《蜀中廣記》北圖有明刻本，又有清乾隆四庫館鈔《四庫全書》本，其中有《蜀中名勝記》三十卷。

華嶽全集十三卷　舊本題明華陰縣知縣李時芳撰　**二一六七**

兩淮鹽政採進本(總目)。○《兩淮鹽政李續呈送書目》：「《華岳全集》十三卷，明李時芳，八本。」○《浙江省第四次汪啟淑家呈送書目》：「《華嶽全集》十三卷，明張維新、馬明卿輯，四本。」○《浙江採集遺書總録》：「《華嶽全集》十三卷，刊本，明知縣貴陽馬明卿輯。」○《提要》云：李時芳之本，《千頃堂書目》作十卷，乃嘉靖四十一年所修。萬曆二十四年汝州張維新爲潼關道副使，與華陰縣知縣貴陽馬明卿重加詮叙，增成十三卷。後六年壬寅，知縣河間馮嘉會又增文數篇。至所載國朝祭告之文，與宋琬、蔣超諸人之詩，則莫知誰所續入。○明嘉靖四十一年刻本十一卷，李時芳撰，半葉十行，行二十字，白口，四周單邊。北大、首都圖書館藏。○明萬曆二十四年刻本十三卷，張維新等輯，半葉九行，行二十字，白口，四周單邊。北京師大藏。王重民《善本提要》著録美國國會圖書館藏明萬曆間刻本，題「整飭潼關兵備道陝西按察司副使天中張維新總閲，華陰縣知縣馬明卿編輯，後學邑人張弓、潼關盛以弘校正」，有萬曆二十四年張維新序，馬明卿跋，王氏稱爲「張、馬原刊原印本」者，當即是刻。澤遜按：萬曆丙申（二十四年）嘉平月（臘月）張維新序云：「遂檄華陰令馬明卿，越兩月而就緒。……刻成，以是言載之篇首。」可知是本乃萬曆二十四年臘月華陰令馬明卿刊成。刊成後復請序於陝西巡撫賈待問，故別本多有萬曆丁酉（二十五年）禊月（三月）賈待問《刻華嶽全集叙》。諸家著録多作萬曆二十五年刻，實有未確。總辨於此。○明萬曆二十四年華陰縣刻大順華陰令曹士掄印本，上圖藏。按：即崇禎十六年印本。○臺灣「中央圖書館」藏明萬曆二十四年華陰縣刻明末至清初增補印本，題「欽差整飭直隸潼關河南閿靈陝山同華蒲州等處兵備陝西按察司副使天中張維新輯，知華陰縣事貴陽馬明卿較，欽差整飭潼關等處兵備兼分巡關内道陝西按察司副使睢陽湯斌重訂，知重陰縣事三河劉瑞遠重較」。前有萬曆二十五年賈待問《刻華嶽全集叙》，二十四年張維新序。鈐「舸月讀書記」、「慈谿馮可鏞藏書」、「劉承幹字貞一號翰怡」、「吴興劉氏嘉業堂藏書印」、「蛟川方義路正甫氏所藏金石書畫之印」等印記。該館又藏一部，殘存前四卷，前有賈叙，後有馬明卿跋，華陰知縣馮嘉會續跋。馬跋後附刻大順初年邑令曹士掄識語。(見該館《善本書志初稿》)北大、復旦、南圖均有是刻。上圖本有葉恭綽跋。王重民《善本提要》著録美國國會圖書館藏是本兩部。○天津圖書館藏明萬曆刻本十三卷，題「整飭潼關兵備道陝西按察司副使天中張維新總閱，華陰縣知縣馬明卿編輯，馮嘉會續輯」。半葉九行，行二十字至二十一字不等，白口，四周雙邊。前有馬明卿《重刻華嶽全集跋》。後有萬曆三十年壬寅馮嘉會《重刻華嶽全集續跋》。此萬曆三十年華陰知縣馮嘉會增修重刊之本。鈐「八千卷樓」、「四庫坿存」等印記。《存目叢書》據以影印。甘肅省圖亦有是刻。

九疑山志九卷　明蔣鐄撰　二一六八

兩淮馬裕家藏本(總目)。○《兩淮商人馬裕家呈送書目》：「《九疑山志》九卷，明蔣鐄，四本。」○首都圖書館藏明萬曆四十八年刻本八卷，題「明知寧遠縣事長洲蔣鐄重輯」。半葉九行，行二十字，白口，四周單邊。前有林士標序，梁應期序，蔣鐄序，目録。林序後有「吴郡章鐸書」五字。蔣序後有「章鐸書」三字。目録後有「萬曆庚申十月吴郡章鐸摹校」二行，下鐫「章鐸私印」、「君振氏」、「硯石山樵」等印記。卷内鈐「養菴鑑藏」朱文方印。《存目叢書》據以影印。上圖亦藏是刻。○哈佛燕京圖書館藏明崇禎刻本九卷六册，行款版式及卷端署名同前本。卷八卷九題「明知寧遠縣事當湖俞向葵輯」。有崇禎五年俞向葵序等序跋十一篇。周希聖序云：「今守延唐者平湖俞君，茲又倩名筆繪圖首篇，俾覽者既可卧游。又增近時名家詩文若干首，備所未備。」卷内鈐「翰林院印」滿漢文大官印。（詳沈津撰該館《書志》）按：疑此係崇禎五年俞向葵就萬曆四十八年版增刻者。

羅浮野乘六卷　明韓晃撰　二一六九

江蘇巡撫採進本（總目）。○《江蘇省第一次書目》：「《羅浮野乘》二本。」○《兩淮鹽政李續呈送書目》：「《羅浮野乘》六卷，明韓晃，二本。」○上海圖書館藏明崇禎十二年刻清康熙間修版印本六卷，題「嶺南韓晃賓仲編輯，男履泰、孫寅光、申瑞重校，玄孫爲雷重修」。半葉九行，行二十字，白口，左右雙邊。前有崇禎十二年己卯韓晃序，序後有「男履道書」四字。韓序前另有某氏序，缺尾葉，序中自稱穀，不知姓氏年月。其序云：「辛巳冬奉旨採訪羅浮遺蹟及山圖誌書，制府石公琳下其事於有司，穀承委捧檄入山。……今令王俊所出韓晃《羅浮野乘》二卷，雖編簡無多，已包括全山大槩矣。乃繪圖裝潢，進呈御覽。」按：石琳康熙間督兩廣，王俊康熙二十七年進士，則序言「辛巳冬」指康熙四十年冬。是本正文漫漶，而穀序清朗，知係崇禎原版康熙間增刻穀序重印者，卷内玄字缺末筆，是修版所致，非康熙新刊也。「玄孫爲雷重修」字，亦康熙時添入。卷内鈐「墨瀨廔珍藏書畫鈐記」朱文方印。《存目叢書》據以影印。

雁山志勝四卷　明徐待聘撰　二一七〇

兩淮鹽政採進本（總目）。○《兩淮鹽政李續呈送書目》：「《雁山志》四卷，明徐時聘，一本。」按：

時當作待。○臺灣「中央圖書館」藏明萬曆刻本,殘存卷一卷二,共兩册。正文首題「雁山志勝卷一」,次題「樂成長徐待聘廷珍父著,南沙人姚宗儀鳳來父校」。半葉九行,行十九字,白口,左右雙邊。白棉紙初印。前有萬曆三十四年丙午徐如翰序,次凡例、目録。目録卷三卷四被裁去,以充全帙。卷内鈐「汪魚亭藏閲書」、「舊雨樓書畫印」、「吴興劉氏嘉業堂藏書印」、「劉承幹字貞一號翰怡」等印記。乙亥歲梢觀。

泰山紀事三卷　明宋燾撰　**二一七一**

山東巡撫採進本(總目)。○《山東巡撫呈送第一次書目》:「《泰山紀事》三本。」○北京圖書館藏明萬曆刻本,分天、地、人三集。天、地二集半葉十行,行十九字,白口,四周雙邊。人集半葉八行,行十六字,白口,四周單邊。前有萬曆四十年壬子泰山太守江湛然叙。三集之前又各有自序。天人二集序無年月。地集自序則在壬子初夏,云「積久成帙,仍壽諸梓」。知刻於萬曆四十年。人集字大,行款異於前二集,蓋一年之内先後付梓者。卷内鈐「吴桓審定金石書畫印」、「竹契」、「雙鑑樓珍藏印」等印記。卷前有傅增湘手録《四庫提要》一則。《存目叢書》據以影印。北大有是刻殘本,存卷一卷二。山東省圖書館僅存地集一卷。臺灣中研院史語所有明刻本一卷一册,當係同版,三集中之一集也。○民國泰安王氏輯鈔《泰山叢書》甲集本,曲阜師大藏。一九九〇年影印王氏輯鈔《泰山叢書》甲集本。

天台山方外志三十卷　明釋無盡撰　**二一七二**

浙江汪啟淑家藏本(總目)。○《浙江省第四次汪啟淑家呈送書目》:「《天台山志》三十卷,明釋無盡著，六本。」○《浙江採集遺書總録》：「《天台山志》三十卷，刊本，明釋無盡撰。」○《兩淮鹽政李續呈送書目》：「《天台山志》三十卷，明釋無盡，三本。」○首都圖書館藏明萬曆幽溪講堂刻本，作《天台山方外志》三十卷，半葉九行，行十八字，白口，左右雙邊。版心上刻「幽溪講堂」。前有萬曆二十九年釋無盡傳燈於天台幽溪講堂序，王孫熙序，萬曆三十一年癸卯武林虞淳熙序，萬曆三十三年乙巳屠隆序，萬曆四十年壬子顧起元序。有鈔配。王序首葉版心有刻工：舒龍□刊。《存目叢書》據以影印。北圖、人民大學、上圖、南圖等亦有是刻。○民國十一年上海集雲軒鉛印本，山東師大藏。

二一七三　幽溪別志十六卷　明釋無盡撰

浙江巡撫採進本（總目）。○《浙江省第八次呈送書目》：「《幽溪別志》十六卷，明釋無盡著，四本。」○《浙江採集遺書總録》：「《幽溪別志》十六卷，刊本，明釋無盡撰，雲間朱輅校，法孫受教增補。」○臨海博物館藏明崇禎刻本十六卷，題「住山沙門無盡傳燈著，天台吏隱雲間朱輅較閲，侍者法孫受教增補」。半葉九行，行十八字，白口，四周單邊。前有天啟四年甲子張師繹序，天啟四年無盡傳燈序，崇禎十七年甲申正月法孫受教和南序，崇禎十七年三月朱輅序。朱序云：「師歸寂，法孫文心者，敬承衣鉢，精進辦道，了師未竟之緒，較讎剞劂。余亦得與參閲。」知刻於崇禎十七年。其卷六至卷十六，臨海博物館云後印，《中國古籍善本書目》云係配清刻本。今觀其版式字體與前五卷無殊，玄、曆等字亦不避諱，恐仍係崇禎十七年原刊，刷印非一時，紙色不同耳。未見原書，推測如是。卷内鈐「明善堂覽書畫印記」、「安樂堂藏書記」、「楊晨」、「定父過目」、「樸學齋」等印記。朱輅序後有光緒八年壬辰秋日楊晨手跋四行,云「今得此于都門敞肆,則原刻也」。《存目叢書》據以影印。臺灣中研院史語所有崇禎刻本十六卷五册,當即同版。○南開大學藏清光緒二十一年刻本十六卷,與《幽溪文集》十二卷合刊。是本卷二殘存第一至三葉,卷五缺第七第八葉,卷七缺第五至八葉,卷八缺第二第三葉,卷十殘存第三第四葉,卷十四第三十八葉以後缺,卷十五缺第三、第四、第七至二十葉及第二十八葉以後,卷十六缺第四十五、第四十六葉及第五十六葉以後。多斷版漫漶。

恒嶽志二卷　明趙之韓、王濬初同撰　二一七四

兩淮馬裕家藏本(總目)。○《兩淮商人馬裕家呈送書目》:「《恒岳志》二卷,明趙之韓,四本。」

○《提要》云:書成於萬曆壬子,後五年知州衡陽張述齡爲刻而行之。

天目山志四卷　明徐嘉泰撰　二一七五

浙江汪啟淑家藏本(總目)。○《浙江省第四次汪啟淑家呈送書目》:「《天目山志》四卷,明徐嘉泰著,四本。」○《浙江採集遺書總録》:「《西天目山志》四卷,刊本,明知縣循州徐嘉泰輯。」○浙江圖書館藏舊鈔本,題「循州徐嘉泰道亨甫重輯,雲間喬雲將千里甫校正」。半葉十行,行二十字,無格。前有萬曆四十二年甲寅喬時敏跋。卷一卷二末均有「潛陽趙希遴刻」一行,當是萬曆本刻工,以是知此本從萬曆刻本鈔出。《存目叢書》據以影印。

煙雲手鏡二卷　明楊繼益撰 **二一七六**

浙江巡撫採進本（總目）。〇《浙江省第十次呈送書目》：「《煙雲手鏡》二卷，明楊繼益輯，五本。」〇《浙江採集遺書總録》：「《煙雲手鏡》二卷，寫本，明楊繼益輯。」

海陽山水志四卷　明丁惟曜撰 **二一七七**

江蘇周厚堉家藏本（總目）。〇《江蘇省第一次書目》：「《海陽山水志》二本。」〇《江蘇採輯遺書目録》：「《海陽山水志》四卷，明丁維曜著。」

惠山古今考十卷附録三卷補遺一卷　明談修撰 **二一七八**

浙江巡撫採進本（總目）。〇《浙江省第七次呈送書目》：「《惠山古今考》十卷《附録》三卷《補遺》一卷，明談修著。」（吴慰祖曰：此條據舊鈔本補。）〇《浙江採集遺書總録》：「《惠山古今考》十卷《附録》三卷《補遺》一卷，刊本，明無錫談修輯。」〇華東師大藏明萬曆刻本，題「梁溪談脩」。半葉九行，行二十字，白口，四周單邊。前有林兆珂序，王澈序。刻工：何汝高刻。《存目叢書》據以影印。南圖有是刻殘本。臺北中研院史語所《善本書目》著録明刊本六册，當即同版，唯不云有《附録》三卷。

九鯉湖志六卷　明黄天全撰 **二一七九**

兩淮馬裕家藏本（總目）。〇《兩淮商人馬裕家呈送書目》：「《九鯉湖志》六卷，明黄天全，二本。」〇原北平圖書館藏明萬曆十四年閩中刻本六卷二册，題「莆田黄天全著」，半葉九行，行十七字。有萬曆十四年王世懋序。卷内鈐「稽瑞樓」、「鐵琴銅劍樓」等印記。又藏一部六卷四册，多萬曆十四年錢順德、黄謙二跋。現均藏臺北「故宫博物院」。王重民《善本提要補編》、臺灣《中央圖書館善本書目》著録。○首都圖書館藏民國十四年周氏鹿巖精舍鈔本，王、錢、黄三序跋俱全，知所據爲北平圖書館萬曆本第二部。半葉十行，行二十字，版心下有「鹿巖精舍」四字。鈐有「鹿巖精舍」白文方印、「清俸寫來手自校」朱文方印。末有周肇祥手跋：「右《九鯉湖志》係京師圖書館所藏白棉紙本，字體方勁，刊印精善，明槧之最上者。余託森玉假鈔，匆促未得影寫。余收山志，重在事蹟及古人遺文佚句，祗此已堪披覽，正不必如毛氏汲古閣以依樣葫蘆爲貴也。乙丑重陽日退翁周肇祥識。」《存目叢書》據以影印。按：肇祥字嵩齡，號養庵，别號退翁，室名鹿巖精舍。浙江紹興人，清末舉人。生於光緒六年，卒於一九五四年。北洋政府時曾任京師警察總監、山東鹽運使、湖北省長、古物陳列所所長、清史館提調等職。工書畫，精鑒藏。嘗撰《琉璃廠雜記》五卷，稿藏北京市文物局，一九九五年北京燕京出版社排印行世。另有金石書畫著述多種。

龍門志三卷　明樊得仁撰　二一八〇

浙江范懋柱家天一閣藏本(總目)。○《浙江省第五次范懋柱家呈送書目》：「《龍門志》二卷，明樊得仁脩，二本。」○《浙江採集遺書總録》：「《龍門志》二卷，刊本，明知縣關中樊得仁輯。」○河北大學藏明刻本，分上中下三卷，不題撰人。半葉九行，行二十字，白口，四周單邊。前有嘉靖十五年丙申歲仲冬河津知縣關中渭涯樊得仁《刻龍門志序》云：「嘉靖乙未夏大巡古峯余公暨分守中川陳公、漫山曹公、分巡大西王公相繼至。余公曰：是不可集而治之乎。王公乃又以搜古跡屬之郡守潁谷李公，而二守劉公、三守張公、陳公、四守焦公皆協心董督。分命平陽府庠教授戚大英、翼城教諭彭崑、襄陵教諭劉士傑、曲沃教諭毛鎧暨生員郭相輩同事脩纂，並取諸歷代記刻及載諸典籍者增入焉。志既成，得仁鋟諸梓。」末有嘉靖十四年季冬既望平陽府儒學教諭戚大英後序，言纂修始末略同，惟毛鎧作毛鏜。考康熙《平陽府志》卷十九，李欑嘉靖十五年任平陽知府，即「潁谷李公」也。則是書當著録爲平陽知府李欑修，平陽府學教諭戚大英等纂，嘉靖十五年河津知縣樊得仁刻本。《四庫總目》及《中國古籍善本書目》作樊得仁撰，恐未確。又《提要》云「得仁不知何許人」，是並序跋亦未細讀矣。《存目叢書》即據此本影印。

二一八一　崆峒山志三卷　明李應奇撰

江蘇周厚堉家藏本（總目）。○《江蘇省第一次書目》：「《崆峒志》三本。」○《江蘇採輯遺書目録》：「《崆峒志》三卷，明崆峒李應奇輯，刊本。」

二一八二　峴山志六卷　明張睿卿撰

浙江巡撫採進本（總目）。○《浙江省第十二次呈送書目》：「《峴山志》六卷，明張睿卿輯，六本。」○《浙江採集遺書總録》：「《峴山志》六卷，刊本，明吴興張睿卿輯。」○《兩淮商人馬裕家呈送書目》：「《峴山志》六卷，明張睿卿，八本。」○上海圖書館藏明萬曆四十二年刻本，存卷一、卷二、卷四共三册。題「郡人稚通張睿卿葺」，半葉九行，行十八字，白口，四周單邊。前有萬曆四十二年甲寅嘯翁張稚通自序云：「是編或不可少，梓之以復景升云。」序後有圖七葉。《存目叢書》據以影印。

上天竺山志十五卷　明釋廣賓撰　二一八三

兩淮馬裕家藏本（總目）。○《兩淮商人馬裕家呈送書目》：「《上天竺山志》十五卷，國朝釋廣賓，二本。」○上海圖書館藏清順治三年刻康熙增刻本，正文卷端題《杭州上天竺講寺誌》，次題「天目山三學學人廣賓纂」，版心題《上天竺山誌》。半葉九行，行十九字，白口，四周雙邊。正文十五卷，又卷首一卷。前有順治三年孫時偉《重修上天竺山誌序》，凡例，目録。序文玄字不避諱，知是順治刊。卷内有增刻康熙時事，如卷四末增刻十四至十七共四葉，又卷四第十二葉亦補刻。鈐「易漱平印」印記。《存目叢書》據以影印。南圖、厦門大學、大連圖書館、臺灣「中央圖書館」亦有是刻。○清光緒二十三年錢塘丁氏嘉惠堂刻本，《武林掌故叢編》二十五集之一。

爛柯山志二卷　明徐日炅撰　二一八四

兩淮馬裕家藏本（總目）。○《兩淮商人馬裕家呈送書目》：「《爛柯山洞志》二卷，明徐日炅，一本。」○臺灣「中央圖書館」藏舊鈔本二卷一册，正文首題「爛柯山洞志卷上」，次題「青霞里人徐日炅闇仲甫纂」。半葉八行，行十八字，無格，中縫題「爛柯山洞志」。首葉鈐「翰林院印」滿漢文大官印，書衣有「乾隆三十八年四月兩淮鹽政李質穎送到馬裕家藏徐日炅爛柯山洞志壹部計書壹本」長方進書本記，是馬裕進呈四庫原本。又鈐「稽瑞樓」、「何元錫印」、「錢江何氏夢華館藏」等印記。該館

《善本書志初稿》著録。蔡琳堂先生嘗以書影相貽。按：《總目》書名脱「洞」字。

二一八五 東西天目志八卷 明章之采撰

兩淮馬裕家藏本(總目)。〇《兩淮商人馬裕家呈送書目》：「《東西天目志》未分卷，明章之采，四本。」〇臺灣「中央圖書館」藏明天啟元年杭州刻本，《東天目山志》四卷、《西天目山志》四卷，共二册。半葉十行，行二十字，白口，四周單邊。前有孫昌裔《修天目山志序》云：「庚申之冬至辛酉之季秋，及朞而告成。」又孫昌裔《東天目山志序》，天啟四年甲子春日海陽徐文龍田仲父《東天目山志序》，天啟甲子陳懋德《東天目山志序》，甲子高金體《東天目山志小引》，張之采《修東天目山志述》。次《東天目山志》凡例、志目、圖考。《東目總圖》仁和徐元玠畫，《瀑布垂江》、《經臺華雨》、《雲窩深鎖》、《龍岡獨步》、《驢庵禪定》、《飛橋偃翠》諸圖仁和張錫蘭畫，均工緻。次《東天目山志》正文，題「西湖守李燁然文若父輯，郡丞徐文龍田仲父、司理陳懋德維立父核」。正文後有天啟甲子姚鏜跋。以上一册。第二册前有天啟改元仲冬陳懋德《三修西天目志叙》，吴煥《天目紀遊引》，張之采《修天目山志述》。次《西天目山志》凡例、目録、圖。《西目總圖》張錫蘭畫，《幻住雲巒》、《玉柱孤撐》、《爐峰兀峙》、《雙清銀海》、《西方危燈》、《仰止扶笻》諸圖徐元玠畫。次《西天目山志》正文，題「西湖守孫昌裔子長父輯，郡丞徐文龍田仲父、司理陳懋德維立父核」。卷内鈐「吴興劉氏嘉業堂藏書印」、「馬泰榮印」、「别號秋潯」等印記。按：據諸序，《西天目山志》四卷係杭州守孫昌裔委仁和張之采撰，成於天啟元年辛酉季秋。《東天目山志》孫昌裔有其意而未及纂，繼守杭州者李燁然續成之，仍屬張之采輯集。既成,李燁然付之剞劂。然則二志之刻在天啟四年甲子。臺灣「中央圖書館」定爲天啟元年刻,似未確。又按:張之采,《總目》誤作章之采。

二一八六　九華山志八卷　明顧元鏡撰

兩淮鹽政採進本(總目)。○《兩淮鹽政李呈送書目》:「《九華志》八卷,明顧元鏡,八本。」○《武英殿第二次書目》:「《九華山志》四本。」○上海圖書館藏明崇禎二年刻本,作《九華志》八卷,前又有圖一卷。正文題「池陽守西吳顧元鏡重輯,青陽令天中劉景清較,訓導姑孰孫秉道閱」。半葉十行,行二十二字,白口,四周單邊。前有葉燦序,崇禎二年鄭三俊序,王公弼序,崇禎二年顧元鏡序。顧序云:「遂蒐之碑板之所紀載與夫薦紳先生之所題詠,山僧逸民之所傳聞,網羅考證,彙成若干卷而付之梓。」版有漫漶。《存目叢書》據以影印。北圖有是刻殘本,存圖一卷及正文卷一至四共四册。

二一八七　錫山景物略八卷　明王永積撰

江蘇周厚堉家藏本(總目)。○《江蘇省第一次書目》:「《錫山景物略》四本。」○《江蘇採輯遺書目録》:「《錫山景物略》四册,明吳縣王永積著。」○復旦大學藏明末嘉樂堂刻本十卷六册,題「蠡湖野史王永積輯,男淑高、洸高仝校」。半葉九行,行二十四字,白口,四周單邊,無直格。封面刻「嘉樂堂藏板」。《存目叢書》據以影印。《江蘇藝文志·無錫卷》著録無錫市圖書館藏清初刻本,當即同版。書無序跋,唯校字不作較,似以清初刻本爲是。○清光緒二十四年裔孫綜重刻本十卷,北京師大、南圖、上圖等藏。

横谿録八卷　明徐鳴時撰　　**二一八八**

兩淮鹽政採進本（總目）。○《兩淮商人馬裕家呈送書目》：「《横溪録》八卷，明徐鳴時，五本。」○上海圖書館藏明崇禎二年刻本，卷一題「里人徐鳴時編，邑人楊廷樞較」。半葉九行，行二十字，白口，四周單邊。末附《谿上詠》一卷。無序跋。《存目叢書》據以影印。南京圖書館藏有是刻。○清瞿氏鐵琴銅劍樓鈔本六册，南圖藏。○鈔本，南開大學、南京博物院、蘇州市圖書館均有藏。

閣皁山志二卷　明俞策撰　　**二一八九**

兩淮馬裕家藏本（總目）。○《兩淮商人馬裕家呈送書目》：「《皁山志》二卷，明俞策，一本。」○北京圖書館藏清康熙刻本，作《閣皁山志》二卷一册，明俞策撰，清施閏章定。半葉十行，行二十字，白口，左右雙邊。○南京圖書館藏清鈔本，題「東吴俞策公臨撰」，半葉九行，行二十字，無格。首葉鈐「翰林院印」滿漢文大官印，書衣有「乾隆三十八年四月兩淮鹽政李質穎送到馬裕家藏俞策閣皁山志壹部計書壹本」長方木記（徐憶農女士函告：此木記模糊，「到馬裕」三字已不能辨認），是馬裕進呈四庫原本。卷内又鈐「謏聞齋」、「竹泉珍秘圖籍」、「錢唐丁氏藏書」、「八千卷樓藏閲書」等印記。前有丁丙簽跋，即《善本書室藏書志》原稿（按：原稿及《志》均脱李質穎之穎字。又原稿四十二年之二字作小圈，李質之質字圈去，山志之志字脱，《志》均不誤）。又卷尾有同治癸酉丁丙跋，不見其《藏書志》，遂録如次：「同治癸酉三月二十二日，自金昌門放櫂琴川。次日拜言子、仲雍二墓。次日遊破山、三峯、藏海諸寺，登拂水巖，尋劍門，飲露珠泉。次日至罟里訪瞿鏡之、濬之兄弟，出景祐刻《漢書》、南宋刊《史記》、《黄勉齋集》、《東坡集》殘本、《劉後村集》、《國朝文鑑》、元刊《論衡》、《東坡全集》、《蒼崖金石例》凡十許種，皆希有祕笈。次日百歲坊訪李升蘭，許假録丁鶴年四卷本，既從寺前街後學福堂鄭氏購此册，所謂御退本也。出自馬裕家。卷面題字絶似樊榭老人筆。老人館玲瓏山館最久，必當時題者，尤可珍耳。山爲天師行化處，余先是與吴頌春在元妙觀見大真人，名仁晸，乘緑呢行轎，朱槓，上綴五岳金頂，導以朱蓋，路人追攀擁視，大有六鷁退飛之勢，不覺失笑。因牽連記之，以當吴中客記。二十七日田園丁丙書於虞山舟次。」《存目叢書》據以影印。〇上海圖書館藏鈔本兩部。

太平三書十二卷　國朝張萬選編　二一九〇

江西巡撫採進本（總目）。〇《江西六次續採書目》：「《太平三書》四本。」〇北京大學藏清順治五年刻本，卷一《太平勝槩目録》，卷二始爲正文，題「濟南張萬選舉之甫編輯」。半葉八行，行二十字，白口，四周單邊。前有順治四年鍾鼎序，順治五年陳選序，順治四年張一如序，唐允甲題詞，順治五年張萬選自叙總略，末有順治五年張京跋。張一如序首葉版心下記刻工：旌邑湯義刻。《存目叢書》據以影印。山東省圖、山東師大、美國國會圖書館均有不全本。臺灣史語所有乾隆三年補刻本。

乍浦九山補志十二卷　國朝李確撰　二一九一

浙江巡撫採進本（總目）。〇《兩淮商人馬裕家呈送書目》：「《乍浦九山補志》十二卷，國朝李確，一本。」○北京圖書館藏清鈔本十二卷一册，題「龍湫山人李確潛初氏編輯」。半葉九行，行二十一字，無格。前有□□四年自序。《存目叢書》據以影印。○臺灣中研院史語所藏鈔本二册。○民國五年重刻康熙四年本十二卷一册，北師大、上圖等藏。○民國七年里人集貲刊本三册，上海圖書館藏。

昌平山水記二卷　國朝顧炎武撰　**二一九二**

兩江總督採進本（總目）。○清康熙潘耒遂初堂刻《亭林遺書》本，題「崑山顧炎武寧人著」，半葉十行，行二十字，白口，左右雙邊。寫刻頗精。《存目叢書》用祁縣圖書館藏本影印。北大、上圖等多有是刻。○清蓬瀛閣刻《顧亭林先生遺書》本。○臺灣「中央圖書館」藏清虞山錢氏述古堂鈔本二卷一册，半葉十二行，行二十字，無格。前有昌平山水圖，圖左下角有題記二行：「細按記中所載與圖小異，俟另考。」圖左上角有韓應陛題記四行：「圖左下有『細按記中所載與圖小異，俟另考』十三字，審係遵王手書。咸豐八年十月一日應陛。」書末葉左上角有「錢遵王述古堂藏書」小字題記一行。卷内鈐「楊灝之印」、「繼梁」、「士禮居」、「平江黄氏圖書」、「韓繩大一名熙字价藩讀書印」、「曾爲雲間韓熙鑑藏」、「雲間韓氏考藏」、「价藩」、「甲子丙寅韓德均錢潤文夫婦兩度攜書避難記」、「百耐眼福」、「希逸藏書」等印記。（參該館《善本書志初稿》、《善本題跋真跡》）○民國六年京綏鐵路局排印本，青島圖書館藏。○一九六二年北京書店排印本。

黄山志七卷　國朝閔麟嗣撰　**二一九三**

兩江總督採進本（總目）。○《武英殿第二次書目》：「《黄山志定本》七本。」○《安徽省呈送書目》：「《黄山志》七本。」〇清康熙十八年刻本，正文首行題「黄山志定本卷一」，次題：吴山僧弘濟益然閲定，新安閔麟嗣賓連纂次，同學程守等十一人參閲。半葉九行，行二十一字，白口，四周雙邊。前有康熙十八年吴綺序，二十五年吴苑序，二十五年汪錞序，十八年黄士塤序，十八年自序。吴苑序云：「書成後一年，歲在辛酉六月，余同扶晨及程蝕菴、汪岍舫、家弟荃與崧往遊，咸呈賦詠，未及載。蓋黄子于升已先爲剞劂行世矣。」目録末記寫工刻工：江寧業彭齡繕寫，周長年繡梓，旌德湯能臣、上元栢青芝鐫圖。民國二十四年《安徽叢書》第五期據以影印。《存目叢書》又據《安徽叢書》本影印。北圖、北大、華南師大等藏有是刻。大連圖書館有康熙十八年刻乾隆三十二年方祁宣印本。

麻姑山丹霞洞天志十七卷　國朝羅森撰　二一九四

内府藏本（總目）。〇《武英殿第二次書目》：「《麻姑山丹霞洞天志》六本。」〇按：此與下文古蹟之屬《丹霞洞天志》十七卷實係一書，參見該條。

峩眉山志十八卷　國朝蔣超撰　二一九五

浙江汪啟淑家藏本（總目）。〇按：此與下文曹熙衡《峩眉山志》十八卷實係一書，參見該條。

峩眉志略一卷　國朝張能鱗撰　二一九六

浙江汪啟淑家藏本（總目）。〇《浙江省第四次汪啟淑家呈送書目》：「《峨眉志略》一卷，國朝張能鱗著，一本。」〇《浙江採集遺書總録》：「《峨眉志略》一卷，刊本，國朝順天張能鱗撰。」

二一九七

浯溪考二卷　國朝王士禛撰

山東巡撫採進本(總目)。○暨南大學藏清康熙四十年刻本,題「濟南王士禛」,半葉十行,行十九字,黑口,左右雙邊。前有康熙四十年王士禛序。寫刻甚精,印本清朗,禛字尚未挖改爲正字或禎字,確是康熙時初印之本。《存目叢書》據以影印。是刻後印入《王漁洋遺書》,流傳甚廣,而版多漫漶,禛字已挖改作禎字,去初印本遠矣。○清同治光緒間刻《息柯居士全集》附刻本,北大、上圖等藏。○山東圖書館藏悔堂老人輯鈔《悔堂手鈔二十種》本。○山東圖書館藏清鈔《碎珮叢鈴》本。

二一九八

長白山録一卷補遺一卷　國朝王士禛撰

山東巡撫採進本(總目)。○《提要》云:「已編入士禎《漁洋文略》第十四卷中。」按:《漁洋文略》見《存目》别集類。○余藏清康熙刻《王漁洋遺書》本,題「新城王士禎字貽上」(禎字係挖改),半葉十行,行十九字,大黑口,左右雙邊。寫刻頗精,惜已有漫漶。《補遺》後有康熙三十六年跋,署「康熙丁丑中秋漁洋山人王士禛書于京邸之書舟」(禛字未挖改)。跋後題「男啟涑、啟汸、啟汧、孫男兆鄴、兆鄭較字」。北圖、上圖等多有是刻。○清康熙三十四年新安張氏霞舉堂刻《檀几叢書》第二集本,僅《長白山録》一卷。○清光緒十七年上海著易堂排印《小方壺齋輿地叢鈔》第四帙本,僅《長白山録》一卷。

二一九九

鼓山志十二卷　國朝僧元賢撰

兩淮鹽政採進本(總目)。○《兩淮鹽政李續呈送書目》:「《鼓山志》十二卷,明釋元賢,四本。」○《浙江省第十二次呈送書目》:「《鼓山志》十二卷,明釋元賢輯,二本。」○《浙江採集遺書總録》：「《鼓山志》十二卷，刊本，明釋元賢輯。」○北京圖書館藏清初刻本，題「住山釋元賢纂修」，半葉九行，行二十字，白口，四周雙邊。前有自序，無年月。卷内鈐「南陵徐乃昌校勘經籍記」、「積學齋徐乃昌藏書」等印記。《存目叢書》據以影印。上圖亦有是刻。

恒嶽志三卷　國朝張崇德撰　二二〇〇

浙江巡撫採進本(總目)。○《浙江省第四次汪啟淑家呈送書目》：「《恒岳志》三卷，國朝蔡永華等輯，三本。」○《浙江採集遺書總録》：「《恒岳志》三卷，刊本，國朝大同知府東萊蔡永華輯。」○上海圖書館藏清順治十八年刻本，作《恒岳志》三卷，題「渾源州知州北平張崇德、大同府知府東萊蔡永華、延安府推官郡人趙開祺仝纂修，大同府府學教授雁門馮雲驤、貢士陽和徐化溥仝參訂」。半葉十行，行二十四字，白口，四周單邊。前有順治十八年辛丑張崇德序，順治辛丑左圖序，蔡永華序，趙開祺序，順治十七年羅森序。卷内鈐「武林葉氏藏書印」、「杭州葉氏藏書」、「合衆圖書館藏書印」等印記。《存目叢書》據以影印。中科院圖書館亦有是刻。

七星巖志十六卷　國朝韓作棟撰　二二〇一

浙江汪啟淑家藏本(總目)。○《浙江省第四次汪啟淑家呈送書目》：「《七星岩志》十六卷，國朝韓作棟輯，五本。」○《浙江採集遺書總録》：「《七星岩志》十六卷，刊本，國朝肇高道閩縣諸作棟輯。」

峨眉山志十八卷　國朝曹熙衡撰　二二〇二

浙江汪啟淑家藏本(總目)。○《浙江省第四次汪啟淑家呈送書目》：「《峨眉山志》十八卷，國朝冀霖輯，六本。」〇《浙江採集遺書總録》：「《峨眉山志》十八卷，刊本，國朝知縣清源冀霖輯。」〇《江蘇省第一次書目》：「《峨眉山志》六本。」〇《江蘇採輯遺書目録》：「《峨眉山志》十九卷，清翰林院編修金陵蔣超編，刊本。」〇《武英殿第二次書目》：「《峨眉山志》六本。」〇上海圖書館藏清康熙刻本十八卷，半葉十行，行二十字，下黑口，四周單邊。前有康熙二十七年戊辰姚締虞序，康熙十一年壬子金儁序，康熙二十六年丁卯李輝祖序，康熙二十六年王業興序，康熙二十六年曹熙衡序，康熙二十四年傅作楫序，康熙二十六年何源濬序，康熙二十七年馬震序，康熙二十八年范士聯序，康熙二十八年胡挺松序，康熙二十八年伏虎衲海源《志餘序》。又卷端有康熙四十一年聖旨，末有「伏虎寺照裕録刊」一行。姚序云：「川南憲副曹君持《峨眉山志》相示，則憲副啟其事，而余首閱圖説，出近代胡菊潭相國手，修志凡例斷自蔣虎臣太史。」金序云：「今夏太史綏菴蔣公選勝來蜀，……從而輯之，浹月告成。」王序云：「今觀察曹公以名山在隸建南，躬倡同事諸公，延集名儒，廣蒐博採，輯爲《峨眉山志》。」曹熙衡序略謂：胡菊潭（世安）三次登峨眉，著《峨籟》。後三十餘年金陵蔣太史虎臣寓峨眉，始取《峨籟》稍加增益爲《山志》。然太史爲二豎相侵，草草卒業，倫次欠楚。熙衡爰取虎臣太史脱稿，與宿士商訂，重加修飾云云。馬序又稱曹公首倡壽梓。綜諸序所言，則《峨眉山志》爲康熙十一年金陵蔣超據胡世安《峨籟》增修而成，至康熙二十六年曹熙衡復取蔣氏成稿重訂付梓，其刊成當在康熙二十七年。故是志著者當作：清蔣超撰，曹熙衡重訂。諸序或歸功於蔣超，或歸功於曹熙衡，至使著録歧異，莫得其實。《四庫總目》更誤蔣超、曹熙衡所著爲兩書，前後重複著録，且所據者同爲汪啟淑呈本，失考甚矣。此本卷十六末有乾隆間事，乃增刻之本。卷内鈐「章寄芬書畫印」、「野梅居士」、「曾藏葉氏遐菴」、「葉恭綽奉捐」、「合衆圖書館藏書印」等印記。《存目叢書》據以影印。北圖、人民大學亦有是刻。○道光十四年胡林秀補刻本十二卷三册，北京師大藏。○道光二十九年豫章胡宗閲刻民國十八年伏虎寺印本四册，上圖、北師大藏。

龍唐山志五卷　國朝僧性制撰　**二二〇三**

浙江巡撫採進本(總目)。○《浙江省第四次汪啟淑家呈送書目》：「《龍唐山志》五卷，國朝釋性制輯，二本。」○《浙江採集遺書總録》：「《龍唐山志》五卷，寫本，國朝釋性制輯。」○原刻本。《八千目》。

寶華山志十卷　國朝釋德基撰　**二二〇四**

兩淮馬裕家藏本(總目)。○《兩淮商人馬裕家呈送書目》：「《寶華山志》十一卷，國朝釋德基，五本。」○《兩江第一次書目》：「《寶華山志》，劉名芳纂，四本。」○《浙江省第十一次呈送書目》：「《寶華山志》十五卷，國朝劉名芳著，四本。」○《浙江採集遺書總録》：「《寶華山志》十五卷，刊本，國朝崇安劉名芳撰。」○華東師大藏清康熙二十九年刻本十卷，題「莆陽釋德基定菴輯，秣陵張惣南邨編，西陵趙時揖晴原較」。各卷校者不同。半葉九行，行十八字，白口，四周雙邊。前有康熙二十九年朱虔序，二十九年白良琯序，二十九年張惣序，二十九年釋德基自序。後有張孝時跋。卷内禎、弘、曆字不避諱，猶是康熙原刊。《存目叢書》據以影印。福建師大亦有是刻。○清乾隆刻本十五卷，清釋德基原撰，劉名芳增修。上圖、清華、雲南省圖藏。○清光緒千華十五世聖性重刻本十五卷，撰人同乾隆本，上圖藏。

二二〇五　廬山通志十二卷　國朝釋定暠撰

兩淮馬裕家藏本（總目）。○《兩淮商人馬裕家呈送書目》：「《廬山通志》十二卷，國朝釋定暠，十四本。」○《兩江第一次書目》：「《廬山通志》，清釋定暠輯，十四本。」

二二〇六　四明山志九卷　國朝黄宗羲撰

江蘇周厚堉家藏本（總目）。○《江蘇省第一次書目》：「《四明山志》二本。」○《江蘇採輯遺書目録》：「《四明山志》九卷，清吴縣周靖撰。」○《浙江省第一次書目》：「《四明山志》九卷，國朝黄宗羲著，三本。」○《浙江採集遺書總録》：「《四明山志》九卷，刊本，國朝黄宗羲撰。」○北京圖書館藏清康熙四十年黄炳刻本，題「遺獻黄宗羲輯，古吴後學周靖訂，姪炳、男百家仝校」。半葉十一行，行二十二字，下黑口，四周單邊。封面刻「抑抑堂梓」四字。前有康熙四十二年癸未朱彝尊序，四十年宋定業序，靳治荆序，四十年黄宗裔序，又康熙十三年甲寅黄宗羲序。宋序云：「久藏篋衍，未刻播世，先生之族子仲簡刻之吴門。」黄宗裔序云：「仲簡聞之，慨然任剞劂焉。仲簡名炳，吾宗姪行也，遷居雲間，三世不相聞者百年矣。」《存目叢書》據以影印。浙圖亦有是刻。○民國二十五年張壽鏞約園刻《四明叢書》第四集本。○一九八六年浙江古籍出版社排印《黄宗羲全集》第二册本。此本以《四明叢書》本爲底本，通校黄炳刻本及李氏韋仁山房本。册末附吴光《黄宗羲遺著考》，略謂黄氏抑抑堂刻九卷本有二册本與四册本（澤遜按：當指北圖所藏兩部抑抑堂本）。二册本僅有康熙四十二年朱彝尊序,「内容也較别本爲少,似乎是個未完本」。四册本則有朱彝尊、宋定業、靳治荆、黄宗裔序及自序,「這是一個完本」。另有天一閣文管所藏「康熙間李氏補板本,實際是據上述四册本補二册本而已」。吴氏似謂李氏本係就抑抑堂刻九卷二册本增刻而成,而《黄宗羲全集》第二册卷前點校説明則稱爲「李氏韋仁房重刊」,未知孰是。録此備考。

四明山古蹟記五卷　不著撰人名氏　二二〇七

浙江巡撫採進本(總目)。○《浙江省第八次呈送書目》:「《四明山古蹟記》五卷一本。」○《浙江採集遺書總録》:「《四明山古蹟記》五卷,寫本。」○《提要》云:「即黄宗羲所撰《四明山志》稿本也。」

西湖夢尋五卷　國朝張岱撰　二二〇八

浙江鮑士恭家藏本(總目)。○《浙江省第四次鮑士恭呈送書目》:「《西湖夢尋》五卷,國朝張岱著,二本。」○《浙江採集遺書總録》:「《西湖夢尋》五卷,刊本,國朝劍南張岱撰。」○黄裳先生藏清康熙五十六年張禮粤東刻本,題「古劒蝶菴張岱著纂,男鏞式黼、鐸式宣、鑌式貞編輯,山陰曲轅王雨謙評定」。半葉九行,行二十字,白口,左右雙邊。眉上鎸評。前有金堡、李長祥、查繼佐、祁豸佳、王雨謙諸序,辛亥七月自序,康熙丁酉(五十六年)十月望日孫張禮凡例。凡例稱是集爲從弟濮攜來岭南,而韶州太守胡公見而稱賞,令付剞劂,爰授梓人,鋟以問世。封面刻「鳳嬉堂藏板」五字。卷内鈐「黄裳藏本」等印記(參黄裳《前塵夢影新録》、《清代版刻一隅》)。公安部群衆出版社有是刻一部。北圖藏是刻,存卷一至卷四,鈐有「苦雨齋藏書印」等印記,《中國版刻圖録》著録。○清華大學藏清光緒九年刻本，題「古劍蝶庵張岱著纂」。半葉十行，行二十字，白口，四周雙邊。有王雨謙、祁豸佳、查繼佐、武林道隱（金堡）、李長祥諸序，辛亥七月自序。前有牌記：「光緒癸未春日梓。」卷內鈐「江陰劉氏」、「劉復所藏」、「劉復私印」、「劉半農藏書」等印記。《存目叢書》據以影印。《武林掌故叢編》本亦即是刻。○民國十二年杭州六藝書局排印本五卷一册，北京師大藏。○民國二十五年上海貝葉山房排印本，《中國文學珍本叢書》之一，上圖、北師大、山東師大藏。○一九八二年上海古籍出版社排印馬興榮點校本。○一九八四年浙江文藝出版社排印孫家遂校注本。

穹窿山志六卷　國朝李標撰　　　　**二二〇九**

兩淮馬裕家藏本（總目）。○《兩淮商人馬裕家呈送書目》：「《穹窿山志》六卷，明李標，四本。」○天津圖書館藏清康熙刻本，題「婁東吴偉業駿公、甬東向球黼文纂修，吴門金之俊豈凡鑒定，檇里李標子建編輯，茂苑宋實穎既庭、新安程維培載翼較正」。半葉九行，行二十字，白口，四周單邊。前有吴晉錫序，吴偉業序。序後爲圖十七葉，極精工生動，版心鐫「桂林弟子黄裳敬寫，戊申二月初八日吉旦」二行。戊申當是康熙七年。《存目叢書》據以影印。故宫、中科院圖書館、上圖、復旦、南圖亦有是刻。○上海圖書館藏民國曹丙炎影鈔康熙刻本五册，王培孫舊藏。○民國三十二年排印本，人民大學、上圖藏。

百城煙水九卷　國朝徐崧、張大純同編　　　　**二二一〇**

浙江巡撫採進本（總目）。○《浙江省第六次呈送書目》：「《百城煙水》九卷四本。」○《浙江採集遺書總録》：「《百城煙水》九卷，刊本，國朝長洲張大純輯。」○清康熙二十九年張大純影翠軒刻本，題「吴江徐崧、長洲張大純輯」。半葉十行，行二十字，小字雙行同，黑口，四周雙邊。前有康熙二十九年尤侗序，次張大純序，署「康熙庚午長至日長洲張大純書於影翠軒」。次張大純《凡例》，次同訂姓氏，次總目。封面刻「影翠軒藏板」。一九七九年北京古籍出版社據以影印。《存目叢書》又據中科院圖書館藏是刻影印。上圖、南圖等亦有是刻。○民國九年吴江柳氏傳鈔康熙刻本，上圖藏。

蟂磯山志二卷　國朝柯願撰　**二三一一**

安徽巡撫採進本（總目）。○《安徽省呈送書目》：「《蟂磯山志》二本。」○遼寧圖書館藏清康熙二十八年大隱樓刻本，題「鳩兹榷使清漳柯願又鄒重輯，莆田林喬璲九洽、鹽城夏之時葛民校正，皖江張菁子翊編次」。半葉九行，行二十二字，白口，四周雙邊。版心下刻「大隱樓訂」四字。前有康熙二十八年己巳自序云：「因不揣固陋，廣蒐其殘編斷簡，彙成一帙，重壽棗梨。」次凡例、圖考。《存目叢書》據以影印。

嶽麓志八卷　國朝趙寧撰　**二三一二**

浙江汪啟淑家藏本（總目）。○《浙江省第四次汪啟淑家呈送書目》：「《嶽麓志》八卷，國朝趙寧輯，八本。」○《浙江採集遺書總録》：「《嶽麓志》八卷，刊本，國朝同知山陰趙寧輯。」○上海圖書館藏清康熙二十六年鏡水堂刻本八卷四册，卷二首題「長沙府嶽麓誌卷之二」，次題「丁大中丞鑒定，郡丞趙寧等修，為山陶之典訂」。半葉九行，行十九字，白口，四周單邊。版心下刻「鏡水堂」三字。

前有康熙二十六年徐國相序，康熙二十六年丁思孔序，金德嘉序，康熙二十六年黄性震序，趙廷標序，康熙二十六年趙寧序，又原序三，凡例，同纂姓氏、目録。記事至康熙二十六年。卷内崇禎或作崇正，弘、泓、曆、寧或缺筆或不缺筆。偶有補刻之葉，字體較原版瘦長。當是康熙二十六年鏡水堂刻道光間修版印本。《存目叢書》據以影印。上圖另藏一部，經函請陳秉仁先生核對，知係同版。北大亦有是刻。○上海圖書館藏清康熙二十六年鏡水堂刻本，作《長沙府嶽麓誌》六卷。蓋先刻六卷，繼又增補爲八卷。○清咸豐十一年刻本八卷首一卷，清趙寧撰，續志四卷，丁善慶撰，同治六年半學齋刻本，共六册。中科院圖書館、華東師大、上圖藏。○按：是書一名《嶽麓書院志》。

説嵩三十二卷　國朝景日昣撰　　二三一三

直隸總督採進本（總目）。○《直隸省呈送書目》：「《説嵩》十本。」○《浙江省第六次呈送書目》：「《説嵩》三十二卷，國朝景日昣輯，十本。」○《浙江採集遺書總録》：「《説嵩》三十二卷，刊本，國朝登封景日昣輯。」○《河南省呈送書目》：「《説嵩》，本朝景日昣著，十本。」○《編修朱交出書目》：「《説嵩》十本。」○山東省圖書館藏清康熙五十八年嶽生堂刻本，題「外方柱史景日昣冬昜氏」。半葉十一行，行二十五字，白口，四周雙邊。封面刻「嶽生堂」三字。前有吕履恒序，張伯行序，康熙六十年陳鵬年序，康熙六十年李紱序，范長發序，陳殿彦序，康熙五十八年馮嗣京序，康熙五十九年孫勷序，康熙五十五年景日昣題辭，例目。據題辭定稿於康熙五十五年。據馮嗣京序「兹出其《説嵩》三十二卷授梓」語，知付刻於康熙五十八年。《存目叢書》據以影印。北大、上圖、南圖、川圖等均有是刻。

嵩嶽廟史十卷　國朝景日昣撰　**二二一四**

江蘇巡撫採進本(總目)。○《江蘇省第一次書目》:「《嵩嶽廟史》四本。」○《江蘇採輯遺書目録》:「《嵩嶽廟史》十卷,清登封進士景日昣著,刊本。」○中央民族大學藏清康熙三十五年太壹園刻本,題「嵩厓景日昣纂」。半葉八行,行二十字,黑口,四周雙邊。封面刻「太壹園藏板」五字。前有康熙三十五年丙子張聖誥序,三十五年高一麟序,三十五年郭瑛序,三十五年自序。高序云:「屬稿於夏五,至秋七月書成付梓。」自序後有纂修姓氏,列鑒修張聖誥,裁定景星,採輯焦欽寵、高一麟,纂著景日昣,校梓景日暲、宋璜、王錫齡,督梓張守星、張旅桂等。《存目叢書》據以影印。上圖、南圖、西北民院亦有是刻。

雞足山志十卷　國朝范承勳撰　**二二一五**

浙江汪啟淑家藏本(總目)。○《浙江省第四次汪啟淑家呈送書目》:「《雞足山志》十卷,國朝范承勳輯,四本。」○《浙江採集遺書總録》:「《鷄足山志》十卷,刊本,國朝總督瀋陽范承勳輯。」○北京圖書館藏清康熙刻本,半葉九行,行十九字,下黑口,四周雙邊。前有康熙三十一年范承勳序云:「今年春,忽寺僧持舊志殘編至,且請增修。余思此山爲滇西名勝,不可無紀。退食之暇,聊爲删其蕪陋,補其闕略,付寺僧梓之。」知是本輯刻於康熙三十一年。又康熙三十一年王繼文序,釋本元序,又舊序三篇。卷八末有康熙三十二年《新鑄鷄山迦葉殿鐘記》,字體拙劣,與全書不同,顯係刊成後增刻者。《存目叢書》據以影印。南圖、上圖等亦有是刻。

二二一六

普陀山志十五卷　國朝朱謹、陳璿同撰

内府藏本(總目)。○《武英殿第二次書目》:「《普陀山志》四本。」○《浙江省第四次汪啟淑家呈送書目》:「《普陀山志》十五卷,國朝朱謹、陳璿、裘璉同輯,四本。」○《浙江採集遺書總録》:「《普陀山志》十五卷,刊本,國朝編修慈谿裘璉輯。」○首都圖書館藏清康熙刻雍正增修本,作《南海普陀山志》十五卷。卷一疏記圖例。卷二題:「詹事府詹事錢塘高士奇、翰林院編修慈谿姜宸英、翰林院纂修鄞邑萬言鑒定,國子生書局纂修慈谿裘璉編輯,普濟寺住持潮音通旭、法雨寺住持别庵性統校訂。」半葉十行,行二十一字,白口,四周雙邊。卷一志例末署「康熙三十七年戊寅中秋慈谿魚山裘璉漫識」。卷七《頒賜》有雍正三年空焱附記。當是康熙刻雍正初增修本。卷内鈐「娑羅華樹館周氏藏書」朱文方印。《存目叢書》據以影印。○中國人民大學藏清康熙四十四年刻雍正乾隆間增修補刻本(見該館《善本書目》)。此本行款版式同前本,但内容經增改,版係重刻。首《國朝宸翰》,列康熙四十三年《補陀羅迦山普濟禪寺碑記》,四十三年《南海普陀法雨寺碑文》,雍正十二年《御製普陀普濟寺碑文》。次王鴻緒《增修南海普陀山志序》云:「今潮音已爲古人矣,而其徒珂月增修山志,致書於余。」次康熙四十年辛巳藍理序,次康熙四十三年施世驃《增修普陀山志序》,次康熙五十七年甘國璧序,次雍正十三年邵基《敕修普陀普濟寺誌序》云:「普濟住持僧繹堂、監院僧本善,躬逢盛際,敬仰天光,恭紀殊恩,增輯志乘,……志成,馳書都下,屬基爲之序。」次康熙五十七年、雍正九年修寺碑記。次目次，次山圖九葉。次卷一《志例》，末題「康熙四十三年甲申春王文林郎知定海縣事江陰繆燧薰沐拜書」。次卷二，題：「定海總兵官古閩藍理、温陵施世驃、禮部侍郎錢塘高士奇、翰林院編修慈溪姜宸英、翰林院纂修鄞邑萬言鑒定，前後預志事長洲陳璿、崑山朱謹、慈溪裘璉編輯。」卷三題：「長洲陳璿、慈水裘璉增輯。」余以是本與首都圖書館本相校，山圖同，凡例此本已重作，各卷次序稍有更動，各類序此本亦多重作，卷首序、記、碑文此本增出頗多。行款版式雖同，版則重刻也。其刊刻年月當在雍正間。卷内鈐「鹿巖精舍」印記，周肇祥故物也。上圖、日本京都大學人文所均有是刻。〇《中國古籍善本書目》著録清康熙刻本，清陳璿等撰。首都圖書館、故宫、上圖、湖北財經學院藏。按：首都圖書館藏本著者僅裘璉一人，與此不符。餘三家藏本不知與首都圖書館本、人民大學本異同。又南圖、復旦亦有康熙刻本。並録此備考。

湘山志八卷　國朝徐泌撰　　**二三一七**

浙江巡撫採進本(總目)。〇《浙江省第十二次呈送書目》：「《湘山志》八卷，國朝徐泌著，五本。」〇《江蘇省第一次書目》：「《湘山志》四本。」〇《江蘇採輯遺書目録》：「《湘山志》五卷，清全州知州徐泌編。」〇《兩淮商人馬裕家呈送書目》：「《湘山志》五卷，國朝徐泌，五本。」〇北京師大藏清康熙二十一年刻本五卷，題「全州知州三衢徐泌鶴汀父主脩，郡人謝允復文山氏纂脩，嗣曹洞宗大圓德鑑分校，湘山嗣祖沙門通訓、通攸、通識、通俱授梓」。半葉十行，行二十字，白口，四周雙邊。前有康熙二十年謝允復序，二十一年徐泌序。卷一《湘山圖・寶鼎山圖》署「龍山唐之翰寫」。卷一末有「見任全州知州信官諱泌助銀拾兩正」一行。《存目叢書》據以影印。上圖、首都圖書館、雲南省圖亦有是刻。

林屋民風十二卷　國朝王維德撰　**二二一八**

浙江鮑士恭家藏本（總目）。○《浙江省第四次鮑士恭呈送書目》：「《林屋民風》十二卷，國朝王維德輯，二本。」○《浙江採集遺書總録》：「《林屋民風》十二卷，刊本，國朝吴縣王維德輯。」○清華大學藏清康熙五十二年王氏鳳梧樓刻本十二卷附《見聞録》一卷。題「古吴洞庭王維德編輯，男其龍、其章録」。半葉十行，行二十一字，白口，左右雙邊。前有康熙五十二年癸巳郡守陳鵬年序，五十二年葉渟序，又五十二年陳鵬年序，五十二年杜學林序，五十二年自序。《存目叢書》據以影印。北圖、上圖、南圖等亦有是刻。

廬山志十五卷　國朝毛德琦撰　**二二一九**

安徽巡撫採進本（總目）。○《浙江省第十一次呈送書目》：「《廬山志》十五卷，國朝劉名芳著，十本。」按：吴慰祖改爲「毛德琦著」。○《浙江採集遺書總録》閏集：「《廬山志》十五卷，刊本，國朝知縣鄞縣毛德琦撰。」○復旦大學藏清康熙五十九年順德堂刻本，題「星子縣知縣毛德琦重訂」。半葉九行，行二十一字，白口，左右雙邊。版心刻「順德堂」，封面刻「順德堂藏板」。前有康熙五十九年白潢序，五十九年王思訓序，五十九年石文焯序，五十七年龔嶸序，五十八年毛德琦《重訂廬山志序》。又舊序三則，重修廬山志爵里姓氏，廬山志詩文爵里姓氏，引用書目，總圖，凡例，目録。卷内鈐「吴興劉氏嘉業堂藏書印」印記。末有朱竹廬手跋：「廬山志一書小板最多，此本爲毛德琦校刻，可謂善者，亦所罕見也。江都朱竹廬識。」按：是刻傳本多經修補，此帙王士禛已挖改爲王士正，但弘字不避諱，猶是雍正間印本，字跡清朗，首尾完俱，殊不易得。《存目叢書》據以影印。江西省圖亦有是刻。河南省圖有是刻乾隆五十八年秣陵龔氏補刻本。北師大、川圖等藏是刻同治十二年盛克補刻本。江西省圖有光緒九年補刻本。上圖、杭州大學等有是刻宣統二年補刻本。江西省圖有民國四年補刻本。

玉華洞志六卷　國朝陳文在撰　二二二〇

浙江巡撫採進本（總目）。○《浙江省第十一次呈送書目》：「《玉華洞志》六卷，國朝陳文在輯，五本。」○《浙江採集遺書總録》閏集：「《玉華洞志》六卷，刊本，國朝將樂陳文在輯。」○浙江圖書館藏清康熙五十四年陳文在刻雍正九年增刻本六卷附《賡玉華詩》一卷。半葉八行，行二十一字，黑口，四周雙邊。前有雍正二年蔣兆昌序，鄧穎蒙序，康熙五十一年廖騰煃序，康熙五十四年丘晟序，康熙五十四年祝佺序。次《參訂姓氏》列楊潮、廖鶴齡等十五人。正文僅題「蔣養泉先生鑒定」。卷六末有雍正九年馮景曾跋。廖序云：「壬辰歲余奉簡命來閩鞫獄，事竣，欽假歸里祭祖，適值陳子新我以《洞志》請序於余。按舊志爲余先叔父九峰先生修輯，但鏤板歲久漫漶。」丘序云：「余表姪陳子文在有獨任重修《洞誌》之舉。」祝序云：「予内姪陳子文在慨然以重刊是書爲己任，……甲午書尚未成。」據諸序，知陳文在重修《玉華洞志》康熙五十一年即已着手，至五十四年始刊成。所據則廖鶴齡等舊志也。卷一共四十葉，皆圖，末署「甲辰中秋里人蕭巒畫」。卷内鈐「劉承幹字貞一號翰怡」、「吴興劉氏嘉業堂藏書印」印記。《存目叢書》據以影印。中科院圖書館、南圖、江西省圖、復旦均有是刻。

羅浮山志十二卷　國朝陶敬益撰　二二二二

内府藏本（總目）。○《武英殿第二次書目》：「《羅浮山志》四本。」

羅浮山志會編二十二卷　國朝宋廣業撰　二二二三

兩淮馬裕家藏本（總目）。○《兩淮商人馬裕家呈送書目》：「《羅浮山志》二十二卷，國朝宋廣業，十本。」○《江蘇省第一次書目》：「《羅浮山志會編》十本。」○《江蘇採輯遺書目録》：「《羅浮山志會編》二十二卷，清濟東道長洲宋廣業著，刊本。」○中國科學院圖書館藏清康熙五十五年肇慶府知府宋志益刻本，卷前目録題「分守山東濟東道僉事加八級長洲宋廣業纂輯，廣東肇慶府知府加五級男宋志益校鍥，翰林院檢討鳳城鄭際泰參訂」。正文題「長洲宋廣業澄溪纂輯」。半葉九行，行二十字，白口，左右雙邊。封面刻「板藏廣東海幢寺」七字。前有康熙五十五年趙弘燦序，五十五年楊琳序，五十六年陳元龍序，五十五年鄭晃序，五十五年王朝恩序，五十五年武廷适序，五十五年鄭際泰序，五十五年自叙。自叙云：「子益曰是可以惠粤人之未遊者，請而付之剞劂氏。」卷内鈐「无竟先生獨志堂物」印記。《存目叢書》據以影印。北圖、上圖、南圖等亦藏是刻。

羅浮外史無卷數　國朝錢以塏撰　二二二四

浙江巡撫採進本（總目）。○《浙江省第一次書目》：「《羅浮外史》一卷，國朝錢以塏著，一本。」

○《浙江採集遺書總録》:「《羅浮外史》一卷,刊本,國朝嘉善錢以塏撰。」○上海師大藏清康熙刻本一卷,題「嘉善錢以塏蔗山」。半葉九行,行十九字,黑口,四周單邊。寫刻工緻。前有自序,圖説,目録。《存目叢書》據以影印。

惠陽山水紀勝四卷　國朝吴騫撰　二二二四

浙江汪啟淑家藏本(總目)。○《浙江省第四次汪啟淑家呈送書目》:「《惠陽山水紀勝》四卷,國朝吴騫著,四本。」○《浙江採集遺書總録》:「《惠陽山水紀勝》四卷,刊本,國朝知府當塗吴騫撰。」○安徽博物館藏清康熙刻本,《羅浮紀勝》二卷《西湖紀勝》二卷,版心均題「惠陽山水紀勝」,版式字體全同。題「當塗吴騫樂園編輯,姪本涵晴湖、男本厚簡齋校鍥」,半葉九行,行二十字,白口,左右雙邊。封面刻「惠陽山水紀勝」大題,下刻「景野亭藏板」五字。前有康熙六十一年吴騫《惠陽山水紀勝序》云:「編爲《惠陽山水紀勝》一書,羅浮、西湖各爲一帙。」末有吴本涵跋。蓋即康熙六十一年自刻本。寫刻工緻,傳世頗稀。《存目叢書》據以影印。北大、浙圖、山東師大均有不全本。按:《中國古籍善本書目》以《羅浮紀勝》、《西湖紀勝》分別著録於山志、水志,不免割裂之嫌。

西樵志六卷　國朝馬符録撰　二二二五

浙江汪啟淑家藏本(總目)。○《浙江省第四次汪啟淑家呈送書目》:「《西樵山志》六卷,國朝羅國器輯,二本。」○《浙江採集遺書總録》:「《西樵山志》六卷,刊本,國朝羅浮羅國器輯。」○中山大學藏清馬符録刻本,存卷一至卷四。卷一題:「太史傳聞林先生鑒定,西湖陳張翼楚望氏參補,羅浮羅國器躍劍氏重輯，西樵馬符録受之氏編梓。」此署名字體與正文不同，頗似挖改。卷二至卷四首葉次行至四行均空白，亦似原有署名，後被剷去。半葉十行，行二十一字，白口，左右雙邊。前有萬曆十九年霍尚守序，萬曆二十三年陳堂明序。書中記事至清康熙間，而弘字缺末筆，曆字則不避，蓋康熙間刊刻乾隆間修版印本。《提要》云「國朝羅國器重修未竟，符録乃因其舊本輯爲此編」，即是本也。唯當著録爲羅國器、馬符録撰，始稱公允。《存目叢書》據以影印。

武夷九曲志十六卷　國朝王復禮撰　**二二二六**

浙江巡撫採進本（總目）。○《浙江省第三次書目》：「《武夷九曲志》十六卷，國朝王復禮著，四本。」○《浙江採集遺書總録》：「《武夷九曲志》十六卷，刊本，國朝王復禮撰。」○浙江圖書館藏清康熙五十七年刻本，正文十六卷，另有卷首圖説一卷。正文卷端書名《武夷九曲志》，版心書名《武夷山志》。卷首題「浙江錢塘王復禮艸堂編輯，江南嘉定陸廷燦扶照參訂」。半葉十行，行二十一字，白口，左右雙邊。前有康熙五十七年陸廷燦序，五十七年自序。《存目叢書》據以影印。北京師大、天一閣文管所亦有是刻。

西湖志四十八卷　國朝傅王露撰　**二二二七**

通行本（總目）。○天津圖書館藏清雍正十二年兩浙鹽驛道刻本，半葉九行，行二十一字，白口，四周雙邊。封面刻「雍正九年新纂」、「兩浙鹽驛道庫藏板」。前有雍正十二年郝玉麟序，王紘序，雍正十三年李衛序，張若震序，雍正十三年顧濟美序，雍正十三年吴進義序。又纂修職名：總裁李衛、程元章,參訂王紘、張若震,總修原任翰林院編修武英殿纂修官傅王露,分修蘇滋恢、厲鶚、杭世駿、沈德潛、吴焯等十人,分校趙一清等四人,督刻鄭維翰、楊玉生,校刊吴廓、吴城等十九人。末有雍正十二年傅王露後序。李衛序云:「梓成,謹識其緣起。」程元章序云:「臣元章至浙三年,鏤板始成。」傅王露後序云:「謀付剞劂,鹺商以西湖之利有關鹺運,踴躍捐資,以勷厥役,不踰年而竣事。」然則是書刊成在雍正十二年甚明,其開雕從傅王露「不踰年而竣事」語推測,亦不早於雍正十一年。則封面「雍正九年新纂」一語僅記纂修之年,非刊刻之年也。諸家著録多作雍正九年刻,又有作雍正十三年刻者,皆未確。是帙寫刻工緻,印本清朗。《存目叢書》據以影印。北大、上圖、川圖等亦有是刻。

太嶽太和山紀略八卷　國朝王概撰　二二二八

江蘇巡撫採進本(總目)。○《江蘇省第二次書目》:「《太嶽太和山紀略》八本。」○《江蘇採輯遺書目録》:「《太嶽太和山紀略》八卷,清荆南道瑯琊王槩編,刊本。」○湖北省圖書館藏清乾隆九年下荆南道署刻本,半葉九行,行二十字,白口,四周單邊。寫刻頗精。封面刻「乾隆九年纂」、「下荆南道署藏板」。前有乾隆九年自序,宋邦綏序。又《修輯姓氏》列總修王槩、纂修姚世倌、李之蘭及分修、分校等。《存目叢書》據以影印。北圖、北師大、山東師大等亦有是刻。

峽石山水志一卷　國朝蔣宏任撰　二二二九

浙江巡撫採進本(總目)。○《浙江省第十次呈送書目》:「《峽山志略》一卷,國朝蔣宏任輯,一本。」○《浙江採集遺書總録》：「《峽山志略》一卷，刊本，國朝海寧蔣宏任輯。」○清道光咸豐間海昌蔣氏刻《别下齋叢書》本，作《峽石山水志》一卷，題「海昌蔣宏任撸斯」。前有雍正八年庚戌陳梓序，雍正六年戊申自序。民國十二年商務印書館影印蔣氏刻《别下齋叢書》本。《存目叢書》更據商務本影印。又民國間武林竹簡齋影印蔣氏《别下齋叢書》本。

雁山圖志無卷數　國朝僧實行撰　**二二三〇**

江蘇巡撫採進本（總目）。○《江蘇省第一次書目》：「《雁山志》一本。」○《江蘇採輯遺書目録》：「《雁山志》四卷，清釋實行編，刊本。」○南京圖書館藏清乾隆刻本二册，半葉十行，行二十二字，白口，左右雙邊。首《雁山真蹟》凡圖十四幅。次乾隆十九年宋鰲《重刻鴈山圖志序》云：「舊坟有《雁山圖志》，年遠漫漶，不可測識，因唤匠一爲洗剔重□而新之。」次正文，題「雁山志卷之一」，至第十九葉有尾題「雁山志卷之一終」一行。下又接第二十至二十三共四葉，係增刻。次乾隆十年倪鴻范序，彭維新序，乾隆十九年王臣序。次雷鋐詩四十韻。次乾隆十九年朱椿序，乾隆二十年楊飛槐序。次乾隆十九年俞文漪《重刻雁山圖志序》云：「聞有圖志一卷，……乃板以年深剥蝕，按其字畫，幾如摩挲石皷，不可測識，豈俗吏終爲山靈所鄙耶。客冬宋君洪川來宰是邑，公餘取舊志而新之。」次詩文，不標卷數，實分二卷，葉碼自爲起迄。總圖、志、詩文計之，實有四卷。據彭維新序及圖末識語，知此志成於雍正五年。著者實行，山陰林氏子，諱實行，字奕菴，法號能仁。是本前後版式不一，當是乾隆十九年就雍正舊版修補刷印者，觀宋鰲序「洗剔重□而新之」一語可知也。卷内鈐「八千卷樓」、「嘉惠堂丁氏藏書印記」等印。《存目叢書》據以影印。上圖、浙圖亦有是刻。諸家均定爲乾隆刻,恐未確。

金井志四卷　國朝姜虬緑撰　**二二三一**

浙江巡撫採進本(總目)。○《浙江省第七次呈送書目》:「《金井志》四卷,國朝姜虬緑撰,一本。」○《浙江採集遺書總録》:「《金井志》四卷,刊本,國朝烏程姜虬緑撰。」○北京大學藏清刻本,題「蒼弁山人姜虬緑秋島撰」,半葉九行,行二十字,上黑口,四周單邊。前有自序,凡例,目録。《提要》云「成於乾隆庚午」,此蓋當時刊本也。《存目叢書》據以影印。○北京圖書館藏清道光方士淦刻本,清姜虬緑輯,方士淦重輯。半葉十行,行二十一字,上黑口,左右雙邊。

泰山道里記一卷　國朝聶鈫撰　**二二三二**

兵部侍郎紀昀家藏本(總目)。○北京大學藏清乾隆三十八年聶氏杏雨山堂刻本,半葉十一行,行二十一字,細黑口,左右雙邊。版心下刻「雨山堂」三字。封面刻「乾隆癸巳年鐫,聶氏杏雨山堂」二行。前有錢大昕序,乾隆四十年姚鼐序,乾隆三十八年高怡序,聶鈫序。末有聶鈫識語,識語後有「錢塘周曰庠督刊」一行。再後有乾隆三十五年李成鵬跋,乾隆三十一年聶學文跋。卷内鈐「木犀軒藏書」、「明墀之印」、「李氏玉陔」、「李盛鐸印」、「木齋」、「李滂」、「少微」等印記。《存目叢書》據以影印。南圖、青島市圖、日本東京大學東洋所均有是刻。按高怡序云:「歲己丑擢長青令,間於公務之暇輒據記稿復爲審,付諸剞劂。」○山東省圖藏光緒四年鐵嶺增瑞補刻本,行款版式同前。有道光丙戌泰安知縣徐宗幹序云：「原刻漫漶不可識，因覆校正。」又光緒四年戊寅增瑞《泰山道里圖記序》略云：乾隆間鐵嶺高明府怡爲刊以傳。久而漫漶，道光初通州徐清惠公令泰，重校以復其舊。予得之，幸稱完書矣，若夫有圖以輔之，不更快乎。迺邀繪師終其事。據此知是本刻於乾隆三十八年，道光六年徐宗幹修版，光緒四年增瑞又補刻圖。凡補圖五幅。圖及增瑞序均大黑口，版心下無「雨山堂」三字，且字體較原版長。○清嘉道間刻《藝海珠塵》本。○光緒十七年上海著易堂排印《小方壺齋輿地叢鈔》本。○民國十一年徐世章排印本，北京師大、中科院圖書館藏。○民國二十六年商務印書館據《藝海珠塵》本排印，收入《叢書集成初編》。

峽川志一卷　國朝潘廷章撰　**二二三三**

兩淮馬裕家藏本（總目）。○《兩淮商人馬裕家呈送書目》：「《峽川志》一卷，國朝潘廷章，一本。」○北京圖書館藏清初鈔本，作《硤川誌》一卷，題「里人潘廷章美含」。半葉九行，行二十四字至二十六字不等。有管庭芬鈔補。鈐有「管庭芬」、「芷湘子」、「庭芬經眼」等印記。末附鈔《硤川續志》內潘廷章小傳一則，謂廷章字美含，號梅巖。可正《四庫提要》「廷章字梅巖」之誤。《存目叢書》據此本影印。

西湖覽勝志十四卷　國朝夏基撰　**二二三四**

內府藏本（總目）。○《武英殿第一次書目》：「《西湖覽勝志》八本。」○上海圖書館藏清順治十二年刻本，作《西湖覽勝詩志》八卷。題「西湖夏基樂只父修纂，富水宋維藩价祝父點閱」。半葉九行，行二十三字，白口，左右雙邊。前有順治十二年夏基《西湖覽勝志序》，順治十二年宋維藩序。次總叙、凡例、目録、圖説。凡例末云：「梓事命錢塘門外湯伯倫主之，有投覽者乞付湯手。」卷内鈐「餘姚謝氏永耀樓藏書」印記。《存目叢書》據以影印。南圖亦有是刻。川圖有乾隆補刻本八卷。

南湖紀略稿六卷　國朝邱峻撰　　二一三五

浙江巡撫採進本(總目)。○《浙江省第十一次呈送書目》：「《南湖紀略稿》六卷，國朝邱竣輯，二本。」○《浙江採集遺書總録》閏集：「《南湖紀略稿》六卷，寫本，國朝邱峻輯。」

右山川之屬

四庫存目標注卷二十七

滕州　杜澤遜　撰

史部十六

地理類三

大滌洞天記三卷　舊本題元鄧牧撰　二二三六

浙江汪汝瑮家藏本（總目）。○《浙江省第四次汪汝瑮家呈送書目》："《大滌洞天記》三卷，舊題元鄧牧著，一本。"○《浙江採集遺書總録》："《大滌洞天記》三卷，寫本，元道士鄧牧撰。"○《兩淮商人馬裕家呈送書目》："《大滌洞天記》三卷，元鄧牧，一本。"○明正統刻《道藏》本，在洞神部譜籙類。題"本山鄧牧心編"，分上中下三卷。前有洪武三十一年四十三代天師張宇初序，至大三年吳全節序，大德九年沈多福序。卷下有大德三年己亥鄧牧撰《集虛書院記》，知書成於入元以後也。

北圖、上圖、川圖藏。民國十二至十五年商務印書館影印明正統刻《道藏》本。《存目叢書》據商務本影印。民國間商務選印《道藏舉要》本亦據是刻影印。○臺灣「中央圖書館」藏明藍格傳鈔《道藏》本,半葉九行,行二十一至二十四字不等,白口,四周雙邊。序首行下方記「當六」二字,爲《道藏》編號。首葉鈐「翰林院印」滿漢文大官印,進呈四庫原本也。又鈐「教經堂錢氏章」、「犀盦藏本」、「希古右文」、「不薄今人愛古人」等印,錢桂森從翰林院攜出者。○臺灣「中央圖書館」又藏清山暉草堂紅格鈔本,與《都城紀勝》合一册。半葉十一行,行二十字,白口,四周單邊。版心下記「山暉草堂」四字。序同《道藏》本。鈐「莚圃收藏」印。即《適園藏書志》著録者。(以上二本參該館《善本書志初稿》)○上海圖書館藏清鈔本。

西嶽神祠事録七卷　明孫仁編　二二三七

兩淮鹽政採進本(總目)。○《兩淮鹽政李續呈送書目》:「《西岳神祠事録》七卷,明孫仁,二本。」

石湖志略一卷文略一卷　明盧襄撰　二二三八

浙江范懋柱家天一閣藏本(總目)。○《浙江省第五次范懋柱家呈送書目》:「《石湖志略》、《文略》一卷,明盧師陳輯,二本。」○《浙江採集遺書總録》:「《石湖志略》一册《文略》一册,刊本,明工部郎盧師陳輯。」○北京圖書館藏明嘉靖刻本,半葉八行,行十六字,白口,左右雙邊。清吴翌鳳、黄丕烈跋。二册。○河北大學藏明嘉靖刻本,行款版式同前本,當是一刻。前有嘉靖七年戊子翰林國史編修文林郎前進士江陰張衮序,嘉靖八年己丑承直郎刑部主事前翰林庶吉士平湖屠應埈序。

《志略》末有崑山周鳳鳴跋。有黃丕烈手跋二則，文村居士(王振聲)手跋一則，均已收入《蕘圃藏書題識》卷三。唯黃氏前跋署款「民山山民」，《題識》誤爲「民山一民」。又王跋「復翁配全之本」，《題識》脱「本」字。據黃跋，此《志略》、《文略》原非一部，黃氏配全之。《文略》鈐「盧吳謙印」、「越溪盧氏藏書」、「埜秀堂」、「張紹仁印」、「學安」、「訒菴珍藏」、「蘇臺逸史」等印。《志略》、《文略》同鈐有「士礼居藏」、「黄丕烈印」、「復翁」、「延古堂李氏珍藏」、「顧開增字康侯號聽安一號子康藏書之印」、「古香簃珍藏記」、「南陵徐氏」、「積學齋」、「徐乃昌印」、「積餘祕笈識者寶之」等印記。《存目叢書》據以影印。〇北京圖書館藏清然松書屋鈔本，半葉十一行，行二十四字，藍格，白口，四周雙邊。清顧沅校並跋。〇上海圖書館藏鈔本兩部。〇按：據黃丕烈跋，當時嘉靖本出，吳翌鳳鈔一部，黃丕烈影鈔一部，張紹仁鈔《志略》一卷。今並不知所歸。

石鼓書院志四卷　明周詔撰　**二二三九**

浙江范懋柱家天一閣藏本(總目)。〇《浙江省第五次范懋柱家呈送書目》：「《石鼓書院志》五卷，明周詔輯，二本。」〇《浙江採集遺書總録》：「《石鼓書院志》五卷，刊本，明衡州府知府富順周詔輯。」〇按：是書未見。北京大學藏明萬曆十七年刻《石鼓書院志》二卷，係李安仁重修本，有嘉靖十二年周詔序，嘉靖十二年汪玩引，知所據舊志即周詔輯本。

淨慈寺志十卷　明釋大壑撰　**二二四〇**

浙江巡撫採進本(總目)。〇《兩淮商人馬裕家呈送書目》：「《淨慈寺志》十卷，明釋大壑，五本。」

○重慶圖書館藏明萬曆四十四年汪汝淳、汪汝謙刻本，作《南屏淨慈寺志》十卷（見《中國古籍善本書目》）。按：此係殘本，存卷一、卷二、卷七、卷八共四卷。半葉十行，行二十字，白口，左右雙邊。前有萬曆四十三年乙卯六夢居士虞淳熙序，次目録，次丙辰九月鄭圭紀事。次住山沙門大壑序云：「僕僕廿載，僅成草刱。爲類者七，爲卷者十。權輿乙卯十二月，告成丙辰九月。裁定則有長孺虞公、貞父黃公、水鑑葛公，參閲則有孔肩鄭公、美子吴公、印持忍公，兩嚴公補拓成書。」鄭圭《紀事》云：「將付剞劂，問清公所捐刻資，則與諸苾蒭俱化去矣。公又質衣盋給之。」又有《助刻姓氏》，助資最多者吴敬，銀拾兩，汪汝淳貳兩，汪汝謙壹兩。卷一末有「敬校梓」一行，當是「吴敬校梓」，脱去「吴」字。卷八末有「新安汪汝淳、汪汝謙、□□□同校梓」二行。蓋捐資者例得列名也。卷八第二十六葉後有「又廿六」共五葉，記事至康熙二十六年丁卯，胤字不避諱，是康熙間增刻印本。鈐有「重威將軍」印記。檢《華東師範大學古籍書目》有虞淳熙《南屏淨慈寺志》十卷，萬曆四十三年刊。經詢，即是刻也，誤爲虞淳熙撰，而完好無缺，《中國古籍善本書目》未載，真祕籍也。其卷三末有「新安吴懷謙校梓」一行，卷四末有「新安吴芝校梓」，卷五末有「新安吴祚校梓」，卷六末有「武林孟養志、鄒之嶧、嚴調御、聞啓祥、鄒光胤、嚴武順、嚴勑同校梓」，卷九末有「住山圓清校梓」，卷十末有「新安吴敬校梓」等署名。各卷末經增刻，猶是原印之本。是刻吴敬出資最多，故首尾兩卷皆署其名，然則當著録爲明萬曆四十四年新安吴敬等杭州刻本。《存目叢書》據重慶藏四卷殘本配以華東師大藏六卷本影印。

徑山集三卷　明釋宗淨撰　　**二二四一**

浙江巡撫採進本（總目）。○《兩淮商人馬裕家呈送書目》：「《徑山集》三卷，明釋宗淨，一本。」○南京圖書館藏明萬曆四年徑山比丘正璠等重刻本，題「前徑山興聖萬壽禪寺住持金華宗淨集」。半葉十一行，行十八字，黑口，左右雙邊。前有萬曆四年方壹《重刻徑山集序》云：「是集舊有刻本，歷年滋久，書亡板廢有日矣。今季首春，寺主僧嘗董治樓殿諸冗事者正璠也，慮其愈久而愈失之，荐至無所從考也。乃搜厥殘册斷編，聚鉢資倩工依鈔本重繕刻之。……梓既訖，持一本示余，請以序弁諸端。」是刊成於萬曆四年。末有萬曆七年沙門□□識語云：「本山比丘正璠，乃呆菴十一世孫也，緣覩是集殘敗將泯，惜其無以聞見後賢，遂率徒性澄、孫海舟、德容、圓慶、□□、智達，各各回施衣資，謹刻流通。」《中國古籍善本書目》著録是本爲萬曆七年刻本，當以此識語爲據。唯前序已稱「梓既訖」，仍以萬曆四年刻本爲是。首葉鈐「翰林院印」滿漢文大官印，書衣有「乾隆三十八年四月兩淮鹽政李質穎送到馬裕家藏釋宗淨徑山集壹部計書壹本」長方木記，馬裕進呈四庫原本也。又鈐「錢唐丁氏藏書」、「八千卷樓藏閲書」等印。前有丁丙跋，即《善本書室藏書志》原稿。《存目叢書》據此本影印。○《提要》云「宗淨始末未詳」。按：宗淨，蘭溪倪氏子，杭州徑山興聖萬壽禪寺住持。

白鷺洲書院志二卷　明甘雨撰　　**二二四二**

浙江汪啟淑家藏本（總目）。○《浙江省第四次汪啟淑家呈送書目》：「《白鷺洲書院志》二卷，明甘雨輯，二本。」○《浙江採集遺書總録》：「《白鷺洲書院志》二卷，刊本，明永新甘雨輯。」

歷代山陵考一卷　明王在晉撰　二二四三

兩淮馬裕家藏本(總目)。○《兩淮商人馬裕家呈送書目》：「《歷代山陵考》一卷，明王在晉，一本。」○北京圖書館藏明刻本二卷，目録題「黎陽王在晉明初甫編」。半葉九行，行二十字，白口，四周單邊。前有自序。卷内鈐「謙牧堂藏書記」、「謙牧堂書畫記」等印記。《存目叢書》據以影印。上圖、川圖、臺灣「中央圖書館」均有是刻。○北京圖書館藏明末毛氏汲古閣鈔本一卷一册，半葉八行，行十七字，細黑口，四周雙邊。無叙目，有殘缺。首葉鈐「翰林院印」滿漢文大官印，是《存目》所據原本。○北京圖書館藏清初錢曾鈔本二卷一册，半葉十三行，行二十字，白口，左右雙邊。○遼寧圖書館藏清初鈔本一卷。○清嘉慶十三年虞山張海鵬刻本二卷，收入《借月山房彙鈔》第八集，中科院圖書館、浙圖。又收入《澤古齋重鈔》第七集，北圖分館、中科院圖書館、南圖、河南省圖藏。又收入《式古居彙鈔》，上圖藏。民國九年上海博古齋影印張氏刻《借月山房彙鈔》本。○清李冬涵輯鈔《濟寧李氏礴墨亭叢書》本二卷，中山大學藏。○民國十七年東方學會排印《殷禮在斯堂叢書》本一卷。

方廣巖志四卷　明謝肇淛撰　二二四四

江西巡撫採進本(總目)。○上海圖書館藏清雍正十三年刻本，題「郡人謝肇淛纂輯，徐𤊹校訂」。半葉九行，行十八字，白口，四周單邊。前有萬曆三十年辛亥陳邦瞻《刻方廣巖志引》，陳鳴鶴序。

末有雍正十三年江績《重修方廣巖志序》云：「舊志刊板，淪於兵燹，所遺印本，爾洪家僅存一帙。余於爾洪誼忝渭陽，居領桑梓，囑余彙訂，壽諸梨棗。……茲仍舊本，略爲增删。」序後有「雍正十三年歲次乙卯仲秋黃爾洪（等十二人，略）重梓」識語。卷内有增刻，記事至光緒，是光緒時增修印本。《存目叢書》據以影印。○光緒排印本不分卷一册，明謝肇淛編，清王紹沂續。上圖藏。○清宣統元年排印本三卷一册，明謝肇淛原本，清王紹沂續編。上圖藏。按：此兩排印本未知異同。

二二四五　石鼓書院志二卷　明李安仁撰

兩淮馬裕家藏本（總目）。○《兩淮商人馬裕家呈送書目》：「《石鼓書院志》二卷，明李安仁，二本。」○北京大學藏明萬曆十七年刻本，半葉九行，行二十一字（每行上空三字未計），白口，四周雙邊。首衡州知府李安仁《重修石鼓書院志補遺序》，次嘉靖十二年衡州知府周詔《石鼓書院志序》，次萬曆七年衡陽知府熊焯《石鼓書院志序》，次嘉靖十二年汪玩《石鼓書院志引》，次萬曆十七年己卯王大韶《重修石鼓書院志題辭》云：「歲己卯（萬曆七年）予奉督學毅所黃公修葺《石鼓書院志》，刷久板糢。一日郡祖裕居李公謂予曰：院志繫一郡大觀，不惟漫漶，即文字題詠，人物無關書院者宜删，公留心文藝，再成此美勿讓。即日奉德意，去繁補要，庶乎不甚紕謬。」次正文，首行題「石鼓書院志」，次題「賜進士出身中順大夫衡州府知府遷安裕居李安仁重修，刺史大夫邑人王大韶重校」。卷末有萬曆七年王大韶書後。書中記事至萬曆十七年，即是年知府李安仁命王大韶重修刊行者。其先萬曆七年嘗重修，亦出王大韶。又先，則嘉靖十二年周詔所修也。《存目叢書》據以影印。《中國古籍善本書目》著録爲萬曆十三年刻本，恐未確。臺灣「中央圖書館」亦有是刻，劉氏嘉業堂故物。

二二四六　關中陵墓志二卷　明祁光宗撰

兩淮鹽政採進本（總目）。○《兩淮鹽政李呈送書目》：「《關中陵墓志》一卷《附録》一卷，明余懋衡，二本。」○杭州市圖書館藏明萬曆三十五年刻本二卷《附録》一卷，殘存正文卷下第七十八葉至一百五十四葉，《附録》一卷。半葉九行，行二十字，白口，四周單邊。○南京博物院藏清初鈔本二卷《附録》一卷。○上海圖書館藏清鈔本二卷《附録》一卷。題「明新安余懋衡持國甫訂，東郡祁光宗伯裕甫編，古燕李天麟仲仁甫、襄陵王應吉伯修甫、長山劉一相惟衡甫同閲，關中文學趙崡、張臯、東文豸、徐可爲同校」。半葉九行，行二十字，無格。前有萬曆三十五年余懋衡序，末有祁光宗後序。卷内鈐「四明盧氏抱經樓藏書印」、「吴興劉氏嘉業堂藏書印」等印記。書中玄、弘、曆等字均不避諱。《存目叢書》據以影印。

二二四七　金陵梵刹志五十三卷　明葛寅亮撰

編修汪如藻家藏本（總目）。○《國子監學正汪交出書目》：「《金陵梵刹志》六本。」○明萬曆三十五年南京僧録司刻本，半葉十行，行二十二字，白口，四周單邊。目録末題「南京禮部祠祭司郎中錢塘葛寅亮編輯」，又有「萬曆叁拾伍年正月□日發南京僧録司刊」一行，又有小注「板貯僧録司」云云。前有天啟柒年葛寅亮自序云：「予輯志甫成，適請告去，閲二十年復以尚璽至，乃作序弁首。」

則刊板在萬曆三十五年，天啟七年增刻序言。卷三前《靈谷寺左景》右下角題「凌大德畫，劉希賢刻」。卷四同。卷十六前《天界寺左景》右下角題「秣陵劉希賢刻」。卷十七前《鷄鳴寺左景》右下角題「凌大德畫」。卷十八前《靜海寺左景》右下角題「凌大德畫」，《靜海寺右景》左下角題「傅汝賢刊」。卷二十九前《燕子磯景》左下角題「張承祖刊」。卷三十一前《報恩寺左景》右下角題「凌大德畫」，《報恩寺右景》左下角題「張承祖刊」。卷三十二前《能仁寺左景》題「劉希賢刻」。卷三十三前《弘覺寺左景》題「凌大德畫」。卷四十九第五十一葉版心記刻工「陳啓」。民國二十五年金山江天寺據以影印，前有牌記：「民國廿五年十月金山江天寺景印。」末有民國二十五年金山江天寺釋惟光影印跋，謂底本缺葉由柳詒徵用國學圖書館本配補。仍有缺葉，則由丹徒尹石公襍取明代集部鈔補之。卷四十九末有南京禮部祠祭清吏司主事鄭三俊後序，當在書末，誤置於此。《存目叢書》據此影印本影印。北圖、南圖、浙圖有萬曆印本。津圖、南大、湖南圖、南圖、臺灣「中央圖書館」均有天啟增刻本。○臺灣「中央圖書館」又藏鈔本，半葉十行，行二十二字，無格。鈐「申實」橢圓朱文印。

徑山志十四卷　明宋奎光撰　　**二二四八**

浙江巡撫採進本(總目)。○《浙江省第十次呈送書目》：「《徑山志》十四卷，明宋奎光輯，六本。」○《浙江採集遺書總録》：「《徑山志》十四卷，刊本，明教諭常熟宋奎光輯。」○《兩淮商人馬裕家呈送書目》：「《徑山志》十四卷，明宋奎光，六本。」○首都圖書館藏明天啟四年李爗然等刻本，題「汶上李燁然刪定，海陽徐文龍、鹿城陳懋德訂，虞山宋奎光輯」。半葉九行，行二十一字，白口，四周單邊。前有天啟四年甲子黄汝亨序，天啟四年李燁然序，陳懋德序，天啟四年徐文龍序。各卷末多有助刻者列名，計有：大殿僧福觀助刻、餘杭丁應標助刻、餘杭王祺助刻、吴江接待寺僧興勤助刻、梅谷僧通衢助刻、松源僧大矼助刻、觀音殿僧廣慧助刻、寂照僧如杲助刻、傳衣庵僧海耀助刻。卷内鈐「衡陽常氏潭印閣藏書之圖記」、「鹿巖精舍」、「養菴鑑藏」等印記。後二印爲近人周肇祥藏印。《存目叢書》據以影印。北圖、上圖、中科院圖書館、臺灣「中央圖書館」均有是刻。

延壽寺紀略一卷　明釋圓復撰　**二二四九**

兩淮馬裕家藏本(總目)。〇《兩淮商人馬裕家呈送書目》：「《延慶寺紀略》一卷，明釋圓復，一本。」〇按：《提要》云：「延壽寺在鄞縣南三里，舊號保恩院，宋祥符間改爲延壽寺。是書詳述知禮禪師本末，及宋相曾公亮置買莊田舊事。」考北宋真宗前後高僧知禮所住爲明州延慶寺，其寺初名保恩院，景德中知禮禪師擴建，大中祥符三年賜額延慶院，即其寺也。錢謙益《列朝詩集小傳》：「圓復，字休遠，四明延慶寺僧。」即其人。故書名當從馬裕呈送書目作《延慶寺紀略》，《總目》作「延壽寺」恐誤。

禹門寺志六卷　明戴英撰　**二二五〇**

兩江總督採進本(總目)。〇《兩淮商人馬裕家呈送書目》：「《池山禹門寺志》六卷，明戴英，二本。」

二二五一
鄧尉聖恩寺志十八卷　明周永年撰

江蘇周厚堉家藏本(總目)。○《江蘇省第一次書目》:「《鄧尉聖恩寺志》四本。」○《江蘇採輯遺書目録》:「《鄧尉聖恩寺志》,明周永年著。」○明崇禎十七年刻清康熙增刻本,題「嘉魚熊開元玄平裁定,吴江周永年安期編輯,婁江王焕如仲至參訂」。半葉九行,行二十一字,白口,左右雙邊。前有凡例,陸粲、沈潤卿舊序,崇禎十五年壬午周永年序,崇禎十七年甲申熊開元序。熊序云:「會國難相尋,彼此無暇晷,略加裁定,即授梓人。」又有圖,圖後有王焕如圖説。卷内玄字缺末筆,記事至康熙四十六年,是康熙間增刻印本。民國十九年聖恩寺釋中恕據是刻影印,有民國十九年施兆麟序,民國十九年中璜《影印鄧尉山志弁言》等。《存目叢書》更據影印本影印。北圖、上圖、南圖、山東省圖、中科院圖書館均有是刻。

二二五二
天童寺集二卷　明楊明撰

兩淮馬裕家藏本(總目)。○《兩淮商人馬裕家呈送書目》:「《天童寺集》七卷,明楊明,二本。」○上海圖書館藏清初鈔本七卷,存卷一卷二。題「四明後學白川楊明纂修,本山住持鷲峰正位刊刻,沙門無憂萬惟編次」。半葉八行,行十七字,無格。前有序云「釐爲七卷,名曰《天童寺集》」,知全書七卷,此本僅存前兩卷。首葉鈐「翰林院印」滿漢文大官印,即馬裕進呈四庫原本也。卷内又鈐「古婁韓氏應陛載陽父子珍藏善本書籍印記」、「甲子丙寅韓德均錢潤文夫婦兩度携書避難記」、「松江讀有用書齋金山守山閣兩後人韓德均錢潤文夫婦之印」、「百耐眼福」、「曾藏葉氏遐菴」、「葉恭綽奉贈」、「合衆圖書館藏書印」等印記。《存目叢書》據以影印。

南溪書院志四卷　明葉廷祥、郭以隆、紀延譽、陳翺卿同撰　二一二五三

兩淮鹽政採進本（總目）。〇《兩淮鹽政李續呈送書目》：「《南溪書院志》四卷，明葉廷祥等，一本。」〇浙江圖書館藏明萬曆刻天啟重修本，半葉十行，行二十一字，白口，四周雙邊。前有萬曆二十二年甲午葉廷祥序。又重修姓氏：葉廷祥、郭以隆、紀廷譽纂修，陳翺卿同修，鄭梅編次，蔡光邵等七十六人同鍥。姓氏末有「文公十四世裔孫朱權請纂修」識語。卷一題「明萬曆甲午歲孟陬月吉重修」。末有萬曆甲午郭以隆跋。《存目叢書》據以影印。北圖亦有是刻。

破山興福寺志四卷　明程嘉燧撰　二一二五四

兩淮馬裕家藏本（總目）。〇《兩淮商人馬裕家呈送書目》：「《破山興福寺志》四卷，明程嘉燧，一本。」〇南京圖書館藏明崇禎十五年刻本，作《常熟縣破山興福寺志》四卷，題「偈菴程嘉燧輯」。半葉八行，行二十字，白口，四周單邊。無序跋。前有圖。首葉鈐「翰林院印」滿漢文大官印，是進呈四庫原本。又鈐「嘉惠堂丁氏藏書之記」、「四庫坿存」等印記。前有丁丙手跋，即其《善本書室藏書志》本條原稿也。《存目叢書》據以影印。原北平圖書館藏明崇禎刻本五卷，王重民謂「卷五康熙間所增刻」。有崇禎十五年錢謙益序。鈐「鐵琴銅劍樓」、「古里瞿氏記」等印記（見王氏《善本提要補編》）。其書現存臺北「故宮博物院」，《中央圖書館善本書目》著録爲崇禎十五年刻本，所據者當係錢序。南圖本無此序，或爲館臣撤去。〇南京圖書館藏清鈔本，作《常熟縣破山興福寺志》四卷，明

程嘉燧撰，清許進益參訂。又《續志》二卷，清許進益、魏啟萬撰。○上海圖書館藏傳鈔清乾隆間住持宗聖刻本，書名、卷數及撰人同前本。○民國八年常熟開文社據鈔本排印本，作《常熟縣破山興福寺志》四卷一册。上圖、日本京大人文所藏。《中國佛寺叢刊》據此本影印。○民國八年住持密林排印本一册，上圖藏。以上二排印本未知異同。

靈隱寺志八卷　國朝孫治撰　徐增重編　　**二二五五**

兩淮馬裕家藏本（總目）。○《兩淮商人馬裕家呈送書目》：「《靈隱寺志》八卷，國朝孫治，四本。」○故宮博物院藏清康熙十一年刻本，作《武林靈隱寺誌》八卷。題「武林西山樵者孫治宇台初輯，吳門而菴居士徐增子能重修，住靈隱第二代戒顯晦山較訂」。半葉九行，行二十字，下黑口，四周雙邊。前有康熙二年嚴沆序，康熙二年孫治序，康熙十年徐增序，康熙十一年靈隱嗣法繼席門人戒顯序。戒顯序略謂：唐宋以來舊誌有無不可得考，所見者白珩子佩氏之誌而已，白誌太略，用筆近俚。時有孫治新修之誌，發揮辯論太多，似乖傳信。乃延徐增，館之丈室，校讐研磨，舉白誌之俚俗者而雅馴之，孫誌之迂曲者而直捷之，閱一載而後成。爰付剞劂云。《存目叢書》據以影印。上圖、華東師大、臺灣「中央圖書館」亦有是刻。○清光緒十四年錢塘丁氏嘉惠堂刻本，《武林掌故叢編》第十一集之一。

滄浪小志二卷　國朝宋犖撰　　**二二五六**

浙江巡撫採進本（總目）。○《浙江省第六次呈送書目》：「《滄浪小志》二卷，國朝宋犖著，一本。」

○《浙江採集遺書總録》：「《滄浪小志》二卷，刊本，國朝商邱宋犖撰。」○武漢大學藏清康熙刻本，題「商邱宋犖牧仲編」。半葉十行，行二十一字，白口，四周雙邊。前有滄浪亭圖，康熙三十五年尤侗序，目次。《存目叢書》據以影印。北大、南圖等亦有是刻。又北京圖書館藏清康熙三十七年徐惇孝、徐惇復白華書屋刻《蘇學士文集》附有《滄浪小志》二卷，宋犖輯。未知異同。○清乾隆五十七年釋滄菴重刻本，上圖藏。○清光緒十年江蘇書局刻本，北師大、上圖、南圖等藏。

杏花村志十二卷　國朝郎遂撰　二二五七

浙江巡撫採進本(總目)。○《浙江省第九次呈送書目》：「《杏花村志》十二卷，國朝郎遂輯，四本。」○《浙江採集遺書總録》：「《杏花村志》十二卷，刊本，國朝貴池郎遂輯。」○北京圖書館藏清康熙二十四年聚星樓刻本，作《杏花郇志》十二卷，題「郇人郎遂編輯」。半葉九行，行二十二字，白口，四周雙邊。前有彭師掦序，康熙二十四年乙丑周疆序，王爾綱序，宗觀序，吴非序，鄭濂序。次卷首一卷，包括凡例、徵啟、考據書目、參訂姓氏。次目録。末有汪嫈敏書後，章世德後序，郎遂跋。凡例末有「康熙甲寅春月起稿距今乙丑仲夏授梓成書」一行。參訂姓氏末署「長男封魯亭較梓」。目録首行下刻「聚星樓刊行」五字。封皮書簽刻「池州杏華郇志」、「煥園藏板」。卷一多摹刻名人題詞繪畫，極精。其第四葉版心記刻工：「宛陵鎦光信刊。」卷一末有牌記：「僕業儒未就，專工一藝，頗以鐫筆見知名流。乙丑春仲客秋浦，靖客先生出《杏花郇志》見委，集中書畫皆當代名，余小子從事兹役，庶幾藉末技以垂不朽云。白門劉文煥謹識。」卷内鈐有「安丘張氏寶墨樓圖書」朱文方印。

《存目叢書》據以影印。上圖、天一閣文管所亦有是刻。〇民國九年貴池劉氏唐石簃刻《貴池先哲遺書》本。

二樓小志四卷　國朝程元愈撰　汪越、沈廷璐補葺　　**二二五八**

浙江巡撫採進本（總目）。〇《浙江省第六次呈送書目》：「《二樓小志》四卷四本。」〇《浙江採集遺書總録》：「《二樓小志》四卷，刊本，國朝宣城沈廷璐、汪越同輯。」〇首都師大藏清康熙五十九年刻本，題「程元愈偕柳原輯，宛陵後學汪越師退、沈廷璐元珮補輯」。半葉九行，行十九字，白口，四周單邊。前有康熙五十九年庚子黄叔琪序，康熙五十八年周崑序。又康熙五十九年梅文鼎序云：旌德周侯中崖亟出俸金以助剞劂。考《旌德縣志》周崑康熙五十四年至五十九年任知縣，則是本爲周崑所刻。卷内鈐「八千卷樓」、「四庫坿存」、「嘉惠堂丁氏藏書之記」、「光緒辛卯嘉惠堂丁氏所得書」等印記。《存目叢書》據以影印。上圖亦有是刻，王培孫舊藏。上圖又有乾隆十五年寧陽胡啟榛修補印本。〇乾隆四十年刻本，華東師大藏。〇道光六年刻本，與佟賦偉《二樓紀略》合刻，共十册。見《北京人文科學研究所藏書簡目》。現當在中科院圖書館。

青原志略十三卷　國朝僧大然撰　施閏章補輯　　**二二五九**

兩淮馬裕家藏本（總目）。〇《兩淮商人馬裕家呈送書目》：「《青原志略》十三卷，國朝釋大然等，四本。」〇《浙江省第四次汪啟淑家呈送書目》：「《青原山志略》十三卷，國朝釋大然撰，施閏章補輯，四本。」〇《浙江採集遺書總録》：「《青原山志略》十三卷，刊本，國朝侍讀宣城施閏章輯。」〇首都圖書館藏清康熙八年刻本，作《青原志略》十三卷，卷一題「青原山笑峰大然編稿，愚山居士施閏章補輯」，卷二題「笑峰門人興桂久昌編，春音居士于藻慧男較」。以下各卷編者亦不同，計有：「吉州後學劉洞、王愈擴」、「笑峰門人芝穎興化」、「笑峰門人興化芝穎」、「笑峰門人久昌興桂」、「藥地學人郭林入同、吴雲山舫」、「藥地門人胡映日心仲、方兆兖乘六」。故是書撰人當作：清釋大然等編，施閏章補輯。半葉十行，行二十一字，白口，左右雙邊。有康熙八年己酉施閏章序，黎元寬序，許焕序，康熙八年己酉于藻序。序或題《青原山志略》。卷内鈐「鹿巖精舍」印記，周肇祥故物。《存目叢書》據以影印。上圖、南圖、江西省圖等亦有是刻。南圖本記事至康熙四十一年，係增刻本。

崇恩志略七卷　國朝僧智藏撰　　二二六〇

江西巡撫採進本(總目)。

江心志十二卷　國朝釋元奇撰　　二二六一

浙江巡撫採進本(總目)。○《浙江省第十二次呈送書目》：「《江心志》十二卷，國朝釋元奇輯，四本。」○上海圖書館藏清康熙四十六年刻本，作《江心志》十卷首一卷末一卷。題「住山嗣祖沙門元奇月川編集」。半葉九行，行十八字，白口，四周雙邊。前有康熙四十四年裴國楨序，康熙四十四年林元桂序，康熙四十六年彭始摶序，康熙四十一年趙恒弁言。彭序云：「付之剞劂，工已竣矣。」印本清朗。《存目叢書》據以影印。杭州大學亦有是刻。

白鹿書院志十六卷　國朝廖文英撰 二二六二

安徽巡撫採進本(總目)。○《安徽省呈送書目》:「《白鹿書院志》六本。」按:《存目》另有毛德琦重修本,亦安徽採進。此本未知誰作。○《兩江第一次書目》:「《白鹿洞書院志》,嶺南廖文英訂,四本。」○《兩淮商人馬裕家呈送書目》:「《白鹿書院志》十六卷,國朝廖文英,四本。」○《浙江省第十次呈送書目》:「《白鹿書院志》十六卷,國朝廖文英輯,四本。」○《浙江採集遺書總録》:「《白鹿洞書院志》十六卷,刊本,國朝知府連山廖文英輯。」○中國科學院圖書館藏清康熙十二年刻本,作《白鹿書院志》,題「嶺南廖文英重訂,郡人錢正振增修」。半葉九行,行二十二字,白口,四周單邊。前有康熙十二年廖文英重修序云:「爰補綴舊文,增葺遺事,授剞劂而登于新。」知即刻於是年。正文十六卷之後又有「白鹿書院田賦續志卷之十七」,僅一葉,記康熙十二年廖文英爲書院置田事,當是增刻。《存目叢書》據以影印。北師大、上圖、南大等亦有是刻。

靈谷寺志十六卷　國朝吴雲撰 二二六三

兩江總督採進本(總目)。○《兩江第二次書目》:「《靈谷寺志》,豫章吴雲輯,四本。」

白鹿書院志十九卷　國朝毛德琦撰 二二六四

安徽巡撫採進本(總目)。○《安徽省呈送書目》:「《白鹿書院志》六本。」○復旦大學藏清康熙五十七年刻乾隆至道光遞修本,題「星子縣知縣毛德琦原訂,署南康府事周兆蘭重修」。半葉九行,行二十一字,白口,左右雙邊。前有康熙五十九年白潢序,乾隆六十年周兆蘭序,康熙五十九年石文焯序，□□五十七年蔣曰廣序，康熙五十七年許兆麟序，王思訓序，康熙五十七年龔嶸序，康熙五十七年毛德琦序，康熙五十七年蔣國祥序，凡例。許序云：「白鹿洞志特創始於弘治七年郭墱之手，……康熙十二年廖文英重修，後丁酉（康熙五十六年）春版復燬於火。星邑毛令職守斯土，身任其事，……戊戌（康熙五十七年）之秋志成。」龔序云：「星令毛君奉上檄重加校訂而梓之。」知刻於康熙五十七年。又周序云：「志中殘缺之處計共八十有六，……亟付梓人，殘者補之，闕者修之，工省費約，遂成完璧。」是乾隆六十年周兆蘭嘗修補原版，各卷題名亦予挖改。又卷四第六十五葉、卷十六第九葉版心下均有「道光庚戌兼理星子縣事署經歷吴興章穎生謹補」小字二行。又卷十七第三十五至三十七葉爲道光二十二年孟冬余成教《重修白鹿書院記》。庚戌爲道光三十年，是道光末猶有修版增刻。卷内鈐「吴興劉氏嘉業堂藏書印」印記。《存目叢書》據以影印。人民大學有康熙原印本，封面刻「順德堂藏板」。故宫亦有原印本。各家收藏多乾隆以後修版印本，同治十年、光緒九年均有修補重印本，上圖、江西省圖等藏。

通元（玄）觀志二卷　國朝吴陳琰撰　**一二六五**

浙江巡撫採進本（總目）。○《兩淮商人馬裕家呈送書目》：「《通元觀志》二卷，國朝吴陳琰等，二本。」○北京圖書館藏清康熙刻本，卷上題「仁和姜南蓉塘原訂，錢塘吴陳琰寶崖增定，華亭朱溶若始重輯，本觀郁存方克正編梓，仁和戴普成悔廬參校，法嗣朱廣基閎緒補述」。卷下重輯者「仁和林瀾」，參校者「武林馬銓」，餘同。半葉十行，行二十二字，白口，左右雙邊。前有康熙三十二年吴陳琰序，又新舊序若干。《存目叢書》據以影印。

孔宅志六卷　國朝諸紹禹撰　二二六六

兩江總督採進本（總目）。○《兩淮商人馬裕家呈送書目》：「《孔宅志》六卷一本。」○清康熙刻本八卷末一卷，明陸伯生輯，清諸乾一續。臺灣中研院史語所、南京圖書館藏。此諸乾一是否諸紹禹，待考。

丹霞洞天志十七卷　國朝蕭韻撰　二二六七

兩江總督採進本（總目）。○《武英殿第二次書目》：「《麻姑山丹霞洞天志》六本。」○上海圖書館藏清初刻本，作《麻姑山丹霞洞天誌》十七卷，題「古燕羅森約齋、南州李明睿太虚裁定，中州狄宗哲魯修、都梁李正蔚豹采鑒訂，南城蕭韻明彝增補」。半葉九行，行二十字，白口，四周單邊。版心有寫工刻工：萬潔如寫，高見吾刻，萬弘声刻。前有江西湖東觀察使今陞陝西督糧道左參政約齋羅森序，李明睿序，均無年月。羅森序云：「明神廟時郡守鄔齊雲屬鄉衮左奉常編之，凡若干卷，顔曰《丹霞洞天誌》，藏板郡筦庫中，經燹頓燼，即民間鮮遺原本。……爰命郡守白君楚珍董厥事，咨訪遺碩，綴輯舊聞。……參訂則郡司李狄君魯修、南城令李君豹采，編纂則蕭孝廉韻。」羅森順治四年進士，其序稱「江西湖東觀察使今陞陝西督糧道」，考雍正《陝西通志》卷二十三職官四督理糧儲道：「羅森，順天大興人，順治十六年以參議任。」又：「沈文奎，鑲白旗滿洲，順治十七年以參政任。」則其序當在順治十六年。又考光緒《江西通志》卷一百三十一：狄宗哲，順治九年進士，十五年任建昌府推官。李正蔚，順治九年進士，十五年任南城知縣。又檢是書正文及李明睿序「玄」字均不避諱。卷十七增補熊人霖詩文,署年月者至順治十四年止。均可證是本增修刊版在順治後期。是本卷一圖均王弁所繪,麻姑仙像署「已亥仲春月王弁薰沐寫」,己亥當爲順治十六年。上溯六十年爲萬曆二十七年,下推六十年爲康熙五十八年,均不可能。然則是本刊版當在順治十六年。《四庫提要》稱「康熙中湖東道羅森復令韻增補成之」,時間與史實不符。《中國古籍善本書目》著録爲「康熙刻本」,蓋沿《提要》之誤。又檢各卷記事及詩文均至狄宗哲、李正蔚止,前後版式字體亦無明顯差別,知非據前明舊版增刻,乃全書重刻新版。唯前十六卷一仍左宗郢舊文,即明朝稱「國朝」亦多未改,草率殊甚。《存目叢書》據以影印。王重民《善本提要》著録美國國會圖書館藏「明刻清印本」兩部,正文卷端署名及行款均同,當與上圖本同版。○同治五年南城黄氏漢臯督銷司刻本,作《重刊麻姑山志》十二卷,清羅森原本,清黄家駒編訂。洞天書屋藏板。日本京都大學人文所、東京大學東洋所藏。○按:《存目》另有清羅森撰《麻姑山丹霞洞天志》十七卷。王重民曰:「羅、蕭非有兩書,實皆爲此本,殆《提要》爲兩人分撰,致有此誤。」王説極是。

武林志餘三十二卷　國朝張暘撰　二二六八

浙江巡撫採進本(總目)。○《浙江省第九次呈送書目》:「《武林志餘》三十二卷,國朝張暘著,八本。」○《浙江採集遺書總録》:「《武林志餘》三十二卷,寫本,國朝監生錢塘張暘輯。」

東林書院志二十二卷　國朝高粧、高𢢼、高廷珍、高陛、許獻同撰　二二六九

兩江總督採進本(總目)。○《兩江第一次書目》:「《東林書院志》,無錫高𢢼等著,八本。」○清華

大學藏清雍正十一年刻本，題「伊祁刁承祖醇菴、儀封張師載西銘、伊祁刁顯祖振菴鑒定，梁溪高岪象姚、高隆象郝、許獻鄉三、高廷珍和鳴，高陛季元增輯，燕山胡廷琦敬廬、黔南胡慎敬修參訂」。半葉十二行，行二十五字，白口，左右雙邊。前有雍正十一年任欄枝序，雍正十年刁承祖序，胡廷琦序，雍正十一年胡慎序，雍正十一年許獻序，雍正十一年高廷珍序，雍正十一年高陛序。《存目叢書》據以影印。上圖、山東曹縣圖書館亦有是刻。○清光緒七年無錫趙棨重刻本，北師大、山東師大、上圖等藏。

增修雲林寺志八卷　國朝厲鶚撰　**二一七〇**

浙江巡撫採進本（總目）。○《浙江省第十二次呈送書目》：「《雲林寺志》八卷，國朝厲鶚輯，二本。」○《浙江採集遺書總録》：「《雲林寺志》六卷，刊本，國朝錢塘厲鶚撰。」○首都圖書館藏清乾隆九年刻本，書名卷數同《存目》。題「錢塘厲鶚太鴻增輯，仁和張熷曦亮同輯，住持義果巨濤參訂」。半葉九行，行二十字，下黑口，四周雙邊。前有乾隆九年厲鶚序。卷内鈐「鹿巖精舍」印記，周肇祥故物。《存目叢書》據以影印。華東師大亦有是刻。○清乾隆四十四年刻本八卷一册，上圖藏。○清光緒十四年錢塘丁氏嘉惠堂刻《武林掌故叢編》第十一集本。

宋東京考二十卷　國朝周城撰　**二一七一**

浙江巡撫採進本（總目）。○《浙江省第二次書目》：「《宋東京考》二十卷，國朝周城著，四本。」○《浙江採集遺書總録》：「《宋東京考》二十卷，刊本，國朝嘉興周城輯。」○《兩江第一次書目》：

「《宋東京考》，嘉興周城著，六本。」○《江西巡撫海第四次呈送書目》：「《宋東京考》一套八本。」○上海圖書館藏清乾隆刻本，題「嘉興石匏周城緝」。半葉十行，行二十一字，下黑口，四周雙邊。寫刻頗精。前有雍正九年太原王珻序，凡例，目録，採摭書目。卷内炫、弘、曆均缺末筆，是乾隆刻本。《存目叢書》據以影印。人民大學、南圖等亦有是刻。北京師大、復旦、江西省圖等又藏乾隆三年六有堂刻本，當係同版而存有書名葉刊書記者。

鵝湖講學會編十二卷　國朝鄭之僑撰　二二七二

江西巡撫採進本（總目）。○湖北省圖書館藏清乾隆九年述堂刻本，題「後學潮陽鄭之僑東里編輯，受業門人同校」。半葉十行，行二十二字，白口，左右雙邊。版心刻「述堂」。封面刻「乾隆玖年鐫」、「述堂藏板」。前有乾隆玖年鄭之僑序，凡例，受業門人姓氏。《存目叢書》據以影印。上圖、南圖、江西省圖亦有是刻。○清道光二十九年江西刻本四册（川圖《古籍書目》）。

右古蹟之屬

豫章今古記一卷　不著撰人名氏　二二七三

浙江范懋柱家天一閣藏本（總目）。○《浙江省第五次范懋柱家呈送書目》：「《豫章今古記》一卷，缺名著，一本。」○《浙江採集遺書總録》：「《豫章今古記》一册，寫本，梁雷次宗撰。」○《提要》云：「《隋書・經籍志》有雷次宗《豫章記》一卷。宋王象之《輿地碑記目》又云次宗作《豫章古今志》。是編首引次宗語，末云次宗於元嘉六年撰《豫章記》，則必非雷書。觀所紀至唐而止，有皇唐、大唐之語，似爲唐人之作矣。書分郡記、寶瑞記、寺觀記、鬼神記、變化記、神祠記、山石記、冢墓記、翹俊記等九部。」○北京圖書館藏明鈕氏世學樓鈔《説郛》本，在卷五十一，作《豫章古今記》。半葉十行，行二十四字，藍格，白口，四周單邊。○上海圖書館藏明鈔《説郛》本，在卷五十一，作《豫章古今記》。○北京圖書館藏明鈔《説郛》本，同前，半葉十行，行二十二字，藍格，白口，四周雙邊。○北圖又藏明鈔《説郛》本，同前，半葉十行，行二十一或二十二字，藍格，白口，左右雙邊。○浙江圖書館藏明鈔《説郛》本，卷次書名同前。○臺灣「中央圖書館」藏舊鈔《説郛》本，在卷五十一，作《豫章今古記》。○民國十六年商務印書館排印張宗祥據明鈔數本重校《説郛》本，在卷五十一，作《豫章古今記》，不題撰人。昌彼得先生《説郛考》曰：「此本凡分十四部。《四庫存目》著録之本似即從《説郛》節本抄出，而尚脱城闕、泉池井、水沙、津濟、藝術五部。此本前有總叙，述至唐高宗顯慶四年。又翹俊部所記吴愛、李思玄、滕王、應智項等四人均初唐人，則非雷書明矣。當即《崇文總目》所載之徐廙《豫章記》三卷節本。《宋志》題雷次宗撰者，或其本脱撰者名，而沿隋唐史志冠雷次宗撰也。徐廙其人不詳，似爲中唐人。原書三卷無傳。重編《説郛》卷六七及《五朝小説》本譌題雷次宗撰，所載即出於此，而脱藝術、鬼神、變化、寶瑞四部，而將城闕部石姑宫以下五條别立爲帝宅部，其本頗多舛脱，然亦有與明鈔本合而與此本異者也。」按：兩「藝術」皆誤倒，當乙正。○臺灣「中央圖書館」藏明鈔《重編集類説部》本，在卷二，作《豫章今古記》。○明刻清順治三年宛委山堂印《説郛》本，在弖六十七，作《豫章古今記》。即昌彼得所稱重編《説郛》本。○清據《説郛》《説郛續》刊版重編印《五朝小説》本，上圖、南圖、山東大學藏。〇民國十五年掃葉山房石印《五朝小説大觀》本。〇明鈔及商務印書館排印《説郛》卷四《墨娥漫録》之十五爲《豫章記》。昌彼得《説郛考》曰：「不題撰人。」又曰：「此本輯録次宗原本二條，重編《説郛》未收，自清以來，有王謨輯《漢唐地理書鈔》、王仁俊輯《玉函山房輯佚書補編》，葉昌熾輯《觳淡廬叢稿》，均未刻。」〇清嘉慶刻王謨輯《漢唐地理書鈔》本，作《豫章古今記》一卷，無撰人。北圖藏。〇清刻清黄奭輯《漢學堂知足齋叢書》本，作《雷次宗豫章古今記》一卷。北圖藏。〇清葉昌熾輯《觳淡廬叢稿》稿本，作《宋雷次宗豫章記》一卷，僅據《歲時廣記》卷三十四採得一節。上圖藏。（參《古佚書輯本目録》）〇王仁俊輯《玉函山房輯佚書補編》稿本，作《豫章記》一卷，不題撰人。僅據《稽瑞》採得一條，與《説郛》卷四《墨娥漫録》之十五《豫章記》第二條同。上圖藏。（參《古佚書輯本目録》）按：王仁俊稿本有一九八九年上海古籍出版社影印《玉函山房輯佚書續編三種》本。

西湖繁勝録一卷　舊本題西湖老人撰　**二二七四**

永樂大典本（總目）。〇明内府鈔《永樂大典》本，在卷七千六百三杭字韻，北京圖書館藏。中華書局影印《永樂大典》本。〇舊鈔《永樂大典》本，吴慶坻（子修）校，壽松堂孫氏故物，有孫峻跋，一册，浙圖藏。（見《浙江文獻展覽會專號》）〇民國六年商務印書館據吴慶坻校舊鈔《永樂大典》本排印，收入《涵芬樓祕笈》第三集，末有民國五年丙辰長至孫毓修跋云：「方言世語多有不可通者，經吴子修先生校勘一過，賴多是正，今爲注入當句之下。加案者，毓修覆校語也。」又云：「以書中慶元閒油綫一條考之，則其人當生於寧宗時。」又云：「此書止名《繁勝録》，絶無都城之稱，其書當成於耐得翁之前。」〇一九五六年古典文學出版社據《涵芬樓祕笈》本排印本，《東京夢華録》外四種之一。〇繆氏雲自在龕鈔本一册（見《北京人文科學研究所藏書簡目》）。當在中科院圖書館。

盧陽客記一卷　明楊循吉撰　**二二七五**

浙江汪汝瑮家藏本（總目）。〇《浙江省第四次汪汝瑮家呈送書目》：「《南峯逸稿》二十二卷，明楊循吉著，三本。」〇《浙江採集遺書總録》：「《南峯逸稿》二十二卷，刊本，明主事吴縣楊循吉撰。」其子目九種内有《盧陽客記》一卷。〇北京圖書館藏明楊可刻本，題「吴郡楊循吉叙，姪可梓行」。半葉十行，行十八字，白口，左右雙邊。前有正德三年夏五月楊循吉序。後有楊循吉識語云：「右書正德元年太守馬汝礪來請撰郡志，客其地凡四月，竟以議不可合而歸。又明年始發舊稿作是書於家。」此蓋當時原刻之本，寫刻工緻。鈐有「太湖劉叟」、「芝蘭書屋」印記。《存目叢書》據以影印。〇北京圖書館藏明萬曆三十七年徐景鳳刻《合刻楊南峯先生全集》本，兩部。按：《四庫提要》云：「徐景鳳彙刻循吉所著爲《南峯逸稿》。」（見《齋中拙詠》條）知《存目》所據汪汝瑮進呈《南峯逸稿》刊本亦即是刻。〇臺灣「中央圖書館」藏明鈔《松籌堂遺集》本。〇明刻清順治三年宛委山堂印《説郛續》本。

蜀都雜鈔一卷　明陸深撰　**二二七六**

兩江總督採進本（總目）。〇明嘉靖二十四年刻《儼山外集》本，北圖、上圖等藏。〇明刻《廣百川學海》本，北圖、南圖、浙圖等藏。○明萬曆刻《寶顔堂續祕笈》本，作《陳眉公訂正蜀都雜抄》一卷，北圖、中科院圖書館、復旦等藏。○民國十一年上海文明書局石印《寶顔堂祕笈》本。○民國二十五年商務印書館據《寶顔堂續祕笈》本排印，收入《叢書集成初編》。○民國間成都排印本，川圖藏。

閩部疏無卷數　明王世懋撰　二二七七

兩江總督採進本(總目)。○上海圖書館藏明萬曆刻《王奉常雜著》本，題「吴郡王世懋敬美著，門人王湛、馬炎同校」。半葉九行，行十七字，白口，四周單邊。寫刻甚精。版心記刻工：游希皐刊、范志、黄四、葉养(養？)刊、江甫。前有丙戌(萬曆十四年)秋王穉登序，萬曆十三年十一月自序。《存目叢書》據以影印。北圖有是刻。臺灣「中央圖書館」有單本。○明萬曆刻《亦政堂鐫陳眉公家藏廣祕笈》本，作《寶顔堂訂正閩部疏》一卷，北圖、復旦、津圖等藏。○民國十一年上海文明書局石印《寶顔堂祕笈》本。○明萬曆四十五年陳于廷刻《紀録彙編》本。民國二十七年商務印書館影印陳于廷刻《紀録彙編》本。○明刻《廣百川學海》本，北圖、南圖、浙圖等藏。○上海圖書館藏明鈔本，與《窺天外乘》合鈔，行書，半葉八行，行字不等。有近人手跋：「此編自稱爲明代督學使者吴門王世懋所撰寫，雖字跡潦草，而紙張色質具有古氣，書法於隨便之中頗含帖意。所附原裝書面零紈一角，亦似舊物。或竟爲三四百年前人物之手跡歟。其《閩部疏》所載尤饒興趣。民廿八、七、九慕唐誌。」○明刻清順治三年宛委山堂印《説郛續》本。一九八八年上海古籍出版社《説郛三種》影印宛委山堂刻本。○清嘉慶十三年虞山張海鵬刻本，收入《借月山房彙鈔》第八集，中科院圖書館、浙圖藏。又收入《澤古齋重鈔》第七集，北圖、中科院圖書館、南圖、河南省圖藏。民國九年上海博古齋影印張氏刻《借月山房彙鈔》本。○清道光十九年金山錢氏刻本，收入《指海》第十一集。民國二十四年大東書局影印錢氏刻《指海》本。○民國二十五年商務印書館據《亦政堂鐫陳眉公家藏廣祕笈》本排印，收入《叢書集成初編》。

淞故述一卷　明楊樞撰 二三七八

兩淮鹽政採進本（總目）。○《兩淮鹽政李續呈送書目》：「《淞故述》一卷，明楊樞，一本。」○清嘉慶南匯吴氏聽彝堂刻《藝海珠塵》庚集本。《存目叢書》據以影印。○民國二十八年商務印書館據《藝海珠塵》本排印，收入《叢書集成初編》。

秦録一卷　明沈思孝撰 二三七九

編修程晉芳家藏本（總目）。○清道光十一年六安晁氏木活字印《學海類編》本，題「明嘉興沈思孝繼山著」。民國九年商務印書館影印晁氏木活字《學海類編》本。《存目叢書》更據商務本影印。

晉録一卷　明沈思孝撰 二三八〇

編修程晉芳家藏本（總目）。○清道光十一年六安晁氏木活字印《學海類編》本，題「明嘉興沈思孝繼山著」。民國九年商務印書館影印晁氏木活字《學海類編》本。《存目叢書》更據商務本影印。○民國二十五年商務印書館據《學海類編》本排印，收入《叢書集成初編》。

長溪瑣語一卷　明謝肇淛撰　**二二八一**

兩淮鹽政採進本(總目)。○《兩淮鹽政李續呈送書目》:「《長溪瑣語》一卷,明謝肇淛,一本。」○南京圖書館藏清鈔本,題「晉安謝肇淛輯」。半葉九行,行十八字,無格。通篇倣宋字體,無葉碼,不避清諱。鈐「錢唐丁氏正修堂藏書」、「四庫坿存」等印記。前有清丁丙手跋,即《善本書室藏書志》本條原稿。《存目叢書》據以影印。○民國元年上海國粹學報社排印《古學彙刊》本。○民國二十二年福州龔氏大通樓鈔本一册,福建師大藏。

滇南雜記二卷　明許伯衡撰　**二二八二**

山東巡撫採進本(總目)。○《山東巡撫呈送第一次書目》:「《滇南雜記》二本。」

西事珥八卷　明魏濬撰　**二二八三**

福建巡撫採進本(總目)。○《福建省呈送第一次書目》:「《西事珥》八卷四本。」○《江蘇省第一次書目》:「《西事珥》四本。」○《江蘇採輯遺書目録》:「《西事珥》八卷,明廣西學政建溪魏濬著。」○《浙江省第四次汪啟淑家呈送書目》:「《西事珥》八卷,明魏濬著,二本。」○《浙江採集遺書總録》:「《西事珥》八卷,刊本,明魏濬撰。」○北京圖書館藏明萬曆刻本八卷二册,半葉九行,行二十字,白口,四周單邊。前有文立縉序,蟲蛀殊甚,次魏濬序及正文亦蛀。上海圖書館萬曆刻本行款版式同,前有萬曆四十一年文立縉序云:「脱諸穎楮,付之剞劂。」蓋即刊於是年。又萬曆四十年魏濬序。正文殘存卷一卷二卷三及卷四前十八葉。南京圖書館萬曆刻本全,唯卷六係鈔配。鈐有

「嘉惠堂丁氏藏書之記」等印記。《存目叢書》既借照上海本，知其不全，復借照南京本補足影印。是刻正文卷端題「建溪魏濬篹」，正文首葉版心記刻工：姜全刻。原北平圖書館有萬曆刻本，存前六卷，現存臺北「故宮博物院」。臺灣中研院史語所有萬曆刻本八卷三册。○原北平圖書館藏清樸學齋鈔本八卷二册，半葉十行，行二十二字，黑格，版框左下角刻「樸學齋」三字。有文立縉序，自序。卷内鈐「舊史徐釚」、「菊莊徐氏藏書」、「張紹仁印」、「學安」、「張氏祕笈」、「讀異齋藏」、「崦西艸堂」、「潘茉坡圖書印」、「小草」等印記（參王重民《善本提要補編》）。現存臺北「故宮博物院」。○《四庫全書附存目録》清刻本顧廷龍先生手批：「光緒二十六年王鵬運據貴陽陳松山藏舊刻本鈔，二册，三十二元，榮華。」

泉南雜志二卷　明陳懋仁撰　二二八四

編修程晉芳家藏本（總目）。○《兩淮鹽政李呈送書目》：「《泉南雜志》二卷，明陳懋仁，二本。」○明刻《寶顔堂彙祕笈》本，題「檇李陳懋仁無功著」，半葉九行，行十八字，白口，四周單邊。前有陳懋仁小引。《存目叢書》據山西祁縣圖書館藏本影印。北圖、復旦等亦有是刻。○民國十一年上海文明書局石印《寶顔堂祕笈》本。○明刻《廣百川學海》本一本。北圖、南圖、浙圖等藏。○明刻清順治三年宛委山堂印《説郛續》本，在弓二十五。一九八八年上海古籍出版社據以影印，收入《説郛三種》。○清道光十一年六安晁氏木活字印《學海類編》本。民國九年商務印書館影印晁氏木活字《學海類編》本。○湖北博物館藏清謝氏賭棋山莊鈔本，清謝章鋌校並跋。○民國二十五年商務印書館據《寶顏堂彙祕笈》本排印，收入《叢書集成初編》。

閩中考一卷　明陳鳴鶴撰　**二二八五**

浙江吴玉墀家藏本(總目)。○《浙江省第四次吴玉墀家呈送書目》：「《閩中考》，明陳鳴鶴著，一本。」○《浙江續購書》：「《閩中考》一本。」○《浙江採集遺書總録》戊集：「《閩中考》一册，小山堂寫本，明福州陳鳴鶴撰。」又閩集：「《閩中考》一册，寫本，明福州陳鳴鶴撰。」○蔣寅《金陵生小言》卷五云日本東京大倉文化財團藏有《閩中考》四庫進呈本，鈐「翰林院印」。

兩河觀風便覽四卷　不著撰人名氏　**二二八六**

江蘇巡撫採進本(總目)。○《江蘇省第一次書目》：「《兩河觀風便覽》四本。」○《江蘇採輯遺書目録》：「《兩河觀風》四卷，不詳姓氏，明萬曆間人，刊本。」

增補武林舊事八卷　明朱廷焕撰　**二二八七**

浙江巡撫採進本(總目)。○《浙江省第六次呈送書目》：「《增補武林舊事》二本。」○《浙江採集遺書總録》：「《增補武林舊事》八卷，刊本，明工部主事朱廷焕撰。」○南京圖書館藏明崇禎十年朱廷焕刻本，題「四水潛夫周密公謹輯，冬官榷使朱廷焕中白增補，錢唐後學張墉石宗較閲」。半葉九行，行二十字，白口，四周單邊。前有崇禎十年朱廷焕序云：「偶爲增補數十則，友輩讀而快之，從史壽梓。」又《訂閲姓氏》列錢謙益等二十人。卷内鈐「古杭董醇」、「平陽汪氏家藏書畫法帖圖記」、「桐香館」等印記。卷前有丁立誠工楷長跋：「右明崇禎刊本《武林舊事》二册，工部主事督理杭州關務山東朱廷煥即四水潛夫舊本增入睿藻、恩澤、吴山勝槩下、物産、灾異五門，刻於杭州者也。傳本極罕。光緒初元監利李小山司馬得之故書攤中，持以見贈。藏余家者已數十年。卷首有古杭董醇長方印一，知爲杏塍先生舊藏。又有『桐香館』及『平陽汪氏家藏書畫法帖圖記』大小長方印二，則叔明先生所鈐也。叔明丈受業杏塍先生之門，董氏故輒舉而贈之，以誌師生沆瀣之誼。今表弟李君梅孫爲叔明丈入室弟子，師弟情誼之篤，不減董之於汪，故舉以奉贈，俾寶藏之。今去叔明丈之殁，時將三十年，暇時展卷，當生泰山梁木之感，不僅舊帙之可珍已。丈名敦善，仁和貢生。宣統元年閏二月廿八日錢塘丁立誠記。」《存目叢書》據以影印。○清康熙四十三年澹寧堂刻本，中科院圖書館、上圖、華東師大藏。

帝京景物略八卷　明劉侗、于奕正同撰　**二二八八**

編修汪如藻家藏本（總目）。○《國子監學正汪交出書目》：「《帝京景物略》八本。」○《直隸省呈送書目》：「《帝京景物略》八本。」○《浙江省第四次吴玉墀家呈送書目》：「《帝京景物略》八卷，明劉侗輯，八本。」○《浙江採集遺書總録》：「《帝京景物略》八卷，刊本，明麻城劉侗輯。」○天津圖書館藏明崇禎刻本，題「遂安方逢年定，麻城劉侗、宛平于奕正修」。半葉八行，行十九字，白口，四周單邊。前有方逢年叙，崇禎八年劉侗序，于奕正《略例》，目録。卷内鈐「兩浙左伯，清俸所貽」、「子孫世守」、「堂名拱璧，惟書是寶，無意无必，隨得隨校，惟蔣氏子孫，永以爲好」、「蘿郙蔣氏手校藏書」、「大丈夫擁書萬卷，何假南面百城」、「宜興任氏天春園所有圖書」等印記。《存目叢書》據以影印。北大、山東省圖等亦有是刻。又有崇禎八年序刻金陵弘道堂藏板本，遼圖、大連、重慶圖等藏，當係同版。○明崇禎刻本，題「遂安方逢年定，麻城劉侗、宛平于奕正修」。半葉八行，行十九字，白口，四周單邊。前有崇禎七年甲戌冬至後二日麻城劉侗序，于奕正《略例》。臺灣「中央圖書館」《善本書志初稿》稱爲「崇禎七年原刊本」。王重民《善本提要》亦著録。《中國古籍善本書目》所録「明刻本」(北圖、人大、復旦等藏)似即此本。○明末刻本，半葉十一行，行二十一字，白口，左右雙邊。津圖、安徽省圖藏。○明崇禎刻本二卷，半葉八行，行十九字，白口，四周單邊。首都圖書館藏。○清初盧高刻本，半葉九行，行二十字，白口，四周單邊。山東大學、湖北省圖藏。○清乾隆金陵崇德堂刻本八卷四册，川圖藏。○清乾隆江西刻本八卷八册，川圖藏。○清乾隆刻紀昀删節本八卷二册，中科院圖書館藏。○清觀我生齋鈔本不分卷八册，南圖藏。○鈔本八卷，臺北市圖藏。○明刻清順治三年宛委山堂印《説郛續》本，作《帝城景物略》一卷，在弓二十八。○一九五七年古典文學出版社據乾隆刻紀昀删節本校點排印本，《中國文學參考資料小叢書》之一。○一九六三年北京出版社據張次溪藏崇禎八年序刻本排印本。

山左筆談一卷　舊本題明黃淳耀撰　二二八九

編修程晉芳家藏本(總目)。○清道光十一年六安晁氏木活字印《學海類編》本，題「明嘉定黃淳耀蘊生著」。民國九年商務印書館影印晁氏木活字《學海類編》本。《存目叢書》又據商務本影印。○民國二十五年商務印書館據《學海類編》本排印，收入《叢書集成初編》。

二二九〇

楚書一卷　明陶晉楧撰

編修程晉芳家藏本（總目）。○清道光十一年六安晁氏木活字印《學海類編》本，題「明繡水陶晉英若英著」，前有崇禎辛巳小序。民國九年商務印書館影印晁氏木活字《學海類編》本。《存目叢書》又據商務本影印。○按：陶晉楧《學海》本作陶晉英，疑楧字誤。

二二九一

山東考古録一卷　舊本題國朝顧炎武撰

大學士英廉家藏本（總目）。○清康熙四十一年刻《説鈴》前集本，題「崑山顧炎武寧人著」，末署「辛丑脉望日庚申是日立春」。《存目叢書》據北師大藏本影印。○清乾隆五十九年石門馬氏大酉山房刻《龍威祕書》第七集《吴氏説鈴攬勝》本。○清道光五年聚秀堂刻《説鈴》前集本。○清同治七年序刻《藝苑捃華·説鈴》本。○清道光十一年六安晁氏木活字印《學海類編》本。民國九年商務印書館影印晁氏木活字《學海類編》本。○光緒七年成都瀹齋刻本。○清光緒八年山東官書局刻本，青島圖、延邊大學、中央民大藏。○清光緒十一年吴縣朱記榮刻《顧亭林先生遺書·補遺》本。○民國二十五年商務印書館據《龍威祕書》本排印，收入《叢書集成初編》。

二二九二

京東考古録一卷　舊本題國朝顧炎武撰

大學士英廉家藏本（總目）。○清康熙四十一年刻《説鈴》前集本。○清乾隆五十九年石門馬氏大酉山房刻《龍威祕書》第七集《吴氏説鈴攬勝》本。○清道光五年聚秀堂刻《説鈴》前集本。○清同治七年序刻《藝苑捃華·説鈴》本。○清道光十一年六安晁氏木活字印《學海類編》本。民國九年商務印書館影印晁氏木活字《學海類編》本。○民國二十五年商務印書館據《龍威祕書》本排印，收入《叢書集成初編》。

譎觚一卷　國朝顧炎武撰　二二九三

兩江總督採進本(總目)。○清康熙潘氏遂初堂刻《亭林遺書》本，作《譎觚十事》一卷，題「東吳顧炎武寧人」。半葉十一行，行二十字，白口，左右雙邊。寫刻甚精。《存目叢書》據以影印。○清蓬瀛閣刻光緒吳縣朱記榮增刻《顧亭林先生遺書》本。○清嘉慶十三年虞山張海鵬刻本，收入《借月山房彙鈔》第八集，中科院圖書館、浙圖藏。又收入《澤古齋重鈔》第七集，北圖分館、中科院圖書館、南圖、河南省圖藏。又收入《式古居彙鈔》，上圖藏。民國九年上海博古齋影印張氏刻《借月山房彙鈔》本。○清道光二十年金山錢氏刻本，收入《指海》第一集。民國二十四年上海大東書局影印錢氏刻《指海》本。○民國二十八年商務印書館據《借月山房彙鈔》本排印，收入《叢書集成初編》。

天府廣記四十四卷　國朝孫承澤撰　二二九四

編修勵守謙家藏本(總目)。○《編修勵第一次至六次交出書目》：「《天府廣記》八本。」○遼寧圖書館藏清初鈔本四十四卷，半葉十行，行二十三字，無格。前有目録。無序跋。各卷未題撰人。卷內玄、弘字缺末筆。鈐有「大興朱氏竹君藏書之印」朱文長方印。考朱筠卒於乾隆四十六年。則是本係乾隆鈔本。《存目叢書》據以影印。○北京師大藏清鈔本，存卷一至卷四十三，共二十二册。

○北京圖書館藏清鈔本，存卷一至卷四十三，共二十册。半葉十行，行二十四字，無格。清陳澤霖校並跋。○北京圖書館藏清鈔本，存卷一至卷三十二、卷三十八至卷四十、卷四十三至卷四十四，共三十七卷十二册。半葉十行，行二十四字，無格。○一九六二年北京出版社排印本，係據北圖等殘鈔本校補而成。

四州文獻摘鈔四卷　國朝畢振姬撰　司昌齡摘鈔　二二九五

山西巡撫採進本（總目）。○《山西省呈送書目》：「《四州文獻》四卷。」

甌江逸志一卷　國朝勞大與撰　二二九六

大學士英廉家藏本（總目）。○清康熙四十一年刻《説鈴》前集本，題「石門勞大與宜齋著」。《存目叢書》據北京師大藏本影印。○清乾隆五十九年石門馬氏大酉山房刻《龍威祕書》第七集《吴氏説鈴攬勝》本。○清道光五年聚秀堂刻《説鈴》本。○清同治七年序刻《藝苑捃華·説鈴》本。○清光緒十七年上海著易堂排印《小方壺齋輿地叢鈔》第九帙本。

粤述一卷　國朝閔敍撰　二二九七

大學士英廉家藏本（總目）。○清康熙四十一年刻《説鈴》前集本，題「黄山閔叙隺瞿輯」。《存目叢書》據北京師大藏本影印。○清乾隆五十九年石門馬氏大酉山房刻《龍威祕書》第七集《吴氏説鈴攬勝》本。○清道光五年聚秀堂刻《説鈴》本。○清光緒十七年上海著易堂排印《小方壺齋輿地叢鈔》本。○民國二十八年商務印書館據《龍威祕書》本排印，收入《叢書集成初編》。

星餘筆記一卷　國朝王鉞撰　二二九八

山東巡撫採進本(總目)。○清華大學藏清康熙五十三年刻《世德堂遺書》本,題「琅邪王鉞任菴纂,男沛思、沛憓、沛憻、沛恂校」。半葉九行,行二十字,黑口,左右雙邊。前有康熙十一年壬子自序。

中州雜俎三十五卷　國朝汪价撰　二二九九

河南巡撫採進本(總目)。○《河南省呈送書目》:「《中州雜俎》,本朝汪价著,八本。」○臺灣「中央圖書館」藏清陳氏德星堂鈔本三十五卷八册。半葉十行,行二十四字,黑格,白口,單黑魚尾,四周雙邊。版心下印「德星堂」三字。正文首題「中州雜俎第一卷」,次題「三儂外史汪价介人氏撰述」。正文分天、地、人、物四函。卷三十五後附《詩巒》。前有清方載豫手跋:「寫本《中州雜俎》三十五卷,三儂外史汪价介人撰述。無序。德星堂陳氏舊藏本。道光十五年七月以錢二千文買自考棚書肆。考《虞初新志》中載有三儂贅史汪价廣自序一篇,内有余行李半天下,言兩河者前後十數年,始於李御史察荒幕,後爲賈大中丞召修省志。又曰庚子修豫志,午日中丞邀飲,令草葛王優劣論。又曰豫遊最久,作《中州雜俎》二十四卷云云。據此,是書或其修志時芟落之稿未可知也。以時考之,庚子則順治十六年也。唯廣自叙云二十四卷,今寫本乃三十五卷,又不知誰氏所分。書極辯博,不無龐雜。如以金龍四大王爲洛口大王,楊應龍非楊行祥辯之類。存之以備考核可也。道光十五年九月初五日松槃方載豫書識。」此跋用紅格紙,凡十一行。又張繼手跋:「民國十三年居汴,偶於小書店購得此鈔本,價二十五元。張鳳臺曾刻行,缺天函二卷,此則全璧也。當時借於允丞。十四年國民軍敗，允丞倉卒攜至晉，嗣乃還余。倭寇陷蘭考，藏書遺失殆盡，而此本仍隨余行，撫之慨然。民國二十八年二月二日張繼識於重慶廋田灣。」此跋共九行。乙亥冬梢見。○民國十年安陽三怡堂排印本二十一卷。前有民國十年張鳳臺序，後有民國十年張鳳臺跋。據序知所據底本爲購自琉璃廠之鈔本，缺天部乙類。《存目叢書》據北京大學藏本影印。北師大、中央民大等亦有是本。按《提要》云「价字介人，號三儂外史，自稱吴人，其里居則未詳」。前本方載豫及此本張鳳臺序及跋，言汪价行事、交遊、著述頗詳，可補《提要》之不足。

湖壖雜記一卷　國朝陸次雲撰 二三〇〇

大學士英廉家藏本（總目）。○清康熙二十二年宛羽齋刻《陸雲士雜著》本，題「錢塘陸次雲雲士著，錫山嚴繩孫蓀友、蘭陵陳玉璂椒峯評」。《存目叢書》據北京大學藏本影印。○清康熙四十一年刻《説鈴》後集本。○清乾隆五十九年石門馬氏大酉山房刻《龍威祕書》第七集《吴氏説鈴攬勝》本。○清道光五年聚秀堂刻《説鈴》本。○清同治七年序刻《藝苑捃華·説鈴》本。○清鈔本一册，清丁丙手書題記。臺灣中研院史語所藏。○清光緒七年錢塘丁氏嘉惠堂刻本，收入《武林掌故叢編》第八集。○清宣統三年上海國學扶輪社排印《古今説部叢書》第六集本。○民國二十八年商務印書館據《龍威祕書》本排印，收入《叢書集成初編》。

姑孰備考八卷　國朝夏之符撰 二三〇一

安徽巡撫採進本（總目）。○《安徽省呈送書目》：「《姑孰備考》二本。」

臺灣記略一卷　國朝李麟光撰 二三〇二

大學士英廉家藏本(總目)。○清康熙四十一年刻《説鈴》前集本,題「梁谿季麒光蓉洲著」。《存目叢書》據北京師大藏本影印。○清乾隆五十九年石門馬氏大酉山房刻《龍威祕書》第七集《吴氏説鈴攬勝》本。○清道光五年聚秀堂刻《説鈴》本。○清光緒十七年上海著易堂排印《小方壺齋輿地叢鈔》第九帙本。○民國二十六年商務印書館據《龍威祕書》本排印,收入《叢書集成初編》。○

按:　是書著者各本作季麒光,《總目》作李麟光誤。

海表奇觀八卷　不著撰人名氏 二三〇三

浙江汪啟淑家藏本(總目)。○《浙江省第四次汪啟淑家呈送書目》:「《海表奇觀》八卷二本。」○《浙江採集遺書總録》:「《海表奇觀》八卷,刊本,題古譚吏隱主人輯。」○《四庫全書附存目録》清刻本顧廷龍先生手批:「康熙壬子刊本,題古譚吏隱主人。襯五,邃雅,六十五元。附《安政三略》,題知安遠縣事牛天宿。兩本字體不同,非一時所刻。」

江南星野辨一卷　國朝葉燮撰 二三〇四

兩江總督採進本(總目)。○清康熙三十九年刻《昭代叢書》乙集本,題「吴江葉燮星期著,宣城梅文鼎定九校」。《存目叢書》據清華大學藏本影印。○清道光十三年吴江沈氏世楷堂刻《昭代叢書》乙集本。○

嶺南雜記二卷　國朝吴震方撰 二三〇五

大學士英廉家藏本(總目)。○清康熙四十一年刻《説鈴》前集本,題「石門吴震方青壇著」。《存目叢書》據北京師大藏本影印。○清乾隆五十九年石門馬氏大酉山房刻《龍威祕書》第七集《吴氏説鈴攬勝》本。○清道光五年聚秀堂刻《説鈴》本。○清光緒十七年上海著易堂排印《小方壺齋輿地叢鈔》第九帙本。○民國二十五年商務印書館據《龍威祕書》本排印，收入《叢書集成初編》。

臺灣隨筆一卷　國朝徐懷祖撰　二二三〇六

編修程晉芳家藏本(總目)。○清道光十一年六安曹氏木活字印《學海類編》本，題「雲間徐懷祖燕公著」。民國九年商務印書館影印晁氏木活字《學海類編》本。《存目叢書》又據商務本影印。○清道光十三年吴江沈氏世楷堂刻《昭代叢書》丙集本。○清光緒十七年上海著易堂排印《小方壺齋輿地叢鈔》第九帙本。○民國二十五年商務印書館據《學海類編》本排印，收入《叢書集成初編》。

燕臺筆録一卷　題國朝項惟貞撰　二二三〇七

編修程晉芳家藏本(總目)。○《提要》云：「此本載曹溶《學海類編》中，題國朝項惟貞撰。惟貞字端伯，秀水人，朱彝尊之門人也。然檢核其文，實即朱彝尊《日下舊聞》内風俗一門。疑彝尊嘗屬之裒輯，偶存殘稿，作僞者遂别標此名也。」○清道光十一年六安晁氏木活字印《學海類編》本。民國九年商務印書館影印晁氏木活字《學海類編》本。○民國二十八年商務印書館據《學海類編》本排印，收入《叢書集成初編》。

神州古史考一卷方輿通俗文一卷　國朝倪璠撰　二二三〇八

安徽巡撫採進本(總目)。○《安徽省呈送書目》：「《神州古史考》二本。」○華東師大藏清康熙二十七年崇岫堂刻本,僅《神州古史考》一卷。題「錢唐倪璠魯玉著,男灝次淳、孫茱漁山、蘭畹公校訂」。半葉十行,行二十二字,白口,左右雙邊。前有自序。封面刻「康熙戊辰年梓」、「崇岫堂藏板」。卷内鈐「汪魚亭藏閲書」、「虞山周氏鵠峰艸堂藏書」等印記。《存目叢書》據以影印。○清光緒十五卷錢塘丁氏嘉惠堂刻本,僅《神州古史考》殘本一卷,收入《武林掌故叢編》第十四集。南圖有是刻朱印本二册。按:此與前本内容同,皆僅杭州一府。此本有丁丙跋云:「案瞿氏《清吟閣書目》藏先生是書原稿一百本又刊本一册,瞿氏書蕩於兵燹久矣。」

二三〇九 **西粵對問無卷數　國朝江德中撰**

江蘇巡撫採進本(總目)。○《江蘇省第一次書目》:「《西粵對問》一本。」○《江蘇採輯遺書目録》:「《西粵對問》一卷,清刑部尚書歙縣江德中著。」

二三一〇 **潯陽蹠醢六卷　國朝文行遠撰**

江西巡撫採進本(總目)。○中國科學院圖書館藏清康熙穀明堂刻本,題「樵菴文行遠輯」。半葉十行,行二十字,黑口,四周單邊。前有黎元寬序,康熙十一年嚴沆序。封面刻「穀明堂藏版」五字。《存目叢書》據以影印。北圖、北大亦藏是刻。

二三一一 **蜀都碎事六卷　國朝陳祥裔撰**

兩淮馬裕家藏本(總目)。○《兩淮商人馬裕家呈送書目》:「《蜀都碎事》六卷,國朝陳祥裔,六本。」○《浙江省第三次書目》:「《蜀都碎事》、《藝文》,國朝陳祥裔著,五本。」○《浙江採集遺書總録》：「《蜀都碎事》六卷，刊本，國朝通判仁和陳祥裔撰。」○中國科學院圖書館藏清康熙漱雪軒刻本，題「宦隱子陳祥裔耦漁輯」，下注「本姓喬」。半葉九行，行十九字，黑口，左右雙邊。前有康熙四十年蘇輪序，四十年聶鼎元叙。封面刻「漱雪軒藏版」五字。《存目叢書》據以影印。北大、南圖亦藏是刻。○民國上海進步書局石印《筆記小説大觀》本。

二三一二　續閩小紀一卷　國朝黎定國撰

江蘇巡撫採進本（總目）。○《江蘇省第一次書目》：「《續閩小記》一本。」○《江蘇採輯遺書目録》：「《續閩中記》不分卷，清揚州黎定國著，抄本。」

二三一三　嶺海見聞四卷　國朝錢以塏撰

兩淮馬裕家藏本（總目）。○《兩淮商人馬裕家呈送書目》：「《嶺海見聞》四卷，國朝錢以塏，二本。」○《浙江省第一次書目》：「《嶺海見聞》四卷，國朝錢以塏著，二本。」○《浙江採集遺書總録》：「《嶺海見聞》四卷，刊本，國朝禮部尚書嘉興錢以塏撰。」○上海圖書館藏清康熙刻本，題「嘉善錢以塏蔗山」。半葉九行，行十九字，黑口，四周單邊。初印本，寫刻極精。前有自序。鈐有「荄龕」等印記。《存目叢書》據以影印。上圖、廣東中山圖等亦有是刻。

二三一四　南漳子三卷　國朝孫之騄撰

浙江巡撫採進本（總目）。○《浙江省第六次呈送書目》：「《南漳子》二卷，國朝孫之騄著，一本。」○《浙江採集遺書總録》：「《南漳子》二卷，刊本，國朝孫之騄撰。」○浙江圖書館藏清刻《晴川八識》本，題「河渚孫之騄晴川」。半葉十行，行二十字，黑口，左右雙邊。前有序，目録。目録末有「壻吴發高校刻」六字。卷内鈐「四明盧氏抱經樓藏書印」印記。卷尾有孫竣左手跋：「四世從祖晴川徵君所撰《南漳子》，以世楷堂、竹書堂兩本合校一過。時後甲戌三月穀雨節古杭孫竣左筆記。」《存目叢書》據以影印。上海辭書出版社亦藏是刻。○清道光十三年吴江沈氏世楷堂刻《昭代叢書》庚集埤編本。○清錢塘丁氏舊藏鈔本一册，南圖藏。○清光緒七年錢塘丁氏嘉惠堂刻本，收入《武林掌故叢編》第六集。

右雜記之屬

古今游名山記十七卷　明何鏜撰　二三一五

安徽巡撫採進本(總目)。○《安徽省呈送書目》：「《名山記》十六本。」○《兩江第一次書目》：「《天下名山記》，明何振卿輯，三十本。」○《兩淮商人馬裕家呈送書目》：「《古今遊名山記》十七卷，明何鏜，十二本。」○《浙江省第四次孫仰曾家呈送書目》：「《游名山記》十七卷，明何鏜輯，十二本。」○《浙江採集遺書總録》：「《游名山記》十七卷，刊本，明觀察括蒼何鏜輯。」○《武英殿第一次書目》：「《古今遊名山記》十三本。」○中央民族大學藏明嘉靖四十四年至四十五年刻本，作《古今游名山記》十七卷《總録》三卷《游名山記》一卷。題「括蒼何鏜振卿甫編輯，廬陵吴炳用晦甫校正」。半葉十四行，行二十七字，白口，左右雙邊。前有嘉靖四十一年黄佐序，吴炳序，王世貞序，王穉登序。後有嘉靖四十四年何鏜後序云：「以示友人廬陵吴用晦，稍爲删定，以命梓人。屬學博士余采視刻。至乙丑仲春刻成。」乙丑即嘉靖四十四年。又萬曆五年門人蔡文範跋。又附何鏜自撰《游名山記》一卷，九十餘篇，有嘉靖四十五年冬李元陽序，謂宜梓行。刻工同正文，蓋次年續刻者。刻工：姜俸、邹国賔、吴良、付華生、邹賔、王荣、余爵、刘目、葉以倫、李松、邹科、付奇、付相、熊一清、付明、刘守奇、邹兴、張時曉刊、余林、汝德、張汝德刊、張汝美、熊樂刊、嚴春、付時四刊、熊一濂刊、刘智、陳高刊、晏吴六、熊成七刊、王成、熊八俸、熊俸、萬伯成、成立、楊本良、秀七、張仰生、蘇州嚴春、刘仕智刊、余仕林刊、葉應生、葉生、楚四、進賢熊鳳刊、蘇嚴春、徐盛一、漢一、成奇、成七刊等。卷内鈐「曾在陳雈田處」印記。《存目叢書》據以影印。北圖、南京大學、臺灣「中央圖書館」亦有是刻。臺灣「中央圖書館」又有萬曆二十五年何應乾修補本兩部，其一有芥菴老人手書題記七行，題記末鈐「徐世禎印」、「習池居士真賞之印」二印記，當即徐世禎手筆。南圖亦有萬曆重修本，有丁丙跋，即其《藏書志》本條原稿。

天下名山諸勝一覽記十六卷　明慎蒙撰　　**二三一六**

兩江總督採進本（總目）。○《兩江第一次書目》：「《天下名山大川古蹟記》，明慎蒙選，十本。」○《浙江省第四次汪啟淑家呈送書目》：「《名山諸勝一覽記》十六卷，明慎蒙輯，二十本。」○《浙江採集遺書總録》：「《名山諸勝一覽記》十六卷，刊本，明歸安慎蒙輯。」○清華大學藏明萬曆四年自刻本，卷一首行題「游名山一覽記卷之一」，卷二以下均題「名山巖洞泉石古蹟卷之幾」。次行題「吴興歸安山泉慎蒙增選校梓」。半葉十行，行二十字，白口，左右雙邊。版心題「名山記」。前有萬曆四年慎蒙《刻名山諸勝一覽記敘》云：「予故删繁削冗，復纂諸通志所未及者，以補記文之缺，并入前賢之題咏，亦庶幾大備哉，名曰《天下名山諸勝一覽記》。」《存目叢書》據以影印。北大、上圖、復旦等亦藏是刻。○臺灣「中央圖書館」藏明崇禎十二年刻本，正文首題「名山勝記卷之一」，各卷大題同。次行題「明菰中山泉慎蒙增選」，三行題「從孫慎峨重較」。行款版式字體同前本。前有崇禎十二年唐世濟序，崇禎十一年再從孫思永小引，再從孫慎峨引文。鈐「古猷州查子穆藏書印」、「查氏松森家藏」、「查日華印」等印記（詳該館《善本書志初稿》）。清華大學亦藏是刻。○上海圖書館藏明崇禎鈔本，書名同崇禎刻本，不分卷。

名山游記一卷　明王世懋撰　**二三一七**

兩淮鹽政採進本（總目）。○上海圖書館藏明萬曆刻《王奉常雜著》本，題「吴郡王世懋撰」。半葉九行，行十八字，白口，左右雙邊。北圖亦有是刻。

名山注無卷數　明潘之恒撰　**二三一八**

内府藏本（總目）。○《武英殿第二次書目》：「《名山注》五本。」○《提要》云：「其書不分卷帙，前後亦無序跋，而『名山注』三字僅題於簽，似非完本也。」

五岳游草十二卷　明王士性撰　**二三一九**

兩江總督採進本（總目）。○《兩淮商人馬裕家呈送書目》：「《五嶽遊草》十二卷，明王士性，三本。」○《浙江省第九次呈送書目》：「《五岳遊草》十二卷，明王士性著，四本。」○《浙江採集遺書總録》：「《五岳游草》十二卷，刊本，明太僕寺少卿臨海王士性撰。」○《山東巡撫第二次呈進書目》：「《五嶽游草》四本。」○臺灣「中央圖書館」藏明萬曆二十一年寫刻本，正文首題「五岳游草卷一」，次題「赤城王士性恒叔著，四明屠隆長卿評，友人蔣景賢子行、吴大志本學閲」。半葉九行，行十八字，白口，四周單邊。前有萬曆二十一年癸巳屠隆序，王士性自叙。鈐有「吴興劉氏嘉業堂藏書印」印記（詳該館《善本書志初稿》）。○上海圖書館藏清康熙三十年馮甦刻本，卷端題「王太初先生五岳遊草」，次題「章安馮甦再來重輯，門人陳捷顯侯、男永年硯珍仝校」。各卷校者不盡同。半葉九行，行十八字，白口，四周單邊。前有康熙三十年潘耒序云：「少司寇馮公再來，偶得是編，重爲梓行。」又康熙三十一年林雲銘序，康熙三十年馮甦序。卷内鈐「徐堅藏本」、「鄧尉徐氏藏書」、「褒新館」、「王培孫紀念物」等印記。《存目叢書》據以影印。中科院圖書館、山東師大亦藏是刻。○李一氓藏清鈔本。○民國三年上海廣益書局排印《古今文藝叢書》第四集本。

廣志繹五卷雜志一卷　明王士性撰　　**二三二〇**

編修汪如藻家藏本（總目）。○《國子監學正汪交出書目》：「《廣志繹》二本。」○《浙江省第四次鮑士恭呈送書目》：「《廣志繹》五卷，明王士性著，二本。」○《浙江採集遺書總録》：「《廣志繹》五卷，刊本，明天台王士性撰。」○北京圖書館藏清康熙十五年刻本，題「赤城王太初先生著，秀州曹秋岳先生定，北平林百朋象鼎、楊體元香山較」。半葉九行，行二十字，白口，四周單邊。前有康熙十五年曹溶序，康熙十五年楊體元《刻廣志繹序》，又萬曆丁酉馮夢禎序，萬曆丁酉自序。卷前有李一岷手跋：「《廣志繹》六卷，明天台王士性撰，康熙丙辰（一六七六）刊本。據楊序，是書雖有萬曆馮夢禎叙及王自序，但在明代寔未鐫板。書共六卷，第六卷四夷輯，刊書時已有所顧忌，故抽出未刻，僅於卷末下注『考訂嗣出』，諒亦未嘗嗣出，蓋可必也。因少此一輯，致不足六卷之數，楊氏乃從王著《五嶽游艸》中抄坿《雜志》，以强凑成數耳。又第三卷中匈奴之奴字及虜字皆作墨釘，正避清人忌諱之故。其卷末山西互市一節，亦有目無文，是與不刊四夷輯同一意也。書末有缺葉，致佚奇石、温泉、聲音三節。是書對地誌及明代掌故多所補拾，然亦有淺陋之處，則又明人著作之通病，無足怪者。《五嶽游艸》藏一清鈔本，一後印本，並誌於此。成都李一岷記。五九年夏日於都門寓樓。」卷内鈐「李氏一岷」、「一岷讀書」、「無是樓」、「我師古人」等印記。《存目叢書》據以影印。上海辭書出版社亦藏是刻。○清嘉慶二十二年臨海宋氏刻本五卷，《台州叢書》之一。

黔志一卷　明王士性撰　**二三三一**

編修程晉芳家藏本（總目）。○《提要》云：「曹溶收入《學海類編》中。核其所載，即士性游記中之一篇。」○清道光十一年六安晁氏木活字印《學海類編》本。民國九年商務印書館影印晁氏木活字《學海類編》本。○民國十三年貴陽文通書局排印《黔南叢書》第二集本。○民國二十五年商務印書館據《學海類編》本排印，收入《叢書集成初編》。

豫志一卷　明王士性撰　**二三三二**

編修程晉芳家藏本（總目）。○《提要》云：「亦其《五岳游草》之一篇，曹溶摘入《學海類編》者也。」

○清道光十一年六安晁氏木活字印《學海類編》本。民國九年商務印書館影印晁氏木活字《學海類編》本。○民國二十五年商務印書館據《學海類編》本排印，收入《叢書集成初編》。

日畿訪勝録二卷　明姚士粦撰　二三三三

編修程晉芳家藏本（總目）。

天目游記一卷　明黄汝亨撰　二三三四

兩江總督採進本（總目）。○明刻《寶顔堂彙祕笈》本，作《天目遊紀》一卷，題「武林黄汝亨貞父著，華亭陳繼儒仲醇訂，繡水沈啓先牖生校」。半葉八行，行十八字，白口，四周單邊。《存目叢書》據山西祁縣圖書館藏本影印。北圖、復旦等亦有是刻。○民國十一年上海文明書局石印《寶顔堂祕笈》本。

紀游稿一卷　明王衡撰　二三三五

兩淮鹽政採進本（總目）。○《兩淮鹽政李續呈送書目》：「《紀遊稿》一卷，明王衡，一本。」

循滄集二卷　明姚希孟撰　二三三六

兩江總督採進本（總目）。○《兩江第二次書目》：「《循滄集》，明姚希孟著，一本。」○明崇禎張叔籟陶蘭臺刻《清閟全集》本，題「吴郡姚希孟孟長父著」。半葉八行，行十八字，白口，單魚尾，左右雙邊。版心刻「絳趺堂」，封面刻「金閶張叔籟梓」。前有鄭以偉序，丁卯文震孟《題洞庭游記》。鄭序云：「既授剞劂氏，而以《循滄》名篇。」《存目叢書》據北圖藏本影印。首都圖書館、北大、上圖亦有是刻。

山行雜記一卷　明宋彦撰　**二三二七**

浙江鮑士恭家藏本(總目)。○明刻《亦政堂鐫陳眉公普祕笈》本,作《陳眉公訂正山行雜記》一卷,題「華亭宋彦著,繡水沈德先、戴全祐校」。半葉八行,行十八字,白口,四周單邊。前有自序。《存目叢書》據祁縣圖書館藏本影印。北圖、復旦等亦有是刻。○民國十一年上海文明書局石印《寶顔堂祕笈》本。

名山記四十八卷圖一卷附録一卷　不著撰人名氏　**二三二八**

浙江巡撫採進本(總目)。○《浙江省第六次呈送書目》:「《名山勝概記》四十八卷圖一卷附録一卷,缺名編,三十本。」○《浙江採集遺書總録》:「《名山勝概記》四十八卷,不著撰人。」○遼寧圖書館藏明崇禎六年墨繪齋刻本,作《名山勝槩記》四十六卷圖一卷附録一卷,不題撰人。半葉九行,行二十字,白口,左右雙邊。前有湯顯祖序,王穉登序,王世貞序,凡例。序前有總目録。凡例後有圖,圖首有《名山圖》小序,末云「崇禎六年春月墨繪齋新摹」。據總目,正文凡四十六卷,第四十六卷爲雲貴。但正文該卷目録標爲第四十七卷,而第四十六卷闕如,當是誤刻卷四十六爲卷四十七。末有附録一卷,即《神異經》等,與《四庫提要》合。然則,此本正文四十六卷,與《存目》四十八卷本内容同,并無缺佚。《存目叢書》據以影印。遼圖又藏一部,題「明何鏜原編,慎蒙續編,盧高、張縉彦、谷應泰補編」,該館定爲版片易主修版重印者,余以二本相較,字體版式極肖,但題何鏜者點劃呼應處尚存筆意,不題撰人者則更趨板滯,筆意大減,知不題撰人者實係翻刻,題何鏜者轉係原版矣。二本篇目微異，當是翻版時改易。又題何鏜者目與正文偶失照應，不題撰人之本則大都改正，益可證題何鏜者爲原刊也。蓋初刻未嘗埋没原編、續編、補編之人，及翻刻始並删其編者。社科院文學所、津圖、山東省圖等均有墨繪齋本。

廣州游覽小志一卷　國朝王士禎撰　二三二九

山東巡撫採進本（總目）。○清康熙刻《王漁洋遺書》本，題「新城王士禎貽上」，「禎」字原作「禛」，此係後印挖改。半葉十行，行十九字，黑口，左右雙邊。末有「門人盛符升較」一行。《存目叢書》據以影印。北圖、上圖、山東省圖等多有是刻，余亦有之。○復旦大學藏清初鈔本，與《南來志》一卷《北歸志》一卷《秦蜀驛程後記》二卷合鈔。○清康熙三十九年刻《昭代叢書》乙集本。○清道光十三年吴江沈氏世楷堂刻《昭代叢書》乙集本。○清道光十一年六安晁氏木活字印《學海類編》本。民國九年商務印書館影印晁氏木活字印《學海類編》本。○山東圖書館藏悔堂老人輯鈔《悔堂手鈔二十種》本。○清光緒十七年上海著易堂排印《小方壺齋輿地叢鈔》本。○民國二十六年商務印書館據《學海類編》本排印，收入《叢書集成初編》。

天下名山記鈔無卷數　國朝吴秋士編　二三三〇

内府藏本（總目）。○《武英殿第一次書目》：「《天下名山記鈔》十二本。」○《江蘇採輯遺書目録》：「《天下名山記鈔》十六卷，清新安吴秋士著，刊本。」○中國科學院圖書館藏清康熙三十四年汪立名刻本十六卷，題「新安吴秋士西邨選，汪立名西亭較訂」。半葉十行，行二十二字，下黑口，左右雙邊。前有康熙三十四年尤侗序云:「新安吴子在湄……輯成十六卷,重授剞劂。」又康熙三十六年韓菼序。又康熙三十四年張大受序云:「其門人汪君西亭,好古士也,爲之參考付梓。」又康熙三十四年彭定求序,凡例。又康熙三十四年吴秋士徵稿啟示,末署「西郡吴秋士謹識於胥江客舍之遥青齋」。中科院圖書館有是刻兩部,其一爲遥青齋印本,當是吴氏原印。另一部封面刻「寶翰樓梓行」,當是寶翰樓印本。《存目叢書》據後者影印。北圖、上圖、北京大學等亦藏是刻。〇清光緒三十二年成都二仙庵刻《重刊道藏輯要》軫集本,作《天下名山記》不分卷,清吴秋士輯,汪立名校訂。〇民國二十四至二十五年上海中央書店排印《國學珍本文庫》第一集本,作《天下名山遊記》不分卷,清華、首都圖書館、遼圖、山東大學藏。

泰山紀勝一卷　國朝孔貞瑄撰　　**二三三一**

山東巡撫採進本(總目)。〇《山東巡撫第二次呈進書目》:「《泰山紀勝》一本。」〇清康熙四十一年刻《説鈴》前集本,題「闕里孔貞瑄璧六甫纂」,前有孔貞瑄引。《存目叢書》據北京師大藏本影印。〇清乾隆五十九年石門馬氏大酉山房刻《龍威祕書》第七集《吴氏説鈴攬勝》本。〇清道光五年聚秀堂刻《説鈴》前集本。〇清同治七年序刻《藝苑捃華·説鈴》本。〇清光緒十七年上海著易堂排印《小方壺齋輿地叢鈔》本。〇清宣統三年上海國學扶輪社排印《古今説部叢書》第七集本。〇民國二十五年泰山王氏僅好齋排印《泰山叢書》第一集本。〇民國二十五年商務印書館據《龍威祕書》本排印,收入《叢書集成初編》。

二三三二 **匡廬紀游一卷　國朝吴闡思撰**

大學士英廉購進本（總目）。○清康熙四十一年刻《説鈴》前集本，題「武進吴闡思道賢著」。《存目叢書》據北京師大藏本影印。○清乾隆五十九年石門馬氏大西山房刻《龍威祕書》第七集《吴氏説鈴攬勝》本。○清道光五年聚秀堂刻《説鈴》前集本。○清同治七年序刻《藝苑捃華·説鈴》本。○清光緒十七年上海著易堂排印《小方壺齋輿地叢鈔》第四帙本。○清宣統三年上海國學扶輪社排印《古今説部叢書》第六集本。○民國二十五年商務印書館據《龍威祕書》本排印，收入《叢書集成初編》。

二三三三 **滇黔紀游二卷　國朝陳鼎撰**

大學士英廉購進本（總目）。○清康熙四十一年刻《説鈴》前集本，題「江陰陳鼎子重著」。貴州、雲南各一卷。《存目叢書》據北京師大藏本影印。○清乾隆五十九年石門馬氏大西山房刻《龍威祕書》第七集《吴氏説鈴攬勝》本。○清道光五年聚秀堂刻《説鈴》前集本。○清道光十一年六安晁氏木活字印《學海類編》本，作《滇遊記》一卷、《黔遊記》一卷。民國九年商務印書館影印晁氏木活字《學海類編》本。○清光緒十七年上海著易堂排印《小方壺齋輿地叢鈔》第七帙本，作《滇遊記》一卷、《黔遊記》一卷。○民國二十五年商務印書館據《學海類編》本排印，收入《叢書集成初編》。○民國十三年貴陽文通書局排印《黔南叢書》二集本，僅《黔遊記》一卷。

二三三四 **玉山遺響六卷　國朝張貞生撰**

江西巡撫採進本（總目）。○《江西巡撫海第三次呈送書目》：「《玉山逸響》三本。」○中國科學院圖書館藏清康熙講學山房刻《張簣山三種》本，正文首題「王山遺響卷一」，次題「廬陵張貞生著」。半葉九行，行十九字，白口，左右雙邊。封面刻「王山遺響」、「講學山房藏版」。前有羅麗序云：「所著文集若干卷尚未行世，今嗣君世坤、世坊先梓其《王山遺響》。」知係張世坤、張世坊所刻。《存目叢書》據以影印。北圖、上海辭書出版社、山西省圖等均有是刻。南圖、北大有是刻單種。○按：書名「王山」浙本《總目》及進呈目均誤作「玉山」。殿本《總目》不誤。

蒼洱小記一卷　國朝畢曰滂撰　**二三三五**

兵部侍郎紀昀家藏本(總目)。

右遊記之屬

南中志一卷　舊本題曰晉常璩撰　**二三三六**

浙江范懋柱家天一閣藏本(總目)。○《浙江省第五次范懋柱家呈送書目》：「《南中志》一卷，舊題晉常璩著，一本。」○《浙江採集遺書總録》：「《南中志》一册，刊本，晉常璩撰。向附在《華陽國志》後。」○《提要》云：「前有顧應祥序云：此書附在《華陽國志》，近世無傳，升菴楊太史謫居於滇，以其舊所藏本手録見示云云。考《隋》以來經籍、藝文諸志，皆無此書。宋李至校正《華陽國志》，原序具存，亦不云附有此卷。且漢王恢攻南越在建元六年，張騫使大夏在元狩元年。此云騫以白帝東越攻南越，大行王恢救之。年月之先後既殊，事蹟亦不知何據。又晉泰始七年分益州置寧州，而此云六年。牂柯郡下元鼎六年亦誤作元鼎二年。牴牾不一。楊慎好撰僞書，此書當亦《漢雜事祕辛》之類也。」○按：此書實即《華陽國志》卷四《南中志》別行之本。《提要》所舉騫以白帝東越攻南越、晉泰始六年置寧州、元鼎二年開牂柯郡事，均在其中。館臣以其書出楊慎家，先有成見在胸，未嘗一檢《華陽國志》，即逞其考據之能，但憑一二與史牴牾之文，徑斷爲楊慎僞造，豈能服楊慎哉。

高麗記無卷數　舊本題宋徐兢撰　**二三三七**

浙江范懋柱家天一閣藏本（總目）。○《浙江省第五次范懋柱家呈送書目》：「《奉使高麗記》，宋徐競著，一本。」○《浙江採集遺書總録》：「《奉使高麗記》四卷，寫本，宋朝散大夫尚書刑部員外郎歷陽徐兢撰。」○《提要》云：「兢別有《高麗圖經》四十卷，已著於録。此本所載，即從《圖經》中摘鈔而成，非兩書也。」

記古滇説一卷　舊本題宋張道宗撰　**二三三八**

浙江巡撫採進本（總目）。○《浙江省第六次呈送書目》：「《記古滇説》一本。」○《浙江採集遺書總録》：「《紀古滇説集》一卷，刊本，元張道宗輯。明嘉靖己酉沐朝弼序刊。」○《四庫全書附存目録》清刻本顧廷龍先生手批：「嘉靖廿八年己酉雲南總兵沐朝弼刊本，《玄覽堂叢書》影印本。」按：民國三十年《玄覽堂叢書》影印嘉靖二十八年沐朝弼刻本作《紀古滇説原集》一卷，半葉十行，行二十字，大黑口，左右雙邊。前有嘉靖二十八年己酉鎮守雲南總兵官沐朝弼序云：「家所舊藏有《紀古滇説集》，乃元人張道宗所録。……遂命梓人鍥之。」末有嘉靖二十八年己酉楊慎跋云：「總戎雲樓沐公命梓人刻《紀古滇説集》。」正文末有「時咸淳元年春正月初八日滇民張道宗録」識語。原本鈐有「四明盧氏抱經樓藏書印」、「南陵徐乃昌校勘經籍記」等印記。不知現藏何處。《存目叢書》據《玄覽堂叢書》本影印。天一閣文管所藏有是刻一册，蟲蛀殘破。○北京圖書館藏明刻本，作《紀古滇説集》一卷，題宋張道宗撰，明阮元聲改正，半葉九行，行二十字，白口，四周單邊。○北京圖書館藏清鈔本，作《紀古滇説集》一卷。

異域志一卷　不著撰人名氏　二三三九

浙江范懋柱家天一閣藏本(總目)。○《浙江省第五次范懋柱家呈送書目》：「《異域志》一卷，元周致中著，一本。」○《浙江採集遺書總録》：「《異域志》一册，寫本，元知院周致中撰。原名《嬴蟲録》。」○明萬曆二十五年金陵荆山書林刻《夷門廣牘》本，作《異域志》二卷，題「元江陵處士周致中纂集，明嘉禾梅墟周履靖、華亭眉公陳繼儒同校，金陵荆山書林梓行」。半葉九行，行十八字，白口，四周單邊。前有萬曆二十五年周履靖序。民國二十九年商務印書館影印荆山書林刻《夷門廣牘》本。《存目叢書》據商務本影印。民國二十五年商務印書館《叢書集成初編》本亦據是刻影印。○民國四年上海文明書局石印《説庫》本。

異域圖志一卷　不著撰人名氏　二三四〇

浙江范懋柱家天一閣藏本(總目)。○《浙江省第五次范懋柱家呈送書目》：「《異域圖志》一卷，明寧獻王權，一本。」○《浙江採集遺書總録》：「《異域圖志》一册，刊本，不著撰人。考寧獻王權撰有《異域圖志》。」

百夷傳一卷　明錢古訓撰　二三四一

浙江范懋柱家天一閣藏本（總目）。○南京圖書館藏明萬曆三十八年趙琦美鈔本一册，題「本朝餘姚錢古訓編」。半葉八行，行二十字。末有趙琦美手跋：「予欲集古今叢史，患遐陬之弗及周知矣。歲庚子補考在京師，閒步刑部街，因見此書，遂買之，録一册以隨奚囊，蓋亦山經水志之一斑云。旹萬曆三十八年庚戌十一月十有三日清常道人趙琦美識。」前有丁丙跋，即其《藏書志》本條原稿。卷内鈐「松石齋」、「趙琦美印」、「八千卷樓藏閲書」等印記。民國十八年國學圖書館據以影印，末有民國十八年柳詒徵跋。《存目叢書》又據影印本影印。○北京圖書館藏明祁氏淡生堂鈔本，與李思聰《百夷傳》合一册。○北京圖書館藏清初葉氏鈔本一册，半葉十行，行二十字，黑口，左右雙邊。○北京圖書館藏清項氏古香書屋鈔本一册，半葉十行，行十八字，白口，四周單邊。○北京圖書館藏清光緒翁斌孫鈔本一册，半葉十行，行二十字，無格。清翁斌孫校，翁同龢跋。○臺灣「中央圖書館」藏舊鈔本，附《東國史略》六卷後，共二册。有萬曆三十八年趙琦美跋，與南圖本文同。鈐有「孔繼涵印」、「葒谷」等印記。《東國史略》有乾隆五十年乙巳戚學標手跋云：「《東國史略》六卷，蓋乾隆三十八年間兩江總督所進汲古抄本，曲阜孔農部葒谷從歷下周太史林汲處假録，藏於壽雲簃者也。（下略）」則《百夷傳》亦當時所鈔。

南夷書一卷　明張洪撰　二三四二

浙江范懋柱家天一閣藏本（總目）。○《浙江省第五次范懋柱家呈送書目》：「《南夷書》一卷，明張洪著，一本。」○《浙江採集遺書總録》：「《南夷書》一卷，寫本，明行人司張洪撰。」○北京圖書館藏明鈔本，題「行人張洪譔」。半葉十一行，行二十字，無格。正文首葉鈐「翰林院印」滿漢文大官印。封面有「乾隆三十八年十一月浙江巡撫三寶送到范懋柱家藏南夷書壹部計書壹本」長方進書木記，又簽記：「總辦處閲定，擬存目。」鈐有「臣昀臣錫熊恭閲」、「翁同龢校定經籍之記」、「均齋祕笈」、「紫芝白龜之室」、「救虎閣主」、「曾在趙元方家」等印記。末有纂修官程晉芳跋：「謹按：《南夷書》一卷，明張洪撰。考明永樂四年緬甸宣慰使那羅塔劫殺孟養宣慰使刀木旦及思欒發而據其地，洪時爲行人，奉詔齎敕宣諭，因撰是書。所載皆洪武初至永樂四年平雲南各土司事，略而不詳。其於雲南郡建置始末，如南詔爲蒙氏改鄯闡府，歷鄭、趙、楊三姓，始至大理段氏，而書中遺之。孟養、麓川各有土司，而叙次未詳。唯載梁王拒守及揚苴乘隙諸事，史所未載。瀾滄之作蘭滄，思栾發之作思鸞發，與史互異，亦足資考証之一二也。洪字宗海，常熟人，洪熙初召入翰林，官修撰。纂修官程晉芳。」下鈐「存目」木記。此即程晉芳所撰提要稿也。持與《四庫全書總目》是書提要相校，稍有出入。其中「刀木旦」《總目》誤作「刁查」。「蘭滄」指「蘭滄衛」，非江名，《總目》誤加「江」字作「蘭滄江」。「孟養、麓川各有土司，而叙次未詳」，《總目》改爲「孟養、麓川各有土司，書中皆遺之」，不知書中已載孟養土司，唯遺麓川土司耳，不得謂「皆遺之」也。凡此皆可訂《總目》之失，殊可寶貴。《存目叢書》據是本影印。○中國社科院歷史所藏清鈔《明初遺事七種》本。○臺灣「中央圖書館」藏《明代紀事七種》鈔本，半葉九行，行十九字。鈐「怡蘭堂書畫印」、「唐百川」等印記。

西洋番國志無卷數　明鞏珍撰　**二二三四三**

浙江巡撫採進本(總目)。○《浙江省第九次呈送書目》：「《西洋番國志》，明鞏珍著，一本。」○《浙江採集遺書總録》：「《西洋番國志》一册，寫本，明金陵鞏珍撰。」○北京圖書館藏清彭氏知聖道齋鈔本，作《西洋番國誌》一卷一册，半葉十行，行二十四字，白口，四周雙邊。版心下有「知聖道齋鈔校書籍」一行。清彭元瑞朱筆校。末有向達手跋：「鞏珍《西洋番國志》自彭氏知聖道齋著録以後，湮没無聞又歷百餘年，治鄭和下西洋歷史者以爲憾焉。中華人民解放後之第一年，余知周叔弢前輩藏知聖道齋抄本鞏氏原書，遂因哲嗣一良先生之介假歸録副，多年積想，一旦獲償，其欣慰之情可知也。近世藏書家大率錦鑲牙軸，閟不眎人。叔弢前輩藏書之富甲於北國，顧不如是。近且將以所藏善本獻諸國家，其卓識雅量高出時流遠矣。因亟將鞏氏書繳還，並誌數語，藉表欽遲之意云尔。一九五二年七月廿二日溆浦向達謹記於北京。」《存目叢書》據以影印。按：彭元瑞《知聖道齋讀書跋》卷一有短跋。○一九六一年中華書局排印向達校注本，即以知聖道齋鈔本爲底本。

瀛涯勝覽一卷　明馬歡撰　**二二三四四**

兩江總督採進本(總目)。○福建省圖書館藏明祁氏淡生堂鈔本，半葉十行，行二十字，藍格，白口，四周單邊。版心下印「淡生堂抄本」五字。前有永樂丙申馬歡序，正文末署「景泰辛未中秋望日會稽山樵馬歡述」一行。卷内鈐「澹生堂藏書記」、「山陰祁氏藏書之章」、「曠翁手識」、「子孫永珍」、「大通樓藏書印」等印記。《存目叢書》據以影印。○上海圖書館藏明鈔《國朝典故》本。○陝西圖書館藏明鈔《國朝典故》本。○北京圖書館藏明鈔《國朝典故》本，有三部。○臺灣「中央圖書館」藏明鈔《國朝典故》本。○明萬曆間鄧士龍江西刻《國朝典故》本，北京大學、南圖藏。○中科院圖書館藏明鈔《説集》本。○南京圖書館藏明鈔《藝海彙函》本。○明刻《廣百川學海》本，北圖、南圖等藏。○明刻《寶顏堂彙祕笈》本，北圖、復旦、中科院圖書館等藏。○民國十一年上海文明書局石印《寶顏堂祕笈》本。○明萬曆四十五年陳于廷刻《紀録彙編》本，北圖、上圖等藏。民國二十七年商務印書館影印陳于廷刻《紀録彙編》本。○明刻清順治三年宛委山堂印《説郛續》本。一九八八年上海古籍出版社《説郛三種》據以影印。○湖南圖書館藏清鈔本，清翁方綱校並跋，近人葉啟發跋。○清光緒九年山陰宋澤元懺華盦刻《勝朝遺事》二編本。○民國間南京國學圖書館鈔本，南圖藏。○民國二十四年商務印書館排印馮承鈞校釋本。一九五五年中華書局重印。○民國二十六年商務印書館《叢書集成初編》影印陳于廷刻《紀録彙編》本。○按：著者馬歡《總目》誤作馬觀，今改正。

朝鮮雜志一卷　舊本題明董越撰　二三四五

浙江范懋柱家天一閣藏本(總目)。○《浙江省第五次范懋柱家呈送書目》：「《朝鮮雜志》一卷，舊題明董越著，一本。」○《浙江採集遺書總録》：「《朝鮮雜志》一册，寫本，明南京工部尚書寧都董越撰。」○臺灣「中央圖書館」藏清乾隆三十八年范懋柱家天一閣進呈明鈔本一册，題「寧都董越尚矩著」。半葉九行，行二十字，藍格，白口，四周雙邊。首葉鈐「翰林院印」滿漢文大官印，書衣有「乾隆三十八年十一月浙江巡撫三寶送到范懋柱家藏朝鮮雜志壹部計書壹本」長方木記。即《存目》所據天一閣本也。又鈐「教經堂錢氏章」、「犀盦藏本」、「高世異圖書」、「世異印信」、「尚同讀書」、「尚同點勘」、「蒼茫齋所藏鈔本」、「高氏華陽國士祕笈子孫寶之」、「吴興劉氏嘉業堂藏」、「吴興張氏珍藏」、「希逸」等印記。民國三十年《玄覽堂叢書》據是本影印。《存目叢書》又據影印本影印。《嘉業堂藏書志》及臺灣「中央圖書館」《善本書志初稿》均著録。

海槎餘録一卷　明顧岕撰　**二三四六**

江蘇周厚堉家藏本（總目）。○《江蘇省第一次書目》：「《亦政堂意見》合《海槎餘録》一本。」（按：吴慰祖校訂《四庫採進書目》云：「原冠以『亦政堂意見合』六字，殊不可解，舊鈔本同，今姑删去。」考《意見》一卷，明陳于陛撰，陳繼儒輯入《亦政堂鐫陳眉公家藏廣祕笈》中，書名作《亦政堂訂正意見》。此江蘇呈本以二書合訂一本，故於兩書名間加「合」字。吴氏删前六字，誤。）○上海圖書館藏明嘉靖十八年至二十年顧元慶大石山房刻《顧氏明朝四十家小説》本，未題撰人，半葉十行，行十八字，白口，左右雙邊。末有牌記：「埭川顧氏刻梓家塾」。《存目叢書》據以影印。北圖、福建省圖、厦門大學亦藏是刻。○清宣統國學扶輪社排印《顧氏明朝四十家小説》本。○民國三年古今圖書局石印《顧氏明朝四十家小説》本。○明萬曆刻《亦政堂鐫陳眉公家藏廣祕笈》本，作《陳眉公訂正海槎餘録》一卷。北圖、中科院圖書館、復旦等藏。○民國十一年上海文明書局石印《寶顔堂祕笈》本。○明萬曆四十五年陳于廷刻《紀録彙編》本，北圖、上圖等藏。民國二十七年商務印書館影印陳氏刻《紀録彙編》本。○明刻《廣百川學海》本，北圖、北大、南圖等藏。○明刻清順治三年宛委山堂印《説郛續》本，在弓二十五。一九八八年上海古籍出版社《説郛三種》據以影印。○民國四年上海文明書局石印《説庫》本。

二三四七　日本考略一卷　明薛俊撰

浙江范懋柱家天一閣藏本(總目)。○《浙江省第五次范懋柱家呈送書目》：「《日本考略》一卷，明薛俊著，一本。」○《浙江採集遺書總録》：「《日本考略》一卷，刊本，明諸生定海薛俊撰。」○無錫市圖書館藏明嘉靖九年王文光刻本，作《日本國考略》一卷《補遺》一卷，明薛俊撰，王文光增補。半葉十行，行十九字，白口，左右雙邊。○北京圖書館藏明鈔《國朝典故》本，《日本國考略》一卷題「梓山宗正老儒薛俊纂述，文林郎知定海縣事金陵王文光增補重刊」。又《補遺》一卷未題撰人。半葉九行，行十六字，藍格，白口，四周單邊。包背裝。《存目叢書》據以影印。北圖又藏一部明藍格鈔《國朝典故》本，半葉九行，行二十二字，白口，四周雙邊。○上海圖書館藏明鈔《國朝典故》本。○陝西省圖藏明鈔《國朝典故》本。○臺灣「中央圖書館」藏明鈔《國朝典故》本。○明萬曆間鄧士龍江西刻《國朝典故》本，作《日本考略》一卷，北大、南圖藏。○上海圖書館藏明藍格鈔《明鈔五種》本，作《日本國考略》。○臺灣「中央圖書館」藏清南昌彭氏知聖道齋鈔本，作《日本國考略》一卷一册，題「薛俊纂述」。半葉十行，行二十四字，白口，四周雙邊。版心下印「知聖道齋鈔校書籍」二行。鈐有「常熟翁同龢藏本」印記。(見該館《善本書志初稿》)○清道光十一年長白榮氏刻本，《得月簃叢書》

之一。○民國二十五年商務印書館據《得月簃叢書》本排印，收入《叢書集成初編》。○民國間國學圖書館鈔《得月簃叢書》本一册，南圖藏。○鈔本，臺灣「國防研究院」藏。

二三四八 日本圖纂一卷 明鄭若曾撰

浙江范懋柱家天一閣藏本（總目）。○《浙江省第五次范懋柱家呈送書目》：「《日本圖纂》一卷，明鄭若曾著，一本。」○《江蘇省第一次書目》：「《日本圖纂》一本。」○《江蘇採輯遺書目録》：「《日本圖纂》一册，明崑山鄭若曾著，刊本。」○《山東巡撫呈送第一次書目》：「《日本圖纂》一本。」○北京圖書館藏明鈔本一册，半葉九行，行字不等，無格。清翁同龢跋。○清康熙三十年鄭起泓刻本，《鄭開陽雜著》之一。半葉十行，行二十字，白口，四周雙邊。上圖、復旦藏。北圖有單本。○南京圖書館藏清鈔《鄭開陽雜著》本。民國二十一年南京國學圖書館影印清鈔《鄭開陽雜著》本。○清乾隆四庫館鈔《四庫全書·鄭開陽雜著》本。《景印文淵閣四庫全書·鄭開陽雜著》本。

二三四九 朝鮮圖説一卷 明鄭若曾撰

浙江范懋柱家天一閣藏本（總目）。○臺灣「中央圖書館」藏明萬曆間刻本一册，共十八葉。首葉爲萬曆二十八年庚子栝蒼李承勛序。次葉爲《朝鮮全圖》。以下依次爲一圖一文，先圖後説，共八圖八文。（見該館《善本書志初稿》）○清康熙三十七年鄭定遠刻本，《鄭開陽雜著》之一。上圖、復旦藏。北圖有兩部。○南京圖書館藏清鈔《鄭開陽雜著》本。民國二十一年南京國學圖書館陶風樓影印清鈔《鄭開陽雜著》本。○清乾隆四庫館鈔《四庫全書·鄭開陽雜著》本。《景印文淵閣四庫全書・鄭開陽雜著》本。

二三五〇　琉球圖説一卷　明鄭若曾撰

浙江范懋柱家天一閣藏本（總目）。○清康熙三十七年鄭定遠刻本，《鄭開陽雜著》之一。半葉十行，行二十字，白口，四周單邊。上圖、復旦、北圖藏。○南京圖書館藏清鈔《鄭開陽雜著》本。民國二十一年南京國學圖書館陶風樓影印清鈔《鄭開陽雜著》本。○清乾隆四庫館鈔《四庫全書・鄭開陽雜著》本。《景印文淵閣四庫全書・鄭開陽雜著》本。

二三五一　安南圖説一卷　明鄭若曾撰

浙江范懋柱家天一閣藏本（總目）。○清康熙三十七年鄭定遠刻本，《鄭開陽雜著》之一。半葉十行，行二十字，白口，四周單邊。上圖、復旦、北圖藏。○南京圖書館藏清鈔《鄭開陽雜著》本。民國二十一年南京國學圖書館陶風樓影印清鈔《鄭開陽雜著》本。○清乾隆四庫館鈔《四庫全書・鄭開陽雜著》本。《景印文淵閣四庫全書・鄭開陽雜著》本。

二三五二　西洋朝貢典録三卷　明黄省曾撰

江蘇巡撫採進本（總目）。○《江蘇省第一次書目》：「《西洋朝貢典録》一本。」○《江蘇採輯遺書目録》：「《西洋朝貢典録》三卷，明吴郡黄省曾著，抄本。」○上海圖書館藏清鈔本。○暨南大學藏清曾氏面城樓鈔本，題「吴郡黄曾省撰」（曾省二字誤倒）。半葉十行，行二十一字，無格。前有正德庚辰自序。有某氏録曾釗跋云：「揚州阮氏文選樓所藏，壬午余館廣州節署，借録之。」卷内鈐「面城樓藏書印」、「漱緑樓藏書印」、「紫雲青華硯齋」等印記。《存目叢書》據以影印。○清嘉慶十三年虞山張海鵬刻本，收入《借月山房彙鈔》第八集，中科院圖書館、浙圖藏。又收入《澤古齋重鈔》第七集，北圖分館、中科院圖書館、南圖、河南省圖藏。又收入《式古居彙鈔》，上圖藏。民國九年上海博古齋影印張氏刻《借月山房彙鈔》本。○清道光二十一年金山錢氏刻本，收入《指海》第三集。民國二十四年上海大東書局影印錢氏刻《指海》本。○清道光海昌蔣光煦刻《别下齋叢書》本。民國十二年商務印書館影印蔣氏刻《别下齋叢書》本。民國武林竹簡齋景印蔣氏刻《别下齋叢書》本。○清道光三十年南海伍崇曜刻本，收入《粤雅堂叢書》初編第三集。○民國上海進步書局石印《筆記小説大觀》第八輯本。

夷俗記一卷　明蕭大亨撰　**二三五三**

浙江鮑士恭家藏本（總目）。○北京圖書館藏明萬曆二十二年自刻本，正文首題「北虜風俗」，半葉九行，行二十字，白口，左右雙邊。前有萬曆二十二年甲午自序，缺首葉。正文後有《北虜世系》。卷内鈐「江安傅沅叔攷藏善本」、「雙鑑樓珍藏印」等印記。《存目叢書》據以影印。○明萬曆刻《寶顔堂續祕笈》本，作《大司寇蕭岳峯公夷俗記》一卷，北圖、中科院圖書館、復旦等藏。○民國十一年上海文明書局石印《寶顔堂祕笈》本。○明刻《廣百川學海》乙集本，北圖、南圖、浙圖等藏。○明刻清順治三年宛委山堂印《説郛續》本，在弓十一。一九八八年上海古籍出版社《説郛三種》據以影印。○一九八七年遼寧大學出版社排印崔春華校注本，作《夷俗記校注》。

二三五四

朝鮮國志一卷　不著撰人名氏

浙江范懋柱家天一閣藏本(總目)。○《浙江省第五次范懋柱家呈送書目》:「《朝鮮志》二卷,明蘇贊成著,一本。」○《浙江採集遺書總録》:「《朝鮮志》二卷,寫本,明朝鮮蘇贊成撰。」○《兩淮鹽政李呈送書目》:「《朝鮮國志》一本。」○南京圖書館藏明萬曆刻本,正文首行題「輶軒録」,次行題「朝鮮國誌」,不題撰人。半葉九行,行十八字,白口,左右雙邊。前有萬曆十一年朝鮮鄭惟吉《皇華集序》,非爲此書作也。卷内鈐「淳溪老屋」、「庭芬讀過」、「曾在海昌管庭芬芷湘處」、「錢唐丁氏正修堂藏書」、「光緒辛巳所得」、「曾藏八千卷樓」、「四庫坿存」等印記。封皮有管庭芬手跋:「此書明檇李黄太史楙忠使朝鮮歸所輯《輶軒録》之第一種也,後附《皇華集》三卷已佚去矣。憶道光戊戌之夏謁周竹泉夫子於洛漢講舍,命芬檢插架故籍,即舉此以賜,已寒暑六易矣。今春夫子痛歸道山,偶檢故册,爲之泫然。未敢以蠹簡棄去,因重爲裝治而什襲之。時癸卯清和中浣芷湘管庭芬誌。」按:明黄洪憲《朝鮮國紀》載《學海類編》中,《四庫存目》入載記類,所記乃「傳受次序及興廢大要」,内容與南圖此本迥殊。南圖是本與此地理類不著撰人名氏之《朝鮮國志》書名、卷數、内容全合,知係其書無疑。管庭芬指爲黄洪憲(字懋忠)作,疑誤。《中國古籍善本書目》著録是本作「明黄洪憲撰」,亦沿管庭芬之説。○《藏園群書經眼録》:「《朝鮮國志》一卷,舊寫本,九行二十字。前朝鮮略記二葉,後即列舉京都名勝、風俗、山川、古跡等,亦地志之屬也。鈐有兩淮鹽政送書木記及翰林院官印。(丙子九月閲)」○北京圖書館藏清諸城劉氏嘉蔭簃鈔本,作《朝鮮誌》二卷。上卷記京都、風俗、古都、古蹟，下卷山川，内容與《提要》合，唯此本析山川一門爲下卷耳。又附《箕田考》一卷，《提要》未言及。此本共一册，半葉九行，行二十四字，藍格，白口，四周單邊。版心有「嘉蔭簃寫書」五字。卷内鈐「嘉蔭簃藏書印」、「喜海」等印記。《存目叢書》據以影印。按：此本書名、卷數與天一閣進呈本合，《存目》所録則與兩淮呈本合，疑《存目》所據爲兩淮本，而誤注爲天一閣藏本也。○北京圖書館藏明鈔本，作《朝鮮誌》不分卷一册，首尾殘缺。○按：天一閣進呈《朝鮮志》二卷一本，《四庫全書》已據以入録，其書卷上京都、風俗、古都、古蹟，卷下山川、樓臺，凡六門。檢天一閣進呈目，别無《朝鮮國志》一卷。另據《存目》提要，此一卷本僅存京都、風俗、山川、古都、古蹟五門。與前本相校，當係同書之别本，少樓臺一門耳。《藏園經眼録》所載兩淮呈本，「山川」在「風俗」後，書名、卷數、門目亦與《存目》合，顯係《存目》所據。則《存目》注云天一閣藏本，未確。

東夷圖説二卷嶺海異聞一卷續聞一卷　明蔡汝賢撰　二三五五

浙江吴玉墀家藏本（總目）。○《浙江省第四次吴玉墀家呈送書目》：「《東南夷圖説》、《象圖》、《嶺海異聞》、《續聞》，明蔡汝賢著，一本。」○《浙江採集遺書總録》：「《東夷圖説》一卷《圖像》一卷《嶺海異聞》一卷《續聞》一卷，曝書亭藏刊本，明東海蔡汝賢撰。」○北京圖書館藏明萬曆刻本，《東夷圖像》一卷《東夷圖説》一卷《嶺海異聞》一卷《嶺海續聞》一卷。半葉九行，行十八字，白口，四周雙邊。《東夷圖總説》署「萬曆丙戌孟冬日東海蔡汝賢書」。《存目叢書》據以影印。北圖另藏一部，同版。

四川土夷考四卷　明譚希思撰　**一二三五六**

浙江汪汝瑮家藏本(總目)。〇《浙江省第四次汪汝瑮家呈送書目》:「《四川土夷考》四卷,明譚希思著,四本。」〇《浙江採集遺書總録》:「《四川土夷考》四卷,刊本,明巡撫茶陵譚希思撰。」〇原北平圖書館藏明萬曆刻本,殘存第三卷第二葉至第五十一葉一册,半葉九行,行十八字(見王重民《善本提要補編》)。是册現存臺北「故宫博物院」。〇雲南省圖藏鈔本,所存與前本同,即從前本録出者。

日本考五卷　明李言恭、都杰同撰　**一二三五七**

浙江鮑士恭家藏本(總目)。〇《浙江省第四次鮑士恭呈送書目》:「《日本考》五卷,明李言恭、郝杰同著,四本。」〇《浙江採集遺書總録》:「《日本考》五卷,刊本,明少保李言恭、右都御史郝杰同撰。」〇原北平圖書館藏明萬曆刻本,題「總督京營戎政少保兼太子太保臨淮侯李言恭、協理京營戎政都察院右都御史兼兵部右侍郎郝杰考梓」。無序跋。目録首葉鈐「翰林院印」滿漢文大官印。民國二十六年商務印書館據以影印,《國立北平圖書館善本叢書》之一,有謝國楨跋。《存目叢書》又據商務本影印。按:原書現存臺北「故宫博物院」。王重民《善本提要補編》著録,謂「封面戳記不明,以《四庫總目》徵之,原爲鮑士恭家舊藏,浙撫三寶奏進者也」。又謂巴黎國家圖書館亦藏一部,完全無缺,北平本則有缺葉。王重民《善本提要》另著録北京大學藏是刻殘本,存卷一至卷三共二册。〇按:是書第二撰人郝杰,《總目》誤作都杰。殿本《總目》、進呈目不誤。

二二三五八

咸賓録八卷　明羅曰褧撰

浙江鮑士恭家藏本（總目）。○《浙江省第四次鮑士恭呈送書目》：「《咸賓録》八卷，明羅曰褧著，二本。」○《浙江採集遺書總録》：「《咸賓録》八卷，刊本，明豫章羅曰褧撰。」○山東省圖書館藏明萬曆十九年劉一焜刻本，正文首行題「咸賓録北虜卷之一」，次題「明豫章羅曰褧尚之父著」。半葉十行，行二十字，白口，左右雙邊。版心題「咸賓録」。前有萬曆十九年辛卯劉一焜序云：「授之剞劂，傳之博雅。」次凡例，目録，引用書目，引用外夷姓氏。卷末或記寫工刻工：吴郡錢世傑書、熊昇三刊（卷一末）；錢世傑寫、姜伯勝刊（卷七末）；錢世傑寫、鄒邦傑刊（卷八末）。卷内鈐「山東省立圖書館點收海源閣書籍之章」印記。《存目叢書》據以影印。北圖、美國國會圖書館亦藏是刻。○大連圖書館藏清鈔本八册。○日本静嘉堂文庫藏鈔本。王重民曰「缺劉序」。○民國六年南昌刻本，胡思敬輯《豫章叢書》之一，附魏元曠《校勘記》二卷、胡思敬《校勘續記》一卷，又胡思敬跋。王重民謂此據千頃堂藏明鈔本翻刻，千頃堂本又從萬曆本出，唯原缺劉序及正文末一葉，無從鈔補。（參王氏《善本提要》本條）

二二三五九

別本坤輿外紀一卷　舊本題國朝南懷仁撰

大學士英廉購進本（總目）。○《提要》云：「載吴震方《説鈴》前集中。案懷仁《坤輿外紀》别有全本，已著於録。此本摘録其文，併删其圖説，乃叢書之節本。」○清康熙四十一年刻《説鈴》前集本。○清乾隆五十九年石門馬氏大酉山房刻《龍威祕書》第七集《吴氏説鈴攬勝》本。○清道光五年聚秀堂刻《説鈴》本。○清同治七年序刻《藝苑捃華·説鈴》本。○民國二十六年商務印書館《叢書集成初編》據《龍威祕書》本影印。

西方要紀一卷　國朝西洋人利類思、安文思、南懷仁等撰　二三六〇

編修程晉芳家藏本(總目)。○清康熙三十六年刻《昭代叢書》甲集第四帙本,題「泰西利類思、安文思、南懷仁著」。《存目叢書》據清華大學藏本影印。○清道光十三年吴江沈氏世楷堂刻《昭代叢書》甲集第四帙本。○清道光十一年六安晁氏木活字印《學海類編》本。民國九年商務印書館影印晁氏木活字《學海類編》本。○清光緒十七年上海著易堂排印《小方壺齋輿地叢鈔》第十一帙本。○民國二十五年商務印書館《叢書集成初編》據《學海類編》本排印本。

洱海叢談一卷　國朝釋同揆撰　二三六一

浙江巡撫採進本(總目)。○《浙江省第十二次呈送書目》:「《洱海叢談》一卷,國朝釋同揆著,一本。」○《浙江採集遺書總録》:「《洱海叢談》一卷,刊本,國朝釋同揆撰。」○清道光十三年吴江沈氏世楷堂刻《昭代叢書》戊集續編本,題「寒溪釋同揆輪庵著」,半葉九行,行二十字,白口,左右雙邊。版心刻「世楷堂藏板」五字。前有康熙二十七年戊辰同揆序,後有壬寅楊復吉跋。《存目叢書》據山西大學藏本影印。○清光緒十七年上海著易堂排印《小方壺齋輿地叢鈔》本。

八紘譯史四卷紀餘四卷　國朝陸次雲撰　二三六二

江蘇巡撫採進本(總目)。○《江蘇省第一次書目》:「《八紘譯史》一本。」○《江蘇採輯遺書目

録》：「《八紘譯史》四卷附《荒史》一卷，清江陰縣知縣錢唐陸次雲著。」○《安徽省呈送書目》：「《八紘繹史》四本。」○遼寧省圖書館藏清康熙二十二年宛羽齋刻《陸雲士雜著》本，作《八紘譯史》四卷《譯史紀餘》四卷。卷一題「錢塘陸次雲雲士著，受業趙臣瑗毅菴校，曹沅鄰湘訂」，各卷校訂者不同。半葉九行，行十九字，白口，左右雙邊。《存目叢書》據以影印。北圖、上圖等亦有是刻。○清乾隆五十九年石門馬氏大酉山房刻《龍威祕書》第九集《荒外奇書》本。○清道光十三年吴江沈氏世楷堂刻《昭代叢書》丁集本，僅《譯史紀餘》一卷。○清同治七年序刻《藝苑捃華》本，僅《八紘譯史》三卷。○民國二十八年商務印書館據《龍威祕書》本排印《八紘譯史》四卷，民國二十五年據《龍威祕書》本影印《譯史紀餘》四卷，均收入《叢書集成初編》。○民國四年上海文明書局石印《説庫》本，僅《八紘譯史》四卷。

八紘荒史一卷　國朝陸次雲撰　**二三六三**

江蘇巡撫採進本（總目）。○遼寧省圖書館藏清康熙二十二年宛羽齋刻《陸雲士雜著》本，行款版式參前條。《存目叢書》據以影印。○清乾隆五十九年石門馬氏大酉山房刻《龍威祕書》第九集《荒外奇書》本。○民國四年上海文明書局石印《説庫》本。○民國二十五年商務印書館《叢書集成初編》據《龍威祕書》本影印本。

峒谿纖志三卷志餘一卷　國朝陸次雲撰　**二三六四**

大學士英廉家藏本（總目）。○《江蘇省第一次書目》：「《峒谿纖志》一本。」○《江蘇採輯遺書目録》:「《峒谿纖志》三卷,清江陰縣知縣錢唐陸次雲著。」○遼寧省圖書館藏清康熙二十二年宛羽齋刻《陸雲士雜著》本,作《峒谿纖志》三卷《纖志志餘》一卷。題「錢塘陸次雲雲士著,蓉江朱廷鉉近菴校,受業曹沅鄰湘訂」。前有自序。《存目叢書》據以影印。○清康熙四十一年刻《説鈴》前集本,作《峒谿纖志》一卷。○清乾隆五十九年石門馬氏大酉山房刻《龍威祕書》第七集《吴氏説鈴攬勝》本,同前本。○清道光五年聚秀堂刻《説鈴》本。○清同治七年序刻《藝苑捃華·説鈴》本,同前本。○清光緒十七年上海著易堂排印《小方壺齋輿地叢鈔》本,作《峒谿纖志》一卷。○清鈔何秋濤編《邊輿紀略匯鈔》本,作《峒谿纖志》一卷,上圖藏。○清道光十三年吴江沈氏世楷堂刻《昭代叢書》丙集本,僅《峒谿纖志志餘》一卷。○清光緒三十四年新昌胡思敬京師排印《問影樓輿地叢書》第一集本,作《峒谿纖志》三卷。○民國二十八年商務印書館《叢書集成初編》據《問影樓輿地叢書》本排印本。

安南紀游一卷　國朝潘鼎珪撰　二三六五

大學士英廉家藏本(總目)。○清康熙四十一年刻《説鈴》前集本,題「晉江潘鼎珪子登著」。《存目叢書》據北京師大藏本影印。○清乾隆五十九年石門馬氏大酉山房刻《龍威祕書》第七集《吴氏説鈴攬勝》本。○清道光五年聚秀堂刻《説鈴》前集本。○清光緒十七年上海著易堂排印《小方壺齋輿地叢鈔》第十帙本。○清宣統三年上海國學扶輪社排印《古今説部叢書》第六集本。○民國二十六年商務印書館據《龍威祕書》本排印,收入《叢書集成初編》。

海外紀事六卷　國朝釋大汕撰　二三六六

浙江巡撫採進本（總目）。○《浙江省第六次呈送書目》：「《海外紀事》六卷，國朝釋大汕著，二本。」○《浙江採集遺書總録》：「《海外紀事》六卷，刊本，國朝釋大汕撰。」○上海圖書館藏清康熙寶鏡堂刻本，題「嶺南長壽石頭陀大汕厂翁譔，記室弟子興雒較訂，隨杖侍者界如、界培編集」。半葉九行，行十九字，黑口，四周單邊。前有丙子大越國王阮福凋叙。書附《離六堂集》後。《存目叢書》據以影印。山西文物局藏是刻有傅增湘跋。臺灣「中央圖書館」亦藏一部。北圖藏一部多缺葉，前有摩西手跋。○民國上海進步書局石印《筆記小説大觀》第六輯本。

連陽八排風土記八卷　國朝李來章撰　二三六七

浙江巡撫採進本（總目）。○《浙江省第六次呈送書目》：「《連陽八排風土記》二本。」○《浙江採集遺書總録》：「《連陽八排風土記》八卷，刊本，國朝河南李來章撰。」○中央民族大學藏清康熙四十七年刻本，題「天中禮山李來章」。半葉九行，行二十字，黑口，左右雙邊。前有康熙四十七年自序。末附序文若干，有乾隆增刻，字體版式不同。《存目叢書》據以影印。北圖、上圖、江西省圖等亦藏是刻。又清康熙刻乾隆印《禮山園全集》本當亦同版，南圖、復旦等藏。一九六七年臺北成文出版社《中國方志叢書》本亦據是刻影印。○清光緒十七年上海著易堂排印《小方壺齋輿地叢鈔》第八帙本，一卷。○一九九〇年中山大學出版社排印校注本，《嶺南叢書》之一。

中山傳信録六卷　國朝徐葆光撰　**二三六八**

兩淮馬裕家藏本（總目）。○天津圖書館藏清康熙六十年刻本，題「册封琉球國王副使賜正一品麟蟒服翰林院編修加二級臣徐葆光纂」。半葉九行，行二十一字，黑口，左右雙邊。前有康熙六十年汪士鋐序，康熙六十年徐葆光序。《存目叢書》據以影印。北圖、上圖、南圖等藏。○日本明和三年（清乾隆三十一年）平安蘭園刻本，中央民大、遼寧省圖藏。○日本天保十一年（清道光二十年）星文堂刻本，北京師大、遼寧省圖、日本静嘉堂文庫藏。○清道光二十三年琴川鄭氏青玉山房刻《舟車所至》本，一卷。北圖、上圖等藏。○清光緒十七年上海著易堂刻《小方壺齋輿地叢鈔》第十帙本。

楚南苗志六卷　國朝段汝霖撰　**二三六九**

湖北巡撫採進本（總目）。○《湖北巡撫呈送第一次書目》：「《楚南苗志》六本。」○《兩江第一次書目》：「《楚南苗志》，江寧程致生著，八本，抄本。」按：吴慰祖校訂《四庫採進書目》改爲「漢陽段汝霖著」。○北京圖書館藏清乾隆二十三年刻本，封面刻「乾隆二十三年鐫」、「漢陽段汝霖時齋纂述」。目録題「湖廣湖北漢陽梅亭氏段汝霖著輯」。半葉八行，行二十二字，白口，四周雙邊。前有乾隆十六年楊錫紱序，乾隆十七年周人驥序，乾隆三十一年龔學海序，乾隆二十二年自序。《存目叢書》據以影印。

右外紀之屬

四庫存目標注卷二十八

滕州　杜澤遜　撰

史部十七

職官類

歷代銓政要略一卷　舊本題宋楊億撰　二三七〇

編修程晉芳家藏本（總目）。〇清道光十一年六安晁氏木活字印《學海類編》本。民國九年商務印書館影印晁氏木活字《學海類編》本。按：《提要》云：「惟曹溶《學海類編》收之，細核其文，乃《册府元龜》銓政一門總序也。」〇北京圖書館藏清鈔《雜鈔二十種》本。

太常沿革二卷　元任栻撰　二三七一

永樂大典本（總目）。

南臺備要二卷　元劉孟保等撰　二三七二

永樂大典本（總目）。〇此書載《永樂大典》卷二千六百十至二千六百十一，共一册，明内府鈔本，現藏日本東洋文庫。民國五年江安傅增湘嘗予影印，紙墨裝潢一依原式，有傅增湘跋。中華書局影印《永樂大典》亦收有此册。

官職會通二卷　明魏校撰　二三七三

安徽巡撫採進本（總目）。〇明嘉靖王道行刻《莊渠先生遺書》本，北大、上圖藏。

南廱志二十四卷　明黄佐撰　二三七四

浙江汪啟淑家藏本（總目）。〇《浙江省第四次汪啟淑家呈送書目》：「《南雍志》二十四卷，明黄佐著，十本。」〇《浙江採集遺書總録》：「《南雍志》二十四卷，刊本，明南京祭酒南海黄佐撰。」〇南京圖書館藏明嘉靖二十三年刻隆慶萬曆天啟增修本，半葉十行，行二十字，白口，四周雙邊。前有嘉靖二十三年黄佐序云：「諸生以姚讓故事，各競梓之。」次景泰七年吴節序，凡例，引用書目。目録後有嘉靖二十八年己酉李默識語。版心記寫工刻工：沈榮、刘丙、吴介、胡江、刘序、吴憲、晏九、王用、文四、吴山、吴福、王兵、姚恩寫、王乾、胡桂、吴鑾、刘拱、易諫、吴升、趙聖、彭柯、刘旋、吴春、刘琦、王本刊、王舜、段蓁、王倫、葉松、禾七、刘璇、吴重、易賛、蔡棖、付耀、文六、彭亦、彭中、吴都寫、王和刊、刘信刊、張宗乾、温厚、趙七、劉佑等。卷内鈐「蔡綸書印」、「緯卿」、「錢唐丁氏藏書」、「八千卷樓」、「四庫坿存」等印記。有清蔡綸書識語：「光緒元年八月於書肆中購得，亟爲裝訂，惜首卷爲人塗抹，殊可恨也。浙西蔡綸書識。」又丁復丁手跋：「右明黄佐《南廱志》二十四卷爲蔡氏舊藏，蔡氏爲吾杭巨族，科第蟬聯，至今不絶。此册爲緯卿先生服官粤東時所得，有光緒元年識語。不知何時流落肆中，壬辰春日得見于珠寶巷之修本堂，亟購歸藏諸八千卷樓，並録《四庫提要》及朱述之先生跋語于卷端，以見大畧。丁復丁記。」壬辰爲光緒十八年。又《四庫提要》本條、朱緒曾跋，皆丁復丁手録，朱跋録自《開有益齋集》。書前又有丁丙跋，即其《藏書志》本條原稿。《中國古籍善本書目》著録是刻，但云「清丁丙、朱緒曾跋」，未及蔡綸書、丁復丁兩跋，且朱跋亦未注明係丁復丁手録，不無疏漏。民國二十年江蘇省立國學圖書館據是本影印，有柳詒徵影印跋。《存目叢書》又據影印本影印。天一閣有是刻原印本，殘存卷一至卷十二、卷十五至卷二十三。南圖又有是刻隆慶增修本。南大有是刻隆慶萬曆增刻本。〇原北平圖書館藏紅格鈔本全十六册，半葉十行，行二十字。鈐有「國子監印」、「民國七年由清監移藏圖書館」等印記。第一册末記：「道光三年秋七月國子監典簿葉志詵借抄一份。」又記：「光緒二十九年冬十一月國子祭酒毓隆借抄一份，三十年正月繳還。」有自序、吴節序、李默序。現存臺北「故宫博物院」。（見王重民《善本提要補編》、臺灣《中央圖書館善本書目》）

虔臺志十二卷　明蕭根等撰　　**二三七五**

浙江范懋柱家天一閣藏本（總目）。〇《浙江省第五次范懋柱家呈送書目》：「《虔臺志》十二卷，明唐胄等輯，三本。」〇《浙江採集遺書總録》：「《虔臺志》十二卷，刊本，明嘉靖十二年副都御史唐胄等輯。」

吕梁洪志一卷　明馮世雍撰　**二三七六**

户部尚書王際華家藏本(總目)。○《總裁王交出書目》:「《金聲玉振》十本。」内有此書。按:《浙江省第四次汪啟淑家呈送書目》:「《吕梁洪志》九卷,明王應時輯,三本。」又《浙江採集遺書總録》:「《吕梁洪志》九卷,刊本,明主事晉安王應時輯。」《總目》未載。○明嘉靖二十九至三十年吴郡袁褧嘉趣堂刻《金聲玉振集》本,半葉十行,行十八字,白口,左右雙邊。末有識語:「馮子所撰凡八篇,余采其六篇付刻之,取其要也。嘉靖庚戌夏五謝湖隨筆。」袁褧號謝湖居士,庚戌爲嘉靖二十九年。《存目叢書》據首都圖書館藏本影印。北圖、上圖等多有是刻。一九五九年中國書店影印明刻《金聲玉振集》本。

鄖臺志略九卷　明徐桂撰　**二三七七**

浙江范懋柱家天一閣藏本(總目)。○《浙江省第五次范懋柱家呈送書目》:「《鄖臺志》四本。」○《浙江採集遺書總録》:「《鄖臺志》九卷,刊本,明巡撫慈谿葉熙修,參議張緒纂。」

虔臺續志五卷　明陳燦撰　**二三七八**

浙江范懋柱家天一閣藏本(總目)。○《浙江省第五次范懋柱家呈送書目》:「《虔臺續志》五卷,明談愷修,陳燦著,三本。」○《浙江採集遺書總録》:「《虔臺續志》五卷,刊本,明巡撫談愷撰。」

南京太常寺志十三卷　明汪宗元撰　二三七九

浙江巡撫採進本(總目)。○《浙江省第十次呈送書目》:「《南京太常寺志》十三卷,明汪宗元著,六本。」○《浙江採集遺書總録》:「《南京太常寺志》十三卷,刊本,明副都御史崇陽王宗元撰。」按:王當作汪。○天一閣文管所藏明嘉靖二十九年刻本,存卷一卷二共一册。半葉十行,行二十四字,白口,四周單邊。蟲蛀殘破。

南京太僕寺志十一卷　明雷禮撰　二三八〇

浙江巡撫採進本(總目)。○《浙江省第十次呈送書目》:「《南京太僕寺志》十一卷,明余允緒著,二本。」○《浙江採集遺書總録》:「《南京太僕寺志》十一卷,刊本,明侍郎應城余允緒撰。」○《提要》云:「兹本祇十一卷,草場以下全佚,非完書矣。」○南京圖書館藏明嘉靖刻本,十六卷完好無損。半葉九行,行二十一字,白口,四周雙邊。前有嘉靖三十年辛亥戚賢序,嘉靖三十一年壬子章焕序。末有某氏後序。刊刻頗精,印本清朗,殊可寶貴。卷内鈐「八千卷樓藏書之記」、「嘉惠堂丁氏藏書之記」、「八千卷樓」、「四庫坿存」、「光緒庚寅嘉惠堂所得」等印記。前有丁丙跋,即其《藏書志》本條原稿。《存目叢書》據是本影印。天一閣文管所藏是刻殘本,存卷一至卷十一共二册,駱兆平《新編天一閣書目》著録爲「明余胤緒、雷禮撰,明嘉靖三十年刻本。」

太僕寺志十四卷　明顧存仁撰　二三八一

浙江巡撫採進本(總目)。○《浙江省第十次呈送書目》:「《太僕寺志》十四卷,明顧存仁著,五本。」○《浙江採集遺書總録》：「《太僕寺志》十四卷，刊本，明太僕寺卿太倉顧存仁撰。」

浙省分署紀事本末六卷　明茅坤撰　**二三八二**

兩淮鹽政採進本(總目)。○《兩淮鹽政李續呈送書目》：「《浙省分署紀事本末》六卷，明茅坤，二本。」

留臺雜記八卷　明符驗撰　**二三八三**

兩淮鹽政採進本(總目)。○《兩淮鹽政李續呈送書目》：「《留臺雜記》八卷，明符驗，六本。」○天一閣文管所藏明萬曆三十一年刻本，殘存卷一至卷六共三册。題「巡按直隸監察御史符驗輯」。半葉十行，行二十三字，白口，四周雙邊。前有嘉靖二十一年壬寅符驗序。書中記事至萬曆九年。卷五有注云：「癸卯年重校增刻。」原定爲萬曆三十一年刻，當即以此癸卯爲萬曆三十一年也。按：是本記事止於萬曆九年，且職官表於隆、萬兩朝往往增出葉碼，如卷五第三葉後增「又三」，六葉後增「又六」，十四葉、十七葉後增「又十四」、「又十七」。卷六第十一、三十三、五十八葉後增「又十一」、「又三十三」、「又五十八」、「後五十八」。皆刊成後增刻之明證。然則是本仍係嘉靖二十一年刻版，所謂「癸卯年重校增刻」當指嘉靖二十二年，其後隆慶、萬曆間遞有增刻，非萬曆三十一年重刊也。設爲三十一年刊，則記事當不止於萬曆九年。

南京吏部志十五卷　明汪宗伊撰　**二三八四**

浙江巡撫採進本(總目)。○《浙江省第十二次呈送書目》：「《南京吏部志》十五卷，明汪宗伊輯，四本。」○《浙江採集遺書總録》：「《南京吏部志》十五卷，刊本，明文選郎中汪宗伊撰。」○按：汪書未見。臺灣「中央圖書館」有明天啟二年刻王逢年重修《南京吏部志》二十卷二十四册，係據汪志重修者，有天啟二年孫瑋序，隆慶五年汪宗伊原序，天啟二年王逢年跋。王跋云：「逢年補佚增新，共爲二十卷，較舊不啻倍之。」

吏部職掌無卷數　明黄養蒙撰　方九功、王篆續修　二三八五

兩淮馬裕家藏本（總目）。○《兩淮商人馬裕家呈送書目》：「《吏部職掌》未分卷，明張瀚，八本。」○北京圖書館藏明嘉靖刻本不分卷四册，半葉十行，行二十二字，下黑口，四周雙邊。包背裝。僅「文選清吏司」、「考功司」兩司。明李默、黄養蒙删定。○臺灣「中央圖書館」藏明萬曆二年刻本不分卷十二册，半葉十行，行二十二字，花口，單黑魚尾，四周雙邊。分文選清吏司、考功清吏司、驗封清吏司、稽勳清吏司四司，司下分科。稍有殘缺。前有萬曆二年十月吏部尚書仁和張瀚序，嘉靖三十年孟秋建安李默題語。李默云：「吏部舊傳職掌，多至十餘册，少者復才十二三，皆不知爲何人所輯。……兹叨掌部事，得偏考諸司故籍，與其因革損益之端，遂屬黄稽勳養蒙、李驗封棟、楊考功載鳴、萬文選寀，相與删定，以爲此編。」知嘉靖三十年本係李默、黄養蒙、李棟、楊載鳴、萬寀五人據舊本重編而成。原本當分四司，北圖本僅有其半。張瀚序云：「諸集始于黄考功養蒙，再輯于王文選篆，成于今考功方九功。余承乏之明年，謄刻既竣，漫識其端。」知嘉靖三十年本以後，王篆、方九功又先後增修，萬曆二年刻本成於方九功手。卷内鈐「吴興劉氏嘉業堂藏書印」等印記。（參該

館《善本書志初稿》、《善本序跋集録》)○上海圖書館藏明萬曆刻本不分卷十册,四司俱全。首行題「吏部志」,次行題「職掌」。封皮簽題「吏部職掌」。各司前有目録,題「職掌目録」。前有序云:「同四司諸當事,括綜累朝,斟酌近事,重加修明。」卷内鈐「萬廉隅室藏書」印記。《存目叢書》據以影印。○北京大學藏明刻本不分卷,四司俱全。

念初堂集十二卷　不著撰人名氏　二三八六

江西巡撫採進本(總目)。《江西巡撫海第四次呈送書目》:「《念初堂集》一套十本。」○《提要》云:「首題『念初堂集』,其書則志太學之略也。按鄧元錫《函史》下編載嘉靖間王祭酒材官司業時,考稽典訓,作《太學志》六編,編爲之序,序各有志,竝鈔撮其略云云。蓋即是書也。書列典制、謨訓、禮樂、政事、論議、人材六門,門各分上下二卷。」○按:北京大學藏《念初堂集》三十卷十册,明王材撰,乾隆三十八年從六世孫學傳等重刻本。其卷七有《太學志》小序六篇。卷二十六爲《太學志略》十二篇。與鄧元錫《函史》合,知即王材撰也。據《函史》所載,王材著有《太學志》六篇,每篇有序,同時各篇又「鈔撮其略」。館臣所見既爲《念初堂集》内「志太學之略」者,當即《太學志略》十二篇,亦即《函史》所謂「鈔撮其略」者。十二篇乃六篇各分上下而成。○王材《太學志》六篇館臣未見,檢《四庫採進書目》不載,蓋當時採集未得也。唯各家著録尚不稀見。其書作《皇明太學志》十二卷,明嘉靖三十六年刻隆慶萬曆遞修本,半葉十行,行二十一字,白口,四周雙邊。北圖、清華、南圖、南大、臺灣「中央圖書館」、美國國會圖書館等有藏。有嘉靖三十六年五月八日國子監祭酒晉高平郭鎜序云：「鎜自乙卯春承命來司厥職，……因分任官屬，修其殘缺，復其湮微，釐正其居民侵没之跡，紀始末於册，以備重修考據之資。至秋八月，司業王公自南均來履其任，……因相與議增修之事。公慨然以裁定爲己任。當丁巳歲三月春和之際，分任所屬十員，各以類編其大略，而總裁筆削之宜公自任之。……曰典制、曰謨訓、曰禮樂、曰政事、曰論議、曰人材，分爲一十二卷。……鎜與公及廳堂合屬，各出柴薪俸金以補其費，而士之能書者亦爭先書之，甫三越月而遂告成功。」其六門之名，及門分上下二卷，均與《提要》合，知《函史》所載可信。至是，王材《太學志》十二卷、《太學志略》十二篇（館臣以篇爲一卷，故作十二卷）以及《太學志》小序六篇均可得而觀也。至《念初堂集》江西所呈一套十本，與北大本册數合，當係三十卷足本，自當入《總目》别類集，今《總目》僅以其中《太學志略》一卷十二篇入史部職官類，未知原因何如也。

公侯簿三卷　不著撰人名氏　**二三八七**

浙江范懋柱家天一閣藏本（總目）。〇《浙江省第五次范懋柱家呈送書目》：「《公侯簿》三卷，缺名著，三本。」〇《浙江採集遺書總録》：「《公侯簿》三册，寫本，不著撰人。」

詞林典故一卷附翰苑須知一卷　明張位撰　**二三八八**

浙江巡撫採進本（總目）。〇《浙江省第六次呈送書目》：「《翰林典故》一卷附《翰苑須知》一卷，明張位輯，二本。」〇《浙江採集遺書總録》：「《翰林典故》《翰苑須知》合一册，刊本，明張位輯。」〇北京圖書館藏明萬曆十四年張位刻本，作《詞林典故》一卷，半葉九行，行二十字，白口，四周單邊。前有萬曆十四年張位序云：「萬曆丙戌余承乏掌篆教習庶吉士，日坐玉署多暇，嘗輯《掌院題名》及《翰苑題名録》二書行矣。是時宗伯山陰朱公示余典故數條，因與同官學士東阿于公、南充陳公訪採現行事宜，得三十餘款，曰職掌，曰儀節，分門類載，遂成此編。復以就正於中堂老先生，再質諸詞林諸君子，謂可以存掌故也，遂梓而傳之。」東阿于公者，于慎行也。南充陳公，蓋指陳于陛。是書三人合輯也。《存目叢書》據以影印。臺灣中研院史語所有萬曆刻本，當係同版。

明功臣封爵考八卷　明鄭汝璧撰　**二三八九**

浙江范懋柱家天一閣藏本(總目)。○《浙江省第五次范懋柱家呈送書目》：「《皇朝功臣封爵考》八卷，明鄭汝璧輯，八本。」○《浙江採集遺書總録》：「《皇明功臣封爵考》八卷，刊本，明禮部郎中鄭汝璧輯。」○北京大學藏明萬曆刻本，作《皇明功臣封爵考》八卷。半葉十行，行二十字，白口，四周單邊。前有明萬曆丙子(四年)封部郎中鄭汝璧《凡例》七則，《凡例》後有同輯者列銜：「員外郎池浴德、徐元太、主事黄克念、徐一檟同校輯。」卷内鈐「廖嘉館印」、「木犀軒藏書」等印記。《存目叢書》據以影印。臺灣「中央圖書館」、臺灣中研院史語所均有是刻。北圖、上圖有殘帙。

館閣漫録無卷數　不著撰人名氏　**二三九〇**

浙江范懋柱家天一閣藏本(總目)。○《浙江省第五次范懋柱家呈送書目》：「《館閣漫録》不分卷，明張元忭著，六本。」○《浙江採集遺書總録》：「《館閣漫録》三册，天一閣寫本，明左諭德山陰張元忭撰。」○《總裁曹交出書目》：「《館閣漫録》六本。」○北京大學藏明不二齋刻本十卷，題「不二齋校梓」，無撰人名氏。半葉十行，行二十字，白口，四周雙邊。記事起洪武三十五年，止正德十六年。《提要》據《國史經籍志》定爲張元忭撰。王重民曰：「考《明史·藝文志》有元忭所撰《不二齋稿》十二卷，尤爲元忭所撰之明證。」（《善本提要》）按：張元忭隆慶五年進士，是書當輯刻於萬曆間。《存目叢書》據北大藏本影印。北圖、美國國會圖書館亦藏是刻。

掖垣人鑑十七卷附録一卷　明蕭彦撰　二三九一

兩淮鹽政採進本（總目）。○《兩淮鹽政李續呈送書目》：「《掖垣人鑑》十八卷，明蕭彦等，四本。」○臺灣「中央圖書館」藏明萬曆間原刻本十六卷附録一卷共八册。卷一爲官制沿革，卷二爲兩朝謨訓。卷三至卷九爲前集。卷十至卷十六爲後集。卷三題「户科都給事中宛陵蕭彦編次」，又同編、校正、同校共十三人。半葉十二行，行二十二字，白口，四周雙邊。前有萬曆十二年山東楊巍序。後有張學顔序，有「我皇上御極十二年」語，知亦作於萬曆十二年。卷十六後有附録一卷，係許讚《吏科題名記》等文。卷内鈐「明善堂覽書畫印記」、「安樂堂藏書記」、「吴興劉氏嘉業堂藏書印」、「劉承幹字貞一號翰怡」等印記（見該館《善本書志初稿》）。一九七〇年臺北文海出版社《明人文集叢刊》影印明萬曆十二年序刻本，當即據是本影印。《存目叢書》又據文海本影印。北圖有明末刻本十七卷附録一卷，殘存卷六至卷九、卷十四至卷十七及附録，共八册，行款同。臺灣中研院史語所《善本書目》著録「《掖垣人鑑》三十卷《補遺》一卷八册，明蕭彦撰，明末刊本」。未知異同。

職官志一卷附后紀妃嬪傳外戚傳三篇　不著撰人名氏 二三九二

副都御史黄登賢家藏本(總目)。○《都察院副都御史黄交出書目》：「《職官志》一本。」○《提要》云：「末附《后紀》稱史官楊繼禮撰。此書殆即繼禮史局殘本，偶留於世歟。」

楚臺記事七卷　明李天麟撰 二三九三

浙江汪啟淑家藏本(總目)。○《浙江省第四次汪啟淑家呈送書目》：「《楚臺記事》七卷，明李天麟著，八本。」○《浙江採集遺書總録》：「《楚臺記事》七卷，刊本，明監察御史順天李天麟撰。」○《江蘇省第一次書目》：「《楚臺紀事》八本。」○《江蘇採輯遺書目録》：「《楚臺紀事》八卷，明巡按御史直隸李天麟著，刊本。」

符司紀六卷　明劉日升撰 二三九四

副都御史黄登賢家藏本(總目)。《都察院副都御史黄交出書目》：「《符司記》，明劉日升，三本。」○《提要》云：「後有附録一卷，爲秦嘉楨所續輯。」

舊京詞林志六卷　明周應賓撰 二三九五

内府藏本(總目)。○《武英殿第二次書目》：「《舊京詞林志》二本。」○《兩淮鹽政李呈送書目》：「《舊京詞林志》六卷，明周應賓，三本。」○《浙江省第四次吴玉墀家呈送書目》：「《舊京詞林志》六卷，明周應賓著，三本。」○《浙江省第六次呈送書目》：「《舊京詞林志》六卷，明周應賓輯，三本。」○《浙江採集遺書總録》：「《舊京詞林志》六卷，刊本，明詹事府右春坊右諭德鄞縣周應賓撰。」○臺灣「中央圖書館」藏明萬曆二十五年原刻本六卷二册，半葉十行，行二十字，白口，左右雙邊。前有萬曆二十五年丁酉馮夢禎序。又萬曆二十五年自序云：「二司成秀水馮公、晉江黄公見之，遂命載書於木簡。」版心下記刻工：何鯨刻、戴惟孝、蔣昂刻、蔣時昂、朱仁刻、晏承、王志、吴有仁、有仁、林遇時、遇時、潘武刻、包礼、蔣世卿、易正文、戴式、張希、許可久、可久、楊文、陶仲等。卷内鈐「周氏家藏圖書」、「六一社主人」、「劉承幹字貞一號翰怡」、「吴興劉氏嘉業堂藏書印」、「吴興張氏珍藏」、「希逸」等印記。民國三十年《玄覽堂叢書》據以影印。《嘉業堂藏書志》、臺灣「中央圖書館」《善本書志初稿》著録。《存目叢書》據《玄覽堂叢書》本影印。

南京鴻臚寺志四卷　明桑學夔撰　二二三九六

江蘇周厚堉家藏本（總目）。○《江蘇省第一次書目》：「《南京鴻臚寺志》四本。」

官制備攷二卷　舊本題明李日華撰　二二三九七

浙江汪啟淑家藏本（總目）。○《浙江省第四次汪啟淑家呈送書目》：「《官制備攷》二卷，舊題明李日華著，一本。」○《浙江採集遺書總録》：「《官制備考》二卷，刊本，明太僕卿秀水李日華撰。」○清華大學藏明崇禎元年武林魯氏刻《四六全書》本，題「嘉禾李日華君實纂輯，錢江魯重民孔式補訂，古臨錢蔚起黼明較定」。半葉九行，行二十字，白口，四周單邊。《存目叢書》據以影印。北大、北師大、浙圖亦有是刻。○臺灣中研院史語所藏舊鈔本一册。○日本内閣文庫藏鈔本。

二三九八　續宋宰輔編年録二十六卷　明吕邦燿撰

安徽巡撫採進本(總目)。〇《安徽省呈送書目》:「《續宋宰輔編年録》十六本。」〇上海圖書館藏明天啟元年刻本,半葉十行,行二十字,白口,四周單邊。前有王舜鼎序,次列名:「明奉政大夫通政使司右參議都人吕邦燿編輯,舅氏蒙陰公鼐、館友上饒鄭以偉、會稽錢象坤、宜興吴宗達訂正。天啟元年仲秋朔日。」次凡例,次目録,次正文。卷内鈐「鵝城釣徒」等印。《存目叢書》據以影印。《藏園訂補郘亭知見傳本書目》著録傳增湘藏是刻一部十三册。王重民《善本提要》著録美國國會圖書館藏一部十六册。〇南京圖書館藏清鈔本四册。

二三九九　南京工部志十八卷　明朱長芳撰

兩淮鹽政採進本(總目)。〇《兩淮商人馬裕家呈送書目》:「《明南京工部志》十八卷十一本。」

二四〇〇　南京都察院志四十卷　明施沛撰

兩淮馬裕家藏本(總目)。〇《兩淮商人馬裕家呈送書目》:「《明南京都察院志》四十卷二十四本。」〇日本東京内閣文庫藏明天啟三年序刻本,半葉十行,行二十字,白口,四周雙邊。前有南京都察院掌院事兵部尚書東郡祁伯裕序,又明天啟三年癸亥三月望日户部尚書管南京都察院事河北王永光序云:「此志之刻也,於以重南臺,因以重南都也。」又天啟三年二月南京兵部左侍郎嘉興徐必達題詞。又「纂輯姓字」,列祁伯裕、王永光、徐必達至陝西道歷事監生施沛共二十八人。卷四十末有二年壬戌孟冬朔南京陝西道歷事□生施沛《南京都察院修志始末》云:「大中丞徐太宗師挈大綱之總領，憫遺編之淪亡，合謀同堂，共修志乘，以圖不朽，而屬本衙門歷事諸生沛執筆。」蓋書成於天啟二年冬而刊竣於三年春。版心下刻工：孝、木明、明。《存目叢書補編》據以影印。

南京行人司志十六卷　明翁逢春撰 **二四〇一**

浙江巡撫採進本（總目）。○《浙江省第十次呈送書目》：「《南京行人司志》十六卷，明翁逢春輯，五本。」○《浙江採集遺書總録》：「《南京行人司志》十六卷，刊本，明監生吴縣翁逢春撰。」

留都武學志五卷　明徐伯徵撰 **二四〇二**

兩淮鹽政採進本（總目）。○《兩淮鹽政李續呈送書目》：「《武學志》五卷，明徐伯徵，二本。」

明文武諸司衙門官制五卷　不著撰人名氏 **二四〇三**

江西巡撫採進本（總目）。○臺北中研院史語所藏明隆慶二年重刻本，作《大明一統文武諸司衙門官制》五卷四册。○中國社科院近代史所藏明萬曆十四年寶善堂刻本，半葉十二行，行二十九字，白口，四周雙邊。正文標題「大明一統文武諸司衙門官制」。封面刻「重刻增補京板大明官制大全」、「萬曆丙戌寶善堂刊」。凡例末有「江西臨江府新喻縣縣丞陶承慶校正，吉安府廬陵縣末孝葉時用增補」兩行。卷内鈐「蘇縣聶氏澹寧堂藏書」、「崇枝山戡讀」等印記。有民國三十八年正月六日篠珊手跋。《存目叢書》據以影印。日本内閣文庫亦有是刻。○北京圖書館藏明萬曆四十一年寶善堂刻本，作《大明一統文武諸司衙門官制》五卷，明陶承慶校正，葉時用增補，半葉十二行，行二十五字，白口，四周雙邊。日本京都大學人文所亦有是刻。○北京大學藏明萬曆刻本，書名卷數及校補者同前本,半葉十二行,行三十字,白口,四周雙邊。○南京圖書館藏明刻本,書名卷數及校補者同前本。○按: 明嘉靖二十年焦璉、祝詠刻有《大明一統文武諸司衙門官制》十六卷,北圖、臺灣「中央圖書館」藏。王重民《善本提要補編》謂《存目》所據江西呈本即從此本出,特併十五卷爲五卷,又附卷十六於卷五之末。

官爵志三卷　明徐石麒撰　二四〇四

浙江吴玉墀家藏本(總目)。○《浙江省第四次吴玉墀家呈送書目》:「《官爵志》二卷,明徐石麟著,一本。」按: 麟當作麒。○《浙江採集遺書總録》:「《官爵志》二卷,寫本,明尚書嘉興徐石麒撰。」○《兩江第一次書目》:「《官爵志》,明徐石麒輯,一本。」○《兩淮商人馬裕家呈送書目》:「《官爵志》三卷,明徐石麒,一本。」○原北平圖書館藏舊鈔本三卷一册,題「明嘉興徐石麒虞求輯」。半葉九行,行二十一字。卷内鈐「小山堂書畫印」、「玉墀」、「蘭林」、「翰林院印」滿漢文大官印等印記。書衣有「乾隆三十八年十一月浙江巡撫三寶送到吴玉墀家藏官爵志壹部計書壹本」長方木記(見王重民《善本提要補編》)。現存臺北「故宫」。○上海圖書館藏清鈔本,清吴騫校。○北京圖書館藏清鈔本,題「明嘉興徐石麒虞求輯」。半葉九行,行二十一字,無格。末有韓崇手識:「道光庚子三月十八日雨窓讀一過,校正數字。履卿記。」卷首鈐「韓履卿藏經籍金石書畫之印」白文方印。韓崇,字履卿,元和人。《存目叢書》據以影印。○清道光十一年六安晁氏木活字印《學海類編》本。民國九年上海商務印書館影印晁氏木活字《學海類編》本。○民國二十八年商務印書館據《學海類編》本排印，收入《叢書集成初編》。○日本東京大學東洋所藏鈔本三册，大木干一舊藏。○民國二十八年燕京大學圖書館鈔本一册。○民國張宗祥鈔本三卷一册。浙圖藏。○民國間嘉興縣圖書館藏傳鈔海寧張氏舊鈔本一册（見《浙江文獻展覽會專號》）。○《四庫全書附存目録》清刻本顧廷龍先生手批：「舊抄本一册，二十元，藜光。有『曾藏錢夢廬家』朱文方印、『戴印光曾』白方、『墨寶樓』朱長方、又『貴陽趙氏壽華軒藏』朱文長方。」

古今官制沿革圖無卷數　明王光魯撰 **二四〇五**

兩江總督採進本（總目）。○《兩江第一次書目》：「《官制沿革圖》，明王光魯編，一本。」○北京圖書館藏明末刻本，作《古今官制沿革圖》一卷，目録題「竟陵鍾惺伯敬鑒定，淮南王光魯漢恭編次」。半葉九行，行字不等，白口，四周單邊。卷内鈐「餘姚謝氏永耀樓藏書」朱文方印。《存目叢書》據以影印。中國社科院文學所亦有是刻。

明官制五卷　不著撰人名氏 **二四〇六**

浙江巡撫採進本（總目）。○《浙江省第六次呈送書目》：「《大明官志》五卷，缺名編，四本。」○《浙江採集遺書總録》：「《大明官志》五卷附《制儀》一卷，刊本，不著撰人。」

歷代銓選志一卷　國朝袁定遠撰 **二四〇七**

編修程晉芳家藏本（總目）。○清道光十一年六安晁氏木活字印《學海類編》本，題「清吏部文選司郎中袁定遠訂編」。民國九年商務印書館影印晁氏木活字《學海類編》本。《存目叢書》據商務本影印。

二四〇八　歷代宰輔彙考八卷　國朝萬斯同撰

浙江巡撫採進本(總目)。○《浙江省第九次呈送書目》：「《歷代宰輔彙考》八卷，國朝萬斯同輯，一本。」○《浙江採集遺書總録》：「《歷代宰輔彙考》八卷，寫本，國朝萬斯同撰。」○北京圖書館藏清鈔本，題「四明萬斯同季野輯」。半葉十行，行字不等，無格。首葉鈐「翰林院印」滿漢文大官印，書衣有「乾隆三十九年五月浙江巡撫三寶送到歷代宰輔彙考壹部計書壹本」長方木記，即《存目》所據原本。又鈐「光熙之印」、「裕如祕笈」、「光熙所藏」等印記。《存目叢書》據以影印。

二四〇九　銓政論略一卷　國朝蔡方炳撰

江蘇巡撫採進本(總目)。

二四一〇　文武金鏡律例指南十六卷　國朝凌銘麟撰

内府藏本(總目)。○《武英殿第二次書目》：「《文武金鏡》八本。」○中國科學院圖書館藏清康熙二十七年刻本，題「浙西凌銘麟天石手輯，門人盧麟昭睿符參訂，姪男凌文滙聚伯校正」。半葉九行，行二十字，白口，四周單邊。正文標題「新編文武金鏡律例指南」。封面刻「新編文武金鏡律例指南大全」、「本衙藏板，榮觀堂行」。前有康熙二十三年宋嗣京題詞，康熙二十年盧琦序。又康熙二十七年自序云：「因不揣蕪陋，授之梓人。」卷内鈐「朱頤年所藏法律舊籍」白文方印。《存目叢書》據以影印。

南臺舊聞十六卷　國朝黄叔璥撰　二四一一

浙江巡撫採進本(總目)。○《浙江省第六次呈送書目》:「《南臺舊聞》十六卷,國朝黄叔璥輯,三本。」○《浙江採集遺書總録》:「《南臺舊聞》十六卷,刊本,國朝常鎮道順天黄叔璥撰。」○清華大學藏清乾隆刻本,題「北平黄叔璥玉圃輯」。半葉十行,行二十一字,黑口,左右雙邊。前有陳祖范序,康熙六十年壬寅自序,凡例。目録後列名:「鑒定:桐城方苞望溪、宜黄鄒山少水、常熟陳祖范亦韓。參校:門人高從龍雲稊、姪千人證孫、元鐸振路、元幬容萬、登賢雲門、男守謙若谷。」《凡例》末云:「乾隆四年《明史》成,悉爲改訂。」卷内弘字缺末筆,曆作歷,是乾隆初期刻本。寫刻頗工。《存目叢書》據以影印。北大、上圖、浙圖、湖北省圖亦藏是刻。

右官制之屬

牧民忠告一卷　元張養浩撰　二四一二

直隷總督採進本(總目)。○《提要》云:「養浩有《三事忠告》,已著録。此即《三事》中之一種,魏裔介摘出别行,非完書也。」○北京圖書館藏元刻本二卷,與《經進風憲忠告》一卷、《廟堂忠告》一卷合刻,半葉八行,行十七或十三字,黑口,四周雙邊。清郭尚先跋。民國商務印書館《四部叢刊三編》據以影印。○原北平圖書館藏明洪武二十七年廣東按察僉事黄毅刻《三事忠告》本二卷,半葉十行,行二十字(見王重民《善本提要補編》)。現存臺北「故宫博物院」。○南京圖書館藏明初刻重修《三事忠告》本二卷,半葉八行,行十七字,黑口,四周雙邊。鈐有「明善堂珍藏書畫印記」、「安樂堂藏書記」、「宣城李氏瞿硎石室圖書印記」、「宛陵李氏藏書印」及丁氏八千卷樓印記。丁丙《善本書室藏書志》著録「洪武刊本」，即此帙也。○明刻《三事忠告》本二卷，半葉八行，行十七字，黑口，四周雙邊。北大、公安部群衆出版社藏。○明芸葉軒刻《爲政忠告》本二卷，半葉八行，行十七字，大黑口，四周雙邊。山東師大藏。○明隆慶元年貢安國刻《三事忠告》本二卷，半葉九行，行二十字，白口，四周雙邊，有刻工。山東省圖、安徽博物館藏。○清乾隆益都李文藻刻《三事忠告》本二卷，收入《貸園叢書》。○清道光十一年歷城尹濟源碧鮮齋據影元鈔本影刻《爲政忠告》本，半葉八行，行十七字，黑口，四周雙邊。北圖藏傅增湘校跋本，《藏園訂補郘亭知見傳本書目》著録云：「余據元刊本校，補缺文一百九十六字。」上圖、南圖等亦有是刻。○清道光十三年涿州盧坤刻本二卷，與《經進風憲忠告》一卷、《廟堂忠告》一卷合刻，半葉八行，行十七字，黑口，四周雙邊。人民大學藏。○清同治三年錢塘陳氏粤東刻《爲政忠告》本二卷，收入《如不及齋叢書》。上圖、南圖、湖北圖、山東大學藏。○清同治七年江蘇書局刻《牧令全書》本二卷，北圖、南圖等藏。○清同治十二年羊城書局刻《牧令全書》本二卷，上圖藏。○民國二十五年商務印書館據《貸園叢書》排印《三事忠告》本，收入《叢書集成初編》。○日本天保五年（清道光十四年）刻《三事忠告》本，日本靜嘉堂文庫藏。○日本嘉永四年（清咸豐元年）東都官版書店發行所重刻《三事忠告》本，北大、遼圖藏。○日本刻《三事忠告》本，南圖藏。○日本天明六年（清乾隆五十一年）刻本，作《牧民忠告解》二卷，日本樋口好古解。中科院圖書館藏。

官箴一卷　明宣宗章皇帝御製　**二四一三**

左都御史張若溎家藏本(總目)。○中國社科院歷史所藏明鈔本,作《宣宗章皇帝御製官箴》一卷。○陝西省圖書館藏明鈔《國朝典故》本,作《御製官箴》一卷,半葉十行,行二十二字。前有宣德七年夏六月聖諭,即自序。《存目叢書》據以影印。○上海圖書館藏明鈔《國朝典故》本。○北京圖書館藏明鈔《國朝典故》本。○臺灣「中央圖書館」藏明鈔《國朝典故》本,兩部。○明萬曆鄧士龍江西刻《國朝典故》本,半葉十行,行二十字,白口,四周單邊。北大、南圖、臺灣「中央圖書館」藏。○《提要》云:「嘉靖戊戌南京國子監祭酒倫以訓復刊布之,後載宣宗《御製廣寒殿記》一首、《玉簪花賦》一首、詩二十七首、詞曲二首,不知何人所附。」按:《國朝典故》於《御製官箴》後收有《宣宗御製詩》一卷,即此附載詩文詞曲也,已別入集部《存目》。

牧津四十四卷　明祁承㸁撰　**二四一四**

浙江巡撫採進本(總目)。○《浙江省第三次書目》:「《牧津》四十四卷,明祁承㸁著,十二本。」○《浙江採集遺書總録》:「《牧津》四十四卷,刊本,明布政司參政山陰祁承㸁輯。」○《兩江第一次書目》:「《牧津》,明祁承熯輯,十二本。」○湖北圖書館藏明天啟四年刻本,題「明山陰祁承㸁輯」。半葉九行,行十八字,白口,四周單邊。前有汝南李宗延序,下雉潘師道序,長洲門人顧宗孟序,天啟四年祁承㸁序,次小引、總目、輯概。《存目叢書》據以影印。原北平圖書館藏一帙,鈐「寶德堂藏書」、「真州吴氏有福讀書堂藏書」等印記(見王重民《善本提要補編》),現存臺北「故宫博物院」。臺灣「中央圖書館」藏一帙,鈐「劉承幹字貞一號翰怡」、「吴興劉氏嘉業堂藏書印」等印記(見該館《善本書志初稿》)。

二四一五

明職一卷　明吕坤撰

浙江巡撫採進本(總目)。○《浙江省第六次呈送書目》:「《明職》一卷,明吕坤著,一本。」○《浙江採集遺書總録》:「《明職》一册,刊本,明僉都御史吕坤撰。」○中國人民大學圖書館藏清乾隆四年健餘堂刻本,半葉十行,行二十字,白口,四周雙邊。前有乾隆四年尹會一序,萬曆二十年自引。封面刻「健餘堂藏板」五字。《存目叢書》據以影印。○清道光十三年會稽吴氏刻本,作《吕叔簡先生明職篇》一卷,明吕坤撰,清潘世恩編。日本東京大學東洋所藏。○按:吕坤《實政録》第一卷即《明職》,此其别行之本也。《實政録》有明萬曆二十六年趙文炳刻七卷本,清華、復旦、浙圖等藏。又萬曆趙文炳刻九卷本,北圖藏。又萬曆四十六年傅叔訓刻十卷本,中山大學藏。又同治七年崇文書局刻七卷本,同治十一年江蘇書局刻七卷本,同治十一年浙江書局刻七卷本等。别入子部雜家類《存目》。

二四一六

仕學全書三十五卷　明魯論撰

江西巡撫採進本(總目)。○《江西巡撫海第一次呈送書目》:「《仕學全書》四本。」○復旦大學藏清康熙木活字印本,題「黎水魯論孔壁甫著」。半葉十行,行二十字,白口,四周雙邊。前有康熙六年丁未任文燁序云:「今夢弼歸,謀以其書付之梓,余因叙次數言。」又《魯孔壁本傳》云年三十四明熹宗登極，又云享年八十五，則魯論卒於康熙十一年壬子。是本付印當在卒後。又崇禎十六年癸未自序。卷内鈐「慈谿畊餘樓藏」、「馮氏辨齋藏書」、「吴興劉氏嘉業堂藏書印」等印記。馮氏名祖憲。《存目叢書》據以影印。○清乾隆十一年刻本，江西省圖、華東師大藏。○清同治十三年甲戌魯氏補刻本，江西省圖、浙圖藏。

政學録五卷　國朝鄭端撰　**二四一七**

直隸總督採進本（總目）。○《直隸省呈送書目》：「《政學録》五本。」○清光緒五年定州王氏謙德堂刻《畿輔叢書》本，題「棗强鄭端輯」，前有自序。《存目叢書》據清華藏本影印。○民國二十五年商務印書館據《畿輔叢書》本排印，收入《叢書集成初編》。

爲政第一編八卷　國朝孫鋐撰　**二四一八**

内府藏本（總目）。○《武英殿第一次書目》：「《爲政第一編》十本。」○北京大學藏清康熙刻本八卷八册，題「錢塘邵泰衢鶴亭父鑒定，西湖孫鋐可菴氏手輯」。半葉九行，行二十字，白口，左右雙邊。序、目録、卷一、卷二均鈔配，餘卷間有鈔配之葉。卷前康熙四十一年壬午邵泰衢序云：「因商校之而從史以梓。」知爲康熙四十一年刻本。《存目叢書》據以影印。日本内閣文庫有是刻，缺卷二。

百僚金鑑十二卷　國朝牛天宿撰　**二四一九**

内府藏本（總目）。○《武英殿第一次書目》：「《百僚金鑑》四本。」○中央民族大學藏清忠愛堂刻本，題「吏隱主人陽丘牛天宿輯」。半葉十行，行二十字，白口，四周雙邊。封面刻「忠愛堂」。前有康熙八年牛天宿引，又康熙八年金光房序云：「因樂而授諸梓，以告同有心人倫之鑑者。」知即刻於康熙八年。《存目叢書》據以影印。

右官箴之屬

四庫存目標注卷二十九

滕州　杜澤遜　撰

史部十八

政書類

杜氏通典詳節四十二卷　不知何人所編　**二四二〇**

浙江巡撫採進本（總目）。○《浙江省第七次呈送書目》：「《杜氏通典詳節》四十二卷十二本。」○《浙江採集遺書總録》：「《杜氏通典詳節》四十二卷，刊本，不著撰人。題曰《增入諸儒議論杜氏通典詳節》，元至元間重梓。」○《提要》云：「驗其版式，猶宋時麻沙刻本。所列引用諸儒姓氏，止於吕祖謙、陳傅良、葉適三人，皆註有文集見行字，則南宋人所爲也。」○北京圖書館藏宋紹熙五年擇善堂刻本，作《新入諸儒議論杜氏通典詳節》四十二卷《圖譜》一卷，殘存卷一至卷十八及《圖譜》

一卷共八册。半葉十四行,行二十三字,黑口,左右雙邊。卷前《綱目》末有「閼逢攝提格之歲律中黄鍾之月有宋文忠公之裔子刊于擇善堂」二行。卷内鈐「乾隆御覽之寶」、「天禄琳琅」、「天禄繼鑑」等印記。上海圖書館有是刻元修本,殘存卷二十四至卷二十七。○臺灣中研院史語所《善本書目》著録:「《增入諸儒議論杜氏通典詳節》存二十五卷十二册,唐杜佑撰,宋刊殘本,存卷三至五、十一、十五至二十四、二十六、二十八至三十、三十二至三十五、四十至四十二。近人鄧邦述手跋。」書名首字與紹熙五年本不同。録此備考。○元至元二十三年重刻本,作《增入諸儒議論杜氏通典詳節》四十二卷《圖譜》一卷,半葉十四行,行二十三字,細黑口,左右雙邊。目録後有「至元丙戌重新繡梓」一行。原北平圖書館藏是刻,見王重民《善本提要補編》,現存臺北「故宫博物院」。中共中央黨校藏是刻,鈐「留與軒浦氏珍藏」、「浦玉田藏書記」、「浦伯子」、「西埜」等印記,《存目叢書》據以影印。北大藏是刻,缺卷三十二至三十三兩卷。北京市文物局、臺北故宫等亦有殘帙。○北京圖書館藏元刻本,作《新入諸儒議論杜氏通典詳節》四十二卷,殘存卷三十五至三十六共一册,半葉十四行,行二十三字,黑口,左右雙邊。王國維跋。○北京圖書館藏元刻本,書名卷數及行款版式同前本,殘存卷十四。○天一閣文管所藏元刻明修本,書名卷數及行款版式同前本,殘存卷十至二十、卷三十三至四十二共二十一卷四册。駱兆平《新編天一閣書目》著録爲「元至正六年刻本」。臺灣中研院史語所《善本書目》著録:「《新刊增入諸儒議論杜氏通典詳節》四十二卷十六册,佚名輯,元至正六年(丙戌)刊本,近人鄧邦述手書題記。」書名微異,録此備考。○東北師大藏元刻明修本,作《新入諸儒議論杜氏通典詳節》四十二卷，殘存卷十八至二十共一册。半葉十四行，行二十三字，白口，左右雙邊。○臺灣「中央圖書館」藏明初刻本，作《增入諸儒議論杜氏通典詳節》四十二卷十二册。半葉十二行，行二十四字，黑口，雙魚尾，四周雙邊。首李翰序，次綱目，綱目後有「至元丙戌重新繡梓」一行，次圖六葉，次題旨，次增入諸儒議論姓氏。卷内鈐「浙東沈德壽家藏之印」、「藥龕珍玩宋元祕本」、「授經樓藏書印」等印記（見該館《善本書志初稿》）。按：沈德壽《抱經樓藏書志》著録元刊本即此帙也。木記一行沿元刻之舊，而行款版式不同。○北京圖書館藏明弘治八年刻公文紙印本，作《增入諸儒議論杜氏通典詳節》四十二卷二十册，常熟瞿氏捐。卷前《綱目》末有「至元丙戌重新繡梓」一行。卷三十尾題後有刻書識語六行，末云：「弘治乙卯春雒人喬縉督刊。」卷内鈐「摛藻堂藏書印」、「平陽季子收藏圖書」等印記。按：《鐵琴銅劍樓藏書目録》著録「元刊本」，「目録後有至元丙戌重新繡梓一行」者，當即此帙。疑臺灣「中央圖書館」藏明初刻本與此同版。○廣東中山圖書館藏明刻本，作《增入諸儒議論杜氏通典詳節》四十二卷《圖譜》一卷，半葉十二行，行二十四字，大黑口，四周雙邊。○明刻本，作《新刊增入諸儒議論杜氏通典詳節》四十二卷《圖譜》一卷，半葉十一行，行二十三字，黑口，四周雙邊。復旦、廣西民院、公安部群衆出版社藏。○明刻本，作《新刊增入諸儒議論杜氏通典詳節》四十二卷，行款版式同前，故宫藏。重慶市圖有殘本。

元典章前集六十卷附新集無卷數　不著撰人名氏　**二四二一**

内府藏本（總目）。○《浙江省第九次呈送書目》：「《元典章》六十卷二本。」○《浙江採集遺書總録》:「《元典章》六十卷,寫本,不著撰人。」又:「《元典章新集》二册,寫本,不著撰人。」〇臺北「故宫博物院」藏元建陽坊刻本,作《大元聖政國朝典章》六十卷《大元聖政典章新集至治條例》不分卷,四十册。《典章》半葉十八行,行二十八字。《新集》半葉十九行,行三十字。均黑口,雙魚尾,左右雙邊。前後無序跋。《典章》、《新集》前均有《綱目》、《目録》。《綱目》前均有牌記,述輯刻緣由。《典章》、《新集》行款不同,字體微異,知非同時所刻。《新集》牌記云:「《大元聖政典章》自中統建元至延祐四年所降條畫,板行四方已有年矣。」則《典章》刊板當在延祐五年。卷内延祐七年事均係增刻,增刻之處往往葉碼相重。《新集》目録末有行書識語云:「至治二年以後新例,候有頒降,隨類編入梓行,不以刻板已成而靳於附益也。至治二年六月日謹咨。」則《新集》刻於至治二年甚明。檢《新集》各類之後並無至治二年六月以後事,知未經增刻也。卷内鈐「毛晉之印」、「毛晉私印」、「毛氏子晉」、「汲古主人」等朱文方印,又鈐「毛」「晉」連珠印、「沅叔審定」朱文方印等印記。知初爲毛晉汲古閣物,後入清宫,《四庫存目》所據「内府藏本」意即是本,唯《天禄琳琅書目》前後編未載。民國十八年故宫影印張允亮輯《故宫善本書影初編》收有是本,云:「元至治二年坊刻。末附至治癸亥元人手鈔都省通例。有汲古閣毛氏諸收藏印記。原藏齋宫。」知藏於齋宫,未入天禄琳琅。唯稱至治二年刻,則未確也。民國十九年陳垣先生校沈刻《元典章》即以是刻爲主校本,另校以上海涵芬樓藏清初吴氏繡谷亭影鈔元本(僅前集)、闕里孔氏藏影鈔元本(僅新集)、巴陵方氏藏舊鈔本、南昌彭氏知聖道齋鈔本(此三本皆陳垣先生自藏)。一九七二年臺北「故宫博物院」將此元刻本影印行世，前有蔣復璁序，後有昌彼得跋。昌跋考訂鑒别極精詳，又收入《增訂蟫菴群書題識》。《存目叢書》復據此影印本影印。○清初曝書亭藏鈔本，作《大元聖政國朝典章》六十卷，《愛日精廬藏書志》、《皕宋樓藏書志》先後著録。二志又著録《大元聖政典章新集至治條例》舊鈔本，未云曝書亭藏，當亦配套而行者。皕宋樓書已歸日本静嘉堂，此本當在其中。○清黄丕烈藏舊鈔本，殘存新集一册，首行題「兵部」，次行題「軍制」，知爲兵部軍制門。半葉小字十九行，行約三十字，與元刊行款同。無格。前有黄丕烈跋，已收入《蕘圃藏書題識》卷三。卷内鈐「甲子丙寅韓德均錢潤文夫婦兩度攜書避難記」、「松江讀有用書齋金山守山閣兩後人韓德均錢潤文夫婦之印」、「芷圃收藏」等印記。書經吴興張氏適園歸中央圖書館，該館《善本書志初稿》著録「明鈔本」一册是也。○清初吴氏繡谷亭藏舊鈔本，兩集俱全。丁丙《善本書室藏書志》著録「吴氏瓶花齋鈔本」即此帙。丁丙謂有吴城跋云「工部一門僅存造作一條，餘俱散失」云云。又謂卷面題「繡谷插架」。又謂有墨筆題云「嘉慶辛酉嚴秀才杰持以相示，用錢一萬二千買歸鑑止水齋」。鈐有「西泠吴氏」、「吴城」、「敦復」、「德清許氏陔華堂藏書」、「許氏子詠」等印記。光緒三十三年董康據此本傳録，刻於北京法律學堂，沈家本跋其後，世稱沈刻《元典章》。繡谷亭本後歸商務印書館涵芬樓，民國十九年傅增湘嘗爲陳垣郵借，以校沈刻。陳垣謂其本爲「吴氏繡谷亭影鈔元本，僅有前集，今藏上海涵芬樓」，「半葉十八行，行廿六字，遇雙擡頭廿八字」。一九三二年上海「一·二八」事變，涵芬樓爲日本人縱火焚燒，此本當已被燬。○北京圖書館藏清影元鈔本，前後集俱全。行款版式一依元刻。前後集卷首均摹元刻字體，後則唯依原式鈔寫，字體不肖矣。書凡二十四册。鈐有「璜川吴氏收藏圖書」、「錢大昕」、「獨山莫祥芝圖書記」、「獨山莫氏銅井文房藏書印」、「莫棠字楚生印」、「秦更年印」、「秦曼青」等印記。有莫棠手録錢大昕跋，又莫棠手跋：「竹汀先生此跋見《潛研堂文集》，即題此本者也。今卷内無之，或佚去，或當時未録入，均不可知。光緒癸未，先君嘗命補寫卷端，越三十年癸丑重裝，更寫於右。國變家殘，不禁涕流横集，摩抄手戾，死何辭。四月丁酉獨山莫棠記。」○北京圖書館藏清彭氏知聖道齋鈔本四十册，半葉十行，行二十四字，白口，四周雙邊。清彭元瑞跋。即陳垣藏本也。○北京圖書館藏清鈔本，僅《大元聖政典章新集至治條例》不分卷二册。半葉十八行，行二十八字，黑口，四周雙邊。鈐「趙」、「小山堂」、「汪士鐘藏」、「鐵琴銅劍樓」印記。有籤注「影元鈔」。按：元本行款與此不同，非影元鈔也。○中山大學藏清曾釗面城樓鈔校本三十六册，半葉十行，行二十四字，緑格，白口，四周雙邊。版心下刻「面城樓藏本」五字。鈐有「曾釗之印」、「面城樓藏書印」等印記。○東北師大藏清鈔本二十册，半葉十三行，行二十六至二十八字不等，緑格，白口，左右雙邊。鈐有「泰峰」、「宗室文恭公家世藏」、「无竟先生獨志堂物」等印記。○武漢大學藏紫格舊鈔本。○北京市文物局藏清光緒三十三年法律館鈔本，殘存卷一至九、卷二十八至三十八、新集全。沈家本跋。此即董康借鈔八千卷樓藏繡谷亭鈔本，沈刻本所從出也。○清闕里孔氏藏鈔本，僅有新集，陳垣藏。陳垣《沈刻元典章校補》云：「有闕里孔憲培印，又有伯元二字及王引之、伯申陰陽文二印。」又云：「每半葉十八行，行廿六字，遇雙擡頭廿八字。」陳氏定爲「影鈔元本」。昌彼得云：

「元刻《新集》實半葉十九行，行三十字。前集始十八行耳。當係陳氏偶疏失數計。」則非影元鈔也。此本今不知歸何處。○清光緒三十四年北京修訂法律館刻本，即據董康借録八千卷樓藏繡谷亭鈔本付刊者，沈家本跋，世稱沈刻本。《涵芬室叢刊》所收當亦此刻。陳垣嘗據元刻及鈔本四種校此刻，成《沈刻元典章校補》十卷，民國二十年北京大學研究所國學門刻行。又撰《元典章校補釋例》六卷，民國二十三年中央研究院史語所刻行於北平。

明祖訓一卷　明洪武二年命中書編次　**二四二二**

浙江巡撫採進本（總目）。○《浙江省第九次呈送書目》：「《皇明祖訓》一本。」○《浙江採集遺書總録》：「《皇明祖訓》一册，寫本，明太祖撰並命中書編次。」○北京圖書館藏明洪武禮部刻本，作《皇明祖訓》一卷。半葉十行，行二十字，黑口，四周雙邊。寫刻工緻。前有朱洪武序云：「蓋自平武昌以來，即議定著律令，損益更改，不計遍數，經今十年，始得成就，頒而行之，民漸知禁。至於開導後人，復爲《祖訓》一編，立爲家法，大書揭于西廡，朝夕觀覽，以求至當。首尾六年，凡七謄稿，至今方定。……今令翰林編輯成書，禮部刊印，以傳永久。」按：《提要》云「至六年五月書成，太祖自爲序，復命宋濂序之」，則刊板當在洪武六年。《存目叢書》據以影印。臺北「故宫」亦有是刻。○原北平圖書館藏明鈔本，作《皇明祖訓録》一卷一册，半葉十行，行二十四字。王重民曰：「校以洪武二十八年重修《皇明祖訓》，不但文字有異同，其諸王封號、禄米數目，多所損益。證以《實録》所載，此爲原本無疑。」（見《善本提要補編》）此本現存臺北「故宫」。○原北平圖書館藏明洪武間内府刻本，作《皇明祖訓》一卷，半葉十行，行二十字。王重民曰：「卷端有御製序文，不著年月。以内容考之，洪武二十八年重訂本也。」（詳《善本提要補編》）此本現存臺北「故宫」。〇明初覆刻洪武禮部本，臺北「故宫」藏。〇明重刻洪武本，臺北「故宫」藏兩部。〇明刻本，北京故宫藏。未知與别本異同。〇清康熙内府鈔本，北京故宫藏。

明朝典彙二百卷　明徐學聚撰　二四二三

浙江巡撫採進本（總目）。〇《浙江省第四次鮑士恭呈送書目》：「《國朝典彙》二百卷，明徐學聚編，四十本。」〇《浙江採集遺書總録》：「《國朝典彙》二百卷，刊本，明僉都御史蘭溪徐學聚輯。」〇《江蘇採輯遺書目録》：「《國朝典彙》二百卷，明僉都御史蘭溪徐學聚輯，刊本。」〇《四庫全書附存目録》顧廷龍先生手批：「天啟四年（甲子）男與參刊本，修綆，六十四册，二百廿元。有周應賓、馮琦（萬曆辛丑撰）、米萬鍾、韓敬序。卷三十二輔臣考，卷三十三中官考，三十二誤刻三十三。」

按：中國科學院圖書館藏明天啟四年徐與參刻本，題「都察院右僉都御史臣徐學聚編輯，禮部尚書兼翰林院學士臣馮琦訂正」。半葉十行，行二十二字，白口，四周單邊。前有周應賓序，蔡毅中序，米萬鍾序，韓敬序，天啟四年甲子春仲男與參凡例。《存目叢書》據以影印。原北平圖書館藏是刻一部四十册，王重民謂卷内有「翰林院印」滿漢文大方印，書衣有「乾隆三十八年十一月浙江巡撫三寶送到□□家藏國朝典彙壹部計書拾肆本」印記，字太模糊，館臣不能辨識，故於《四庫存目》漫題爲「浙江巡撫採進本」。有周應賓序，萬曆二十九年馮琦序，米萬鍾序。（見《善本提要補編》）澤遜按：　此本現存臺北「故宫」。「□□家藏」當作「鮑士恭家藏」，「拾肆本」當作「肆拾本」。浙江鮑士恭進呈目正作四十本，與北平本合，可證也。北圖、上圖等亦藏是刻。○臺灣「中央圖書館」藏明天啟四年徐與參刻崇禎七年徐介壽修補本二百卷一百册，題「都察院右僉都御史臣徐學聚編輯，禮部尚書兼翰林院學士臣馮琦訂正，浙江蘭谿縣知縣臣吴國琦重訂」，前有馮、周、蔡、韓、米諸序，天啟四年男與參凡例，崇禎七年甲戌仲夏孫男介壽補刻序。鈐有「明善堂覽書畫印記」、「安樂堂藏書記」、「風雨樓」、「希古右文」、「不薄今人愛古人」等印記。（見該館《善本書志初稿》）一九六五年臺北學生書局《中國史學叢書》當即據是本影印。上圖、南圖、吉林大學等亦有是刻。

經世實用編二十八卷　明馮應京撰　　二四二四

江蘇周厚堉家藏本（總目）。○《江蘇省第一次書目》：「《經世實用編》十四本。」○北京大學藏明萬曆三十一年休寧戴任刻本，作《皇明經世實用編》二十八卷首一卷《續集》二卷，題「盱眙臣馮應京纂輯，休寧臣戴任校正，黄海臣瞿九思編次，休寧臣張復參閲」。半葉十二行，行二十二字，白口，四周雙邊。前有萬曆三十二年汪國南序，三十一年馮應京自序，三十一年姚允恭序。又萬曆三十一年戴任《實用編纂修姓氏叙由》云：「俾賤臣得以校讎發梓，功既竣，爰列同事姓名于左。」傳世各本唯此有《續集》二卷，殊爲珍祕。刻工：　汪萬頃梓（在馮序後）。鈐有「朱頤年所藏法律書籍」、「王臣敬觀」、「靖廷」等印記。《存目叢書》據以影印。　故宫博物院藏是刻，無《續集》，朱家溍先生涵告：「鈐滿漢文翰林院印。」人民大學、南圖、臺灣「中央圖書館」等亦有是刻。

明典章無卷數　不著撰人名氏　二四二五

浙江巡撫採進本(總目)。○《浙江採集遺書總録》:「《皇朝典章》十二册,寫本,不著撰人。」○北京圖書館藏明鈔本,作《國朝典章》不分卷六册,半葉十行,行二十二字,白口,左右雙邊。記事自洪武至正德十六年止,較館臣所見本少嘉靖朝。《存目叢書》據以影印。○臺灣中研院史語所《善本書目》:「《明典章》不分卷二十册,佚名撰,明朱絲欄鈔本。」

會典鈔略無卷數　不著編輯者名氏　二四二六

内府藏本(總目)。○《都察院副都御史黄交出書目》:「《會典抄略》十二本。」○中國科學院圖書館藏明萬曆刻本,作《大明會典抄畧》十三卷,半葉九行,行二十三字,白口,四周雙邊。前有雙行小字序文,與館臣所見本同。版心刻工:何存、本智、李珍刊、蔡德、何文仲、刘云承、吴貴刊、刘相、李元海、李良、刘元、余聘、文仲、大壯、何文、彦這、梁本智、元海、龔遂。卷内鈐「朱頣年所藏法律書籍」印記。《存目叢書》據以影印。廣東中山圖書館有是刻,殘存「禮部下」至末共六册。王重民《善本提要》著録美國國會圖書館藏明萬曆刻本十二册,行款同,有户部山西清吏司郎中佘夢鯉《刻大明會典抄略説》,文字與中科院本序文略同,唯中科院本序文已隱去佘夢鯉名,且增入「鬻之價多,攜之囊重」等語,似書賈所爲。美國國會圖書館本另有佘夢鯉附記,云「夢鯉不佞,曩備役計曹,掌本科章奏,常檢閲《會典》,因手鈔其略節,以便攜隨,遇事考求。方寢筆,拜命副憲粤東。八年以來,僚儕往往借録,卷帙爲刓,意欲付梓。……時備兵羅定,因謀諸共事者,有分守西山副總兵李自芳諸生，棄繻爲今官，雅好敦悦，毅然任之，鳩工鐫木，……時在萬曆三十三年季冬鐫成，因附記之。」據此知抄輯者佘夢鯉，抄輯時間約在萬曆二十五年，至三十三年刻於廣東羅定。

右通制之屬

別本漢舊儀二卷　舊本題漢議郎東海衛宏敬仲撰　二四二七

兩江總督採進本(總目)。○《兩江第一次書目》：「《漢舊儀》，舊題漢衛宏著，抄本，一本。」

貢舉叙略一卷　舊本題宋陳彭年撰　二四二八

編修程晉芳家藏本(總目)。○《提要》云：「載曹溶《學海類編》中，實《册府元龜》貢舉一門之總序。」○清道光十一年六安晁氏木活字印《學海類編》本。民國九年商務印書館影印晁氏木活字《學海類編》本。○民國二十六年商務印書館據《學海類編》本排印，收入《叢書集成初編》。

通祀輯略三卷　不著撰人名氏　二四二九

兩淮鹽政採進本(總目)。○北京圖書館藏明鈔本，半葉十行，行二十字，無格。無序跋。前有目録，首葉鈐「翰林院印」滿漢文大官印。未題撰人。卷尾題「學生福州州學録梁寧翁同校正，門生文林郎宜差充福建路安撫司幹辦公事吕守之校正」二行。《存目》所據兩淮呈本當即此帙。《存目叢書》據以影印。按：《四庫提要》謂是書「載歷代崇祀孔廟禮儀，起魯哀公，迄宋咸淳三年，疑爲元人作也」。今考卷内「貞觀」作「正觀」，玄字或缺末筆，徵、慎、敦、旋缺末筆，皆避宋諱，蓋從宋本迻寫，則爲南宋末年所作也。

明堂或問一卷　明世宗肅皇帝御撰　**二四三〇**

左都御史張若淮家藏本(總目)。○北京大學藏明鈔《宸章集録》本,作《御製明堂或問》,半葉九行,行二十二字,綿紙,藍格。卷尾鈐「華陽國士珍祕之印」朱文印。《宸章集録》一册,有袁克文跋,稱爲「天一閣鈔本」(全跋見《火警或問》條)。又李滂跋。《存目叢書》據以影印。○陝西省圖藏明鈔《國朝典故·勅議或問》本。○上海圖書館藏明鈔《國朝典故·勅議或問》本。○北京圖書館藏明鈔《國朝典故·勅議或問》本。○臺灣「中央圖書館」藏明鈔《國朝典故》本。兩部。○明萬曆四十五年陳于廷刻《紀録彙編·勅議或問》本,北圖、上圖等藏。民國二十七年商務印書館影印陳于廷刻《紀録彙編·勅議或問》本。民國二十六年商務印書館《叢書集成初編·勅議或問》本亦據《紀録彙編》本影印。

正孔子祀典説一卷　明世宗肅皇帝御撰　**二四三一**

左都御史張若淮家藏本(總目)。○北京大學藏明鈔《宸章集録》本,作《御製正孔子祀典説》,半葉九行,行二十二字,綿紙,藍格。《宸章集録》一册,有袁克文跋,稱爲「天一閣抄本」。又李滂跋。《存目叢書》據以影印。○明鈔《國朝典故·勅議或問》本,北圖、上圖、陝西省圖、臺灣「中央圖書館」均有藏。參前條。○明萬曆四十五年陳于廷刻《紀録彙編·勅議或問》本。民國二十七年商務印書館影印陳于廷刻《紀録彙編·勅議或問》本。民國二十六年商務印書館《叢書集成初編·勅議或問》本亦據此本影印。

存心録十卷　不著撰人名氏　二四三二

浙江朱彝尊家曝書亭藏本（總目）。○《浙江省第五次鄭大節呈送書目》：「《存心録》十卷，明吴沉著，六本。」○《浙江採集遺書總録》：「《存心録》十卷，刊本，明吴沉撰。」○《提要》云：「檢核書首，有私印一，其文曰『尚寶少卿袁氏忠徹印』，蓋猶明初舊本，尚無脱佚。」○原北平圖書館藏明初刻本，殘存卷十第二至十二葉，卷十一第二至十二葉、第二十八至三十二葉。一册。半葉十行，行二十字。王重民考定爲明太祖敕撰，詳其《善本提要補編》。此本現存臺北「故宫博物院」。

日本東夷朝貢考一卷　明張迪撰　二四三三

浙江范懋柱家天一閣藏本（總目）。○《浙江省第五次范懋柱家呈送書目》：「《日本朝貢考略》一卷，明張迪著，一本。」○《浙江採集遺書總録》：「《日本朝貢考略》一册，寫本，明張迪撰。」

臨雍録一卷　明費誾撰　二四三四

浙江范懋柱家天一閣藏本（總目）。○《浙江省第五次范懋柱家呈送書目》：「《聖駕臨雍録》一卷，明費誾著，四本。」○《浙江採集遺書總録》：「《聖駕臨雍録》一册，刊本，明祭酒費誾撰。」○《提要》云：「宏治元年三月孝宗舉行臨雍釋奠禮，誾時爲祭酒，因録其禮儀奏議。及官禮部時，乃編次成書，付淮安知府徐鏞刻之。至宏治九年，林瀚兼祭酒事，又刻於國子監。」

大禮集議五卷　明席書編　二四三五

浙江范懋柱家天一閣藏本（總目）。○《浙江省第五次范懋柱家呈送書目》：「《大禮集議》五卷，明席書編,四本。」○《浙江採集遺書總録》:「《大禮集議》四卷,刊本,明禮部尚書席書奉勅編。」○明嘉靖五年刻本,作《大禮集議》四卷附《諸臣私議》一卷,傅增湘藏。(見《藏園訂補郘亭知見傳本書目》)○臺灣「中央圖書館」藏明嘉靖四年内府刻本,作《大禮纂要》二卷附録一卷,二册。正文首題「大禮纂要卷上」,次題「禮部尚書臣席書等奉勅修」。半葉八行,行二十字,白口,四周雙邊。版心上題「大禮集議」。前有嘉靖四年席書上表。附録一卷係「附古今證據」。鈐「澤存書庫」印。(見該館《善本書志初稿》)

科場條貫一卷　明陸深撰　二四三六

江蘇巡撫採進本(總目)。○明嘉靖二十四年刻《儼山外集》本,北圖、北師大、上圖等藏。○明萬曆四十五年陳于廷刻《紀録彙編》本。民國二十七年商務印書館影印陳于廷刻《紀録彙編》本。《存目叢書》據此影印本影印。民國二十六年商務印書館《叢書集成初編》本亦據《紀録彙編》本影印。

保和冠服圖一卷　明張璁撰　二四三七

浙江范懋柱家天一閣藏本(總目)。○《浙江省第五次范懋柱家呈送書目》:「《保和冠服圖》一卷,明張璁撰,一本。」○《浙江採集遺書總録》:「《保和冠服圖説》一册,刊本,明大學士張璁撰。」

太廟敕議一卷　明嘉靖中禮部頒行本　二四三八

左都御史張若溎家藏本(總目)。○明鈔《國朝典故·勅議或問》本,陝西省圖、上圖、北圖、臺灣「中央圖書館」均有藏。○明萬曆四十五年陳于廷刻《紀録彙編·勅議或問》本。民國二十七年商務印書館影印《紀録彙編》本。民國二十六年《叢書集成初編》影印《紀録彙編》本。

改元考一卷　明宗室朱常㴐撰　**二四三九**

兩江總督採進本（總目）。〇《兩江第一次書目》：「《歷代改元考》，明朱當㴐編，一本，抄本。」〇湖南圖書館藏明鈔本，作《改元考》一卷，題「魯國望洋子當㴐編次」。半葉十一行，行二十四字，白口，四周單邊。前有嘉靖元年壬午朱當㴐序。卷内鈐「硯田留与子孫耕」、「薇華館主」、「薇華館圖書」等印記。《存目叢書》據以影印。按：著者朱當㴐，《總目》誤作朱常㴐。應據進呈目及原書改。

重輯祖陵紀略二卷　明宗室朱自新撰　**二四四〇**

兩江總督採進本（總目）。〇《兩江第一次書目》：「《祖陵紀略》，明朱自新輯，抄本，一本。」

謚法通考十八卷　明王圻撰　**二四四一**

浙江朱彝尊家曝書亭藏本（總目）。〇《浙江省第五次曝書亭呈送書目》：「《謚法通考》十八卷，明王圻輯，六本。」〇《浙江採集遺書總録》：「《謚法通考》十八卷，刊本，明布政司參議上海王圻撰。」〇《江蘇省第一次書目》：「《謚法通考》十四本。」〇《江蘇採輯遺書目録》：「《謚法通考》十八卷，明御史松江王圻輯，刊本。」〇上海圖書館藏明萬曆二十四年刻本，卷一題「雲間王圻編輯，巴郡趙可懷校正，平湖孫成泰、龍江王應麟、郢中朱一龍、西陵吴化參閲」。半葉九行，行二十字，白口，四周雙邊。前有萬曆二十四年趙可懷序云：王圻「輯有《續文獻通考》凡若干卷，就其中抽『謚法』一種另梓。」知刻於萬曆二十四年。唯趙可懷謂係從《續文獻通考》抽出，則未確。王圻《凡例》云：

「余《續文獻通考》嘗益『謚法』一目，以補馬貴與之缺，例仍舊貫，未及皇朝。今據《實録》所書，野史所記，輯附其後，別爲一種。」知係《續文獻通考》謚法門增附明朝謚法而成。版心刻工：唐文、張成宗、子靜、錢世英、世英、尤錫土、尤汝庚、刘采、何一德、徐綸、朱萬里、錢英、章穆、尚文、郁章、顧子美、章國華、趙世方、朱万里、万里、濮文、顧文耀、沈元易、章掖、周甫、張鳳、何承業、唐文壁、唐礼、朱子靜、夏邦彦、陳坤、刘志、尤大、王繼成、張箕、張在、刘兑、尤汝、沈理、周尚文、張宗、郭雨。《存目叢書》據以影印。廣東中山圖書館藏是刻，有清孫星衍跋。北大、上圖、臺灣「中央圖書館」等亦有是刻。

太常總覽無卷數　明金贇仁撰　二四四二

兩淮馬裕家藏本(總目)。○《兩淮商人馬裕家呈送書目》：「《太常總覽》四卷，明金贇仁，四本。」

明臣謚類鈔一卷　明鄭汝璧撰　二四四三

内府藏本(總目)。

明貢舉考九卷　明張朝瑞編　二四四四

浙江鮑士恭家藏本(總目)。○《浙江省第四次鮑士恭呈送書目》：「《明貢舉考》九卷，明張朝瑞輯，九本。」○《浙江採集遺書總録》：「《明貢舉考》九卷，刊本，明儀制司郎中隆昌郭元柱、鹿邑知縣海州張朝瑞同編。」○北京大學藏明萬曆刻本九卷，正文首題「皇明貢舉考卷一」，次題「海州張朝瑞輯」。半葉九行，行二十一字，白口，左右雙邊。前有萬曆六年田一儁序云：「是書凡八卷，鳳梧張君之所手輯也。」又萬曆元年陳文燭序，李楨序。正文前有《貢舉紀略》一卷。卷内鈐「獨馮主人」、「教忠堂」等印記。《存目叢書》據以影印。據田一儁序，原書八卷。是本卷八記事至萬曆五年，卷九則爲萬曆七年、八年、十年、十一年事，在田序之後，當係增刻。中科院圖書館、臺灣中研院史語所均有萬曆刻八卷本，當是原印本。日本内閣文庫有萬曆刻九卷本。

二四四五

謚苑二卷　明朱睦㮮撰

浙江范懋柱家天一閣藏本（總目）。〇《浙江省第五次范懋柱家呈送書目》：「《謚苑》二卷，刊本，明宗室睦㮮撰。」〇《浙江採集遺書總録》：「《謚苑》二卷，刊本，明宗室睦㮮著，二本。」

二四四六

王國典禮八卷　明朱勤美撰

江蘇周厚堉家藏本（總目）。〇《江蘇省第一次書目》：「《王國典禮》八本。」〇《江蘇採輯遺書目録》：「《王國典禮》八卷，明周府中正朱勤美著，刊本。」〇北京圖書館藏明萬曆四十三年周府刻天啟增刻本，題「奉勅督理宗學周府宗正勤美編集」。半葉九行，行十八字，白口，四周雙邊。前有萬曆四十三年六月張至發序，萬曆四十三年臧爾勸序，王弘祖序。卷七末有增刻天啟元年事十二葉。《存目叢書》據以影印。臺灣「中央圖書館」亦藏萬曆刻本，行款版式同，鈐「抱經樓」、「吴興劉氏嘉業堂藏書印」、「劉承幹字貞一號翰怡」等印記。

二四四七

孔廟禮樂考六卷　明瞿九思撰

兩淮馬裕家藏本（總目）。〇《兩淮商人馬裕家呈送書目》：「《孔廟禮樂考》六卷，明瞿九思，五本。」○吉林大學藏明萬曆三十五年史學遷刻本,題「明後學江漢瞿九思著,明後學平陽史學遷刻,明後學澶淵董漢儒校」。半葉九行,行二十字,黑口,四周雙邊。前有李維楨序,萬曆三十五年丁未史學遷序。正文前有《孔廟禮樂考初稿》一卷。鈐有「歙吴東三藏書」印記。《存目叢書》據以影印。遼圖、華東師大、中山大學、臺灣中研院史語所等亦有是刻。

二四四八　歷代貢舉志一卷　明馮夢禎撰

編修程晉芳家藏本(總目)。○清道光十一年六安晁氏木活字印《學海類編》本,題「明秀水馮夢禎開之著」。民國九年商務印書館影印晁氏木活字《學海類編》本。《存目叢書》又據商務本影印。○北京圖書館藏清鈔《雜鈔二十種》本。○民國二十六年商務印書館據《學海類編》本排印,收入《叢書集成初編》。

二四四九　明典禮志二十卷　明郭正域撰

浙江巡撫採進本(總目)。○《浙江省第七次呈送書目》:「《明典禮志》二十卷,明郭正域輯,四本。」○《浙江採集遺書總録》:「《明典禮志》二十卷,刊本,明侍郎江夏郭正域輯。」○《都察院副都御史黄交出書目》:「《典禮志》,明郭正域,二本。」○首都圖書館藏明萬曆刻本,正文首題「皇明典禮志卷之一」,次題「臣江夏郭正域輯」。半葉十行,行二十字,白口,左右雙邊。前有萬曆三十八年庚戌彭端吾《刻皇明典禮序》云:「志成,宗伯公寄之維揚,端吾時視鹾事,即付剞劂氏以行。」知係萬曆三十八年彭端吾揚州官署刻本。寫刻工:談志遠寫刊。鈐有「明善堂覽書畫印記」、「安樂堂藏書記」等印記。《存目叢書》據以影印。北圖、南圖、浙圖亦藏是刻。按：《北京圖書館古籍善本書目》著録爲萬曆刻本，《中國古籍善本書目》著録爲萬曆四十一年刻本，微有出入。

學科考略一卷　明董其昌撰 **二四五〇**

編修程晉芳家藏本（總目）。○《提要》云：「此與馮夢禎《歷代貢舉志》俱載於《學海類編》中，疑亦鈔撮割裂而成也。」○清道光十一年六安晁氏木活字印《學海類編》本，題「明華亭董其昌思白編」。○民國九年商務印書館影印晁氏木活字《學海類編》本。《存目叢書》又據商務本影印。○民國二十六年商務印書館據《學海類編》本排印，收入《叢書集成初編》。

明謚考三十八卷　明葉秉敬撰 **二四五一**

山東巡撫採進本（總目）。○《山東巡撫第二次呈進書目》：「《明謚考》二本。」○北京師大藏清鈔本，殘存卷一至卷十、卷十三至卷三十八共二册。題「三衢葉秉敬敬君父編」。半葉九行，行二十五字。卷内曆字作歷，弘字作宏，琰字不避諱，蓋乾隆鈔本。鈐「面城樓藏書印」印記，曾釗故物也。《存目叢書》據以影印。

饍堂考故一卷　明張鼐撰 **二四五二**

浙江巡撫採進本（總目）。○《都察院副都御史黄交出書目》：「《饍堂考古》，明張鼐，一本。」○明崇禎二年刻《寶日堂初集》三十二卷，其中卷二十八有《饍堂考故》。北圖、科圖、上圖等藏。按：

饘字《總目》作饁，誤。

謚法纂十卷　明孫能傳撰　**二四五三**

浙江汪啟淑家藏本（總目）。○《浙江省第四次汪啟淑家呈送書目》：「《謚法纂》十卷，明孫能傳著，四本。」○《浙江採集遺書總録》：「《謚法纂》十卷，刊本，明主事奉化孫能傳撰。」○北京圖書館藏明萬曆四十五年孫能正刻本，殘存卷一至卷四、卷八至卷十。題「四明孫能傳纂，弟能正校刊，姪如葯、如芝、如蘭，男如莡同校」。半葉十行，行二十一字，白口，四周單邊。前有丁巳夏六月望日吴郡周宗建季侯序，朱國初序，自叙，萬曆四十五年丁巳弟能正小引，萬曆四十三年乙卯姪季可題辭。末附《考誤》一卷，辨諸書之失。能正小引云：「屬之剞劂，以揚盛世之光。」知即刊於萬曆四十五年。周宗建序後有「長洲陳元素書」一行。《存目叢書》據以影印。美國國會圖書館有是刻足本。

秦璽始末一卷　明沈德符撰　**二四五四**

編修程晉芳家藏本（總目）。○清道光十一年六安晁氏木活字印《學海類編》本，題「明秀水沈德符景倩著」。民國九年商務印書館影印晁氏木活字《學海類編》本。《存目叢書》又據商務本影印。○民國二十八年商務印書館據《學海類編》本排印，收入《叢書集成初編》。○《北京人文科學研究所藏書簡目》著鈔「抄本一册」。

年號韻編一卷　明陳懋仁撰　**二四五五**

浙江汪啟淑家藏本（總目）。○《浙江省第四次汪啟淑家呈送書目》：「《年號韻編》一卷，明陳懋仁著，一本。」○《浙江採集遺書總録》：「《年號韻編》一册，寫本，明泉州府經歷秀水陳懋仁撰。」○遼寧圖書館藏清鈔本，題「檇李陳懋仁編，男藎謨、婿湯三俊恭閱」。前有天啟五年姚士粦序，天啟四年李日華序，天啟二年自序，凡例。後有湯三俊跋。正文末有補遺，補遺後有識語云：「編刻既成，復得僭亂蠻夷等二十三號，乃知遺漏尚不止此。前有謂讐書如掃葉，良然。因録補遺，併志淺率。陳懋仁又識。」知當時嘗刊版。此本遇明帝提行，蓋即從天啟刻本出。《存目叢書》據以影印。

明三元考十四卷　明張宏道、張凝道同撰　二四五六

浙江汪啟淑家藏本（總目）。○《浙江省第四次汪啟淑家呈送書目》：「《皇明三元考》十四卷，明張宏道、張凝道同撰，四本。」○《浙江採集遺書總録》：「《皇明三元考》十四卷，述古堂寫本，明武進張宏道、張凝道同輯。」○故宫博物院藏明刻本，作《皇明三元考》十四卷，題「晉陵元嶽張弘道成孺甫、修菴張凝道明孺甫仝輯」。半葉八行，行十九字，白口，四周單邊。前有焦竑序。《存目叢書》據以影印。上圖亦藏是刻。均與《科名盛事録》七卷合刊。○明書林何敬塘刻本，作《皇明三元考》十四卷，與《科名盛事録》七卷合刻。半葉八行，行十九字，白口，四周單邊。北圖藏。天一閣、無錫市圖有殘本。○明聚奎樓刻本，作《皇明三元考》十四卷，半葉八行，行十九字，白口，四周單邊。重慶市圖書館藏。○南京圖書館藏明刻本，書名卷數同前本，半葉八行，行十九字，白口，四周單邊。有焦竑序。丁丙《善本書室藏書志》著録。

萬古法程一卷　明袁應兆撰　**二四五七**

浙江巡撫採進本(總目)。○《浙江採集遺書總録》:「《萬古法程》一册,刊本,明休寧教諭建業袁應兆撰。」

辟雍紀事無卷數　明盧上銘撰　**二四五八**

兩淮馬裕家藏本(總目)。○《兩淮商人馬裕家呈送書目》:「《辟雍紀事》不分卷,明盧上銘,二本。」○南京圖書館藏明崇禎刻本六册,前有張四知序,盧上銘序。次盧上銘、馮士驊仝撰《紀事述言》及凡例七則。次《辟雍考》四則。次《辟雍紀事原始》甲辰至丁未凡四年,題「東莞盧上銘、吴門馮士驊仝輯」。次《辟雍紀事》正文一至十五。次《辟雍軼事》。次《附名賢雜詠》。次《紀盛事》、《紀盛典》、《頌》。半葉九行,行二十字,白口,四周單邊。記事至崇禎十年。《述言》云:「事詳於南,而北則附見。」按:南雍事盧上銘輯,北雍事馮士驊輯,當著録爲二人仝輯。《總目》僅及盧上銘,未確。卷内鈐「臧廷鑑印」、「受瀓氏」、「受瀓」、「銜山」、「八千卷樓藏書籍」、「四庫坿存」等印記。《存目叢書》據以影印。中山大學亦有是刻。○北京大學藏李盛鐸家鈔本。

學典三十卷　國朝孫承澤撰　**二四五九**

副都御史黄登賢家藏本(總目)。○《都察院副都御史黄交出書目》:「《漢學典》,本朝孫承澤輯,一本。《古學典》,本朝孫承澤輯,二本。」○《總裁李交出書目》:「《學典》十六本。」○湖南圖書館藏清鈔本,殘存卷十七、卷二十一兩卷。題「北平孫承澤撰」。半葉十一行,行二十字,無格。鈐有

「好學爲福之齋」、「葉氏啟勛讀過」、「拾經樓丁卯以後所得」、「葉啟勳」、「定侯審定」、「葉啟發藏書記」、「華萼堂著録」等印記。封面有清徐松隸書題「抄殘學典一册」，有葉啟勳題記：「此大興徐星伯太史松手筆，書首『好學爲福之齋』白文方印，太史藏書印記也。戊辰冬月啟勳。」旁批：「寅誤辰，可笑。」又題記：「辛未秋九得之道州何子貞太史東洲草堂。拾經主人記。」《存目叢書》據以影印。○臺灣中研院史語所藏鈔本，殘存二十二卷八册。○日本東京大學東洋所藏清國子監舊藏鈔本，存卷一至卷十七、卷二十至卷三十共二十八卷十册，大木干一舊藏。

文廟從祀先賢先儒考一卷　國朝郎廷極撰　二四六〇

編修程晉芳家藏本（總目）。○清道光十一年六安晁氏木活字印《學海類編》本，題「清廣寧郎廷極紫衡著」。民國九年商務印書館影印晁氏木活字《學海類編》本。《存目叢書》又據商務本影印。○民國二十八年商務印書館據《學海類編》本排印，收入《叢書集成初編》。

頖宫禮樂全書十六卷　國朝張安茂撰　二四六一

兩淮馬裕家藏本（總目）。○《兩淮商人馬裕家呈送書目》：「《頖宫禮樂全書》十六卷，國朝張安茂，三本。」○中國科學院圖書館藏清順治十三年刻本，題「欽差巡撫浙江等處地方提督軍務都察院右僉都御史三韓秦世禎瑞寰氏鑒定，浙江等處承宣布政使司左布政使新鄉張縉彦坦公氏彙訂，浙江等處提刑按察使司提調學政僉事雲間張安茂蓼匪氏纂輯」。半葉九行，行二十字，白口，左右雙邊。前有順治十三年秦世禎序，順治十三年自序。鈐「武昌柯逢時收藏圖記」印。《存目叢書》據以影印。故宫、福建省圖等亦有是刻。

琉球入太學始末一卷　國朝王士禛撰　二四六二

山東巡撫採進本(總目)。○《提要》云：「已見士禛《帶經堂集》中，此蓋初出别行之本。」○清華大學藏清康熙三十九年刻《昭代叢書》乙集本，題「濟南王士正貽上紀，海陵黄雲仙裳校」(雍正乾隆間印本，故王士禎改爲王士正)，《存目叢書》據以影印。○清道光十三年吴江沈氏世楷堂刻《昭代叢書》乙集本。○清康熙四十九年至五十年程喆七略書堂刻《帶經堂集》本。○清道光十一年六安晁氏木活字印《學海類編》本。民國九年商務印書館影印晁氏木活字《學海類編》本。按：各本書名多作《紀琉球入太學始末》。

國朝謚法考一卷　國朝王士禛撰　二四六三

山東巡撫採進本(總目)。○余藏清康熙刻《王漁洋遺書》本，題「濟南王士禛編輯」。前有康熙三十四年乙亥尤侗序，王士禛序。「禛」字均係挖改。序半葉十行，行十九字。正文半葉十行，行十九字至二十二字不等。黑口，左右雙邊。寫刻本。目録末題「門人宋至山言、男王啟涑、啟汸、啟汧、孫兆鄴、兆鄭、兆郢仝較」。記事至康熙三十四年，蓋即刻於是年。鈐「袁江人」、「陳氏」二印。湖北省圖有是刻，王士禛之禛字缺末筆，尚未改爲禎，刷印早於余本，《存目叢書》據以影印。《遺書》流傳尚多。○清康熙三十九年刻《昭代叢書》乙集本。○清道光十三年吴江沈氏世楷堂刻《昭代叢書》乙集本。○山東省圖書館藏悔堂老人輯鈔《悔堂手鈔二十種》本。

辨定嘉靖大禮議二卷　國朝毛奇齡撰 二四六四

浙江巡撫採進本（總目）。○清康熙書留草堂刻《西河合集》本，《存目叢書》用清華藏本影印。○清嘉慶中南匯吴氏聽彝堂刻《藝海珠塵》土集本。○清光緒九年山陰宋澤元懺華堂刻《勝朝遺事》初編本。○民國二十八年商務印書館據《藝海珠塵》本排印，收入《叢書集成初編》。

制科雜録一卷　國朝毛奇齡撰 二四六五

浙江巡撫採進本（總目）。○清康熙書留草堂刻《西河合集》本，《存目叢書》用清華藏本影印。○清道光十三年吴江沈氏世楷堂刻《昭代叢書》戊集續編本。

彙征録一卷　不著撰人名氏 二四六六

兵部侍郎紀昀家藏本（總目）。

國學禮樂録二十四卷　國朝李周望、謝履忠同撰 二四六七

浙江巡撫採進本（總目）。○《浙江省第十一次呈送書目》：「《國學禮樂録》二十卷，國朝李周望，六本。」○《浙江採集遺書總録》：「《國學禮樂録》二十卷，刊本，國朝祭酒蔚州李周望輯。」○清華大學藏清康熙五十八年國子監刻本二十卷，題「國子監祭酒蔚州李周望渭湄氏、國子監司業昆明謝履忠方山氏編輯」。半葉十行，行二十二字，白口，四周雙邊。封面刻「本監藏板」四字。前有康熙五十八年李周望序，謝履忠序，凡例。卷内胤字缺筆作乢，弘字不避諱，蓋雍正印本。《存目叢書》據以影印。復旦、中山大學等亦有是刻。○按：進呈目及原書均作二十卷，則《總目》作二十四卷

恐誤。

紀元彙考三十五卷　國朝黄琳撰　**二四六八**

大學士程景伊家藏本(總目)。

聖門禮樂統二十四卷　國朝張行言撰　**二四六九**

山東巡撫採進本(總目)。○《山東巡撫第二次呈進書目》:「《聖門禮樂統》八本。」○《江蘇省第一次書目》:「《聖門禮學統》八本。」按:吴慰祖改學爲樂,是。○《江蘇採輯遺書目録》:「《聖門禮樂統》二十四卷,清江浦張行言著。」○《兩江第一次書目》:「《聖門禮樂統》,江浦張行言纂,八本。」○北京大學藏清康熙四十一年萬松書院刻本,題「督學部院山右張大宗師鑒定,太史郡憲山左劉大宗師閲正,江浦後學張行言纂著」。半葉十行,行二十二字,白口,四周雙邊。版心刻「萬松書院藏板」。前有康熙四十一年東魯劉琰序云:「于是分所入俸,謀付剞劂。復召僚屬,共襄厥成。七閲月而告竣。」又康熙四十年甘國埏序,康熙三十六年史夔序,康熙四十年張行言《凡例》。卷尾有「康熙四十一年歲次壬午秋八月一日萬松書院敬刊」一行。《存目叢書》據以影印。福建省圖亦藏是刻。

學宫備考十卷　國朝彭其位撰　**二四七〇**

浙江巡撫採進本(總目)。○《浙江省第十一次呈送書目》:「《學宫備考》十卷,國朝彭其位輯,八本。」○《浙江採集遺書總録》:「《學宫備考》十卷附禮樂一卷,刊本,國朝諸生平江彭其位輯。」○

上海圖書館藏清乾隆六年自得軒刻本，題「湖南平江彭其位敬輯，雲南通海趙城參閲」。半葉八行，行二十一字，白口，四周雙邊。版心刻「自得軒」三字，封面刻「自得軒藏板」五字。前有康熙二十五年聖祖御製贊，雍正十年趙城序，乾隆三年汪應銓序，乾隆四年曾興烈序，乾隆五年景士鳳序，許顯森叙，乾隆五年彭其位《凡例》。《凡例》末署：「乾隆五年庚申正月穀旦湖南平江俟叟彭其位素君氏謹識於家居之自得軒，時年八十有一。」卷尾有乾隆六年春二月鍾靈跋云：「梓既畢，爰跋於後。」知係乾隆六年彭氏自得軒自刻本。《存目叢書》據以影印。南圖有乾隆刻本，疑即此刻。

四譯館考十卷　國朝江蘩撰　　**二四七一**

浙江鮑士恭家藏本（總目）。○《浙江省第四次鮑士恭呈送書目》：「《四譯館考》十卷，國朝江繁著，一本。」按：繁當作蘩。下同。○《浙江採集遺書總録》：「《四譯館考》十卷，刊本，國朝太常少卿漢陽江繁撰。」○華東師大藏清康熙刻本，題「楚漢陽江蘩采伯編輯」。半葉九行，行二十字，白口，四周雙邊。前有康熙三十四年自序。《存目叢書》據以影印。北圖、南圖等亦藏是刻。○上海圖書館藏清乾隆七年宜黄余楝重校刻本八卷，附《四譯館館則》後，王培孫舊藏。半葉十行，行二十二字，白口，左右雙邊。北圖亦有是刻。○臺灣中研院史語所藏燈崖閣烏絲欄鈔本，作《四夷館考》十卷二册。

太常紀要十五卷　國朝江蘩撰　　**二四七二**

江西巡撫採進本（總目）。○南京圖書館藏清康熙刻本，題「光禄大夫太常寺卿加五級臣江蘩編輯」。半葉十行，行二十二字，白口，四周雙邊。前有康熙四十一年自序。鈐有「兩浙佐伯清倖所貽」、「子孫世守」、「大丈夫擁書萬卷，何假南面百城」等印記。《存目叢書》據以影印。北圖、北大等亦藏是刻。○遼寧圖書館藏清鈔本。

紀元要略二卷補遺一卷　國朝陳景雲撰　陳黄中補遺　二四七三

江蘇巡撫採進本(總目)。○《江蘇省第一次書目》：「《陳少章書四種》三本。」○《江蘇採輯遺書目録》：「《陳少章書四種》，清長洲陳景雲著。子目列下：《綱目訂誤》四卷、《紀元要略》二卷《補遺》一卷、《韓集點勘》四卷、《通鑑胡注舉正》一册。刊本。」○《浙江省第十一次呈送書目》：「《紀元要略》二卷《補遺》一卷，國朝陳景雲輯，一本。」○《浙江採集遺書總録》：「《紀元要略》二卷《補輯》一卷，刊本，國朝長洲陳景雲輯。」○山東省圖書館藏清乾隆十九年陳黄中刻本，題「東吴陳景雲」。卷二末有「男黄中手録，小門生全州蔣良騏書諱」識語。半葉十行，行二十字，白口，左右雙邊。前有康熙四十四年陳景雲序。後有《紀元要略補輯》，題「男黄中附録」。《補輯》前有乾隆十九年甲戌陳黄中序。《存目叢書》據以影印。按：陳黄中乾隆十九年刻有《文道十書》，此係其一。北大、上圖等亦有收藏。○清嘉慶中南滙吴氏聽彝堂刻《藝海珠塵》匏集本。

歷代帝系年號二十卷　國朝劉宗魏撰　二四七四

江西巡撫採進本(總目)。○湖北省圖書館藏清乾隆二十八年春山堂刻本，作《歷代帝系年號考》二十卷，題「章貢劉宗魏柚航編輯」。半葉十行，行二十四字，白口，左右雙邊。寫刻頗工。每卷尾題

「男德輿御禮、德饗遠陶校字」。前有梁國治序，乾隆二十七年李睿序，乾隆二十八年自序。有蟲蛀，前序有殘損。《存目叢書》據以影印。南圖、華東師大、江西省圖等亦有是刻。

右典禮之屬

邦計彙編一卷　舊本題宋李維撰 **二四七五**

編修程晉芳家藏本（總目）。○《提要》云：「是書載曹溶《學海類編》中，實《册府元龜》邦計一門之總叙。」○清道光十一年六安晁氏木活字印《學海類編》本。民國九年商務印書館影印晁氏木活字《學海類編》本。民國二十五年商務印書館《叢書集成初編》本亦據此本影印。

救荒事略一卷　舊本題元歐陽元撰 **二四七六**

編修程晉芳家藏本（總目）。○清道光十一年六安晁氏木活字印《學海類編》本，題「元廬陵歐陽元原功著」。民國九年商務印書館影印晁氏木活字《學海類編》本。《存目叢書》又據此影印本影印。○北京圖書館藏清鈔《雜鈔二十種》本。○按：歐陽元當作歐陽玄，避康熙帝避改作元。

寶鈔通考八卷　元武祺撰 **二四七七**

永樂大典本（總目）。

元海運志一卷　舊本題明危素撰 **二四七八**

編修程晉芳家藏本（總目）。○《提要》云：「是編載曹溶《學海類編》中，驗其文，乃邱濬《大學衍義補》之海運一條也。」○清道光十一年六安晁氏木活字印《學海類編》本。民國九年商務印書館影印晁氏木活字《學海類編》本。○民國二十五年商務印書館據《學海類編》本排印,收入《叢書集成初編》。○民國二十五年北平文殿閣書莊據《學海類編》本排印,收入《國學文庫》。日本京都大學人文所藏。

二四七九　漕政舉要録十八卷　明邵寶撰

浙江范懋柱家天一閣藏本(總目)。○《浙江省第五次范懋柱家呈送書目》:「《漕政舉要》十卷,明邵寶著,四本。」○《浙江採集遺書總録》:「《漕政舉要》十八卷,刊本,明邵寶撰。」

二四八〇　鹽法考略一卷錢法纂要一卷　舊本皆題明邱濬撰

編修程晉芳家藏本(總目)。○《提要》云:「即濬《大學衍義補》中之兩篇也,曹溶割裂其文,並載《學海類編》中。」○清道光十一年六安晁氏木活字印《學海類編》本。民國九年商務印書館影印晁氏木活字《學海類編》本。○北京圖書館藏清鈔《雜鈔二十種》本。○民國二十八年商務印書館據《學海類編》本排印,收入《叢書集成初編》。

二四八一　鐵冶志二卷　明傅浚撰

浙江巡撫採進本(總目)。○《浙江省第十一次呈送書目》:「《鐵冶志》,明傅浚著,一本。」○《浙江採集遺書總録》:「《鐵冶志》一册,振綺堂寫本,明工部郎中南安傅浚撰。」

二四八二　陽明鄉約法一卷　明王守仁撰

浙江巡撫採進本(總目)。○《提要》云:「是書已載《陽明全書》中。崇禎間嘉善陳龍正復録出別行。」○《王文成公全書》三十八卷，有明隆慶六年謝廷傑刻本，北圖、上圖、南圖等藏。又萬曆二十四年刻本，北京市文物局、廣西壯族自治區圖書館藏。已收入《四庫全書》。民國二十二年商務印書館《萬有文庫》所收係排印有句讀本。卷十七内《南贛鄉約》即是。○清道光十一年六安晁氏木活字印《學海類編》本。民國九年商務印書館影印晁氏木活字《學海類編》本。○民國二十八年商務印書館據《學海類編》本排印，收入《叢書集成初編》。

陽明保甲法一卷　明王守仁撰　**二四八三**

浙江巡撫採進本（總目）。○《提要》云：「悉載牌諭諸文，亦見《陽明全集》中，陳龍正録出別行，而各附題識於其下。」○《王文成公全書》傳本參前條。○清道光十一年六安晁氏木活字印《學海類編》本。民國九年商務印書館影印晁氏木活字《學海類編》本。○民國二十八年商務印書館據《學海類編》本排印，收入《叢書集成初編》。

救荒活民補遺書三卷　明朱熊撰　**二四八四**

浙江范懋柱家天一閣藏本（總目）。○《浙江省第五次范懋柱家呈送書目》：「《救荒活民補遺書》三卷，明朱熊著，三本。」○《浙江採集遺書總録》：「《救荒活民補遺書》三卷，刊本，明江陰朱熊撰。」○《兩淮商人馬裕家呈送書目》：「《救荒活民補遺書》三卷，明朱維吉，三本。」○《江蘇採輯遺書目録》：「《活民書》三卷《拾遺》一卷《增補》一卷，宋從政郎董煟著，元張光大增，明朱熊補，刊本。」○清華大學藏明常在刻本，書名卷數同存目。題「江陰文林朱維吉補遺重編，河間府知府榆社常在重刊」。半葉九行，行十八字，白口，四周單邊。前有正統七年趙琬序，正統八年陳循序，正統八年王直序，後有正統八年李時勉跋。考常在弘治十八年進士，嘉靖《河間府志》卷十七載歷任知府，常在之後爲張羽，未記任期，唯卷四有云：「正德辛未知府張羽履任。」知常在當在正德六年辛未卸任。然則是本之刻在正德前期也。卷内鈐「問景廬記」、「灊庸」、「癯禪」、「楊嗣漢部山印」等印記。《存目叢書》據以影印。臺灣「中央圖書館」《善本書志初稿》著録「明河間知府常在刊本」，亦即是刻，鈐「天一閣」、「古司馬氏」、「抱經樓」、「吴興劉氏嘉業堂藏書印」、「劉承幹字貞一號翰怡」等印記。臺灣中研院史語所《善本書目》著録「明正德間刊本」，書名卷數同，疑亦此刻。○原北平圖書館藏明萬曆二十五年霸州道刻本，作《重刊救荒補遺書》二卷，題「宋董煟編著，元張光大新增，江陰朱熊補遺，澶淵王崇慶釋斷，海虞顧雲程校閲」。半葉十行，行十九字。有正統七年胡濙序，正統八年王直序，正統八年李時勉序，正統八年陳循序，正統七年趙琬序，正統十五年唐皐序，正統九年楊溥跋，王崇慶跋。王崇慶跋後有「萬曆二十五年七月吉日霸州道刊行」識語。卷末又有「文安縣知縣東郡岳儲精督刊」識語。現存臺北「故宫博物院」。(見王重民《善本提要補編》、臺灣《中央圖書館善本書目》)○南京圖書館藏明萬曆四十年陝西布政司刻本，作《重刊救荒活民補遺書》二卷，半葉九行，行十九字，白口，左右雙邊。○明萬曆四十五年姚思仁刻本，作《活民書》三卷《增補》一卷，半葉九行，行二十字，白口，四周雙邊，有刻工。北大、曲阜師大藏。○臺灣「中央圖書館」藏紅格鈔本，作《救荒活民補遺書》三卷，題「江陰文林朱維吉補遺重編，延平府知府錫山盛顒重刊」。半葉九行，行十八字，白口，四周雙邊。有胡濙、王直、陳循、趙琬序。序後有凡例九則，署：「正統癸亥九仲吉竹泉老人朱□□畀男維吉命工繡梓。」書末有成化九年癸巳夏四月朔廣西布政司右參政奉敕提督兵儲巡察邊務前監察御史延平府知府錫山盛顒重刊跋。又正統九年楊溥跋。鈐「傅山印」、「青主」印記。（見該館《善本書志初稿》）按：此本從成化九年盛顒刻本出，盛刻先常在刻本三十餘年，未可以尋常視之。又鈐傅山印，則其鈔寫亦在康熙中葉以前。〇清同治八年崇文書局刻本，作《重刊救荒補遺書》二卷，東京大學東洋所藏。〇日本天保七年（清道光十六年）刻本，作《救荒活民補遺書》二卷，中科院圖書館、北大、南大、華東師大藏。〇日本京都聖華房用昌平黌刊版印《昌平叢書》本，作《救荒活民補遺書》二卷，東京大學東洋所藏。

鹽政志十卷　明朱廷立撰　**二四八五**

兩江總督採進本（總目）。〇《兩江第一次書目》：「《鹽政志》，明朱廷立編，四本。」〇天津圖書館藏明嘉靖刻本，半葉八行，行十七字，白口，四周單邊。前有嘉靖八年唐龍叙，周瑯序。後有揚州府學教授仁和陳克昌後叙。卷首列銜：「河南道監察御史通山朱廷立、兩淮運司運使辰陽史紳、同知盩厔劉璣、揚州府儒學教授仁和陳克昌、生員馬新民、金獻可、桑蔓、江都縣儒學生員崔縺、王延祀同修。」據陳克昌後序，此志爲朱廷立發凡起例，陳克昌奉命編纂。當著録爲：朱廷立修，陳克昌纂。諸家著録或稱嘉靖八年揚州府刻本，即此本也。鈐有「朐海唐氏藏書印」、「種松山房」等印記。《存目叢書》據以影印。北圖、浙圖、臺灣中研院史語所等亦藏是刻。〇陝西師大藏清藍格影鈔明嘉靖八年揚州府原刻本十册。○陝西師大藏素紙影鈔明嘉靖八年揚州府原刻本六册。○大連圖書館藏清鈔本十册。

二四八六　**嘉靖清源關志四卷　明劉璽撰**

兩淮鹽政採進本(總目)。○《兩淮鹽政李續呈送書目》:「《嘉靖清源關志》八卷二本。」○《提要》云:「璽任滿未及刊,繼其事者爲蒲田雍潤,乃授之梓。書中凡署潤名者,又所續增也。」

二四八七　**淮關志八卷　明馬麟撰**

兩淮馬裕家藏本(總目)。○《兩淮商人馬裕家呈送書目》:「《淮關志》八卷二本。」○上海圖書館藏清乾隆四十三年刻嘉慶至光緒遞增本十四卷。按:此志創修於明嘉靖間馬麟,凡八卷,經喻希學、熊汝達增損付梓。馬麟、喻希學、熊汝達、萬表、喻沖、李爵皆有序。萬曆二十六年杜學大嘗增修之,杜學大、張甲徵爲序。清康熙二十五年杜琳因舊志而重修爲《淮關統志》十卷(本書卷八謂杜琳「增修志書十二卷」,微異),杜琳有序。乾隆中伊齡阿稱「日久漫漶」,乃於乾隆四十三年重修爲十四卷,有是年伊齡阿序,述修刻始末。嘉慶十年李如枚因伊志而續修之,續修之文附各卷後,另題「續纂淮關統志」,與伊志互不雜厠。有嘉慶十一年李如枚序。至光緒七年徵麟因舊版缺失,嘗補刊之,序云「毁於庚申捻亂,幸版未全失,……即令司事毛宗鵬同書吏劉邦翰等付諸手民,照舊補刊」。光緒二十一年文紳又續增嘉慶二十一年至光緒二十一年事。驗其字體,伊齡阿所修、杜琳所續、文紳所增互不相同,知上海此本係乾隆四十三年刻嘉慶十一年續刻光緒七年修補二十一年增刻本。原定光緒刻本，恐未確。《存目叢書》據以影印。

二四八八

茶馬類考六卷　明胡彦撰

兩淮馬裕家藏本（總目）。○《浙江省第五次范懋柱家呈送書目》：「《茶馬類考》六卷，明胡彦著，四本。」○《浙江採集遺書總録》：「《茶馬類考》六卷，刊本，明御史沔陽胡彦撰。」

二四八九

海運詳考一卷海運志二卷　明王宗沐撰

浙江范懋柱家天一閣藏本（總目）。○《浙江省第五次范懋柱家呈送書目》：「《海運詳考》一卷，明王宗沐著，一本。《海運志》二卷，明王宗沐著，一本。」○《浙江採集遺書總録》：「《海運誌》二卷，刊本，明總督漕運副都御史臨海王宗沐輯。」又：「《海運詳考》一册，刊本，前人輯。」○原北平圖書館藏明隆慶六年廬州知府張大忠刻本，二卷二册。正文首題「海運詳考」。半葉十行，行二十字，白口，單黑魚尾。魚尾上題「海運志」，下題「上卷」（卷下題「下卷」），再下題葉數。有王世貞序，李春芳序，隆慶六年陳堯序，隆慶六年陳耀文後序，隆慶六年張大忠跋。前有羅振玉手跋，已見王重民《善本提要補編》。鈐有「明善堂覽書畫印記」、「安樂堂藏書記」、「羅振玉印」、「唐風樓」、「玉簡齋」、「叔言」等印記。現存臺北「故宫博物院」。（參《中央圖書館善本題跋真跡》、王重民《善本提要補編》）按：此本似即《海運志》二卷，係據《海運詳考》增修重刻者。

二四九〇

洲課條例一卷　明王侹撰

兩淮鹽政採進本（總目）。○臺灣中研院史語所《善本書目》著録舊鈔本一册，作「明王健撰」。

二四九一

兩淮鹽法志十二卷　明史起蟄、張矩同撰

兩淮鹽政採進本（總目）。○《兩淮鹽政李呈送書目》：「《嘉靖兩淮鹽法志》十二卷，明史起蟄、張矩編，六本。」○北京圖書館藏明嘉靖三十年刻本，兩部皆殘。甲本殘存卷四至卷十二。乙本殘存卷一至卷六、卷十至卷十二。《存目叢書》用乙本全部，配以甲本卷七卷八卷九，影印行世。半葉九行，行二十一字，白口，四周單邊。前有嘉靖三十年許穀序，二十九年楊選序，葉觀序。又《敘例》云：「志作於嘉靖庚戌夏閏六月望日，成於辛亥春二月望日，吴人劉佑、王震書入梓。」後有陳暹後序。鈐「京師圖書館收藏之印」印記。

二四九二

漕書一卷　明張鳴鳳撰

兩淮鹽政採進本（總目）。○中國科學院圖書館藏清康熙九年釋超撥刻《羽王先生集》本，作《漕書八論》一卷。○北圖藏清鈔本與《西遷注》合一册，鈐「翰林院印」滿漢文大官印。係兩淮進呈原本。

二四九三

明通寶義一卷廣通寶義一卷　明羅汝芳撰

浙江范懋柱家天一閣藏本（總目）。○《浙江省第五次范懋柱家呈送書目》：「《大明通寶義》一卷《廣通寶義》一卷，明羅汝芳著，一本。」○《浙江採集遺書總録》：「《大明通寶義》一卷，刊本，明副使盱江羅汝芳撰。」○南京圖書館藏明萬曆二十四年董裕刻本，僅《大明通寶義》一卷。半葉九行，行十八字，白口，左右雙邊。前有萬曆二十四年丙申門人董裕叙云：「遂梓之署中，以俟後之君子有考焉。」又萬曆三年乙亥自序。前有張燕昌手跋：「大清乾隆三十七年歲在壬辰五月九日文魚張燕昌收。余家藏洪氏《泉志》一册，乃吴門汪伯子家閲本，揚州羅兩峰聘藏。龍眠方氏《錢譜》六册，是未付梓者，同里青在張氏藏。鈔本《泉譜》一册，著書者爲張端木也。此册《大明通寶義》未曾寓目，誠希罕之書也。按洪氏、方氏二書載古泉特詳，張氏所録兼備前明暨本朝錢法。而此册於前明錢法獨得其要，又可補余見之所未及矣。燕昌識。」又丁丙跋，即其《藏書志》本條原稿，文字稍異。卷内鈐「臣元龍印」、「康祚」、「嘉惠堂藏閲書」、「丁氏八千卷樓藏書記」、「四庫坿存」等印記。《存目叢書》據以影印。

海運新考三卷　明梁夢龍撰　二四九四

副都御史黄登賢家藏本（總目）。○《都察院副都御史黄交出書目》：「《海運新考》，明梁夢龍，三本。」○《直隸省呈送書目》：「《海運新考》三本。」○《江蘇省第一次書目》：「《海運新考》二本。」○《江蘇採輯遺書目録》：「《海運新考》三卷，明山東巡撫梁夢龍著，刊本。」○遼寧圖書館藏明萬曆六年真定府知府錢普刻本，半葉九行，行二十字，白口，左右雙邊。後有萬曆六年孟冬真定府知府錢普《刻海運新考後序》云：「竊願以是編付之剞劂，俾經世者有所考鏡。……刻成，普謹綴數語末簡。」是刊成於萬曆六年十月。《中國古籍善本書目》著録爲「萬曆七年刻本」，似未確。又有萬曆七年春日直隸大名府推官顧爾行後序，乃刊成後所加。刻工：孝、魁、坤、學、時、祖、仲、才、高、見、朱、冏、安、臣、明、善、虎、人、士、進、元、訓、張、于、焦、大。《存目叢書》據以影印。北大、臺灣「中央圖書館」、美國國會圖書館均藏是刻。臺灣「中央圖書館」本鈐「抱經樓」、「吴興劉氏嘉業堂藏書印」、「劉承幹字貞一號翰怡」、「吴興張氏珍藏」、「希逸」諸印（見該館《善本書志初稿》）。○原北平圖書館藏明萬曆重刻本。王重民謂「此本框行、行款、字蹟等雖極相同，然非同一版刻。此本蓋是後來翻刻本，亦應翻刻於大名。此本所記刻工有十五名，惟一『川』字與前本相同。更檢萬曆十四年大名所刻《皇明兩朝疏鈔》，則十五人中有川、安、王、孝四工相同，故知後來爲翻刻本。」是本有羅振玉手跋。（詳王氏《善本提要補編》）按：北平本現存臺北「故宫」，十五個刻工王氏未録，「川」字未見錢普刻本，蓋即「訓」字之省筆。又安、孝二刻工亦見錢普刻本，不止一「訓」字。王氏所據「原本」爲美國會本，其刻工王氏亦未録，無以覆校。檢《中央圖書館善本題跋真跡》有北平本正文卷上首半葉書影及羅跋影本，鈐「羅振玉印」、「臣玉之印」印記。首半葉版心下刻工爲「邢」，而錢普本爲「孝」。王氏「翻刻」之説當可信從。

海運編二卷　明崔旦撰　**二四九五**

户部尚書王際華家藏本（總目）。〇明嘉靖二十九至三十年吴郡袁褧嘉趣堂刻《金聲玉振集》本，題「平度膠萊漁父崔旦伯東甫著」。半葉十行，行十八字，白口，左右雙邊。前有嘉靖甲寅崔旦序。《存目叢書》用首都圖書館藏本影印。〇清嘉慶十三年虞山張海鵬刻本，收入《借月山房彙鈔》第十集，中科院圖書館、浙圖藏。民國九年上海博古齋影印張氏刻《借月山房彙鈔》本。〇民國二十五年商務印書館據《借月山房彙鈔》本排印，收入《叢書集成初編》。

山東鹽法志四卷　明查志隆撰　譚耀、詹仰庇參修　**二四九六**

兩淮鹽政採進本（總目）。〇《兩淮鹽政李續呈送書目》：「《山東鹽法志》四卷，明詹仰庇等，四本。」○臺灣「中央圖書館」藏明萬曆十八年刻本四卷八册，半葉九行，行二十字，白口，四周單邊。白綿紙，後印本，有漫漶。前有萬曆十八年詹仰庇《續刻山東鹽法志序》，萬曆十七年劉應龍《續山東鹽法志叙》，萬曆十七年查志隆《續山東鹽法志叙》。次公移。次《東鹽制規》僅存第八第十一兩葉。次凡例。卷一目録題「明巡按直隸督理長蘆山東鹽課兼理河道監察御史嶺南譚耀裁定，山東提刑按察使司副使古閩詹仰庇、山東都轉運鹽使司同知西浙查志隆編輯，經歷荆門戴相堯校閲」。卷一目録末題「經歷司經歷荆門戴相堯校梓，知事永年李廷華校梓」二行。卷一正文題「欽差巡按直隸等處督理長蘆山東鹽課兼管河道監察御史嶺南譚耀裁定，邵陵劉應龍裁定，山東按察司鹽法道副使温陵詹仰庇校訂、大梁胡希舜重訂，山東都轉運鹽使司運使豫章甘一驥校閲、同知西浙查志隆編輯、同知雲間徐琳續輯」。此帙乙亥冬梢嘗得一閲。北京圖書館有萬曆刻本殘存卷一，實即同版。有詹序，卷一目録署名同。卷一正文之首署名及卷一目録末署名佚去，劉、查序亦佚去。鈐「南通馮氏景岫樓藏書」、「馮雄印」、「景岫樓」、「馮雄之印」、「彊行及齋」等印記。《存目叢書》僅用北圖殘帙影印。

八閩政議三卷　不著撰人名氏　**二四九七**

浙江范懋柱家天一閣藏本（總目）。○《浙江省第五次范懋柱家呈送書目》：「《八閩政議》三卷，缺名著，三本。」○《浙江採集遺書總録》：「《八閩政議》三卷，刊本，不著撰人。」

海運圖説一卷　明鄭若曾撰　**二四九八**

浙江范懋柱家天一閣藏本（總目）。○清康熙三十二年鄭起泓、鄭定遠刻《鄭開陽雜著》本，上圖、復旦藏。○清乾隆四庫館鈔《四庫全書·鄭開陽雜著》本。○南京圖書館藏清鈔《鄭開陽雜著》本。民國二十一年南京國學圖書館影印清鈔《鄭開陽雜著》本。

蘇松浮賦議一卷　明鄭若曾撰　**二四九九**

浙江范懋柱家天一閣藏本(總目)。○清康熙三十二年鄭起泓、鄭定遠刻《鄭開陽雜著》本,上圖、復旦藏。○清乾隆四庫館鈔《四庫全書·鄭開陽雜著》本。○南京圖書館藏清鈔《鄭開陽雜著》本。民國二十一年南京國學圖書館影印清鈔《鄭開陽雜著》本。

重修兩浙鹺志二十四卷　明王圻撰　**二五〇〇**

浙江巡撫採進本(總目)。○《浙江採集遺書總録》:「《重修兩浙鹺志》二十四卷,刊本,明布政使參議華亭王圻纂。」○北京大學藏明萬曆四十二年劉紹先刻本,殘存十二卷,漫漶殊甚,且多缺葉。半葉九行,行二十字,白口,四周單邊。○吉林大學藏明萬曆刻天啟崇禎增修本,殘存卷十三、卷十七至卷二十一。末附《兩浙訂正鹺規》四卷,殘存卷二、卷四。○吉林大學藏明崇禎刻本,殘存卷三至卷二十二。半葉九行,行二十字,白口,左右雙邊。内容與北大萬曆本同,字體則異。印本清朗,未見修補,惜已不完。《存目叢書》據以影印。上圖亦有是刻殘卷。

漕運通志十卷　明楊宏撰　**二五〇一**

浙江范懋柱家天一閣藏本(總目)。○《浙江省第五次范懋柱家呈送書目》:「《漕運通志》十卷,明楊希仁輯,四本。」○《浙江採集遺書總録》:「《漕運通志》十卷,刊本,明楊希仁撰。」○北京圖書館藏明嘉靖七年楊宏刻本，半葉八行，行二十二字，白口，左右雙邊。前有嘉靖七年廖紀序云：「《漕運志》乃總運署都督同知楊公之所刻也。……間於暇日閲前志有未備，今例有未載者，手自紀録，蒐集成書。然猶不敢自是，迺延甌寧鄉進士謝君純，博考古今沿革，作爲表略九卷，以垂後範。」則是志乃楊宏、謝純同撰，嘉靖七年楊宏付梓。《四庫總目》但題楊宏撰，《中國古籍善本書目》、《北京圖書館古籍善本書目》但題謝純撰，均未確。又嘉靖九年唐龍序，嘉靖四年謝純序。卷内鈐「仲」、「蓉裳收藏印」、「黄氏借艸宧藏書」等印記。書衣有跋：「楊宏《漕運志》十卷，見《四庫全書總目》史部政書類存目。《明史·藝文志》作四卷，誤。宏，海州人，《海州志》稱宏鎮淮督運，聲績偉然。此書是明時印本，外間希有，雖河渠道路官制軍卒與今時無一事同，廢册陳言，久類芻狗，然前朝漕運規模猶可考見，亦譚故事者所不棄也。戊戌上元日老恩記。」《存目叢書》據以影印。

二五〇二　救荒事宜一卷　明周孔教撰

江西巡撫採進本（總目）。○《江西巡撫海第一次呈送書目》：「《救荒事宜》二本。」○吉林大學藏明萬曆刻本，與《周中丞疏稿》合刻。正文首題「督撫軍門救荒事宜」，次行題「屬吏祁承爜、陳以聞仝校」。半葉九行，行十九字，白口，四周單邊。天禄琳琅故物。參《周中丞疏稿》條。《存目叢書》據以影印。

二五〇三　長蘆鹽法志十三卷　明何繼高、馮學易、閔遠慶同撰

浙江汪啟淑家藏本（總目）。○《兩淮鹽政李續呈送書目》：「《長蘆鹽法志》十三卷，明閔遠慶，二本。」

通漕類編九卷　明王在晉撰　**二五〇四**

浙江汪啟淑家藏本（總目）。○《浙江省第四次汪啟淑家呈送書目》：「《通漕類編》九卷，明王在晉著，四本。」○《浙江採集遺書總録》：「《通漕類編》九卷，刊本，明按察使黎陽王在晉輯。」○華東師大藏明萬曆刻本，題「黎陽王在晉明初甫編，男會苾穉蒻甫較閲」。半葉九行，行二十字，白口，四周單邊。前有萬曆四十二年甲寅王在晉序。封面刻「本府藏板」四字，並鈐「翻刻必究」印記。《存目叢書》據以影印。北大、臺灣中研院史語所均有是刻。王重民《善本提要補編》著録原北平圖書館藏一帙，佚去自序，即其行款及卷端署名相同，知亦是刻。王氏謂「校閲作較閲，則必刻於啟禎間矣」。

粵東鹽政考二卷　明李橒撰　**二五〇五**

兩淮鹽政採進本（總目）。○《兩淮鹽政李續呈送書目》：「《粵東鹽政》二卷，明李橒，二本。」

北新鈔關志十六卷　明荆之琦撰　**二五〇六**

兩淮馬裕家藏本（總目）。○《兩淮商人馬裕家呈送書目》：「《北新關志》十六卷四本。」

開荒十二政一卷　明魏純粹撰　**二五〇七**

直隸總督採進本（總目）。

國賦紀略一卷　舊本題明倪元璐撰　**二五〇八**

編修程晉芳家藏本（總目）。○清道光十一年六安晁氏木活字印《學海類編》本，題「明上虞倪元璐玉汝輯」。民國九年商務印書館影印晁氏木活字《學海類編》本。《存目叢書》又據商務本影印。○

清鈔《雜鈔二十種》本，北圖藏。○日本東京大學東洋所藏鈔本一册，大木干一舊藏。○民國二十八年商務印書館據《學海類編》本排印，收入《叢書集成初編》。

救荒策會七卷　明陳龍正撰　**二五〇九**

浙江巡撫採進本（總目）。○《浙江省第九次呈送書目》：「《救荒策會》七卷，明陳龍正輯，二本。」○《浙江採集遺書總録》：「《救荒策會》七卷，刊本，明祠部郎嘉善陳龍正輯。」○《山西省呈送書目》：「《救荒策會》七卷。」○上海圖書館藏明崇禎十五年潔梁堂刻本，題「陳龍正論輯」。半葉九行，行十九字，白口，四周單邊。前有崇禎十五年自序。卷尾有「崇禎壬午十月浙嘉善陳龍正惕龍父識」一行。封面刻「潔梁堂藏板」。《存目叢書》據以影印。

古今鹺略九卷鹺略補九卷　明汪砢玉撰　**二五一〇**

浙江汪啟淑家藏本（總目）。○《浙江省第四次汪啟淑家呈送書目》：「《古今鹺略》九卷《補》九卷，明汪砢玉著，四本。」○《浙江採集遺書總録》：「《古今鹺略》九卷《補》九卷，明崇禎壬申刊本，明山東都轉鹽運使秀水汪砢玉撰。」○《兩淮鹽政李續呈送書目》：「《古今鹺略》九卷，明汪砢玉，四本。」○北京圖書館藏清鈔本，半葉十行，行二十字，無格。前有自叙。卷内鈐「楝亭曹氏藏書」、「長白敷槎氏堇齋昌齡圖書印」、「旺（聽）雨樓查氏有谷珍賞圖書」、「吳興姚氏邃雅堂鑑藏書畫圖籍之印」、「翁同龢印」、「文瑞公遺書」等印記。《存目叢書》據以影印。○《四庫全書附存目録》顧廷龍先生手批：「菊老有舊鈔，淵雅堂藏本，王芑孫題記。今歸合衆。」澤遜按：此本現藏上圖，僅《古今鹺略補》九卷，清鈔本，清王芑孫校並跋。

救荒事宜一卷　明張陛撰　**二五一一**

編修程晉芳家藏本(總目)。○清道光十一年六安晁氏木活字印《學海類編》本，題「明山陰張陛登子著」。民國九年商務印書館影印晁氏木活字《學海類編》本。《存目叢書》又據商務本影印。○清鈔《雜鈔二十種》本，北圖藏。

鹽法考十卷　不著撰人名氏　**二五一二**

江蘇周厚堉家藏本(總目)。○《江蘇省第一次書目》：「《鹽法考》六本。」○《江蘇採輯遺書目録》：「《鹽法攷》十卷，明人佚名編。」

淮鹺本論二卷　國朝胡文學撰　**二五一三**

兩淮鹽政採進本(總目)。○按：殿本《總目》作「兩江總督採進本」。○《兩江第二次書目》：「《淮鹺本論》，鄞縣胡文學著，二本。」○《浙江省第十次呈送書目》：「《淮鹺本論》二卷，國朝胡文學著，二本。」○《浙江採集遺書總録》：「《淮鹺本論》二卷，刊本，國朝御史鄞縣胡文學撰。」○《河南省呈送書目》：「《淮鹺本論》，本朝胡文學著，二本。」○復旦大學藏清康熙元年刻本，題「東海胡文學道南著」。半葉八行，行二十字，白口，左右雙邊。前有錢謙益序，季振宜序，成克鞏序，康熙元年壬寅梁清標序。末有康熙元年嚴沆序。卷内鈐「吴興劉氏嘉業堂藏書印」、「劉承幹字貞一號翰怡」等印記。《存目叢書》據以影印。北京圖書館藏清康熙刻《胡氏三書》本。清華、復旦藏清康熙刻《胡道南先生全集》本。未知異同。

二五一四 **明漕運志一卷　舊本題國朝曹溶撰**

編修程晉芳家藏本（總目）。○《提要》云：「今考其文，與谷應泰《明史紀事本末》河漕轉運篇無一字之異。溶斷斷不致如此，知《學海類編》決非溶家原本也。」○清道光十一年六安晁氏木活字印《學海類編》本。民國九年商務印書館影印晁氏木活字《學海類編》本。○民國二十五年商務印書館據《學海類編》本排印，收入《叢書集成初編》。

二五一五 **歷代茶榷志一卷　清蔡方炳撰**

按：此書《總目》不載，今據《四庫全書附存目録》補。

二五一六 **蘇松歷代財賦考一卷　不著撰人名氏**

江蘇巡撫採進本（總目）。○《江蘇省第二次書目》：「《蘇松歷代財賦考》一本。」○《江蘇採輯遺書目録》：「《蘇松歷代財賦考》一册，不著撰人名氏，刊本。」○華東師大藏清康熙刻本，與《請減蘇松浮糧疏稿》合刻。半葉九行，行二十一字，白口，左右雙邊，無直格。寫刻頗工。無序跋。記事至康熙二十九年。《存目叢書》據以影印。北圖藏康熙刻本，行款同，蓋是一版。

二五一七 **歷代山澤征税記一卷　國朝彭寧求撰**

編修程晉芳家藏本（總目）。○按：程晉芳所進各書篇卷較少者，多《學海類編》所有。檢《學海類編》道光十一年活字本，有《歷代關市征税記》一卷，清彭寧求撰。考《提要》稱「海税之加，不知起於漢宣帝;鹽鐵之税,不知起於管子。既彙叙歷代税法」云云,蓋即其書也。唯書名稍異。

二五一八

左司筆記二十卷　國朝吴曻撰

江蘇巡撫採進本(總目)。○《江蘇省第一次書目》:「《左司筆記》四本。」○《江蘇採輯遺書目録》:「《左史筆記》二十卷,清太倉吴曻著,抄本。」按:史當作司。○北京圖書館藏稿本三卷三册,半葉十行,行字不等,白口,四周單邊。清張爕跋。《涵芬樓燼餘書録》著録。○北京圖書館分館藏清鈔本二十卷,題「太倉吴曻西齋述」。半葉十行,行二十二字,無格。鈐有「汪士鐘印」、「平陽伯子」、「汪士鐘藏」、「赤泉楊氏圖書」、「惠父寓目」等印記。《存目叢書》據以影印。

二五一九

泉刀匯纂無卷數　國朝邱峻撰

浙江巡撫採進本(總目)。○《浙江省第十一次呈送書目》:「《泉刀匯纂》不分卷,國朝邱峻著,四本。」○《浙江採集遺書目録》:「《泉刀匯纂》八卷,寫本,國朝貢生仁和邱峻輯。」

二五二〇

錢録十二卷　國朝張端木撰

江蘇巡撫採進本(總目)。○《江蘇省第一次書目》:「《錢録》一本。」○《江蘇採輯遺書目録》:「《錢録》十卷,清張端木著。」○復旦大學藏清嘉慶梅益徵鈔本,題「雲間張端木敏菴甫著」。半葉九行,行二十字,白口,四周單邊。前有嘉慶乙丑(十年)仲冬梅益徵序。《總目》前有「滬城梅益徵手録」一行。卷尾有「滬城梅益徵復齋重校並鈔」一行。卷内鈐「梅益徵印」、「䷗(復)齋」、「屯軒」、「海上寶日閣梅氏藏書」等印記。《存目叢書》據以影印。○北京圖書館藏清嘉慶十八年葉志詵家鈔本，作《張端木錢録》十二卷一册。半葉九行，行二十四字，藍格，白口，四周單邊。清葉志詵跋。○北京圖書館藏清道光五年劉雯鈔本十二卷一册，半葉十一行，行二十字，無格。清劉喜海校注，金鳳沼校並跋。○北京圖書館藏清玉連環室鈔本十二卷四册。半葉十二行，行二十三字，藍格，白口，四周單邊。○山西圖書館藏清鈔本。○上海圖書館藏清鈔本，佚名校。○民國十六年南洋新國民日報鉛印本，上圖、北大等藏。

右邦計之屬

馬政志四卷　明陳講撰　二一五二一

兩淮鹽政採進本（總目）。○《兩淮鹽政李續呈送書目》：「《馬政志》四卷，明陳講，一本。」○《江蘇省第一次書目》：「《馬政》二本。」○《江蘇採輯遺書目録》：「《馬政志》五卷，明侍御史遂寧陳講著，刊本。」○四川圖書館藏明嘉靖刻本，殘存卷一、卷四兩卷。目録題「遂寧陳講編次」。半葉十行，行二十一字，白口，四周單邊。前有嘉靖二十九年九月奉勅巡視陝西茶馬監察御史盧郡劉崙序，嘉靖三年唐龍序，嘉靖三年自序。末有嘉靖十一年賈啟跋。唐序云：「苑卿郭子孟威式崇脩之令，乃刊而布之。」自序云：「孟威曰：事不師古，其胡用訓，吾將刊布之。」知嘉靖三年郭孟威刊行。賈跋云：「瀛海郭君來按馬政，留心蕃庶，百廢俱舉。偶閲志文，見其歲久梓鏤摹滅，顧謂太僕陳子、王子及啟曰：是不可重修邪？召匠檢刻，務令如新。」知修版於嘉靖十一年。劉序云：「歲久湮模，艱於檢閲。嘉靖庚戌（二十九年）太僕卿王君朝賢、少卿李君檠、苑馬少卿王君教，篤意馬政，懼無以鑒往而式來也，迺脩訂舊志，持以來告。」又云：「志例一仍其故，惟訛者正之，闕者補之，紊者次之，續者附之而已。」蓋嘉靖二十九年又據舊版修訂增補者。卷内鈐「無是樓藏書」、「成都李氏收藏故籍」、「李一氓五十後所得」、「一氓讀書」、「成都李一氓」等印記。末有李一氓手跋：「《明史·藝文志》有陳講《茶馬志》四卷，當即此書。卷合而名異，或重修時改易今名歟。楊時喬別有《馬政記》十二卷，亦見《明史·藝文志》。陳講，四川遂寧人。」《存目叢書》據以影印。天一閣文管所藏本存卷一卷二共一册，《新編天一閣書目》著録爲「嘉靖三年刻本」。安徽圖書館有殘本，亦無卷三。《藏園群書經眼録》著録全帙，云：「明刊本，十行二十一字。分茶馬、鹽馬、牧馬、點馬四類，類爲一卷，每卷又列子目。有嘉靖甲申蘭溪唐龍序，嘉靖三年陳講自序，嘉靖二十九年廬陵劉崙重修序（重修者郭君也），嘉靖壬辰黄崗黄啟序。鈐有季滄葦各印、璜川吴氏收藏圖書印。（邃雅齋送閲，丙寅）」此全本不知現歸何所。

歷代馬政志一卷　舊本題國朝蔡方炳撰　　二五二二

按：此書《總目》未載，今據《四庫全書附存目録》補。○清道光十一年六安晁氏木活字印《學海類編》本。民國九年商務印書館影印晁氏木活字《學海類編》本。

歷代武舉考一卷　國朝譚吉璁撰　　二五二三

浙江巡撫採進本（總目）。○清道光十一年六安晁氏木活字印《學海類編》本。民國九年商務印書館影印晁氏木活字《學海類編》本。《存目叢書》又據商務本影印。○民國二十四年嘉興譚氏承啟堂刻《嘉興譚氏遺書》本，清華、上圖等藏。○民國二十六年商務印書館據《學海類編》本排印，收入《叢書集成初編》。

右軍政之屬

永徽法經三十卷　元鄭汝翼撰 二五二四

永樂大典本(總目)。

至正條格二十三卷　元順帝時官撰 二五二五

永樂大典本(總目)。

金玉新書二十七卷　不著撰人名氏 二五二六

永樂大典本(總目)。

官民準用七卷　不著撰人名氏 二五二七

永樂大典本(總目)。

明律三十卷　明太祖時敕修 二五二八

永樂大典本(總目)。○中國歷史博物館藏明刻本，作《御製大明律》不分卷，二册。半葉十行，行二十字，白口，四周雙邊。版心下記刻工名。《中國歷史博物館古籍善本書目》著録爲「明洪武三十年刻本」。○北京圖書館藏明嘉靖范永鑾刻本，作《大明律》三十卷。卷一題「江西等處承宣布政使司左參政今陞河南按察使范永鑾重刊」。半葉九行，行十八字，白口，四周雙邊。鈐「奚疑居藏書印」、

「四明西郭范氏一字莊」等印記。《存目叢書》據以影印。○天一閣文管所藏明嘉靖刻本,作《大明律》二卷,殘存卷下。半葉十行,行二十二字,黑口,四周雙邊。○北京圖書館藏明刻本,作《大明律》十二卷,殘存卷一至卷六。半葉九行,行二十字,白口,左右雙邊。○上海圖書館藏明刻本,作《大明律》三十卷。半葉十行,行二十字,白口,四周雙邊。○南京圖書館藏明刻本,作《大明律》三十卷。半葉十行,行二十字。又半葉十六行,行三十字。大黑口,四周雙邊。清丁丙跋。○南京圖書館藏明刻本,作《大明律》三十卷。半葉十行,行二十二字,黑口,四周雙邊。○北京市文物局藏明隆慶元年陳省刻本,作《大明律》三十卷附録一卷。半葉九行,行二十字,白口,四周單邊。○天津劉明陽研理樓藏明萬曆二十九年刻本,作《大明律》三十卷附録一卷。半葉九行,行字不等,白口,四周單邊。是書嘗遭查鈔歸公,藏天津圖書館。文革後退還劉氏。劉明陽,天津人,與夫人王靜宜均喜藏書,頗富善本。李國慶先生函告。○中山大學藏明萬曆三十七年董漢儒等校刻本,作《大明律》三十卷附録一卷,十一册。半葉九行,行二十字,白口,四周單邊。○北京圖書館藏明北京刑部街陳氏刻本,作《大明律》三十卷《爲政規模節要論》一卷《刑名啟蒙心妙總集》一卷《新奏准時估折鈔則例》一卷《會定運磚運灰等項做工則例》一卷,六册。半葉十行,行二十字。小字十六行,行三十字。黑口,四周雙邊。○北京圖書館藏明正德十六年刻本,作《大明律》三十卷,明劉惟謙等撰,明胡瓊集解。半葉十行,行二十二字,白口,四周單邊。○日本享保七年刻本,作《大明律》三十卷《問刑條例》三卷,首都圖書館、津圖、南圖、浙圖等藏。○日本享保八年刻本,作《大明律》三十卷《問刑條例》三卷，北大、復旦、上圖、日本東京大學東洋所等藏。〇日本大阪書林五書堂印本，作《大明律》三十卷《問刑條例》三卷，北圖藏。

右法令之屬

元内府宫殿制作一卷　不著撰人名氏　**二五二九**

永樂大典本（總目）。

造甎圖説一卷　明張問之撰　**二五三〇**

浙江巡撫採進本（總目）。〇《浙江省第九次呈送書目》：「《造甎圖説》，明張問之著，一本。」〇《浙江採集遺書總録》：「《造甎圖説》一册，刊本，明屯田郎張問之撰。」

西槎彙草一卷　明龔輝撰　**二五三一**

浙江范懋柱家天一閣藏本（總目）。〇《浙江省第五次范懋柱家呈送書目》：「《西槎彙草》一卷，明龔輝著，一本。」〇《浙江採集遺書總録》：「《西槎彙草》二卷，刊本，明工部營繕司郎中餘姚龔輝撰。」〇美國國會圖書館藏明嘉靖刻藍印本二卷一册。半葉九行，行二十字。末有嘉靖十二年曾璵《説木》一篇，又嘉靖十二年郟鼎書後。鈐有「翰林院印」滿漢文大方印，是進呈四庫原本。（見王重民《善本提要》）

南船紀四卷　明沈啓撰　**二五三二**

江蘇巡撫採進本（總目）。〇《江蘇省第一次書目》：「《南船記》一本。」〇《江蘇採輯遺書目録》：「《南船記》四卷，明工部主事吴江沈啓著。」〇南京圖書館藏清乾隆六年沈守義刻本，作《南船紀》四卷。每卷題「吴江沈啓子由著，八世孫守義重鐫」，各卷末題「八世孫守義謹録」。卷四末有「江寧黄子俊刊船，李咸懷、吴省南、張廷獻刻字」一行。半葉十行，行二十五字，白口，四周單邊。末有乾隆六年八月十二日八世孫守義跋云：「即用原本重翻，故行款悉如其舊。」是本圖文刊印均精工。前有補刻《四庫提要》一則，知係乾隆三十八年以後所印。《存目叢書》據以影印。北圖、日本山口大學亦藏是刻。《中國版刻圖録》著録。

水部備考十卷　明周夢暘撰　二五三三

浙江巡撫採進本(總目)。○《浙江省第八次呈送書目》：「《水部備考》十卷，明周夢暘輯，四本。」○《浙江採集遺書總録》：「《水部備考》十卷，刊本，明都水郎襄陽周夢暘輯。」○《兩江第一次書目》：「《水部備考》，明周夢暘輯，四本。」

浮梁陶政志一卷　國朝吴允嘉撰　二五三四

編修程晉芳家藏本(總目)。○《提要》云：「後爲《景鎮舊事》十四條。」○清道光十一年六安晁氏木活字印《學海類編》本，題「清錢塘吴允嘉志上述」。與《景鎮舊事》一卷合刊。民國九年商務印書館影印晁氏木活字《學海類編》本。《存目叢書》又據商務本影印。○清道光咸豐間宜黄黄秩模刊《遜敏堂叢書》本，與《景鎮舊事》一卷合刊。北圖、北大、上圖等藏。○民國二十六年商務印書館據《學海類編》本排印，收入《叢書集成初編》。

右考工之屬

四庫存目標注卷三十

滕州　杜澤遜　撰

史部十九

目録類

寧藩書目一卷　不著撰人名氏　**二五三五**

浙江范懋柱家天一閣藏本（總目）。〇《提要》云：「嘉靖二十年，多焜求得其書目，因命教授施文明校刊行之。」

祕閣書目無卷數　明錢溥撰　**二五三六**

兩淮鹽政採進本（總目）。〇《兩淮鹽政李續呈送書目》：「《祕閣書目》一卷，明楊溥，二本。」〇原北平圖書館藏明藍格鈔本，作《内閣書目》一册，不著撰人名氏。半葉十行。經、史、子三部略備，集部全闕。鈐「大明貴池鏐氏藏書」、「鏐城鑑藏」、「小謨觴仙館」、「□□于氏藏書印」等印記。王重民謂疑即錢溥所編殘本（詳王氏《善本提要補編》）。按：此本現存臺北「故宫」。于氏名昌進，清山東文登人，室名小謨觴仙館。「□□于氏藏書印」當作「不夜于氏藏書印」。○中國科學院圖書館藏清鈔本，作《祕閣書目》一册。半葉十一行，行字不等，無格。前有成化二十二年錢溥序，係鄧之誠補録。書衣有鄧之誠手跋：「《祕閣書目》，錢溥撰，五右齋藏本。此錢溥所録内閣書目，其《未收書目》則其子山所録也。溥字〔原溥〕，華亭人，正統四年進士，以教習内侍授檢討，官學士。結交内臣王倫，擅草英宗遺詔，謫順德知縣。再起，官南吏部尚書，卒謚文通。此目分本朝官書、易、書、詩、春秋、禮、樂、諸經、四書、性理、經論、史、史雜、子、子雜、文集、詩詞集、類書、韻書、姓氏、法帖、畫譜、政書、刑書、兵書、算法、陰陽書、醫書、農譜、道書、古今通志凡三十二門，略無倫類。然自《宋史·藝文志》不載宋以前書，《明史》因之，古書存佚，遂無可辨，賴此知明初尚存之書多不見張萱《内閣書目》，張所著録者清初已不可求，遑論今日。載籍日亡，蓋不待禁而已漸即于無矣，可勝慨哉。壬辰春正，文如居士識于成府村居。」下鈐「鄧之誠」印。又跋：「書中避及玄字，不避曆字，是康熙時鈔本。錯譌顛倒，暇時當爲正之。」卷内鈐「顧鼎冕」、「號象山」、「玉樹臨風」、「開卷一樂」、「彙英堂」、「怡菴後裔」諸印，又「真慧」、「袖間」連珠印，「䷌」橢圓印。《存目叢書》據以影印。○北京圖書館分館藏鈔本，作《祕閣書目》不分卷二册，前有成化二十二年錢溥序。半葉十行，行二十一字。不避清諱，遇明帝提行。一九九四年書目文獻出版社據以影印，《明代書目題跋叢刊》之一。

○浙江圖書館藏清鈔本不分卷四册。

二五三七　菉竹堂書目六卷　明葉盛撰

兩淮鹽政採進本(總目)。○上海圖書館藏清初鈔本不分卷,半葉十行,無格。前有葉盛序,乃録自《涇東稿》者。又六世孫國華詩。卷内鈐「楝亭曹氏藏書」、「長白敷槎氏堇齋昌齡圖書記」、「寶芝堂印」、「韓氏藏書」等印記。《存目叢書》據以影印。○浙江圖書館藏清初鈔本不分卷一册,清某氏校。○北京圖書館藏清道光六年東武劉氏味經書屋鈔本,清劉喜海、葉志詵跋。半葉十行。一册。○北圖又藏清鈔本二册。半葉十行。清周星詒校並跋。○北圖又藏清鈔本一册。半葉十一行。清周星詒校。○北圖又藏清鈔本一册,半葉十行。○北圖又藏清經鉏堂鈔本六卷,存卷一至卷二、卷四至卷六。三册。半葉九行,藍格,白口,四周單邊。○上海圖書館藏清鈔本六卷。○上圖又藏清鈔本不分卷。○遼圖藏清鈔本不分卷。○安徽圖書館藏清鈔本不分卷。○日本内閣文庫藏萃古齋鈔本不分卷。葉恭綽跋。○日本内閣文庫藏清鈔本六卷。○臺灣中研院史語所藏清葉氏鈔本六卷一册。○清咸豐四年南海伍崇曜刻本六卷,《粵雅堂叢書》二編十五集之一。日本靜嘉堂文庫藏是刻,清陸心源手跋。此跋收入《儀顧堂題跋》卷五,謂係抽鈔《文淵閣書目》而成,與《存目》所據兩淮呈本不合。○民國二十四年商務印書館據《粵雅堂叢書》本排印,收入《叢書集成初編》。

二五三八　文苑春秋叙録一卷　明崔銑撰

兩江總督採進本(總目)。○《兩江第一次書目》:「《文苑春秋叙録》,明崔銑著,一本。」○《提要》

云:「今已散入《文苑春秋》,各冠本篇之首。此則其單行别本也。」○《文苑春秋》四卷,明崔銑輯。有明嘉靖十七年刻本,北圖、北大、南圖等藏。又明萬曆二十年陳簡刻本,北大、北師大、南圖等藏。四庫入總集類存目。《存目叢書》據北大嘉靖本影印。

寶文堂分類書目三卷　明晁瑮撰　**二五三九**

編修程晉芳家藏本(總目)。○原北平圖書館藏明藍格鈔本,作《晁氏寶文堂分類書目》三卷。上卷開頭殘缺。中卷首題「晁氏寶文堂分類書目」,下卷首題「晁氏寶文堂書目」。半葉十行,分上下兩欄。卷内鈐「大明貴池鎦氏藏書」白文長印、「鎦城鑑藏」朱文方印、「不夜于氏藏書印」白文長方印、「小謨觴仙館」白文方印。于氏名昌進,清文登人,室名小謨觴仙館,多藏珍本祕笈。是本現存臺北「故宫博物院」。王重民《善本提要補編》、臺灣《中央圖書館善本書目》著録。一九九四年北京書目文獻出版社據北圖藏膠卷影印,收入《明代書目題跋叢刊》。《存目叢書》復據影印。○《北平圖書館月刊》民國十八年八月至十一月三卷二至五期連載排印本,所據即該館藏明鈔本,有趙萬里校跋。○一九五七年古典文學出版社排印本,作《晁氏寶文堂書目》。所據係明鈔本膠卷。末附新輯叙録一卷。

經序録五卷　明朱睦㮮撰　**二五四〇**

浙江巡撫採進本(總目)。○《浙江省第七次呈送書目》:「《經序録》五卷,明朱睦㮮著,五本。」○《浙江採集遺書總録》:「《經序録》五卷,刊本,明宗室朱睦㮮撰。」○《江蘇省第一次書目》:

「《經序録》二本。」○《江蘇採輯遺書目録》：「《經序録》五卷，明宗室周藩宗正朱睦㮮著，刊本。」○中國人民大學藏明聚樂堂自刻本五卷四册。半葉十行，行二十字，白口，左右雙邊。版心刻「聚樂堂」及刻工。北圖本缺卷一。○揚州市圖書館藏清鈔本，題「東陂居士睦㮮編」。半葉十行，行二十字。版心上題「聚樂堂」三字。前有嘉靖三十九年崑山周大禮序。是從聚樂堂刻本依式迻寫之本。序首葉鈐「翰林院印」滿漢文大官印，書衣有乾隆三十八年兩淮鹽政進書木記，是兩淮進呈四庫原本也。《存目叢書》據以影印。

國史經籍志六卷 明焦竑撰 二五四一

兩江總督採進本（總目）。○《兩江第一次書目》：「《國史經籍志》，明焦竑著，五本。」○江蘇寶應縣圖書館藏明萬曆三十年陳汝元函三館刻本，題「太史北海焦竑輯，門人東越陳汝元校」。半葉十一行，行二十四字，白口，四周單邊。前有焦竑序，陳汝元序。陳序云：「歲壬寅春謁先生於金陵，……先生首肯，命元校讎而付之梓，凡五閲月而工訖。」卷内鈐「樂意軒吴氏藏書」朱文方印。《存目叢書》據以影印。王重民《善本提要》記美國國會圖書館藏是刻，僅有自序，但封面刻「越郡陳氏函三館藏板」，鈐「埽塵齋積書記」、「禮培私印」等印記。上海圖書館藏是刻有清嚴元照跋。人民大學藏一部。原北平圖書館藏一部，現存臺北「故宫」。○明萬曆錢塘徐象橒曼山館刻本，題「史官瑯琊焦竑輯，錢塘徐象橒校刊」。半葉十行，行二十字，白口，左右雙邊。版心下刻「曼山館」。有焦竑序。北圖、上圖、南圖等藏。重慶圖書館本有清陶濬宣跋。華東師大本有復廬題識。○清初木活字印本，半葉十行，行二十字，白口，左右雙邊。北圖、日本靜嘉堂文庫藏。長澤規矩也云：「據徐氏校刊本。」二〇〇二年八月北京萬隆古籍文獻拍賣會圖録著録一部，題「史官琅琊焦竑輯，錢塘徐象櫄校刊」，書名葉刻「梅隱書屋藏板」。其提要稱北圖所藏一部爲楊守敬從日本訪得，鈐「星吾海外訪得祕笈」、「小山文庫」等印章。〇清康熙三十五年鈔曼山館本，傅增湘跋。山西文物局藏。〇清初金俊明鈔本，清唐翰題跋。上圖藏。〇臺灣「中央圖書館」藏清康熙鈔本，題「史官瑯琊焦竑輯，錢塘徐象櫄校刊」。玄字避諱。（見該館《善本書志初稿》）〇清曹琰鈔本三册，半葉十行，無格。北圖藏。〇清雍正元年鈔本，附《補》一卷。缺卷一至三。南圖藏。〇清盧文弨鈔本，天一閣文管所藏。〇北圖藏清鈔本，半葉九行，黑格，白口，四周單邊。〇北圖又藏清鈔本，半葉十一行，行二十六字，無格。〇北圖分館藏清南枝堂鈔本四册。又清鈔本兩部。均從曼山館本出。〇中山大學藏清鈔本，半葉十行，無格。鈐「古吴潘介祉叔潤氏收藏印記」、「潘氏淵古樓藏書記」、「玉笋」、「真州吴氏有福讀書堂藏書」等印記。（見該校《善本書目》）〇清鈔本。北師大、首都圖書館、中科院圖書館、泰州圖書館、暨大均有藏。〇清咸豐元年南海伍崇曜刻本，《粤雅堂叢書》初編第五集之一。〇日本承應三年（清順治十一年）京都板木屋七左衛門覆刻曼山館本（見長澤規矩也《中國版本目録學書籍解題》）。北大、南大、天津師大藏日本重刻曼山館本當即是刻。〇民國二十八年商務印書館據粤雅堂本排印，收入《叢書集成初編》。〇一九五九年商務印書館排印本，附《明史藝文志》後。

經廠書目一卷　明内府所刊書目　二五四二

編修汪如藻家藏本(總目)。○《國子監學正汪交出書目》:「《經廠書目》一本。」○按:明劉若愚《酌中志》卷十八有《内板經書紀略》,民國七年吴昌綬刻入《松鄰叢書》甲編。民國間陶湘排印《武進陶氏書目叢刊》内有《明代内府經廠本書目》,與《松鄰》本實同。所收經史子集一百五十一部,另有佛經、道經、番經。與《提要》所云「一百十四部」之數不合。又目中無《神童詩》,亦與《提要》所云「《神童詩》、《百家姓》亦厠其中」不合。知《酌中志》中《内板經書紀略》與館臣所見《經廠書目》並非一書。唯所記皆明内府刻書,相去亦不甚遠也。

讀書敏求記四卷　國朝錢曾撰　二五四三

江蘇巡撫採進本(總目)。○手稿本一册,北京圖書館藏。首行題「虞山錢遵王述古堂藏書目録題詞」,半葉十四行,行二十一字,無格。有莫友芝跋,丁日昌批注並跋。一跋見章鈺《讀書敏求記校證》末附《序跋題記》。章鈺《校證》後記云:「託江安傅沅叔增湘轉借上海涵芬樓藏遵王《題詞》一册,審爲《敏求記》之初稿。」又《校證補輯類記》云:「寫本之殘者,……計存二百八十餘條。」即是本也。○北京圖書館又藏清鈔本一卷一册,書名同前本,半葉十行,行二十二字,白口,左右雙邊。有清周星詒校並跋。當即從前本録出者。○重慶市圖書館藏清雍正四年趙孟升松雪齋刻本,正文題「也是翁錢曾遵王」,目録題「籛後人也是翁錢曾遵王」,目録末題「吴興趙孟升用亨校」,目録版心下刻「松雪齋」。半葉九行,行二十字,黑口,四周單邊。前有王豫立序。又雍正四年趙孟升序云:

「余惜其尚未克流布通邑大都，爰付開雕氏以傳焉。」後有曹一士跋。卷前有清福庭題記二則。其一云：「此記係初刻本，道光間已罕有見。阮氏福所刻足本自序，當時亦僅見通行重刻之本。書中有固始殿撰吴瀹齋其濬(旁注：嘉慶丁丑進士一甲一名)二印，並有朱筆校改誤字，蓋亦瀹齋先生手筆也(旁注：曾見吴書屏條，筆法近董，與所校之字相同)。辛丑仲夏購於吴門擁百堂書鋪，計洋銀三圓。福庭記。」另一則引《拜經樓題跋》言趙用亨刻此書事，不録。卷内鈐「吴其濬印」、「瀹齋」、「吴興許氏懷辛齋藏」、「懷辛祕笈」、「懷辛居士」、「博明鑑藏」、「許久印」、「博明氏」等印記。《存目叢書》據以影印。上圖藏是刻，有清范深泉録黄丕烈校。上圖又藏一部，有羅振常録清吴焯、吴騫、朱文藻、陳鱣、胡重校並跋。臺灣中研院史語所藏是刻，清徐楝手校，係北京人文科學研究所舊藏(見梁子涵《中國歷代書目總録》)。湖北圖書館藏是刻，有劉劍白録清吴騫、陳鱣等批校，徐恕録清黄丕烈校跋。○清雍正四年趙孟升松雪齋刻雍正六年濮梁延古堂印本。行款版式字體同前本，唯卷前目録版心下無「松雪齋」三字。前有雍正六年濮梁序云：「惜此編未克流傳，爰付諸梨棗，以公同志。」自署「雍正六年小春月濮川濮梁書於延古堂」。章鈺記蔣汝藻藏是本云：「封面題濮川延古堂藏板，前有雍正六年濮川濮梁序，魚尾下塗去松雪齋三字，映日可見。」(《讀書敏求記校證》卷前《據校各本略目》)孟憲鈞曰：「雍正六年濮梁延古堂刻本，實即得趙氏松雪齋版片而重刷之，故歷來研究者均將二者視爲一本。」(《讀書敏求記版本小記》，載《藏書家》第一輯)《中國古籍善本書目》、《北京圖書館古籍善本書目》均著録爲「清雍正六年濮梁延古堂刻本」，未確。北圖藏是本有清吴志忠録黄丕烈批校，周星詒批注並跋，蔣鳳藻、陸心源批注。常熟翁氏舊藏，有「翁斌孫印」。《續修四庫全書》據以影印，惜眉批多不清晰。上海圖書館藏是本有清邵恩多校並跋。佘彦焱博士云，上博藏一部有己未元夕長洲章鈺手跋。鈐「章式之讀書記」印記。○清雍正四年趙孟升松雪齋刻乾隆十年沈尚傑雙桂草堂修版印本。行款版式字體同趙本。有趙孟升原序，曹一士原跋。又增乾隆十年沈尚傑序云：「因舉吴興趙氏之本，重加校讐，付諸剞劂。」自署「乾隆十年歲次乙丑仲冬既望東里沈尚傑書於雙桂草堂」。清勞權曰：「嘉興沈氏重校，加以己序，并刓去卷末板心之字，詭謂重刊，實則趙氏舊本也。」（《讀書敏求記校證》末附沈尚傑序勞權批注）徐憶農女士以趙、沈二本詳校，亦審爲趙刻沈氏修版，詳後。《中國古籍善本書目》、《北京圖書館古籍善本書目》及丁瑜《讀書敏求記》點校《前言》、孟憲鈞《讀書敏求記版本小記》均著録爲「乾隆十年沈尚傑雙桂草堂刻本」，當予更正。上海圖書館藏是本一部有清黄丕烈校。又藏一部有清顧錫麒校。又藏一部有清管庭芬跋並録清吴焯、吴騫、朱文藻、陳鱣、胡重校，清宗舜年校並跋，徐鴻熙、章鈺、鄧邦述跋。南京圖書館藏一部有鄧邦述校跋並録清宋賓王、吴騫、陳鱣、黄丕烈、嚴元照、管庭芬、勞權批校題跋。北京圖書館藏一部有佚名録清袁廷檮校。北圖分館藏一部有單不厂録清何焯、荄菴漫士（陳其榮）題識。北京大學藏一部，華陽高氏蒼茀齋集諸家校，有題記。○清雍正四年趙孟升刻乾隆十年沈尚傑雙桂草堂乾隆六十年沈炎耆英堂遞修本。行款版式字體同前本。增乾隆六十年沈炎跋云：「此書原刻頗有錯誤，今俱改正，一一開列於左（凡二十四條，今略去）。此外凡蛀損模糊廿餘葉，俱重刻完善,庶藏書家得舊本,可以互勘矣。乾隆六十年乙卯夏日檇李沈炎記於耆英堂。」又乾隆乙卯胡重跋云:「雍正丙午吴興趙孟升用亨氏始授諸梓,乾隆乙丑嘉興明經東里沈公重校以行。……今明經文孫葭士因齋中板片歲久漫漶,乃取善本讎勘,訛者刊之,闕者補之,剞劂之工,浹旬乃竣。」胡重跋僅稱「胡公重校以行」,不云「重刊」,是已隱含沈尚傑因趙孟升刊板重修印行之意。至乾隆六十年沈尚傑之孫沈炎又將舊板重加修補印行。封面刻「耆英堂藏板」。徐憶農女士函告:南京圖書館藏有雍正四年松雪齋本、乾隆十年沈尚傑本、乾隆六十年沈炎本。三本行款版式字體相同,斷版處亦同,唯愈晚斷版愈多。又三本「真」字均缺末筆,而「弘」、「曆」均不缺筆,是雕版在雍正之旁證。雍正四年本目録版心下有「松雪齋」三字,乾隆本無,但有挖改殘痕。由是可知沈尚傑本係用趙孟升版重修,而耆英堂本又係趙孟升刻沈尚傑、沈炎遞修本。澤遜按:徐説最明確。《中國古籍善本書目》、《北京圖書館古籍善本書目》著録爲「乾隆十年沈尚傑雙桂草堂刻六十年沈炎耆英堂重修本」,則欠妥當。臺灣「中央圖書館」藏是本,其《善本書志初稿》著録爲「乾隆十年東里沈尚傑刊本」,亦誤。彼本有清吴騫硃校並跋,又吴氏緑筆過録朱文藻等諸家校跋,又已未元夕章鈺跋云「孟蘋道兄通假」,即《讀書敏求記校證》所稱「吴槎客原校本」也。《拜經樓藏書題跋記》著録。鈐「兔牀手校」、「沈樹鏞印」、「莚圃收藏」等印記。北圖藏一部有清黄丕烈批注,清陳鱣校跋並録吴焯、吴騫等題識,清張時宜跋。又藏一部有清黄丕烈批校並跋,佚名批注。又藏一部有清楊尚文録黄丕烈校跋。又藏一部有清傅以禮跋,佚名録黄丕烈校。又一部有佚名録清胡重校跋。又一部有孫廷翰跋並録吴焯、吴騫、陳鱣等批校題識。又一部有吴慈培校並録黄丕烈、管庭芬校注及趙昱、鄧邦述題識。又一部有章鈺校跋並録吴焯、吴騫、黄丕烈題識。上圖藏一部有清吴卓信校並跋，宗舜年校。又一部有潘祖蔭校跋。又一部有清蔣鳳藻校並録清張宗櫨、許昂霄、黄丕烈校。南圖藏一部有清姚覲元校並録管庭芬批校題識。湖南圖書館藏一部有葉德輝批校並跋。上海博物館藏一部有羅振常録陳其榮校跋，高世異、章鈺跋。北圖分館藏一部有約園張壽鏞校記。〇清道光五年阮福小琅嬛僊館刻本。半葉十行，行二十二字，白口，四周雙邊。每卷末有「道光乙酉年八月依武林嚴氏書福樓本重雕」篆書二行。北圖有清翁心存校跋本，又翁同龢校跋本，又倫明校跋本。〇清道光五年阮福小琅嬛僊館刻道光十五年增刻本（增刻《補遺》一卷。《文選樓叢書》所收即是刻）。湖南圖書館藏一部有清徐松題款，葉啟勛題識。又一部有葉德輝跋。〇清道光二十七年潘仕成刻《海山仙館叢書》本。〇上海圖書館藏清初鈔本，清陳昱跋。〇清初鈔本，清宋賓王（蔚如）康熙丙申、雍正丙辰校，近人鄧邦述跋。臺灣中研院史語所藏。〇南京圖書館藏清鈔本，有吴玉墀手跋：「是鈔爲知不足齋藏本，癸巳夏鮑兄舉以贈予。昔竹垞太史乞鈔于也是翁小胥，與以金不應，脱所衣青裘益之。先子乞鈔《咸淳臨安志》于花山馬氏，予錢二萬，經半年乃得半部。復予錢二萬，始允借鈔。前輩愛書如此，今藏書家如市兒説合矣。世風不古，即此可證。丙申春仲苦雨，小谷跋。」鈐有「小谷」、「吴玉墀印」、「吴蘭林西齋書籍刻章」及八千卷樓丁氏諸印記。又丁丙跋。《善本書室藏書志》著録。〇清小山堂鈔本，殘存卷四，板框外有「小山堂鈔本」五字，清朱文藻硃校，吴騫緑筆校。丁氏八千卷樓舊藏，後歸江南圖書館，宣統二年章鈺嘗經丁國鈞借校。(見章鈺《讀書敏求記校證》卷前《略目》)徐憶農女士函告：此本南京圖書館現未見收藏，查《善本書室藏書志》亦未見著録。○北京圖書館藏清翁汝明鈔本，半葉十一行，行二十三字，白口，左右雙邊。清翁心存校。○北圖又藏清鈔本，清張宗橚跋並録許昂霄校。半葉十二行，行二十字，無格。○北圖又藏清鈔本，半葉九行，行二十字，無格。清葉名澧跋並倩人録黄丕烈批校題識。○北圖又藏清鈔本三部，均半葉十二行，行二十字，無格。○繆氏雲自在龕緑格鈔本，臺灣中研院史語所藏。○民國三年上海掃葉山房石印本。湖南圖書館藏一部有葉德輝批校並跋。北圖分館亦藏一部。○民國二十五年商務印書館據《海山仙館叢書》本影印，收入《叢書集成初編》。○一九八四年北京書目文獻出版社排印丁瑜點校本。據沈尚傑本，校以阮刻、潘刻及佚名臨吴焯、吴騫校本。末附序跋十三則。○《錢遵王讀書敏求記校證》四卷首一卷末一卷，民國十五年章鈺刻本，題「海寧管庭芬原輯，長洲章鈺補輯」。卷一分上下二子卷，卷二卷三卷四均分上中下三子卷，實十一卷。前有民國十三年《補輯類記》，又《據校各本略目》，《四庫提要》本條，又《讀書敏求記補目》。後有《錢遵王讀書敏求記佚文》，《序跋題記》，《附録》，《後記》。《後記》後有「京都楊梅竹斜街文奎齋王孝艾繕刻」一行。又後爲《補遺》。封面刻「長洲章氏丙寅年刊成」一行。一九八七年廣陵古籍刻印社據以影印。一九九〇年中華書局又據以影印，列入《清人書目題跋叢刊》。○《校證讀書敏求記》存卷一壹册，江寧鄧邦述群碧樓鈔本，北圖分館藏。按：此本未題校證人。考章鈺《錢遵王讀書敏求記校證》卷前《據校各本略目》云：

「時江寧鄧正盦邦述亦從事此書，又得勞巽卿精校本，正盦通懷樂善，每有新獲不吝沾溉，又嘗手寫各家校語數紙，約鈺排比成編。人事變遷，未克成卷。」疑此卷即鄧邦述未成遺稿也。

二五四四　述古堂書目無卷數　國朝錢曾撰

浙江巡撫採進本（總目）。○《兩淮鹽政李續呈送書目》：「《述古堂藏書目》一卷，國朝錢曾，二本。」○北京圖書館藏清初錢氏述古堂鈔本，半葉八行，行十九字，藍格，白口，左右雙邊。正文卷端書名作《錢遵王述古堂藏書目録》，分十卷三册。版心有「述古堂」三字。有錢曾校。前有錢曾《述古堂藏書自序》、《述古堂藏書後序》。自序云：「已酉清和，蕙蘭香中獨坐，詮次家藏書目告蕆。」知是編成於康熙八年。卷内玄字不缺筆，知猶當時清本。有傅增湘手書籤記：「《述古堂書目》，錢氏原稿本，汪喜孫舊藏。」卷内鈐「汪」、「喜孫」、「周玉齊金漢石之館」、「揚州汪喜孫孟慈父印」、「雙鑑樓藏書印」等印記。《存目叢書》據以影印。○清乾隆三十八年朱邦衡家鈔本，作《述古堂書目》不分卷《宋板目》一卷六册，朱邦衡校。北圖藏。○清乾隆五十年吴翌鳳鈔本十卷二册，臺灣「中央圖書館」藏。正文首題「述古堂錢氏藏書目卷一」，「錢氏藏」三字朱筆塗去。半葉十行，行二十字，無格。前有自序，後有後序。卷内有吴翌鳳朱筆校，又題記：「辛卯嘉平二十又一日枚菴手録。」下鈐「翊鳳之印」白文方印。又吴騫手跋：「吾家枚庵茂才酷嗜書籍，所藏多手鈔精校本。自其客游三楚，幾二十年不歸，藏書什九散佚。今秋仲月予友簡莊從吴趨以善直收得數種，此其一也。予亦從苕估買得數册，丹黄圖記，粲然可觀，載展載讀，不無今昔之感。予今年七十有二，計枚菴之年亦相差，未審他時更得握手于滄浪水榭之間重展各書相視一笑否也。嘉慶甲子冬十二月兔牀騫漫記。」下鈐「吴氏兔牀書畫印」朱文長方印。卷内又鈐「吴翌鳳印」、「吴伊仲藏書」、「古歡堂」、「枚菴居士」、「得此書，費辛苦，後之人，其鑑我」、「仲魚圖象」、「簡莊藝文」、「徐克謙觀」、「海鹽徐氏夢錦樓珍藏印」、「已爲沈均齋有」、「吴興劉氏嘉業堂藏書記」等印記。（參《中央圖書館善本題跋真跡》、《善本書志初稿》）○清吴翌鳳家鈔《藝海彙編》本，中科院圖書館藏。○清休寧汪氏屐硯齋鈔本，南圖藏。○清讀史精舍鈔本，佚名録吴翌鳳批注並跋。南圖藏。○清諸城劉喜海嘉蔭簃鈔本二卷，北京圖書館藏。○約清嘉慶間吴門趙光照輯鈔《千墨庵叢書》本，作《述古堂錢氏藏書目》十卷，復旦大學藏。○舊鈔《千墨菴叢書》本。臺灣中研院史語所藏。○日本内閣文庫藏清萃古齋鈔本。○北京圖書館藏清鈔本，蔣鳳藻跋。○北圖又藏清鈔九行本，二卷一册。○北圖又藏清鈔十行本，十卷一册。○北圖分館藏清鈔本，作《錢遵王述古堂藏書目録》，殘存卷五至卷十，又附《古今雜劇》一卷《續編雜劇》一卷。○清鈔本，上圖、川圖各一部。○清道光三十年南海伍崇曜刻本四卷附《宋板書目》一卷，《粤雅堂叢書》之一。○民國二十四年商務印書館據《粤雅堂叢書》本排印，收入《叢書集成初編》。○北圖分館藏民國七略盦鈔本，作《錢遵王述古堂藏書目録》十卷《古今雜劇》一卷《續編雜劇》一卷二册。

讀書蕞殘三卷　國朝王鉞撰　二五四五

湖北巡撫採進本（總目）。○《湖北巡撫呈送第二次書目》：「《讀書蕞要》三本。」○《江蘇省第一次書目》：「《讀書易蕞殘》三本。」○《江蘇採輯遺書目録》：「《讀書蕞殘》三卷，清西甯知縣大興王鉞著，刊本。」〇南京圖書館藏清康熙六十一年王氏世德堂刻本，作《讀書蕞殘》三卷。題「琅邪王鉞任菴著，長洲顧嗣立俠君、大興王兆符龍篆編次，男沛憻念菴較字」。半葉九行，行二十字，黑口，左右雙邊。寫刻極精。前有康熙三十九年劉涵序，康熙六十一年顧嗣立序，雍正元年秋王兆符序。顧序云：「念菴先生因念先公手澤，不忍使其無傳，校讎至再，爰付開雕。」王序云：「（粤西方伯）以太翁任菴先生《讀書蕞殘》郵寄，屬爲之校刊。兆符既卒業，作而嘆曰」云云。是雍正元年刊成。卷内鈐「木樨香館范氏藏書」印。《存目叢書》據以影印。北圖亦有是刻。按：《提要》云：「是書舊題長洲顧嗣立、大興王兆符合編。前一卷皆跋《漢魏叢書》，後二卷皆跋《説郛》。別有刊本在《任菴五書》中，以前一卷自爲一書，題曰《墨餘筆記》，後二卷則仍名《讀書蕞殘》，而删其每書之標目，頗憒憒不可辨別。此蓋其原本也。」〇山東省圖書館藏清康熙五十三年刻《世德堂遺書》本一卷。題「琅邪王鉞任庵纂，男沛憻、沛思、沛儁、沛恂校」。半葉九行，行二十字，黑口，左右雙邊。前有康熙庚辰劉涵序云：「《讀書蕞殘》一卷，北海任庵太夫子讀《漢魏叢書》之所爲作也。」取校三卷本，此即其第一卷。前本寫刻，此則匠體字刻本。北圖分館、南圖等亦有是刻。

別本讀書蕞殘二卷　國朝王鉞撰　**二五四六**

山東巡撫採進本（總目）。〇《山東巡撫第二次呈進書目》：「《世德遺書》五本。」參前條。

明藝文志五卷　國朝尤侗撰　**二五四七**

兵部侍郎紀昀家藏本（總目）。〇《鄭堂讀書記》卷三十二：「《明史藝文志稿》五卷，原稿本，國朝尤侗編。……添注塗改,頗費苦心。然於古書爲明人所刻,即署其人爲之收入,恐明一代之刊本,不勝其收矣。又往往不著撰人卷數,則討論亦未周到也。後刻《西堂全集》,止載分纂列傳及外國傳,而不及是志。」〇清康熙刻《西堂全集》本(見《中國叢書綜録》、人民大學《善本書目》)。按:檢查數家《西堂全集》未見此志。宋平生先生云:人民大學藏《西堂全集》各本實亦無之。

易傳辨異四卷　國朝翟均廉撰　二五四八

浙江巡撫採進本(總目)。〇《浙江省第六次呈送書目》:「《易傳辨異》四卷,國朝翟均廉著,二本。」〇《浙江採集遺書總録》:「《易傳辨異》四卷,刊本,國朝舉人仁和翟均廉撰。」

右經籍之屬

吴下塚墓遺文三卷　明都穆撰　二五四九

兩淮鹽政採進本(總目)。〇《兩淮鹽政李續呈送書目》:「《吴下塚墓遺文》三卷,明都穆,一本。」〇《藏園群書經眼録》:「《吴下冢墓遺文》三卷《續》一卷,明都穆輯,葉恭焕續。明寫本。版心有『賜書樓』三字。半葉十行,行十九字。前有吴寬序,又玄敬題詞。《續集》有隆慶庚午葉恭焕序。鈐有『葉子寅』、『葉德榮』、『菉竹堂』、『蒼山』、『春玉圃人』、『文卿孺子』各印,又『稽瑞樓』印。(海虞瞿氏藏書。癸酉)」〇臺灣「中央圖書館」藏清康熙東吴王氏龍池山房鈔本三卷《續編》一卷二册。半葉十行,行十九字,黑口,四周單邊。版心下記「龍池山房秘本」。有明吴寬序,成化二十二年丙午都穆題詞。《續編》有隆慶四年葉恭焕序。卷内鈐「東吴王蓮涇藏書畫記」、「蓮涇珍藏」、「聞遠」、

「王赤子」、「士禮居藏」、「平江黄氏圖書」、「黄丕烈印」、「蕘圃」、「松江讀有用書齋金山守山閣兩後人韓德均錢潤文夫婦之印」、「甲子丙寅韓德均錢潤文夫婦兩度攜書避難記」、「莚圃收藏」等印記。王聞遠手跋：「《吴塚遺文》三卷又《續遺文》一卷，崐山葉文莊公家所藏祕本也，已丑歲卤葉遂粥書於書賈。予介沈君寅若借觀，如獲球貝。因倩工鈔録之，裝潢成帙。即偕西賔翼暉汪兄、中表張禹嘉弟，校讐於孝慈堂。其中謬誤特多，不敢臆改者，仍其舊也。時已丑歲中秋日蓮涇王聞遠識。」按：己丑爲康熙四十八年，即鈔於是年，所據者明葉氏賜書堂寫本也。又黄丕烈跋二則：「《吴塚遺文》二册，正三卷、續一卷，王蓮涇所藏本也。余與蓮涇族孫秋濤交好，故所得較多。此册亦係孝慈堂故物，然却於他處得之，知其散佚者久矣。閲蓮涇後跋，謂是葉文莊公家藏祕本而倩工傳録者，則此書流布絶少，得此猶足以考見我吴碑刻文字，不致與荒烟蔓草同零落於墟墓間也。乾隆乙卯十二月望前一日雪霽牕明，檢書及此，因記數語於卷端。棘人黄丕烈。」「嘉慶乙丑元夕後一日孫壽之以別本屬校。取其字句之彼善于此而此反可賴彼是正者略著于上下方。蕘翁識。」又卷一首葉書眉：「道光癸未秋八月見鈎摹米書真跡校。蕘夫。」又瞿中溶題記：「道光五年七月嘉定木居士瞿中溶借讀。」（參《中央圖書館善本題跋真跡》、《善本書志初稿》）〇北京圖書館藏清鮑氏知不足齋鈔本三卷一册，半葉十行，行十九字，黑口，左右雙邊。版心有「知不足齋叢書」六字。前有都穆題詞，吴寬序。卷尾題記：「歲已丑秋仲之七日偕西賔翼暉汪兄、中表張禹嘉弟校讎一過。蓮涇王聞遠識。」「乾隆辛丑三月傳蓮涇王氏龍池山房本。知不足齋識。」下注：「四月初十日校勘一過。」知係乾隆四十六年鮑氏知不足齋傳鈔王聞遠龍池山房鈔本，鮑廷博手校散見卷中。鈐有「歙西長塘鮑氏知不足齋藏書印」、「老屋三間，賜書萬卷」、「曾在趙元方家」、「人生一樂」、「趙鈁珍藏」、「一廛十駕」、「曾居無悔齋」、「趙氏元方」、「依緑軒印」等印記。《存目叢書》據以影印。○臺灣「中央圖書館」藏清諸城劉喜海味經書屋鈔《味經書屋金石叢書》本。在《叢書》第七第八册，《吴下冢墓遺文》三卷又葉恭焕《續編》五卷。半葉十行，行二十一字，小黑口，四周單邊。版心下刻「味經書屋鑒藏書籍」八字，左欄外下方刻「東武劉燕庭氏校鈔」八字。《叢書》鈐有「劉」、「燕庭藏書」、「文正曾孫」、「劉喜海印」、「燕庭」、「東武劉氏味經書屋藏書印」、「楊氏珍藏章」、「臣鏞之印」(此二印係清末楊寶鏞印)、「蔣祖詒」、「穀孫」、「蔣祖詒印」、「烏程蔣祖詒藏書」、「穀孫鑑藏」、「西吴文獻世家」、「莚圃收藏」等印記。(見該館《善本書志初稿》)

二五五〇　水經注碑目一卷　明楊慎撰

浙江范懋柱家天一閣藏本(總目)。○《浙江省第五次范懋柱家呈送書目》：「《水經注碑目》一卷，明楊慎著，一本。」○《浙江採集遺書總録》：「《水經注碑目》一册，寫本，明楊慎輯。」○上海圖書館藏明嘉靖十六年朱方刻本，作《水經注所載碑目》一卷，與《輿地紀勝所載碑目》一卷合刻。半葉九行，行十九字，白口，四周雙邊。末有嘉靖十六年丁酉夏六月五日雲南按察司副使朱方識語云：「予因梓刻以傳，庶不孤楊子編輯初意云。」前六葉殘破。卷内鈐「積學齋徐乃昌藏書」、「績語堂印」等印記。《存目叢書》據以影印。○明刻《楊升菴雜著十四種》本，作《水經注所載碑目》一卷。北圖、福建省圖藏。

蒼潤軒碑跋一卷續跋一卷　明盛時泰撰　二五五一

江蘇巡撫採進本（總目）。○《江蘇省第一次書目》：「《蒼潤軒碑跋記》一本。」○《江蘇採輯遺書目録》：「《蒼潤軒碑跋記》一册，明秣陵盛時泰著，抄本。」○《浙江省第四次鮑士恭呈送書目》：「《元櫝紀》一卷，明盛時泰著，一本。」○《浙江採集遺書總録》：「《元牘紀》一册，刊本，明秣陵盛時泰輯。」○《國子監學正汪交出書目》：「《玄牘紀》一本。」○原北平圖書館藏清康熙間鈔本，作《玄牘紀》一册。題「秣陵盛時泰」。半葉十行，行十八字，無格。有嘉靖三十五年自序，嘉靖三十七年後序。卷内鈐「翰林院印」滿漢文大官印，是進呈四庫之本。又鈐「詩龕書畫印」、「劉位坦」、「寬夫」等印記。有劉位坦手跋二則。是書現存臺北「故宫博物院」。（參王重民《善本提要補編》、臺灣《中央圖書館善本題跋真跡》）○南京圖書館藏清鈔本，作《元牘紀》不分卷一册，鈐「江東羅氏所藏」、「鏡泉過眼」（係羅以智兩印）及丁氏八千卷樓印記。書端有「恬養齋藏本」五字。丁丙《善本書室藏書志》著録。○臺灣「中央圖書館」藏清諸城劉喜海味經書屋鈔《味經書屋金石叢書》本，在第四册，作《蒼潤軒玄牘記》二卷附録一卷。半葉十行，行二十一字，小黑口，四周單邊。版心下刻「味經書屋鑒藏書籍」八字，左欄外下方刻「東武劉燕庭氏校鈔」八字。此册扉葉浮貼宣統三年楊寶鏞手跋。（見該館《善本書志初稿》）○北京圖書館藏清鈔本，作《蒼潤軒碑跋紀》一卷《續紀》一卷，題「明秣陵盛時泰著」。半葉九行，行二十一字，無格。清魏錫曾手校。末有光緒五年七月十一日魏錫曾手跋十行,内云:「憶丙寅春得是書舊鈔本于吴門,即借八千卷樓此本點校數葉。既入閩,復借祥符周氏瑞瓜堂所得舊本參互校之。」卷内鈐「錫曾校讀」、「西泠釣徒」、「涵芬樓」、「海鹽張元濟經收」等印記。《存目叢書》據以影印。〇北圖又藏清鈔本,作《玄牘紀》十二卷《續》一卷共一册,半葉十行,行十八字,無格。清周星詒、魏錫曾校並跋。〇臺灣「中央圖書館」藏舊鈔本,作《蒼潤軒碑跋紀》一卷《續紀》一卷共一册,題「明秣陵盛時泰著」。半葉九行,行十九字,無格。有盛時泰前後二序。扉葉有鄧實手跋十二行,末謂「魏稼孫合丁周二本手校者,朱墨稠疊,所校蓋不止一次矣。順德鄧實記于風雨樓」。末有鄧實録魏錫曾二跋。卷内鈐「錫曾校讀」、「烏程蔣祖詒藏書」、「密均樓」、「穀孫校讀」、「風雨樓」、「張珩私印」、「韞輝齋圖書印」等印記。(參《中央圖書館善本題跋真跡》、《善本書志初稿》)按:宣統至民國鄧實《風雨樓祕笈留真》影印魏錫曾手校舊鈔本,當即以此爲底本。〇浙江圖書館藏清鈔本,作《蒼潤軒碑跋紀》一卷。〇湖南圖書館藏清鈔本,作《玄牘紀》十二卷《續》一卷,清顧賢庚跋。〇民國十八年中央大學國學圖書館排印本,作《元牘紀》。南圖、杭州大學等藏。所據者當即該館所藏丁氏八千卷樓舊藏清鈔本。〇按:是書書名,盛時泰嘉靖三十五年丙辰序稱「因點竄之以存,題曰《玄牘紀》,作《玄牘紀序》」。嘉靖三十七年戊午又序云:「始吾之紀玄牘,蓋有感於文忠公而爲也。」末署「嘉靖戊午九月二十一日雨中在蒼潤軒對酒信筆寫,不增減一字,秣陵盛時泰」。可知原名《玄牘紀》。《蒼潤軒碑跋紀》乃後來改題。

二五五二

瘞鶴銘考無卷數　明顧元慶撰

江蘇巡撫採進本(總目)。○《江蘇省第一次書目》:「《瘞鶴銘考》一本。」○《江蘇採輯遺書目録》:「《瘞鶴銘考》一册,明吴縣顧元慶著,刊本。」○明嘉靖十八年至二十年顧元慶大石山房刻《顧氏明朝四十家小説》本,半葉十行,行十八字,白口,左右雙邊。末有正德戊寅正月十日姑蘇顧元慶跋。《存目叢書》據上圖藏本影印。北圖、福建省圖、厦門大學亦有是刻。○清宣統上海國學扶輪社排印《顧氏明朝四十家小説》本。○民國三年古今圖書局石印《顧氏明朝四十家小説》本。

二五五三

金陵古金石考一卷　明顧起元撰

兩淮鹽政採進本(總目)。○《兩淮鹽政李呈送書目》:「《金陵古金石考》一卷,明顧起元,一本。」○上海圖書館藏明萬曆四十八年刻本,作《金陵古金石考目》一卷。題「江寧顧起元泰初輯」。半葉七行,行十五字,白口,四周單邊。前有萬曆四十八年自序。《存目叢書》據以影印。《中國叢書綜録》著録北京圖書館藏明萬曆四十八年顧氏歸鴻館刻本(《歸鴻館雜著》之一),當係同版。○北京圖書館藏清鈔本,作《金陵古金石考目》一卷一册,半葉七行,行十五字,無格。○美國國會圖書館藏舊鈔本,作《金陵古金石考目》一卷一册,題「江寧顧起元泰初輯」。半葉七行,行十五字。清張祖翼校並跋(詳王重民《善本提要》)。○民國三十七年上海合衆圖書館據近人宗惟恭刻版編印《咫園叢書》本,作《金陵古金石考目》一卷。

二五五四　碑目三卷　明孫克宏撰

編修汪如藻家藏本(總目)。〇《國子監學正汪交出書目》：「《古今石刻碑帖目》二本。」〇《浙江省第四次鮑士恭呈送書目》：「《古今石刻碑目》二卷，明孫克宏輯，二本。」〇《浙江採集遺書總録》：「《古今石刻碑目》二卷，刊本，明漢陽知府華亭孫克宏輯。」〇上海圖書館藏明萬曆刻本，正文首題「古今石刻碑帖目卷上」，次題「華亭孫克弘輯」。半葉七行，行十六字，白口，四周單邊。正文二卷，又《備考古今石刻碑帖目》一卷。前有辛丑(萬曆二十九年)許維新序。後有萬曆二十八年孫克弘《小引》云：「是刻搜討三十餘禩，方得成帙。」知萬曆二十八年付刊。刻工：孫訥刻。《存目叢書》據以影印。按：版心題《碑目》，是存目所據。又著者孫克弘，存目及進呈目改孫克宏，避乾隆帝諱也。〇鈔本一册，書名同前本。《國學圖書館現存目》著録，當藏今南京圖書館。

二五五五　唐碑帖跋四卷　明周錫珪撰

浙江巡撫採進本(總目)。〇《浙江省第二次書目》：「《唐碑帖跋》四卷二本。」〇《浙江採集遺書總録》：「《唐碑帖考》四卷，寫本，明會稽周錫珪撰。」〇上海圖書館藏清沈氏鳴野山房鈔本，作《唐碑帖跋》四卷，題「明周錫珪禹錫撰」。半葉九行，行二十一字，無格。每卷末有「東浦沈大寧子遠氏校」一行，字體與正文同。前有《四庫提要》一則，注「寫本，浙江巡撫採進書」。卷内鈐「鳴野山房」印。蓋係從四庫採進本録出者。《存目叢書》據以影印。〇南京圖書館藏清道光沈大寧鈔本，清金蘭臣校，清小雲巢主人跋。(見《中國古籍善本書目》)按：丁丙《善本書室藏書志》卷十四著録此本，稱「舊鈔本，沈鳴野舊藏」。又謂末有「東浦沈大章（澤遜按：當即沈大寧之誤）子遠氏校」一行。又小雲巢主人跋：「是書從杜季孝廉家借鈔，嗣後爲金蘭臣借閲，間有墨筆校字，即其手筆。小雲巢主人識。」有「八甎書堂」印。

金石備考十四卷　舊本題關中來濬撰　**二二五五六**

浙江鮑士恭家藏本（總目）。○《浙江省第四次鮑士恭呈送書目》：「《金石備考》二册，明來濬輯，二本。」○《浙江採集遺書總録》：「《金石備考》二册，寫本，明關中來濬輯。」○陝西博物館藏清鈔本，卷一題「關中來濬梅岑蒐輯，同學王儁嶽蒼校正」。半葉十行，無欄格。每卷標題書名、著者、校者，不標卷數，亦無葉碼，計分十六卷。各卷校者不同，計有同學王梓、張天龍、張杲、李臨、温德嘉、王維墉、石之屏、張楷、石之鵬、李彦玏、張鼎梅，兄來渤，弟來愷。前有康熙三十三年甲戌海寧陳奕禧序，康熙三十三年曲周張廷遴序。後有京兆三原來濬梅岑跋，無年月。又有題記：「康熙丙子十月一日初署借觀文學王經邦《東觀餘論》，黄思伯《廣川集》，董逌。」卷内鈐「笏山國縉」白文方印、「下大夫章」朱文方印。卷一首葉某氏題：「三原余國縉家藏。」張序後有同一人題記，被撕去，僅餘「此書藏之於家二百餘年」十字。卷内玄字缺末筆，胤、弘、曆、寧均不避，是康熙時寫本。《存目叢書》據以影印。○臺灣中研院史語所藏清乾隆間鈔本十四卷四册。當即原北京人文所藏本。○北京大學藏舊鈔本殘存一册。

天下金石志無卷數　明于奕正撰　**二二五五七**

山東巡撫採進本（總目）。○《山東巡撫呈送第一次書目》：「《天下金石志》二本。」○北京圖書館藏明崇禎刻本十五卷附録一卷共三册，題「宛平于奕正編」。半葉八行，白口，四周單邊。前有金鉉序，劉侗《略述》，崇禎五年自序，蓋即刻於是年。《存目叢書》據以影印。北圖又藏一部，清孫國敉校補，清翁方綱校補並跋，清葛正笏、□樹華跋。復旦大學亦藏是刻。○清順治八年宛平于藻重刻本不分卷四册，題「宛平于奕正編，婿李奭棠修訂，男藻重梓」。半葉八行，行十九字，四周單邊。前有金鉉序，崇禎五年自序，古農楊補識，劉侗《略述》。楊補識云：「辛卯春，慧男枉尋郊居，語及此書，云遭亂失板，欲重梓于吴門。肯構之志足欽，即以付之。」當即於順治五年重刻於吴門。中科院圖書館、福建省圖、臺灣「中央圖書館」、臺灣中研院史語所藏。○重慶圖書館藏明鈔本不分卷。○上海圖書館藏清初鈔本不分卷。○上海圖書館藏清乾隆四十二年印鴻緯鈔本不分卷。○北京圖書館藏清吴氏陶嘉書屋鈔本十五卷三册，半葉八行，行二十字，紅格，四周單邊。清吴式芬校並跋。○北圖又藏清鈔本不分卷，殘存北直隸、西直隸、浙江、江西、陝西，共一册。半葉八行。清朱錫庚跋。○上海圖書館藏清鈔本不分卷，有清孫國敉撰《附補》不分卷，清吴志忠校並跋，徐渭仁校。○清華大學藏清鈔本不分卷。○臺灣「中央圖書館」藏清諸城劉喜海味經書屋鈔《味經書屋金石叢書》本，在第五册，扉葉有宣統庚戌楊寶鏞手跋。○臺灣「中央圖書館」又藏舊鈔本不分卷一册，鈐「十經齋藏書」印。○北圖分館藏清鈔本。○山東圖書館藏清鈔本四册，從于藻刻本出。○南京圖書館藏鈔本四册。○民國十七年會稽顧燮光金佳石好樓石印本，《顧氏金石輿地叢書》第一集之一。

禊帖綜聞一卷　國朝胡世安撰　二五五八

浙江巡撫採進本(總目)。○《浙江省第四次鮑士恭呈送書目》：「《禊帖綜聞》，國朝胡世安輯，一本。」○《浙江採集遺書總録》：「《禊帖綜聞》一册，倦圃藏刊本，國朝蜀中胡世安輯。」○南京圖書館藏清初刻本十五卷，題「蜀仙井胡世安輯」。半葉九行，行十八字，白口，左右雙邊。前有自序云「凡十有四卷」。卷十五爲胡世安跋文。其《題曹秋岳侍御蘭亭卷》作於順治乙酉(二年)。卷尾有「海虞門人毛褒、袞、表、扆訂正」一行。卷内玄、絃、弘均不避諱。當是順治間汲古閣刊版。鈐有「丁氏八千卷樓藏書記」、「四庫坿存」等印記。《存目叢書》據以影印。故宫博物院亦藏是刻。○上海圖書館藏清鈔本十五卷四册。

金石表一卷　國朝曹溶撰　二五五九

編修汪如藻家藏本(總目)。○《國子監學正汪交出書目》：「《金石表》一本。」○遼寧圖書館藏清鈔本，作《金石表》一卷。半葉十一行，行二十一字。前有曹溶序。序及正文均題「金石表」。末有羅振玉手記：「宣統紀元二月據南匯沈氏所藏蘇齋手校本迻録，寒中記。」未署名，一望知爲羅氏手筆。卷内又有羅振玉批語二則，均冠「玉案」字。然則是本爲宣統元年羅氏唐風樓傳鈔翁方綱校本，羅振玉批並題記。《存目叢書》據以影印。○清道光十年長洲顧沅刻《賜硯堂叢書新編》乙集本，作《古林金石表》一卷。○中山大學藏清李毓恒(冬涵)輯鈔《濟寧李氏礪墨亭叢書》本，作《古林金石表》一卷。○臺灣「中央圖書館」藏鈔本，作《古林金石表》一卷一册。題「秀水曹溶輯」。半葉

八行,行二十一字。前有自序。鈐有「戟門藏書印」朱文方印。(見該館《善本書志初稿》)

二五六〇　閒者軒帖考一卷　國朝孫承澤撰

浙江巡撫採進本(總目)。○《都察院副都御史黄交出書目》:「《帖考》,本朝孫承澤,一本。」○山東圖書館藏清鈔本,題「燕丘孫承澤述」。半葉八行,行十八字,無格。末題「丁亥十一月六日燈下識」,丁亥當是順治六年。鈐有「籛後人」、「非此不行」、「山東省立圖書館點收海源閣書籍之章」等印記。按:錢曾有「籛後人」一印,此卷弘、曆、寧等字均不避諱,蓋猶錢曾述古堂舊藏清初寫本也。《存目叢書》據以影印。○清乾隆二十五至二十六年鮑廷博、鄭竺刻本,附《庚子銷夏記》後。半葉十行,行二十字,黑口,左右雙邊。上海圖書館藏一部,清龔橙録何焯校。北京市文物局藏一部,近人傅增湘跋並録清何焯、翁方綱、何紹基題識。川大藏一部,翁義榮臨何焯批點及翁方綱批校題跋。○清鈔本,翁方綱據丁杰持來舊人批本過録並跋。(見《藏園訂補郘亭知見傳本書目》卷九《庚子銷夏記》條)○清乾隆道光間鮑氏刻《知不足齋叢書》本。民國十年上海古書流通處影印鮑氏刻《知不足齋叢書》本。○清光緒十五年刻《娱園叢刻》本,附《榆園叢刻》後。○清宣統三年順德鄧實排印本,附《庚子銷夏記》後,收入《風雨樓叢書》。○民國四年上海廣益書局排印《古今文藝叢書》第五集本。○民國二十八年商務印書館據《知不足齋叢書》本排印,收入《叢書集成初編》。○南京圖書館藏鈔本。

二五六一　天發神讖碑釋文一卷　國朝周在浚撰

浙江汪啟淑家藏本(總目)。○《浙江省第四次汪啟淑家呈送書目》:「《天發神讖碑釋文》一卷,國朝周在浚撰，一本。」○《浙江採集遺書總録》：「《天發神讖碑釋文》一卷，寫本，國朝祥符周在浚撰。」○臺灣「中央圖書館」藏清鈔本一册，正文首題「天發神讖碑考」，次題「大梁周在浚雪客」。半葉九行，行二十一字，無格。前有朱彝尊序，後有康熙二十年辛酉周在浚跋，高兆跋。後有附録，題「金陵王著宓草」。又有續考，則汪照所撰。又附王安節《天發神讖碑賦》。賦後另有一摹本及釋文。書末有毘陵汪昉手跋：「周雪客此本傳本至少，近來金石家多未見。此鈔本乃嘉定汪氏照舊鈔，後附王宓艸考及照所撰續考。孫氏岱借鈔汪氏本，復附以王安節《天發神讖碑賦》一篇。卷中列碑圖二，釋文二。第一碑圖乃雪客所釋。第二碑文則汪氏所録。書末碑圖及全圖釋文則不著人名，殆孫氏所録也。《國山碑考》引王槩《天發碑考補》及王著《天發神讖考》，此所附録之王著《考》殆録全編，而王安節之《補考》未及録入，僅録一賦，想傳本不可得也。汪照字少山，著《古石瑯玕》，見《金石學録》。孫岱不知何許人，竢考。同治元年仲冬，毘陵汪昉。」後鈐「汪昉」、「字方叔明菽民」二印。卷内又鈐「莚圃收藏」印記。（參《中央圖書館善本題跋真跡》、《善本書志初稿》）○南京圖書館藏清鈔本，作《天發神讖碑考》一卷附録一卷。○民國十五年東方學會排印本，作《天發神讖碑考》一卷《坿録》一卷《續考》一卷《補考》一卷。前有「丙寅夏東方學會印」兩行。朱彝尊序。《考》題「大梁周在浚雪客」，末有康熙辛酉周在浚識語二則，侯官高兆跋。《坿録》金陵王著撰。《續考》嘉定汪照撰。《存目叢書》用復旦藏本影印。○北圖分館藏民國十六年十二研齋鈔本一卷一册，書名作《天發神讖碑考》。

昭陵六駿贊辨一卷　國朝張弨撰　**二五六二**

兩江總督採進本（總目）。○清康熙三十九年刻《昭代叢書》乙集第六帙本，作《昭陵六駿贊辯》一卷，題「山陽張弨力臣著，江都卓爾堪子任校」。《存目叢書》用清華藏本影印。○清道光十三年吳江沈氏世楷堂刻《昭代叢書》乙集第五帙本。○清同治四年望三益齋刻《張亟齋遺集》（即《張力臣先生遺集》）本。

瘞鶴銘辨一卷　國朝張弨撰　**二五六三**

兩江總督採進本（總目）。○清康熙三十九年刻《昭代叢書》乙集第六帙本，作《瘞鶴銘辯》一卷，題「山陽張弨力臣著，同郡杜首昌湘草校」。《存目叢書》用清華藏本影印。○清道光十三年吳江沈氏世楷堂刻《昭代叢書》乙集第五帙本。○清同治四年望三益齋刻《張亟齋遺集》（即《張力臣先生遺集》）本。

瘞鶴銘考一卷　國朝汪士鋐撰　**二五六四**

浙江吳玉墀家藏本（總目）。○《浙江省第四次吳玉墀家呈送書目》：「《瘞鶴銘考》，國朝汪士鋐著，一本。」○《浙江採集遺書總録》：「《瘞鶴銘考》一册，小山堂寫本，國朝吳郡汪士鋐撰。」○清康熙五十三年汪氏松南書屋刻本，半葉十一行，行十八字，白口，左右雙邊。正文首題「瘞鶴銘考」，次行題「吳郡汪士鋐編」。後有牌記：「康熙五十三年歲在甲午九月松南書屋開版。」《中國古籍善本書目》、《北京圖書館古籍善本書目》、《清代版刻一隅》等著録。北圖、上圖、津圖等七家有藏，復旦本有清徐渭仁跋。按：余見天津圖書館本，行款版式牌記均同，前有康熙五十三年六月汪士鋐序。後有牌記如前。又有江都後學陸鍾煇跋云：「退谷先生小楷茂密古雅，得顔魯公《麻姑仙壇》神髓。余丙子年於金陵書肆中得所書《瘞鶴銘考》一册，乃是付令子開之者。開之既宦游四方，其刻板未知存否。余以爲先生之書足以嘉惠後來，爰集剞劂良工，付原本開雕，亦老成典型之意也。」未署作跋年月。内稱士鋐之子開之宦游四方，則陸氏得書之丙子當係乾隆二十一年，以原本付雕又在得書之後。觀卷内「弘」字均缺末筆，是乾隆中陸鍾煇刻本無疑。唯所據乃汪士鋐寫定擬刊之底本，故牌記仍爲「康熙五十三年歲在甲午九月松南書屋開版」。頗疑汪氏開雕未果，底本流於市肆，陸氏云「其刻板未知存否」，固懸揣之詞也。若是，則諸家所藏皆乾隆陸鍾煇刻也。未經比勘，書此備考。《存目叢書》用津圖藏本影印。○清咸豐二年漢陽葉志詵刻本一卷，又附録一卷。北圖分館、復旦大學藏。○清同治十三年南海伍崇曜刻本，《粤雅堂叢書》三編二十四集之一。○清光緒九年歸安姚覲元刻《咫進齋叢書》第一集本。○湖北圖書館藏清鈔《藝苑叢鈔》本。○北圖分館藏清傳鈔康熙五十三年松南書屋刻本。○復旦大學藏舊精鈔本。○民國十年海寧陳乃乾《百一廬金石叢書》影印松南書屋刻本。○蘇州圖書館藏清鈔本。

金石遺文録十卷　國朝陳奕禧撰　**二五六五**

兩江總督採進本（總目）。○《兩江第一次書目》：「《金石遺文録》，海寧陳奕禧輯，十六本。」

續金石録無卷數　國朝葉萬撰　**二五六六**

編修翁方綱家藏本（總目）。○《浙江續購書》：「《續金石録》六本。」○《浙江採集遺書總録》：

「《續金石録》六册，飛鴻堂寫本，國朝葉萬輯。」

金石續録四卷　國朝劉青藜撰　　二五六七

浙江鮑士恭家藏本(總目)。○《浙江省第四次鮑士恭呈送書目》：「《金石續録》四卷，國朝劉青藜著，一本。」○《浙江採集遺書總録》：「《金石續録》四卷，刊本，國朝襄城劉青藜撰。」○中國科學院圖書館藏清康熙四十九年劉氏傳經堂刻本，題「襄城劉青藜太乙著，同懷弟青震嘯雲閲，男伯安、伯吉編」。半葉九行，行十九字，黑口，左右雙邊。前有康熙四十九年劉青震序云：「今書行授梓，而兒墓草已宿。」謂青震子伯安先亡也。封面刻「傳經堂藏板」。《存目叢書》據以影印。上圖有是刻清魏錫曾手校本。復旦、北圖分館等亦有是刻。○清乾隆二十年序刻《劉氏傳家集》本，北圖、清華、上圖藏。○清光緒崇川葛氏刻《學古齋金石叢書》第一集本。○北圖分館藏清鈔本四卷一册，鈐「邵鋭讀過」印記。○中山大學藏清李毓恒(冬涵)輯鈔《濟寧李氏礪墨亭叢書》本。

中州金石考八卷　國朝黄叔璥撰　　二五六八

副都御史黄登賢家藏本(總目)。○《安徽省呈送書目》：「《中州金石考》二本。」○《浙江省第十次呈送書目》：「《中州金石考》八卷，國朝黄叔璥著，二本。」○《浙江採集遺書總録》：「《中州金石考》八卷，刊本，國朝黄叔璥輯。」○遼寧圖書館藏清乾隆六年刻本，題「北平黄叔璥玉圃輯」。半葉十行，行二十一字，黑口，左右雙邊。前有陳祖范序，乾隆六年自序。末題「男守謙挍」。寫刻工緻。《存目叢書》據以影印。上圖藏是刻清嚴長明校本。復旦藏是刻吴庠校本。○臺灣「中央圖書館」

藏清道咸間紅格鈔本，半葉十行，行二十四字。題署及序文同前本。○中科院圖書館藏清鈔本二册。○民國十六年會稽顧燮光金佳石好齋石印本，《顧氏金石輿地叢書》之一。

石蹟記一卷　不著撰人名氏　二五六九

兩淮鹽政採進本（總目）。○《兩淮鹽政李續呈送書目》：「《石蹟記》一卷，明人，一本。」

金石圖二卷　國朝褚峻摹圖　牛運震補説　二五七〇

兵部侍郎紀昀家藏本（總目）。○清乾隆八年至十年刻本，傳本頗多，而初印罕覯。一九九五年五月余與羅琳學長在廣州古籍書店獲見初印精本，四册一函，價昂不能買，旋託友人借印，收入《存目叢書》。是本題「郃陽褚峻千峰摹，滋陽牛運震階平説」。圖皆拓印粘貼，説則精寫刻印，半葉十行，行二十字，四周單邊。前有乾隆六年何堂序，乾隆八年牛運震序，乾隆八年褚峻序。《受禪碑》前又有乾隆十年褚峻序云：「甲寅歲余手摹《金石圖》，真谷牛子考説，付之棗梨，其本已流播人間。然觀者猶嘆其資聞見之不廣也。於是又從三國以洎隋唐，擇其碑碣之精且好者，亦繪圭趺，記廣狹，更摘真蹟字樣，鈎摹於右。……既以廣《金石圖》，而亦博雅好古之士韻目怡懷之一助也。」按：甲寅疑是甲子之誤。初刻於乾隆八、九年間，至十年又增刻之。○清光緒二十二年貴池劉世珩聚學軒揚州刻本，卷甲卷乙各分上下二子卷，故實分四卷。北圖分館、復旦、河南省圖等藏。○南京圖書館藏鈔本。

右金石之屬

四庫存目標注卷三十一

滕州　杜澤遜　撰

史部二十

史評類

史通會要三卷　明陸深撰　**二五七一**

江蘇巡撫採進本(總目)。○明嘉靖二十四年雲間陸氏刻《儼山外集》本,半葉十行,行二十字,白口,左右雙邊。北圖、上圖、臺灣「中央圖書館」等藏。○清乾隆四庫館鈔《四庫全書·儼山外集》本。《景印文淵閣四庫全書·儼山外集》本。

史通評釋二十卷　明李維楨評　郭孔延附評併釋　**二五七二**

編修勵守謙家藏本(總目)。○《浙江省第十二次呈送書目》:「《史通評釋》二十卷,明李維楨、郭孔延同輯，六本。」〇《浙江採集遺書總録》：「《史通評釋》二十卷，刊本，明李本寧、郭孔延同輯。」〇湖北圖書館藏明刻本，正文首題「史通卷一」，次題「唐劉子玄知幾撰，明李本寧維楨評，附郭孔延延年評釋」。半葉九行，行二十字，白口，四周單邊。前有李維楨《史通序》，郭孔延《史通序》，劉子玄自序，劉子玄傳，于慎行《史通舉正論》。目録後有萬竿煙雨庵主人手跋：「宋蔚如，婁東高士也，博通典籍金石之學。事母極孝，閭里稱爲□□(二字損)。此編是其所藏，後又爲錢覺士所得，今印記具焕然如新，可知有品格之書往往從舊家來也。嘉慶十四年己巳鞠月予於鹿城書肆得之，爰志于右。萬竿煙雨庵主人識。」卷尾又有題記：「長洲霞房散人張紫琳涼月館藏書史部。」按：宋蔚如，名定國，字賓王，藏書甚富，多校跋。嚴寶枝，字更生，常熟人，有《萬竿煙雨樓稿》，疑即其人。張紫琳，字禹書，太倉人，室名霞房、涼月館、春漪齋。《存目叢書》據以影印。北圖藏一部有清徐承禮校跋並録陳鱣跋。上圖、南圖等亦有是刻。〇明萬曆三十二年郭孔陵刻本，作《史通評釋》二十卷，明郭孔延撰。半葉十行，行二十二字，白口，四周雙邊。北圖、福建師大、臺灣中研院史語所藏。〇明末刻本，作《史通》二十卷，李維楨評，郭孔延評釋。半葉九行，行二十字，白口，四周單邊。上圖藏一部有吴慈培、鄧邦述、葉景葵跋。北大藏一部有洪業批校。〇北京師大藏清初蛾術書屋刻本，作《史通》二十卷八册，明李維楨、郭孔延評釋。(見該校《善本書目》)

史通訓故二十卷　明王維儉撰　**二五七三**

編修勵守謙家藏本(總目)。〇南京圖書館藏明萬曆刻本，題「明河南王惟儉訓」。半葉十行，行二十字，白口，四周單邊。前有自序。卷十末有寫工：「大梁楊國俊寫。」鈐有「酈亭」白文印。《存目叢書》據以影印。上圖、洛陽博物館亦藏是刻。○清華大學藏明末刻本，半葉九行，行十八字，白口，四周單邊。○按：王惟儉《總目》誤爲王維儉。

史通訓故補二十卷　國朝黄叔琳撰　二五七四

編修勵守謙家藏本（總目）。○《編修勵第一次至六次交出書目》：「《史通訓故補》六本。」○湖北省圖書館藏清乾隆十二年養素堂刻本，題「北平黄叔琳崑圃補註，海虞顧鎮備九參訂，吴門張鳳孫少儀同訂」。半葉九行，行十九字，白口，左右雙邊。寫刻工緻。前有乾隆十二年黄叔琳序，劉知幾序録，劉知幾傳，例言，王惟儉序。封面刻「乾隆丁卯年鐫」、「養素堂藏板」。卷内鈐「瀛海紀氏閲微草堂藏書之印」、「大興孫達字少春號再彌鑑藏金石書畫經史圖籍心賞之印章」、「丁氏菊甦」、「東華殘客」、「黄山詩訥」、「維摩侍者」、「松夢簃主人」、「光緒十年以後所得書」、「丁菊甦藏書印」、「書存徐卿丁氏」、「秋香閣寄藏印」、「菊甦讀過」、「菊甦審定善本」等印記。書中有紀昀批，又紀昀手跋：「《史通》號學者要書，其間精鑿之論足拓萬古之心胸，而迂謬偏淺之處亦往往不盡人情，不合事理，學者宜分别觀之。山谷以配《文心雕龍》，寔非彦和之匹也，王聞修嘗言之矣。丁亥五月十九日曉嵐。」又丁菊甦手跋二則。《存目叢書》據以影印。南圖藏一部有清浦起龍批校。湖北安陸縣圖書館藏一部有清沈彤録明馮舒、清何焯批校。南圖又藏一部有清盧文弨校跋並録明馮舒、清錢曾、何焯校，清丁丙跋。其中卷五至卷八無校亦無印記，係配補。餘卷鈐「范陽盧氏」、「數間草堂藏書」、

「抱經堂校定本」、「盧文弨字紹弓」、「文弨讀過」及八千卷樓丁氏諸印記。《善本書室藏書志》著録。人民大學藏一部有清佚名校注並録清盧文弨校注及浦起龍、紀昀等校評。北大藏一部有洪業校並跋。

四明尊堯集十一卷　宋陳瓘撰　二五七五

浙江范懋柱家天一閣藏本(總目)。○《浙江省第四次鮑士恭呈送書目》:「《四明尊堯集》十一卷,宋陳瓘著,二本。」○《浙江採集遺書總録》:「《四明尊堯集》十一卷,刊本,宋司諫延平陳瓘撰。」○《福建省呈送第五次書目》:「《尊堯集》二本。」○北京圖書館藏明初刻本四卷,半葉十一行,行二十字,大黑口,四周雙邊。前有後至元五年林興祖序,又進書表、自序、目録。後有政和六年自跋,紹興二十九年男正綱跋,後至元五年九世孫文綢跋。鈐「□寧縣儒學記」、「茂苑香生蔣鳳藻秦漢十印齋印」等印記。傅增湘舊藏,嘗撰長跋,收入《藏園群書題記》。傅氏謂此係「明初翻元本」,又謂「文字多寡與十一卷本無以異」,而「訂訛補脱,勝於世行本萬萬」。○北京圖書館藏明刻本四卷,題「後學孫壻蕭甫重刊,裔孫載興校正」。半葉十行,行二十一字,細黑口,四周單邊。前有後至元五年林興祖序。陳正綱、陳文綢二跋佚去。前有清咸豐丙午乳溪漁隱劉惇福跋。涵芬樓舊藏。(參《藏園群書經眼録》)臺灣「故宫博物院」藏一部,昌彼得先生《增訂蟫菴群書題識》内有叙録,卷内鈐「謙牧堂藏書記」、「謙牧堂書畫記」、「天禄琳琅」、「天禄繼鑑」、「乾隆御覽之寶」等印,即《天禄琳琅書目後編》卷十五著録者。卷末較涵芬樓本多陳正綱跋,又一跋《天禄後編》云「亦其後人闕名」，應即後至元五年九世孫文絅跋。其卷一卷二首葉題「十五世孫堉蕭甫重刊，裔孫載興校正」二行，亦與涵芬樓本微異。昌先生謂「此題款二行之字體及墨色，與正文頗異，疑係就舊版剜改修補重印行者」。○《增訂蟫菴群書題識》此書叙録云：「嘉靖中裔孫陳載興輯刻《陳忠肅公言行録》八卷，將此書編入卷五，其本則尚有存世者。」又謂與前本並非一刻。按：上海圖書館有嘉靖二十九年刻《宋陳忠肅公言行録》八卷，明陳載興輯。○中國科學院圖書館藏清康熙十八年陳孔頊刻雍正三年陳象瀚補修本，作《宋忠肅陳了齋四明尊堯集》十一卷，二册。卷一首葉題「沙邑裔孫端人孔頊原刻，裔孫龍門象瀚重校，槑侶嘉言增正」。卷二首葉題「沙邑裔孫端人孔頊重校，大田裔孫持正論閱正，閩沙裔孫子見象瀚增正」。半葉九行，行二十二字，白口，四周雙邊，無直格。前有康熙十七年吴晥序，康熙十八年蘇之琨序，雍正二年吴堂序，雍正三年李開葉序。蘇序云：「兹裔孫端人重刻《尊堯録》，問言於序。」李序云：「吾友坊宬，公裔孫也，其尊人龍門先生重刊公集，問序於余。」卷内鈐「閩戴成芬芷農圖籍」印。《存目叢書》據以影印。○北京圖書館藏清光緒十年章景祥翠竹書室刻本，書名卷數同前本。半葉九行，行二十二字，白口，四周雙邊。傳增湘校並跋。傳氏據自藏明初刻本校正數百字，補舊跋二則。詳《藏園群書題記》。○北京圖書館藏清鈔本四卷一册，半葉十行，行二十字，白口，左右雙邊。○北京市文物局藏清鈔本四卷。

讀史管見三十卷　宋胡寅撰　二五七六

内府藏本（總目）。○《兩江第一次書目》：「《讀史管見》，宋胡寅著，十六本。」○《兩淮鹽政李呈送書目》：「《讀史管見》三十卷，宋胡寅，三十本。」○《浙江省第十二次呈送書目》：「《讀史管見》三十卷，宋胡寅著，十六本。」○《浙江採集遺書總録》：「《讀史管見》三十卷，刊本，宋侍郎建安胡寅撰，張溥評閲。」○《福建省呈送第五次書目》：「《讀史管見》十六本。」○陸心源皕宋樓藏南宋淳熙九年胡大正温陵刻本，作《致堂先生讀史管見》八十卷，題「徽猷閣直學士左朝請郎提舉江州太平觀保定縣開國男食邑七百户賜紫金魚袋胡寅明仲譔」。半葉十二行，行二十二字。前有淳熙壬寅（九年）首夏初吉孫男奉議郎簽書平海軍節度判官廳公事賜緋魚袋大正序云：「大正家貧俸薄，筆札不給，而終不能遏士夫之意。揭來温陵，迺鋟諸梓。由是求者可得而與者易辦。」目後有長木記：「旹淳熙壬寅中夏既望刊修于州治之中和堂。奉議郎簽書平海軍節度判官廳公事兼南外宗正簿賜緋魚袋胡大正謹識。」共四行。宋諱殷、匡、貞、恒、桓、瑗、構、慎皆缺筆。（詳《皕宋樓藏書志》、《儀顧堂題跋》）此初刻本現藏日本東京静嘉堂文庫。○北京圖書館藏南宋嘉定十一年衡陽郡齋刻本，作《致堂讀史管見》三十卷。卷五、卷六、卷九、卷十、卷十三至卷三十配元刻本。均半葉十二行，行二十三字，白口，左右雙邊。共三十册。前有嘉定著雍攝提格（十一年）日南至猶子大壯序云：「書成於紹興乙亥，踰一甲子，衡陽郡守孫侯德輿爲政之初，即崇庠序之教，與郡之廢墜，次第修舉。於是訪士求書，得家藏《讀史管見》脱稿善本，刻而傳之，自春正月至冬十有一月告成。」嘉定本各卷刻工：周世先、湯諒、曾大有、大中、楊辰、王鼎、楊思成、永年、劉文、吴才、余有、尤達。元本各卷刻工：危文、思成、思中、必成、尤達、文生、劉拱、楊思成、吴宜甫、刘君叟、王杞、王桂、王宜中、范文、曹文仲、宜中、康年、尤泾、金水、季升。按：宋本刻工楊思成（見卷三）、尤達（見卷四）與所配元本同，知卷三、卷四亦有以元本配補之葉。又按：卷三十元本末有南宋寶祐二年劉震孫跋云：「假守宛陵，公餘細加讎校，乃刻置郡齋。」是所配元本各卷係據寶祐二年宛陵郡齋刻本重刊者，其刻工均見宛陵郡齋本，行款版式亦同，知係覆刊。卷内鈐「季振宜藏書」、「崑山徐氏家藏」、「乾學」、「徐健菴」、「涵芬樓」、「涵芬樓藏」、「海鹽張元濟經收」等印記。《存目叢書》據以影印。上圖、北大有嘉定十一年刻本殘卷，合存卷十七、卷十八、卷二十一、卷二十二。○臺灣「故宫博物院」藏南宋寶祐二年宛陵郡齋刻本，作《致堂讀史管見》三十卷。半葉十二行，行二十三字，白口，左右雙邊。前有嘉定十一年猶子大壯序。後有寶祐二年閏六月渤海劉震孫跋，謂假守宛陵，刻置郡齋。刻工：張詮、蔡文生、文生、金通、潘康年、康年、潘良、尤必成、必成、尤遷、尤逵、劉森、潘永年、永年、汪思中、思中、王日新、日新、楊思成、思成、危文、□清茂、清茂、劉元吉、元吉、程成、吴宣甫、劉君叟、王杞、鍾季升、季升、王桂、王宜忠、汪宜、劉拱、曹儀、金水、王宜中、宜中、范文、曹文仲、文仲、尤涇、陳琇等。宋諱玄、匡、楨、貞、徵、勗、慎、惇、敦諸字偶或缺筆，不甚謹嚴。卷内偶有缺葉鈔配者。又有元明補刻之葉，版心原有補刻年代，悉遭書估剜去。補刻版面字體較原版粗劣。補版刻工：黄述郎（卷十二第二十一葉）。此係《宛委别藏》之一，原藏皇宫養心殿，唯《揅經室外集》未著録。（詳吴哲夫《故宫博物院宋本圖録》）一九八一年臺灣商務印書館影印《宛委别藏》本。一九八八年廣陵古籍刻印社據臺灣商務印書館本影印《宛委别藏》本。重慶市北碚區圖書館藏是刻一部，亦元明遞修本。臺灣「中央圖書館」藏是刻元明遞修本，卷十九、卷二十配鈔本，鈐「季振宜印」、「滄葦」、「彭城楚殷氏讀書記」、「霞秀景飛之室」、「禾興」、「霽野」、「海日樓」、「子培父」、「植」等印記(詳該館《善本書志初稿》)。原北平圖書館藏是刻兩殘本，其一存卷三、卷四、卷九至卷十六、卷十八、卷二十七；其一存卷一至卷三、卷二十五至卷二十八，現均存臺北「故宫博物院」(見王重民《善本提要》、臺灣《中央圖書館善本書目》)。〇北京圖書館藏元刻本殘帙凡三：其一存卷四至卷六。其一存卷七至卷十五、卷十九至卷二十四。其一存卷二十六至卷二十九。共得二十二卷。半葉十二行，行二十三字，白口，左右雙邊。原北平圖書館藏殘本，存卷三、卷四、卷十一、卷十二、卷十九、卷二十，王重民《善本提要》著録爲「宋刻本」，《中央圖書館善本書目》更定爲「元覆刻宋寶祐本」，現存臺北「故宫」。北京圖書館又藏元刻明修本一部三十卷三十册，即《鐵琴銅劍樓藏書目録》卷十二著録之宋嘉定十一年衡陽郡守孫某刻本。澤遜按：《鐵琴銅劍樓藏書目録》云「《姚牧菴集》序此書，謂宋時江南宣郡有刻板，入元歸興文署。宣之學官劉安重刻之。牧菴嘗得致堂手稿數紙，令摹諸卷首」。宣郡、宛陵爲一地，即今之安徽省宣城。知元本實據寶祐二年宛陵郡齋本重刻。北圖藏嘉定本所配元刊各卷刻工悉與宛陵郡齋本同，且卷末有寶祐二年劉震孫刻書跋，又吴哲夫先生謂瞿氏鐵琴銅劍樓本書影與宛陵郡齋本酷肖(《故宫博物院宋本圖録》)，《鐵琴銅劍樓藏書目録》並謂「宋諱慎、惇字有減筆」，可知元本確是「覆刻宋寶祐本」。瞿氏本僅存嘉定十一年胡大壯衡陽郡齋刻序，而佚去寶祐二年跋，宜乎誤爲衡陽宋刊也。〇明正德劉弘毅慎獨齋刻本，作《宋儒致堂胡先生讀史管見》三十卷，半葉十三行，行二十四字，白口，四周雙邊。吉林大學、無錫市圖書館藏。○明崇禎八年張溥刻本，作《讀史管見》三十卷《目録》二卷。題「宋建安胡寅著，明太倉張溥閲」。半葉九行，行二十字，白口，左右雙邊。前有崇禎八年張溥序，又胡大壯舊序，劉震孫舊跋。上圖、天一閣文管所、新疆大學、臺灣「中央圖書館」藏。此刻又有清張紹祖等重修本，北大、山東省圖、湖北省圖等藏。○清康熙五十三年古并居刻本，半葉九行，行二十字，白口，左右雙邊。封面刻「康熙五十三年鐫」、「古并居藏板」。山東圖藏。

三國紀年一卷　宋陳亮撰　**二五七七**

浙江范懋柱家天一閣藏本（總目）。○《浙江省第五次范懋柱家呈送書目》：「《三國紀年》一卷，宋陳亮著，一本。」○《浙江採集遺書總録》：「《三國紀年》一卷，天一閣寫本，宋永康陳亮撰。」○《提要》云：「已載亮所著《龍川集》中，此其別行之本也。」○蔣寅《金陵生小言》卷五云日本東京大倉文化財團藏有《三國紀年》四庫進呈本，鈐「翰林院印」。○清乾隆綿州李氏萬卷樓刻嘉慶十四年李鼎元重校印《函海》第九函本。○清道光五年李朝夔補刻印《函海》第九函本。○清光緒七年至八年廣漢鍾登甲樂道齋刻《函海》第十一函本。○民國二十八年商務印書館據《函海》本排印，收入《叢書集成初編》。

議史摘要四卷　**二五七八**

浙江吴玉墀家藏本（總目）。○《浙江省第四次吴玉墀家呈送書目》：「《新刊伯恭呂先生讀史摘要》四卷，宋吕祖謙輯，八本。」〇《浙江採集遺書總録》：「《議史摘要》四卷，刊本，宋吕祖謙撰。」〇《提要》云：「舊本題曰《新刊吕先生議史摘要》，又題曰《議史摘粹》，一書之中，其名已自相矛盾。今檢其文，即吕祖謙《左氏博議》，但增以注釋耳。然注釋亦極淺陋。惟版式頗舊，蓋元明間麻沙書坊所僞刻也。」

三國六朝五代紀年總辨二十八卷　不著撰人名氏　二五七九

江蘇蔣曾瑩家藏本(總目)。〇《江蘇省第一次書目》：「《紀年總辨》四本。」〇《江蘇採輯遺書目録》：「《紀年總辨》二十八卷，宋朱黼著，抄本。」〇臺灣「中央圖書館」藏清乾隆三十九年江蘇巡撫薩載進呈影宋鈔本，二十八卷四册。正文首題「永嘉朱先生三國六朝紀年總辨卷之一」。卷三卷四則題「永嘉朱先生通鑑三國六朝紀年總辨」。目録首題「永嘉先生三國六朝五代紀年總辨目録」。半葉十四行，行二十三字。前有宋開禧三年丁卯錦溪吴景仲序云：「魏君仲舉比求到《永嘉朱先生三國六朝五代紀年總辨》，循《通鑑》，按前史，而爲之辨論，辭語警拔。」原封面有「乾隆三十九年正月江蘇巡撫薩載送到蔣曾瑩家藏紀年總辨壹部計書肆本」長方木記。第三册扉葉有「江蘇巡撫採購備選書籍」長方木記。卷内鈐「翰林院印」滿漢文大官印。又鈐「茂苑香生蔣鳳藻秦漢十印齋祕笈圖書」、「子培父」等印記。〇南京圖書館藏清鈔本，作《永嘉先生三國六朝五代紀年總辨》。目録題「朱黼文昭」。半葉十四行，行二十三字，無格。卷内玄字缺末筆，弘字不避諱。鈐「何元錫印」、「錢江何氏夢華館藏」、「八千卷樓藏書記」、「濟陽文府」、「四庫坿存」、「嘉惠堂丁氏藏書」、「書庫抱殘生」、「泉唐丁氏竹舟申松生丙辛酉以後所得」、「風木庵」、「彊圉柔兆」、「彊圉涒灘」等印記。《存目叢書》據以影印。按：末二印用太歲紀年法寓丁丙、丁申二名。○民國間永嘉區征輯鄉哲遺著會藏鈔本二十八卷八册，係傳録平陽陳錫琛藏影宋鈔本，經劉饒寬朱筆手校。見《浙江省文獻展覽會專號》。

小學史斷二卷續集一卷附通鑑總論一卷　宋南宮靖一撰　　**二五八〇**

浙江巡撫採進本（總目）。○《浙江採集遺書總録》：「《小學史斷》二卷，宋南宮靖一撰，《續集》一卷，明廬陵晏彥文編，《通鑑總論》一卷，元潘榮撰，刊本。」○《浙江省第七次呈送書目》：「《小學史斷》二卷，宋南宮靖一著，二本。」○《江蘇採輯遺書目録》：「《史斷》二卷，明豫章南宮靖一著。」按：明當作宋。○臺灣「中央圖書館」藏南宋末刻本，作《小學史斷》二卷二册，題「豫章南宮靖一□叔甫纂述」。半葉九行，行二十字，細黑口，左右雙邊。版心下有刻工：忠甫、文、斗、王、已、公、生等。前有宋端平三年丙申南宮靖一自序。後有黃丕烈手跋，已收入《蕘圃藏書題識》。又張蓉鏡手跋：「此書議論名通，讀史者得之洵是枕中秘。宋刻傳本絶少，是册士禮居散逸，黃蕘翁手跋校正者，其糊處復假善本屬秋山先生用淡墨雙鈎。原是朱竹垞先生曝書亭所藏，識者當共知寶貴也。道光丙戌秋中琴川張蓉鏡芙川氏誌。時早桂初花，明窗展玩，快讀一過，亦人生一樂也。」上下册末有蔣因培、黃廷鑑、陶廷杰、汪森觀款。卷內鈐「宋刊奇書」、「長壽富貴」、「彝尊」、「錫鬯」、「竹垞」、「黃氏丕烈」、「蕘圃」、「張蓉鏡」、「芙川鑒定」、「陳率祖」、「張鈞衡印」、「石銘祕笈」、「吳興張氏適園收藏圖書」、「擇是居」、「莚圃收藏」等印記。詳該館《善本題跋真跡》、《善本書志初稿》。○北京圖書館藏明刻本，作《小學史斷》二卷，宋南宮靖一撰。半葉十行，行十八字，黑口，四周雙邊。○明弘治十六年刻本，作《小學史斷》二卷，宋南宮靖一撰，明晏彥文續。半葉九行，行二十字，黑口，四周雙邊。雲南省圖書館藏一部有缺葉、蟲蛀。中共中央黨校藏一部前有南宮靖一自序，無其他序跋，該校善本書目著録爲明刻本，是本卷下第六十五葉「宋」始署「廬陵晏彥文續著」，《存目叢書》據以影印。○明嘉靖十二年遼藩朱寵瀼刻本，作《小學史斷》二卷，宋南宮靖一撰，明晏彥文續。半葉十行，行二十字，白口，四周雙邊。北圖、大連圖藏。○明嘉靖十七年張木刻本，書名、卷數、撰人同前本。半葉九行，行二十字，白口，四周單邊。北圖、南圖藏藍印本。天一閣文管所藏墨印本。○明嘉靖二十六年趙瀛刻本，作《小學史斷》二卷，宋南宮靖一撰，明晏彥文續，附《資治通鑑總要通論》一卷，元潘榮撰。半葉九行，行二十字，白口，左右雙邊。前有嘉靖二十六年八月知嘉興府事關中趙瀛刻書序。北京師大、上圖、南圖等藏。○明嘉靖三十七年泉南翰墨餘香堂刻本，作《泉南新刊古板大字小學史斷》二卷首一卷，宋南宮靖一撰，明晏彥文續。半葉九行，行二十字，白口，四周單邊。南圖藏。○明刻本，作《小學史斷》四卷，宋南宮靖一撰，明晏彥文續。半葉九行，行二十字，白口，四周雙邊。北大藏。○明隆慶二年龔碧川刻本，作《小學史斷》四卷，撰人同前本，附元潘榮《資治通鑑總要通論》一卷。半葉九行，行二十字，白口，四周雙邊。自序後有牌記二行：「金陵三山街龔碧川刊行。」上圖、臺灣「中央圖書館」藏。○明嘉靖刻本，作《小學史斷》四卷，宋南宮靖一撰，

《前編》一卷、《續編》一卷，明徐師曾撰。半葉十行，行二十字，白口，左右雙邊。津圖、上圖藏。○明刻本，書名、卷數、撰人同前本。半葉八行，行十七字，白口，四周單邊，有刻工。北大、上圖、中科院圖藏。○明嘉靖刻本，作《小學史斷補刻》四卷，宋南宫靖一撰，明管祐之、翟公厚續。半葉九行，行二十字，白口，左右雙邊。○清道光五年鑑懸堂刻本，作《坡山史斷》四卷四册。江西省圖藏。○清光緒十七年分寧周氏刻本，北大、江西省圖藏。

史學提要一卷　宋黄繼善撰　二五八一

江西巡撫採進本（總目）。○《江西巡撫海第三次呈送書目》：「《史學提要》一本。」○日本宫内廳書陵部藏元刻本三卷，題「臨川黄繼善成性編」，「盱江吴志尹此民校勘」二行。半葉十一行，行二十二字，黑口，四周雙邊。（見《藏園群書經眼録》）按：董康《書舶庸譚》卷六著録，「吴志尹」作「吴志伊」，版框作「左右雙邊」。內容「卷一上古至戰國，卷二秦至南北朝，卷三隋至宋」。○北京圖書館藏明鈔本三卷三册，半葉十一行，行二十五字，小字雙行二十六字，紅格，版心上下紅口，蝴蝶裝。無序跋，不著撰人，内容與《提要》合。《存目叢書》據以影印。○臺灣「中央圖書館」藏明正統元年漢陽知府王靜刻《楓林小四書》本，二卷，半葉八行，行十六字，小字雙行，行三十一至三十四字不等，黑口，四周雙邊。此《小四書》前有明正統元年知漢陽府事新安王靜序云：「乃延邑庠典教南平趙弼輔之先生重爲訂正，命工鋟梓。」鈐有「鄞馬廉字隅卿所藏圖書」印記。○臺灣「中央圖書館」藏明嘉靖元年司禮監重刻《小四書》本，二卷。半葉六行，行分三段。下二段正文大字，每段四字。

上一段註文小字雙行，行八至十三字不等。行間附刻注文。黑口，四周雙邊。此《小四書》前有明朱升序云：「今此四書者或語約而事意多，故旁注不足則又表注於闌上，使教者有所據依，而學者易於記憶，此區區之至意也。既脱稿，刻之齋舍，題曰《小四書》。」知朱升在明初嘗自刻之，今未見。○南開大學藏明嘉靖八年胡明善刻《小四書》本，二卷。半葉八行，行八字，黑口，四周雙邊。眉上鐫評注。○華東師大藏明崇禎十年程性初刻《朱楓林先生注釋小四書》本，二卷。半葉八行，行二十字，白口，左右雙邊。○清康熙刻本，作《史學提要箋釋》五卷五册，見《國學圖書館現存目》。當在今南京圖書館。○清光緒八年宏道堂刻《小四書》本，二卷。山東大學、内蒙圖、重慶圖、雲南圖藏。○上海圖書館藏清光緒三十年沙市集成書局石印本四卷，清楊錫祐箋釋。○南京圖書館藏清眠雲精舍鈔本一卷，版心有「眠雲精舍」四字。有丁丙跋。《善本書室藏書志》著録。

承華事略一卷　元王惲撰　二五八二

浙江汪啟淑家藏本（總目）。○《浙江省第四次汪啟淑家呈送書目》：「《承華事略》一卷，元王惲著，一本。」○《浙江採集遺書總録》：「《承華事略》一册，寫本，元朝列大夫燕南河北道提刑按察副使王惲撰。」○《江蘇省第一次書目》：「《承華事略》一本。」○《提要》云：「已載所著《秋澗集》中，此後人鈔出別行之本。進書啟稱二十篇，釐爲六卷。今止一卷，亦後人所合併也。」○《秋澗先生大全文集》一百卷，《承華事略》在卷七十八至七十九。有元至治元年至二年嘉興路儒學刻明修本，臺灣「中央圖書館」藏一部，缺佚百數十葉，季振宜、陸樹聲、張乃熊（芷圃）舊藏。北圖藏一部，缺卷十至十二。又明弘治十一年馬龍、金舜臣刻本，《四部叢刊》據以影印。又《四庫全書·秋澗集》本，在卷七十八至七十九，《承華事略》自行分作六卷。○臺灣「故宮」藏清初鈔本一卷一册。○浙江圖書館藏清初鈔本。○清光緒武英殿刻本，作《欽定元王惲承華事略補圖》六卷，清徐郙等奉敕補。北圖分館、臺灣「故宮」等藏。

叙古頌二卷　元錢天祐撰　二五八三

永樂大典本（總目）。

史義拾遺二卷　元楊維楨撰　二五八四

內府藏本（總目）。○《武英殿第二次書目》：「《史義拾遺》一本。」○《江蘇省第一次書目》：「《史義拾遺》一本。」○《江蘇採輯遺書目録》：「《史義拾遺》三卷，元諸暨楊維楨著，刊本。」○《兩江第一次書目》：「《史義拾遺》，元楊維楨著，二本。」○《浙江省第三次書目》：「《史義拾遺》二卷，元楊維楨著，二本。」○《浙江採集遺書總録》：「《史義拾遺》二卷，刊本，元儒學提舉會稽楊維楨撰。」○中國人民大學藏明嘉靖十九年任翰刻本二卷，題「元赤城令會稽鐵崖楊維楨撰，明黄州守巴蜀後學任翰校」。半葉九行，行十八字，白口，四周單邊。前有弘治壬戌陸淞序。後有嘉靖十九年庚子皇甫汸跋云：「迺歸而謀諸任侯，侯即郡齋校正鋟梓，藏諸竹樓。」鈐有「藉書園本」、「沈侯藏書」、「沈侯經眼」等印。《存目叢書》據以影印。北圖、臺灣中研院史語所等亦有是刻。○明崇禎五年蔣世枋刻本，半葉八行，行二十字，白口，四周單邊。北師大、遼圖、杭大等藏。○明末諸暨陳于京刻本，與《楊鐵崖文集》五卷合刻，半葉九行，行二十字，白口，左右雙邊。上圖、遼圖、浙圖等藏。

二五八五　事偶韻語一卷　舊本題錢塘凌緯撰

永樂大典本(總目)。

二五八六　通鑑博論三卷　明寧王權撰

兩江總督採進本(總目)。○《兩江第二次書目》：「《通鑑博論》，明寧王朱權輯，三本。」○臺灣「中央圖書館」藏明初内府刻本二卷四册，題「寧王奉勅編」。半葉十五行，行二十八字，大黑口，四周雙邊。前有洪武二十九年寧王朱權序並進表。鈐有「莚圃收藏」印記。(見該館《善本書志初稿》)《藏園群書經眼録》記有涵芬樓藏明永樂刻本，在上下二卷，行款版式同。○中共中央黨校藏明萬曆十四年内府刻本三卷，題「寧王權奉敕編」。半葉八行，行二十字，大黑口，四周雙邊。前有萬曆重刊御製序云：「朕用是命所司梓之。」序末有「萬曆十四年二月吉日重刊」頂格一行。又洪武二十九年朱權序，進表，目録，凡例。後有永樂五年九月朔日跋，萬曆十四年御製跋。故宫、浙圖、南圖等亦有是刻。上圖藏是刻萬曆御製序末葉後半葉第四行起被裁去，故無「萬曆十四年二月吉日重刊」一行。又萬曆御製後跋全佚。永樂跋末葉佚去。顯係書估欲以冒充洪武刻本者。鈐「杭州王氏九峰舊廬藏書之章」。《存目叢書》據上圖藏本影印。○北京圖書館藏清鈔本，存上下二卷。半葉十五行，行二十八字。清宋筠手校。○北師大藏鈔本，存上卷。

二五八七

宋論三卷　明劉定之撰

浙江范懋柱家天一閣藏本(總目)。○《浙江省第五次范懋柱家呈送書目》:「《宋論》三卷,明劉定之著,一本。」○《浙江採集遺書總録》:「《宋論》三卷,刊本,明侍郎永新劉定之撰。一名《呆齋宋論》。」○臺灣「中央圖書館」藏明成化八年永新劉氏家刻本,題「後學永新劉定之著」。半葉十行,行二十一字,大黑口,四周雙邊。前有成化八年壬辰正月望日奉勅巡撫湖廣贊理軍務吴琛序,後有成化八年二月朔旦湖廣布政司右參議弟劉寅之後序,皆爲刻書作。卷内鈐「張紹仁印」、「學安」、「長洲張氏執經堂藏」、「訒菴居士」、「宋存書室」等印記。○上海圖書館藏明刻《呆齋存稿》卷五至卷七爲《宋論》三卷。《存稿》已收入《存目叢書》集部。○清乾隆至咸豐間永新劉氏刻《劉文安公全集》本,作《宋史論》。北大、上圖等藏。

二五八八

蔗山筆麈一卷　明商輅撰

編修程晉芳家藏本(總目)。○清道光十一年六安晁氏木活字印《學海類編》本。○民國九年商務印書館影印晁氏木活字《學海類編》本。《存目叢書》據以影印。○民國二十五年商務印書館據《學海類編》本排印,收入《叢書集成初編》。

二五八九

政監三十二卷　明夏寅撰

兩淮馬裕家藏本(總目)。○湖北省圖書館藏明成化刻本,半葉十行,行十九字,黑口,四周雙邊。前有成化十六年夏寅序。序、卷一、卷尾均有「藏溪汪氏交賢公次子淡若水書」一行。《存目叢書》

據以影印。○大連圖書館藏明正德十六年刻本全四册，半葉十行，行十九字，白口，四周單邊。天一閣文管所藏一部，存卷十至卷三十二。

二五九〇　雪航膚見十卷　明趙弼撰

兩淮馬裕家藏本（總目）。○《兩淮鹽政李續呈送書目》：「《雪航膚見》一卷，明趙弼，二本。」○臺灣「中央圖書館」藏舊鈔本十卷二册。題「門人麻城縣儒學教諭陳祖舜詳正，均州儒學訓導鄧誠校録」。半葉八行，行十六字，無格。前有景泰元年胡肅序，次某氏序，次正統十三年戊辰余鐸序，次景泰元年端月吉日前山東濟南府德州平原縣儒學訓導新城陳儀序，序後有「成化甲辰歲仲春元旦書林魏氏仁實堂新刊」識語二行。末有「成化甲辰仲春魏氏仁實堂刊」二行，又「萬曆辛卯年十二月吉旦欽差總督東廠官校辦事司禮監掌監事兼掌内官監印太監張誠校證重刊」三行。蓋即從萬曆十九年司禮監刻本録出者。卷内鈐「宋氏蘭揮藏書善本」、「筠」、「緜松菴」、「雪苑宋氏蘭揮藏書記」、「己丑進士大史圖書」等印記。卷内「玄」字不避諱，遇明朝年號、國號提行，蓋猶明末寫本。乙亥冬梢見。

二五九一　新舊唐書雜論一卷　明李東陽撰

兩淮馬裕家藏本（總目）。○原北平圖書館藏舊鈔本，與《江表志》合一册。題「明茶陵李東陽賓之著」。半葉十行，行二十一字。清吴騫校。清黄錫蕃乾隆己酉借閲識語。清楊復吉跋。王重民《善本提要》著録。現存臺北「故宫博物院」。○南京圖書館藏清鈔本一册，末有清楊復吉校記。卷内鈐「海寧陳鱣觀」印記。有丁丙跋。《善本書室藏書志》著録。○清嘉慶十三年虞山張海鵬刻本，《借月山房彙鈔》第十集之一，末有「嘉慶戊辰春二月昭文張海鵬校刊」小字二行。浙圖、中科院圖書館藏。民國九年上海博古齋影印張海鵬刻《借月山房彙鈔》本。《存目叢書》又據博古齋本影印。○清道光十一年六安晁氏木活字印《學海類編》本。民國九年商務印書館影印晁氏木活字《學海類編》本。○民國二十八年商務印書館據《學海類編》本排印，收入《叢書集成初編》。○北京大學藏清鈔《史學彙鈔三種》本。

宋紀受終考三卷　明程敏政撰　　**二五九二**

編修汪如藻家藏本（總目）。○《國子監學正汪交出書目》：「《宋紀受終考》一本。」○《江蘇省第一次書目》：「《宋紀受終考》一本。」○《江蘇採輯遺書目録》：「《宋紀受終考》三卷，明新安程敏政著，抄本。」○《兩淮鹽政李續呈送書目》：「《宋紀受終考》一卷，明程敏政，一本。」○《浙江省第五次范懋柱家呈送書目》：「《宋紀受終考》三卷，明程敏政著，一本。」○《浙江採集遺書總録》：「《宋紀受終考》三卷，刊本，明新安程敏政撰。」○福建省圖書館藏明弘治四年戴銑刻本三卷，半葉十行，行十九字，黑口，四周雙邊。前有成化十三年二月程敏政序。後有弘治四年三月門生婺源戴銑跋云：「銑因請而鋟梓，且僭識末簡。」卷下末有「城南夏廷章寫，歙西王充、仇以茂、以才刊」三行。鈐有「吳翌鳳家藏文苑」、「吳趨蔣硯溪圖書記」等印記。《存目叢書》據以影印。北圖、臺灣「中央圖書館」亦有是刻。○南京圖書館藏明鈔《藝海彙函》本。○《藏園訂補郘亭書目》：「明寫本，有程氏自序及戴銑後序。有林佶跋。鈐明徐㶿、清鄭杰藏印。」○北京大學藏清商邱宋氏鈔本一册,半葉十行,行十九字。前有自序。鈐「宋筠」、「蘭揮」、「一官常憎處非才」等印記。《藏園群書經眼録》著録。○中國社科院考古所藏清味書軒鈔本。○湖北省圖書館藏清鈔本。○北圖分館藏黑格鈔本。○北京大學藏一九三九年燕京大學圖書館據舊鈔本傳鈔本。顧廷龍先生手批《四庫全書附存目録》:「舊鈔本,有宋筠藏印。燕京傳鈔本。」蓋燕京大學即據宋筠藏鈔本傳録。

續資治通鑑綱目廣義十七卷　明張時泰撰　**二五九三**

按:　此書《總目》未收,現據《四庫全書附存目録》補。○《浙江省第四次汪啟淑家呈送書目》:「《續資治通鑑綱目廣義》十七卷,明張時泰著,四本。」○《浙江採集遺書總録》:「《資治通鑑綱目廣義》十七卷,刊本,明西州張時泰撰。」

宋史闡幽一卷　明許浩撰　**二五九四**

江蘇巡撫採進本(總目)。○《江蘇省第二次書目》:「《宋史闡幽》二本。」○《江蘇採輯遺書目録》:「《宋史闡幽》二卷,明博士餘姚許浩著。」○《浙江省第四次鮑士恭呈送書目》:「《宋史闡幽》一卷,明許浩撰,一本。」○《浙江採集遺書總録》:「《宋史闡幽》一卷,刊本,明桐城縣訓導餘姚許浩撰。」○杭州市圖書館藏明崇禎元年許鏘刻本二卷,題「餘姚許浩克大撰,瓊山丘濬仲深定」。半葉九行,行二十字,白口,四周單邊。前有崇禎元年五月華亭錢龍錫《重刻宋史闡幽叙》,弘治八年丘濬叙,謝遷序。末有崇禎元年許志陛跋,崇禎元年四世孫昌期跋,崇禎元年四世孫鏘跋。許鏘跋云:「從仲父君重於存籍中簡點家乘，見《宋史闡幽》，舊板散逸不可聚，因重較而付之鐫人。」首葉鈐「翰林院印」滿漢文大官印。又鈐「璜川吴氏收藏圖書」、「翰爽閣藏書記」等印記。《存目叢書》據以影印。

元史闡幽一卷　明許浩撰　**二五九五**

浙江鮑士恭家藏本（總目）。〇《浙江省第四次鮑士恭呈送書目》：「《元史闡幽》一卷，明許浩著，一本。」〇《浙江採集遺書總録》：「《元史闡幽》一卷，刊本，明桐城縣訓導餘姚許浩撰。」〇《兩淮鹽政李續呈送書目》：「《元史闡幽》一卷，明許浩，一本。」〇青島博物館藏明弘治十七年錢如京刻本，半葉十行，行十九字，黑口，四周雙邊。前有弘治十七年甲子冬十一月定海知縣門生錢如京序云：「故爲之捐俸以梓之。」卷内鈐「季振宜印」、「滄葦」、「季振宜藏書」諸印。又鈐「翰林院印」滿漢文大官印，四庫進呈本也。《存目叢書》據以影印。〇臺灣「中央圖書館」藏舊鈔本一卷一册，題「餘姚後學復齋許浩述」。半葉九行，行二十字。前有弘治十七年錢如京序，後有許浩跋。鈐有「翰林院印」滿漢文大官印。《藏園群書經眼録》、顧廷龍先生手批《四庫存目》、臺灣「中央圖書館」《善本書志初稿》均著録。蔡琳堂先生嘗製書影相貽。

世史積疑二卷　舊題元李士實撰　**二五九六**

浙江范懋柱家天一閣藏本（總目）。〇《浙江省第五次范懋柱家呈送書目》：「《世史積疑》二卷，明李士實著，二本。」〇《浙江採集遺書總録》：「《世史積疑》二卷，寫本，明左都御史豫章李士實撰。」〇《兩淮鹽政李續呈送書目》：「《世史積疑》二卷，元李士實，二本。」〇《藏園群書經眼録》：「明藍格寫本，前有正德七年壬申七月朔自序。鈐有『詩龕書畫印』朱，法梧門所藏也。聚珍堂送閲，索卅元。乙丑。」

兀涯西漢書議十二卷　舊本題明張邦奇撰　　**二五九七**

浙江范懋柱家天一閣藏本（總目）。○《浙江省第五次范懋柱家呈送書目》：「《兀涯西漢書議》十二卷，舊題明張邦奇著，二本。」○《浙江採集遺書總録》：「《兀涯西漢書議》十二卷，寫本，明尚書鄞縣張邦彦輯。」按：彦當作奇。○北京圖書館藏明鈔本，半葉十一行，行十八字（每葉上空二格不計），藍格，白口，四周單邊。正文每卷題「西漢書卷×」，不題撰人，無序跋。首葉鈐「翰林院印」滿漢文大官印，蓋即天一閣呈本。前有粘簽題「兀涯西漢書議」，上鈐「總辦處閲定。擬存目」兩行，下鈐「總擬」二字。又鈐「臣昀臣錫熊恭閲」朱文長方印。《存目叢書》據以影印。

史評十卷　明范光宙撰　　**二五九八**

内府藏本（總目）。○《武英殿第二次書目》：「《史評》五本。」○《浙江省第七次呈送書目》：「《史評》十卷，明范光宙著，五本。」○《浙江採集遺書總録》：「《史評》十卷，刊本，明上虞訓導石門范光宙撰。」○浙江圖書館藏清順治十五年刻本，卷一題「豐潤谷霖蒼先生鑒定，崇德范光宙霽陽父著」。半葉九行，行二十二字，白口，四周單邊。前有清順治十五年谷應泰序，順治十五年李震序，順治十五年陳祖法序，順治十五年吴心恒序。《存目叢書》據以影印。北大、中科院圖書館、祁縣圖書館亦有是刻。

責備餘談二卷　明方鵬撰　**二五九九**

浙江范懋柱家天一閣藏本(總目)。○《浙江省第五次范懋柱家呈送書目》：「《責備餘談》二卷，明方鵬著，一本。」○《浙江採集遺書總録》：「《責備餘談》二卷，刊本，明太常寺卿崑山方鵬撰。」○清乾隆至道光間長塘鮑氏刻《知不足齋叢書》本。民國十年上海古書流通處影印鮑氏刻《知不足齋叢書》本。《存目叢書》又據古書流通處本影印。鮑本題「崑山方鵬著」，前有嘉靖丙戌自引，正文二卷，末有附録一卷。○民國二十六年商務印書館據《知不足齋叢書》本排印，收入《叢書集成初編》。○民國間進步書局石印《筆記小説大觀》本。○北京大學藏舊鈔本二册。

東源讀史録無卷數　明田維祜撰　**二六〇〇**

浙江巡撫採進本(總目)。○《浙江省第六次呈送書目》：「《東源讀史録》不分卷，明田惟祐著，一本。」○《浙江採集遺書總録》：「《東源讀史》一册，刊本，明知府蕭山田唯祐撰。」按：《明清進士題名碑録索引》作田惟祜。

翼正録四卷　明何思登撰　**二六〇一**

江蘇巡撫採進本(總目)。○《江蘇省第一次書目》：「《翼正録》四本。」○《江蘇採輯遺書目録》：「《翼正録》四卷，明鄂郡何思登著，刊本。」

尚論編二十卷　明鄒泉撰　**二六〇二**

山東巡撫採進本(總目)。○《山東巡撫呈送第一次書目》：「《尚論編》四本。」○北京圖書館藏明萬曆十五年黄門刻本，半葉十一行，行二十四字，白口，四周單邊。卷一卷二題：「古吴常熟澗谷間人嶧山鄒泉子靜甫輯著，雨亭陳瓚、定宇趙用賢、左泉何鈁、全吾沈應科、澹吾黄門訂正，貞庵蔣以忠、養庵蔣以化、墟蓮邵鏊、湛源陸化淳、養冲袁光宇同訂。」前有萬曆十五年丁亥七月朔吴門友人韓世能《刻嶧山鄒先生人物尚論編序》云：「澹吾黄年丈適過從，君出編觀之，乃相與展業，則靦然歎異，共謀搏俸鋟諸梓，以惠後學。」知係萬曆十五年黄門等捐貲付刊。鈐有「陸」、「陸雲」等印。北京大學藏有萬曆十六年葉龍溪刻本，取與北圖黄門刻本相較，實係同版。唯北大本目録已改刻。北圖本目録共六葉，第六葉後半葉空白，僅左上角有「尚論編目録」五字，此空白半葉有預留牌記輪廓，目録字體與正文同。北大本目録全已改刻，排列格式已變，故增至七葉。目録標題北圖本作「四十七朝人物尚論編目録」，北大本則改爲「新刻四十七朝人物尚論編目録」。北大本目録第七葉後半葉空白處增一牌記：「萬曆戊子仲夏閶門葉龍溪梓。」蓋書版刊成後旋歸葉龍溪，葉氏遂改刻目録，冠「新刻」二字，並加牌記於目録之末，冒爲新刊，掩人耳目。此葉龍溪本上圖、人民大學、臺灣「中央圖書館」亦有藏。清華大學亦藏同版一部，韓世能序末「萬曆丁亥歲七月朔吴門友人韓世能撰」一行被剷去，其目録係葉龍溪改刻者，而牌記不復存在。是書版再經易主刷印之本也。《存目叢書》據以影印者即清華此本。《中國古籍善本書目》以黄門刻本與葉龍溪刻本爲兩刻，恐有未妥。

世譜增定二卷　明呂顓編　二六〇三

浙江范懋柱家天一閣藏本（總目）。〇《浙江省第五次范懋柱家呈送書目》：「《世譜增定》二卷，明呂顓著，二本。」〇《浙江採集遺書總録》：「《世譜增定》二卷，刊本，明南京應天府尹關西呂顓編。」

帝鑑圖說無卷數　明張居正、呂調陽同撰 二六〇四

内府藏本（總目）。〇《武英殿第二次書目》：「《帝鑑圖說》十本。」〇《浙江省第五次范懋柱家呈送書目》：「《帝鑑圖說》不分卷，明張居正、呂調陽同著，六本。」〇《浙江採集遺書總録》：「《帝鑑圖說》六卷，刊本，明大學士張居正等撰。」〇臺灣「中央圖書館」藏明萬曆元年刻本不分卷十二册，半葉九行，行十九字，白口，單白魚尾，四周雙邊，左欄外耳題記葉次。前有萬曆元年陸樹聲序，隆慶六年張居正、呂調陽進圖疏，又有萬曆元年王希烈後序。鈐「吴興劉氏嘉業堂藏」、「吴興劉氏嘉業堂藏書記」等印。〇臺灣「中央圖書館」又藏明萬曆元年金陵書坊胡賢刻本不分卷六册，半葉九行，行十九字，白口，單黑魚尾，四周雙邊。餘同前本。後序後有牌記：「萬曆元年冬月吉旦金陵書坊胡賢繡梓」二行。〇臺灣「中央圖書館」藏明萬曆刻本不分卷十二册，行款版式同萬曆元年原刻本，而字體、圖畫稍異，無刻書序跋、牌記。按：以上三本均見該館《善本書志初稿》。《中國古籍善本書目》著録「明刻本」不分卷（《中國古籍善本書目》徵求意見稿作「明萬曆元年刻本，九行十九字，白口，四周雙邊」），北圖、北大等九館有藏，未知與以上三本異同。〇臺灣「中央圖書館」又藏明萬曆三年雲南監察御史郭庭梧刻本不分卷十二册，半葉九行，行十九字，白口，單白魚尾，四周雙邊，左欄外耳題記葉次。耳題下方記刻工名：許尚中、李印文、把印時、林茂春、申用、陳印登、徐大岡、李時心、李紹先、陽印龍、丁時善、於大如、王印元、李志高、志高、陳和、印秀、李昭先、張時用、向大

岡、徐奉祥等。前有萬曆三年乙亥夏月吉日巡按雲南監察御史新鄉郭庭梧序云：「萬曆甲戌夏余奉命按滇，間出今元輔張公所上《帝鑑圖説》者示藩臬，諸司則咸請廣諸梓，令荒服共見之。刻成叙曰」云云。卷内鈐「安樂堂藏書記」印(參該館《善本序跋集録》、《善本書志初稿》)。○明萬曆三十二年金濂刻本六卷，半葉九行，行二十一字，白口，四周單邊。有刻工。北圖、上圖、上博藏。○明天啟二年刻本六卷，半葉九行，行十九字，白口，四周雙邊。北大、津圖藏。○清純忠堂刻本不分卷，山東省圖藏。半葉九行，行十九字，白口，四周雙邊。寫刻工緻。前有萬曆元年陸樹聲序，隆慶六年張居正、吕調陽進圖疏，萬曆元年王希烈後序。封面刻「純忠堂藏」。書中玄、弘字缺末筆，曆字作厤，寧字不避，知係清乾嘉間刻本。鈐「山東省立圖書館點收海源閣書籍之章」印記。《存目叢書》據以影印。北京圖書館有清嘉慶二十四年張亦縉純忠堂刻本，清翁同龢批注並鈔補，當即同版。南圖亦有是刻。○清光緒湖北江陵鄧氏刻本(川圖目)。○清光緒六年上海點石齋石印本四册，上圖藏。○清内府朱絲欄圖繪寫本一册，清沈振麟繪圖，潘祖蔭、歐陽保極書。臺灣故宫藏。○鈔本一册，上圖藏。

群史品藻三十卷　明戴璟撰　**二六〇五**

安徽巡撫採進本(總目)。○《安徽省呈送書目》：「《群史品藻》七本。」○北京圖書館藏明建邑書林安正堂刻本，作《新編漢唐綱目群史品藻》三十卷，十四册。半葉十一行，行二十一字，白口，四周雙邊。按：戴璟，嘉靖五年進士，是書爲命題作，其傳當在成進士後。嘉靖十七年西安府刻《新編漢唐通鑑品藻》實即此書易名重刊，前有莆田劉勳叙云：「姚明山先生出示《通鑑品藻》一帙，曰吾浙聞士戴屏石窓下手稿。……鄭子曰請自吾閩書坊始，迺授于坊劉氏。」可知福建劉氏安正堂本係此書初刻本，計其年月當在嘉靖十年前後。

漢唐通鑑品藻三十卷　明戴璟撰　二六〇六

江蘇巡撫採進本（總目）。〇《江蘇省第一次書目》：「《漢唐通鑑品藻》十六本。」〇《江蘇採輯遺書目録》：「《漢唐通鑑品藻》三十卷，明御史屏石戴璟著。」〇《提要》曰：「即璟所著《讀史品藻》，坊本改易其名也。書中起周威烈王，終周世宗，與《通鑑》首尾相應。而以漢唐名書，璟未必謬陋至此，其出自庸妄書賈明矣。」按：所謂《讀史品藻》當即前條《群史品藻》。〇人民大學藏明嘉靖十七年西安府刻本，作《新編漢唐通鑑品藻》三十卷，半葉十二行，行二十一字，白口，四周單邊。前有嘉靖十七年巡按陝西監察御史李復初序云：「是書盛傳于江之左右，而北方之士或罕見之。今先生大巡全陝，手攜一帙，出以示予。予覽而嘆曰：先生之道復西矣。遂請鋟梓以廣其傳。」又嘉靖十七年王九思序云：「于是案行藩司，下西安府，刻梓以傳。」又賜進士中大夫光禄寺卿馬理題辭。末有嘉靖十七年王準序。《存目叢書》據以影印。甘肅省圖藏是刻有湖廣按察司副使莆田約齋劉勳序。無李復初、王九思、王準序。馬理題辭佚去末行署款。鈐「明善堂珍藏書畫印記」、「怡親王寶」、「曾藏沈燕謀家」等印記。臺灣「中央圖書館」藏本諸序跋俱全，劉承幹故物。上圖、中科院圖亦有是本。按：浙圖有戴璟《新刊資治通鑑漢唐綱目經史品藻》十二卷《宋元綱目經史品藻》五卷，明嘉靖十五年清江堂刻本，當亦同類。

二六〇七　兩漢解疑二卷　明唐順之撰

浙江巡撫採進本（總目）。○清嘉慶十三年虞山張海鵬刻本，《借月山房彙鈔》第十集之一，浙圖、中科院圖藏。民國九年上海博古齋影印張氏刻《借月山房彙鈔》本。○清道光十一年六安晁氏木活字印《學海類編》本，題「明武進唐順之應德著」。民國九年商務印書館影印晁氏木活字《學海類編》本。《存目叢書》又據商務本影印。○清光緒十一年山陰宋澤元刻本，《懺花盦叢書》之一。北大、上圖等藏。○民國三十七年武進唐氏排印本一卷，《武進唐氏所著書》之一。上圖、浙圖、杭大藏。

二六〇八　兩晉解疑一卷　明唐順之撰

浙江巡撫採進本（總目）。○清嘉慶十三年虞山張海鵬刻本，《借月山房彙鈔》第十集之一，浙圖、中科院圖藏。民國九年上海博古齋影印張氏刻《借月山房彙鈔》本。○清道光十一年六安晁氏木活字印《學海類編》本。民國九年商務印書館影印晁氏木活字《學海類編》本。《存目叢書》又據商務本影印。○清光緒十一年山陰宋澤元刻本，《懺花盦叢書》之一。北大、上圖等藏。○民國三十七年武進唐氏排印本，《武進唐氏所著書》之一。上圖、浙圖、杭大藏。

二六〇九　覺山史説二卷　明洪垣撰

浙江鮑士恭家藏本（總目）。○《浙江省第四次鮑士恭呈送書目》：「《史説》二卷，明洪桓著，二本。」按：桓當作垣。○《浙江採集遺書總録》：「《説史》二卷，刊本，明洪覺山撰。」按：「説史」

二字誤倒。○上海圖書館藏明萬曆四十二年刻本，作《覺山洪先生史説》二卷，題「孫男士謨、士明敬編，後學吴懷讓志甫校訂」。半葉九行，行二十字，白口，左右雙邊。前有萬曆三十七年吴仁度序，四十二年汪世德叙。刻工：黄汝清刊刻（序末）、黄汝清刊（正文首葉版心）。《存目叢書》據以影印。原北平圖書館藏一部，現存臺北「故宫」。

太史史例一百卷　明張之象撰　二六一〇

浙江汪啟淑家藏本（總目）。○《浙江省第四次汪啟淑家呈送書目》：「《太史史例》一百卷，明張之象輯，十五本。」○《浙江採集遺書總録》：「《太史史例》一百卷，刊本，明按察司經歷松江張之象輯。」○四川大學藏明嘉靖四十四年長水書院刻本，題「碧山外史雲間張之象彙輯」。半葉十行，行十八字，白口，左右雙邊。前有自序云：「書院既梓成，因題首簡。」序後有牌記：「嘉靖乙丑孟夏長水書院刊行。」卷内鈐「號食叟黄循珍藏金石書畫」長方印。《存目叢書》據以影印。上圖亦有是刻。

史乘考誤十卷　明王世貞撰　二六一一

兩江總督採進本（總目）。○《兩江第二次書目》：「《史乘考誤》，明王世貞著，抄本，四本。」○《提要》云：「已載入《弇山堂别集》中，此其單行之本也。」○北京圖書館藏清鈔《皇明修文備史》本二卷。

洗心居雅言集二卷　明范槚撰　二六一二

江蘇巡撫採進本（總目）。○《江蘇省第一次書目》：「《觀史雅言集》二本。」○《江蘇採輯遺書目録》：「《觀史雅言集》二卷，明古越范槽著，刊本。」〇北京圖書館藏明萬曆三十六年陶望齡刻本，作《洗心居雅言集》二卷，題「古越養吾范槽著」。半葉十行，行二十字，白口，四周單邊。前有萬曆三十六年陶望齡序云：「遂督梓之以行。」《存目叢書》據以影印。中國社科院文學研究所亦有是刻。

古史要評五卷　明吴崇節撰　　二六一三

江西巡撫採進本（總目）。〇《江西巡撫六次續採書目》：「《狎鷗亭摘稿》、《古史要評》共六本。」〇臺灣「中央圖書館」藏明萬曆三十八年豫章吴氏菉猗館刻本，正文首題「新鐫古史要評卷之一」，次題「豫章吴崇節介甫父纂，同年祝世禄無功父閱，婿庠生張士鵬子翀父、江棶菖元芳父仝校，男庠生應暘、應曦仝梓」。半葉十行，行二十一字，白口，四周單邊。版心刻工：黄子光。前有萬曆三十八年南京尚寶司卿祝世禄叙，萬曆三十八年狎鷗（吴崇節）自引。卷末有雙行牌記：「萬曆庚戌歲孟春吉旦菉猗館梓行」。卷内鈐「明善堂覽書畫印記」、「安樂堂藏書記」、「順德李氏藏書」等印記。（見該館《善本書志初稿》）〇東北師範大學藏清吴宗琰、吴延齡重刻本，作《新鐫古史要評》五卷，題「弋陽吴崇節介甫父纂，同年祝世禄無功父閱，男應暘、應曦仝梓，玄孫宗琰、延齡重鐫」。半葉十行，行十九至二十一字不等，白口，四周雙邊。有萬曆三十八年李思統序，萬曆三十八年狎鷗子自序，萬曆三十八年祝世禄序。又玄孫宗琰重刻序云：「書出，膾炙人口，幾二百餘年猶津津勿輟。今光復堂藏板積久蠹腐，爰召梓人重鐫之。」自萬曆三十八年，二百年爲清嘉慶十五年，唯云「幾」，則不足二百年，又玄字缺末筆，而琰字不避諱，知係乾隆末年重刊也。《中國古籍善本書目》、《東北師大古籍善本書目解題》均著録爲明萬曆三十八年吴宗炎刻本，恐誤。

史取十二卷　明賀祥撰　**二六一四**

浙江汪啟淑家藏本（總目）。○《浙江省第四次汪啟淑家呈送書目》：「《史取》十二卷，明賀詳著，十二本。」○《浙江採集遺書總録》：「《史取》十二卷，刊本，明龍城賀祥撰。」○《湖南省呈送書目》：「《史取》十二本。」○北京大學藏明末刻本，作《留餘草堂史取》十二卷，題：「龍城賀詳纂著，男久邵述，後學金彩參。」前有豫章朱崧子美父序，晉江諸葛羲序，張毓睿序，男久邵跋，金彩序。卷内鈐「四明盧氏抱經樓藏書印」、「无竟先生獨志堂物」等印記。《存目叢書》據以影印。中科院圖、上圖等亦有是刻。按：著者賀詳《總目》及《浙江總録》誤作祥。

讀史漫録十四卷　明于慎行撰　**二六一五**

内府藏本（總目）。○《武英殿第一次書目》：「《讀史漫録》六本。」○《浙江省第六次呈送書目》：「《讀史漫録》十四卷，明于慎行著，六本。」○《浙江採集遺書總録》：「《讀史漫録》十四卷，刊本，明尚書東阿于慎行撰。」○《山東巡撫呈送第一次書目》：「《讀史漫録》六本。」○《都察院副都御史黄交出書目》：「《讀史漫録》六本。」○山西省圖書館藏明萬曆郭應寵福建刻本，題「東阿穀山于慎行著，福清臺山葉向高訂」。半葉十行，行二十字，白口，四周單邊。前有葉向高題辭，萬曆三十七年伏臘日門人福唐郭應寵序。郭序云：「兹寵以會葬至，公子緯泣奉遺帙，將圖剞劂，屬之釐次訂訛，分彙爲卷十四。……編竣藉手以復公子，可授梓人，傳之海内。」葉向高題辭云：「公嘗以其《讀史漫録》屬門人孝廉郭應寵編次，兹孝廉録以傳，而請余弁簡端。」卷内鈐「阮氏藏書」、「漢鹿齋藏書印」、「閒田張氏聞三藏書」、「佐伯文庫」、「廣東□陽羅道關防」、「臣濬師」、「子嚴」等印記。前有甲戌二月方濬師手跋謂「是刻經文定門人郭應寵編校，郭乃閩人，《存目》謂先梓於閩，或偶誤歟」。按：萬曆四十二年于緯刻本有謝肇淛序云「吾友郭孝廉既編次是録以授梓」。又有郭應寵萬曆四十一年癸丑第二序云「是編業已梓于閩建書林，而未經讎校，頗不概于余心」。知郭應寵編次之後即付閩建書林刊行，世所稱萬曆三十七年郭應寵刻本是也。唯郭氏編次序言作於萬曆三十七年臘日，且未言及付書林刊行事，則郭氏授梓當在三十七年以後。以刻於閩，故請閩人葉向高題辭，且卷端題「葉向高訂」。《存目叢書》據此本影印，未若于緯本完善。北圖、中央黨校、東北師大、臺灣「中央圖書館」均有是刻。〇明萬曆四十二年于緯刻本，題「明東阿穀山于慎行著，門人福唐郭應寵編次，男于緯校梓」。半葉九行，行十八字，白口，四周單邊。版心記刻工：史、胡、坤、徐、宋等。前有葉向高題辭，萬曆四十二年謝肇淛序，萬曆四十二年山東等處提刑按察司副使兼布政司右參議分守東兖道雲間黄體仁序。目録後有萬曆三十七年己酉、四十一年癸丑郭應寵兩序。郭應寵第二序云：「是編業已梓于閩建書林，而未經讎校，頗不概于余心。兹公子中翰君圖並《筆麈》録諸家。……偏搜師遺稿，復得讀史五十通，亟補入以爲完書，因再綴數語以識。時癸丑仲秋之既望也。」北圖、北大、中科院圖、上圖等多有是刻。山東省圖有萬曆于緯刻《穀城山館全集》本，亦即是刻。此較閩本内容完足。○明萬曆李時馥刻本，半葉九行，行十八字，白口，四周雙邊，有刻工。北京師大、上圖、山東博、雲大藏。○上海圖書館藏明崇禎九年鈔本。○清道光二十四年寧陽黄氏存素齋刻本，作《于文定公讀史漫録》二十卷，明于慎行撰，清黄恩彤參訂。半葉十行，行二十一字，黑口，左右雙邊。封面刻：道光二十六年歲在丙午仲秋重刊，潘紹經書，存素齋藏板。此本經黄恩彤評、注，分二十卷。○一九九六年齊魯書社排印李念孔、郭香圃、劉淑賢、張茂華點校本。以黄恩彤本爲底本，校以于緯刻本，分卷則依于緯本爲十四卷。

史韻二卷　明趙南星撰　**二六一六**

江蘇周厚堉家藏本（總目）。○《江蘇省第一次書目》：「《史韻》二本。」○《江蘇採輯遺書目録》：「《史韻》二卷，明吏部尚書高邑趙南星著，刊本。」○《直隸省呈送書目》：「《史韻》一本。」○《提要》云：「順治丁亥高邑李士邵刊於杭州，版旋散佚，乙未又刊於淮海道署。」按：邵當作劭。○北京大學藏清順治刻本，作《趙忠毅公儕鶴先生史韻》二卷，題「後學孫昌齡二如父、孫承澤北海父、王燮雷臣父、李士劭若許父仝較」。半葉九行，行二十字，白口，四周單邊。前有丁亥夏王燮序，又丁亥七月唐九經序殘存末二行。正文卷下第四十九葉以下缺。王重民據唐九經序謂即杭州刊本（見《善本提要》）。《存目叢書》據以影印。○清咸豐十年刻本，作《史韻補注》四卷四册，陳鍾祥補注。人民大學藏。

餘言二卷　明徐三重撰　**二六一七**

江蘇巡撫採進本（總目）。○《提要》云：「是編乃其語録之一種。」○《江蘇採輯遺書總録》：「《徐鴻洲雜著》八種二十八卷，明刑部主事華亭徐三重著，刊本。」疑《餘言》即在其中。

涉世雄談八卷　明朱正色撰　**二六一八**

直隸總督採進本（總目）。○《直隸省呈送書目》：「《涉世雄談》四本。」○四川省圖書館藏明萬曆二十四年刻本，題「邢襄後學朱正色批輯」。半葉十行，行十七字，白口，四周雙邊。前有萬曆二十四年冬古郢門人田大年《刻涉世雄譚序》，萬曆十七年朱正色題詞。鈐有「壽榕印章」、「壽梓之印」、「意文」、「沈壽榕所藏金石圖書」、「林思進印」、「林山腴收藏記」、「華陽林氏清宋堂藏」等印記。目録後有手記二則：「此書曾藏海昌沈意文家，子孫不守，得者寶之。同治上元甲子中秋日壽榕自記。」「此玉笙樓沈意文方伯藏書手跋也，其珍重丁甯如是。吾亦願後之得者如沈所願而已。清山林翁記。」《存目叢書》據以影印。北大、湖北省圖亦有是刻。

讀史漫筆一卷　明陳懿典撰　**二六一九**

編修程晉芳家藏本（總目）。○清道光十一年六安晁氏木活字印《學海類編》本，題「明秀水陳懿典孟常著」。民國九年商務印書館影印晁氏木活字《學海類編》本。《存目叢書》又據商務本影印。○清道光咸豐間宜黃黃秩模刊《遜敏堂叢書》本。

蘭曹讀史日記四卷　明熊尚文撰　**二六二〇**

副都御史黃登賢家藏本（總目）。○《都察院副都御史黃交出書目》：「《蘭曹日記》，明熊尚文輯，四本。」○北京大學藏明萬曆四十三年刻本，作《蘭曹讀史日記》四卷，題「豐城熊尚文益中甫輯評」。

半葉九行，行十八字，白口，左右雙邊。前有萬曆四十三年秋仲自序云：「遂編次若干卷付之梓。」鈐「木犀軒藏書」印。《存目叢書》據以影印。杭州市圖、臺灣「中央圖書館」亦有是刻。

史談補五卷　明楊一奇撰　陳簡增補　　二六二一

兩江總督採進本（總目）。○《兩江第二次書目》：「《史談補》，明楊一奇輯，陳簡增補，四本。」○《兩淮鹽政李續呈送書目》：「《史談補》五卷，明楊一奇撰，陳簡增補，四本。」○《浙江省第五次曝書亭呈送書目》：「《史談補》五卷，明楊一奇輯，陳簡補，四本。」○《浙江採集遺書總録》：「《史談補》五卷，刊本，明楊一奇輯，陳簡補。」○《編修朱交出書目》：「《史談補》二本。」○北京大學藏明萬曆二十五年上黨陳氏刻本，題「古交楊一奇輯，上黨陳簡補」。半葉九行，行十八字，白口，左右雙邊。前有直隸大名府知府劉廷謨序，凡例。後有魏縣知縣田大年跋云：「觀察陳公……因出《史談補》命不佞刻之。談則楊子，補則陳公。」版心下記刻工：陶英刻、陶昂、戴禄、鄭元。《存目叢書》據以影印。按：王重民嘗見原北平圖書館藏是刻（現存臺北「故宮」），另有萬曆二十五年陳簡序，田大年序所謂「觀察陳公」即其人。由是知此本爲萬曆二十五年大名兵備道陳簡命魏縣知縣田大年刊刻者。上海辭書出版社、美國國會圖書館亦有是刻。

尚友齋論古無卷數　明涂一榛撰　　二六二二

浙江巡撫採進本（總目）。○《浙江省第十二次呈送書目》：「《尚友齋論古》，明涂一榛輯，十六本。」○《浙江採集遺書總録》：「《尚友齋論古》十六册，刊本，明漳州涂一榛撰。」○明天啟刻本。

普林斯頓東亞圖。

人物論三十四卷　明鄭賢撰　二六二三

内府藏本(總目)。○《武英殿第二次書目》:「《人物論》十本。」○北京師大藏明萬曆三十六年潭陽余彰德刻本,正文首題「古今人物論第一卷」,次題「莆中鄭賢輯,潭陽余彰德梓」。半葉十行,行二十四字,白口,四周單邊。前有陳經邦序,萬曆三十三年宋萬葉序,萬曆三十六年方萬策序,萬曆三十六年莆中鄭賢序。書凡三十六卷。《存目叢書》據以影印。山東省圖、臺灣「中央圖書館」亦有是刻。○明萬曆刻本三十六卷,正文首題「新刊陳眉公先生精選古今人物論」,次題「華亭陳繼儒仲醇父選」。半葉十行,行二十四字,白口,四周單邊。前有萬曆三十七年鄭賢序。上圖、津圖、浙圖、臺灣「中央圖書館」等藏。○清同治十年養直堂刻本,作《古今人物論》。江蘇師院藏。○清光緒二十八年上海富文書局石印本,作《增廣古今人物論》三十六卷,鄭賢、葉丁曜等輯。江西省圖、四川省圖藏。○清光緒二十九年遵義官書局刻本,作《古今人物論》,明鄭賢輯,葉丁曜補。四川省圖藏。

讀史商語四卷　明王志堅撰　二六二四

江蘇巡撫採進本(總目)。○《江蘇省第一次書目》:「《讀史商語》二十本。」○《江蘇採輯遺書目録》:「《讀史商語》四卷,明崑山王志堅著,刊本。」○中國科學院圖書館藏明萬曆刻本,題「珠塢山農王志堅輯」。半葉九行,行二十字,白口,四周單邊。前有戊午(萬曆四十六年)仲春三月自序。《存目叢書》據以影印。王重民《善本提要》著録原北平圖書館藏是刻,自序之外另有萬曆四十七年婁堅序，鈐「明善堂覽書畫印記」、「安樂堂藏書記」印。其書現存臺北「故宮」。上圖等亦有是刻。
○北京大學藏清鈔本四冊。

史懷十七卷　明鍾惺撰　二六二五

内府藏本(總目)。○《武英殿第二次書目》：「《史懷》四本。」○《江蘇省第一次書目》：「《史懷》二本。」○《江蘇採輯遺書目録》：「《史懷》十七卷，明竟陵鍾惺著。」○《福建省呈送第六次書目》：「《史懷》。」○清華大學藏明刻本，題「明景陵鍾惺述，廣陵門人蔣勵志、蔣勵修輯」。半葉九行，行十九字，白口，四周單邊。前有鄒之麟序。《存目叢書》據以影印。北大、山東大學、華東師大等亦有是刻。○明崇禎刻本，題「竟陵鍾惺伯敬父述，滇南陶珽稺圭父評，仁和宋鈛聖錫父、漢陽李國木喬伯父、虎林江之淮道行父仝較」。半葉九行，行二十字，白口，四周單邊。前有陶珽《刻史懷序》云：「去歲備兵武昌，適嗣君持以爲質，予閲而不勝年誼死生之感，因取而細評之。……茲刻成，將見世之服膺伯敬者，不獨《詩歸》、《詩歸》云爾。」又楚漢陽後學李國木喬伯父序云：「今有茲刻，則《詩》、《史》二編遂如延津雙劍，一時並出。」蓋即陶珽任武昌兵備道時刻於武昌者。又有鄒之麟序。中科院圖、北師大、上圖、臺灣「中央圖書館」等藏。○明末刻本十七卷附《晉史懷》三卷，陶珽、許豸評。半葉九行，行二十字，白口，四周單邊。中國歷史博物館、湖北省圖、廣西師大藏。○明末刻本二十卷，陶珽、許豸評。半葉九行，行二十四字，白口，四周單邊。津圖、吉林省圖、湖北省圖等藏。○清光緒十七年三餘堂刻《湖北叢書》本二十卷。○民國二十八年商務印書館據《湖北叢書》本排印，收入《叢書集成初編》。

元(玄)羽外編四十六卷　明張大齡撰　二六二六

浙江巡撫採進本(總目)。○《浙江省第十次呈送書目》：「《元羽外編》四十六卷,明張大齡著,十本。」○《浙江採集遺書總録》：「《元羽外編》四十六卷,刊本,明眉州張大齡撰。」○《兩淮鹽政李續呈送書目》：「《晉唐指掌》二種,明張大齡,二本。」○《浙江省第四次汪啟淑家呈送書目》：「《晉列國指掌》六卷,明張大齡著,一本。」又「《唐藩鎮指掌》六卷,明張大齡著,一本。」○《浙江採集遺書總録》：「《晉列國指掌》二卷,寫本,明眉山張大齡撰。《唐藩鎮指掌》二卷,寫本,前人撰。」○北京圖書館藏明萬曆三十九年張養正刻本,子目見《中國叢書綜録》。半葉十行,行二十字,白口,四周單邊。正文首行上題「史論卷一」,下題「玄羽外編一」,次題「眉州張大齡玄羽著,里人張養正冏思訂」。前有辛亥立冬曹學佺《張玄羽集序》,萬曆三十九年辛亥孟冬南京貴州道監察御史奉敕巡視江洋眉州張養正《合刻玄羽外編序》云:「余承乏陪京,屬義興俞羨長聯各種而貫之,合名之爲《玄羽外編》,捐俸重梓之,梓成因序之。」卷内鈐「雙鑑樓」、「傅增湘讀書」等印。《存目叢書》據以影印。上圖、浙圖、臺灣「中央圖書館」亦有是刻。○《晉唐指掌》四卷,有萬曆二十九年讀書樓刻本,包括《晉五胡指掌》二卷、《唐藩鎮指掌》二卷,中科院圖書館藏。初出單行本也。○按:書名「玄」字《總目》及進呈目避康熙帝諱改「元」。殿本《總目》作「左」,形近之訛。

詩史十五卷　舊本題明顧正誼撰　二六二七

副都御史黄登賢家藏本(總目)。○《都察院副都御史黄交出書目》：「《詩史》,明顧正誼,八本。」

○浙江圖書館藏明萬曆二十八年顧正誼刻本，作《顧氏詩史》，題「華亭顧正誼仲方甫著」。半葉九行，行十八字，白口，四周單邊。前有馮時可序，王穉登序。又萬曆二十八年顧正誼叙云：「亟付之梓人。」凡例末刻「雲間潘維垣寫」小字一行。《存目叢書》據以影印。北圖、北師大、上圖、臺灣「中央圖書館」、臺灣師大均有是刻。

二六二八　測史剩語六卷　明馮士元撰

江西巡撫採進本（總目）。○《江西巡撫海第三次呈送書目》：「《測史剩語》二本。」

二六二九　史拾載補無卷數　明吴宏基撰

江蘇周厚堉家藏本（總目）。○《江蘇省第一次書目》：「《史拾載補》四本。」○《江蘇採輯遺書目録》：「《史拾載補》八卷，明給事中華亭陳子龍著。」○臺灣「中央圖書館」藏明末刻本，作《史拾載補》十九卷《衆斷》五卷，共十二册。題「明陳子龍卧子鑒，仁和吴弘基栢持箋，門人鍾禾士宏先挍」。半葉八行，行二十字，白口，左右雙邊。眉上鐫評。前有郎璧金序。鈐有「課耕山莊」白文印。乙亥歲梢見。○清華、西北大學等有明末刻本《史拾》不分卷，包括四集：一《載補》（八書、十一列傳），二《遺聞》（拾遺記、竹書紀年、高士傳、孔林卮述），三《廣覽》（穆天子傳、群輔録、雞肋、刑書釋名、占候抄、金壺字考、字書誤讀），四《衆斷》（吕氏月令、尚書禹貢、希通録、叢文、古扐）。沈津《哈佛燕京圖書館善本書志》亦著録一部，佚《衆斷・古扐》，並有缺葉。行款版式及卷端署名皆同臺灣本，唯臺本無《遺聞》、《廣覽》。蓋皆同版，而完缺不同。入《存目》者係殘帙。

二六三〇

史砭二卷　明程至善撰

浙江巡撫採進本(總目)。○《浙江省第七次呈送書目》:「《史砭》二卷,明程至善著,二本。」○《浙江採集遺書總録》:「《史砭》二卷,刊本,明海陽程至善撰。」○臺灣「中央圖書館」藏明末刻本,題「海陽程至善于止著,程楷畸人較」。半葉九行,行十八字,白口,左右雙邊。前有程楷叙,缺首葉。又唐汝詢小引。卷二第三十六葉以下缺。乙亥歲梢見。

二六三一

評史心見十二卷　明郭大有撰

浙江汪啟淑家藏本(總目)。○《浙江省第四次汪啟淑家呈送書目》:「《評史心見》十二卷,明郭大有著,六本。」○《浙江採集遺書總録》:「《評史心見》十二卷,刊本,明江寧郭大有撰。」○陝西省圖書館藏明萬曆十二年周對峰刻本,作《新刻官板大字評史心見》十二卷,題「南京後學郭大有用亨著,賜進士第監察御史吴郡王以旂校正,賜進士第按察司僉事古潤殷鏊批點,金陵書林周曰校應賓刊行」。半葉十一行,行二十三字,白口,四周雙邊。封面刻「萬曆甲申春月周對峯刊行」一行。卷尾有「萬曆甲申秋月金陵對峰周氏刊行」大字一行。卷内鈐「劉昌誉印」印記。《存目叢書》據以影印。○臺灣「中央圖書館」藏明萬曆十四年刻本,正文首題「評史心見卷之一」,次題「南京後學郭大有用亨著,監察御史吴郡王以旂校正,按察司僉事古潤殷鏊批點」。半葉八行,行二十字,黑口,四周雙邊。目録後刻「萬曆十四年六月吉旦重刊」識語。卷内鈐「泰峯」、「古瀛施振成九韶氏所見」、「劉承幹字貞一號翰怡」、「吴興劉氏嘉業堂藏書印」等印記。(詳該館《善本書志初稿》)○明萬曆十五年張誠刻本，作《評史心見》十二卷，半葉八行，行二十字，黑口，四周雙邊。北京師大、中共中央黨校藏。

古質疑一卷　明鄭賡唐撰　二六三二

安徽巡撫採進本（總目）。

讀書鏡十卷　明陳繼儒撰　二六三三

浙江孫仰曾家藏本（總目）。〇《浙江省第八次呈送書目》：「《讀書鏡》十卷，明陳繼儒輯，四本。」〇山西省祁縣圖書館藏明萬曆沈氏尚白齋刻《尚白齋鐫陳眉公寶顏堂祕笈》本，作《寶顏堂增訂讀書鏡》十卷，題「雲間陳繼儒著，檇李沈豫昌、沈師昌仝校」。半葉九行，行十九字，白口，左右雙邊。前有自序，萬曆二十八年庚子沈師昌序，庚子范應官題辭，張晒引。沈序云：「余兄弟暨友人元弢雅有同好，故刻而公之。」則係萬曆二十八年沈豫昌、沈師昌、張晒刻本。《存目叢書》據以影印。中科院圖、復旦大學等亦有是刻。〇大連圖書館藏明末濬發堂刻《陳眉公先生十集》本。半葉九行，行十八字，白口，四周單邊。〇臺灣「中央圖書館」藏明王欽明刻《笈雋》本。〇臺灣東海大學藏明刻本，作《重刻讀書鏡》十卷。〇明崇禎醉綠居刻《眉公十種藏書》本，五卷。北大、上圖、山東圖等藏。〇明末聚奎樓刻《陳眉公先生十集》本，卷一即《讀書鏡》。半葉九行，行十八字，白口，四周單邊。首都圖、清華、社科院文學所藏。〇民國十一年上海文明書局石印《寶顏堂祕笈》本。〇民國二十五年商務印書館據《寶顏堂祕笈》本排印，收入《叢書集成初編》。〇南京圖書館藏清咸豐胡氏刻本二卷二册。

青油史漫二卷　明茅元儀撰　**二六三四**

副都御史黃登賢家藏本（總目）。○《都察院副都御史黃交出書目》：「《青油史漫》，明茅元儀，二本。」○臺灣「中央圖書館」藏明崇禎刻本二卷一册，題「石民茅元儀止生著」，半葉八行，行十八字，白口，四周單邊。前有茅元儀序，缺佚不完，中稱熹廟，則在崇禎間。（參該館《善本書志初稿》）○上海圖書館藏鈔本二卷一册，題「明茅元儀撰，明沈國元校，鐵橋散人録」。半葉十一行，行二十三字，無格，書口間有「敬慎堂」三字。卷内弘、曆、寧等字不避。《存目叢書》據以影印。

史疑四卷　明宋存標撰　**二六三五**

浙江巡撫採進本（總目）。○《浙江省第十二次呈送書目》：「《史疑》八卷，明宋存標著，四本。」○《浙江採集遺書總録》：「《史疑》四卷，刊本，明松江宋存標撰。」○《武英殿第一次書目》：「《史疑》四本。」○南開大學藏明崇禎二年宋氏君子堂自刻本，作《秋士史疑》四卷，題「同邑陳繼儒眉公選定，華亭宋存標子建論著」。半葉九行，行二十字，白口，左右雙邊。前有社弟周立勳序，社弟陳子龍序，己巳菊月秋士宋存標子建自序，版心有「君子堂」三字。又弟存楠序。前有鄭齋手跋。《存目叢書》據以影印。陝西省圖亦有是刻。原北平圖書館藏一部，現存臺北「故宫」。首都圖書館藏一部，附《秋士新詩》一卷《君子堂詩》一卷。

歷代史論二編十卷　明張溥撰　**二六三六**

安徽巡撫採進本（總目）。○《兩江第一次書目》：「《歷代史論》，明張溥著，二本。」○《江蘇省第一次書目》：「《史論》六本。」○《江蘇採輯遺書目録》：「《史論》一編四卷二編十卷，明翰林院庶吉士太倉張溥著。」○《安徽省呈送書目》：「《史論》一本，《史論》二編三本。」○杭州大學圖書館藏明崇禎刻本，作《歷代史論》一編四卷二編十卷，題「婁東張溥著」。半葉九行，行十八字，白口，左右雙邊。一編前有門人呂雲孚序，二編前有年社弟韓四維芹城序。卷内鈐「盱台王氏十四閒書樓藏書印」、「吴興劉氏嘉業堂藏書記」等印。《存目叢書》據以影印。上圖、景德鎮圖書館亦有是刻。四川省委黨校藏清洪祖年批點本，蘇州圖書館藏清潘霨批並跋本，均僅一編四卷。○臺灣「中央圖書館」藏清刻本，作《歷代史論》十二卷四册，題「明太倉張溥論正」。半葉十一行，行二十一字，黑口，左右雙邊。前有呂雲孚序。卷有丁丙墨批。鈐「錢唐丁丙校讀」印。（見該館《善本書志初稿》）○南京圖書館藏清刻本，僅二編十卷五册。○南京圖書館藏清光緒刻本，僅一編四卷。○清光緒五年江西裴氏成都刻本，作《歷代史論》十二卷《宋史論》三卷《元史論》一卷，附清高士奇《左傳史論》二卷、清谷應泰《明史論》四卷。北師大、杭州大學、江蘇師院、四川省圖等藏。○清光緒九年刻本，人民大學藏。○清光緒十二年刻本，存五册。江西省圖藏。○清梓州龍翼堂翻刻硃墨套印本，四川省圖藏。○清光緒二十四年湖南書局刻本，四川省圖藏。○清光緒二十四年圖書集成局鉛印本二十二卷六册，江西省圖藏。○清光緒二十七年上海書局石印本二十一卷附編四卷共六册，南京大學藏。○民國十六年上海會文堂書局石印本，作《詳注歷代史論》十二册，明張溥編，近人楊音、章鏡塵注。北京師大、青島市圖藏。○按：安徽、江蘇進呈本均一編、二編俱全，而《提要》稱「題曰二編，蓋尚有前編，今未之見」，蓋一時檢尋未周也。

讀史書後一卷　明胡夢泰撰　二六三七

江西巡撫採進本(總目)。○《江西巡撫海第四次呈送書目》:「《讀史書後》、《禹貢圖註》一套,以上二種共二本。」

拙存堂史括三卷　明冒起宗撰　二六三八

兩江總督採進本(總目)。○《兩江第一次書目》:「《拙存堂史拈》,如臯冒起宗著,抄本,三本。」

孟叔子史發無卷數　明孟稱舜撰　二六三九

浙江巡撫採進本(總目)。○《浙江省第七次呈送書目》:「《孟叔子史發》,明孟稱舜著,二本。」○《浙江採集遺書總録》:「《孟叔子史發》一册,刊本,明會稽孟稱舜撰。」

狂狷裁中十卷　明楊時偉撰　二六四〇

江西巡撫採進本(總目)。○《江蘇省第一次書目》:「《狂狷裁中》三本。」○《江蘇採輯遺書目録》:「《狂狷裁中》十卷,明楊時偉著,抄本。」○首都圖書館藏明天啟刻本,題「楊時偉去奢著,弟時俶思永較,婁堅子柔、陳繼儒仲醇閱」。半葉九行,行十八字,白口,四周單邊。前有天啟六年元旦自序。鈐「北平孔德學校之章」印記。《存目叢書》據以影印。中央民大、南大、福建師大、臺灣「中央圖書館」均有是刻。

廿一史獨斷二十一卷　明張自勳撰　二六四一

江西巡撫採進本(總目)。○《江西巡撫海第一次呈送書目》:「《廿一史獨斷》四本。」

宋史筆斷十二卷　舊本題正誼齋編集 **二六四二**

浙江鮑士恭家藏本(總目)。〇《浙江省第四次鮑士恭呈送書目》:「《宋史筆斷》十二卷四本。」〇《浙江採集遺書總録》:「《宋史筆斷》十二卷,倦圃藏刊本,不著撰人,署正誼齋編集。」〇《兩淮鹽政李續呈送書目》:「《宋史筆斷》十二卷,明正誼齋編,六本。」〇《編修勵第一次至六次交出書目》:「《宋史筆斷》,無撰人姓氏,六本。」〇北京圖書館藏明刻本,題「正誼齋編集」,半葉十行,行十九字,黑口,四周雙邊。卷内鈐「士禎私印」、「池北書庫」、「篤素堂張曉漁校藏圖籍之章」、「國子祭酒」等印記。《存目叢書》據以影印。上圖、美國國會圖書館亦有是刻。

尚論編六卷　不著撰人名氏,但自稱曰印須子 **二六四三**

副都御史黄登賢家藏本(總目)。〇《都察院副都御史黄交出書目》:「《尚論編》二本。」〇徐州圖書館藏明末刻本七卷,題「借緑軒録,印須子評」,半葉九行,行二十字,白口,四周單邊。前有夢博道人序,六宜亭長題辭,海上狎鷗翁叙。《存目叢書》據以影印。

賣菜言一卷　舊本題曰匪齋撰 **二六四四**

浙江鮑士恭家藏本(總目)。〇《浙江省第四次鮑士恭呈送書目》:「《賣菜言》,國朝匪齋著,一本。」〇《浙江採集遺書總録》:「《賣菜言》一册,寫本,題匪齋撰,不署名。」

綱鑑附評二卷　舊本題國朝劉善撰 **二六四五**

江西巡撫採進本(總目)。

漢史億二卷　國朝孫廷銓撰　**二六四六**

山東巡撫採進本(總目)。○《山東巡撫呈送第一次書目》:「《漢史億》二本。」○南開大學藏清康熙刻本,題「益都孫廷銓伯度纂」。半葉八行,行二十字,白口,四周雙邊。前有馮溥序,康熙十年辛亥三月三日沚亭灌長(孫廷銓)自序。末有某氏後序。封面刻「本衙藏版」。卷首眉上有閻若璩工楷識語二條:「康熙庚午春二月中旬自京師歸,途中攜趙公秋谷所贈《漢史億》二卷,讀之至終,亦近日之佳書也。」後鈐「閻若璩印」、「百詩」二白文印。又一條:「越四年癸酉冬十月下旬復閱一過,母后臨朝稱制,戰國已有,如秦宣太后、齊君王后皆是,不自漢高后始。韋誕既書凌雲殿榜下,則戒子孫絶此楷法,著之家令,非梁鵠也。此二條誤,當正。」卷内鈐「楊氏稼軒」、「收藏書籍」、「更年審定」、「秦更年印」、「秦曼青」諸印。上卷末又有某氏手跋,疑秦更年筆,内云:「其云庚午二月中旬南歸,張石洲所譔先生年譜謂是年三月健庵歸里,後又云先生與健庵同歸,而不知先生實於二月中旬首途,似與健庵微有先後,年譜失之。惜石洲不見此也。庚午先生年五十五,癸酉則年五十九矣。先生手蹟流傳最罕,此作小楷書,後段尤勝,大儒手澤,真至寶也。」《存目叢書》據以影印。人民大學、中科院圖、湖北省圖亦有是刻。又有康熙十七年師儉堂刻《孫文定公全集》本,上圖、山東省圖、南開大學等藏,實即同版。山東圖本上卷末有康熙辛亥次男寶侗跋。下卷前有康熙辛亥顏胤肇序。

論世八編十二卷　國朝華慶遠撰　**二六四七**

浙江巡撫採進本(總目)。○《浙江採集遺書總録》:「《論世八編》十二卷,寫本,明無錫華慶遠輯。」○上海圖書館藏稿本，半葉十行，行十九字，無格。正文係謄清本，眉上及行間有著者手批。鈐「華氏珍藏圖書」印。《存目叢書》據以影印。○天津圖書館藏清鈔本，作《論世編八編》十二卷，清秦瀛跋。

二六四八 **歷代甲子考一卷　國朝黄宗羲撰**

編修程晉芳家藏本（總目）。○《提要》云：「已載於《南雷文定》中，曹溶收入《學海類編》，改題此名。」○清康熙三十四年新安張氏霞舉堂刻《檀几叢書》第一帙本。○清道光十一年六安晁氏木活字印《學海類編》本。民國九年商務印書館影印晁氏木活字《學海類編》本。○民國二十五年商務印書館據《學海類編》本排印，收入《叢書集成初編》。○民國四年時中書局排印《梨洲遺著彙刊》本。○臺灣中研院史語所藏蕫香館藍格舊鈔本，《臨清徐氏祕笈七種》之一。

二六四九 **鑑語經世編二十七卷　國朝魏裔介撰**

直隸總督採進本（總目）。○《直隸省呈送書目》：「《鑑語經世編》八本。」○四川省圖書館藏清康熙十四年魏氏自刻本，題「栢鄉魏裔介貞菴纂，男嘉孚、勷、荔彤較，孫世益、世家、世晉、世萃讀」。半葉十行，行二十字，無直格，四周單邊或雙邊或左右雙邊。前有康熙十四年自序云：「謀付剞劂，以廣其傳。然田薄貲詘，饘粥之餘，易置梨棗，數歲始竣其工。蓋前後有十年之力焉。」此帙印本模糊，復遭蟲蛀，計缺二十餘葉，非善本也。《存目叢書》據以影印。人民大學有兩部，其一鈐「徐紹薪」、「驪城徐氏家藏」、「蔭緑軒書畫印」等印記。刷印亦不清。内蒙社科院亦有是刻。○公安部群衆出版社藏清鈔本。

讀史吟評一卷　國朝黄鵬揚撰　**二六五〇**

大學士英廉購進本(總目)。○《福建省呈送第六次書目》:「《讀史吟評》。」○《浙江省第十一次呈送書目》:「《史評辨正》三卷附《讀史吟評》一卷,國朝黄鵬揚著,四本。」○《浙江採集遺書總録》:「《史評辨正》三卷附《讀史吟評》一卷,寫本,國朝舉人桃源黄鵬揚撰。」○清康熙四十一年刻《説鈐》後集本,題「閩温陵黄鵬揚遠公著」。末有康熙四十一年吴震方刻書跋。《存目叢書》據北師大此本影印。○清道光五年聚秀堂刻《説鈐》後集本。

史評辨正四卷　國朝黄鵬揚撰　**二六五一**

福建巡撫採進本(總目)。○《福建省呈送第六次書目》:「《史評辯正》。」又有浙江呈本見前條。

讀史矕疑十卷　國朝張彦士撰　**二六五二**

山東巡撫採進本(總目)。○《山東巡撫第二次呈進書目》:「《讀史矕疑》六本。」○北京大學藏清康熙三十六年陶丘張氏家刻本,題「楚黄張希良石虹甫評,古莆楊緑授公垂甫閲,陶丘張彦士龍弼甫著,醴西郝玠石公甫訂」。半葉八行,行二十字,白口,四周雙邊。前有康熙三十三年楊緑授序,錢江序,康熙二十年倫品卓序,康熙十九年馬教思序。又《張徵士傳》。末有康熙三十六年三月男謙跋云:「謹將《讀史矕疑》十卷先付剞劂。」《存目叢書》據以影印。

史折三卷續一卷　國朝賀裳撰　　**二六五三**

湖南巡撫採進本（總目）。○《湖南省呈送書目》：「《史折》四本。」○《兩江第一次書目》：「《史折》，丹徒賀裳著，四本。」○《江蘇採輯遺書目録》：「《史折》三卷《續編》一卷一册，清曲阿諸生賀裳著，刊本。」○北京圖書館分館藏清刻本，作《史折》三卷《續編》一卷，題「曲阿賀裳黄公撰，古鄮徐時勉克勤閱，孫男龍翔士雲、應仲小范仝校」。半葉九行，行二十字，白口，左右雙邊。版心魚尾下大題「猶將集」，魚尾上小題「史折」，似爲《猶將集》之一種。書中玄字不避，蓋猶順治間刊本。《存目叢書》據以影印。

澂景堂史測十四卷　國朝施鴻撰　　**二六五四**

江蘇巡撫採進本（總目）。○《江蘇省第一次書目》：「《澂景堂史測》二本。」○《江蘇採輯遺書目録》：「《澂景堂史測》十四卷，明婁縣縣丞邵武施鴻著，刊本。」○《福建省呈送第六次書目》：「《史測》。」○北京圖書館藏清康熙八年自刻本，題「閩邵武施鴻則威著，男綸中撰注，男綍子布校」。前有康熙八年春王月施鴻序云：「於時書成，次男綸取而註之。已而遷松江婁邑丞，季男綍又因剞劂之便刊之。」附《閩溪紀略》一卷，首行及版心均作「澂景堂小品」，題盧元昌評點，施鴻著。卷内鈐「鄞林氏藜照廬圖書」、「林集虚印」、「長樂鄭振鐸西諦藏書」、「長樂鄭氏藏書之印」等印記。《存目叢書》據以影印。○清光緒十三年邵武徐氏刻本，收入《邵武徐氏叢書》二集，北圖、北大、上圖等藏。○清光緒二十八年刊本（江西省圖目）。

垂世芳型十三卷　國朝金維寧撰　**二六五五**

浙江巡撫採進本(總目)。○《浙江省第六次呈送書目》:「《垂世芳型》十三卷,國朝金維寧著,二本。」○《浙江採集遺書總録》:「《垂世芳型》二册,刊本,國朝舉人華亭金維寧撰。」○蘇州市圖書館藏清康熙五十三年賀勀堂刻本,題「華亭金維寧德藩著,年姪孫汪必倬垂素、項昂望如、姪孫堉黄景佳次韓仝較」。半葉十一行,行二十五字,白口,左右雙邊。版心下刻「賀勀堂」三字。有鄭重序,康熙三十五年金潮序。又康熙五十三年金維寧《凡例説》謂「今所刊者又評斷中三之一」,又謂「是編之刊亦因親友協力贊成」。《存目叢書》據以影印。東北師大亦有是刻,版心刻「賀勀堂」,封面刻「康熙五十三年,澹秋軒藏板」。

資治通鑑述無卷數　國朝陳詵撰　**二六五六**

兩江總督採進本(總目)。○《兩江第一次書目》:「《通鑑述》,海寧陳詵著,一本。」

通鑑大感應録二卷　國朝秦鏡撰　**二六五七**

山西巡撫採進本(總目)。○《山西省呈送書目》:「《通鑑大感應録》二卷。」○遼寧省圖書館藏清康熙五十四年張聖佐刻本,作《删訂通鑑感應録》二卷,題「翼城秦鏡非臺氏纂集,男治、淳,孫棟、桂、栻,曾孫熙、炳、勳,重孫肇基校録」。半葉九行,行二十字,黑口,左右雙邊。刻印甚精。前有康熙五十四年張聖佐叙云:「爰付剞劂,以廣其傳。」又康熙十五年秦鏡序。末有康熙五十四年張棣書後云:「秦氏此編,撮《通鑑》之要領,備《綱目》之勸懲,世不可無者,故家大人删訂而序刻之。」

《存目叢書》據以影印。南開大學亦有是刻。○上海圖書館藏鈔本一册，名《通鑑感應録》。

讀史辨惑無卷數　國朝王建衡撰　二六五八

直隸總督採進本（總目）。○《直隸省呈送書目》：「《讀史辨惑》五本。」

史論初集無卷數　國朝朱直撰　二六五九

浙江巡撫採進本（總目）。○《浙江省第十次呈送書目》：「《史論》，國朝朱直著，二本。」○《浙江採集遺書總録》：「《史論》二册，刊本，國朝江寧朱直撰。」○湖北省圖書館藏清康熙刻本，作《緑萍灣史論初集》一卷《史論二集綱目議》一卷，題「江左朱直少文氏著，同學諸子評閲」。半葉九行，行二十字，白口，四周雙邊。前有康熙四十五年自序，凡例。《存目叢書》據以影印。山東省圖亦有是刻。

詩史十二卷　國朝葛震撰　二六六〇

浙江鮑士恭家藏本（總目）。○《浙江省第四次鮑士恭呈送書目》：「《詩史》十二卷，國朝葛震著，二本。」○《浙江採集遺書總録》：「《詩史》十二卷，刊本，國朝句容葛震撰。」○清華大學藏清康熙四十二年刻本，題「頓丘葛震星巖父著，男用霖澤商編次」。半葉九行，行二十四字，白口，四周單邊。前有康熙二十七年陳廷敬序，康熙四十二年張希良序，康熙四十二年張鴻烈序，康熙四十二年鍾國璽《刊詩史誌》。鈐有「明善堂覽書畫印記」、「安樂堂藏書記」等印記。《存目叢書》據以影印。南開、北圖分館、上圖等亦有是刻。

四言史徵十二卷　國朝葛震撰　**二六六一**

內府藏本（總目）。〇《武英殿第一次書目》：「《四言史徵》十二本。」〇遼寧大學藏清雍正曹氏芷園刻本，卷一題「長白曹荃芷園甫註釋，頓丘葛震星巖甫編輯，古歙程麟德蔚窯甫較訂」。半葉八行，行二十二字，白口，四周雙邊，版心下刻「芷園」二字。前有康熙二十七年九月陳廷敬序，康熙三十九年宋犖序，康熙三十三年曹荃序。封面刻「芷園藏板」，鈐「御賜萱瑞堂」印。卷內鈐「靜遠齋果郡王圖書記」、「果親王府圖書記」等印記。按：此本寫刻極精，初印清朗。曹荃序云：「録成命梓，用契葛君。」原即據此定爲康熙三十三年曹荃芷園刻本。唯細檢卷一第十葉「胤侯六師」，卷八第一葉「姓趙氏，名匡胤」，「胤」字均缺末筆，且結體居中，不似後來剜版，「弘」字不避，則係雍正時刊版。究係康熙三十三年刻本之重刻，抑係當時未刊，至雍正始刻成，尚待勘驗。《存目叢書》據以影印。清華大學藏一部據劉薔女士查驗係同版。中央民大、華東師大均有康熙芷園刻本，未知與此異同。

班范肪截四卷　國朝張篤慶撰　**二六六二**

編修勵守謙家藏本（總目）。〇《編修勵第一次至六次交出書目》：「《班范肪截》四本。」〇山東博物館藏清初鈔本四卷三冊，民國二十二年王獻唐手跋，見《雙行精舍書跋輯存》。〇山東省圖書館藏清畢氏聚星堂鈔本，題「淄川張篤慶歷友課集」。半葉十二行，行二十字。卷尾有「聚星堂畢記」五字。鈐有「文霑之印」、「字恩治號象荆」二印。《存目叢書》據以影印。〇清華大學藏舊鈔本，作

《崑崙山房班范肪截文集》四册。○臺灣「中央圖書館」藏《崑崙山房集》鈔本十七册，內有《班范肪截》四册。

五代史肪截四卷　國朝張篤慶撰　**二一六六三**

編修勵守謙家藏本（總目）。○《編修勵第一次至六次交出書目》：「《五代史肪截》四本。」○江西省圖書館藏清鈔本二卷二册，題「崐崘外史張篤慶删纂」。半葉十行，行二十字，無格。前有自序。《存目叢書》據以影印。

增定史韻四卷附讀史小論一卷　國朝仲宏道撰　**二一六六四**

浙江巡撫採進本（總目）。○《浙江省第六次呈送書目》：「《史韻》四卷附《讀史小論》一卷，國朝仲宏道著，三本。」○《浙江採集遺書總録》：「《增定史韻》四卷，刊本，國朝桐鄉仲宏道增輯。」○中國科學院圖書館藏清康熙三十三年蘭雪堂刻本，作《增定二十一史韻》四卷首一卷末一卷，題「檇李後學仲弘道開一父增續，古鄗忠毅公趙南星夢白父原編，襄平後學郭金湯子堅父參校」。半葉九行，行十九字，白口，四周單邊。前有康熙三十五年徐嘉炎序，康熙三十五年潘耒序，康熙三十五年仇兆鰲序，康熙三十三年郭金湯序，康熙三十年仲弘道序，順治丁亥王燮序，孫昌齡序，康熙三十一年仲弘道序。郭序云：「故敬捐薄俸，鳩工刊刻。」知係郭金湯刊。封面刻「蘭雪堂板，翻刻必究」。《存目叢書》據以影印。上圖藏是刻，有《續編》四卷，康熙四十年續刻。○上海圖書館藏清咸豐十年刻本。

十七史論九卷年表一卷　國朝夏敦仁撰 二六六五

江蘇巡撫採進本（總目）。〇《江蘇省第一次書目》：「《十七史論》六本。」〇《江蘇採輯遺書目録》：「《十七史論》九卷《年表》一册，清江陰夏敦仁著，抄本。」按：《提要》作武進人，未確。

芝壇史案五卷　國朝張鵬翼撰 二六六六

湖北巡撫採進本（總目）。

史學正藏五卷　國朝宋士宗撰 二六六七

江西巡撫採進本（總目）。

讀史評論六卷　國朝費宏灝撰 二六六八

兩江總督採進本（總目）。〇《兩江第一次書目》：「《讀史評論》，烏程費宏灝撰，抄本，六本。」

十七朝史論一得一卷　國朝郭倫撰 二六六九

浙江巡撫採進本（總目）。〇《浙江省第十二次呈送書目》：「《十七朝史論一得》，國朝郭倫著，一本。」〇《浙江採集遺書總録》：「《十七朝史論一得》，寫本，國朝舉人蕭山郭倫撰。」

石溪史話八卷　國朝劉風起撰 二六七〇

江西巡撫採進本（總目）。〇《江西巡撫海第四次呈送書目》：「《石溪史話》一套二本。」〇福建省圖書館藏清乾隆刻本八卷《補遺》四卷，卷一題「濉江劉風起藺村甫著，徐時作筠亭氏訂」。半葉十行，行二十二字，白口，四周單邊。前有乾隆十七年孟冬徐時作序。卷内鈐「福建鼇峰書院藏書」印記。《存目叢書》據以影印。中科院圖書館有是刻，漫漶爛版。上海圖書館有殘本。按：著者劉鳳起，浙本《總目》誤作劉鳳起，今據殿本《總目》及原書改。

二六七一　唐鑑偶評四卷　國朝周池撰

編修周厚轅家藏本（總目）。〇華東師大藏清嘉慶二十三年光霽堂刻本，題「湖口周池撰」。半葉八行，行二十一字，白口，四周雙邊。封面刻「嘉慶戊寅年鐫」、「光霽堂藏板」。卷首冠四庫提要，署「總纂官内閣學士臣紀昀，總纂官光禄寺正卿臣陸錫熊，纂修官編修臣程晉芳」。其提要較《總目》稍異，「池字商濂，湖口人」下多「歲貢生」三字，又「商」作「啇」。蓋據翰林院藏進呈本重刻者，提要出程晉芳手。《存目叢書》據以影印。